文成天縱

国家重点档案专题保护开发项目

镇江近代司法档案辑考

法院管理卷

卜兴荣　唐华彭 | 编著

GUANGXI NORMAL UNIVERSITY PRESS
广西师范大学出版社
·桂林·

镇江近代司法档案辑考·法院管理卷
ZHENJIANG JINDAI SIFA DANG'AN JI KAO FAYUAN GUANLI JUAN

图书在版编目（CIP）数据

镇江近代司法档案辑考. 法院管理卷 / 卜兴荣，唐华彭编著. --桂林 : 广西师范大学出版社，2023.6
ISBN 978-7-5598-6018-7

Ⅰ. ①镇… Ⅱ. ①卜… ②唐… Ⅲ. ①司法档案－汇编－镇江－近代 Ⅳ. ①D929.5

中国国家版本馆 CIP 数据核字（2023）第 087061 号

广西师范大学出版社出版发行
（广西桂林市五里店路 9 号　邮政编码：541004
网址：http://www.bbtpress.com）
出版人：黄轩庄
全国新华书店经销
北京汇瑞嘉合文化发展有限公司印刷
（北京市北京经济技术开发区荣华南路 10 号院 5 号楼 1501
邮政编码：100176）
开本：889 mm ×1 194 mm　1/16
印张：28　　字数：480 千
2023 年 6 月第 1 版　　2023 年 6 月第 1 次印刷
定价：498.00 元

本书为国家重点档案专题保护开发项目
"镇江市档案馆民国镇江司法档案开发研究"结项成果

《镇江近代司法档案辑考·法院管理卷》

卜兴荣（镇江市档案馆）
唐华彭（江苏大学法学院）
编著

编务人员

镇江市档案馆

蔡世源　吴红平　魏志文　何　琛　茆叶青　罗　芸
张紫妍　朱海蛟　钱　然　郭　珊

江苏大学法学院

李天翔　戴雨麒　王诗慧　朱　颖　严玉琴　邹　欣

序　言

档案史料，可谓是研究者能够使用的最接近历史真实的“王牌”文献资料。法律史学研究，固然离不开相关概念、方法及规范，但史料，尤其是档案史料，仍是一切研究的基础。近年来，对地方司法档案的整理利用，日渐为学界乃至司法实务界所关注，成果蔚为可观。由镇江市档案馆馆长卜兴荣、江苏大学法学院副教授唐华彭博士领衔的团队慧眼独具，潜心编著的《镇江近代司法档案辑考》，是整理地方司法档案的又一杰作。其特点可大致概括如下：

第一，档案地域有特殊性。

镇江位于上海、南京之间，为近代中国开埠较早的城市之一，商贸业务发达，中西交涉颇多；因为沪宁线上尚有经济更为繁荣的苏州、无锡、常州，近现代以来，相对于前几者，镇江所受的关注度并不太高。但事实上，镇江在近代司法史上的特殊性足够显著，这从其1911年至1949年近40年期间，历经的镇江地方审判厅、镇江商埠初级审判厅、丹徒地方审判厅、丹徒初级审判厅、丹徒地方法院、镇江地方法院、江苏高等法院第五分院（院长由镇江法院院长兼任）、江苏高等法院第一分院、江苏高等法院镇江分院等变迁的历程，就可见一斑。其完整的档案资料链，以及复杂的历史轨迹，既是中国司法机构从传统向近代转型过程的缩影，也是近代中国局势起伏曲折的历史折射。

镇江地处江南，江南、江北之间有长江天堑相隔，镇江地方法院、江苏高等法院第一分院等，管辖范围不限于丹徒、金坛等江南县区，还有仪征、江都、泰县、泰兴、如皋、高邮、兴化、东台等江北县区，那时没有江上大桥，机动轮渡班次稀少，江北诉讼当事人或代理人办理上诉审转案件时，路途所费的周折可想而知。如此管辖设计，足够奇葩，但囿于人、财、物的限制，也是不得已之举，这反映了近代地方司法机构设置上捉襟见肘的窘状。

透过近代镇江这扇低调而富有开放气息的司法窗口，有助于了解江南、江北以及城市、乡村不同区域的司法风貌。

第二，资料择选全面精当。

《镇江近代司法档案辑考》由《法院管理卷》《诉讼文书卷》《监所运行卷》三卷组成，涵盖司法机构、司法裁判及司法执行的整套司法程序。《法院管理卷》的内容，从性质上看包括硬件管理（建筑工程、司法经费等）和软件管理（人事管理、案件统计等），从对象上看包括对内管理（建筑工程、人事管理、司法经费等）和对外管理（律师、公证等）。《诉讼文书卷》选取的档案为刑事诉讼和民事诉讼两大领域的各类文书，其形成时间从清宣统年间开始，跨越整个民国时代，内容涵盖起诉、上诉、抗告、辩护、侦查、审理、判决等诉讼流程的各个环节。《监所运行卷》的内容主要指镇江县监狱、扬中县监狱、江苏第六监狱、江苏镇江监狱、镇江地方法院看守所、镇江地方法院江都分院看守所等监所机构，在监所建筑、人事管理、监所经费、囚粮筹措与发放、教育教诲、人犯统计、人犯作业、监所卫生等方面形成的档案资料。

《镇江近代司法档案辑考》选取的档案资料内容丰富，具有较高的研究价值。例如，法院管理律师是民国时期律师管理的一大特色，故《法院管理卷》对于律师档案的选用着力颇多。江苏高等法院第一分院所属辖区的律师执业资格登录表中，保留了不少律师个人的详细信息，包括律师的籍贯、年龄、学业经历、执行律师职务区域、加入律师公会时间、法院登录号等，对研究民国律师参考价值甚高。如1947年登录的著名法律人潘震亚的信息就非常典型：59岁，江西南城人；律字1029号；江西法政专门学校法律别科毕业；大理院推事，法官训练班主任，复旦大学教授；执行职务区域有上海高院区及江苏高一分院区；1947年8月22日加入镇江律师公会；还在上海地院、上海高院等处登录……这分明就是一位民国律师或法律人的小传，并展示了律师可以跨界执业的状况，是研究民国包括律师在内的法律人的珍贵资料。

第三，辑考颇具学术功底。

《镇江近代司法档案辑考》不是简单的史料汇编，而是在辑录和考证两个方面颇具学术功底的带有浓厚研究色彩的著作。每卷均有绪论介绍本卷的历史脉络，每章均有引言提纲挈领地介绍相关档案概况，使读者能整体把握即将阅读的内容。每组档案均有标题，方便检索利用。这就使得全部档案有主线贯穿始终，条理清晰，内容多元而不杂乱，为司法档案整理者提供了比较好的参考。加上有整理团队前期丰富的学术研究成果如《镇江地方法院研究（1928—1949）》（曾获中国法律文化研究成果奖、镇江市哲学社会科学优秀成果奖等）等做铺垫，故而该书对档案资料的类型化和排序等辑录工作具有坚实的学术基础，行文合理流畅，辑、考融会贯通。

在考证方面，作者凭借对近代中国法律史的长期学术积累，或对所选档案中的重要文字进行选录，或对背景进行介绍，或展示其法律依据，或对报表等档案中的相关数据进行再统计和再分析，并以饼状图、柱状图、折线图等更为直观和友好的方式展示，有助于读者更加全面和深入地理解档案的内容与价值，亦增加了该书的研究性色彩。

《法院管理卷》为《镇江近代司法档案辑考》的第一卷，祝贺该卷的出版，也期待《诉讼文书卷》《监所运行卷》的早日问世，形成镇江近代司法档案资料的足本文献。

张仁善

2023年6月

编　例

本书主要对镇江市档案馆收藏的近代司法档案中的法院管理部分进行了分类遴选和注释考证，现将编辑体例说明如下：

一、镇江近代司法档案

本书书名中的“镇江近代司法档案”，指江苏省镇江市档案馆收藏的近代司法档案。镇江近代司法档案主要集中于“民国江苏高等法院镇江分院”（全宗号：A19）和“民国江苏镇江地方法院”（全宗号：A20）两个全宗。“民国江苏高等法院镇江分院”档案共840卷，时间范围为1923年至1949年。“民国江苏镇江地方法院”档案共1673卷，时间范围为1912年至1949年。除这两个全宗外，镇江近代司法档案还零星散见于“民国镇江县政府”（全宗号：A8）和“民国镇江县警察局”（全宗号：A9）两个全宗。

需要指出的是，由于在镇近代新式司法机构的管辖范围不止于镇江，故镇江近代司法档案也包含了部分镇江地域范围外（如江都、金坛、浦口等地）的司法机构的档案。

二、法院管理

清末民国时期，各级新式司法机构纷纷成立，其名为审判厅/检察厅/法院，其首长则名为厅长/院长。机构名称中的“厅”“院”表明，新式司法机构是存在明确边界的独立组织；机构首长名称中的“长”则进一步表示，新式司法机构是一个科层制组织。1932年，南京国民政府颁行的《法院组织法》规定“地方法院置院长一人，由推事兼任，综理全院行政事务”，“高等法院置院长一人，由简任推事兼任，综理全院行政事务并监督所属行政事务”，“最高法院置院长一人，特任，综理全院行政事务并兼任推事”。[①] 由此可知，近代新式司法机构并非仅有起诉、审判等司法职能，亦有相应的司法行政职能。

镇江近代司法档案显示，在镇新式司法机构的司法行政职能主要包括管理其建筑工程、人事、经费、案件统计、看守所及其管辖范围内律师和公证等事项。考虑到镇江司法档案以1927年后为主，而在此时段新式司法机构名为“法院”，故本卷将这些司法行政职能概括为“法院管理”，包括对内管理（建筑工程、人事、经费、案件统计）和对外管理（律师、公证）两个方面。

三、篇章安排

本卷共分五章，分别对建筑工程、人事管理、司法经费、案件统计和律师管理等方面的镇江近代司法档案进行辑考。

清末民国时期，管理看守所是近代新式司法机构一项重要的司法行政职责，故镇江近代司法档案中有大量相关内容，但考虑到本卷篇幅有限，故将其安排至《监所运行卷》。此外，由于镇江近代司法档案中有关新式司法机构办理公证业务的史料较少，故此部分内容本卷没有单独成章。

四、档案选取、制作

本书在选取镇江近代司法档案时秉持如下原则：第一，有利法史研究。本书在尽力全面展现各类型司法档案的基础上，着力选取富含法史研究要素的档案。如：“律师管理”一章以律师名册和律师姓名簿为重点，有助于对民国时期镇江等地区的律师执业状况进行量化分析。第二，同类内容合并。本书对散见于不同卷宗的同一主题，尤其是题名完全一样的档案进行合并归类，以便于读者阅读和使用。如“案件统计”一章中，《江苏镇江地方法院江都分院刑事案件月报表》原散见于6个卷宗中，本书将其归于同一标题下。第三，突出资料价值。本书排版制作时，对个别幅面较大或边缘空白较多的档案图片，在保留页面有效信息的前提下，做了适当裁切空白部分的处理，

① 《法院组织法》，《司法院公报》第44号，1932年。

以在有限的版面内尽可能地突出资料内容，为阅读和使用提供方便。第四，图版彩色印制。本书对选取的档案图片采取了彩色扫描或拍照的复制方式，并彩色印制，以为读者呈现更丰富的页面信息。需要说明的是，根据档案原件的保存现状，本书对个别档案没有再次复制，而是酌情从现有图片库中择选使用，重在体现其资料价值。

五、档案标题、说明

本书在对镇江近代司法档案进行广泛整理、重新编排和分类展示的基础上拟定档案标题。标题一般由主体名称、行为内容和文件属性三部分组成，如《江苏高等法院书记官李兆铭有关验收镇江地方法院新建法庭工程的报告》，“江苏高等法院书记官李兆铭”系主体名称，“验收镇江地方法院新建法庭工程”系行为内容，“报告”系文件属性。本书所列档案标题基本保留了原有的机构名称和纪年方式，档案标题后列明了作者考证的档案形成时间（公元纪年）及其对应的镇江市档案馆馆藏档案号。

为了方便读者的理解，本书在档案标题下对档案内容进行了说明。说明系对档案具体内容进行考证后作出，一般包括档案形成时间、档案所属机构、档案内容要点、相关法律依据、相关数据分析等内容。

六、图片编号

为便于读者查找和使用，本书对档案标题下说明文字中绘制的图片及所选原档案图片进行了编号。为避免混淆，说明文字中绘制的柱状图、饼状图、折线图等图片用“图1.1.1.1”格式，档案原图片用“图1-1-1-1”格式。一般情况下，两种格式均包含四个层级，依次体现章、节、标题、图片顺序等信息，如“图1-1-1-1”，第一个“1”表示“第一章　建筑工程”，第二个“1”表示“一、工程规划设计”，第三个“1”表示“1. 江苏镇江地方法院新建法庭完成图（1928年）”，第四个“1”表示该图为此标题下第一幅图。如遇特殊情况，则在此基础上对编号层级酌情增补或删减，如个别小标题之上另设有分类，则在编号相应位置增加一级；个别小标题之下只包含一张绘制图或原档案图片，不涉及排序，则省去编号末尾图片顺序一级。

目　录

绪　论

一、新式司法机构在镇江的初步运行

清末的变法修律和官制改革，深刻改变了维系传统中国两千余年的司法体制。在中央层面：刑部改为法部，成为国家最高司法行政机关；大理寺改为大理院，成为国家最高审判机关。在地方层面：自省至县，分别设立高等审判厅（检察厅）、地方审判厅（检察厅）、初级审判厅（检察厅）。在这一背景下，新式司法机构登上了镇江的历史舞台。

1910年8月，鉴于镇江地处商埠繁华之地，中西交涉较多，江苏形成了在镇江开设两级审检厅的计划，“镇江商埠初级审判厅以商埠巡警各区域为该厅管辖区域，镇江地方审判厅以丹徒县辖境为该厅管辖区域”[①]。1911年6月，镇江地方审判厅（检察厅）和镇江商埠初级审判厅（检察厅）成立，镇江司法迈入了新的历史阶段。

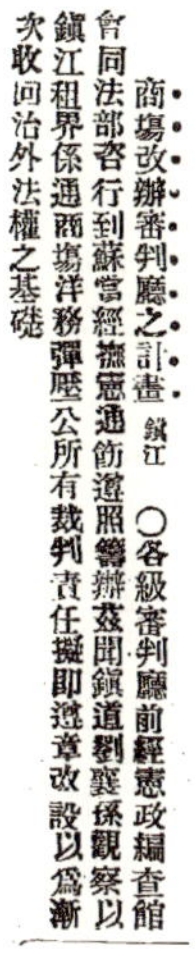
商埸改辦審判廳之計畫 鎮江 ○各級審判廳前經憲政編查館會同法部咨行到蘇當經撫憲通飭遵照籌辦茲聞鎮道劉襄孫觀察以鎮江租界係通商埸洋務彈壓公所有裁判責任擬即遵章改設以爲漸次收回治外法權之基礎

图1

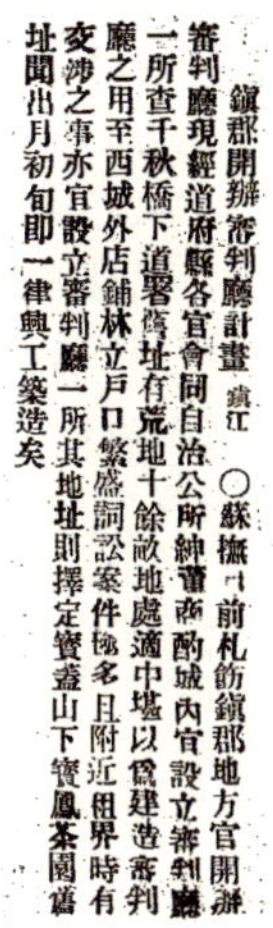
鎮郡開辦審判廳計畫 鎮江 ○蘇撫前札飭鎮郡地方官開辦審判廳現經道府縣各官會同自治公所紳董商酌城內宜設立審判廳一所查千秋橋下道署舊址有荒地十餘畝地處適中堪以爲建造審判廳之用至西城外店鋪林立戶口繁盛詞訟案件極多且附近租界時有交涉之事亦宜設立審判廳一所其地址則擇定寶蓋山下寶鳳茶園舊址聞出月初旬即一律興工築造矣

图2

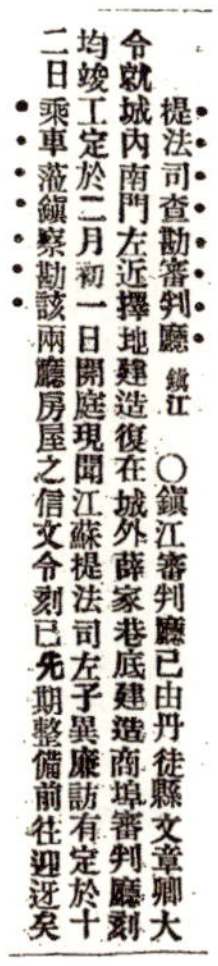
提法司查勘審判廳 鎮江 ○鎮江審判廳已由丹徒縣文章卿大令就城內南門左近擇地建造復在城外薛家巷底建造商埠審判廳刻均竣工定於二月初一日開庭現聞江蘇提法司左子巽廉訪有定於十二日乘車蒞鎮察勘該兩廳房屋之信文令刻已先期整備前往迎迓矣

图3

图1—3，《申报》有关镇江开设审判厅的报道（1910年4月6日第3版、1910年8月7日第3版、1911年2月12日第4版）

---

① 《宁苏审判各厅规定办法》，《申报》1911年2月8日第18版。

按照规定，镇江新式司法机构的司法官由江苏提法司委派：地方审判厅厅长宗能述、帮办推事傅师说、行走推事娄善篪，地方检察厅厅长王邦鼒、帮办检察官徐家驹、行走检察官王锦文；商埠初级审判厅行走推事程鉴，商埠初级检察厅行走检察官刘丕公。[①]

辛亥革命后，镇江两级新式司法机构更名为丹徒地方审判厅（检察厅）和丹徒初级审判厅(检察厅)。[②]不久，北洋政府以经费紧张为借口开始裁撤新式司法机构。1914年，丹徒地方审判厅（检察厅）和丹徒初级审判厅（检察厅），与武进、太仓、淮安、松江、铜山、江都、南通、吴县的新式司法机构一起被裁撤。[③]由此，在镇江刚刚启动不久的近代司法建设进程被强行打断，倒退回行政兼理司法的旧状态。

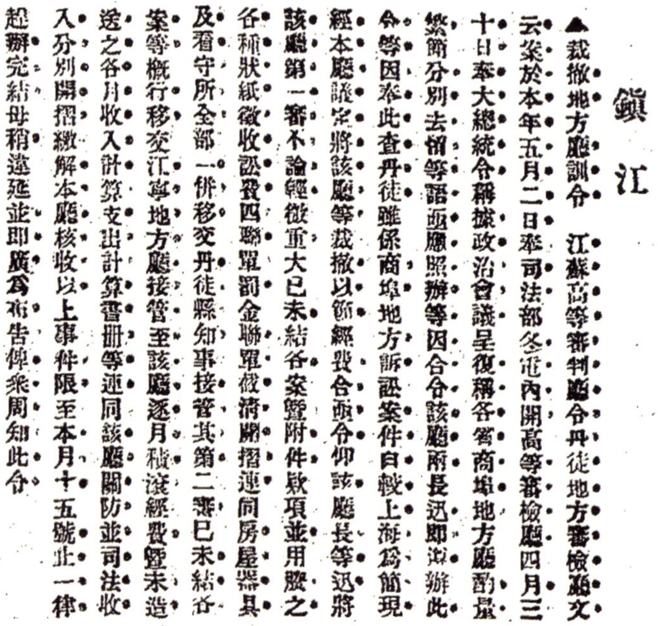
鎮江
▲裁撤地方廳訓令　江蘇高等審判廳令丹徒地方審檢廳文云案於本年五月二日奉司法部冬電內開高等審檢廳四月三十日奉大總統令稱據政治會議呈復稱各省商埠地方廳酌量繁簡分別去留等語亟應照辦等因合令該廳所長迅即遵辦此令等因奉此查丹徒雖係商埠地方所訟案件自較上海爲簡現經本廳議定將該廳等裁撤以節經費合亟令仰該廳長等迅將該廳第一審不論輕微重大已未結各案暨附件款項並用賸之各種狀紙徵收訟費四聯罰金聯罰徵清冊摺連同房屋器具及看守所全部一併移交丹徒縣知事接管其第二審已未結各案等概行移交江寧地方廳接管至該廳逐月積滾經費暨未造送之各月收入計算支出計算書冊等連同該廳關防並司法收入分別開摺繳解本廳核收以上事件限至本月十五號止一律趕辦完結毋稍遲延並即廣爲布告俾衆周知此令

图4
《江苏高等审判厅有关裁撤丹徒地方审判厅的训令》(《申报》1914年5月15日第7版)

1919年，北洋政府出于收回领事裁判权的考虑，决定分期恢复地方审判厅（检察厅）。1923年1月1日，丹徒地方审判厅（检察厅）成立，1月23日开始办公，管辖丹徒县知事兼理的第一审案件及原归江宁地方审检厅管辖的丹徒、丹阳、金坛、扬中、江都、泰县、泰兴、如皋、仪征的二审上诉案件。次年，江苏全省改定诉讼管辖，又将

① 《镇埠新法官业已委定》，《申报》1911年6月13日第11版。
② 镇江市地方志编纂委员会编《镇江市志》(上册)，上海社会科学院出版社，1993，第382页。
③ 戚庚生：《中华民国时期江苏审判机构考略》，中国人民政治协商会议江苏省委员会文史资料委员会编《近代要案审判内幕》(江苏文史资料第33辑)，1989，第135页。

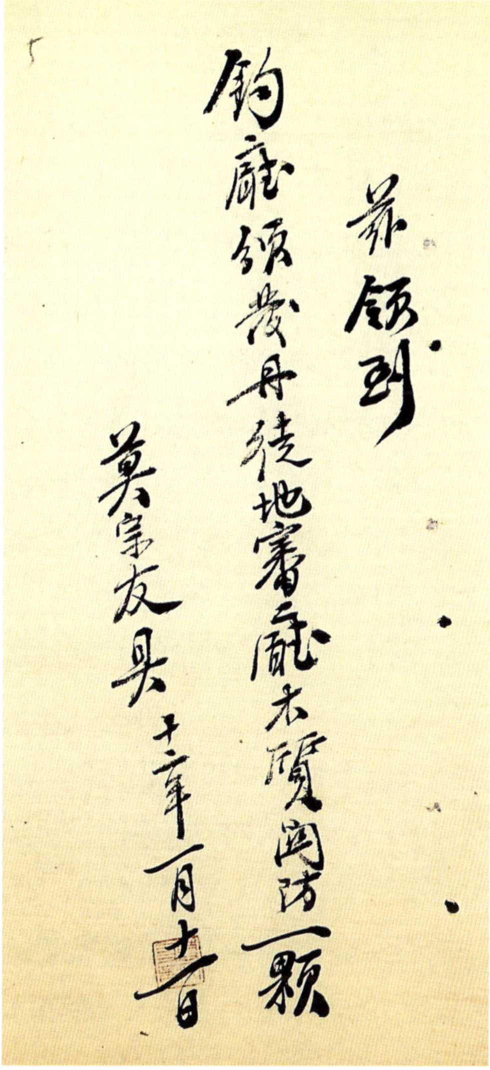
兹领到
钧厅颁发丹徒地审厅木质关防一颗
莫宗友具 十二年一月十一日

图5
丹徒地方审判厅厅长莫宗友从江苏高等审判厅领取关防大印的收条（1923年）
（档案号：A019-1923-001-0001-0005）

高邮、兴化、东台三县的二审上诉案件，归由丹徒地方审检厅管辖。[①] 至此，丹徒地方审判厅（检察厅）由清末民初时期的丹徒县一审司法机构，变为集丹徒县一审和包括丹徒县在内等十二县二审为一体的司法机构。

从1911年到1927年，经过设立—裁撤—复建的曲折过程，以审判厅和检察厅为主要代表的新式司法机构在镇江实现了初步运行。就江苏全省来看，镇江是为数不多被北洋政府裁撤后又复建审检厅的地方，这在一定程度上体现了当时镇江的重要地位。

---

① 魏丽、李心：《中华民国时期江苏审判大事记》，中国人民政治协商会议江苏省委员会文史资料委员会编《近代要案审判内幕》（江苏文史资料第33辑），1989，第104页。

二、坐落于江苏省会的镇江地方法院

北伐成功后，南京国民政府做出了“审检合一”的重大司法体制变革，即把各级审判厅改为法院，同时裁撤各级检察机关，将检察长改为首席检察官，与其他检察官一道配置于各法院内。1927年11月，丹徒地方审判厅改组为丹徒地方法院，徐谟任院长。[①]

由于南京被定为首都，江苏省政府须在省辖境内另觅新址，苏州、扬州、镇江皆在考虑之列。1928年7月17日，江苏省政府举行例会，对此进行投票决议，结果为：镇江6票、扬州2票、苏州1票，会议决定镇江为江苏省省会，改丹徒县为镇江县。丹徒地方法院遂更名为镇江地方法院，黄用中任院长，徐世勋任首席检察官。

1935年南京国民政府《法院组织法》实施以前，镇江地方法院管辖镇江一县的一审民刑案件，同时也管辖镇江、丹阳、金坛、扬中、江都、泰县、泰兴、如皋、仪征、高邮、兴化、东台的二审民刑案件。此外需要指出的是，1931年11月20日，江都县法院改组为镇江地方法院江都分院，1935年7月1日，再改组为江都地方法院。[②]在此期间，江都分院的组织人事、财务收支、案件审理和人犯监管，皆由镇江地方法院管理。换言之，从1931年至1935年，镇江地方法院的一审案件管辖权不仅及于镇江县，也扩展至江都县。因此，镇江市档案馆收藏的近代司法档案中，有涉及江都县的内容。1935年南京国民政府《法院组织法》实施后，镇江地方法院仅管辖镇江一县的一审民刑案件，上述各县的二审民刑案件改由驻镇江的江苏高等法院第五分院管辖。

镇江地方法院位于南京国民政府统治的核心区域，得到了司法当局高层的重视。1933年12月14日，司法行政部部长罗文干来镇，在上海特区法院院长沈家彝、江苏高等法院院长林彪的陪同下，视察了镇江地方法院及其看守所。[③] 1936年1月23日，司法行政部部长王用宾，视察了江苏高等法院第五分院和镇江地方法院。[④]

1937年7月7日，抗日战争全面打响。淞沪会战失败后，日军沿沪宁铁路西进，于12月8日占领镇江。在镇江，日军烧杀奸淫，无恶不作，镇江人民蒙受了巨大损失。镇江地方法院亦毁于战火——日军占领之前，派军机轰炸镇江，镇江地方法院被炸毁，

---

① 《徐谟调任丹徒地方审判厅长》,《申报》1927年6月28日第14版。

② 《江苏江都地院看守所》,《现代司法》第2卷第9期，1937年。

③ 《赴苏视察司法》,《申报》1933年12月12日第3版。

④ 《司法行政部王部长视察江苏高等法院第五分院暨镇江地方法院纪念（民国二十五年一月二十三日）》,《现代司法》第1卷第6期，1936年。

残骸后被日军移走。历经10余年建设，耗费大量财力和心血的法庭、办公室和看守所毁于一旦。镇江地方法院人员撤退至苏北东台，后撤至安徽，停止办公。

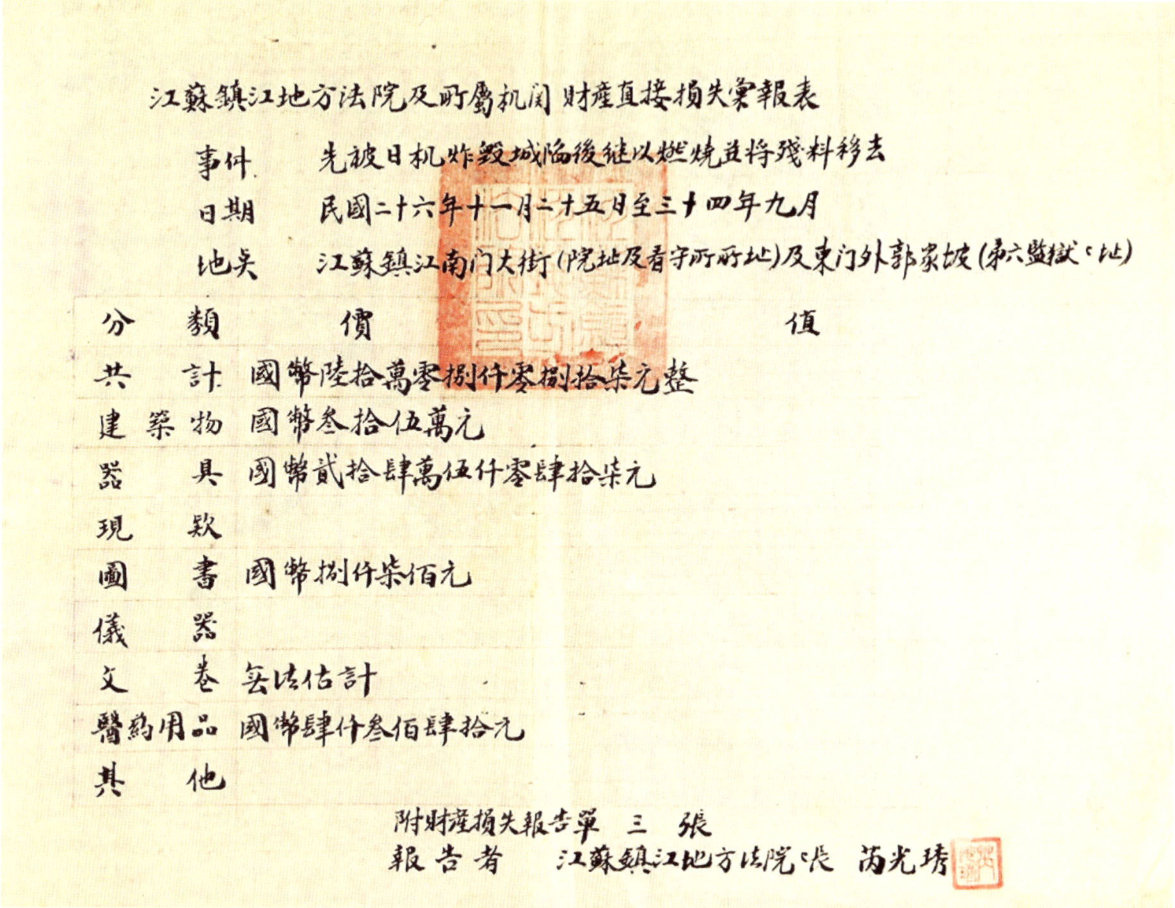

江蘇鎮江地方法院及所屬机関財產直接損失彙報表

事件 先被日机炸毁城陷後継以燃燒並將殘料移去

日期 民國二十六年十一月二十五日至三十四年九月

地點 江蘇鎮江南門大街（院址及看守所所址）及東門外郭家坡（第六監獄（址）

分類	價值
共計	國幣陸拾萬零捌仟零捌拾柒元整
建築物	國幣叁拾伍萬元
器具	國幣貳拾肆萬伍仟零肆拾柒元
現款	
圖書	國幣捌仟柒佰元
儀器	
文卷	無法估計
醫藥用品	國幣肆仟叁佰肆拾元
其他	

附財產損失報告單 三 張

報告者 江蘇鎮江地方法院院長 湯光琇

图6

江苏镇江地方法院及所属机关财产直接损失汇报表（1946年）（档案号：A020-1946-001-0176-0003）

1945年8月，日本宣布无条件投降，抗日战争胜利结束，镇江地方法院于1945年10月恢复，组织结构、管辖区域、管辖案件和适用法律与战前相比保持不变。历经日寇和汪伪的蹂躏，镇江城满目疮痍，百废待兴。镇江地方法院恢复之时，无办公地点，只好向地方士绅求助，暂用广东会馆和钱业公所两处房屋，以作临时办公之用。1946年7月，镇江地方法院及其看守所初步修葺完毕，镇江地方法院正式搬迁至新址办公。

值得一提的是，根据南京国民政府《公证暂行规则》的规定，抗战胜利后，镇江地方法院将公证纳入了自己的职责范围，故镇江近代司法档案中有部分公证相关史料。

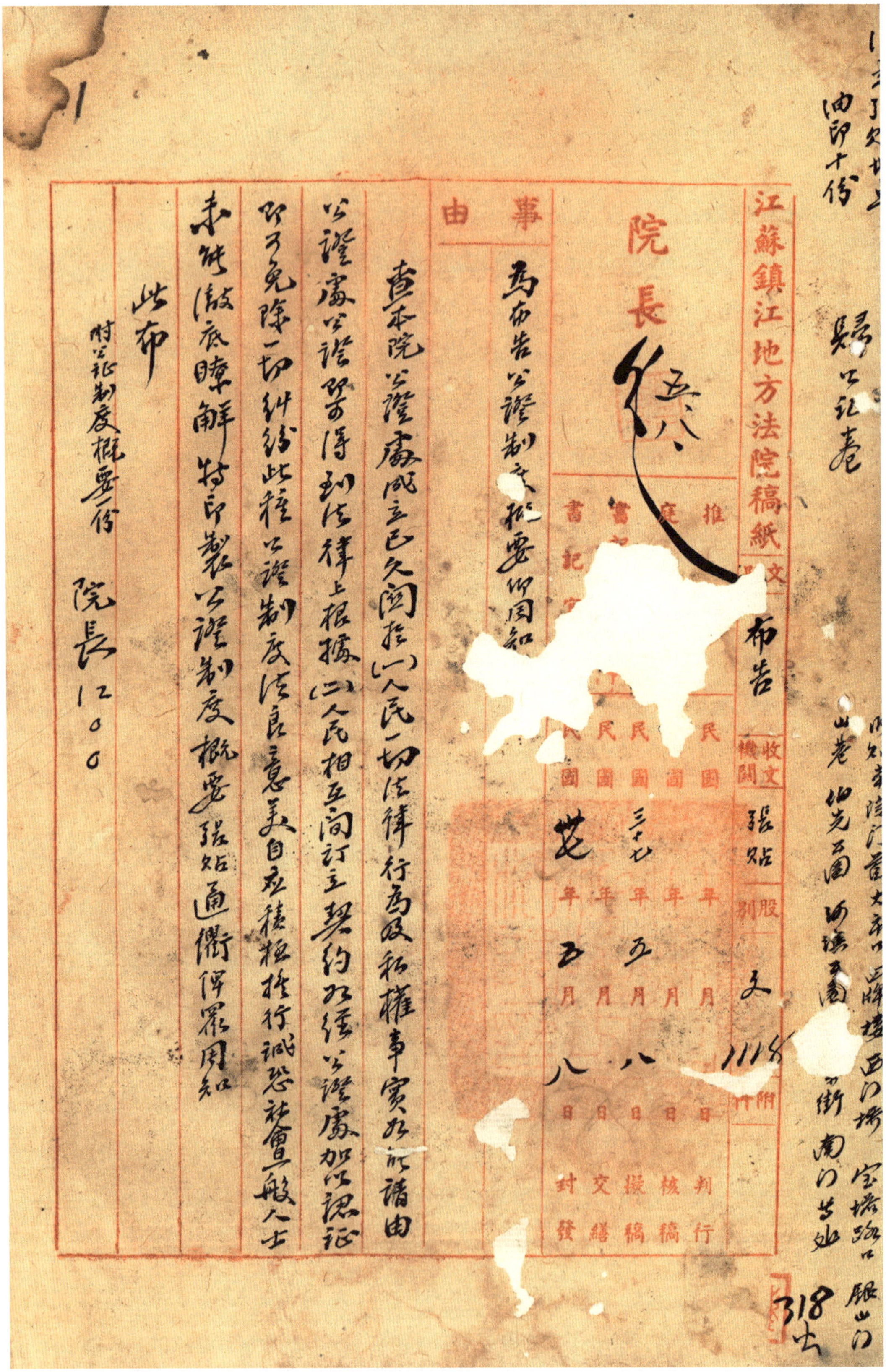

江蘇鎮江地方法院稿紙

院長

事由：為布告公證制度概要仰周知

布告

查本院公證處成立已久，關於（一）人民一切法律行為及私權事實及所請由公證處公證或證明者，得到法律上根據；（二）人民相互間訂立契約，如經公證處加以認證，即可免除一切糾紛。此種公證制度法良意美，自應積極推行。誠恐社會一般人士未能徹底瞭解，特印製公證制度概要張貼通衢，俾衆周知。

此布

附公證制度概要一份

院長

民國三十七年五月八日

图7

江苏镇江地方法院有关布告公证制度概要的说明（1948年）（档案号：A020-1948-001-0248-0001）

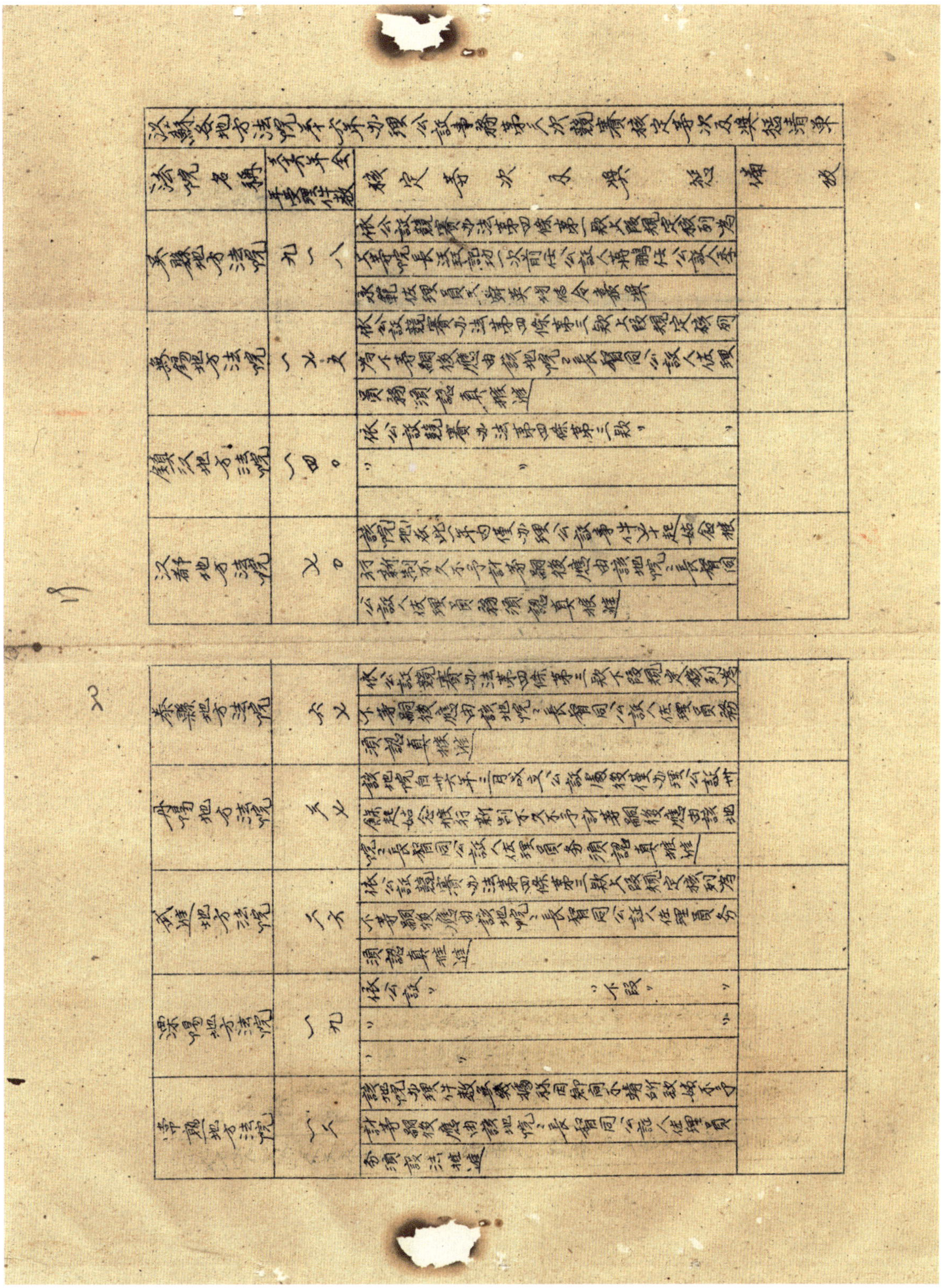

江蘇各地方法院三十六年办理公証事務第八次競賽核定等次及奨懲清单

法院名稱	三十六年全年受理件數	核定等次及奨懲	備攷
吳縣地方法院	九一八	依公証競賽办法第四條第一款上段規定核列為一等，院長沃記功一次，前任公証人蔣鵬任公証人季永範佐理員吳舜英均傳令嘉奨	
無錫地方法院	〡〤〥	依公証競賽办法第四條第三款上段規定核列為不等，嗣後應由該地院之長督同公証人佐理員務須認真推進	
鎮江地方法院	〡〤〇	依公証競賽办法第四條第三款〃 〃 〃	
江都地方法院	〤〇	該院地處此〻年內僅办理公証事件七十起，姑念推行新制不久，不予計等，嗣後應由該地院之長督同公証人佐理員務須認真推進	
泰縣地方法院	〦〤	依公証競賽办法第四條第三款下段規定核列為不等，嗣後應由該地院之長督同公証人佐理員務須認真推進	
丹陽地方法院	〣〤	該地院自卅六年三月成立公証處後僅办理公証卅餘起，姑念推行新制不久，不予計等，嗣後應由該地院之長督同公証人佐理員务須認真推進	
武進地方法院	〢〦	依公証競賽办法第四條第三款上段規定核列為不等，嗣後應由該地院之長督同公証人佐理員务須認真推進	
溧陽地方法院	一九	依公証〃 〃下段〃 〃 〃 〃 〃	
常熟地方法院	一八	該地院办理件數無幾，據稱係因鄉間不靖所致，姑不予計等，嗣後應由該地院之長督同公証人佐理員务須設法推進	

图8

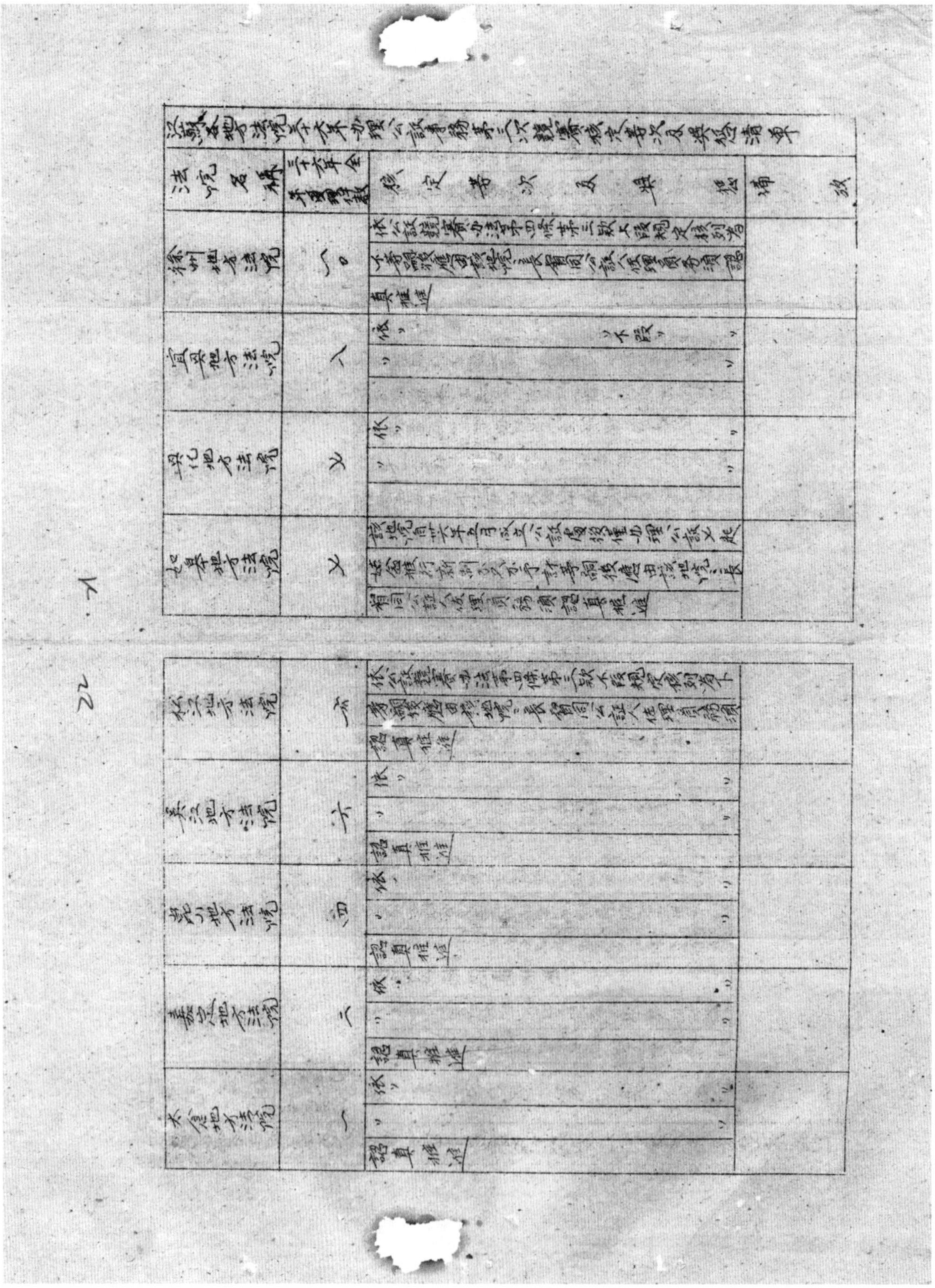

图6

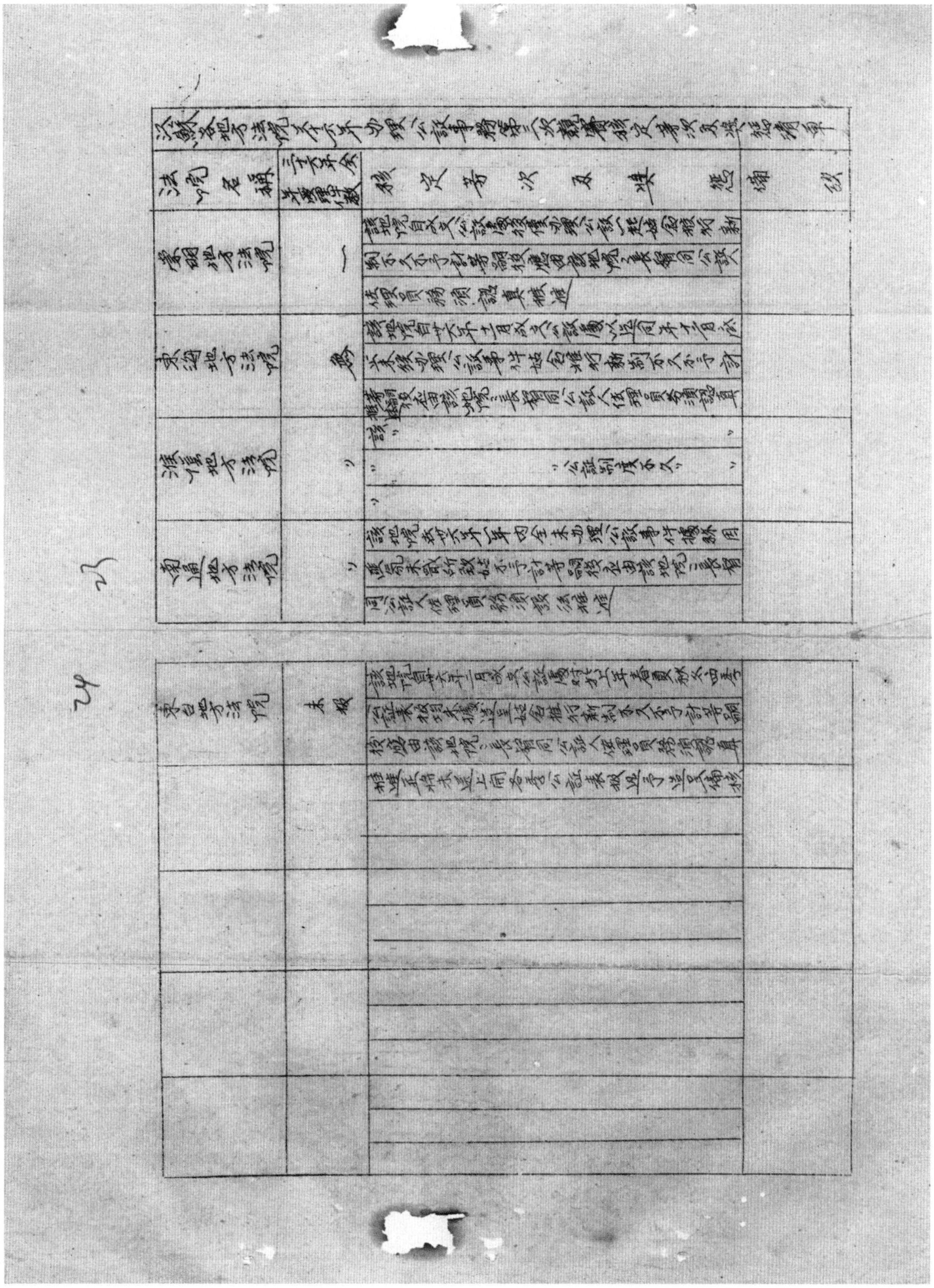

图10

图8—10，江苏各地方法院民国三十六年办理公证事务第三次竞赛核定等次及奖惩清单（1948年）（档案号：A20-1948-001-0248-0018）

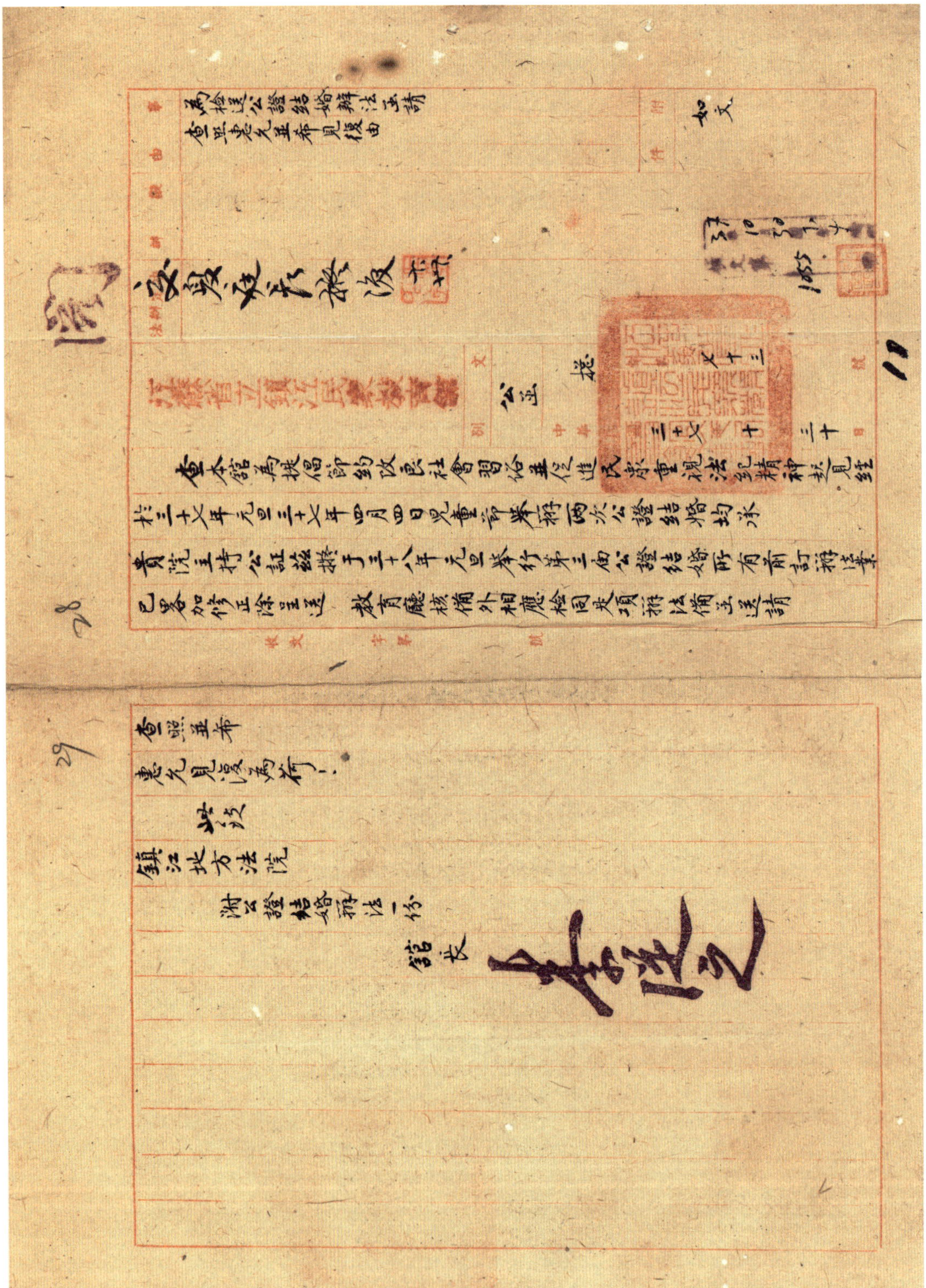
事由　為檢送公證結婚辦法呈請鑒照並懇允並希見復由

附件　如文

江蘇省立鎮江民眾教育館　公函

查本館為提倡節約改良社會習俗並促進民眾重視法紀精神起見經於三十七年元旦三十七年四月四日兒童節等舉行兩次公證結婚均承貴院主持公證茲擬于三十八年元旦舉行第三屆公證結婚所有前訂辦法業已略加修正除呈送教育廳核備外相應檢同是項辦法備函送請

查照並希惠允見復為荷！此致

鎮江地方法院

附公證結婚辦法一份

館長

图11
江苏省立镇江民众教育馆检送公证结婚办法的报告（1948年）（档案号：A20-1948-001-0248-0028）

1949年1月，淮海战役胜利结束，人民解放军直逼长江。在此形势下，镇江地方法院和江苏高等法院镇江分院迁往苏州。4月23日，人民解放军横渡长江，镇江解放。至此，包括镇江地方法院在内的在镇国民党司法机构彻底退出了历史舞台，取而代之的是中国共产党领导下的人民司法机构。

三、设置于镇江的江苏高等法院分院

清末《法院编制法》规定：“各省因地方辽阔或其他不便情形，得于高等审判厅所管之地方审判厅内设高等审判分厅。”[①] 辛亥革命后，南京临时政府沿袭此规定，先后于江宁和清江浦二地设立江苏高等审判厅第一、第二审判分厅，但不久被北洋政府以司法经费紧张为由裁撤。南京国民政府建立后，着力推进江苏高等法院分院的设立。至全面抗战爆发前，江苏高等法院共设有5个分院：第一分院设于淮阴，第二分院设于上海第一特区（公共租界），第三分院设于上海第二特区（法租界），第四分院设于铜山，第五分院设于镇江。1935年7月，江苏高等法院第五分院成立，“院长及首席检察官由镇院院长首检官兼”[②]。

江苏高等法院在镇江设立分院，带有一定的“补偿色彩”。按常理，镇江既为江苏省省会，作为全省最高司法机构的江苏高等法院，理应同江苏省政府一样迁往镇江。在全面抗战前，因高等法院迁址所需费用较大，且“吴县各公法团，以及常熟海门等各地

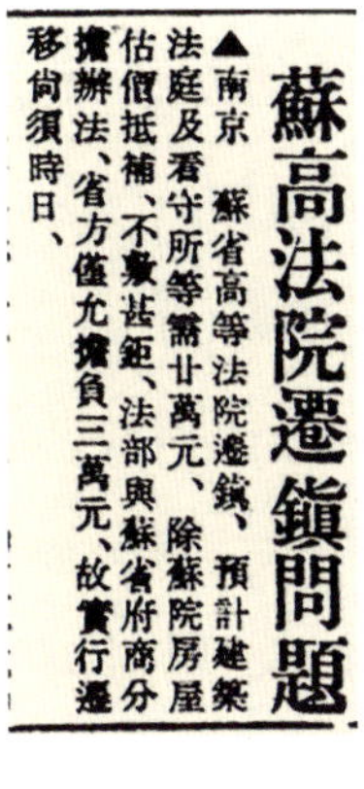
蘇高法院遷鎮問題

▲南京 蘇省高等法院遷鎮、預計建築法庭及看守所等需廿萬元、除蘇院房屋估價抵補、不敷甚鉅、法部與蘇省府商分擔辦法、省方僅允擔負三萬元、故實行遷移尚須時日、

图12

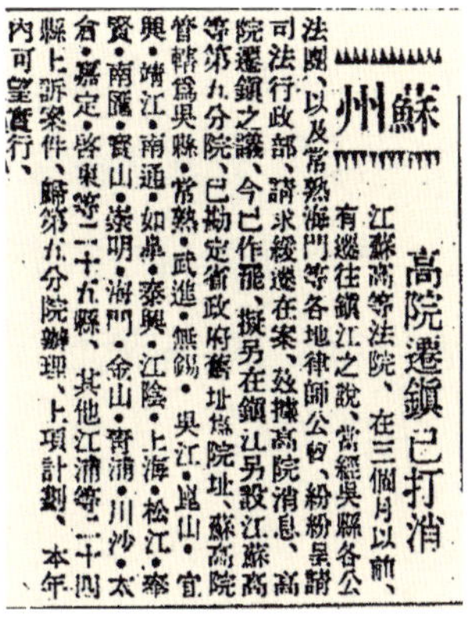
蘇州

高院遷鎮已打消

江蘇高等法院、在三個月以前、有遷往鎮江之說、當經吳縣各公法團、以及常熟海門等各地律師公會、紛紛呈請司法行政部、請求緩遷在案、茲據高院消息、高院遷鎮之議、今已作罷、擬另在鎮江另設江蘇高等第九分院、已勘定省政府舊址為院址、蘇高院管轄為吳縣・常熟・武進・無錫・吳江・崑山・宜興・靖江・南通・如皋・泰興・江陰・上海・松江・奉賢・南匯・寶山・崇明・海門・金山・青浦・川沙・太倉・嘉定・啓東等二十五縣、其他江浦等二十四縣上訴案件、歸第九分院辦理、上項計劃、本年內可望實行、

图13

图12—13，新闻媒体中有关江苏高等法院迁镇的报道

（《新闻报》1935年2月20日第4版；《申报》1935年4月23日第8版）

---

① 《宪政编查馆奏核订法院编制法并另拟各项暂行章程折》，《政治官报》第826号，1910年。

② 《江苏高等法院镇江第五分院定期成立》，《法律评论》第12卷第29期，1935年。

律师公会，纷纷呈请司法行政部，请求缓迁”[①]，故江苏高等法院仍留苏州。抗战胜利后，又因“镇江现正建筑中之房舍，系供高一分院应用，苟本院欲迁往，势必再大量添造，殊无如此财力”[②]，高院迁镇方案又作罢。

江苏高等法院第五分院办理过的最重大案件当属举国关注的刺汪案。1935年11月1日，行政院院长汪精卫在出席国民党四届六中全会闭幕式时，遭遇爱国志士、晨光通讯社记者孙凤鸣的枪击，汪身受重伤。此案震惊海内外。江苏高等法院第五分院主办此案，检察官罗人骥负责侦查与起诉，刑庭庭长卢文澜负责主审。1936年3月30日下午1时，该院借用南京的首都地方法院公开审理此案，“各方以此案情节重大，前往旁听者达五六百人，致刑庭毫无隙地，拥挤之状，开以往未有之纪录，中委陈树人、谷正纲、谷正鼎、王懋功等均往旁听”[③]。随着刺汪案审理的推进，江苏高等法院第五分院在全国各大报纸中的“曝光度”高居不下。

汪前院長被刺案
三十日公開審理
同謀犯賀坡光等經羅檢察官提起公訴
蘇高五分院派員來京假首都地院開審

图14
有关江苏高等法院第五分院审理刺汪案的报道
（《中央日报》1936年3月25日第2版）

全面抗战爆发以后，江苏高等法院第五分院停止办公。抗战胜利后，南京国民政府对江苏高等法院分院的设置进行了改动：一方面，将位于原上海租界的江苏高等法院第二、第三分院合并，成立上海高等法院；另一方面，改江苏高等法院第五分院为第一分院（位于镇江），改第一分院为第二分院（位于淮阴），改第四分院为第三分院（位于徐州），增设第四分院（位于南通）。1948年1月，又将上述4个高等法院分院依次改名为镇江分院、淮阴分院、徐州分院和南通分院。江苏高等法院第一（镇江）分院管辖镇江、江都、泰县、东台、丹阳、泰兴、六合、金坛等县的地方法院，以及江浦、溧水、扬中、仪征、句容等县的司法处。抗战胜利后的江苏高等法院第一（镇江）分院在风雨飘摇的动荡社会背景下勉力维持，司法腐败时有发生，公信力大幅下降，最终随着南京国民政府的败退而被人民所抛弃。

---

① 《高院迁镇已打消》，《申报》1935年4月23日第8版。
② 《苏高院不迁镇江》，《申报》1946年12月5日第3版。
③ 《刺汪凶犯昨公审》，《申报》1936年3月31日第3版。

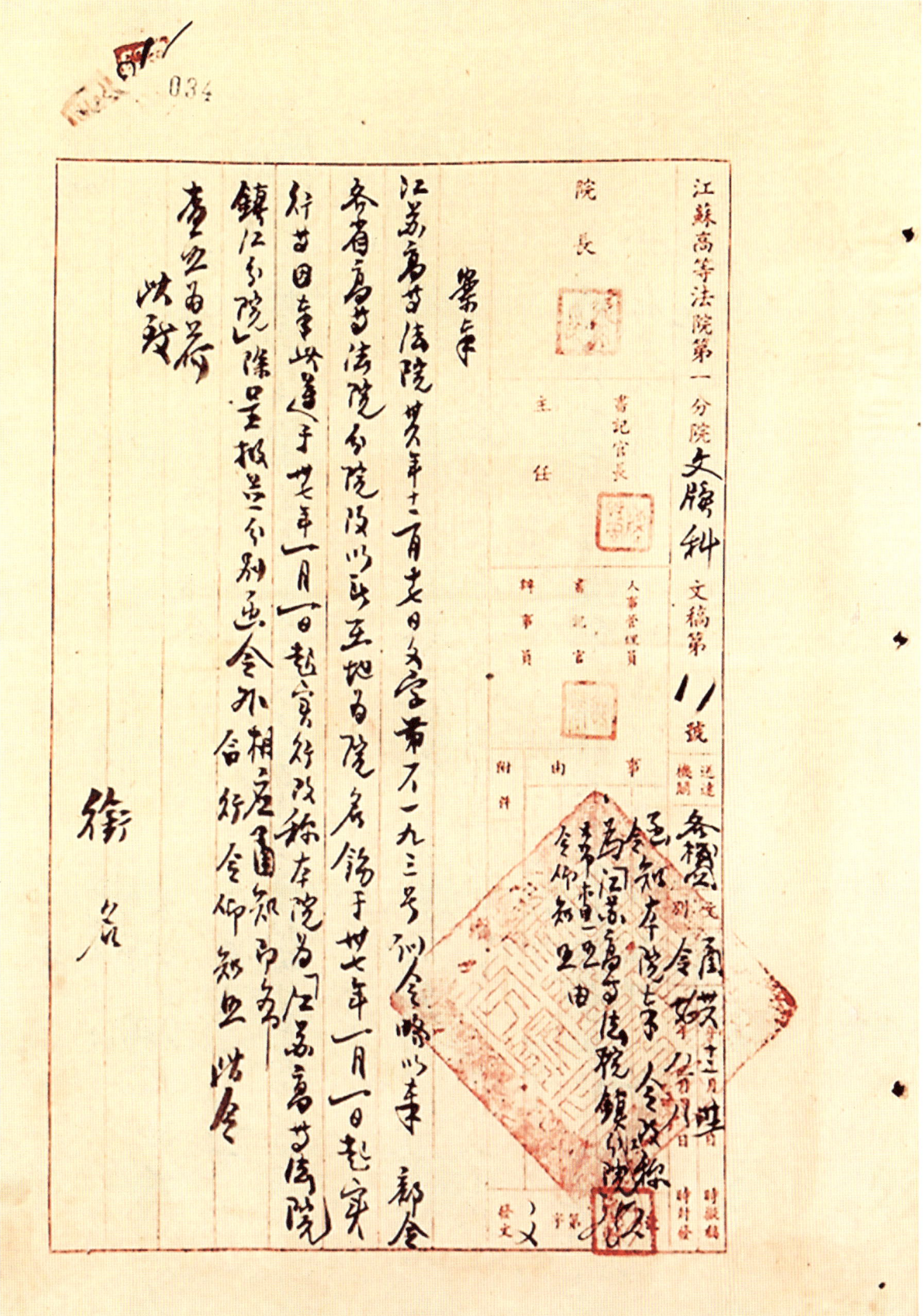
034

江蘇高等法院第一分院文牘科文稿第11號

院長

書記官長

主任

人事管理員

書記官

辦事員

事由：令知本院奉令改稱江蘇高等法院鎮江分院由

附件

送達機關：各機關

案奉

江蘇高等法院卅六年十二月廿七日人字第一九三號訓令略以：奉 部令

各省高等法院分院改以所在地為院名，飭于卅七年一月一日起實

行，等因，奉此，遵于卅七年一月一日起實行改稱本院為「江蘇高等法院

鎮江分院」，除呈報並分別函令外，相應函知，即希 合行令仰知照 此令

查照為荷 此致

衛

图15

江苏高等法院改称江苏高等法院镇江分院的指令（1947年）（档案号：A019-1947-001-0528-0034）

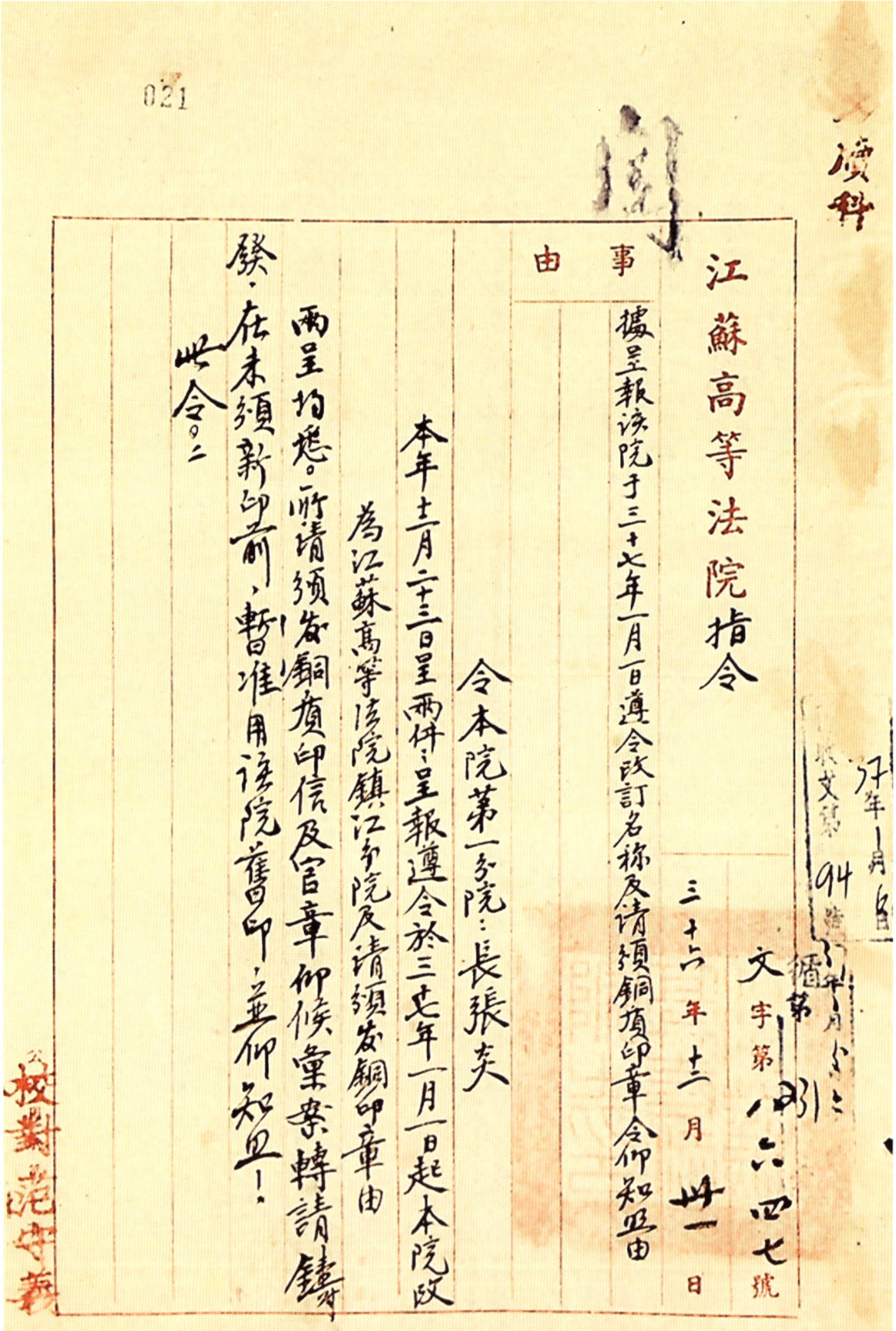
江蘇高等法院指令

事由：據呈報該院于三十七年一月一日遵令改訂名称及請頒銅質印章令仰知照由

三十六年十二月卅一日

文字第八六四七號

令本院第一分院院長張炎

本年十二月二十三日呈兩件，呈報遵令於三十七年一月一日起本院改為江蘇高等法院鎮江分院及請頒發銅印章由

兩呈均悉。所請頒發銅質印信及官章，仰候彙案轉請鑄發。在未頒新印前，暫准用該院舊印，並仰知照！

此令。

图16

江苏高等法院改订名称及请领铜质印章的指令（1947年）（档案号：A019-1947-001-0528-0021）

第一章

建筑工程

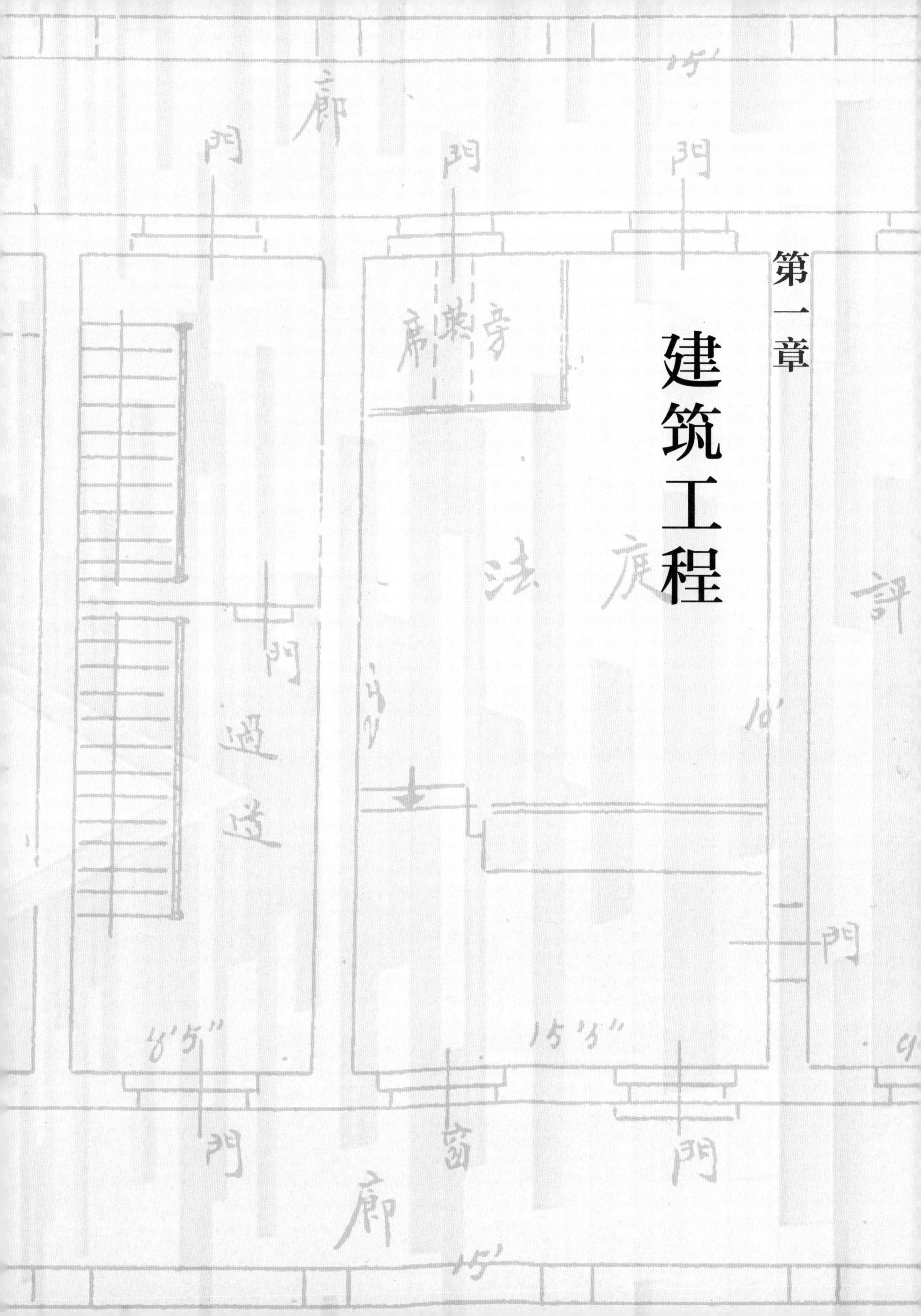

漫长的中国传统社会中，司法长期附属于行政。在州县层面，行政官兼理司法，不存在独立的司法机关，故也没有独立的司法办公场所。清末司法改革后，新式司法机构纷纷成立，其第一步就是要修建司法建筑以满足办公之需。因此，从清末至民国，新式司法机构的一项重要工作内容就是修建与之相匹配的司法建筑。在战乱频繁、积贫积弱的年代，修建司法建筑耗费颇多，实属不易，但也是考察政府对司法工作投入力度的重要指标。

1911年，清政府在镇江设立审判厅（检察厅）时，系通过购买民宅的方式解决办公场所之需，“镇江商埠设立地方审判厅并初级厅各一所，均购置民房修改，并添建看守所，共需银二万八千两，开办费约需银二千两”[①]。1923年，北洋政府恢复建立丹徒地方审判厅（检察厅），但其“厅址窄小，不敷办公应用”[②]。1926年，在江苏高等审判厅的主持下，并经北洋政府司法行政部核准，丹徒地方审判厅（检察厅）相关建筑工程正式启动，并经招投标确定由何源记建筑厂承建。开工不久，北伐军兵临镇江，工程停工。南京国民政府建立后，丹徒地方审判厅（检察厅）改为丹徒地方法院，其饬令何源记建筑厂继续工程建设，江苏高等法院非常重视，派员进行监工、检查和验收。此次修建奠定了在镇新式司法机构办公场所的基本格局。

全面抗战爆发后，镇江地方法院毁于日机轰炸，耗费10余年心血的司法建筑成为废墟。

1945年8月，抗日战争胜利结束，当年10月，在镇新式司法机构恢复办公，并计划在伪镇江地方法院的基础上修建司法建筑，以作办公之用。此次修建，在工程管理体制方面发生较大变化。全面抗战前，工程的规划、变更、验收及经费的支出等，由镇江（丹徒）地方法院报请江苏高等法院批准。抗战胜利后，江苏高等法院将此项权力下放，交由镇江法院监所修建委员会行使。该委员会由江苏高等法院第一（镇江）分院、镇江地方法院和镇江监狱三家单位的首长组成，主持镇江范围内所有司法建筑工程。

从整体上看，在镇新式司法机构的建筑规模在当时镇江各大机关单位中处于领先

---

① 《江苏巡抚程德全奏筹备宪政第四届接办情形折（续）》，《申报》1911年10月27日第18版。

② 《地审厅拟重建办公厅》，《申报》1925年10月4日第9版。

地位。1928年，省府迁镇，各大机关一般将城内旧建筑略加改造作为办公用房，并未大兴土木，如：省政府选择了位于红旗口的镇江中学初中部，民政厅选择了位于太平桥的敏成学校，财政厅选择了城内的将军衙门，省党部选择了城内的都统衙门，农工厅选择了位于登云山的润州中学。[①]后部分机关重建办公用房，但规模都较为有限，如：1932年8月建成的江苏省党部大楼，“建筑为两层砖木结构，楼上下共56间，外墙粉饰水泥石子面层，楼前中央设圆形花圃”；1933年1月建成的江苏省公路管理处，系“仿西式别墅建筑，砖木结构，主楼两层”。[②]在镇新式司法机构的建筑规模，与这些省级机关相比，毫不逊色。

镇江近代司法档案中有关建筑工程的史料，形成时间从1928年开始，主要由以下三类构成：

一是建筑工程规划设计档案，主要包括镇江（丹徒）地方法院、江苏高等法院第一（镇江）分院相关建筑工程的施工说明书和图纸。施工说明书详细记载了建筑工程的规模、规格和用工用料等情况，如：1947年《江苏镇江地方法院修建房屋工程施工说明书》载明“本工程包括建筑宿舍四间、收发室等四间、传达室一间、汽车库一间、洋台大门各一座……”[③]。图纸则形象地展示了建筑工程的式样和位置，本章选取了1928年《江苏镇江地方法院新建法庭完成图》、1948年《江苏镇江地方法院拆除旧平房及围墙平面图》、1948年《江苏高等法院镇江分院建筑办公大楼工程图》等图纸史料。

二是建筑工程监理监管档案，主要包括建筑工程合同、相关会议记录、有关部门的审批文书等。这些档案记录了镇江（丹徒）地方法院、江苏高等法院第一（镇江）分院、江苏高等法院、司法行政部等对建筑工程进行监理监管的情况。如：1946年镇江法院监所修建委员会与余记营造厂订立《建筑镇江江苏高等法院第一分院房屋工程合同》，其中第十一条规定“本合同一样六份，分别呈送司法行政部、江苏高等法院、江苏省审计处、江苏高一分院各一份，双方各执一份为凭”[④]，这体现了建筑工程的监理监管主体。

三是建筑工程经费档案，主要包括在相关建筑工程中形成的工料价目表、工程估价单、支出计算书、有关工程价格变动的申请及指令、建筑商的催款报告等。这些档

① 《苏省府代表莅镇》，《申报》1928年7月22日第10版。
② 过伟敏、刘佳：《镇江近代建筑》，东南大学出版社，2015，第226—227页。
③ 《江苏镇江地方法院修建房屋工程施工说明书》，镇江市档案馆藏，档案号：A020-1946-001-0226-0004。
④ 《建筑镇江江苏高等法院第一分院房屋工程合同》，镇江市档案馆藏，档案号：A020-1946-001-0382-0001。

案记录了有关建筑工程的价值和资金支付情况，也在一定程度上反映出当时的社会经济形势和政府财政力量。如：1947年，王殿记营造厂经理王德全报告“此项工程限期在即……而今资金已尽，几无法维持，且恐物价工资高涨，有碍工程用，特再陈苦衷，恳请钧会体念商艰，格外施恩，设法拨给第二期工料费贰千五百万元”①，南京国民政府的财政困窘由此可见一斑。

① 《王殿记营造厂请求拨发第二期工料款的报告》，镇江市档案馆藏，档案号：A020-1947-001-0226-0072。

一、工程规划设计

1. 江苏镇江地方法院新建法庭完成图（1928年）（档案号：A019-1928-001-0014-0061）

1926年至1928年，丹徒地方审判厅/丹徒（镇江）地方法院展开大规模修建工程，兴建二层法庭大楼一座。本组图片展现了1928年镇江地方法院法庭大楼竣工时的规模和样式。

法庭大楼二层，共有3间法庭、1间评议室；法庭大楼一层，共有2间法庭、1间执行庭、1间评议室。法庭均设有旁听席，其中3间法庭旁听席面积占比较大，2间较小。法庭大楼的布局设置说明，新式司法机构在建筑设计上已经考虑到了其公开审判、退庭评议等司法工作需求。

本组完成图附于《江苏镇江地方法院建筑新式法庭费用临时支出计算书表簿》后，由镇江地方法院院长黄用中在1928年12月19日呈报江苏高等法院。

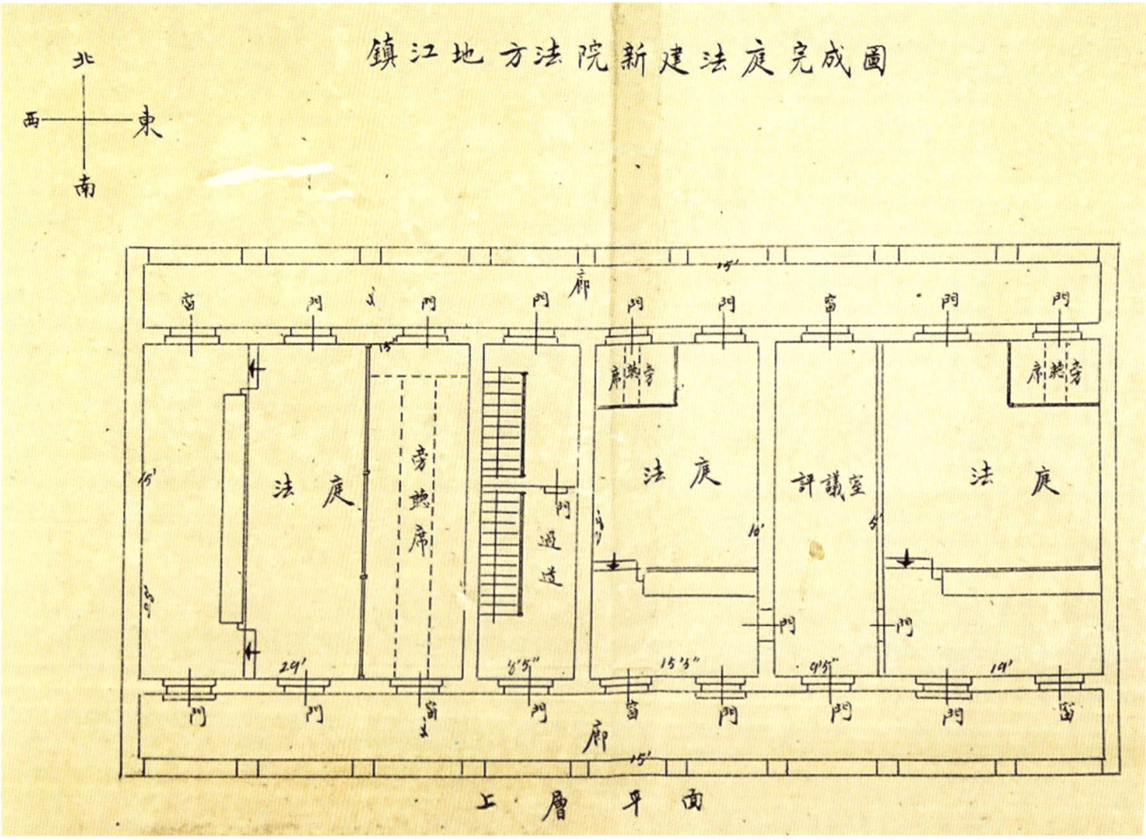

图1-1-1-1

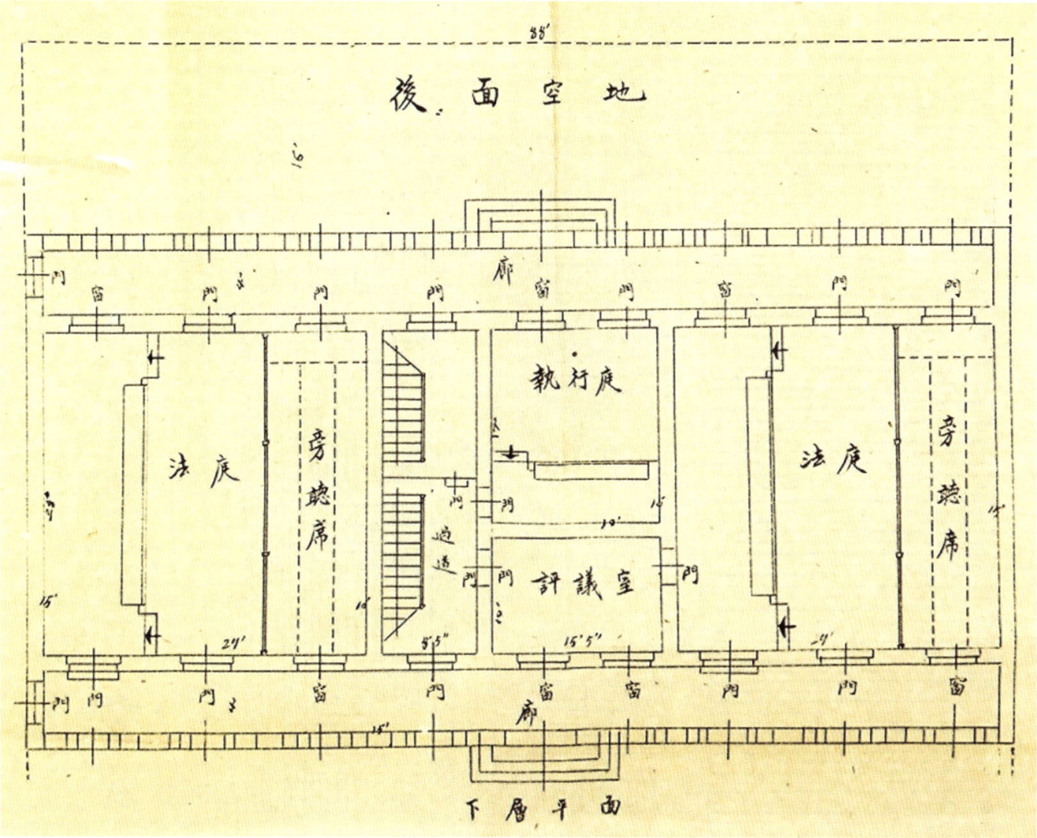
後面空地
廊
執行庭
法庭
旁聽席
評議室
法庭
旁聽席
廊
下層平面

图 1-1-1-2

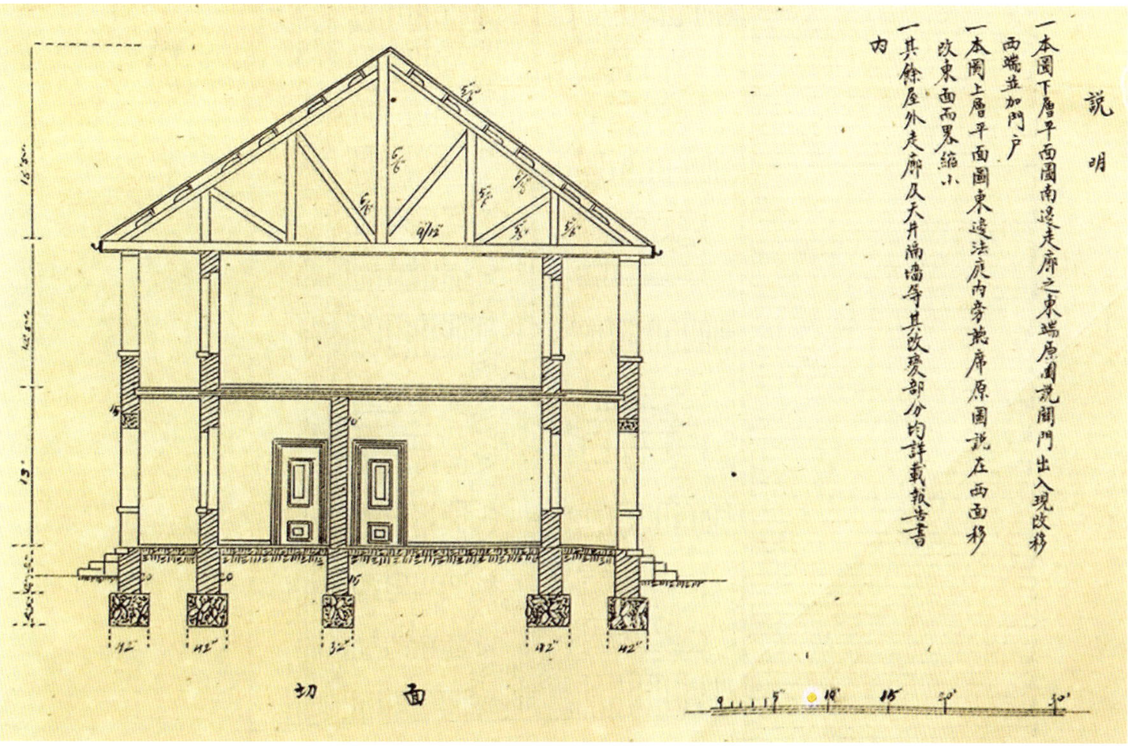
説明
一本圖下層平面圖南邊走廊之東端原圖說闢門出入現改移西端並加門户
一本圖上層平面圖東邊法庭內旁聽席原圖說在西面移改東西兩界縮小
一其餘屋外走廊及天井樯墙等其改變部分均詳載報告書内
切面

图 1-1-1-3

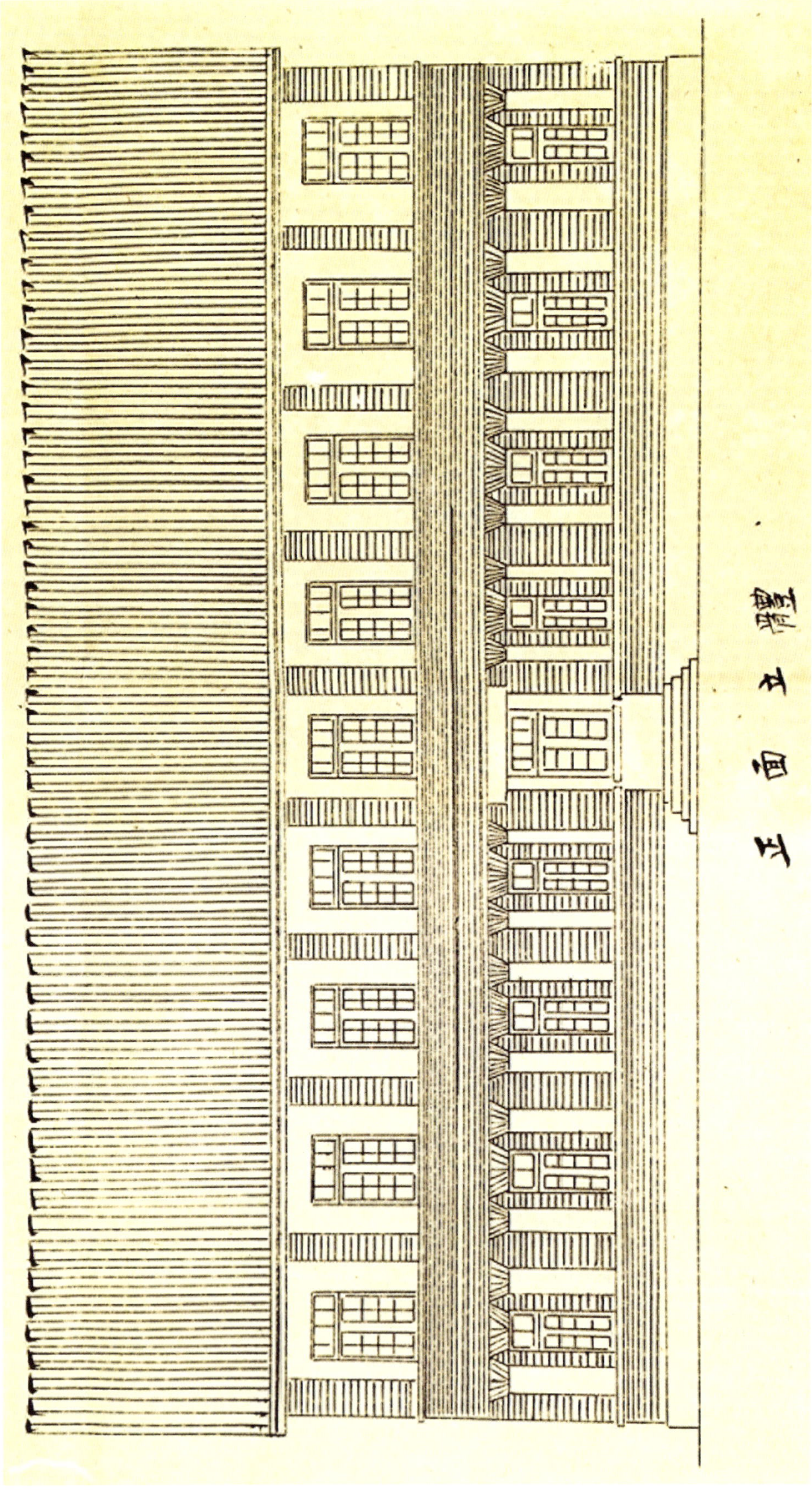

图1-1-1-4

2. 江苏镇江地方法院修建房屋工程施工说明书（1947年）（档案号：A020-1947-001-0226-0004）

抗战结束后，在镇新式司法机构又开始了大规模工程修建，该轮修建由镇江法院监所修建委员会主持。该工程说明书即由镇江法院监所修建委员会于1947年制定，对镇江地方法院相关建筑工程的地点、范围、规模、样式、用料和施工期限等做出了明确规定。

该工程说明书亦反映出镇江法院监所修建委员会在建筑工程方面拥有较大权力，如说明书第一章第六条规定“本会得增减或更改合同中之工程”，第四章第三十二条规定“一切工程进行程序须受本会监工员之指挥监督，如临时变更门窗式样，应受监工员之指示办理之”。

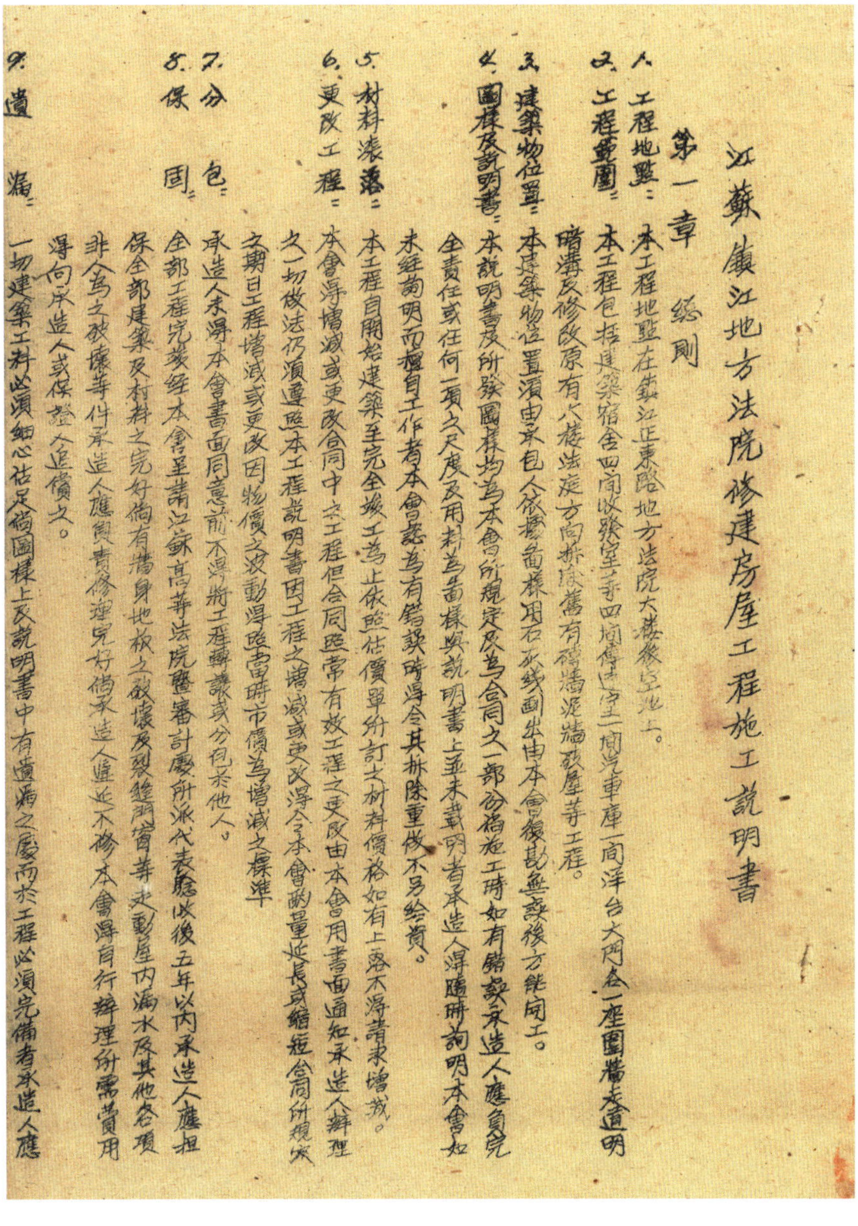
江蘇鎮江地方法院修建房屋工程施工說明書

第一章　總則

1. 工程地點：本工程地點在鎮江正東路地方法院大樓後空地上。
2. 工程範圍：本工程包括建築宿舍四間收發室等四間傳達室一間汽車庫一間洋台大門合一座圍牆走道明溝暗溝及修改原有大樓法庭方向拆除舊有磚牆泥牆披屋等工程。
3. 建築物位置：本建築物位置須由承包人依據圖樣用石灰線劃出由本會復勘無誤後方能開工。
4. 圖樣及說明書：本說明書及所發圖樣均為本會所規定及為合同之一部分施工時如有錯誤承造人應負完全責任或任何一項之尺度及用料為圖樣與說明書上並未載明者承造人得隨時詢明本會如未經詢明而擅自工作者本會認為有錯誤時得令其拆除重做不另給費。
5. 材料漲落：本工程自開始建築至完全竣工為止依照估價單所訂之材料價格如有上落不得請求增減。
6. 更改工程：本會得增減或更改合同中之工程但合同照常有效工程之更改由本會用書面通知承造人辦理之一切做法仍須遵照本工程說明書因工程之增減或更改得令本會酌量延長或縮短合同所規定之期日工程增減或更改因物價之波動得照當時市價為增減之標準
7. 分包：承造人未得本會書面同意前不得將工程轉讓或分包於他人。
8. 保固：全部工程完竣經本會呈請江蘇高等法院暨審計處所派代表驗收後五年以內承造人應担保全部建築及材料之完好倘有牆身地板之破壞及裂縫門窗等之動屋內漏水及其他各項非人為之破壞等件承造人應負責修理完好倘承造人遲延不修本會得自行辦理所需費用得向承造人或保證人追償之。
9. 遺漏：一切建築工料必須細心依照圖樣上及說明書中有遺漏之處而於工程必須完備者承造人應

图1-1-2-1

照做不得推諉

第二章　材料

10. 材料使用：本工程所用材料須依下列各條之規定其質量及大小運至工場時須由承包人正式通知本會派員驗明認為合格方可採用否則雖已建築仍須拆去或扣罰款項。

11. 青磚及本瓦：全部所用磚瓦須質地堅實樣式方正品質純潔顏色鮮勻者為合格。

12. 水泥：用上等泰山牌水泥因儲藏不慎致水泥發生硬塊或受潮時不得應用。

13. 沙子：用粗細勻有混合無間之黃沙或壓碎之堅石質應潔淨堅硬耐久不得含有塵土爛泥風化石鹹性物有機物或其他易於腐敗之雜物。

14. 石灰：全部所用之石灰須純正潔白完全燒透成塊形者為合格必須用水發透貯放十四日以上方得使用。

15. 杉木：本工程全部所用之杉木均須完整品質優良乾燥正直光滑堅實及無蟲蝕節疤裂縫者為合格。

16. 本會得供給建築材料一部份於訂立合同前通知承造人比照承造人估單數量單價結數扣除。

第三章　構造及施工

17. 基礎：所有牆基均做一比二比三石灰三合土尺寸依照圖載如發現土質鬆浮者應隨時加打木樁於四角及前後承重之處。

18. 磚牆：磚牆概用上等青磚照圖上註明尺度扁砌在扁砌之前須將磚先在水內浸透用一比二灰漿滿砌一應灰縫必須平直地板上五寸須放置木磚以便釘踢脚板。

19. 地坪：先將地面泥土填平壓實後用一比二比三加厚碎磚三和土搗實厚度照圖俟相當乾燥後用一二四三寸厚水泥鋪面（即一份水泥二份黃沙四份石子）

图1-1-2-2

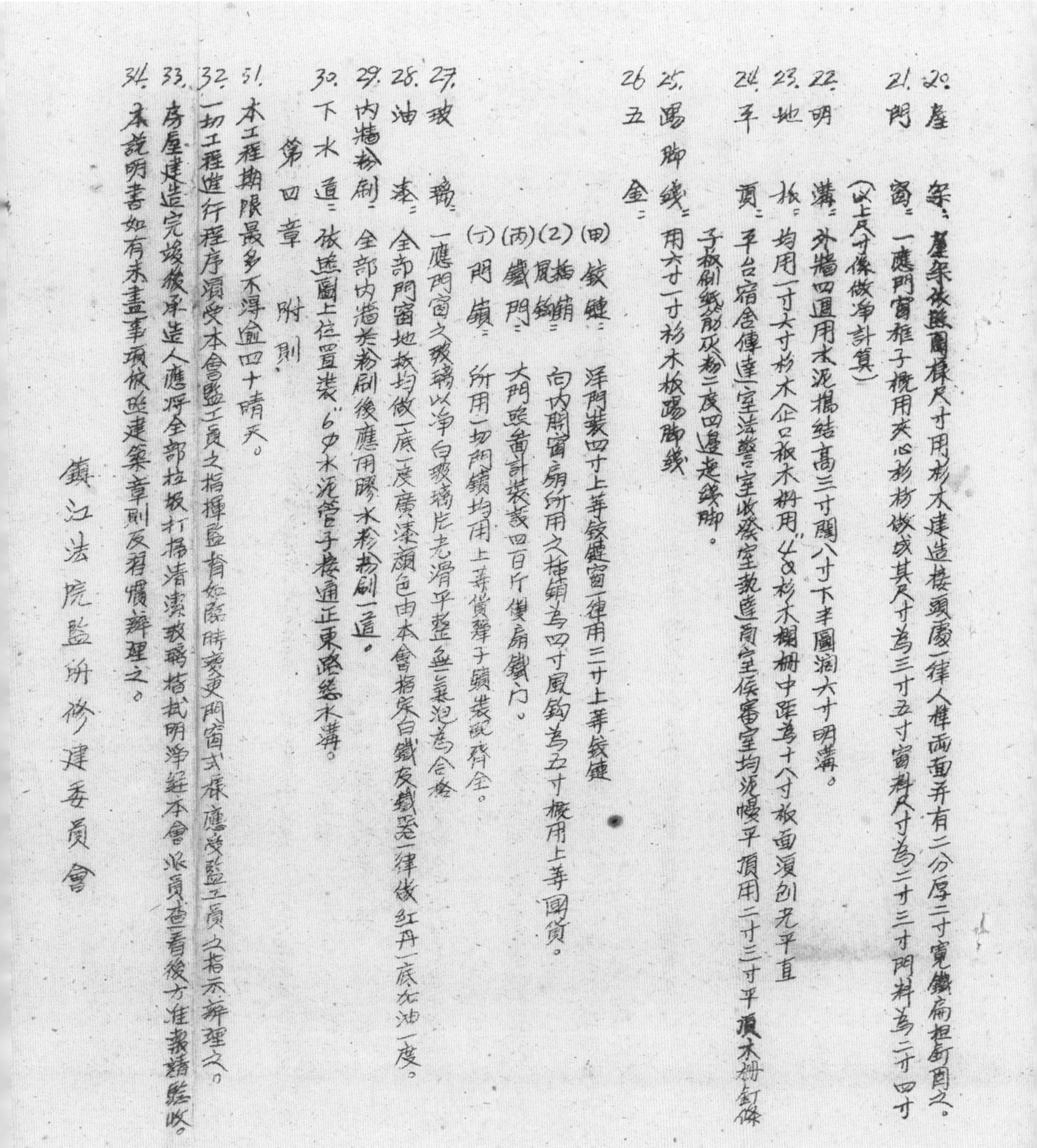

20. 屋架：屋架依照圖樣尺寸用杉木建造樓頭處一律人樺兩面并有二分厚二寸寬鐵扁担釘固之。
21. 門窗：一應門窗框子梃用夾心杉枋做成其尺寸為三寸五寸窗料尺寸為二寸三寸門料為二寸四寸
(以上尺寸係做淨計算)
22. 明溝：外牆四週用水泥搗結高三寸闊八寸下半圓洞六寸明溝。
23. 地板：均用一寸大寸杉木企口板木擱用4"×8"杉木擱柵中距為十八寸板面須刨光平直
24. 平頂：平台宿舍傳達室浴警室收發室執達員室候審室均泥幔平頂用二寸三寸平頂木柵釘條子板刷紙筋灰粉二度四邊走线脚。
25. 踢脚线：用六寸一寸杉木板踢脚线
26 五金：
(甲)鉸鏈：洋門裝四寸上等鉸鏈窗一律用三寸上等鉸鏈
(乙)插銷風鈎：向內開窗扇所用之插銷為四寸風鈎為五寸概用上等國貨。
(丙)鐵門：大門照圖計裝重四百斤雙扇鐵門。
(丁)門鎖：所用一切門鎖均用上等國貨彈子鎖裝配齊全。
27. 玻璃：一應門窗之玻璃以淨白玻璃片光滑平整無氣泡為合格
28. 油漆：全部門窗地板均做一底一度廣漆顏色由本會指定白鐵皮鐵器一律做紅丹一底灰油一度。
29. 內牆粉刷：全部內牆於粉刷後應用膠水粉粉刷一道。
30. 下水道：依照圖上位置裝6"水泥管子接通正東路總水溝。

第四章　附則

31. 本工程期限最多不得逾四十晴天。
32. 一切工程進行程序須受本會監工員之指揮監督如臨時變更門窗式樣應受監工員之指示辦理之。
33. 房屋建造完竣後承造人應將全部垃圾打掃清潔玻璃揩拭明淨經本會派員查看後方准報請驗收。
34. 本說明書如有未盡事項依照建築章則及習慣辦理之。

鎮江法院監所修建委員會

图1-1-2-3

3. 江苏镇江地方法院新建宿舍楼房工程施工说明书（1948年）（档案号：A019-1948-001-0678-0023）

清末民国时期，新式司法机构实行“流官”制度，就在镇新式司法机构而言，其推事、检察官、书记官等皆由江苏高等法院统一调配，故其需要提供宿舍供员工居住。

该说明书由镇江法院监所修建委员会于1948年制定，对镇江地方法院新建宿舍楼工程的地址、工程范围、施工尺度、地基、砖墙、平顶粉刷、楼地板及阁栅、屋架、明

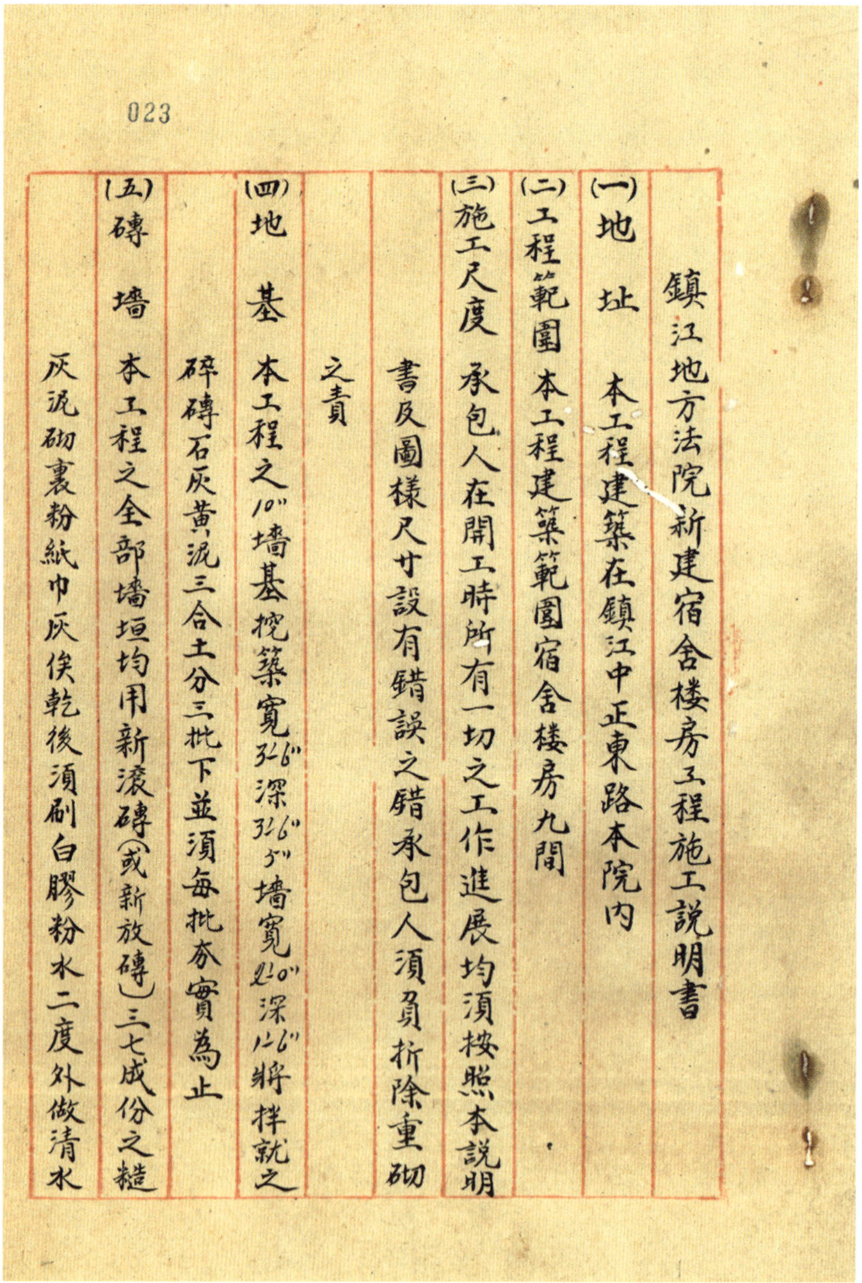
023

鎮江地方法院新建宿舍樓房工程施工說明書

(一)地址　本工程建築在鎮江中正東路本院内

(二)工程範圍　本工程建築範圍宿舍樓房九間

(三)施工尺度　承包人在開工時所有一切之工作進展均須按照本說明書及圖樣尺寸設有錯誤之錯承包人須負拆除重砌之責

(四)地基　本工程之10"墻基挖築寬3'6" 深3'6" 5"墻寬2'0" 深1'6" 將拌就之碎磚石灰黃泥三合土分三批下並須每批夯實為止

(五)磚墻　本工程之全部墻垣均用新滾磚(或新放磚)三七成份之糙灰泥砌裏粉紙巾灰俟乾後須刷白膠粉水二度外做清水

图1-1-3-1

沟、油漆等事项做出了明确规定。该说明书显示，宿舍楼房共计9间，地点即在“镇江中正东路本院内”。

与《江苏镇江地方法院修建房屋工程施工说明书》不同，该说明书并未在条款中详细规定镇江法院监所修建委员会在此次修建工程中的权力，但列明了对工程的具体要求，且指明“承包人在开工时所有一切之工作进展均须按照本说明书及图样尺寸”。

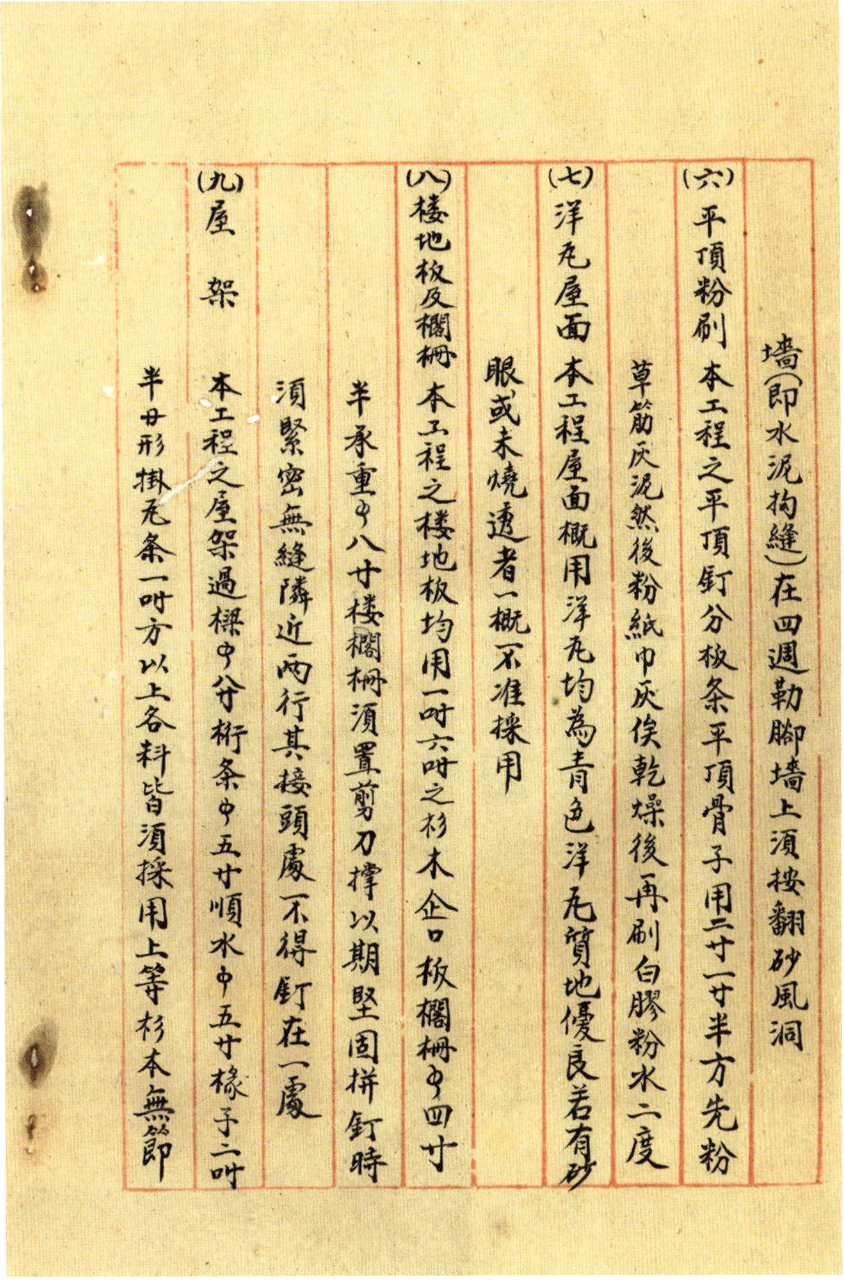

墙(即水泥构縫)在四週勒脚墙上須按翻砂風洞

(六)平頂粉刷　本工程之平頂釘分板条平頂骨子用二寸一寸半方先粉草筋灰泥然後粉紙巾灰俟乾燥後再刷白膠粉水二度

(七)洋瓦屋面　本工程屋面概用洋瓦均為青色洋瓦質地優良若有砂眼或未燒透者一概不准採用

(八)樓地板及欄柵　本工程之樓地板均用一吋六吋之杉木企口板欄柵中四寸半承重中八寸樓欄柵須置剪刀撑以期堅固拼釘時須緊密無縫隣近兩行其接頭處不得釘在一處

(九)屋架　本工程之屋架過樑中分桁条中五寸順水中五寸椽子二吋半毋形掛瓦条一吋方以上各料皆須採用上等杉木無節

图 1-1-3-2

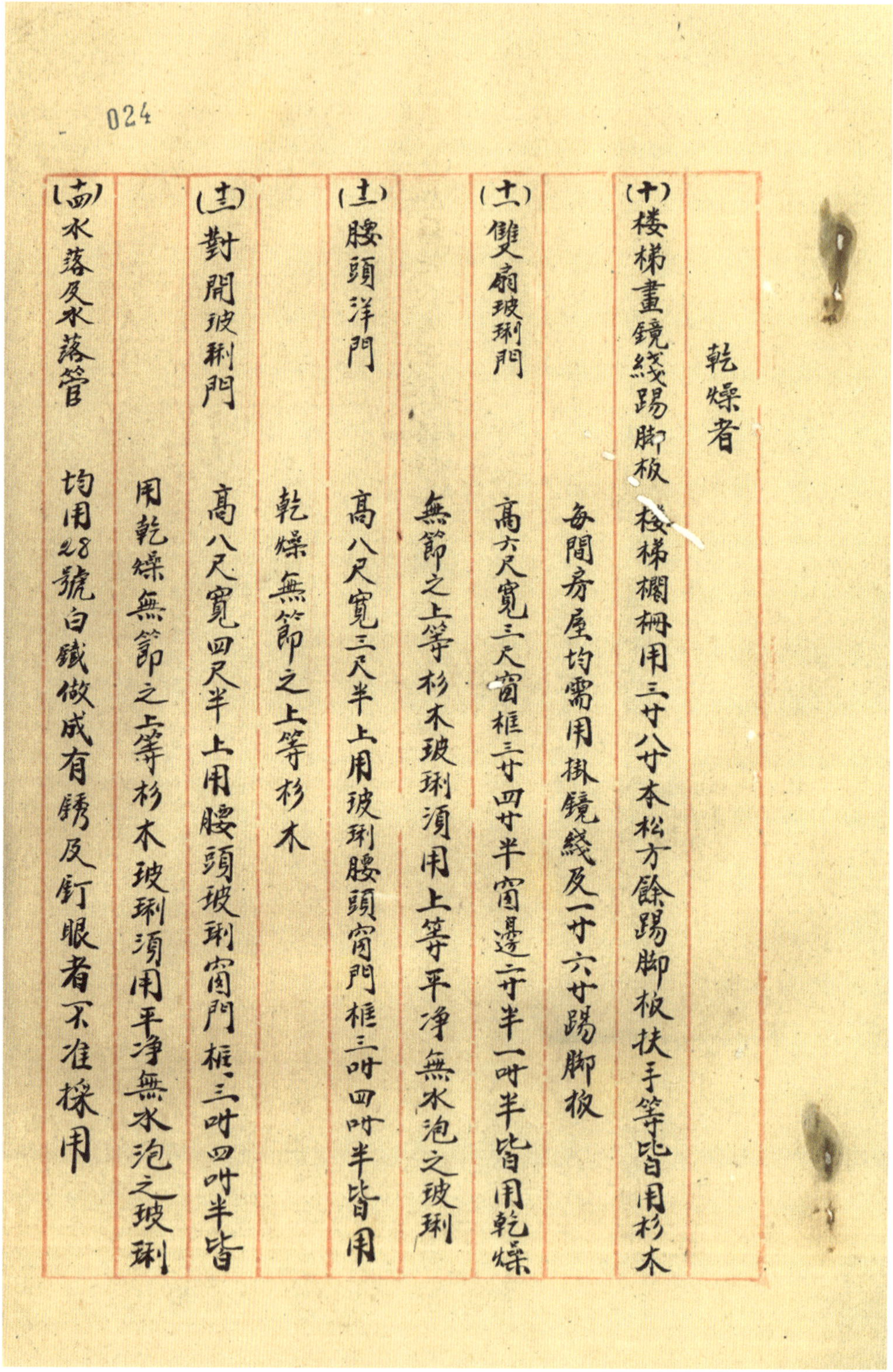

024

乾燥者

（十）楼梯畫鏡綫踢脚板　楼梯欄栅用三寸八寸本松方餘踢脚板扶手等皆用杉木

每間房屋均需用掛鏡綫及一寸六寸踢脚板

（十一）雙扇玻璃門　高六尺寬三尺窗框三寸四寸半窗邊二寸半一吋半皆用乾燥

無節之上等杉木玻璃須用上等平淨無水泡之玻璃

（十二）腰頭洋門　高八尺寬三尺半上用玻璃腰頭窗門框三吋四吋半皆用

乾燥無節之上等杉木

（十三）對開玻璃門　高八尺寬四尺半上用腰頭玻璃窗門框三吋四吋半皆

用乾燥無節之上等杉木玻璃須用平淨無水泡之玻璃

（十四）水落及水落管　均用28號白鐵做成有銹及釘眼者不准採用

图1-1-3-3

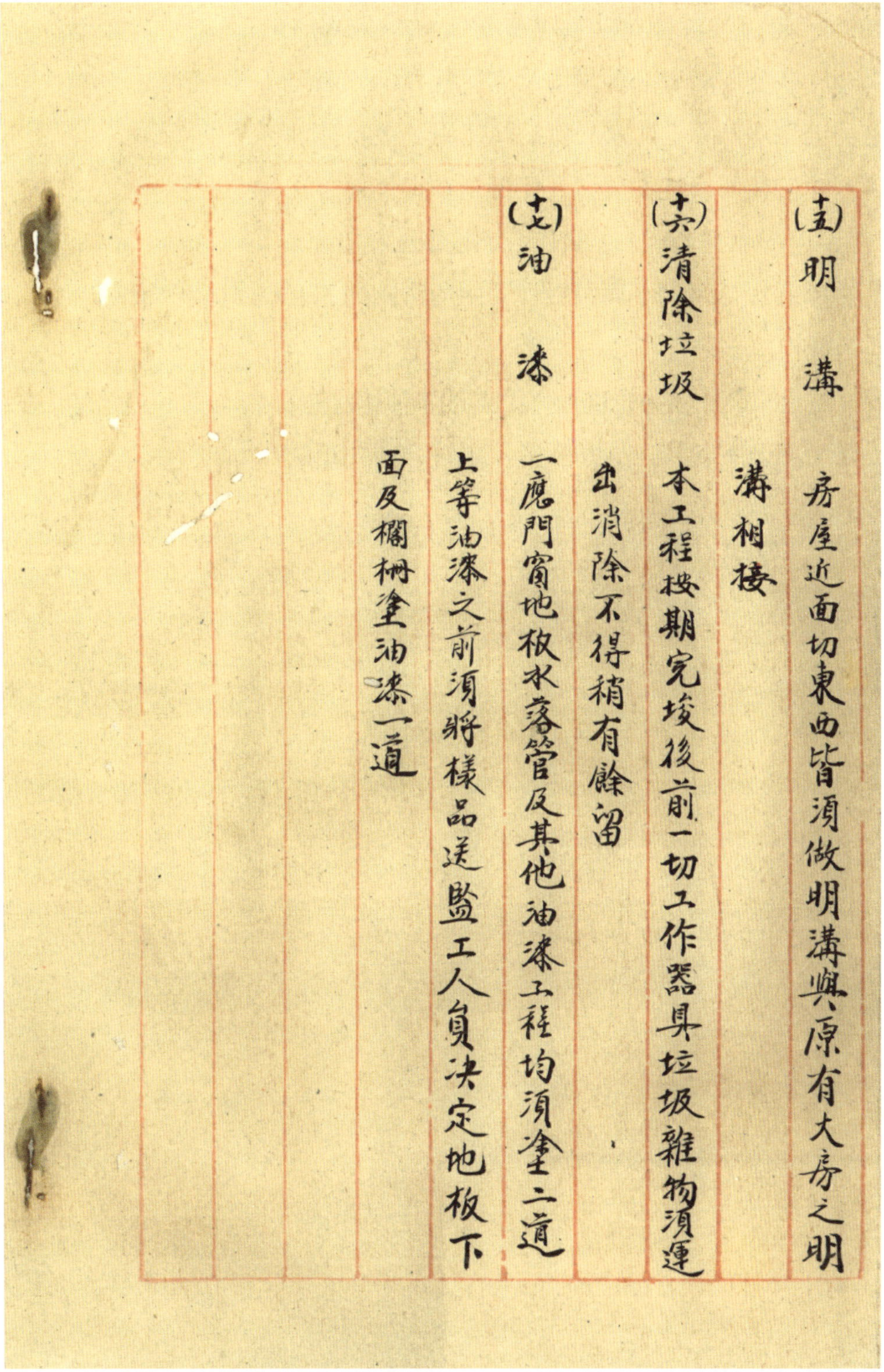

(十五) 明　溝　房屋近面切東西皆須做明溝與原有大房之明溝相接

(十六) 清除垃圾　本工程按期完竣後前一切工作器具垃圾雜物須運出消除不得稍有餘留

(十七) 油　漆　一應門窗地板水落管及其他油漆工程均須塗二道上等油漆之前須將樣品送監工人員決定地板下面及欄栅塗油漆一道

图 1-1-3-4

4. 江苏镇江地方法院拆除旧平房及围墙平面图（1948年）（档案号：A019-1948-001-0687-0086）

自1935年起，江苏高等法院驻镇分院始终与镇江地方法院合署办公。随着业务量以及人员规模的不断增大，原有办公用房已不敷两家法院共同使用，故抗战胜利后，镇江法院监所修建委员会开始谋划在镇江地方法院附近兴建江苏高等法院第一（镇江）分院办公大楼。

这张绘制于1948年的平面图展示了两所法院的相互位置及建筑规模。该平面图还反映出，江苏高等法院第一分院大楼的建筑设计较为先进——设置了律师休息室、会客室、法警办公室和执达员办公室，更符合新式司法的功能需求。

图1-1-4

地方法院拆除舊平房及圍墻平面图

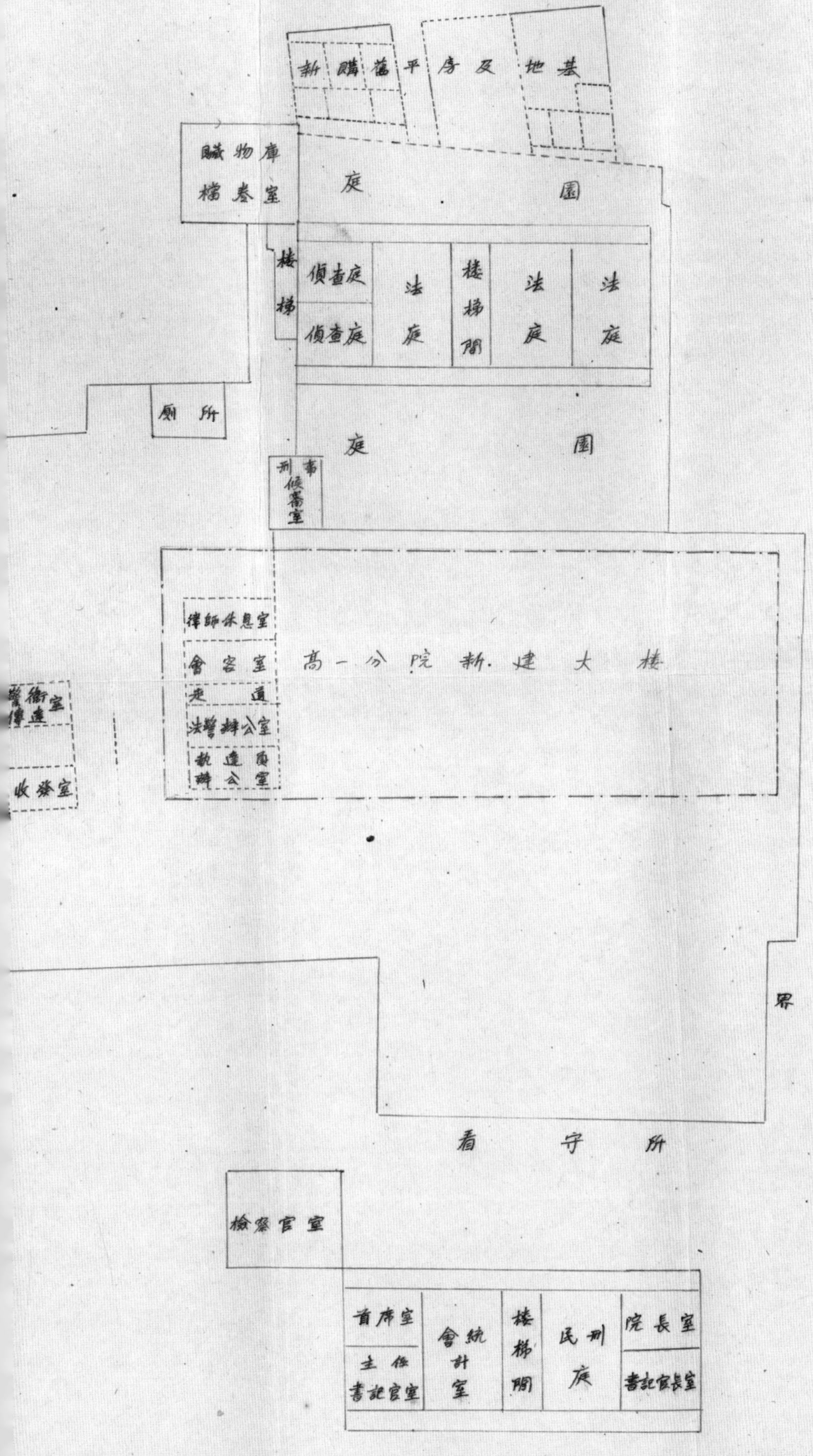

5. 江苏镇江地方法院总地形详图（1948年）（档案号：A019-1948-001-0678-0023）

右图虽名为“江苏镇江地方法院总地形详图”，但实则反映了镇江地方法院和江苏高等法院第一（镇江）分院两家单位的建筑规划。

该图主要由以下几个部分组成：看守所办公室及地院厨房用地、高分院大楼、高分院平房、地院空地、看守所空地、看守所、看守所新买殷姓空地等。

该图还显示，在镇新式司法机构在南北方向上紧邻镇江的南门大街，在法院大门处拟占用南门大街的部分用地兴建长27.7米、宽6.3米的院墙，院墙南侧拟建“地院合作社”。

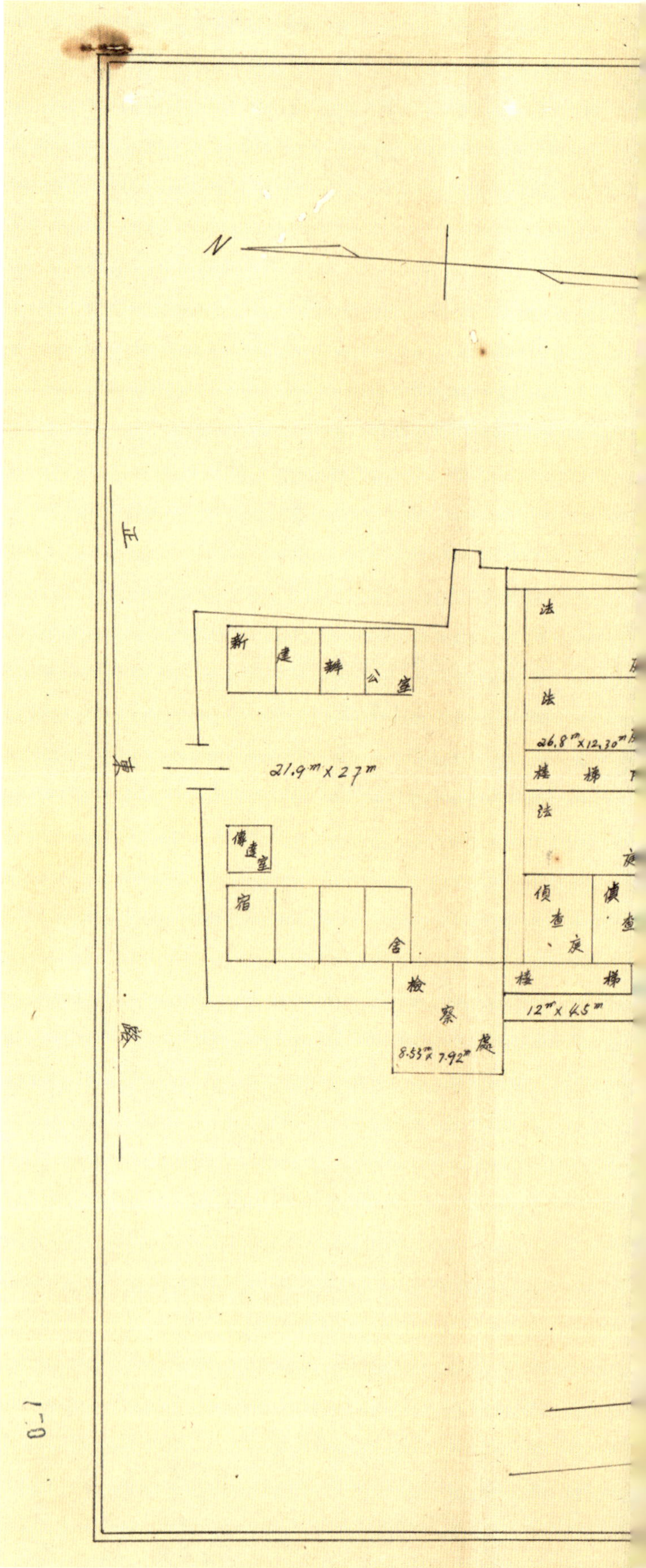

图1-1-5

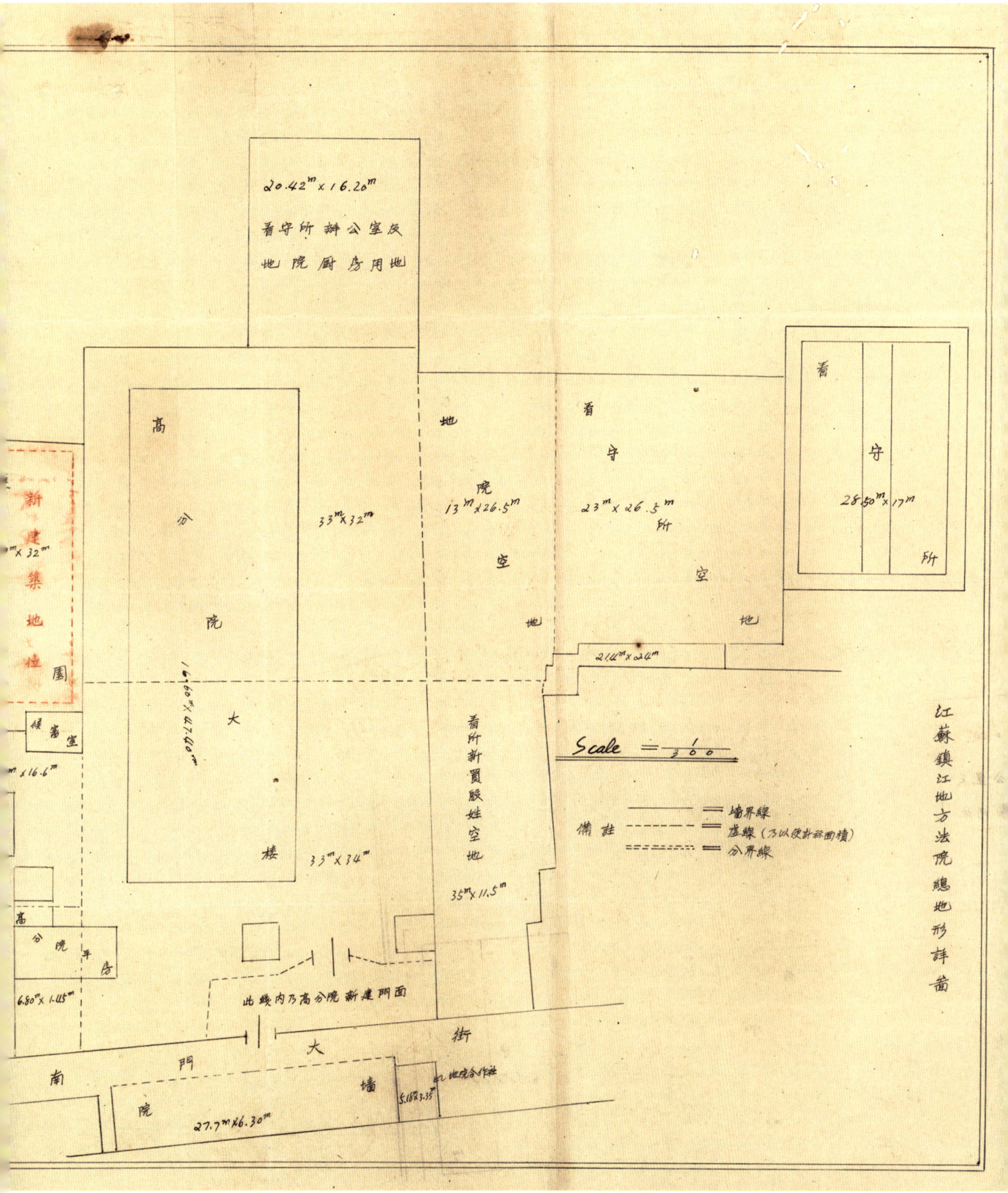
江蘇鎮江地方法院總地形詳圖
20.42m×16.20m
看守所辦公室及地院廚房用地
高分院大樓
33m×32m
16.60m×47.40m
33m×34m
地院空地
13m×26.5m
看守所空地
23m×26.5m
看守所
28.50m×17m
看守所新買殷姓空地
35m×11.5m
新建築地位
圍
候審室
高分院平房
Scale = 1/300
備註
墻界線
虛線（乃以便計算面積）
分界線
此綫內乃高分院新建門面
南門大街
院墻
27.7m×6.30m
地院合作社

6. 江苏镇江地方法院办公室及宿舍平面及剖面图（1948年）（档案号：A019-1948-001-0678-0001）

1948年1月6日，镇江地方法院向江苏高等法院报告："查本院院址仅有楼房一座，楼上为院检两方全部办公之用，楼下勉设法庭四座，楼前两面虽有平房数间，尚不敷传达、收发、会客、候审及员警办公等室之用。至职员宿舍则全付缺如，纵使租赁房屋，匪特租金高昂无力支付，抑且房荒严重，无屋可租，按提高工作效率应从安定同人生活着手，是以添建宿舍似为刻不容缓。"

右图从不同视角展现了镇江地方法院拟建办公宿舍楼及其门窗的样式和规格。

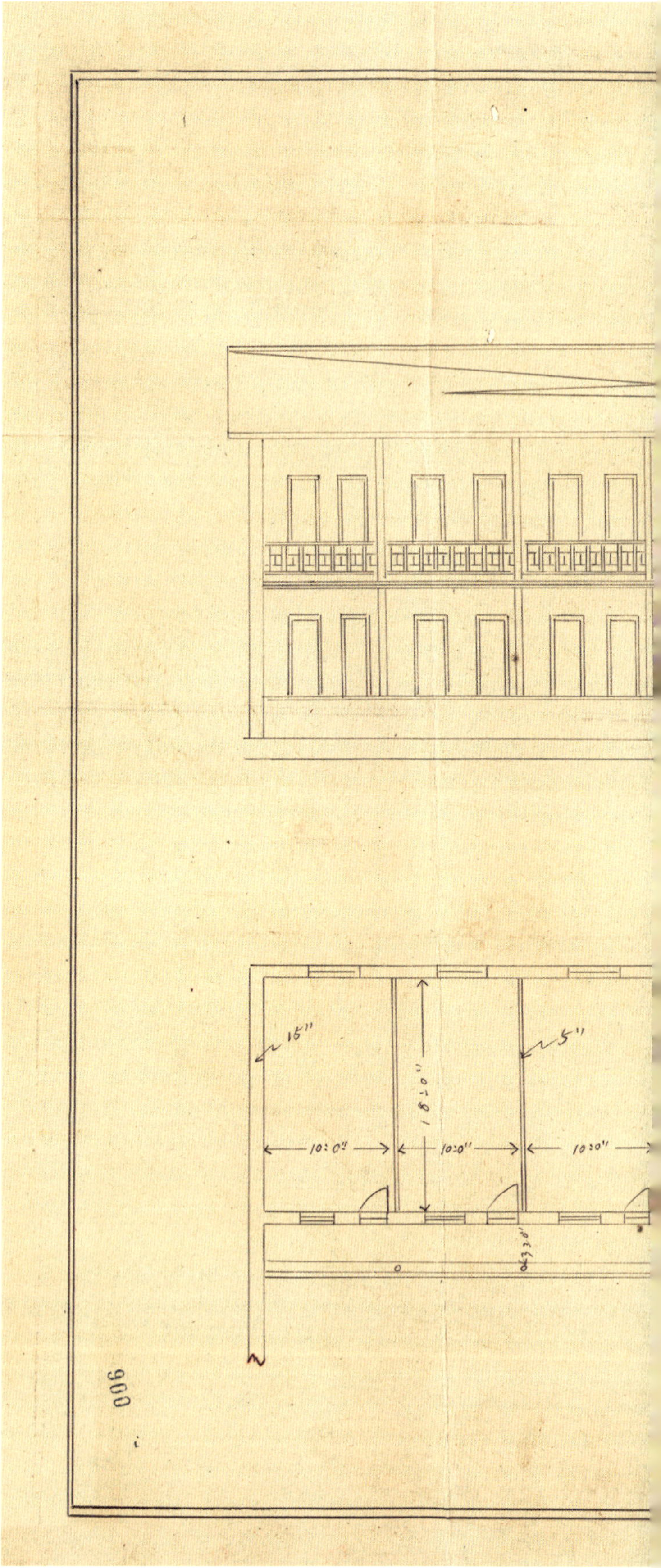

图1-1-6

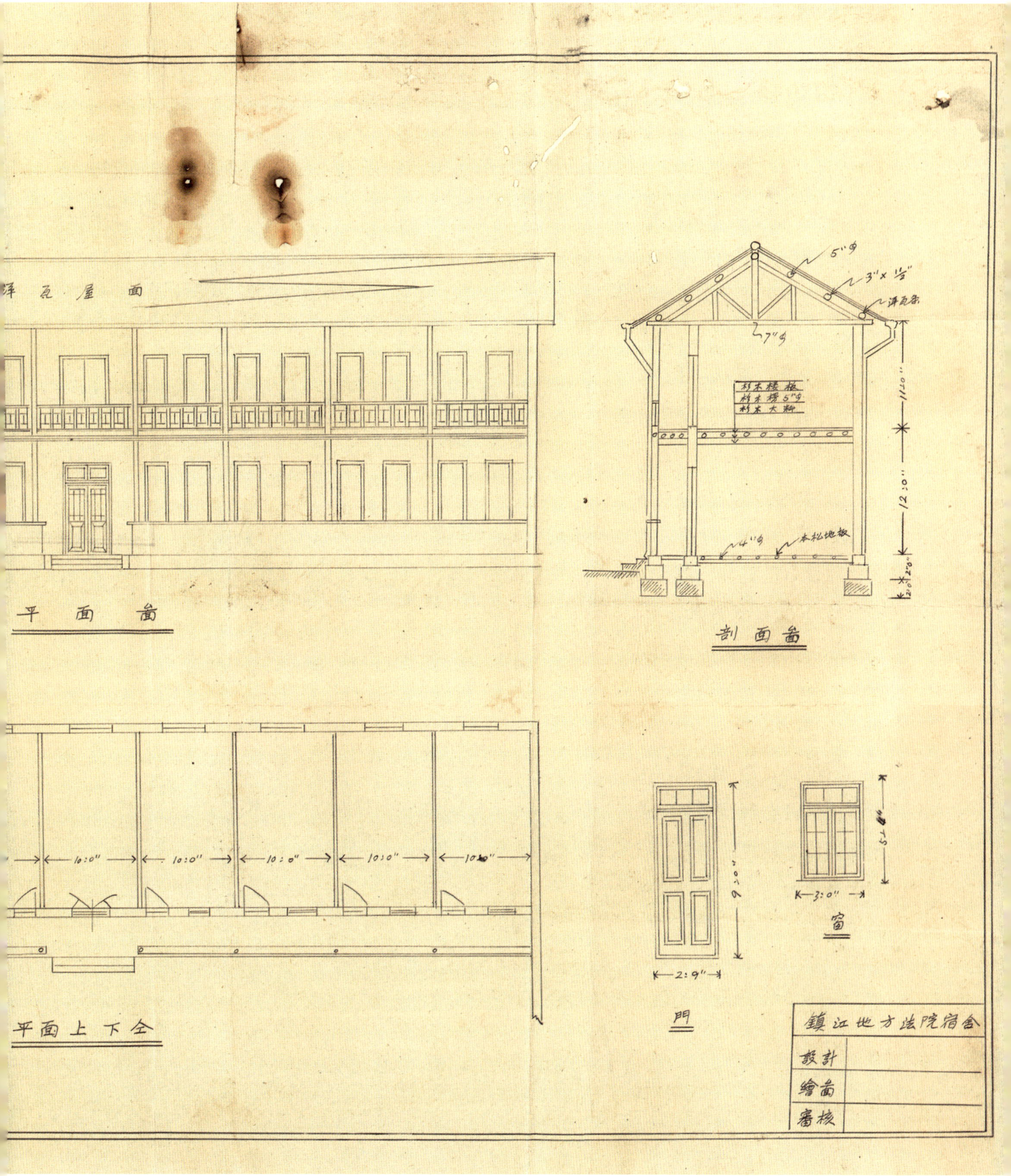
洋瓦屋面
平面畣
剖面畣
5"ϕ
3"×1½"
洋瓦条
7"ϕ
杉木楼板
杉木楞 5"ϕ
杉木大脚
4"ϕ
木松地板
12'0"
10'0"
平面上下仝
門
2'9"
9'0"
窗
3'0"
鎮江地方法院宿舍
設計
繪畣
審核

7. 江苏高等法院镇江分院建筑办公大楼工程图（1948年）（档案号：A019-1948-001-0679-0038）

本组3幅工程图从正面、后面、侧面、剖面等不同角度全面展现了江苏高等法院第一（镇江）分院拟建办公大楼的规模、规格、样式、各个空间的功能设置及所在位置。

工程图显示，江苏高等法院第一（镇江）分院办公大楼除设有法庭和一般办公室外，还设有律师休息室、公设辩护人室、医务室和礼堂等，体现出新式司法机构的功能定位。

不过需要指出的是，由于国统区社会经济形势的恶化及国民党政权的覆灭，工程图最终没有得到全面实施的机会。

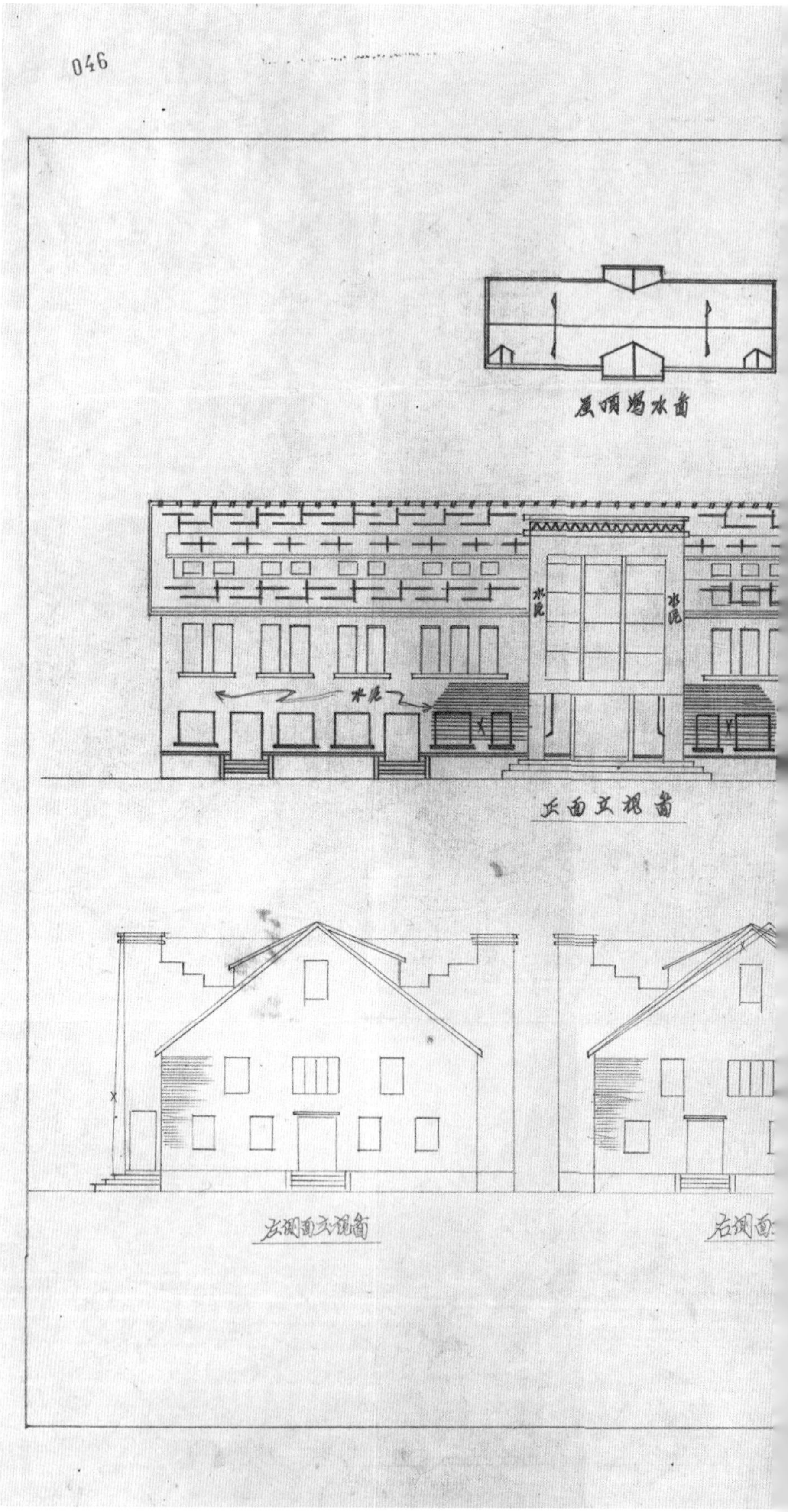

图1-1-7-1

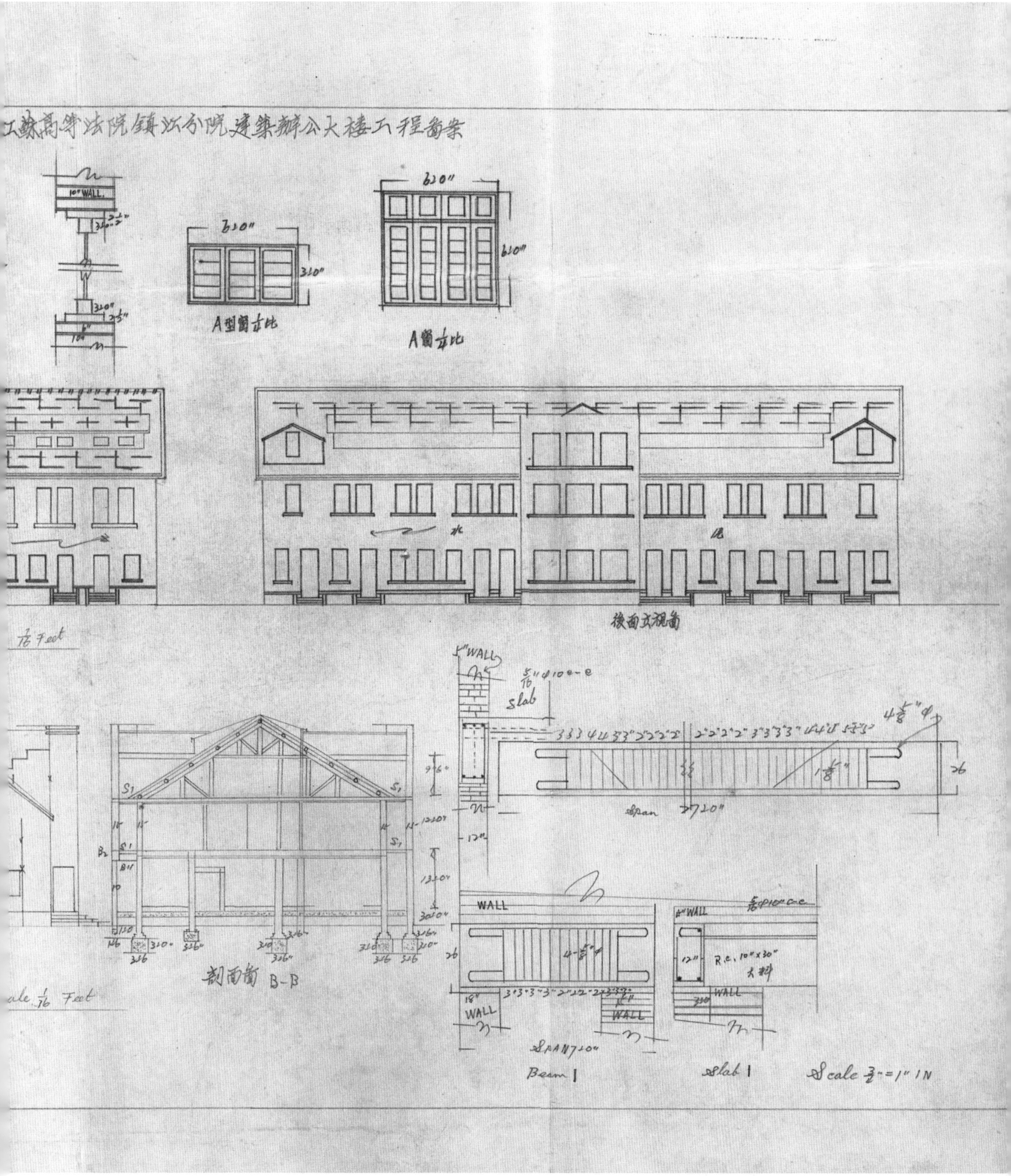
苏高等法院镇江分院建築辦公大樓工程圖案
10" WALL.
後面立視圖
剖面圖 B-B
WALL
Span
Beam 1
Slab 1
Scale

047

江苏高等法院镇江分院

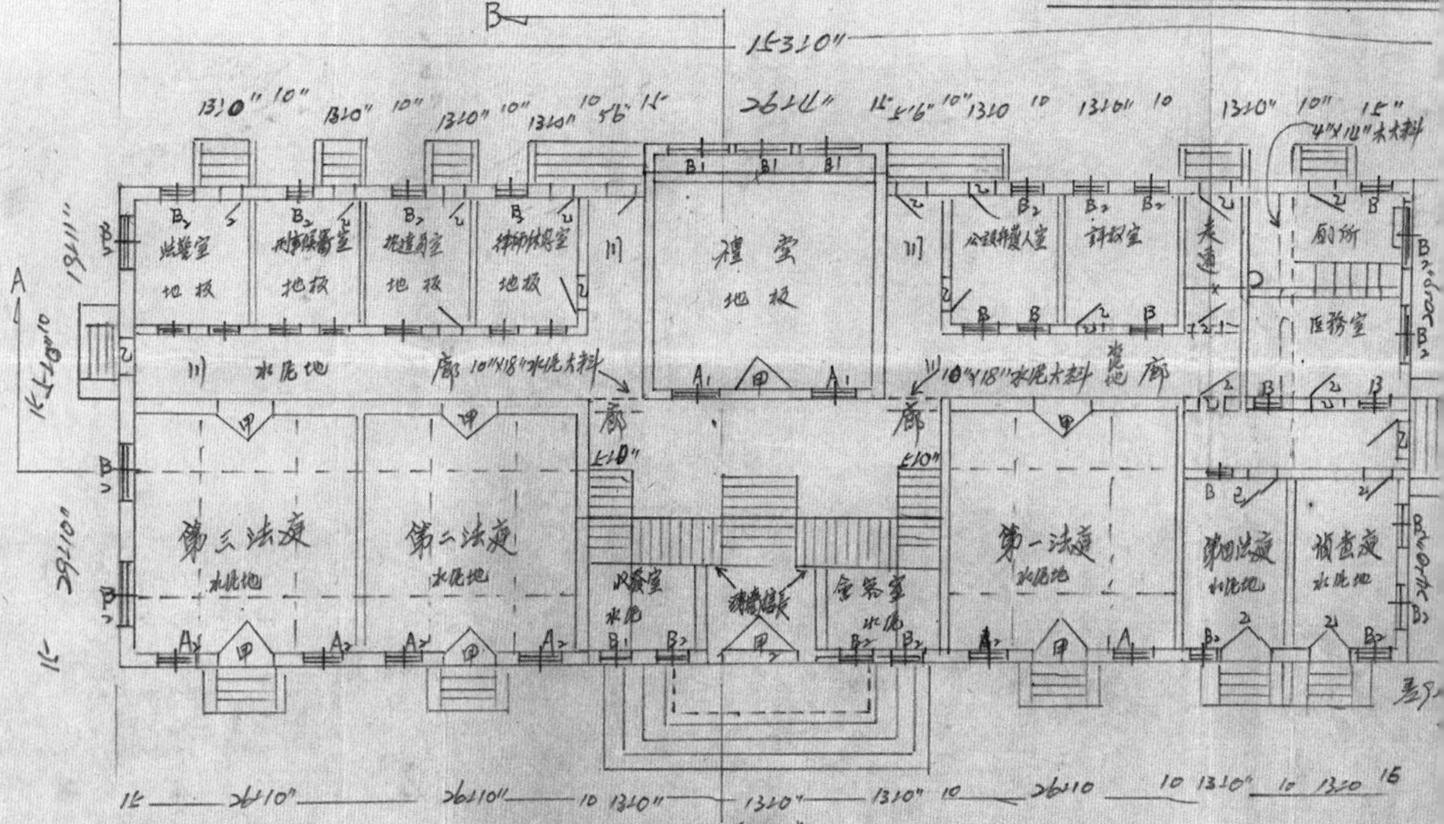

下層平面圖

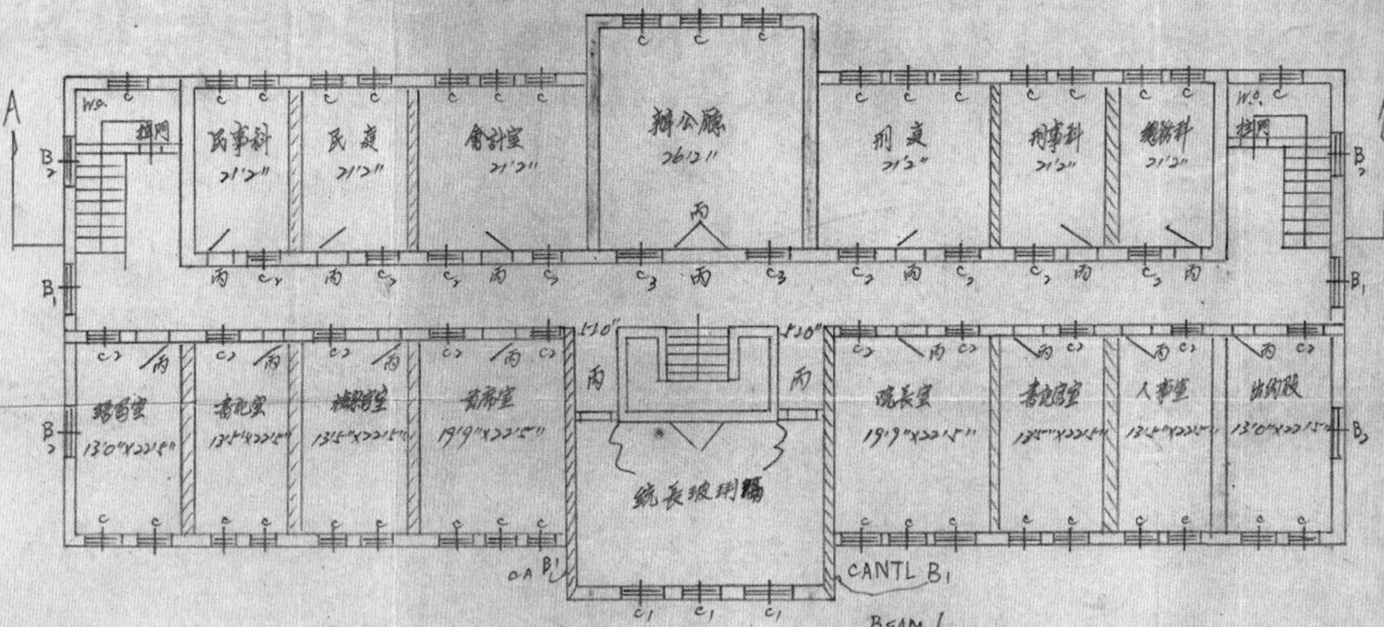

BEAM 1
SPAN 7'0"
TOTAL LD 614.000#"
AS = USE 4-5/8 $M=\frac{WL}{8}$
BEAM 2
SPAN 27'0"
TOTAL LD 614000#
AS = USE 4-5/8" 1-5/8"

本工程窗表

名目	尺吋	數	說明	名目	尺吋	數	說明
A1 窗	4'0"x6'0"	2.	川廊横風窗	C1 窗	6'0"x3'6"	12.	
A2 "	6'0"x6'0"	6.	" " "	C2 "	2'6"x3'0"	18.	
B "	3'0"x4'0"	13.		C3 "	2'6"x6'0"	6.	
B1 "	6'0"x6'0"	3.		C4 "	2'8"x3'6"	24	
B2 "	3'0"x6'0"	26.					
C "	3'0"x5'6"	38.					

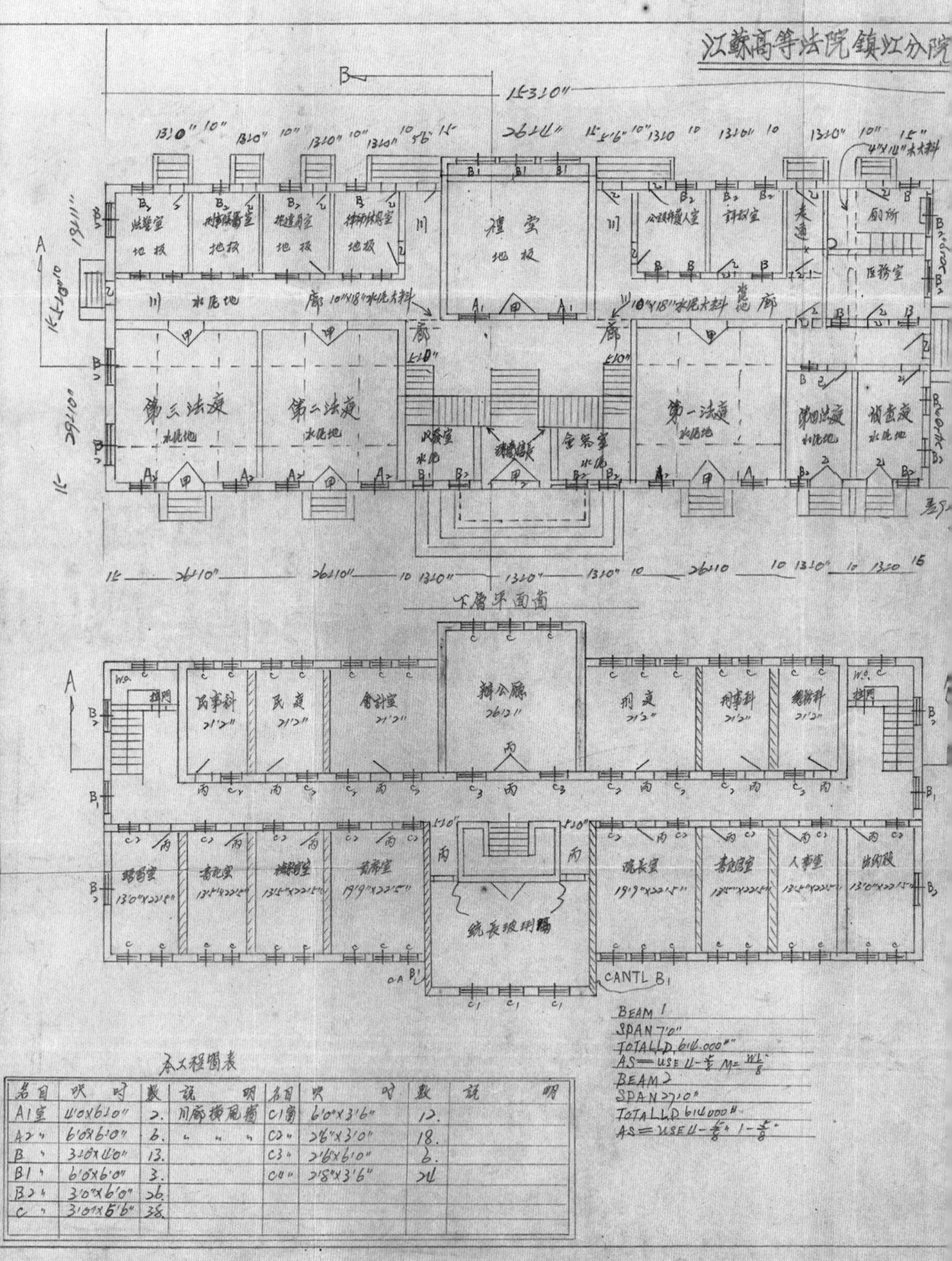

辦公大樓工程圖　江蘇高等法院製

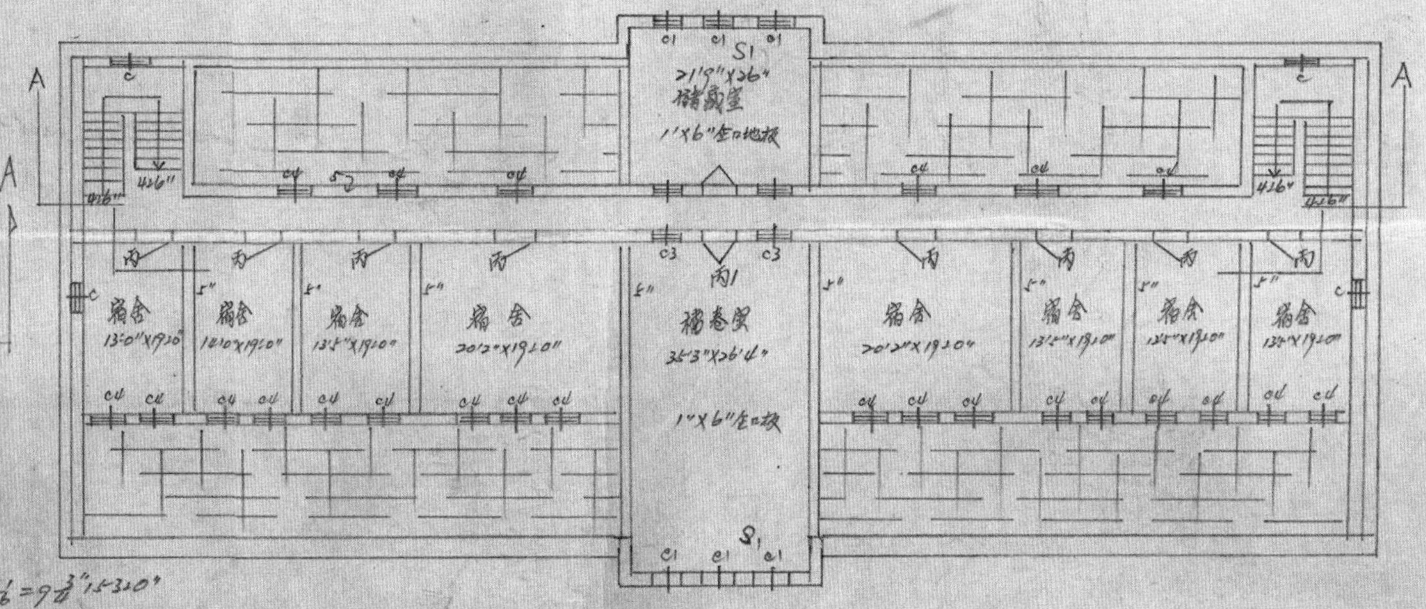

洗樓平面圖

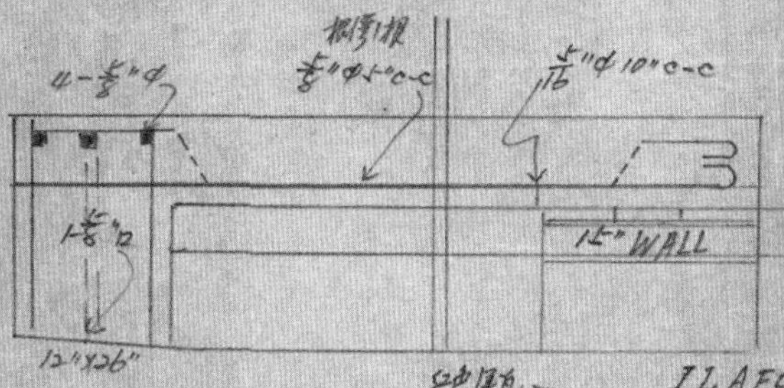

ILAESI SCALE 3/4"=1'0

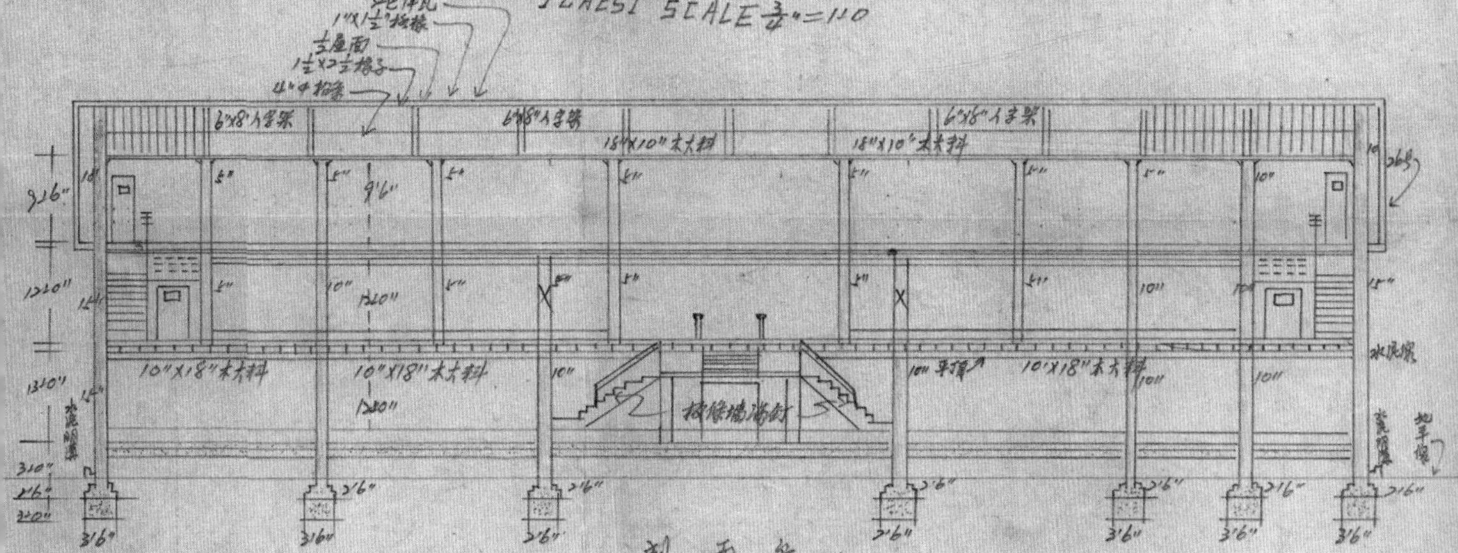

剖面圖 A-A

木工程門表	名目	尺寸	数	說明	
	甲門	5'0"×9'0"	3	外墻面	22扇
	甲〃	4'0"×7'0"	4	川廊内	22扇
	甲〃	6'0"×8'6"	1	正門	22扇
	乙〃	3'0"×7'6"	24		单扇
	丙〃	3'0"×7'6"	24		单扇
	丙〃	4'0"×7'6"	3		22扇

35.10.　SCALE 1/16" 每一吋作十六英呎

本工程全部依所示尺寸為標準

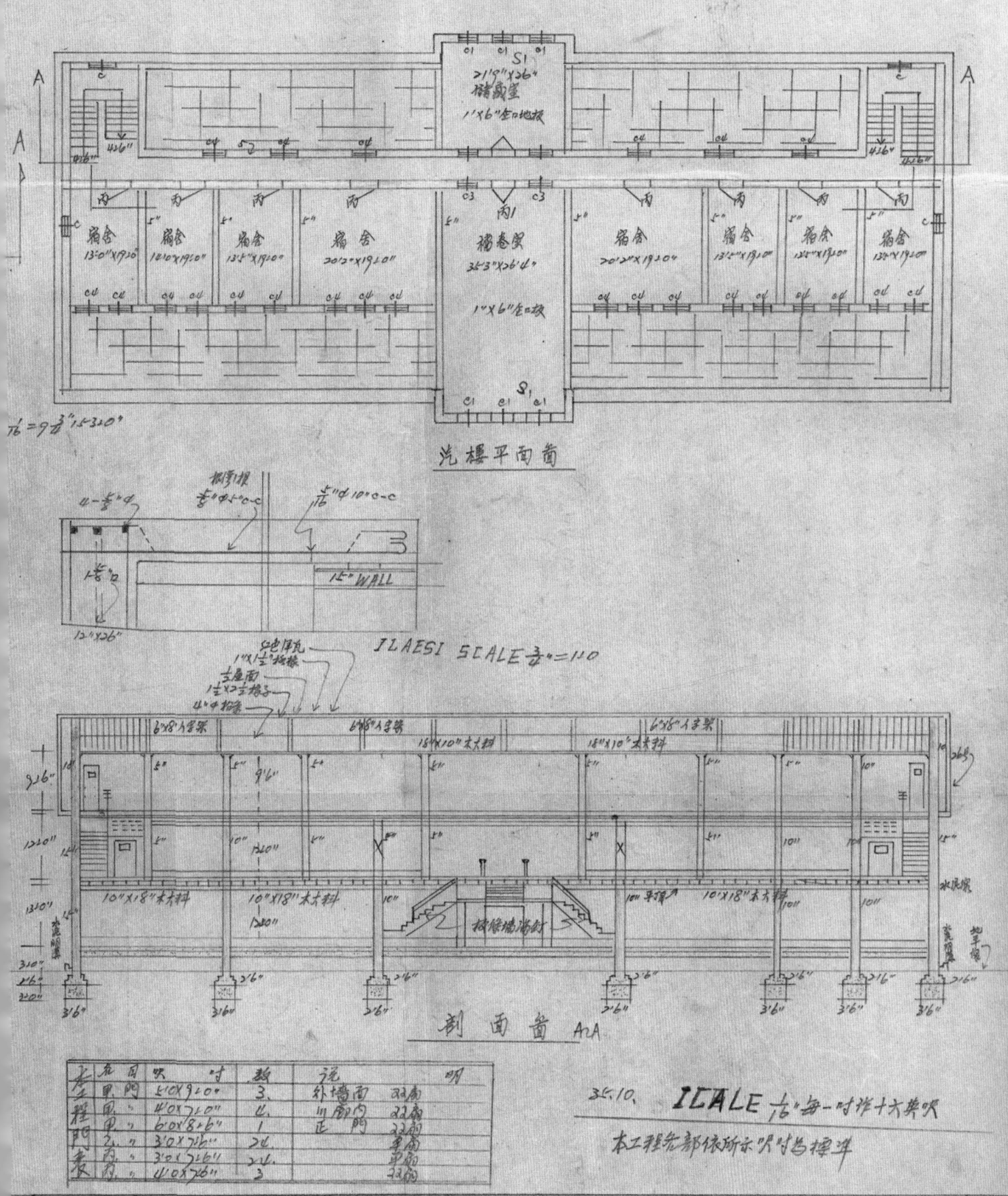

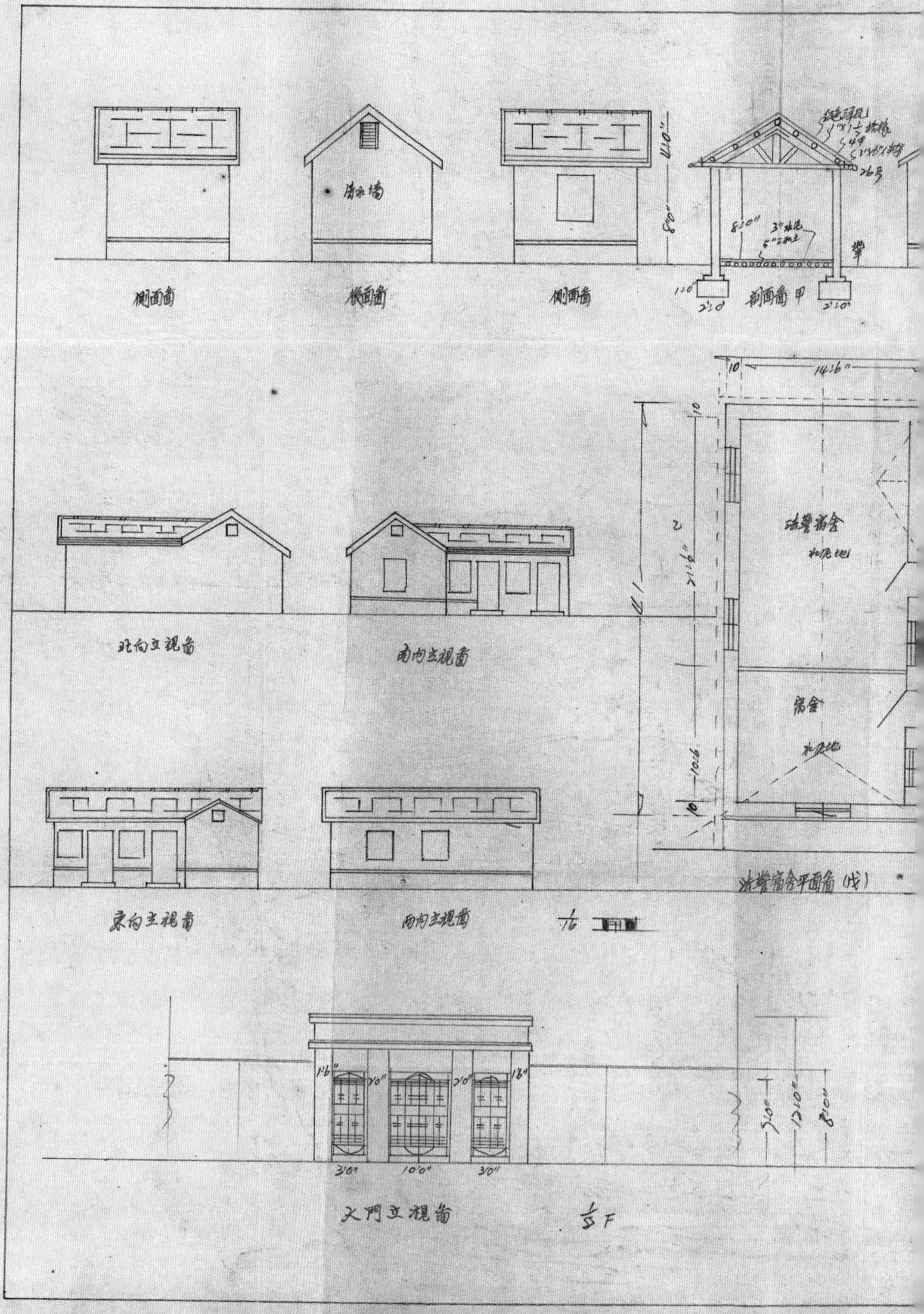
側面圖
後面圖
側面圖
前面圖甲
清水墻
北向立視圖
南向立視圖
東向立視圖
西向立視圖
法警宿舍
宿舍
法警宿舍平面圖(戊)
大門立視圖
3'0"
10'0"
3'0"
14'6"
12'0"
8'0"
5'0"

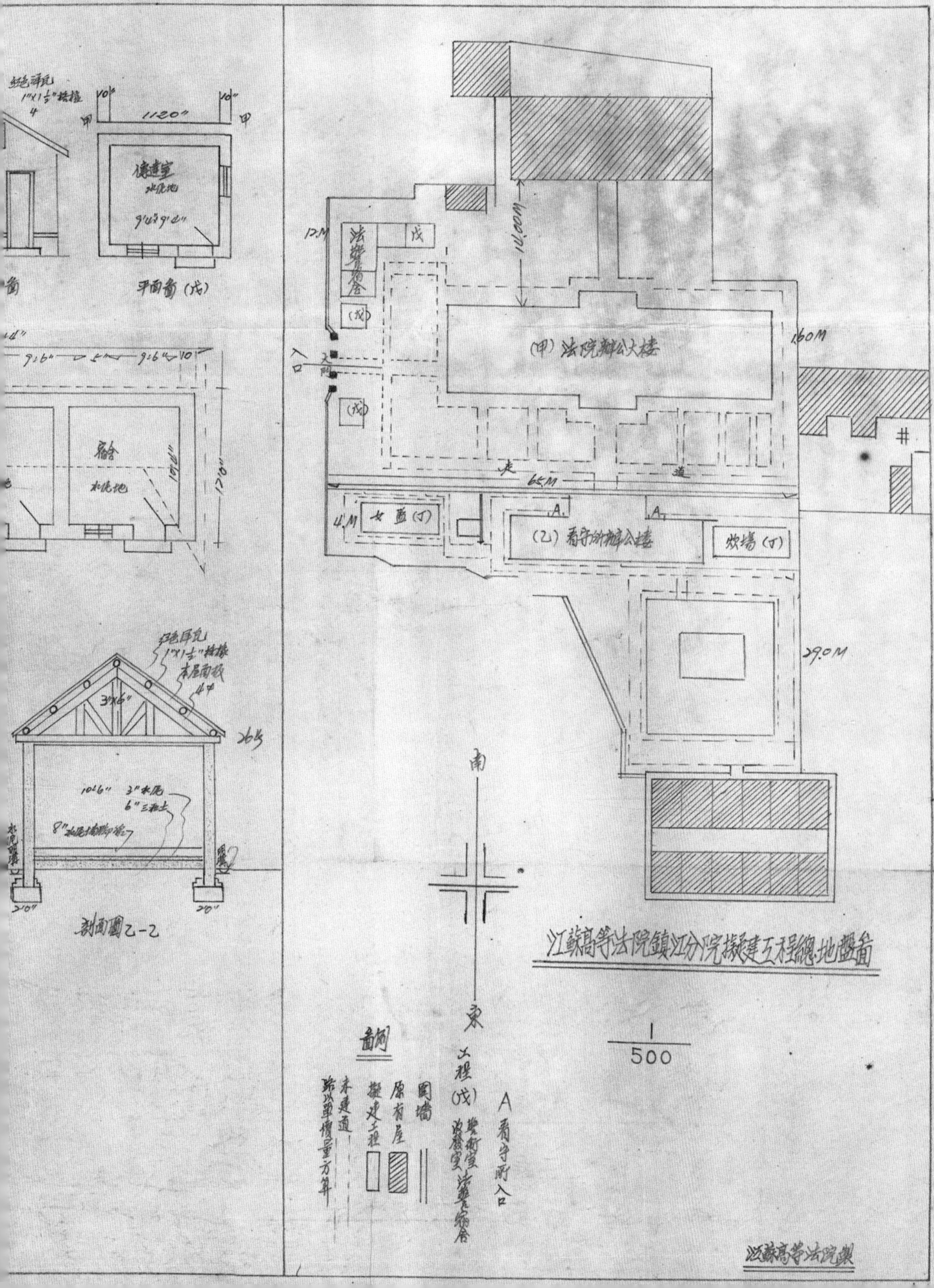

江蘇高等法院鎮江分院擬建工程總地盤圖
1/500
(甲) 法院辦公大樓
(乙) 看守所辦公樓
女監(丁)
炊場(丁)
傳達室
水泥地
平面圖(戊)
宿舍
剖面圖乙-2
入口
南
東
圖例
圍牆
原有屋
擬建工程
工程(戊)
A 看守所入口
江蘇高等法院製

二、工程监理监管

1. 江苏丹徒地方法院具建筑新法庭监工报告书（1928年）（档案号：A019-1928-001-0014-0050）

1928年8月，丹徒地方法院修建工程竣工，监工员郑叹亚、倪前锐出具监工报告，记录了二人以施工说明书为标准对施工情况进行检查的结果。这属于工程的“发包方”对“承包方”的监理监管。

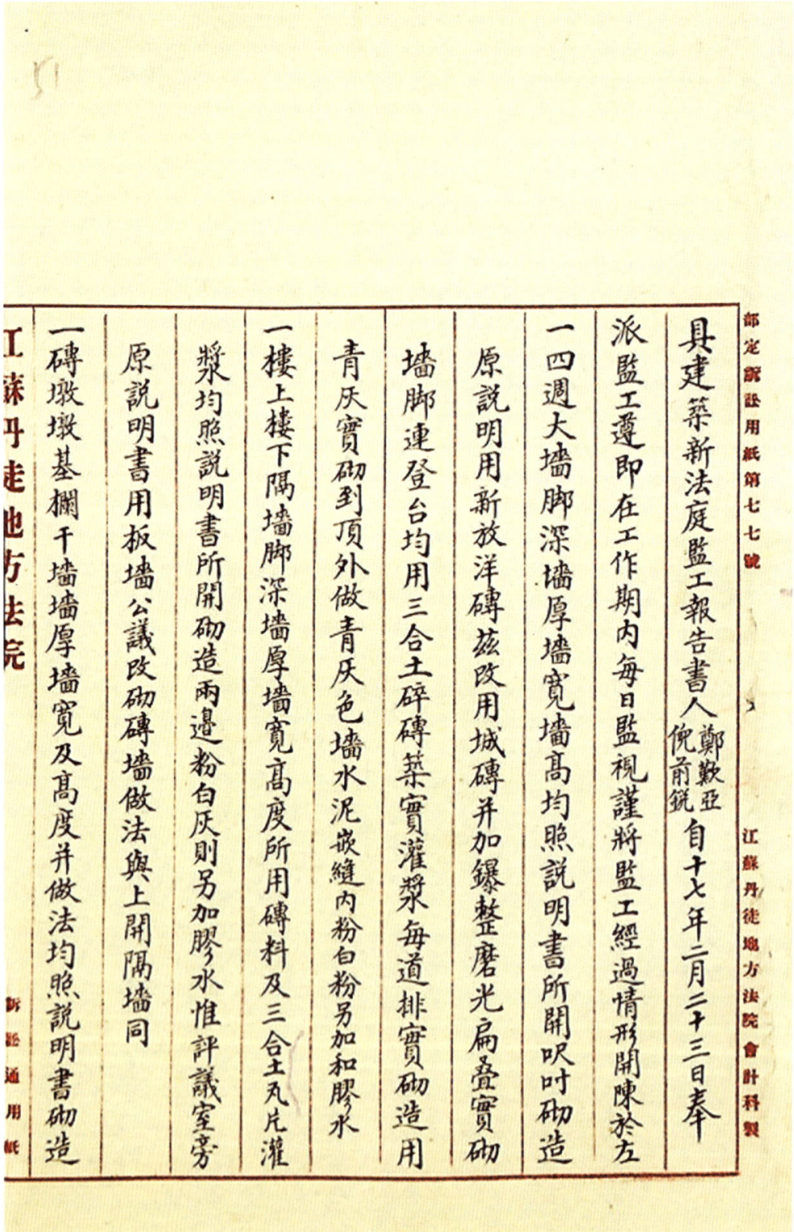
部定訴訟用紙第七七號
具建築新法庭監工報告書人鄭歎亞倪前鋭自十七年二月二十三日奉
派監工遵即在工作期內每日監視謹將監工經過情形開陳於左
一四週大墻脚深墻厚墻寬墻高均照說明書所開呎吋砌造
原說明用新放洋磚茲改用城磚并加鑿整磨光扁叠實砌
墻脚連登台均用三合土碎磚築實灌漿每道排實砌造用
青灰實砌到頂外做青灰色墻水泥嵌縫內粉白粉另加和膠水
一樓上樓下隔墻脚深墻厚墻寬高度所用磚料及三合土瓦片灌
漿均照說明書所開砌造兩邊粉白灰則另加膠水惟評議室旁
原說明書用板墻公議改砌磚墻做法與上開隔墻同
一磚墩墩基欄干墻墻厚墻寬及高度并做法均照說明書砌造
江蘇丹徒地方法院會計科製
江蘇丹徒地方法院
訴訟通用紙

图1-2-1-1

报告显示，监工员对于施工中的若干特殊情况做了较为细致的说明，如：“楼上下法庭大小六座，登台、地板均照说明书内所开尺寸做成，但原有旧法庭四座拆移，新建法庭房屋内公座、登台、地板、栏干等长度尺寸均嫌其短，装就后因形式不称，遵谕饬令拆改，加足长度照房屋之面积度数做成移装旁听席，栏干均同。”

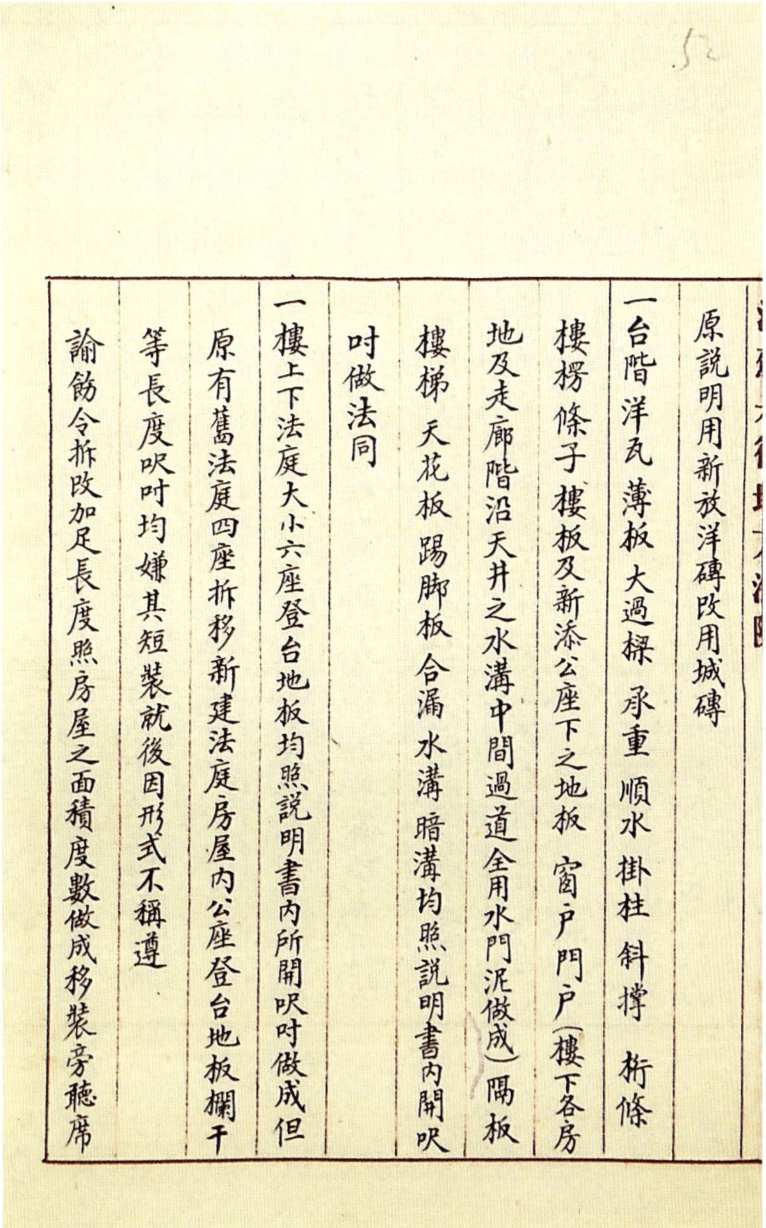
原説明用新放洋磚改用城磚
一台階 洋瓦 薄板 大過樑 承重 順水 掛柱 斜撑 桁條
樓楞條子 樓板及新添公座下之地板 窗戶門戶（樓下各房
地及走廊階沿天井之水溝中間過道全用水門泥做成）隔板
樓梯 天花板 踢脚板 合漏 水溝 暗溝均照説明書内開呎
吋做法同
一樓上下法庭大小六座登台地板均照説明書内所開呎吋做成但
原有舊法庭四座拆移新建法庭房屋内公座登台地板欄干
等長度呎吋均嫌其短裝就後因形式不稱遵
諭飭令拆改加足長度照房屋之面積度數做成移裝旁聽席

图 1-2-1-2

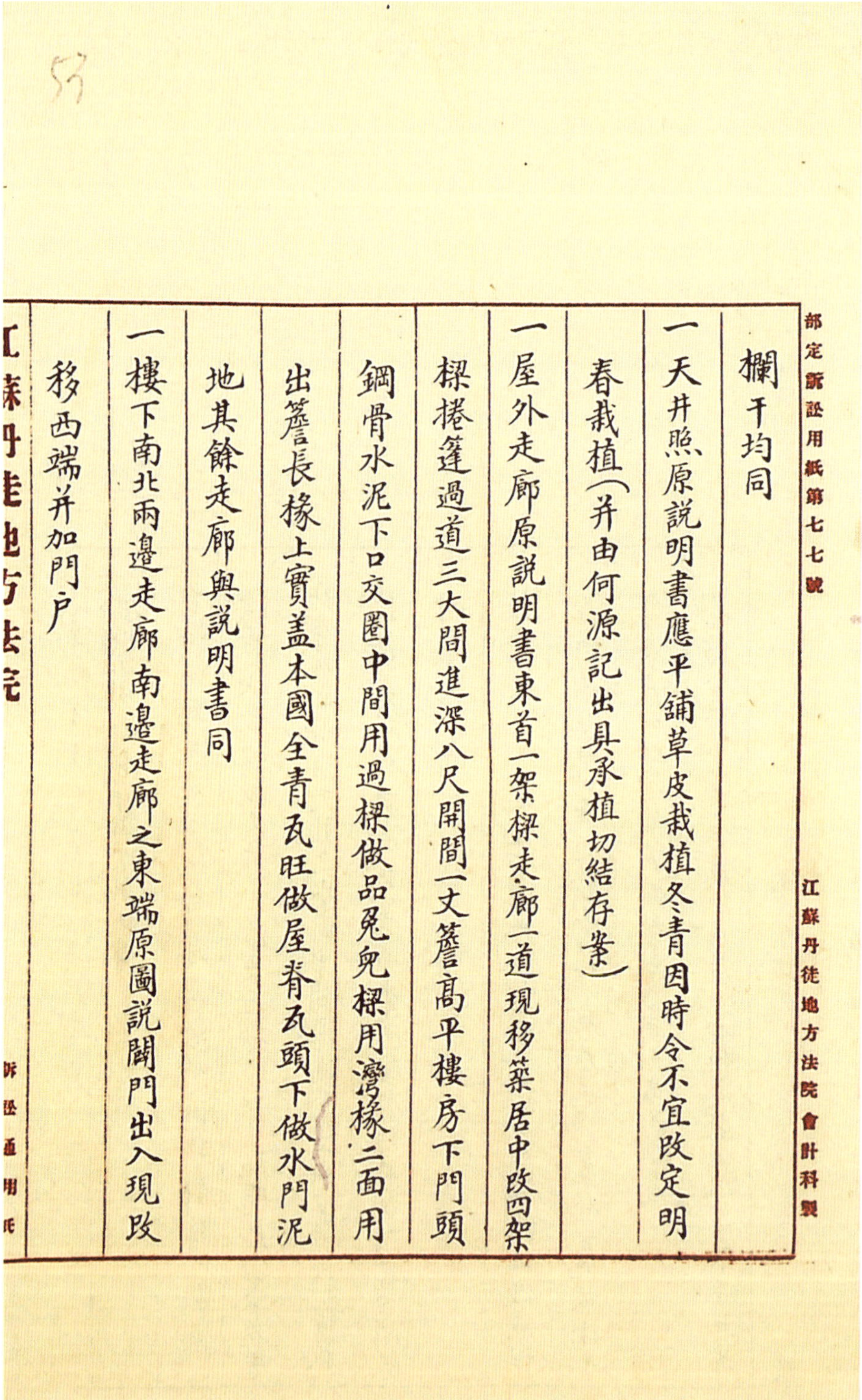

部定訴訟用紙第七七號

欄干均同

一天井照原説明書應平鋪草皮栽植冬青因時令不宜改定明

春栽植（并由何源記出具承植切結存案）

一屋外走廊原説明書東首一架樑走廊一道現移築居中改四架

樑捲篷過道三大間進深八尺開間一丈簷高平樓房下門頭

鋼骨水泥下口交圈中間用過樑做品免免樑用灣椽二面用

出簷長椽上實盖本國全青瓦旺做屋脊瓦頭下做水門泥

地其餘走廊與説明書同

一樓下南北兩邊走廊南邊走廊之東端原圖説闢門出入現改

移西端并加門戶

江蘇丹徒地方法院會計科製

江蘇丹徒地方法院 訴訟通用紙

图 1-2-1-3

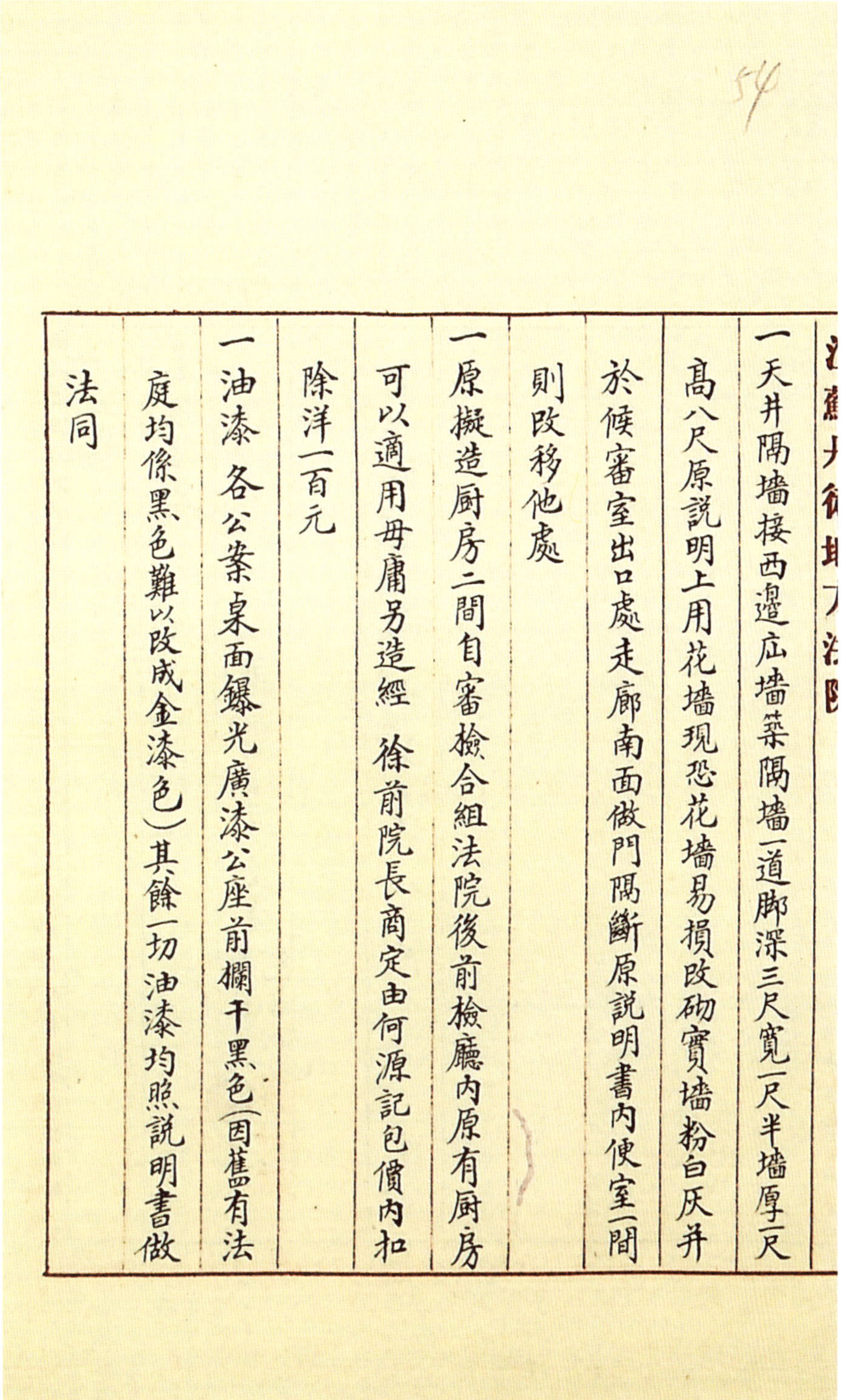

54

一天井隔墻接西邉庅墻築隔墻一道脚深三尺寛一尺半墻厚一尺
高八尺原説明上用花墻現恐花墻易損改砌實墻粉白灰并
於候審室出口處走廊南面做門隔斷原説明書内便室一間
則改移他處
一原擬造厨房二間自審檢合組法院後前檢廳内原有厨房
可以適用毋庸另造經　徐前院長商定由何源記包價内扣
除洋一百元
一油漆　各公案桌面鏍光廣漆公座前欄干黑色（因舊有法
庭均係黑色難以改成金漆色）其餘一切油漆均照説明書做
法同

图 1-2-1-4

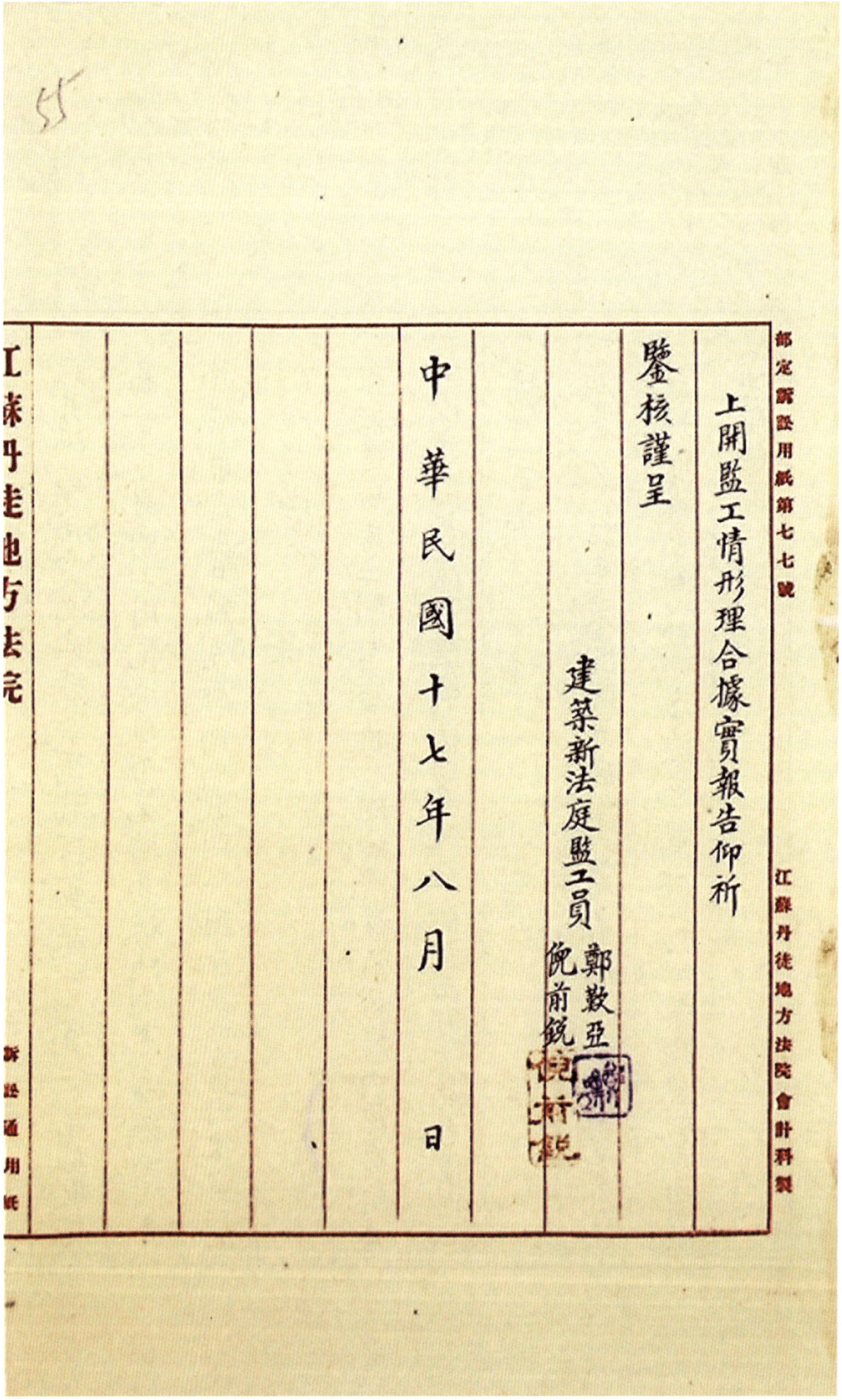
部定訴訟用紙第七七號

上開監工情形理合據實報告仰祈

鑒核謹呈

建築新法庭監工員 鄭數丞 倪前銳

中華民國十七年八月 日

江蘇丹徒地方法院會計科製

江蘇丹徒地方法院

訴訟通用紙

图 1-2-1-5

2. 江苏高等法院书记官李兆铭有关验收镇江地方法院新建法庭工程的报告（1928年）（档案号：A019-1928-001-0014-0001）

江苏高等法院书记官李兆铭于1928年9月奉命对镇江地方法院新建法庭工程进行验收，验收结束后其向江苏高等法院报告了验收过程和验收结果。这属于工程“发包方”的上级主管单位对“承包方”的监理监管。

报告显示，李兆明对验收过程中发现的问题，当场指出并要求整改，如：“公案桌面原说明书系用广漆，现仅揩油，殊有未合，亦应遵照原议改用广漆。该包工何源记均已承诺照办，保固切结，并饬俟重行油漆粉刷完竣后具交该院转呈。”

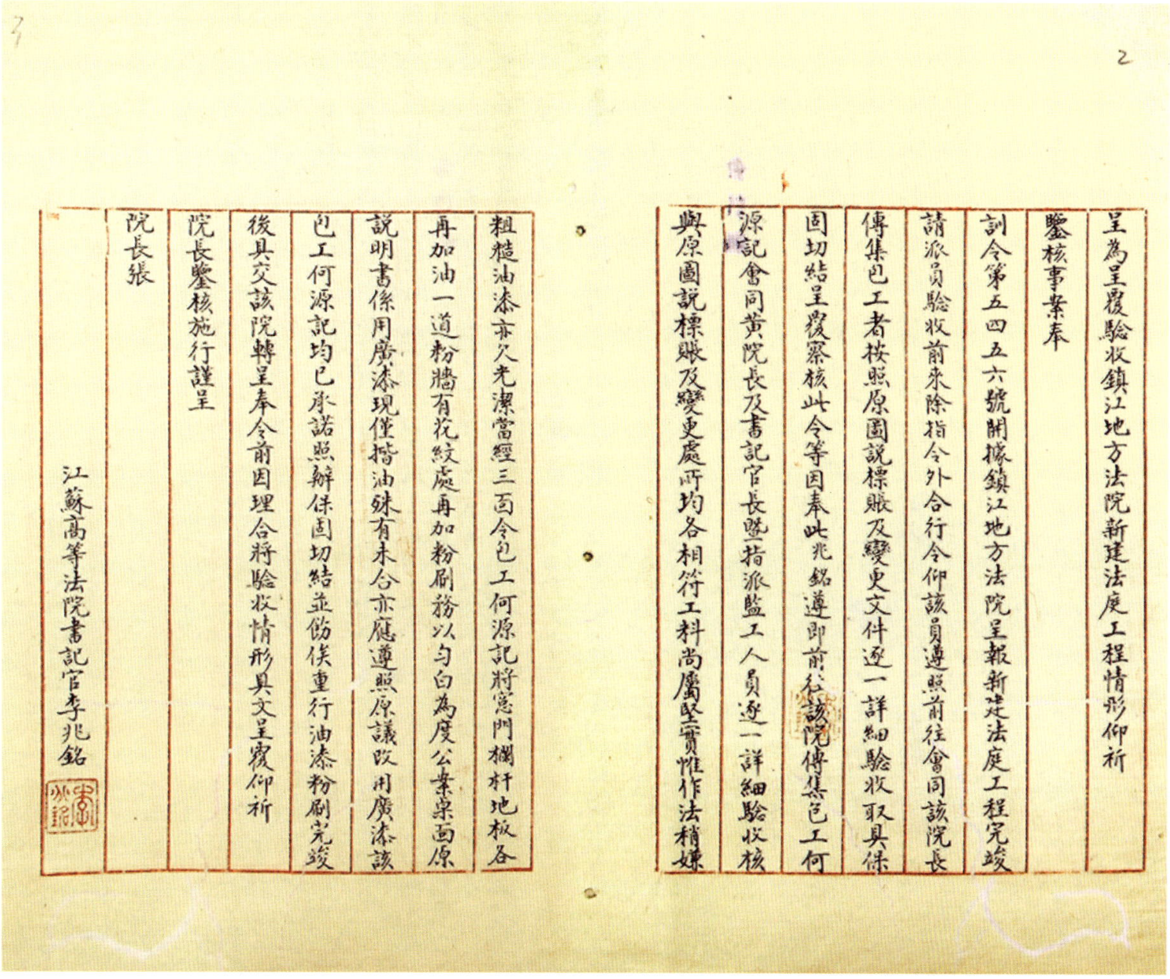

呈為呈覆驗收鎮江地方法院新建法庭工程情形仰祈
鑒核事案奉
訓令第五四五六號開據鎮江地方法院呈報新建法庭工程完竣
請派員驗收前來除指令外合行令仰該員遵照前往會同該院長
傳集包工者按照原圖說標賬及變更文件逐一詳細驗收取具保
固切結呈覆察核此令等因奉此兆銘遵即前往該院傳集包工何
源記會同黄院長及書記官長暨指派監工人員逐一詳細驗收核
與原圖說標賬及變更處所均各相符工料尚屬堅實惟作法稍嫌
粗糙油漆亦欠光潔當經面令包工何源記將窗門欄杆地板各
再加油一道粉牆有花紋處再加粉刷務以勻白為度公案桌面原
說明書係用廣漆現僅揩油殊有未合亦應遵照原議改用廣漆該
包工何源記均已承諾照辦保固切結並飭俟重行油漆粉刷完竣
後具交該院轉呈奉令前因理合將驗收情形具文呈覆仰祈
院長鑒核施行謹呈
院長張
江蘇高等法院書記官李兆銘

图1-2-2

3. 建筑镇江江苏高等法院第一分院房屋工程合同（1946年）（档案号：A019-1946-001-0382-0001）

1946年11月，镇江法院监所修建委员会与余记营造厂签订《建筑镇江江苏高等法院第一分院房屋工程合同》，对工程地点、范围、工料、价格、期限、验收等事项进行了约定。

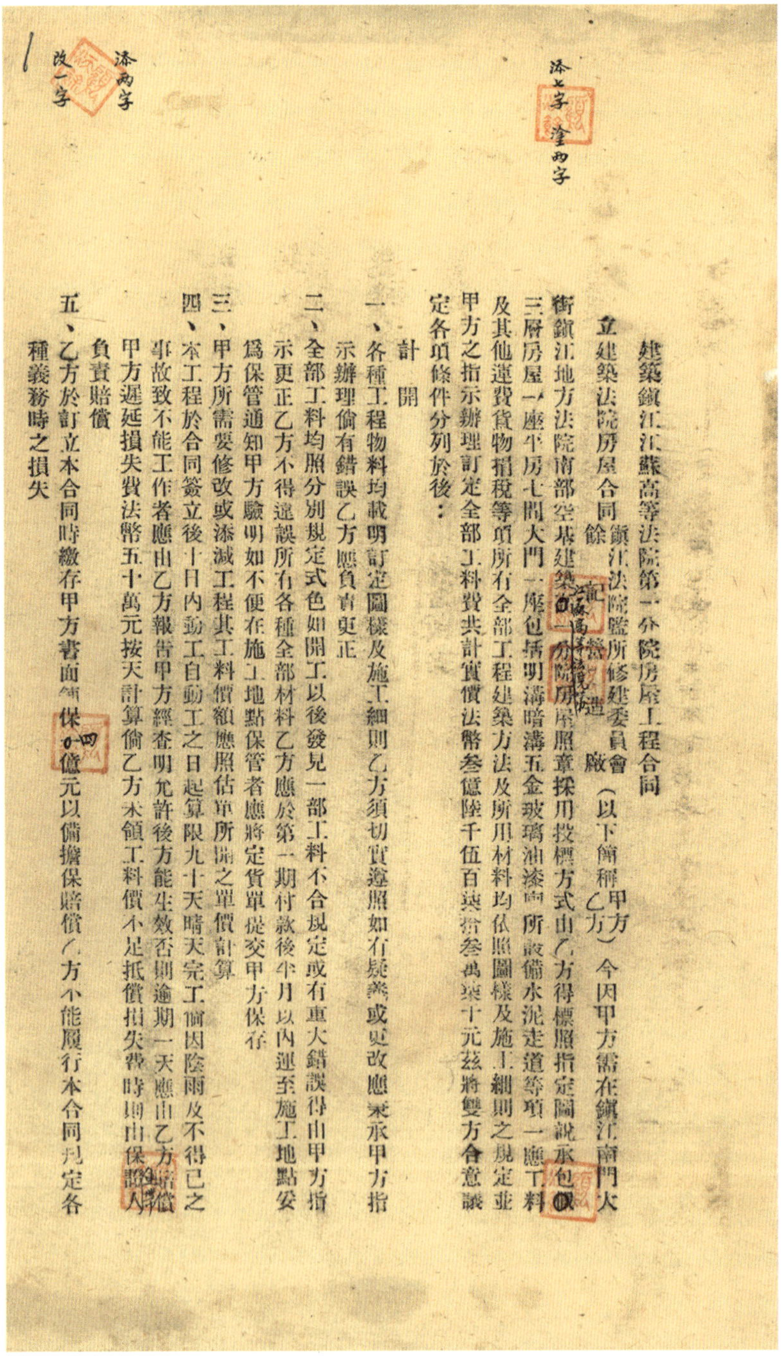
添七字 塗兩字

建築鎮江江蘇高等法院第一分院房屋工程合同

立建築法院房屋合同 鎮江法院監所修建委員會（以下簡稱甲方）
餘記營造廠（以下簡稱乙方）今因甲方需在鎮江南門大
街鎮江地方法院南部空基建築高等法院第一分院房屋照章採用投標方式由乙方得標照指定圖說承包工料
三層房屋一座平房七間大門一座包括明溝暗溝五金玻璃油漆□所設備水泥走道等項一應工料
及其他運費貨物捐稅等項所有全部工程建築方法及所用材料均依照圖樣及施工細則之規定並
甲方之指示辦理訂定全部工料費共計實價法幣叁億陸千伍百壹拾叁萬柒千元茲將雙方會意議
定各項條件分列於後：

計開

一、各種工程物料均載明訂定圖樣及施工細則乙方須切實遵照如有疑義或更改應秉承甲方指示辦理倘有錯誤乙方應負責更正

二、全部工料均照分別規定式色如開工以後發見一部工料不合規定或有重大錯誤得由甲方指示更正乙方不得違誤所有各種全部材料乙方應於第一期付款後半月以內運至施工地點妥為保管通知甲方驗明如不便在施工地點保管者應將定貨單提交甲方保存

三、甲方所需要修改或添減工程其工料價額應照估單所開之單價計算

四、本工程於合同簽立後十日內動工自動工之日起算限九十天晴天完工倘因陰雨及不得已之事故致不能工作者應由乙方報告甲方經查明允許後方能生效否則逾期一天應由乙方賠償甲方遲延損失費法幣五十萬元按天計算倘乙方未領工料價不足抵償損失費時則由保證人負責賠償

五、乙方於訂立本合同時繳存甲方書面保□四億元以備擔保賠償乙方不能履行本合同規定各種義務時之損失

添兩字 改一字

图1-2-3-1

《合同》第十一条规定：“本合同一样六份，分别呈送司法行政部、江苏高等法院、江苏省审计处、江苏高一分院各一份，双方各执一份为凭。”这体现出此时新式司法机构的建筑工程具有多方监理监管主体，亦在一定程度上反映出抗战胜利后司法建筑监理监管体制的变化。

除合同双方当事人，审计部江苏省审计处的代表亦在合同上签名。

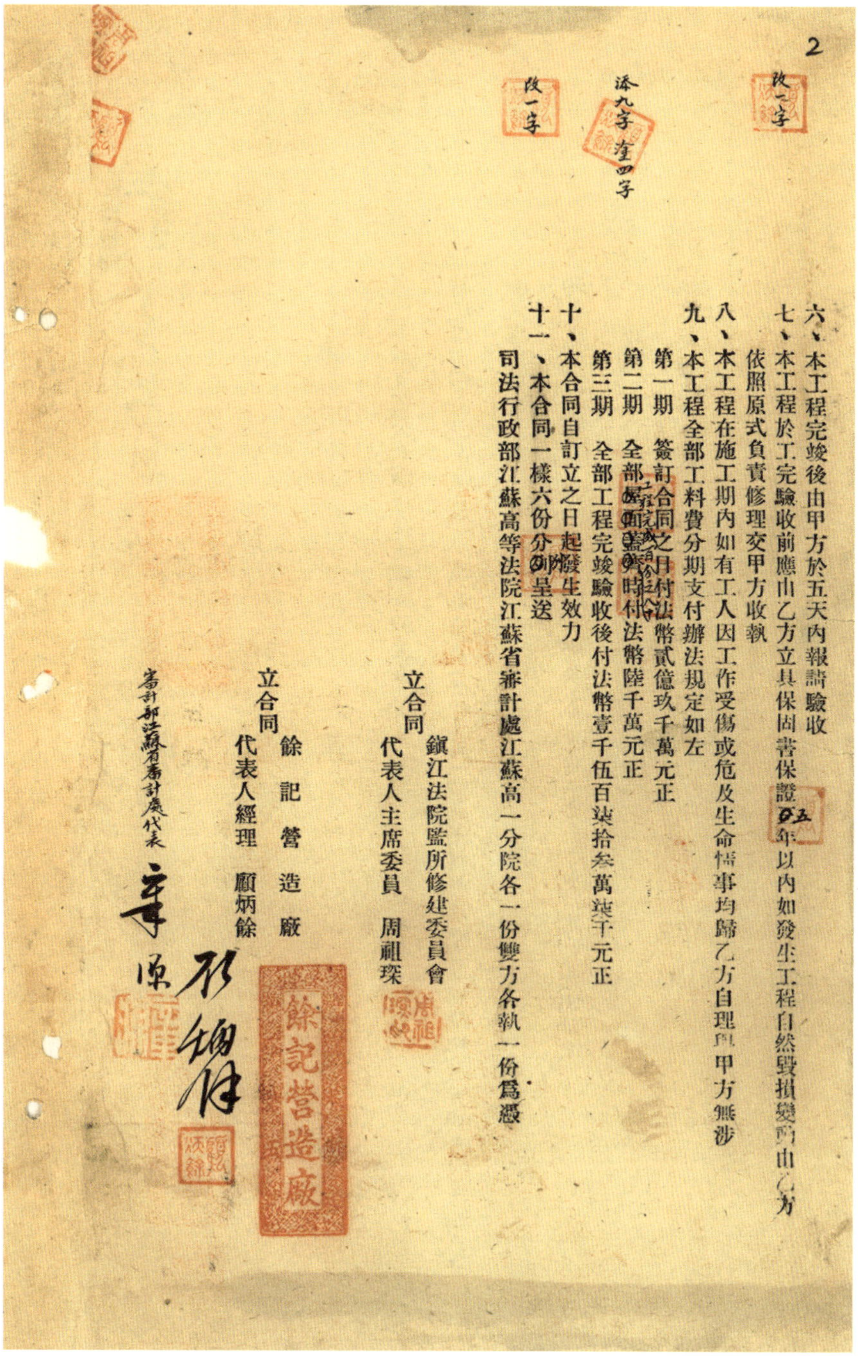
2

改一字

添九字塗四字

改一字

六、本工程完竣後由甲方於五天內報請驗收

七、本工程於工完驗收前應由乙方立具保固書保證五年以內如發生工程自然毀損變形由乙方依照原式負責修理交甲方收執

八、本工程在施工期內如有工人因工作受傷或危及生命情事均歸乙方自理與甲方無涉

九、本工程全部工料費分期支付辦法規定如左

第一期　簽訂合同之日付法幣貳億玖千萬元正

第二期　全部[illegible]時付法幣陸千萬元正

第三期　全部工程完竣驗收後付法幣壹千伍百柒拾叁萬柒千元正

十、本合同自訂立之日起發生效力

十一、本合同一樣六份分別呈送司法行政部江蘇高等法院江蘇省審計處江蘇高一分院各一份雙方各執一份爲憑

立合同　鎮江法院監所修建委員會　代表人主席委員　周祖琛

立合同　餘記營造廠　代表人經理　顧炳餘

審計部江蘇省審計處代表 [illegible]

餘記營造廠

图 1-2-3-2

4. 江苏高等法院第一分院关于核派熟谙工务人员监督办公大楼修建工程的报告（1946年）（档案号：A019-1946-001-0370-0029）

1946年12月，江苏高等法院第一分院代理院长周祖琛致函江苏高等法院，呈请派员对其办公大楼修建工程进行审查监督。公函称：“查本院办公大楼修建工程，前经呈奉钧院准由顾余记营造厂承建在案，现该厂已将一切应用材料陆续运到场地，克日兴

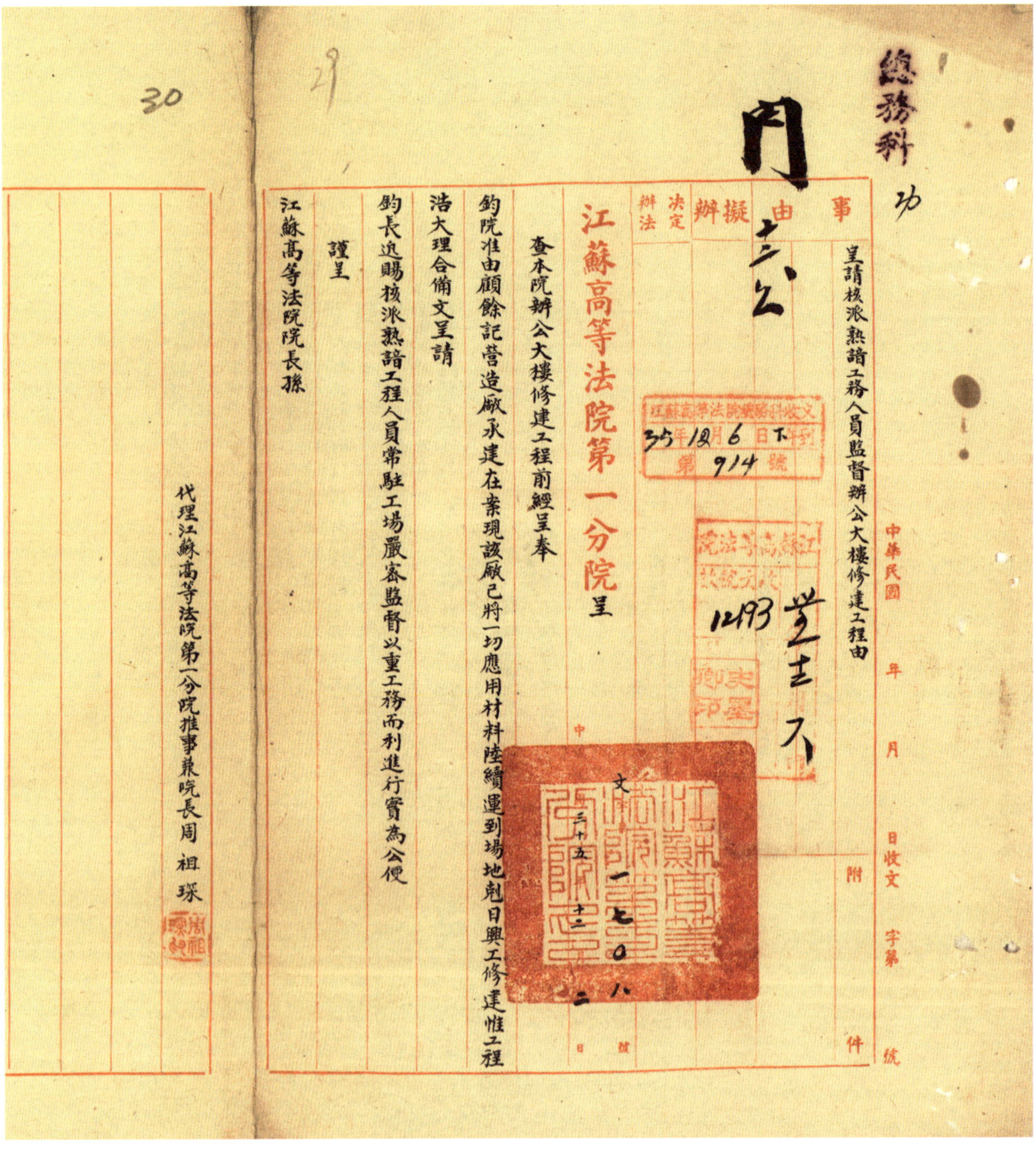
事由：呈請核派熟諳工務人員監督辦公大樓修建工程由

江蘇高等法院第一分院呈

查本院辦公大樓修建工程前經呈奉
鈞院准由顧餘記營造廠承建在案現該廠已將一切應用材料陸續運到場地剋日興工修建惟工程浩大理合備文呈請
鈞長迅賜核派熟諳工程人員常駐工場嚴密監督以重工務而利進行實為公便

謹呈

江蘇高等法院院長孫

代理江蘇高等法院第一分院推事兼院長周祖琛

图1-2-4-1

工修建，惟工程浩大，理合备文，呈请钧长迅赐核派熟谙工程人员常驻工场严密监督以重工务而利进行，实为公便。”

江苏高等法院对此进行回复与安排：“准派江苏第二监狱看守长张级三就近监工。”

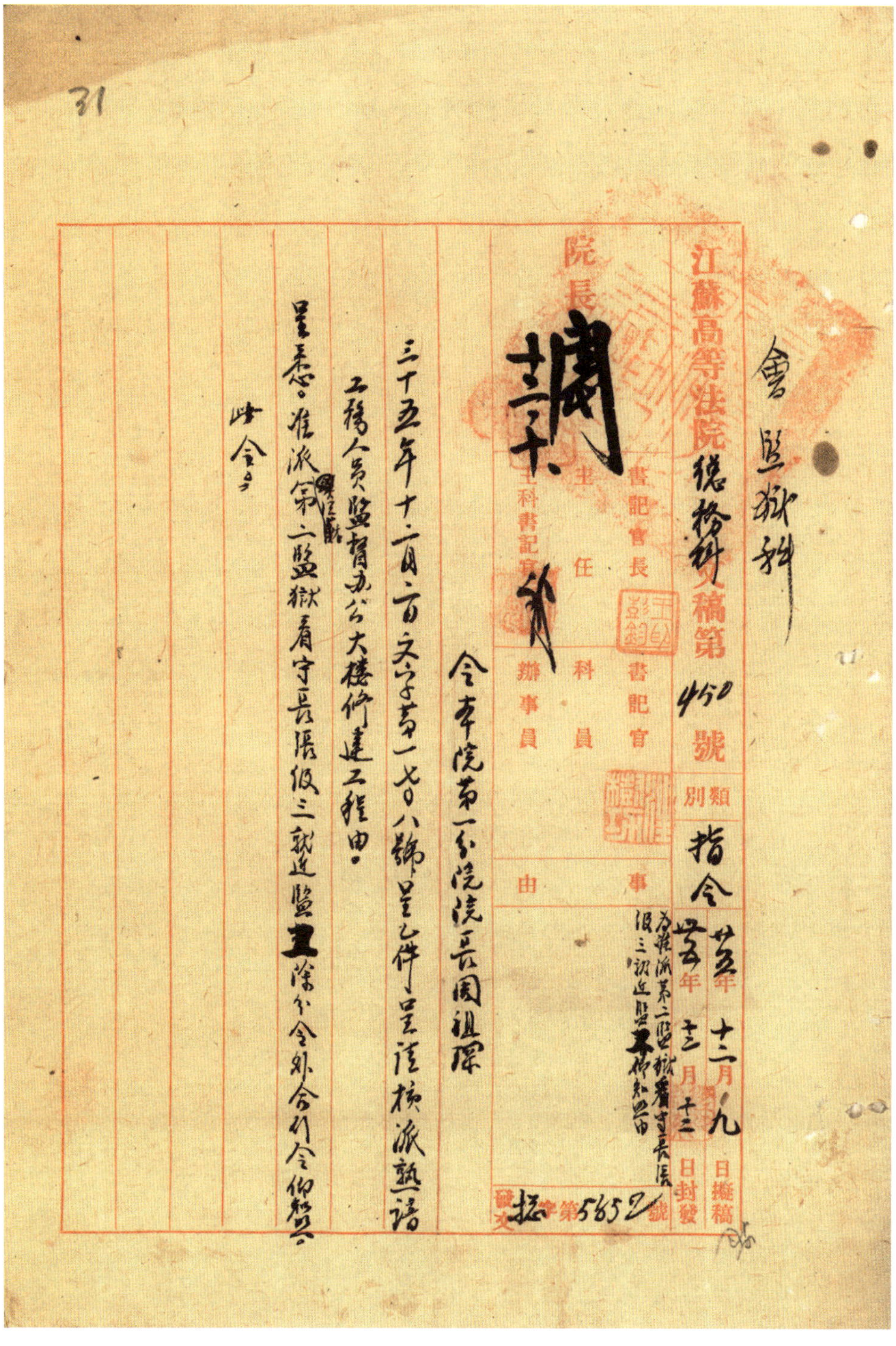
江蘇高等法院總務科稿第450號

院長

類別 指令

令本院第一分院院長周祖琛

三十五年十二月六日文字第一七〇八號呈乙件呈請核派熟諳工程人員監督辦公大樓修建工程由。

呈悉。准派第二監獄看守長張級三就近監工。除分令外合行令仰知照。

此令。

图 1-2-4-2

5. 江苏高等法院第一分院工程日报表（1946年）（档案号：A019-1946-001-0396-0014）

该表系江苏高等法院第一分院新建工程1946年12月3日的日报表，包括了工程名称、工程地点、合约规定完工天数、本日为开工第几日、自开工至本日气候累计情况、当日天气情况、各种工人到工人数、运到工地材料统计等信息。

1946年12月3日当日，工程未能如期正式开工，该表备注一栏对此进行了解释："办公大楼工程地基上原有镇江地院及看守所房屋两所，阻碍工程无法进行，未能正式开工，本日起暂先兴建附属建筑法警室。"

图1-2-5

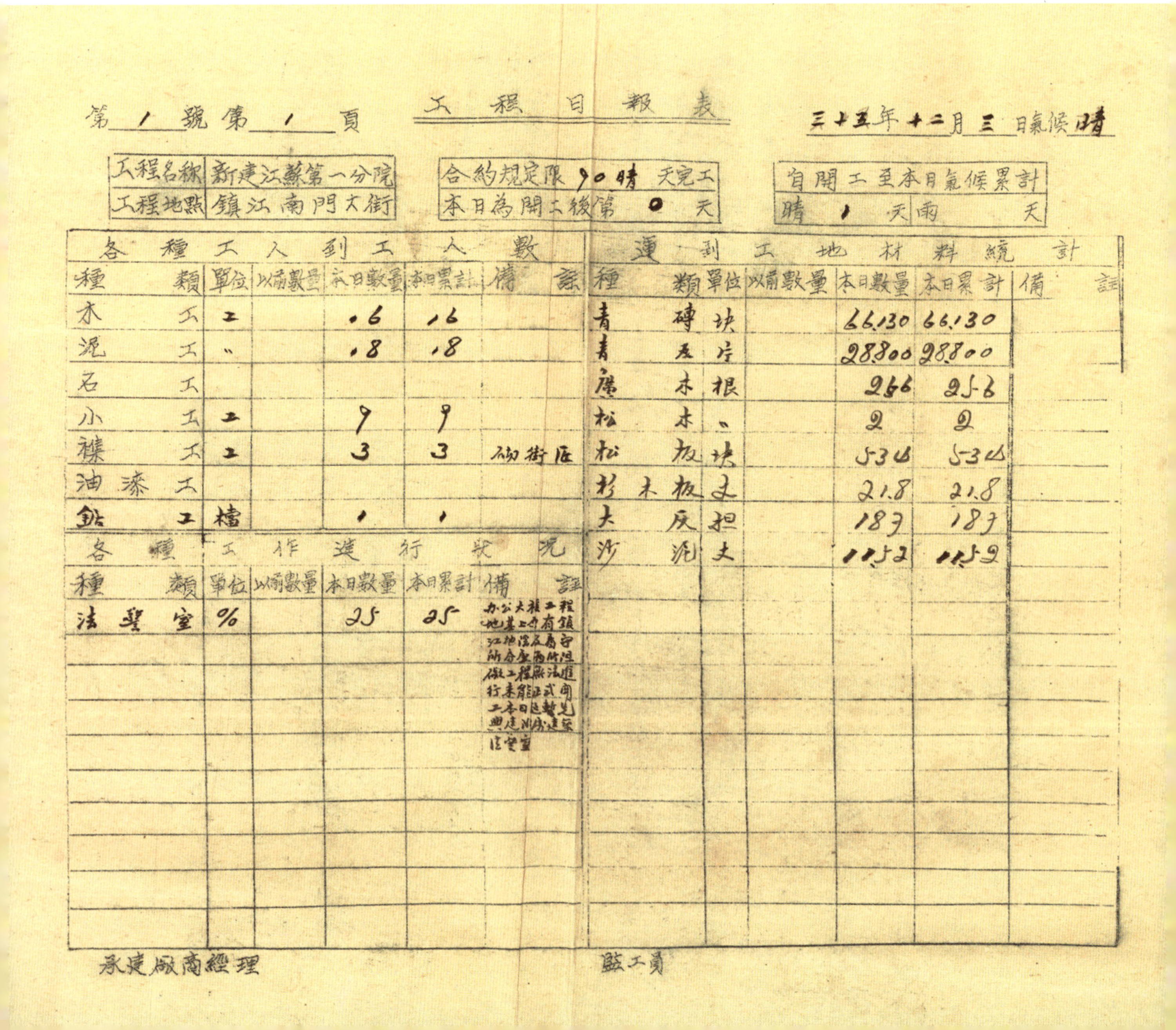

第 1 號第 1 頁　　工程日報表　　三十五年十二月三日氣候晴

工程名稱	新建江蘇第一分院	合約規定限90晴天完工	自開工至本日氣候累計
工程地點	鎮江南門大街	本日為開工後第 0 天	晴 1 天 雨 天

各種工人到工人數

種類	單位	以前數量	本日數量	本日累計	備註
木工	工		16	16	
泥工	"		18	18	
石工					
小工	工		9	9	
襍工	工		3	3	砌街匠
油漆工					
鉛工	檔		1	1	

各種工作進行狀況

種類	單位	以前數量	本日數量	本日累計	備註
法警室	%		25	25	办公大樓工程地基上原有鎮江地院及看守所房屋兩所阻碍工程無法進行未能正式開工本日起暫先興建附屬建築法警室

運到工地材料統計

種類	單位	以前數量	本日數量	本日累計	備註
青磚	塊		66,130	66,130	
青瓦	片		28800	28800	
廣木	根		256	256	
松木	〃		2	2	
松板	塊		534	534	
杉木板	丈		21.8	21.8	
大灰	担		183	183	
沙泥	丈		1152	1152	

承建廠商經理　　　　監工員

6. 江苏镇江地方法院呈送工程图说及修建费通知的函（1947年）（档案号：A020-1947-001-0226-0004）

1947年6月19日，镇江地方法院院长芮光琇致函镇江法院监所修建委员会，就修建房舍及另开大门等工程事项进行沟通，并寄送工程图和工程说明书。

抗战胜利后，国统区货币贬值严重，政府财力日渐不济，拨款流程拖沓，给在镇新式司法机构的工程建设带来极大困难。芮光琇在函中提出“希定期比价，以便早日兴工，免遭物价波动”的请求，反映出此时新式司法机构工程修建主管者的无奈与期望。

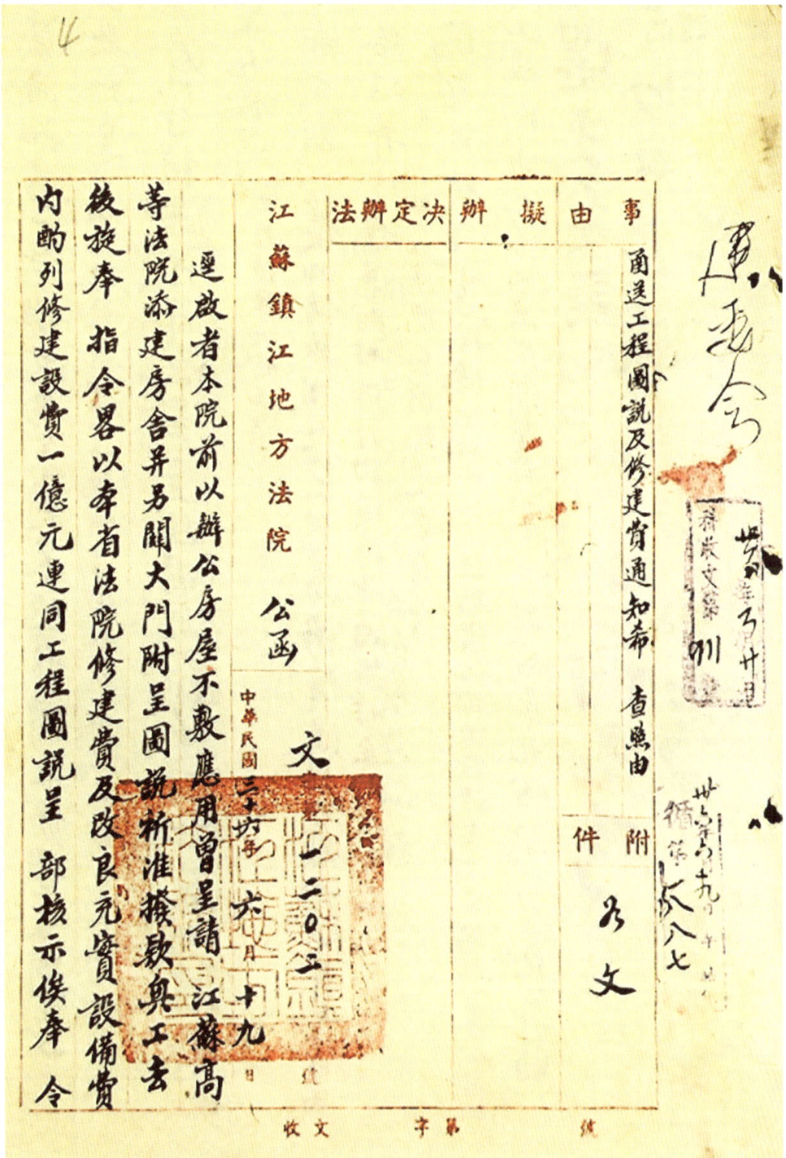

事由：函送工程圖說及修建費通知希 查照由

擬辦

決定辦法

江蘇鎮江地方法院 公函 文一二〇二

中華民國三十六年六月十九日

逕啟者本院前以辦公房屋不敷應用曾呈請江蘇高等法院添建房舍并另開大門附呈圖說祈准撥款與工去後旋奉 指令略以本省法院修建費及改良充實設備費內酌列修建設費一億元連同工程圖說呈 部核示俟奉 令

附件：如文

收文 字第 號

图1-2-6-1

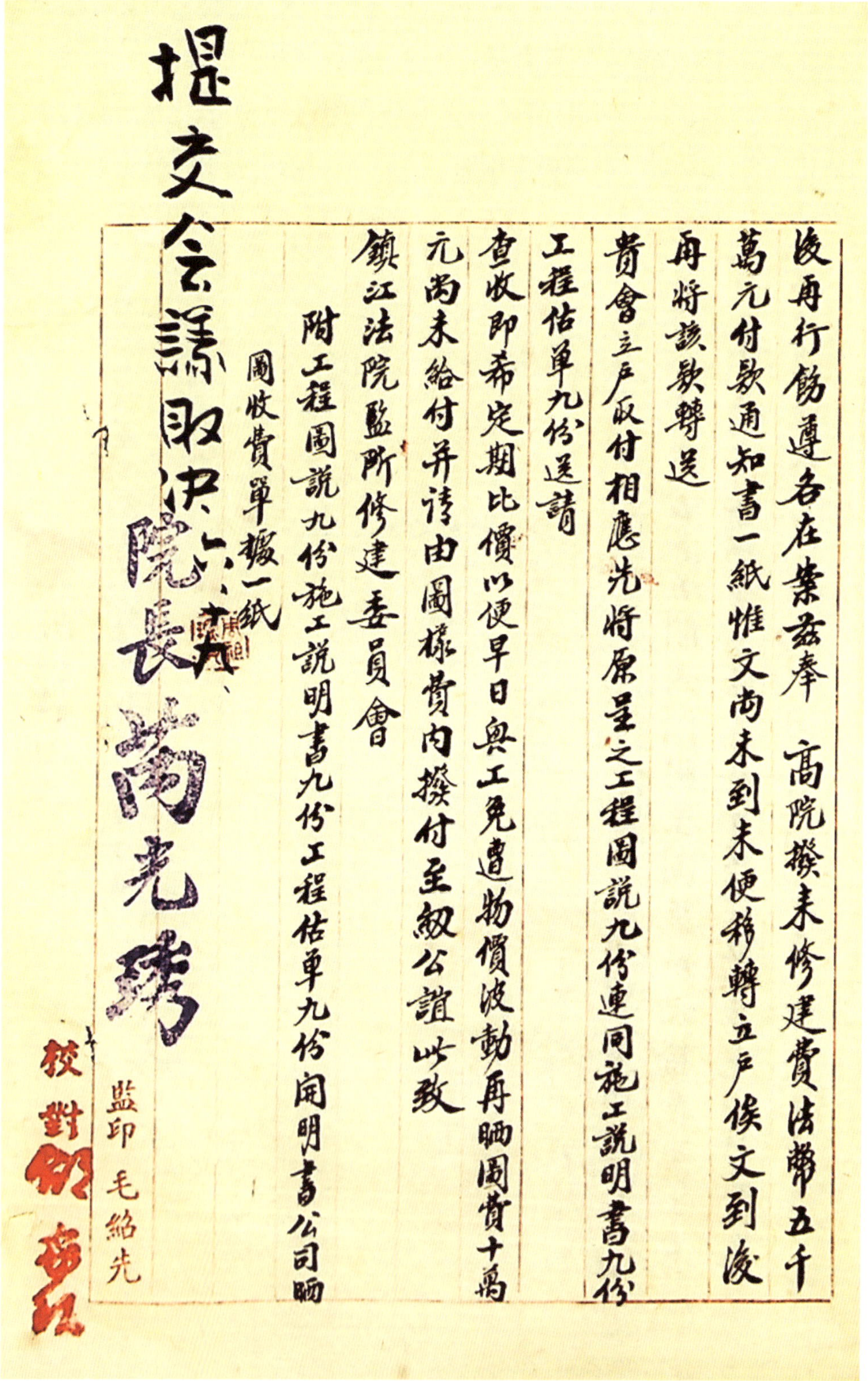

後再行飭遵各在案茲奉　高院撥來修建費法幣五千
萬元付款通知書一紙惟文尚未到未便移轉立戶俟文到後
再將該款轉送
貴會立戶取付相應先將原呈之工程圖說九份連同施工說明書九份
工程估單九份送請
查收即希定期比價以便早日興工免遭物價波動再晒圖費十萬
元尚未給付并請由圖樣費內撥付至叙公誼此致
鎮江法院監所修建委員會
附工程圖說九份施工說明書九份工程估單九份開明書公司晒
圖收費單據一紙

提交會議取決
院長

監印　毛紹先
校對

图1-2-6-2

7. 江苏镇江法院监所修建委员会为镇江地院及看守所修建房屋会议记录（1947年）（档案号：A020-1947-001-0226-0004）

1947年6月20日下午3时，镇江法院监所修建委员会就镇江地方法院暨镇江地方法院看守所修建房屋、大门等工程，召开会议进行讨论并通过决议。

该记录分为会议的名称、地点、时间、出席人员、主席报告和决议等部分。记录显示，出席会议的人员有江苏镇江法院监所修建委员会委员暨专员共计8人，主席为周祖琛（江苏高等法院第一分院院长），报告人为周祖琛。记录没有记载镇江地方法院院长芮光琇等其他参会人员的发言情况。

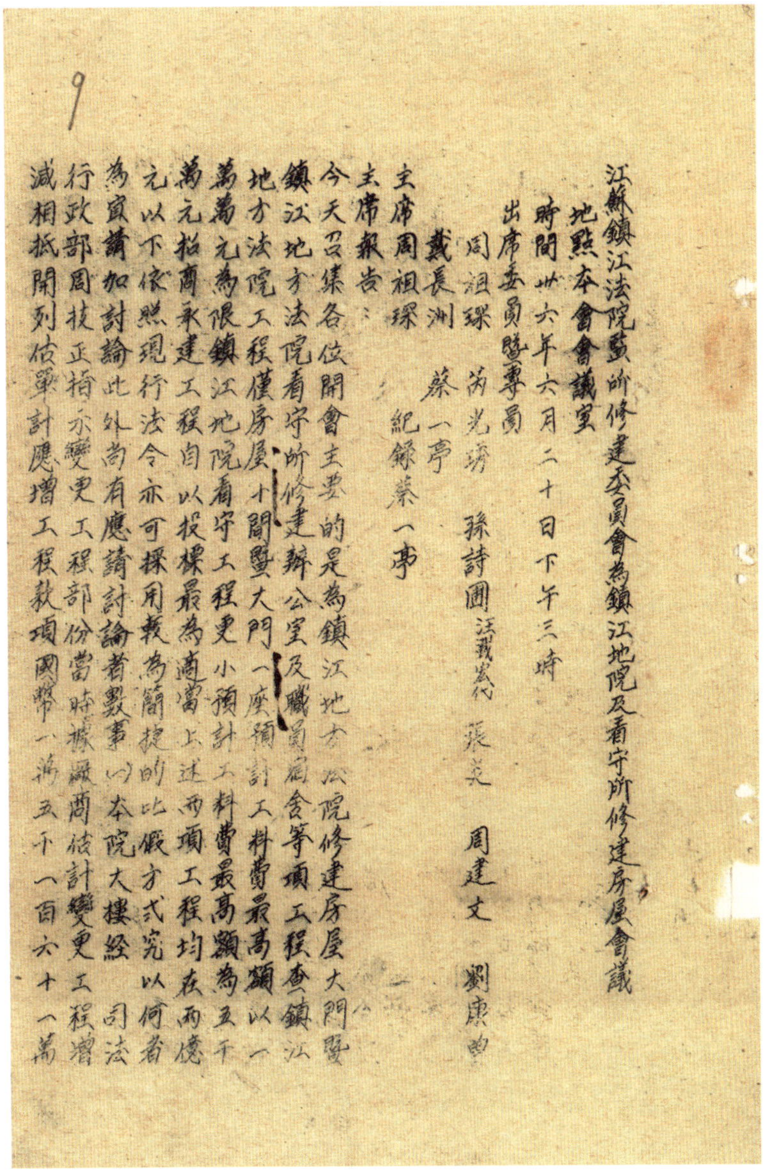
9

江蘇鎮江法院監所修建委員會為鎮江地院及看守所修建房屋會議

地點　本會會議室

時間　卅六年六月二十日下午三時

出席委員暨專員

周祖琛　芮光琇　孫詩圃（汪箴代）　張炎　周建文　劉康甫

戴長洲　蔡一亭

主席　周祖琛　紀錄　蔡一亭

主席報告：

今天召集各位開會主要的是為鎮江地方法院修建房屋大門暨鎮江地方法院看守所修建辦公室及職員宿舍等項工程查鎮江地方法院工程僅房屋十間暨大門一座預計工料費最高額以一萬萬元為限鎮江地院看守工程更小預計工料費最高額為五千萬元招商承建工程自以投標最為適當上述兩項工程均在兩億元以下依照現行法令亦可採用較為簡捷的比價方式究以何者為宜請加討論此外尚有應請討論者數事（一）本院大樓經司法行政部周技正指示變更工程部份當時據該商估計變更工程增減相抵開列依單計應增工程款項國幣一萬五千一百六十一萬

图1-2-7-1

七千四百元應減工程款項國幣弍百九十萬另五千五百元增減
相抵实增國幣壹千弍百弍拾五萬六千弍百四十元此項估單經
本會於上年十二月十日呈送 高院轉報本年四月二十五日廠
商以變更工程部份增加材料款項迄未奉撥為詞重行編送估單
其实增數較第一次編送之估單將近四倍並增列水木人工七百
卅六工每工以一萬六千元計算經呈奉 高院本年五月十四日
揔字第二三八零號訓令着本會核議具報遵於同年十五日提付
本會第十三次會議決議變更工程部份其材料價格照上年十二
月第一次呈送估單計算水木人工七百三十六工每工以一萬一
千弍百元計算增加工資八百廿四萬三千六百元旋即呈奉令准
一面並將材料費工資費一併匯撥業交廠商領訖一面又迭飭本
會核議材料價格請閱、高院本年五月二十七日揔字第三零五
號及同月三十一日揔字第三二七八號令文(二)大樓工程調整工
資本會第十二第十三兩次會議原有此後鎮江一般營造工程工
資重行調整時本工程屆時如未竣工其未竣工之事由係不可歸
責於廠商時應予重行調整之決議現據廠商呈稱、鎮江營造工
程工資自六月四日起調整每工工資二萬零九百元其未竣之人

图1-2-7-2

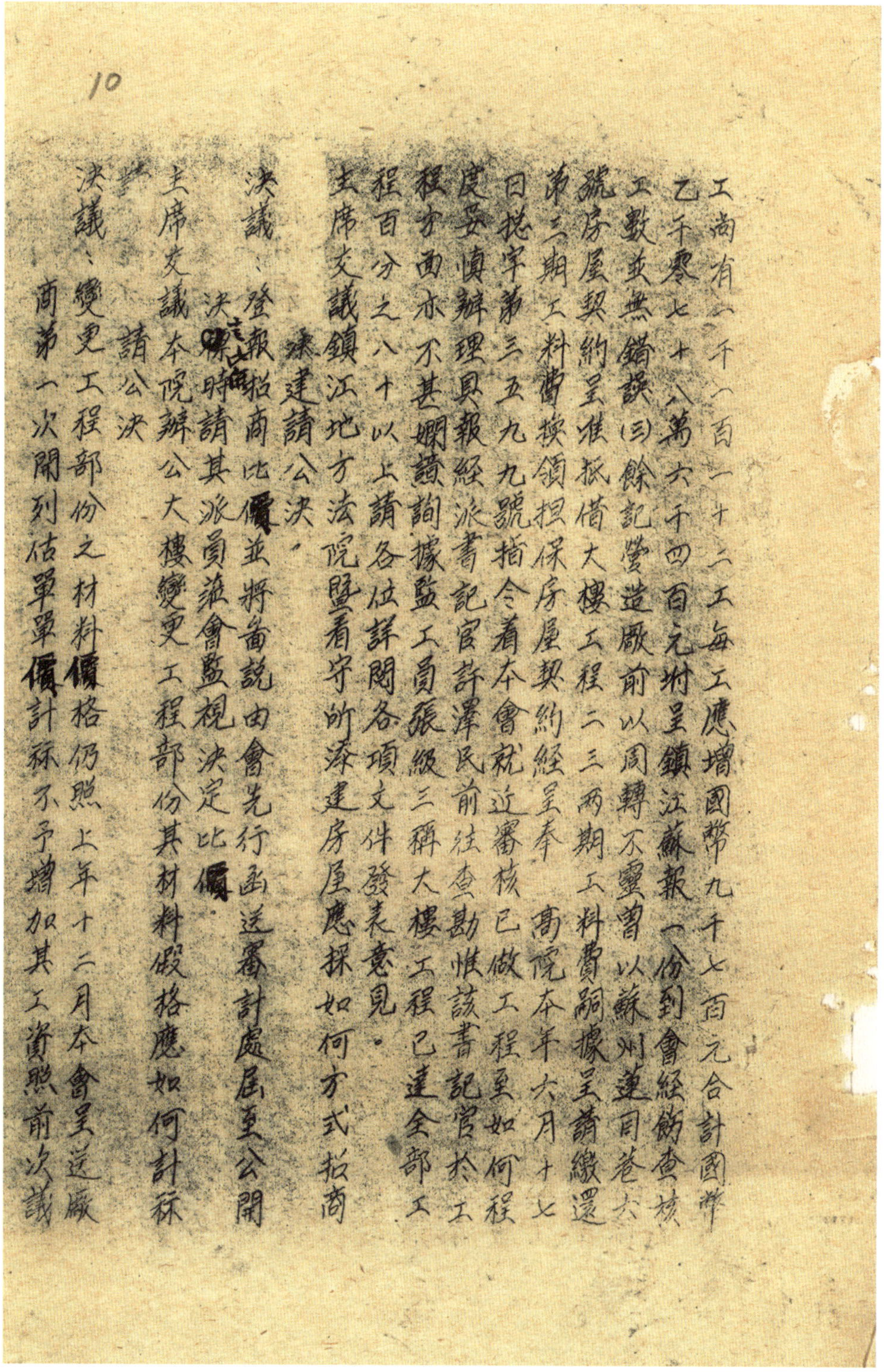
10

工尚有一千八百一十二工每工應增國幣九千七百元合計國幣乙千零七十八萬六千四百元附呈鎮江蘇報一份到會經飭查核工數並無錯誤(三)餘記營造廠前以周轉不靈曾以蘇州蓮司巷六號房屋契約呈准抵借大樓工程二三兩期工料費嗣據呈請繳還第二期工料費換領担保房屋契約經呈奉 高院本年六月十七日捻字第三五九九號指令着本會就近審核已做工程至如何程度妥慎辦理具報經派書記官許澤民前往查勘惟該書記官於工程方面亦不甚嫻讀詢據監工員張級三稱大樓工程已達全部工程百分之八十以上請各位詳閱各項文件發表意見。

主席交議鎮江地方法院暨看守所添建房屋應採如何方式招商承建請公決。

決議、登報招商比價並將當說由會先行函送審計處屆至公開決標時請其派員蒞會監視決定比價。

主席交議本院辦公大樓變更工程部份其材料價格應如何計祘請公決

決議、變更工程部份之材料價格仍照上年十二月本會呈送廠商第一次開列估單單價計祘不予增加其工資照前次議

图1-2-7-3

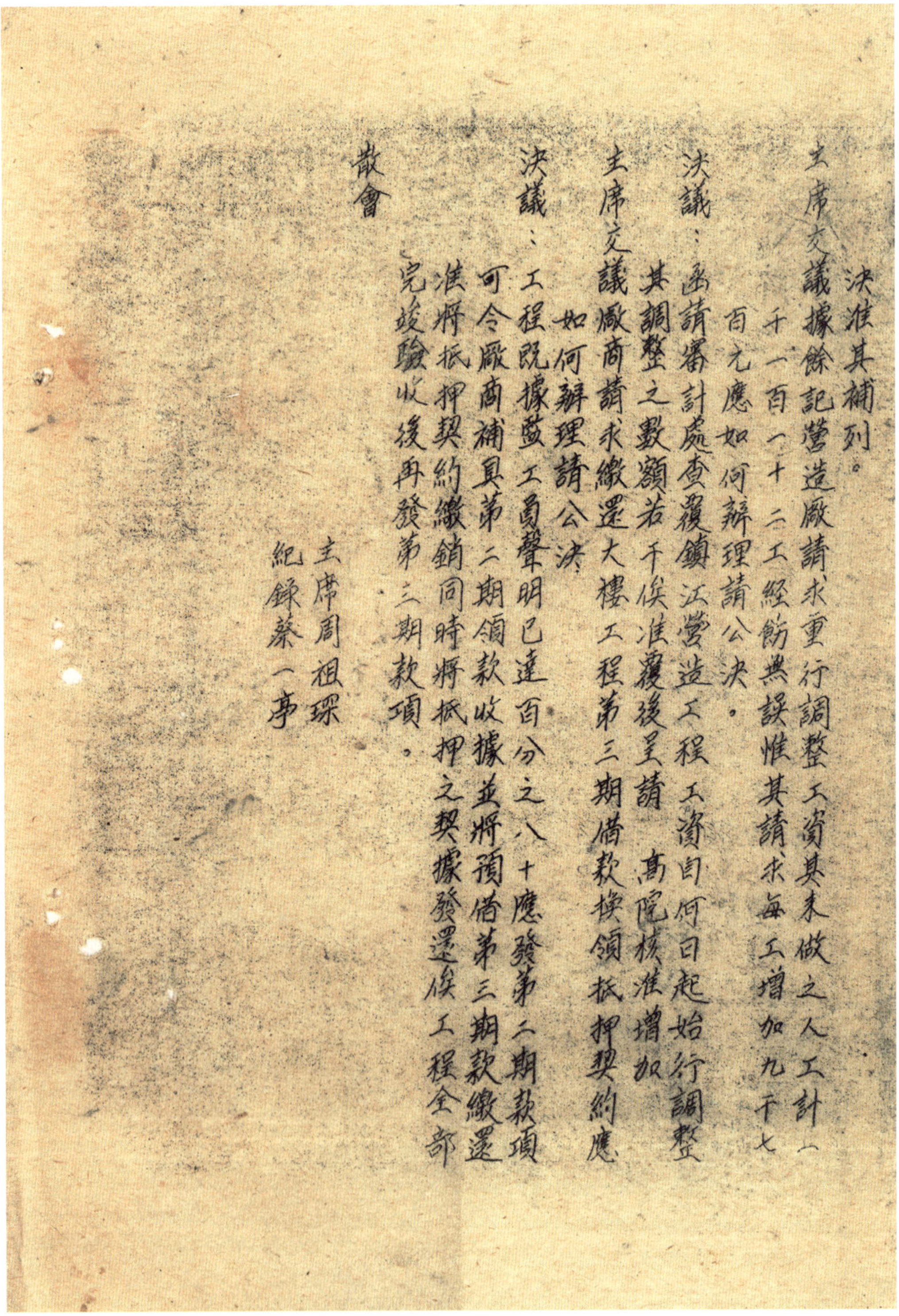
決准其補列。

主席交議據餘記營造廠請求重行調整工資其未做之人工計一千一百一十二工經飭無誤惟其請求每工增加九千七百元應如何辦理請公決。

決議：函請審計處查覆鎮江營造工程工資自何日起始行調整其調整之數額若干俟准覆後呈請　高院核准增加

主席交議營造廠商請求繳還大樓工程第三期借款換領抵押契約應如何辦理請公決。

決議、工程既據監工員聲明已達百分之八十應發第二期款項可令廠商補具第二期領款收據並將預借第三期款繳還准將抵押契約繳銷同時將抵押之契據發還俟工程全部完竣驗收後再發第三期款項。

散會

主席周祖琛

紀錄蔡一亭

图1-2-7-4

8. 建筑江苏镇江地方法院房屋工程合同（1947年）（档案号：A020-1947-001-0227-0180）

1947年7月8日，镇江法院监所修建委员会与王殿记营造厂签订《建筑江苏镇江地方法院房屋工程合同》，对工程地点、规模、价格、用料、期限、担保、保险、工伤等事项做出约定。

从整体上看，甲方镇江法院监所修建委员会处于合同的强势一方。如：有关保险，该合同规定“开工之始，乙方应保平安险，其费用由乙方负担”；有关工伤，该合同规定“本工程在施工期内，如有工人因工作受伤或危及生命情事，均归乙方自理，与甲方无涉”；有关价格，该合同规定“本合同订立后，一切材料价目增减与工价高低，完全由乙方自行负责，不论任何理由，不得请求增加比定价格”。

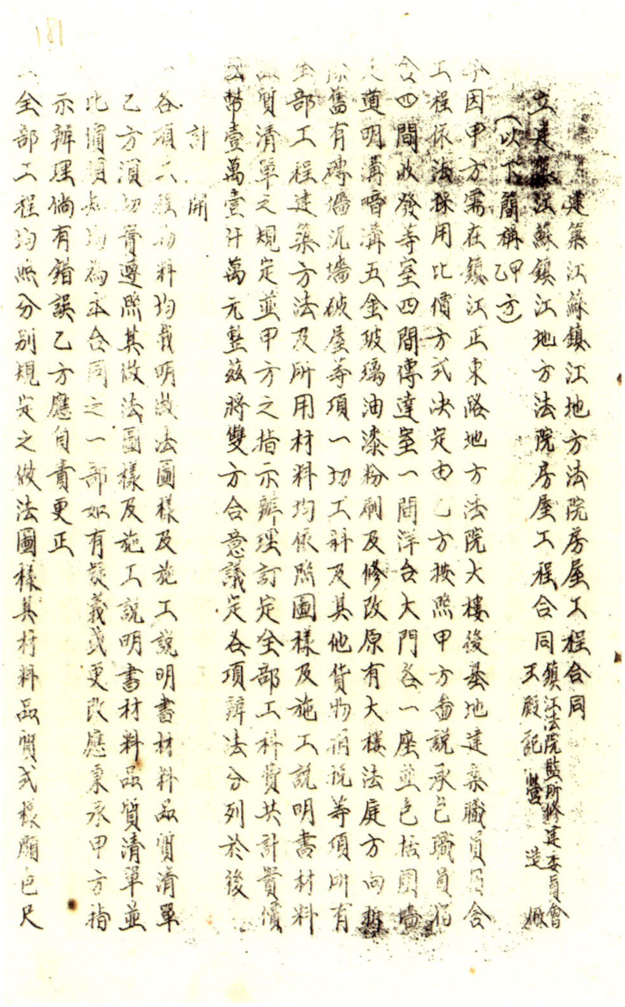
181

建築江蘇鎮江地方法院房屋工程合同

立建築江蘇鎮江地方法院房屋工程合同 鎮江法院監所修建委員會 王殿記營造廠

（以下簡稱甲乙方）

今因甲方需在鎮江正東路地方法院大樓後基地建築職員宿舍工程依法採用比價方式決定由乙方按照甲方圖說承包職員宿舍四間收發等室四間傳達室一間洋台大門各一座並已拆圍牆及茅廁明溝暗溝五金玻璃油漆粉刷及修改原有大樓法庭方向拆除舊有磚牆汎墻破屋等項一切工料及其他貨物捐稅等項所有全部工程建築方法及所用材料均依照圖樣及施工說明書材料品質清單之規定並甲方之指示辦理訂定全部工料費共計貨價國幣壹萬壹什萬元整茲將雙方合意議定各項辦法分列於後

計開

一、各項工程材料均貫照設計圖樣及施工說明書材料品質清單乙方須切實遵照其設法圖樣及施工說明書材料品質清單並此價目表均為本合同之一部如有疑義或更改應秉承甲方指示辦理倘有錯誤乙方應負責更正

二、全部工程均照分別規定之做法圖樣其材料品質式樣顏色尺

图1-2-8-1

寸樣材料品質清單所載如開工以後發現全部或一部工料不合規定又或做法有錯誤時得由甲方指示更正乙方不得違背所有各種條件乙方應依照後列第十款之規定比例於第一期付款前先將定貨單提出付款後限五日內運至施工地點由乙方自行設地保管隨時負責知甲方驗明如不更在施工地點保管者應將定貨單提交甲方驗明保存此項定貨價款不得列於第一期付款數百分之七十

八、甲方於合同所訂外需要修改或添減工程其工料價須在百分之二以內時應依照單所開之單價計算增減超過百分之二時應照添減部分工程當日之時價計算

九、乙方於合同簽訂後付款之翌日內動工自動工之日起算限三十個晴天完工其中間遇天雨及人力不可抗之事故（不包含工人怠工或罷工）致不能工作者應由乙方隨時報告甲方經查明允許後准其扣除否則逾期一天應由乙方賠償甲方遲延損失費法幣肆拾萬元按日計算倘乙方未領之工料餘數不足抵償須另覓時由保證人連帶負責賠償

十、乙方於訂立合同時繳存甲方保額壹萬五千萬元之書面補據

图 1-2-8-2

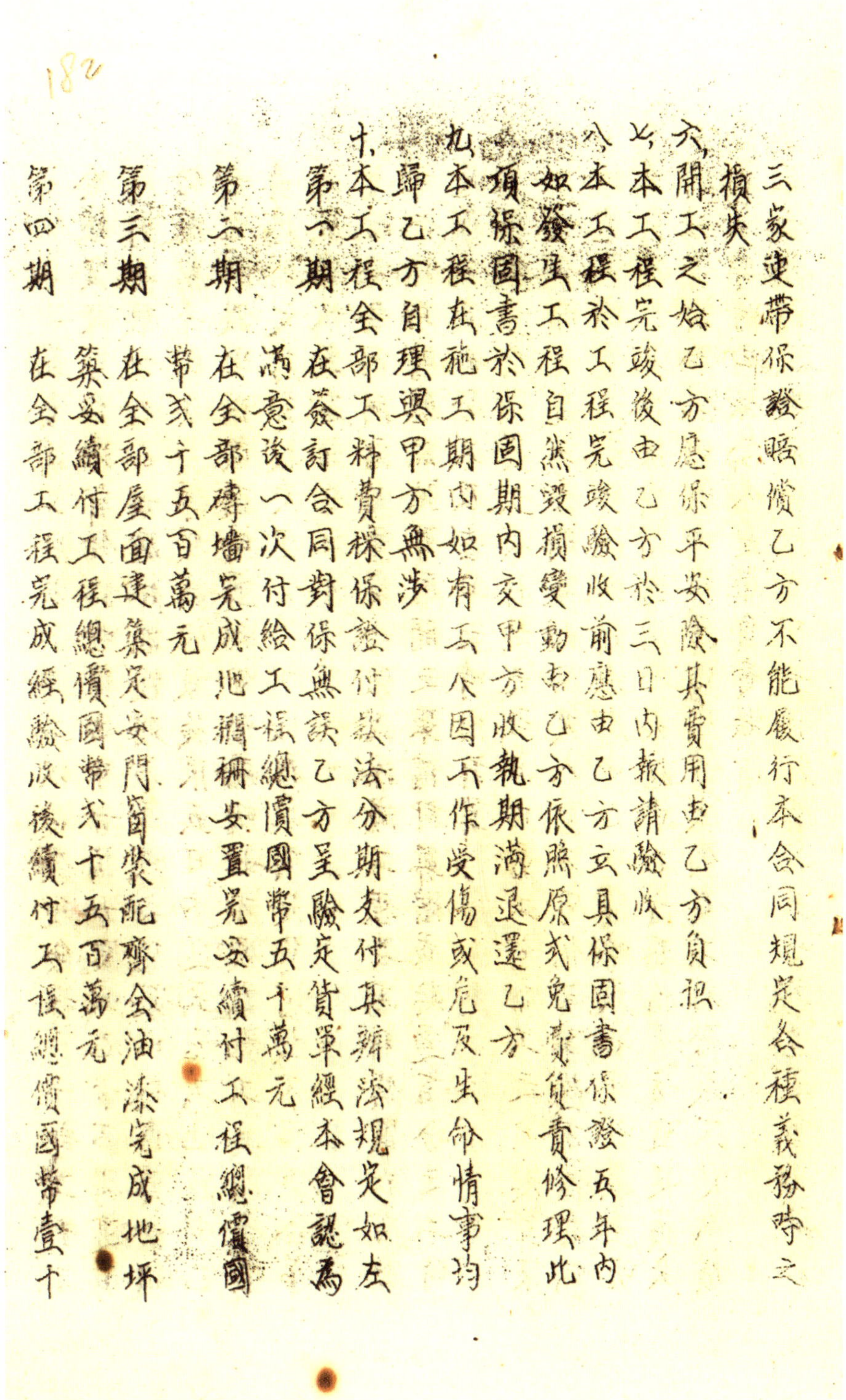

182

三家連帶保證賠償乙方不能履行本合同規定各種義務時之
損失
六、開工之始乙方應保平安險其費用由乙方負担
七、本工程完竣後由乙方於三日內報請驗收
八、本工程於工程完竣驗收前應由乙方立具保固書保證五年內
如發生工程自然毀損變動由乙方依照原式免費負責修理此
項保固書於保固期內交甲方收執期滿退還乙方
九、本工程在施工期內如有工人因工作受傷或危及生命情事均
歸乙方自理與甲方無涉
十、本工程全部工料費採保證付款法分期支付其辦法規定如左
第一期　在簽訂合同對保無誤乙方呈驗定貨單經本會認為
滿意後一次付給工程總價國幣五千萬元
第二期　在全部磚墻完成地擱柵安置完妥續付工程總價國
幣弍千五百萬元
第三期　在全部屋面建築完妥門窗裝配齊全油漆完成地坪
築妥續付工程總價國幣弍千五百萬元
第四期　在全部工程完成經驗收後續付工程總價國幣壹千

图1-2-8-3

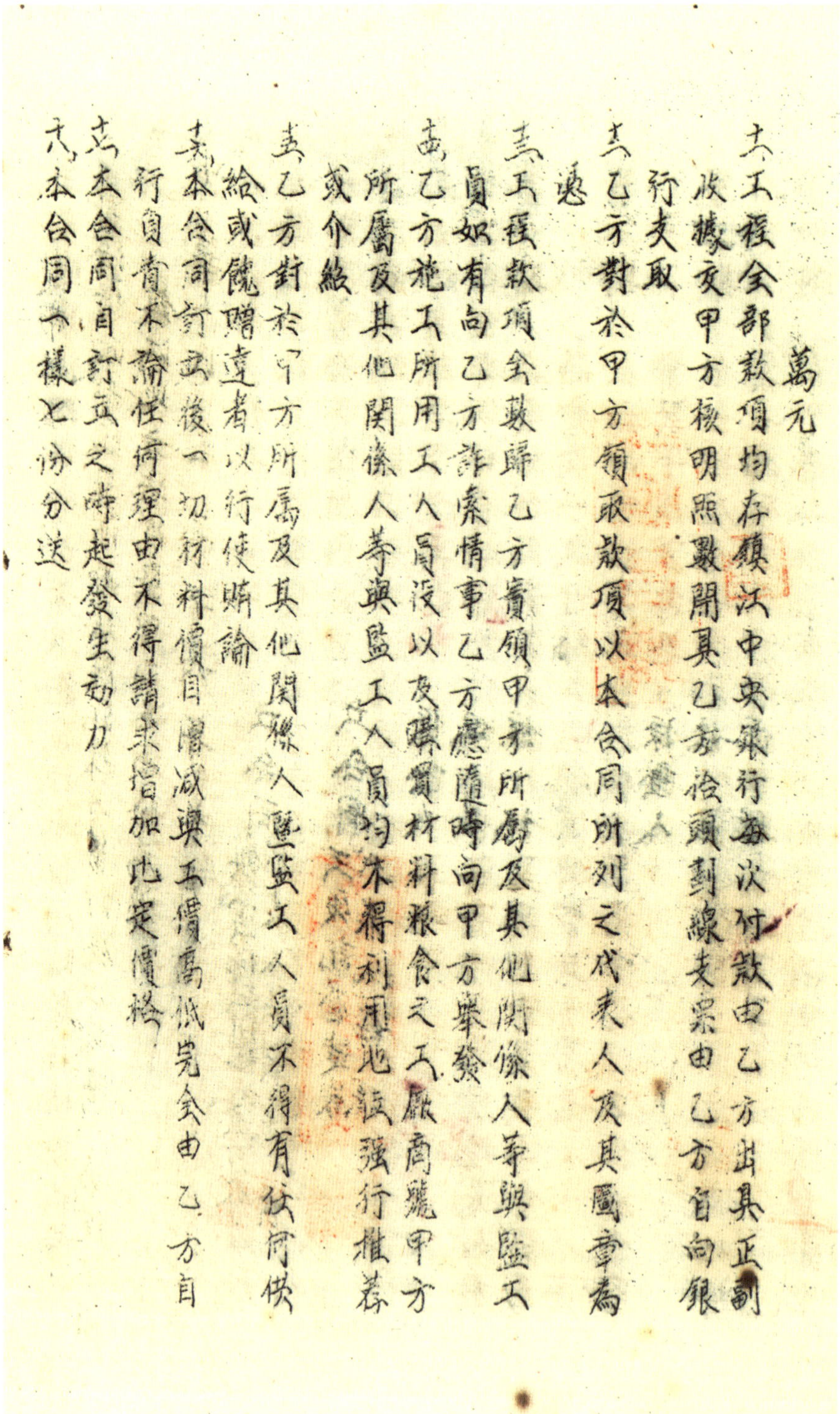

萬元

十一、工程全部款項均存鎮江中央銀行每次付款由乙方出具正副收據交甲方核明照數開具乙方抬頭劃線支票由乙方自向銀行支取

十二、乙方對於甲方領取款項以本合同所列之代表人及其圖章為憑

十三、工程款項全數歸乙方負領甲方所屬及其他關係人等與監工員如有向乙方詐索情事乙方應隨時向甲方舉發

十四、乙方施工所用工人員役以及購買材料糧食之工廠商號甲方所屬及其他關係人等與監工人員均不得利用地位強行推荐或介紹

十五、乙方對於甲方所屬及其他關係人暨監工人員不得有任何供給或餽贈違者以行使賄論

十六、本合同訂立後一切材料價目漲減與工價高低完全由乙方自行負責不論任何理由不得請求增加原定價格

十七、本合同自訂立之時起發生効力

十八、本合同一樣七份分送

图 1-2-8-4

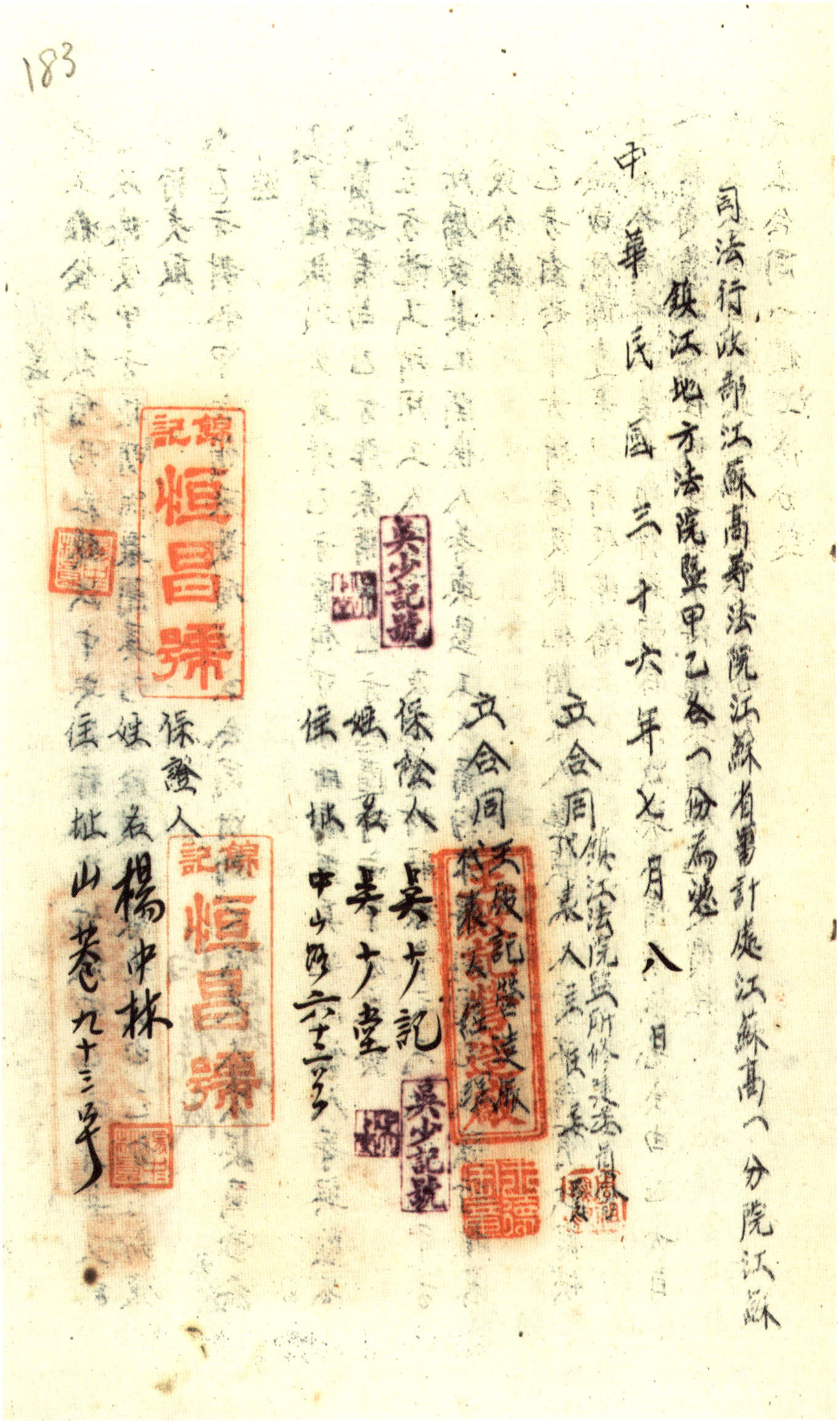
183

司法行政部江苏高等法院江苏省审计处江苏高一分院江苏
镇江地方法院监甲乙各一分为照
中华民国三十六年七月八日
立合同代表人　镇江法院监所修建委员会主任委员
立合同代表人　吴少记营造厂
保证人　吴少记
姓名　吴士堂
住址　中山路六十二号
保证人　恒昌号
姓名　杨仲林
住址　山巷九十三号

图 1-2-8-5

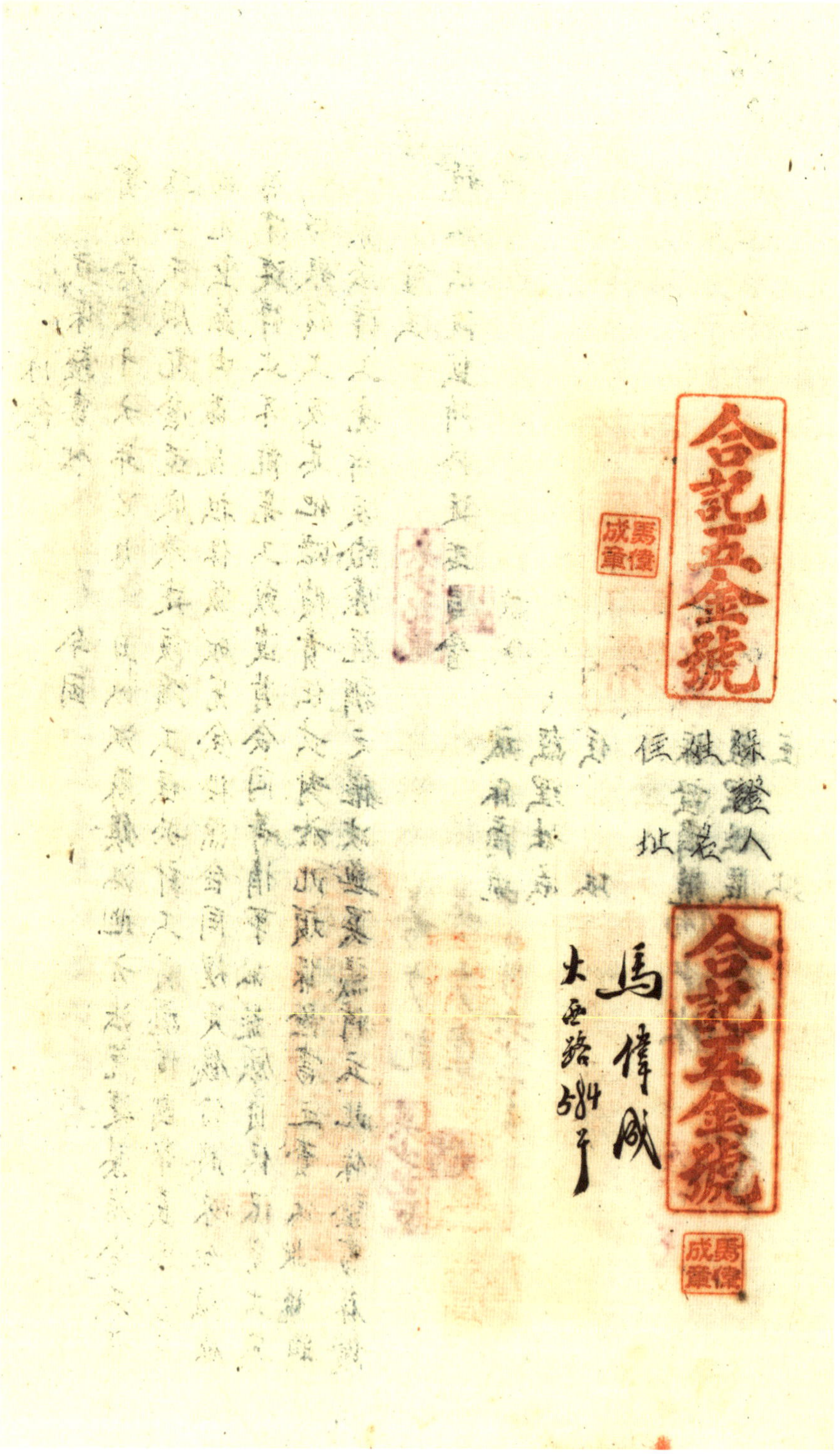
合記五金號
馬偉成章
保證人
姓名　馬偉成
住址　大西路584号
合記五金號
馬偉成章

图1-2-8-6

9. 司法行政部关于镇江地方法院修建工程的指令（1948年）（档案号：A019-1948-001-0678-0032）

1948年8月14日，司法行政部就镇江地方法院修建工程向江苏高等法院发出指令。文末有司法行政部部长谢冠生的印章。

从指令的内容来看，作为全国最高司法当局的司法行政部，对在镇新式司法机构的工程建设非常重视，其指示可谓“细致周到”。该指令称“呈件均悉，查附呈图说多有欠妥”，接着列举七项具体欠妥之处，再要求江苏高等法院“以上各项，应饬遵照并将计划重行修正呈核”。由此可以看出，对于全国各地基层司法机构的建筑工程而言，司法行政部不仅负责“顶层设计”，也参与“具体施工”。

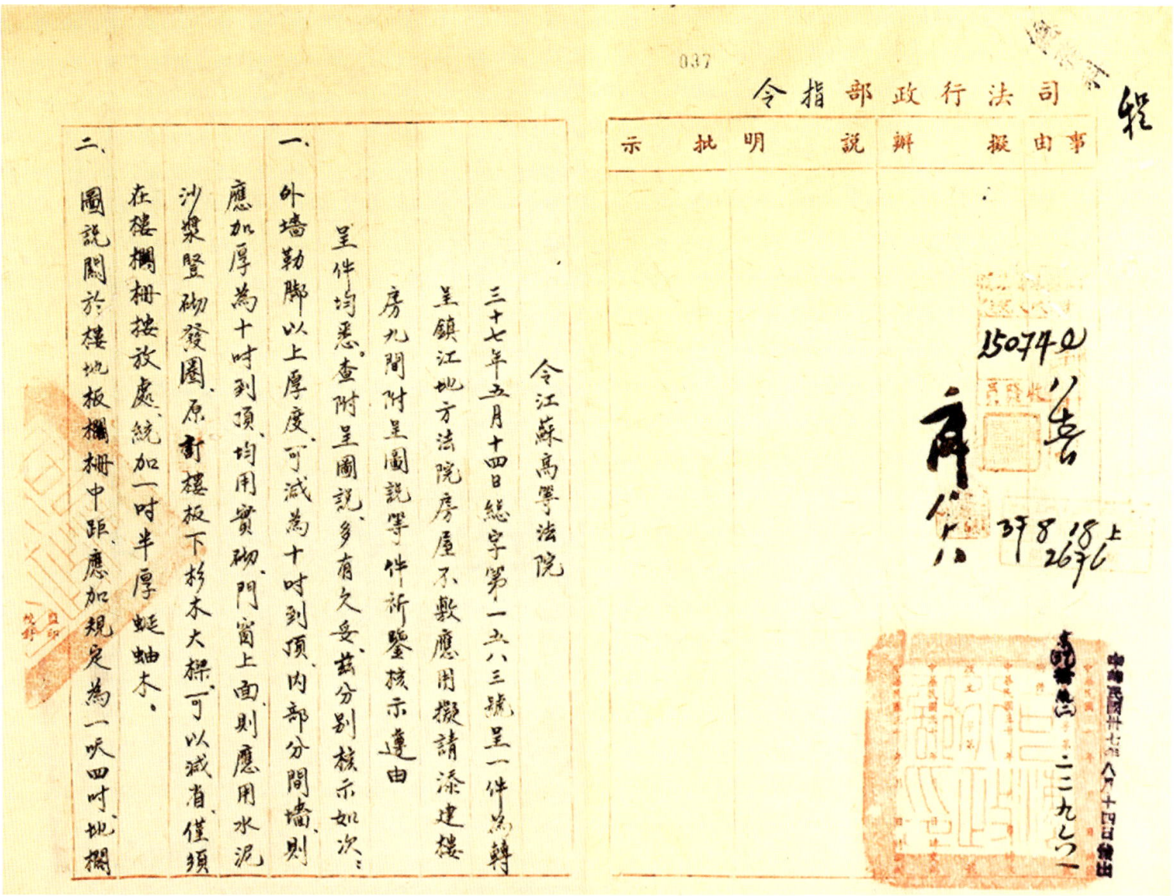

司法行政部指令

事由	擬辦	說明	批示

令江蘇高等法院

三十七年五月十四日總字第一六八三號呈一件為轉呈鎮江地方法院房屋不敷應用擬請添建樓房九間附呈圖說等件祈鑒核示遵由

呈件均悉。查附呈圖說多有欠妥，茲分別核示如次：

一、外墻勒腳以上厚度可減為十吋到頂，內部分間墻則應加厚為十吋到頂，均用實砌，門窗上面則應用水泥沙漿豎砌發圈，原計樓板下杉木大樑可以減省，僅須在樓擱柵接放處就加一吋半厚蜓蚰木。

二、圖說關於樓地板擱柵中距應加規定為一呎四吋，地擱

图 1-2-9-1

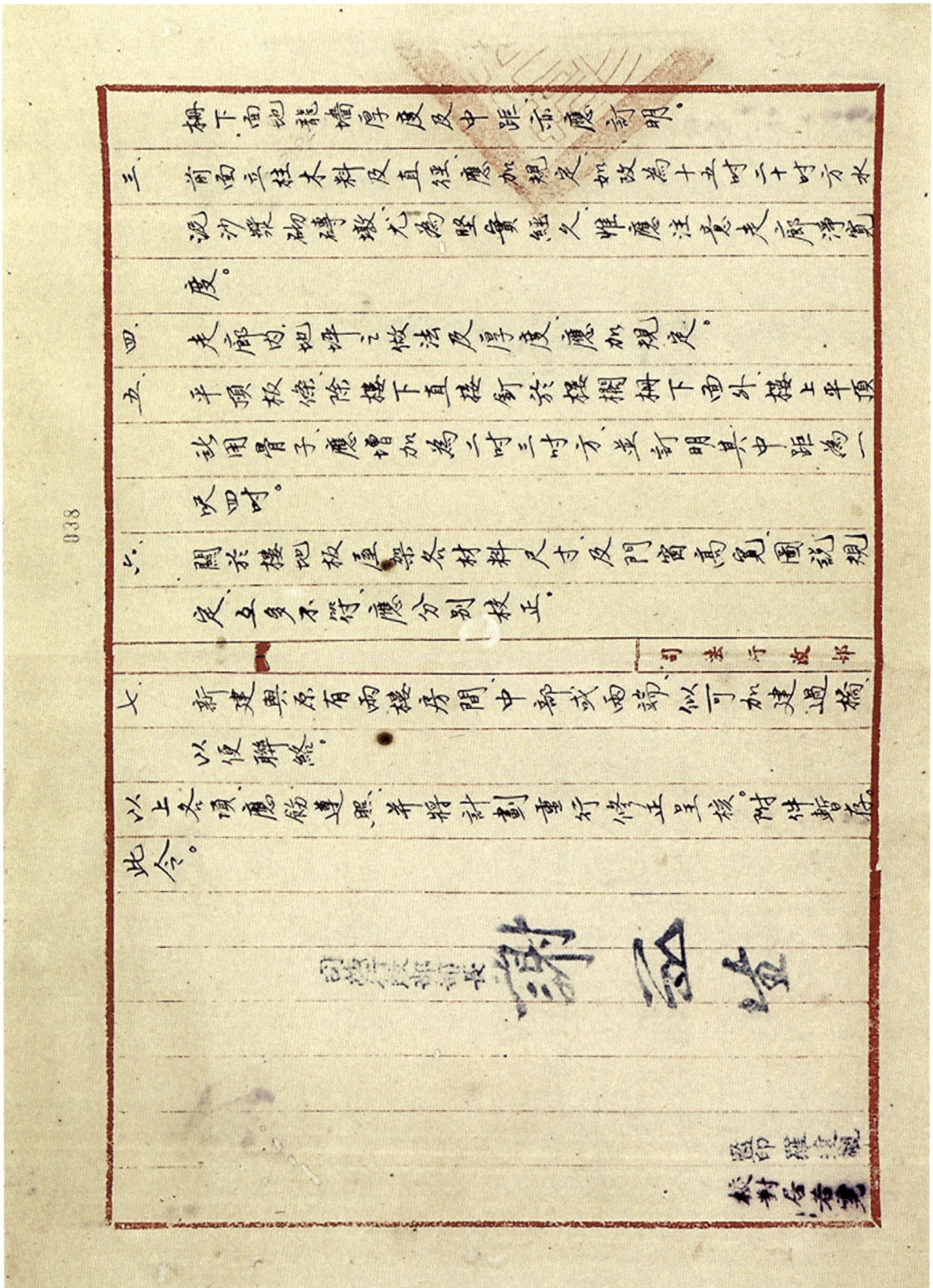

柵下面的龍牆厚度及中距，亦應註明。

三、前面三柱木料及直徑，應加規定，如改為十五吋二十吋方木，混沙漿砌磚墩，尤為堅實經久，惟應注意走廊淨寬度。

四、走廊內地坪之做法及厚度，應加規定。

五、平頂板條除樓下直接釘於樓擱柵下面外，樓上平頂此用骨子，應增加為二吋三吋方，並註明其中距為一呎四吋。

六、關於樓地板、屋架各材料尺寸及門窗高寬，圖說規定互有不符，應分別核正。

司法行政部

七、新建與原有兩樓房間中部或兩端，似可加建過橋，以便聯絡。

以上各項，應飭遵照，並將計劃重行修正呈核。附件存。

此令。

司法行政部部長 謝冠生

監印 校對

038

图1-2-9-2

三、工程经费

1. 江苏丹徒地方法院油漆院长办公室、刑庭办公室、寄宿舍等处估计核定工料价目表（1928年）（档案号：A019-1928-001-0014-0017）

1928年，顾生源油漆铺承揽丹徒地方法院院长办公室、刑庭办公室、寄宿舍等处油漆工程。此为该项工程的工料价目表。

该价目表显示，此次油漆工程共分5项：隔间四道假金漆色，10元；地板六间红油，11元；玻璃洋窗六间假金漆色，9元；窗洞七个假金漆色，6.8元；洋门一只、窗子一付，1.2元；共计38元。

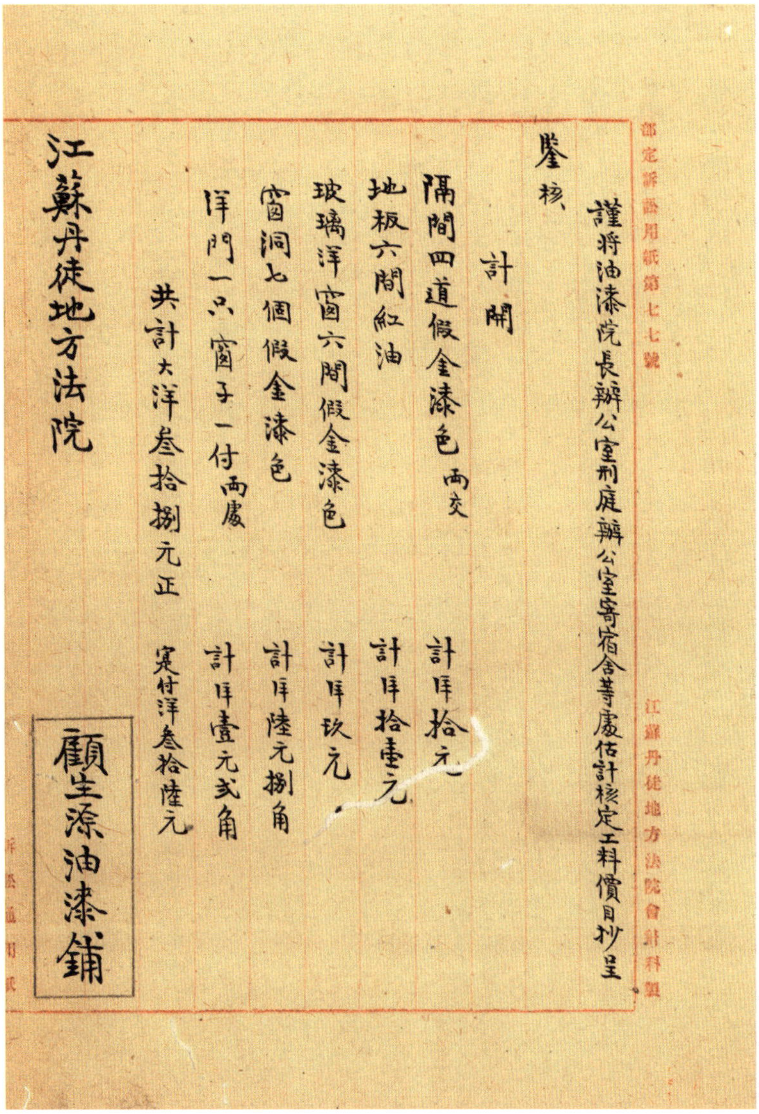

部定訴訟用紙第七七號

謹將油漆院長辦公室刑庭辦公室寄宿舍等處估計核定工料價目抄呈

鑒核、

計開

隔間四道假金漆色兩交　計洋拾元

地板六間紅油　計洋拾壹元

玻璃洋窗六間假金漆色　計洋玖元

窗洞七個假金漆色　計洋陸元捌角

洋門一只　窗子一付兩處　計洋壹元貳角

共計大洋叁拾捌元正　實付洋叁拾陸元

江蘇丹徒地方法院

顧生源油漆鋪

江蘇丹徒地方法院會計科製

图1-3-1

2. 江苏丹徒地方法院将原有旧法庭改造院长办公室暨刑庭办公室、寄宿舍等处工料核定价目表（1928年）（档案号：A019-1928-001-0014-0021）

此项工程由何源记建筑工厂承建。

该价目表对涉及到的工料价目逐一开列，对若干工料的使用情况做了解释说明，

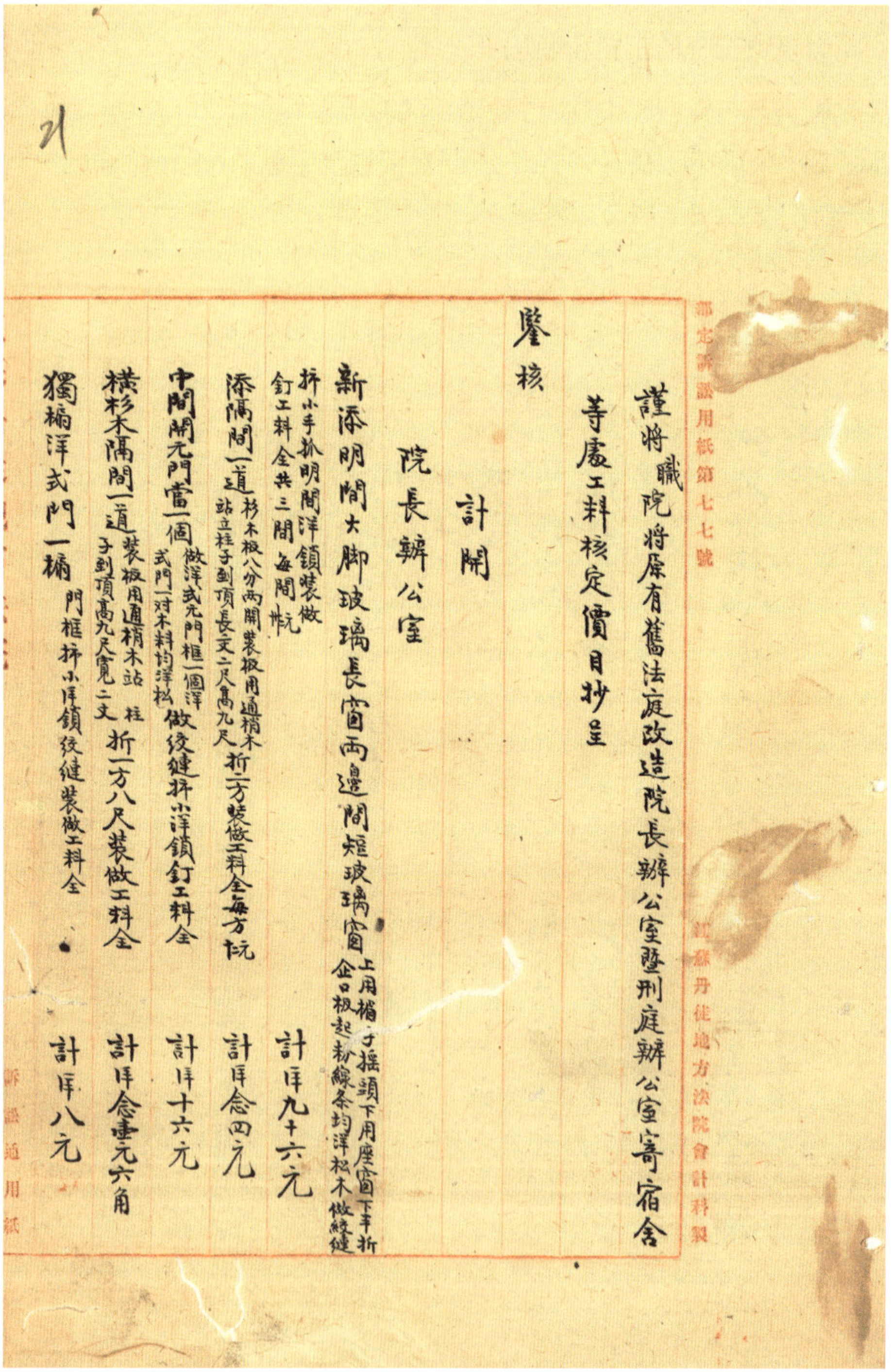
部定訴訟用紙第七七號

21

謹將職院將原有舊法庭改造院長辦公室暨刑庭辦公室寄宿舍

等處工料核定價目抄呈

鑒核

計開

院長辦公室

新添明間大腳玻璃長窗兩邊間短玻璃窗 上用楣子搖頭下用座窗下手折金口板起釘線條均洋松木做絞鏈 計洋九十六元

拆小手抓明間洋鎖裝做釘工料全共三間每間帳

添隔間一道 杉木板八分兩開裝板用通梢木站立柱子到頂長丈二尺高九尺 折一方裝做工料全每方洋 計洋念四元

中間開元門當一個 做洋式元門框一個洋式門一對木料均洋松 做絞鏈拆小洋鎖釘工料全 計洋十六元

橫杉木隔間一道 裝板用通梢木站柱子到頂高九尺寬二丈 折一方八尺裝做工料全 計洋念壹元六角

獨扇洋式門一扇 門框拆小洋鎖絞鏈裝做工料全 計洋八元

訴訟通用紙

江蘇丹徒地方法院會計科製

图1-3-2-1

如院长办公室“中间开元门当一个”下，增加说明“做洋式元门框一个，洋式门一对，木料均洋松”。

该价目表显示，此次工程“总共计大洋陆佰捌拾陆元肆角，收镇江地方法院旧法庭卷篷两座，木料作价洋叁拾元”，故实际开销为“洋陆百四十四元”。

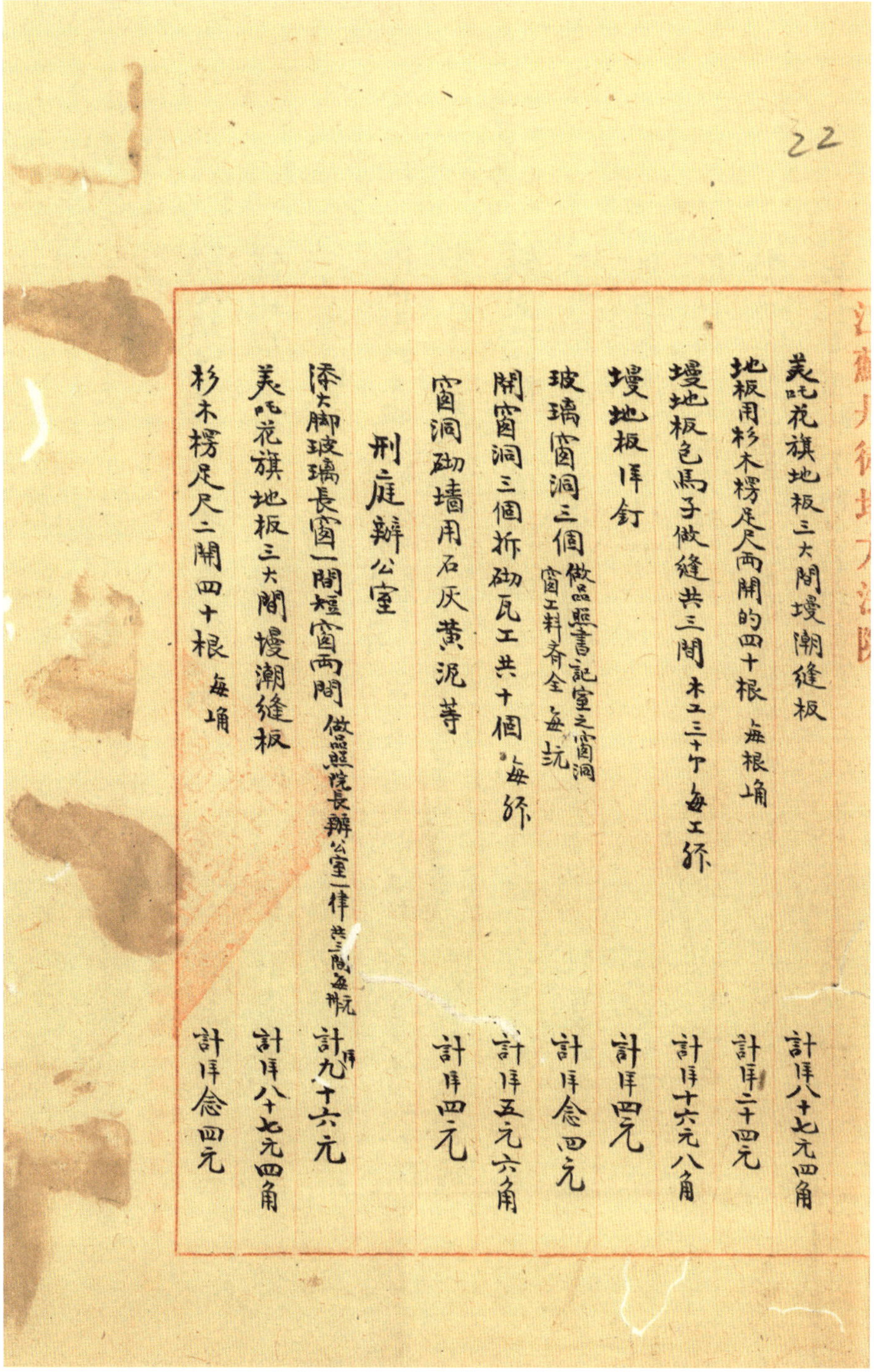

22

美吒花旗地板三大間熰潮縫板　計洋八十七元四角
地板用杉木楞足尺两開的四十根　每根角　計洋二十四元
熰地板包馬子做縫共三間　木工三十个　每工角　計洋十六元八角
熰地板洋釘　計洋四元
玻璃窗洞三個　做照書記室之窗洞　窗工料齐全　每抗　計洋念四元
開窗洞三個拆砌瓦工共十個　每角　計洋五元六角
窗洞砌墻用石灰黃泥等　計洋四元
刑庭辦公室
添大脚玻璃長窗一間短窗两間　做照院長辦公室一律　共三間每元　計洋九十六元
美吒花旗地板三大間熰潮縫板　計洋八十七元四角
杉木楞足尺二開四十根　每角　計洋念四元

图 1-3-2-2

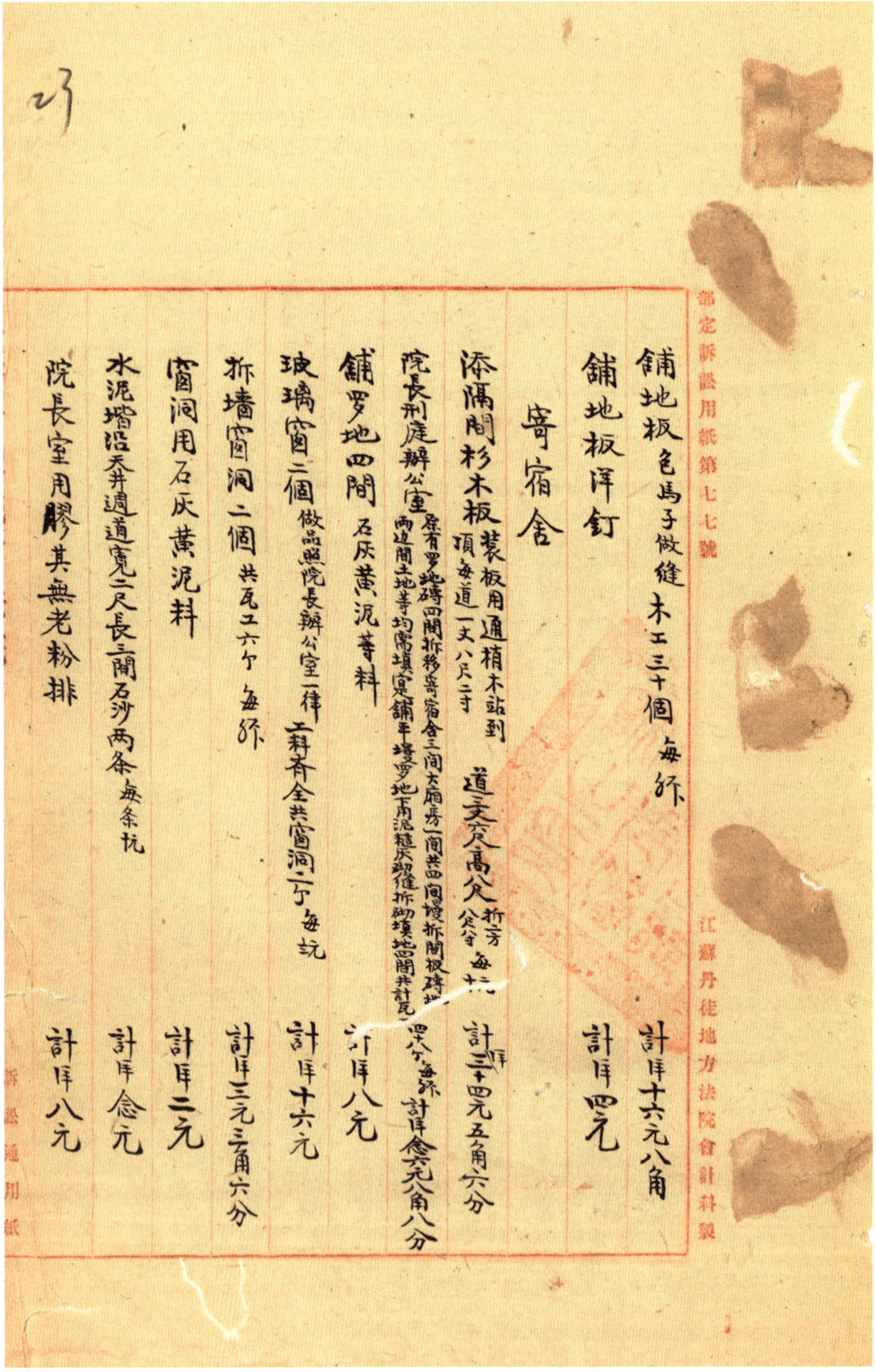
部定訴訟用紙第七七號
鋪地板色馬子做縫木工三十個每个　計洋十六元八角
鋪地板洋釘　計洋四元
寄宿舍
添隔間杉木板裝板用通楨木訂到頂每道一丈八尺二寸　道三丈六尺高八尺折方八尺分每　計洋三十四元五角六分
院長刑庭辦公室原有罗地磚四間拆移寄宿舍三間大廁房一間共四間 [illegible] 兩边間土地等均需填實鋪平 [illegible] 計瓦工四十八个每个　計洋念六元八角八分
鋪罗地四間石灰黃泥等料　計洋八元
玻璃窗二個做品照院長辦公室一律工料齐全共窗洞二个每坑　計洋十六元
拆墙窗洞二個共瓦工六个每个　計洋三元三角六分
窗洞用石灰黃泥料　計洋二元
水泥增沿天井過道寬二尺長三开石沙兩条每条　計洋念元
院長室用膠其無老粉排　計洋八元
江蘇丹徒地方法院會計科製
訴訟通用紙

图 1-3-2-3

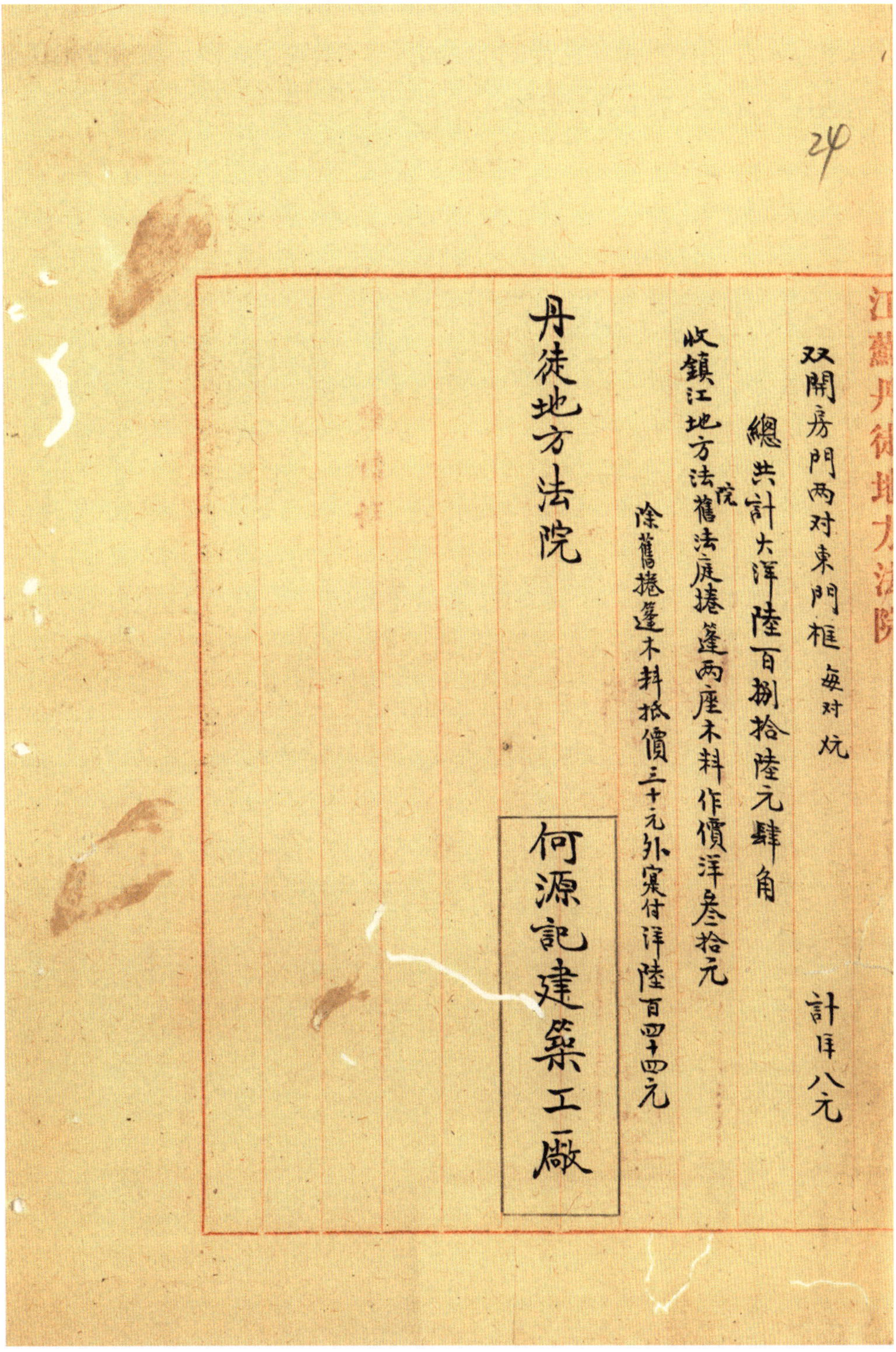

江蘇丹徒地方法院

双開房門两对東門框 每对四元　計洋八元

總共計大洋陸百捌拾陸元肆角

收鎮江地方法院舊法庭捲篷兩座木料作價洋叁拾元

除舊捲篷木料抵價三十元外實付洋陸百四十四元

丹徒地方法院

何源記建築工廠

图1-3-2-4

3. 江苏丹徒地方法院改造修理费临时支出计算书（1928年）（档案号：A019-1928-001-0014-0029）

该计算书形成于1928年9月，反映了丹徒地方法院改造修理工程的经费支出情况。

该计算书显示，此次工程共花费2209.200元，“奉院令准在十六年度积存剩余经费及前拍卖初级厅屋价利息项下如数开支”。

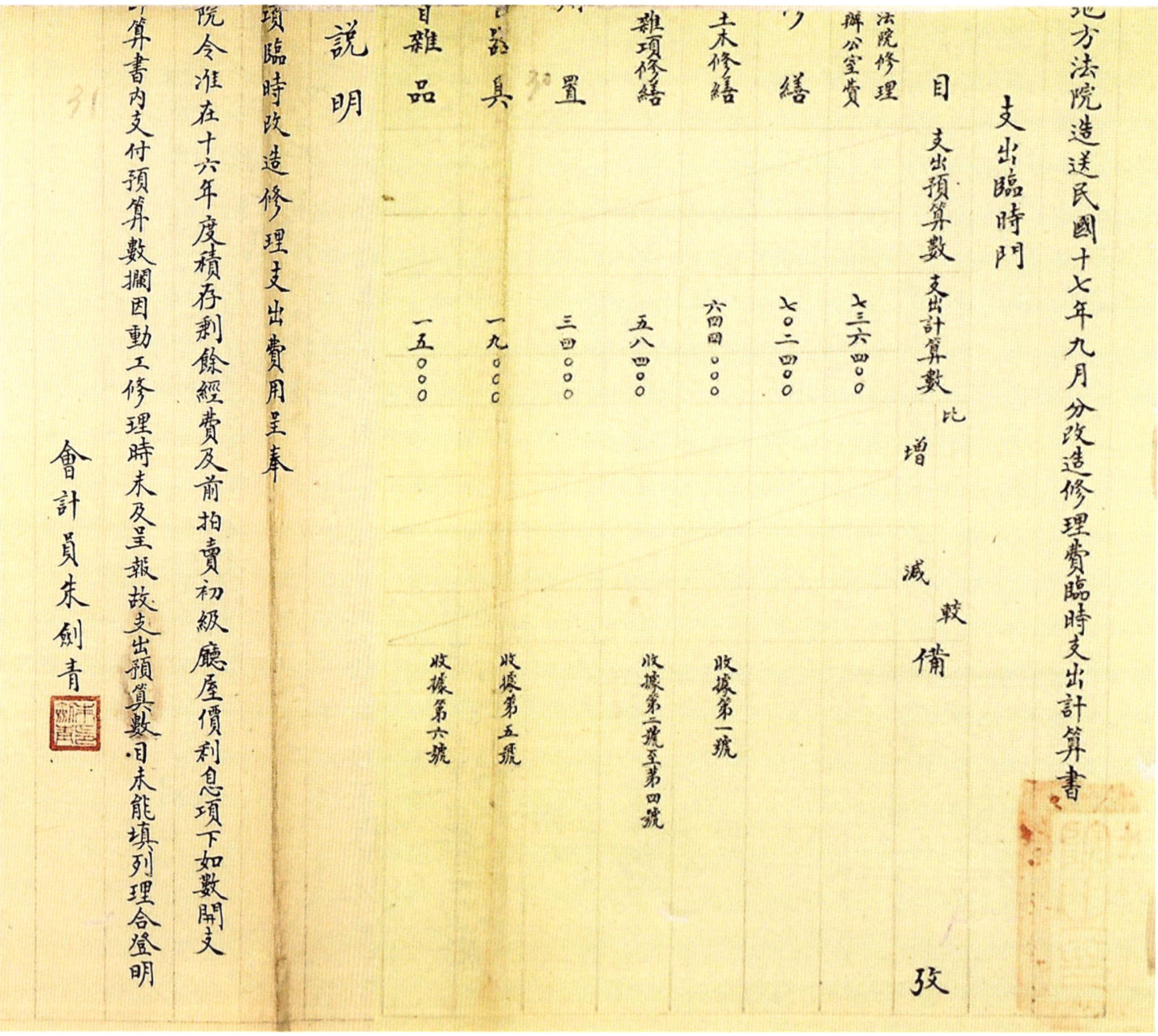

地方法院造送民國十七年九月分改造修理費臨時支出計算書

支出臨時門

目 支出預算數 支出計算數 比較 增 減 備攷

法院修理 辦公室費 七三六四〇〇

修繕 七〇二四〇〇

土木修繕 六四四〇〇〇 收據第一號

雜項修繕 五八四〇〇 收據第二號至第四號

置 三四〇〇〇

具 一九〇〇〇 收據第五號

目 雜品 一五〇〇〇 收據第六號

說明

項臨時改造修理支出費用呈奉

院令准在十六年度積存剩餘經費及前拍賣初級廳屋價利息項下如數開支

算書內支付預算數攔因動工修理時未及呈報故支出預算數目未能填列理合登明

會計員朱劍青

图1-3-3

4. 江苏镇江地方法院拨付修建费三千五百万元的函（1947年）（档案号：A019-1947-001-0520-0304）

1947年9月5日，江苏高等法院拨付工程经费3500万元，镇江地方法院根据要求将经费收条呈送镇江法院监所修建委员会。

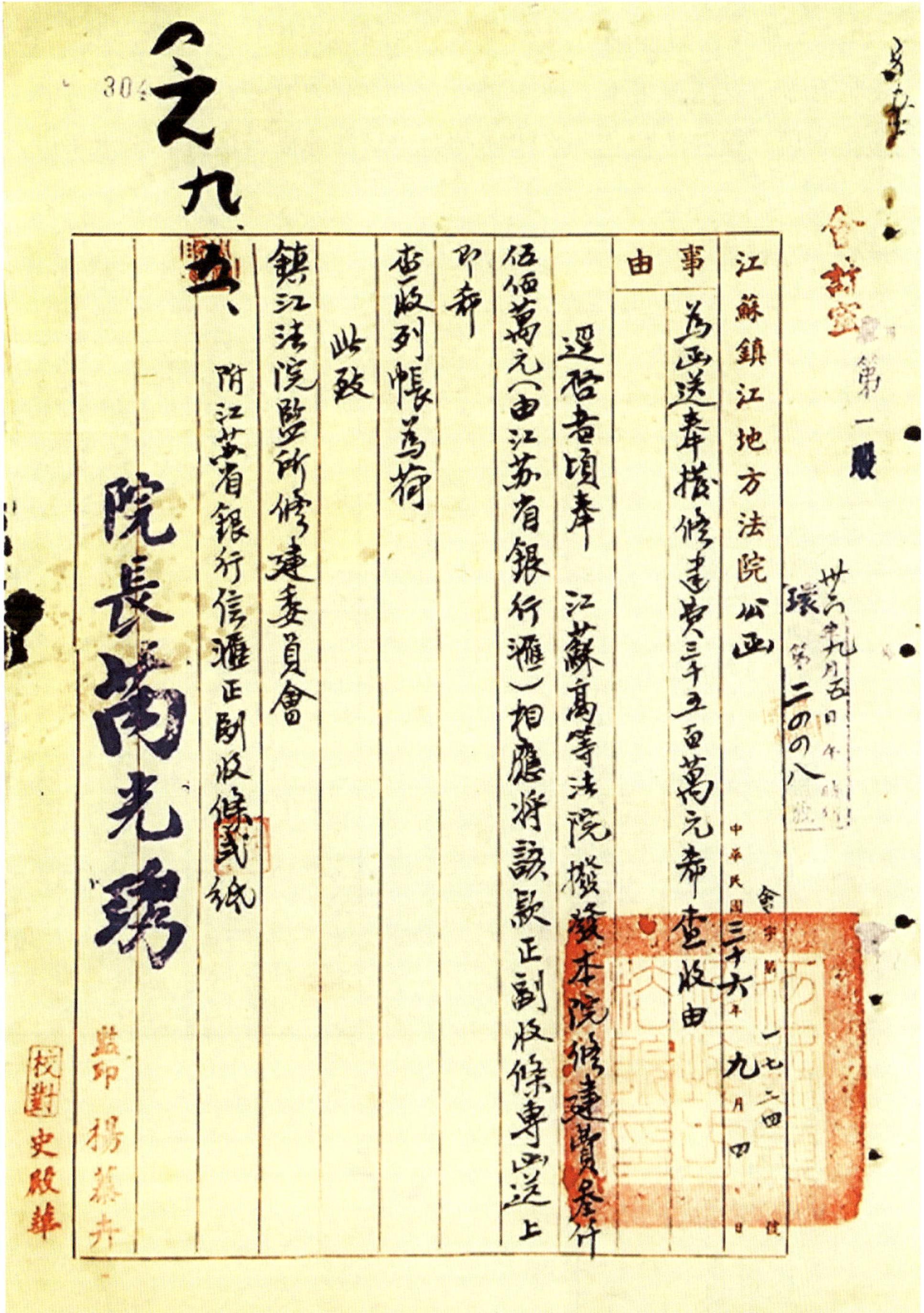
304
二九五、
會計室 第一股
江蘇鎮江地方法院公函
卅六年九月五日 第二〇〇八號
中華民國三十六年九月四日 會字第一七二四號
事由：為函送奉撥修建費三千五百萬元希查收由
逕啓者頃奉 江蘇高等法院撥發本院修建費叁仟伍佰萬元（由江苏省銀行滙）相應將該款正副收條專函送上即希
查收列帳為荷
此致
鎮江法院監所修建委員會
附江苏省銀行信滙正副收條式紙
院長 南光琇
校對 史殿華 監印 楊慕卉

图1-3-4

5. 王殿记营造厂请求拨发第二期工料款的报告（1947年）（档案号：A020-1947-001-0226-0072）

抗战胜利后，国统区经济形势恶化，司法经费严重短缺，故镇江法院监所修建委员会时常拖欠工程款。此为王殿记营造厂的催款报告。

报告称：“此项工程限期在即，急需雇用大量人工继续赶建及运办各项材料，而今资金已尽，几无法维持，且恐物价工资高涨，有碍工程用，特再陈苦衷，恳请钧会体念商艰，格外施恩，设法拨给第二期工料费贰千五百万元以维工程而免贻误，实为德便。”接到该报告后，镇江法院监所修建委员会转呈江苏高等法院，请求解决。

图1-3-5-1

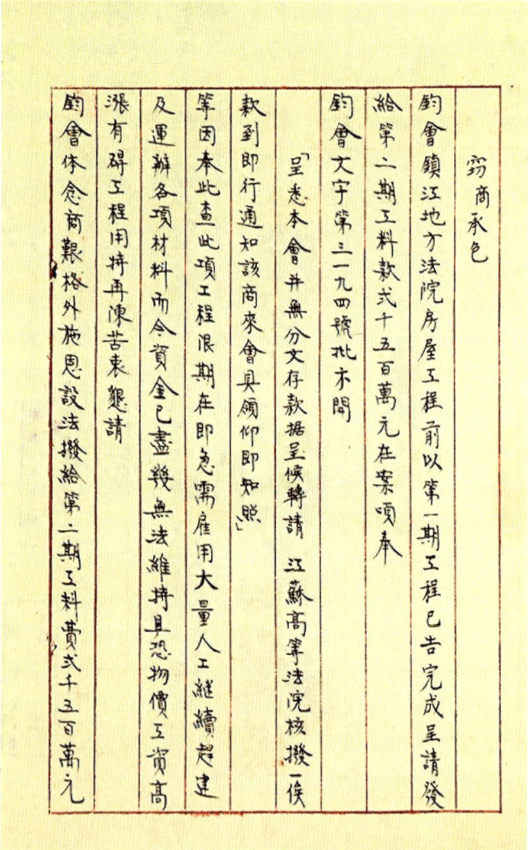
窃商承包
钧會鎮江地方法院房屋工程前以第一期工程已告完成呈請發
給第二期工料款弍千五百萬元在案頃奉
鈞會文字第三一九四號批示開
「呈悉本會并無分文存款據呈候轉請 江蘇高等法院核撥一俟
款到即行通知該商來會具領仰即知照」
等因奉此查此項工程限期在即急需雇用大量人工繼續趕建
及運辦各項材料而今資金已盡幾無法維持且恐物價工資高
漲有碍工程用特再陳苦衷懇請
鈞會体念商艱格外施恩設法撥給第二期工料費弍千五百萬元

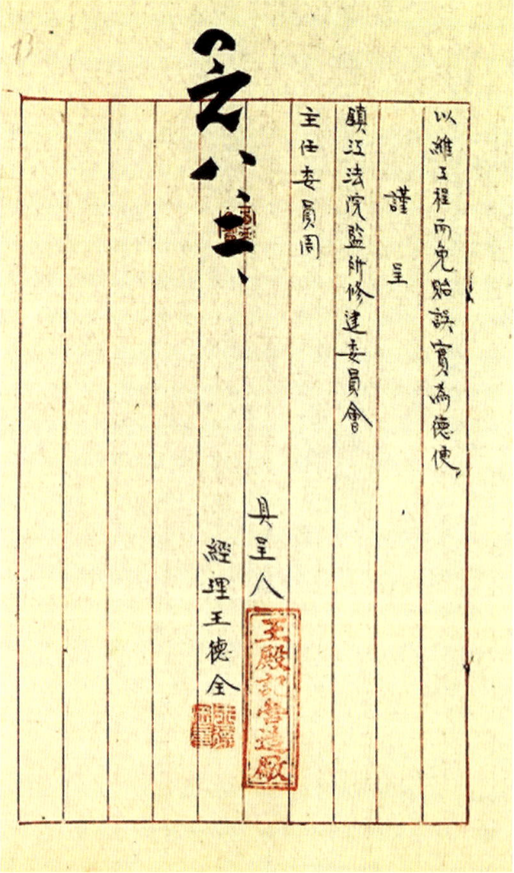
以維工程而免貽誤實為德便
謹 呈
鎮江法院監所修建委員會
主任委員周
具呈人 王殿記營造廠
經理王德全

图1-3-5-2

6. 江苏高等法院镇江分院三十七年度新屋附属工程费预算书（1948年）（档案号：A019-1947-001-0561-0072）

时至1948年，尽管国统区社会经济形势恶化，司法经费极度紧张，但在镇新式司法机构的修建工程仍在继续。

该预算书由江苏高等法院镇江分院开具，共两项：(1)新屋附属工程费，16850万元；（2）水泥走道及卫生设备费，16850万元。从这两个数字即可看出，此时国统区的货币贬值程度已到了无以复加的地步。

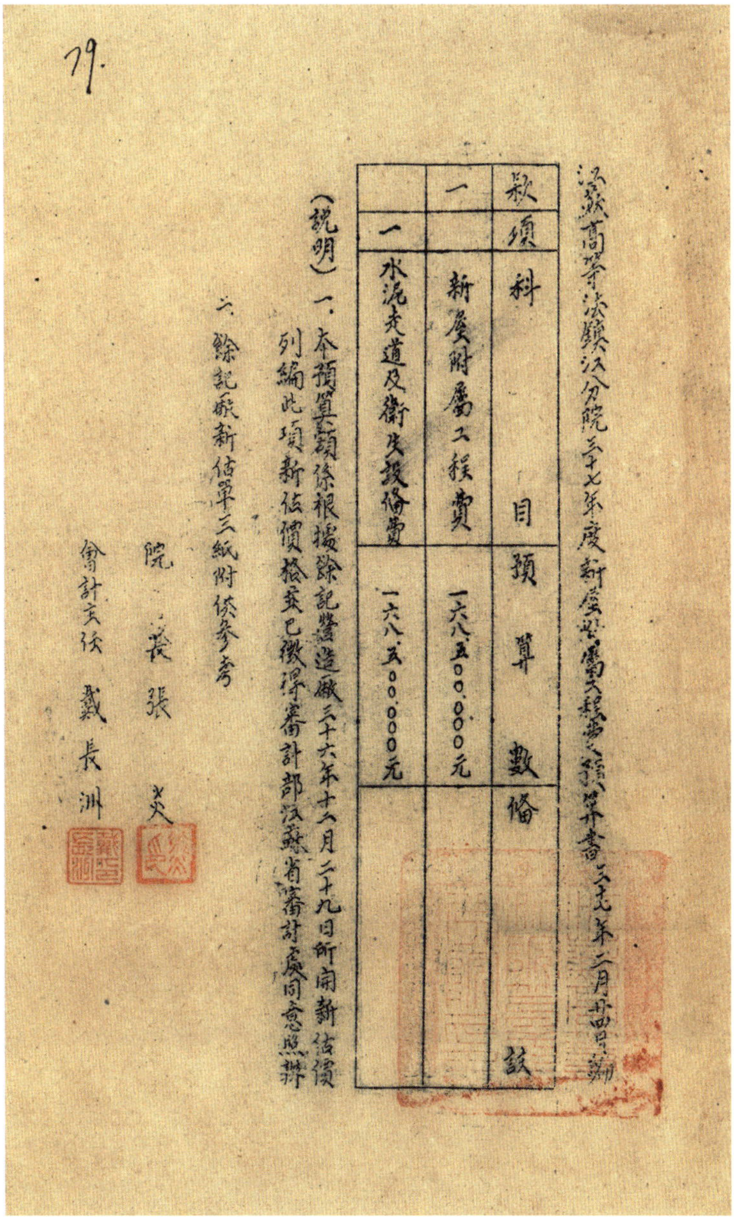

江蘇高等法院鎮江分院三十七年度新屋附屬工程費預算書　三十七年二月廿四日編

款	項	科目	預算數	備考
一		新屋附屬工程費	一六八五0,0000元	
	一	水泥走道及衛生設備費	一六八五0,0000元	

（說明）一、本預算額係根據餘記營造廠三十六年十二月二十九日所開新估價列編此項新估價格業已徵得審計部江蘇省審計處同意照辦

二、餘記廠新估單三紙附送參考

院長 張 炎

會計主任 戴長洲

图1-3-6

第二章 人事管理

清末变法修律和司法改革时，面对司法人才奇缺的现状，沈家本大声呼吁："深虑新律既定，各省未预储用律之才，则徒法不能自行，终属无用……亟应广储裁判人才，以备应用。"[①] 民国时期，培养司法人才是新式司法机构建设的核心任务之一。居正曾说："欲求下级司法机关之健全，不徒注意于量之增多，尤当注意于质之改善……属于质一方面者，则为人才之储备……历来所由重视者也。"[②] 当时亦有学者这样表述："司法人才与司法经费，为司法之二大基本问题，亦即为推行司法制度充实司法机构之二大原动力。"[③] 以上言论表明，司法人才是观察清末民国时期新式司法机构建设的重要维度。

在民国江苏省会镇江，活跃着一批优秀司法人才。镇江近代司法档案显示：在镇新式司法机构的推事和检察官，一般具有国内乃至国外法律院系的学习经历，具备丰富的近代法学知识。根据1932年的统计，镇江地方法院院长黄用中毕业于欧美法律院系，其余推事、检察官、候补推事、候补检察官及书记官共27人毕业于国内法律院系。[④] 镇江近代司法档案还显示：除书记官、学习推事 / 检察官可能是初出茅庐的毕业生外，在镇新式司法机构的司法官往往具备丰富的从业经历。他们辗转全国各地，在长期的司法实践中累积了丰富的司法经验。如：曾于1946年至1949年担任镇江地方法院庭长的夏采苓，先后在江苏睢宁、涟水、泗阳、宿迁、启东、萧县、盐城、赣榆等地的特种刑事法庭、县政府或地方法院等处任职，审判经验极为丰富。[⑤]

按照规定，在镇新式司法机构须对院长、首席检察官、庭长、推事、检察官、书记官长、书记官等各类司法人才开展有效管理。镇江近代司法档案中有关人事管理的史料，围绕着他们展开：

第一类是人事统计档案，主要包括镇江地方法院江都分院、镇江地方法院、江苏高等法院第一分院的职员录和职员履历表等档案史料，较为详细地记录了法院中各类

① 李贵连：《沈家本评传》，南京大学出版社，2004，第464—465页。
② 居正：《十年来的中国司法界》，中国文化建设协会编《十年来的中国》，商务印书馆，1937，第17页。
③ 吴学义：《司法建设与司法人才》，国民图书出版社，1941，第36页。
④ 《法院职员在职年限表（二十一年度）》，镇江市档案馆藏，档案号：A019-1932-001-0112-0001。
⑤ 《公务员履历表（夏采苓）》，镇江市档案馆藏，档案号：A020-1946-001-0169-0038。

人员的姓名、职务、性别、年龄、学历、籍贯等信息，全面展现了法院的人事信息图景。例如1947年的《江苏镇江地方法院职员录》显示，该院由以下人员构成：院长1人、首席检察官1人、庭长1人、推事6人、检察官4人、书记官长1人、主任书记官1人、书记官19人、人事管理员2人、会计员1人、会计室办事员1人、统计员1人、检验员1人、录事16人、雇员7人、执达员8人、警长1人、副警长1人。①

第二类是薪津待遇档案，主要包括《支出计算书》《收支对照表》《生活补助费清册》等，清晰且真实地反映了各类人员的收入水平。以1933年为例，镇江地方法院院长月俸360元、首席检察官月俸340元、庭长月俸240元、推事和检察官月俸160—200元、书记官长月俸140元、主任书记官月俸90元、书记官月俸60—90元。② 参考同一时期的社会物价水平③，可以得出结论：此一时期，法院院长、首席检察官、推事、检察官的收入水平较高，书记官亦衣食无忧。抗战结束以后，法币大幅贬值，法院工作人员的收入锐减。1946年，江苏高等法院第三分院及镇江地方法院等处全体员工“为物价高涨，生活困难，先后呈请改善待遇，以资救济”，司法行政部、江苏高等法院则以“对于司法人员生活之困难，至为轸念”等官话套话回应了事。④

第三类是勤务管理档案，主要包括法院工作人员请假、销假、差旅、调任、辞职等方面的档案史料，反映了法院进行人事日常管理的具体流程。如1931年8月，镇江地方法院院长黄用中因身患牙疾，赴沪就医，需请假一周，他先向江苏高等法院请假：“窃查职院长因患牙疾，疼痛异常，不能饮食，睡卧不安。此间缺乏牙科专门医师，不得已拟自八月十四日起至二十日止请假，赴沪就医。院长职务由民庭庭长欧阳靖暂行兼代，以专责成。”江苏高等法院接报后，决定“应予照准”，并报司法行政部备案。⑤

---

① 《江苏镇江地方法院职员录》，镇江市档案馆藏，档案号：A020-1948-001-0240-0001。

② 《江苏镇江地方法院二十二年度最近月份实支经费数目表》，镇江市档案馆藏，档案号：A019-1933-001-0139-0003。

③ 1930年11月，南京上等白米每升0.097元，小麦每升0.073元，猪肉每斤0.372元，牛肉每斤0.260元，白条布每尺0.113元，锚牌毛巾每条0.175元，美孚火油灯每盏0.225元。(《南京特别市零售物价表(十九年十一月)》，《统计月报》第3卷第1期，1931年。)

④ 《江苏高等法院有关员工请求改善待遇的训令》，镇江市档案馆藏，档案号：A019-1946-001-0308-0096。

⑤ 《江苏镇江地方法院院长因患牙疾赴沪就医的报告》，镇江市档案馆藏，档案号：A019-1930-001-0064-0007。

一、人事统计

1. 江苏镇江地方法院江都分院职员履历表（1931年—1932年）

履历表共有5份，形成于1931年至1932年，记载了镇江地方法院江都分院推事的姓名、别号、职务、任职日期、毕业学校、历任职业等信息。

（1）学习推事阮炜履历表（档案号：A020-1931-001-0024-0021）

阮炜，24岁，籍贯浙江，别号实初，1930年上海法政学院法律专门部（三年）毕业，后在司法行政部法官训练所训练一年，1931年1月加入中国国民党，1931年12月28日就任镇江地方法院江都分院学习推事。

该履历表“历任职业”一栏载明：国民政府考试院第一届考取法官第三十八名，嗣蒙考试院送入司法行政部法官训练所受训，历试乙等，民国二十年（1931年）司法行政部第四零二八号令充江苏镇江地方法院江都分院学习推事，遵于同年十二月二十八日到差办事。

图2-1-1-1

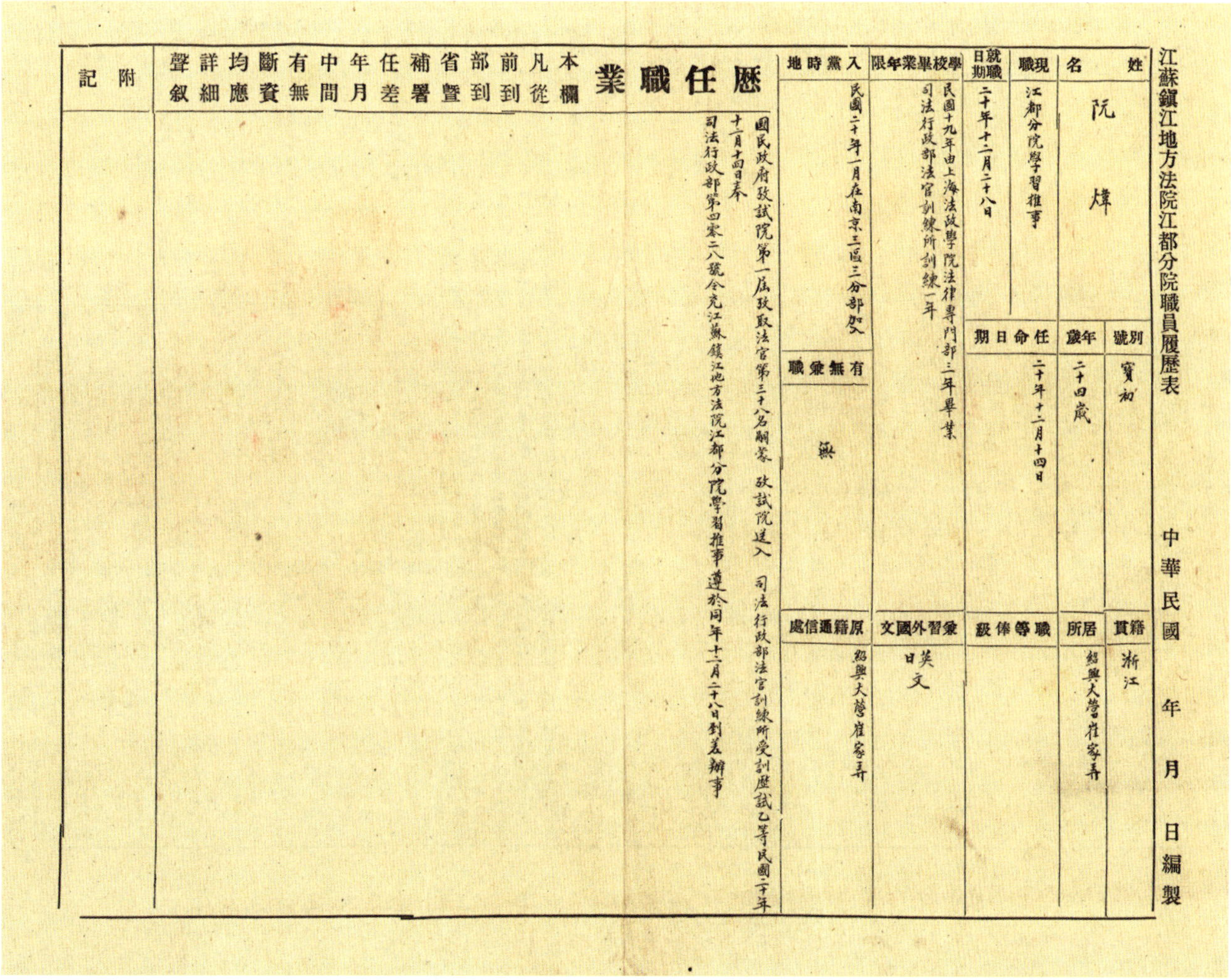
江蘇鎮江地方法院江都分院職員履歷表

姓名：阮煒
別號：實初
年歲：二十四歲
籍貫：浙江
居所：紹興大營崔家弄
現職：江都分院學習推事
就職日期：二十年十二月二十八日
任命日期：二十年十二月十四日
職等俸級：
學校畢業年限：民國十九年由上海法政學院法律專門部三年畢業　司法行政部法官訓練所訓練一年
兼習外國文：英日文
入黨時地：民國二十年一月在南京三區三分部加入
有無兼職：無
原籍通信處：紹興大營崔家弄

歷任職業（本欄凡從前到部到省暨補署任差年月中間有無斷資均應詳細聲敘）：
國民政府考試院第一屆考取法官第三十八名嗣蒙　考試院送入　司法行政部法官訓練所受訓歷試乙等民國二十年十二月十四日奉　司法行政部第四零二八號令充江蘇鎮江地方法院江都分院學習推事遵於同年十二月二十八日到差辦事

附記：

中華民國　年　月　日編製

（2）学习推事邵允文履历表（档案号：A020-1931-001-0024-0021）

邵允文，29岁，籍贯江苏常熟，别号质铭，江苏法政大学专门部法律本科四年毕业，1931年8月加入中国国民党，1932年1月5日就任镇江地方法院江都分院学习推事。

邵允文任职经历较为丰富。他曾于民国十五年（1926年）充前江苏上海地方审判厅候补书记官，同年12月司法官考试初试及格，十六年（1927年）1月入司法储才馆肄业，同年10月因病停学。十七年（1928年）6月奉江苏高等法院令充江宁地方法院书记官，同年9月奉国民政府前司法部任命署江宁地方法院书记官。十八年（1929年）11月奉司法行政部令充山东各地方法院学习推事，时仍在江宁地方法院执行书记官职务，未往任事。十九年（1930年）1月奉司法行政部任命为江宁地方法院书记官，同年3月奉司法行政部令调充江苏各地方法院学习推事，并奉江苏高等法院令充江宁地方法院学习推事。

图2-1-1-2

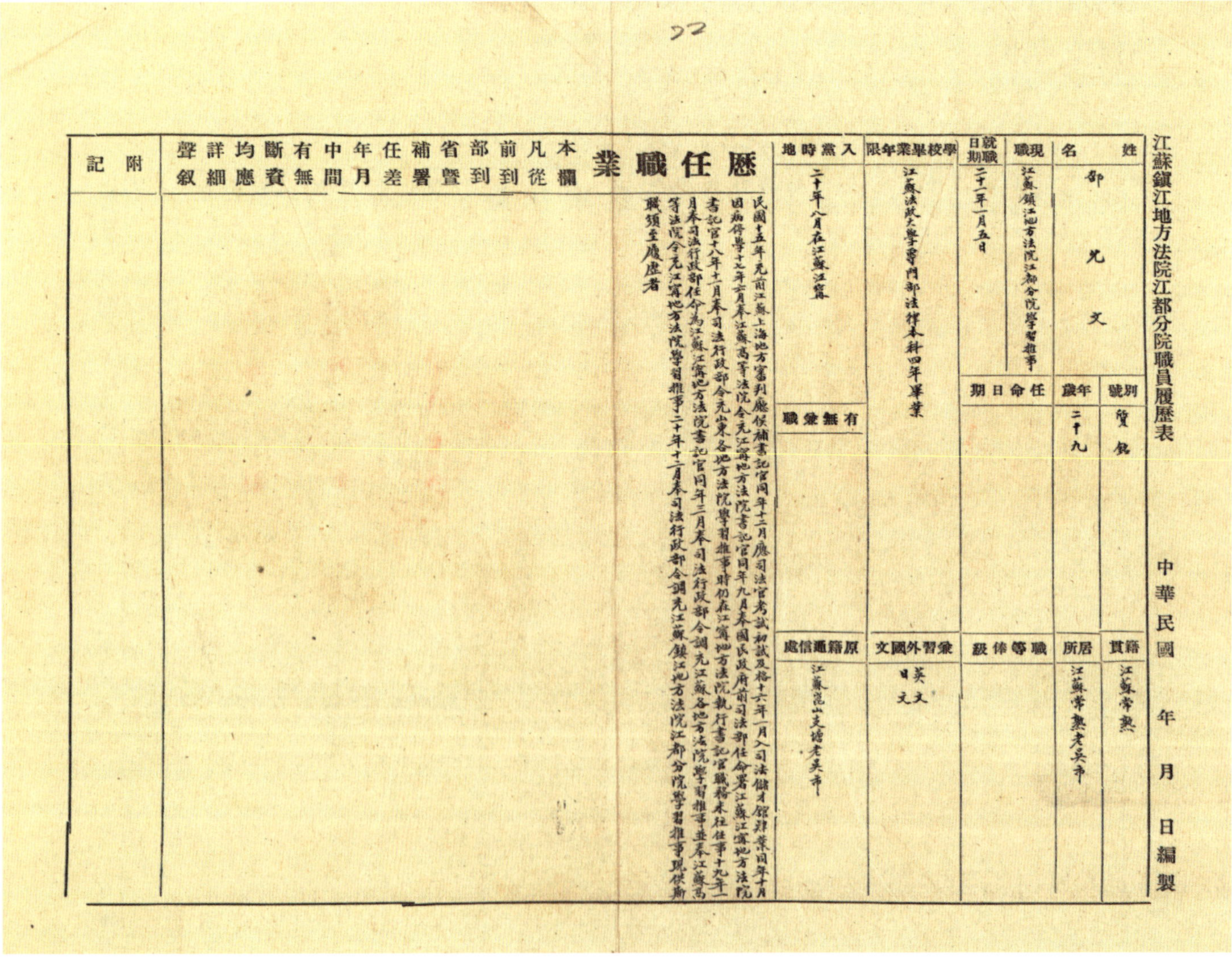
22

江蘇鎮江地方法院江都分院職員履歷表

姓名	邵允文	別號	質銘	年歲	二十九
現職	江蘇鎮江地方法院江都分院學習推事	就職日期	二十一年一月五日	任命日期	
學校畢業年限	江蘇法政大學專門部法律本科四年畢業	入黨時地	二十年八月在江蘇江寧	有無兼職	
籍貫	江蘇常熟	居所	江蘇常熟老吳市	職等俸級	
兼習外國文	英文 日文	原籍通信處	江蘇崑山支塘老吳市		

歷任職業（本欄凡從前到部到省暨補署任差年月中間有無斷資均應詳細聲敘）

民國十五年充前江蘇上海地方審判廳候補書記官同年十二月應司法官考試初試及格十六年一月入司法儲才館肄業同年十月因病停學十七年六月奉江蘇高等法院令充江寧地方法院書記官同年九月奉國民政府前司法部任命署江蘇江寧地方法院書記官十八年十一月奉司法行政部令充山東各地方法院學習推事時仍在江寧地方法院執行書記官職務未往任事十九年一月奉司法行政部任命為江蘇江寧地方法院書記官同年三月奉司法行政部令調充江蘇各地方法院學習推事並奉江蘇高等法院令充江寧地方法院學習推事二十年十二月奉司法行政部令調充江蘇鎮江地方法院江都分院學習推事現供斯職須至履歷者

附記

中華民國　年　月　日編製

（3）候补推事傅澜履历表（档案号：A020-1931-001-0024-0021）

傅澜，39岁，籍贯江西广昌，别号沚清，私立江西法政专门学校毕业后于1930年6月在司法行政部法官训练所毕业，1926年加入中国国民党，1931年12月24日起暂代镇江地方法院江都分院候补推事。

该履历表“历任职业”一栏载明：民国十四年（1925年）曾充江西南丰县承审员，十六、十七两年在江西南昌地方法院执行律师职务，兼代私立江西法政专门学校票据法教员。民国十九年（1930年）七月奉司法行政部令委任江苏各地方法院学习推事，即于是月奉江苏高等法院令委任江宁地方法院学习推事，同年十二月奉江苏高等法院令调江都县法院办事。民国二十年（1931年）二月三日奉江苏高等法院令委暂代江都县法院候补推事，四月二十四日奉司法行政部令派充江苏江都县法院候补推事，同月三十日奉江都县法院院长令兼民庭庭长。六月十一日奉江苏高等法院令兼充江都县临时法庭司法官，十一月二十日县法院改组分院，奉江苏高等法院院长林令派暂代镇江地方法院江都分院候补推事，十二月十四日奉司法行政部令派充江苏镇江地方法院江都分院候补推事，现供斯职。

图2-1-1-3

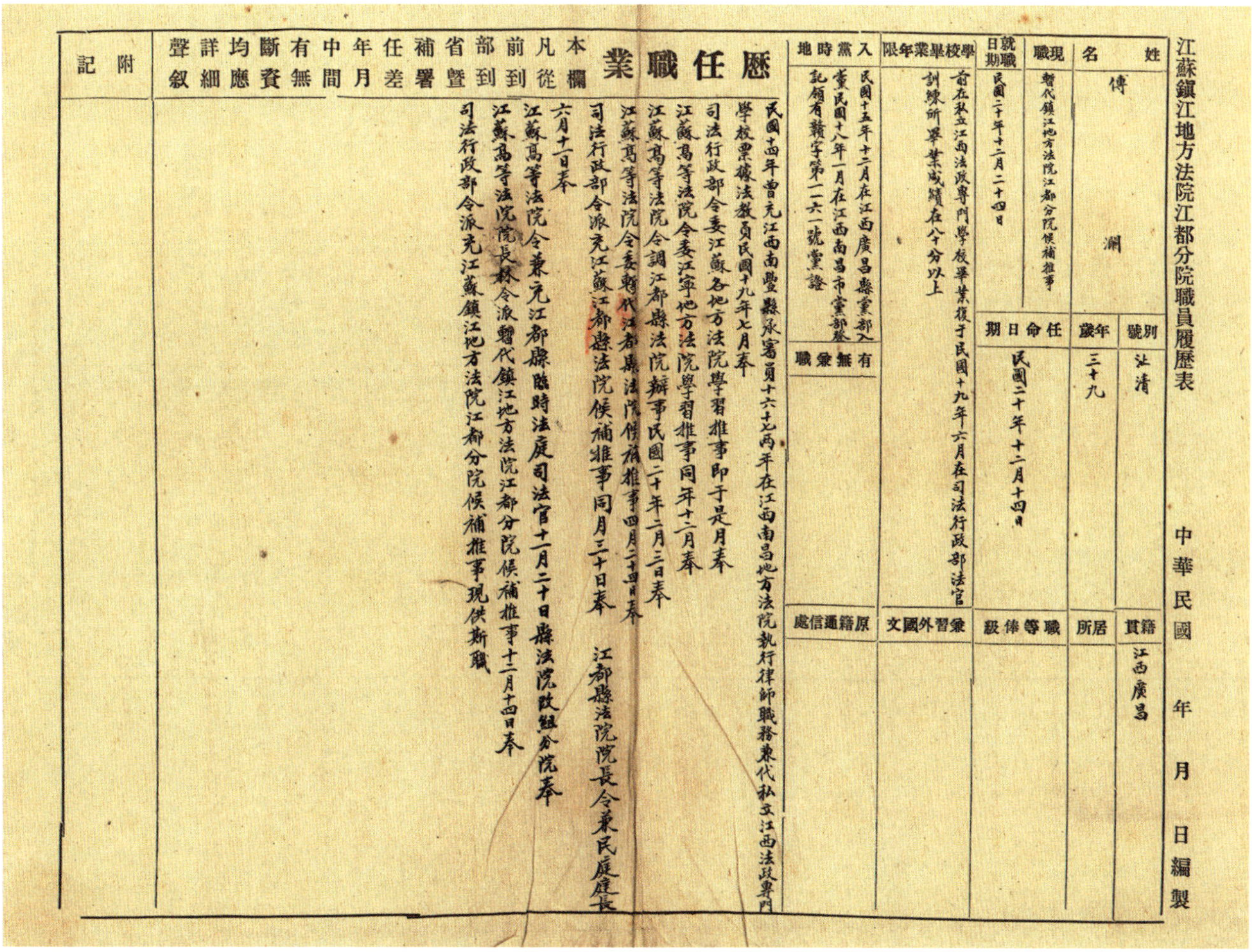
江蘇鎮江地方法院江都分院職員履歷表

姓名	傅瀾
別號	沚清
年歲	三十九
籍貫	江西廣昌
居所	
現職	暫代鎮江地方法院江都分院候補推事
就職日期	民國二十年十二月二十四日
任命日期	民國二十年十二月十四日
職等俸級	
學校畢業年限	前在私立江西法政專門學校畢業復于民國十九年六月在司法行政部法官訓練所畢業成績在八十分以上
嫻習外國文	
入黨時地	民國十五年十二月在江西廣昌縣黨部入黨民國十八年一月在江西南昌市黨部登記領有贛字第一一六一號黨證
有無兼職	
原籍通信處	
歷任職業（本欄凡從前到部到省暨補署任差年月中間有無斷資均應詳細聲敘）	民國十四年曾充江西南豐縣承審員十六十七兩年在江西南昌地方法院執行律師職務兼代私立江西法政專門學校票據法教員民國十九年七月奉司法行政部令委江蘇各地方法院學習推事即于是月奉江蘇高等法院令委江寧地方法院學習推事同年十二月奉江蘇高等法院令調江都縣法院辦事民國二十年二月三日奉江蘇高等法院令委暫代江都縣法院候補推事四月二十四日奉司法行政部令派充江蘇江都縣法院候補推事同月三十日奉江都縣法院院長令兼民庭庭長六月十一日奉江蘇高等法院令兼充江都縣臨時法庭司法官十一月二十日縣法院改組分院奉江蘇高等法院院長林令派暫代鎮江地方法院江都分院候補推事十二月十四日奉司法行政部令派充江蘇鎮江地方法院江都分院候補推事現供斯職
附記	

中華民國　年　月　日編製

（4）学习推事盛圣休履历表（档案号：A019-1931-001-0077-0007）

盛圣休，26岁，籍贯江苏松江，1930年东吴大学法律学院本科毕业，1931年11月20日就任江苏镇江地方法院江都分院学习推事。

盛圣休的“历任职业”有：民国十九年（1930年）法官初试及格（及格证书在部），前中华职业教育社法律遵师，上海及松江执行律师职务，民国二十年（1931年）十一月三日奉部派江苏各地方法院充学习推事，调在江都县法院办理候补推事事务，同月二十三日奉江苏高等法院令派暂代镇江地方法院江都分院学习推事，现供斯职。

图2-1-1-4

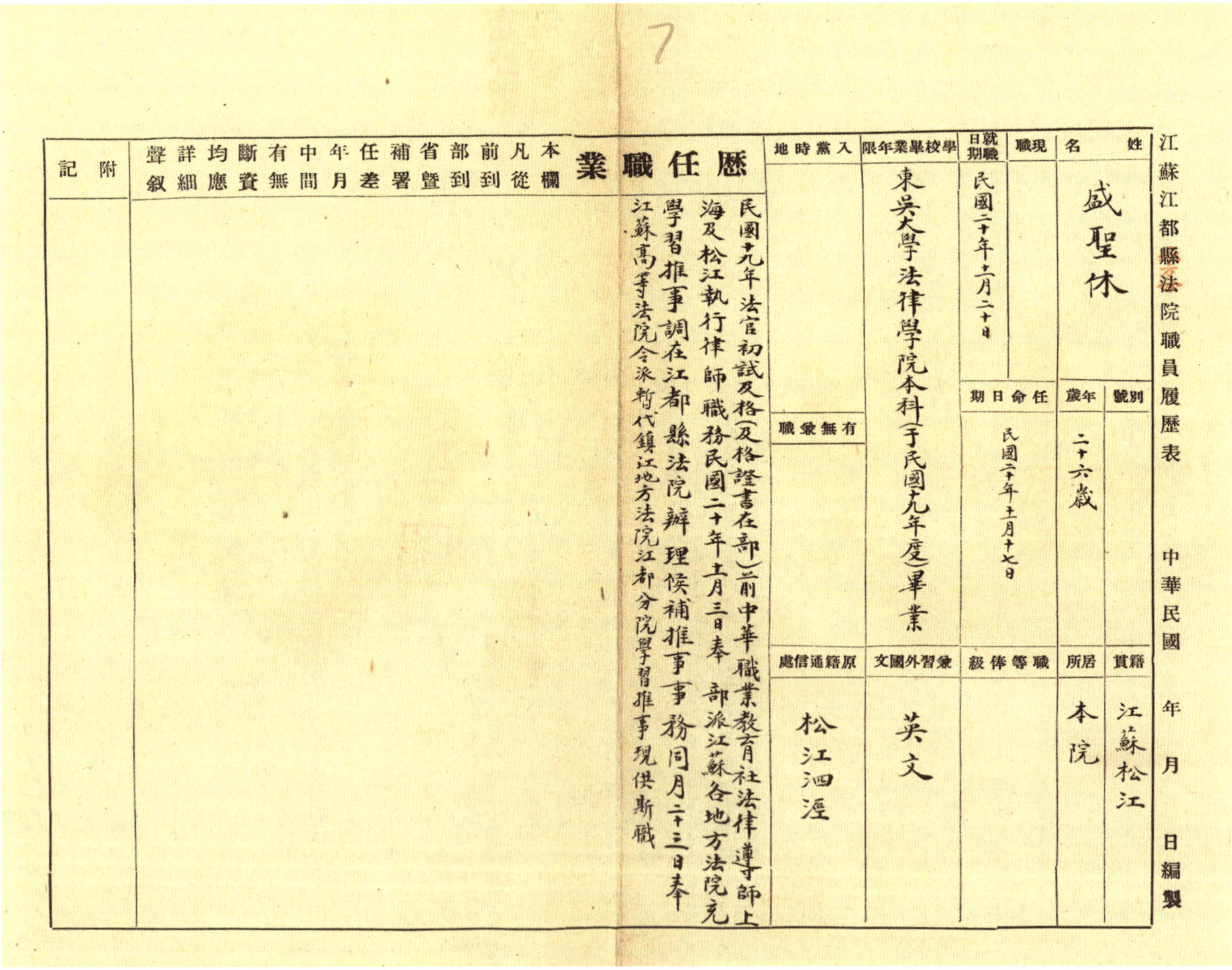
江蘇江都縣法院職員履歷表

中華民國　年　月　日編製

姓名	盛聖休
別號	
年歲	二十六歲
籍貫	江蘇松江
居所	本院
現職	
就職日期	民國二十年十一月二十日
任命日期	民國二十年十一月十七日
職等俸級	
學校畢業年限	東吳大學法律學院本科（于民國十九年度）畢業
兼習外國文	英文
入黨時地	
有無兼職	
原籍通信處	松江泗涇

歷任職業（本欄凡從前到部到省暨補署任差年月中間有無斷資均應詳細聲敘）

民國十九年法官初試及格（及格證書在部）前中華職業教育社法律導師上海及松江執行律師職務民國二十年十一月三日奉部派江蘇各地方法院充學習推事調在江都縣法院辦理候補推事事務同月二十三日奉江蘇高等法院令派暫代鎮江地方法院江都分院學習推事現供斯職

附記

（5）推事李文伟履历表（档案号：A019-1932-001-0093-0011）

李文伟，46岁，籍贯湖南湘乡县，别号毅弘，湖南公立法政专门学校法律科三年甲等毕业，1930年12月24日代理江苏镇江地方法院江都分院推事。

李文伟“历任职业”内容丰富：民国四年（1915年）十二月署湖南泸溪县管狱员，七年（1918年）七月交卸；是年九月署溆浦县承审员，九年（1920年）四月交卸。十年（1921年）三月署祁阳县承审员，十一年（1922年）五月交卸，是年九月署常宁县承审员。十二年（1923年）五月调署衡阳县承审员，是年八月调署衡阳初级审判厅推事，十四年（1925年）十月交卸。十七年（1928年）一月代理湖北京山县司法委员，三月交卸，四月充安徽滁县承审员，八月交卸，同年十一月署江苏吴江县承审员。十八年（1929年）九月调代如皋县承审员。十九年（1930年）四月调代南通县法院候补推事，同年八月派代松江县法院候补推事。二十年（1931年）二月奉司法行政部令充松江县法院候补推事；同年十一月奉江苏高等法院令派暂代江苏镇江地方法院江都分院推事，同年十二月奉司法行政部部字第四零三一号令派代理江苏镇江地方法院江都分院推事，现供斯职。

图2-1-1-5

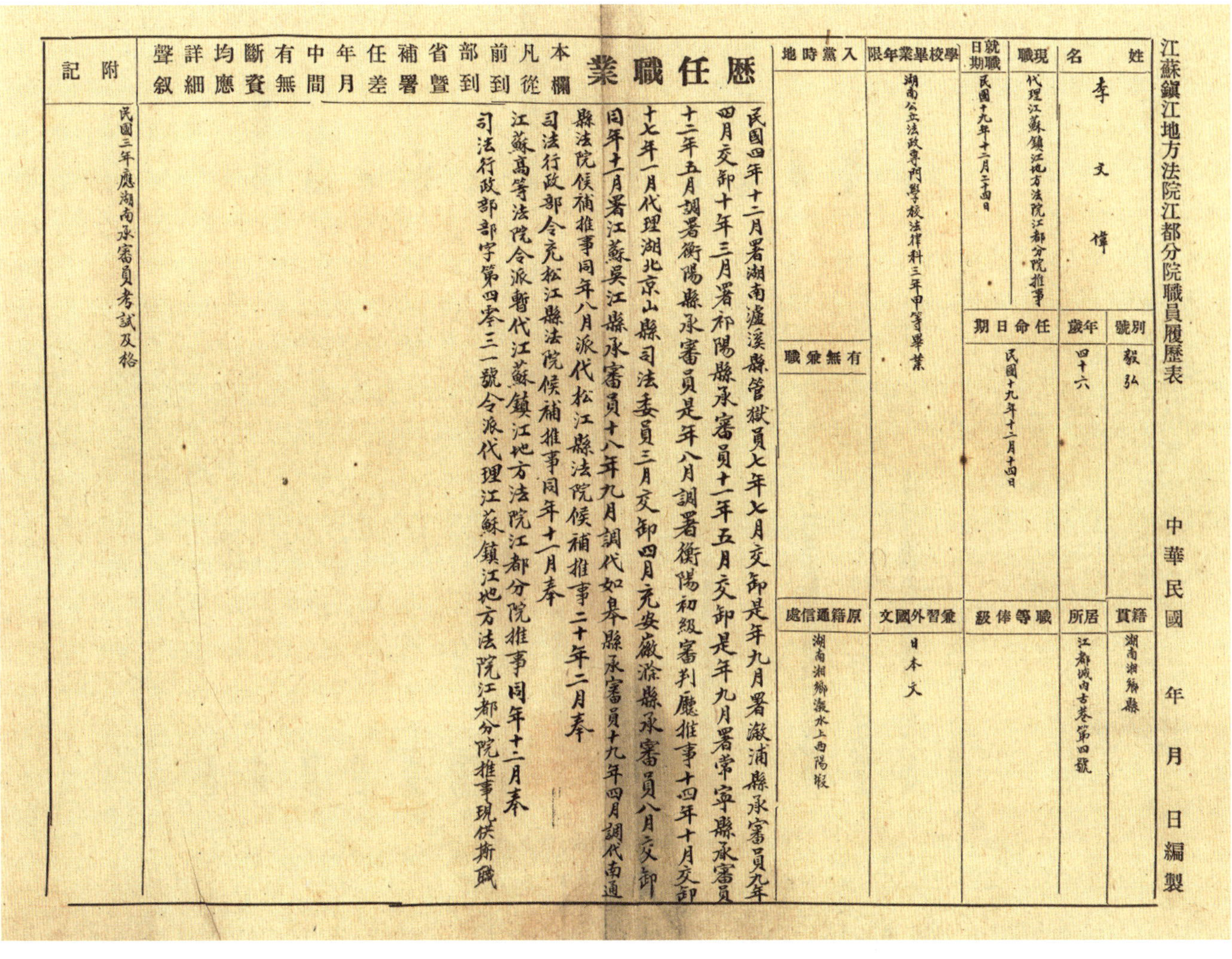
江蘇鎮江地方法院江都分院職員履歷表

姓名	號別	年歲	籍貫	居所
李文偉	毅弘	四十六	湖南湘鄉縣	江都城內古巷第四號

現職	就職日期	任命日期	學校畢業年限	入黨時地	有無兼職	職等俸級	兼習外國文	原籍通信處
代理江蘇鎮江地方法院江都分院推事	民國十九年十二月二十四日	民國十九年十二月二十四日	湖南公立法政專門學校法律科三年甲等畢業				日本文	湖南湘鄉激水上西陽塅

歷任職業（本欄凡從前到部到省暨署補差任年月中間有無斷資均應詳細聲敘）

民國四年十二月署湖南瀘溪縣管獄員七年七月交卸是年九月署溆浦縣承審員九年四月交卸十年三月署祁陽縣承審員十一年五月交卸是年九月署常寧縣承審員十二年五月調署衡陽縣承審員是年八月調署衡陽初級審判廳推事十四年十月交卸十七年一月代理湖北京山縣司法委員三月交卸四月充安徽滁縣承審員八月交卸同年十一月署江蘇吳江縣承審員十八年九月調代如臯縣承審員十九年四月調代南通縣法院候補推事同年八月派代松江縣法院候補推事二十年二月奉司法行政部令充松江縣法院候補推事同年十一月奉江蘇高等法院令派暫代江蘇鎮江地方法院江都分院推事同年十二月奉司法行政部部字第四零三一號令派代理江蘇鎮江地方法院江都分院推事現供斯職

附記：民國三年應湖南承審員考試及格

中華民國　年　月　日編製

2. 江苏高等法院第一分院职员录（1946年）（档案号：A019-1946-001-0392-0001）

该职员录形成于1946年9月，记载了江苏高等法院第一分院院长、庭长、推事、书记官、录事、执达员、雇员等的姓名、别号、性别、年龄、籍贯、通讯地址等信息。

该院共计院长1名、庭长2名、推事2名、书记官长1名、主科书记官1名、书记官11名、人事管理员1名、录事11名、会计主任1名、办事员2名、统计主任1名、执达员3名、雇员5名。从性别结构上看，该院42名职员中男性占比较高，约95%，而女性职员仅为2名，约5%，且皆为书记官。从年龄结构上看，该院职员年龄从20岁至52岁不等，最大者与最小者年龄差有32岁。从地域结构上看，该院职员大多来自江苏省各市县，仅6名来自外省，其中1名推事来自浙江，4名书记官分别来自四川、山东、河北、福建，1名雇员来自湖北。

图2.1.2.1　江苏高等法院第一分院职员岗位分布图（1946年）

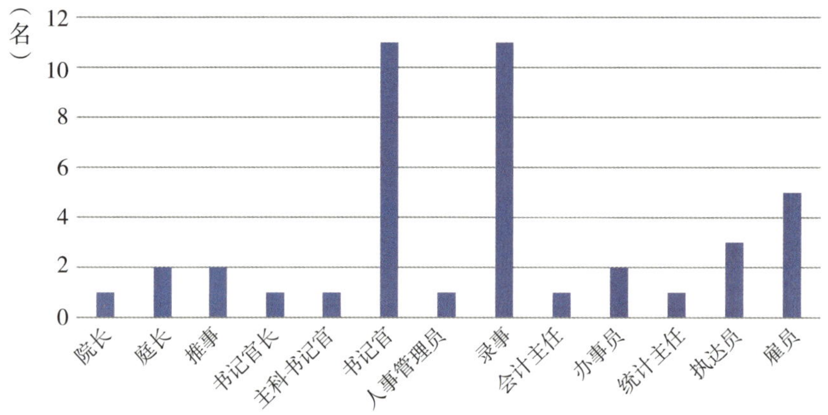

图2.1.2.2　江苏高等法院第一分院职员籍贯分布图（1946年）①

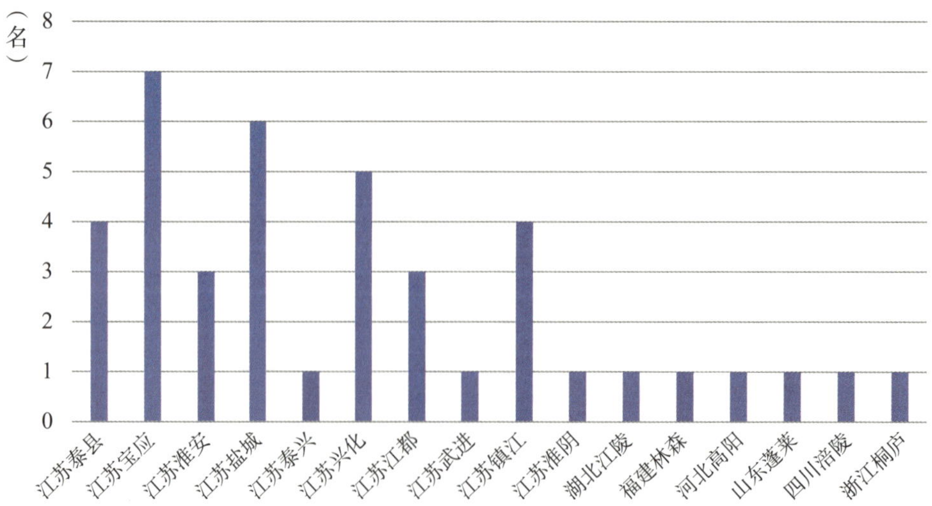

① 原档案中统计主任谢华泉未标籍贯，因此此处统计人数为41人。

001

00001

中華民國三十五年九月

江蘇高等法院第一分院職員錄

江蘇高等法院第一分院人事室編印

图2-1-2-1

江蘇高等法院第一分院職員錄

職別	姓名	別號	性別	年齡	籍貫	通訊處
院長	[illegible]光琇	蘭軒	男	五〇	江蘇寶應	鎮江南門大街石頭巷二號
庭長	王家禎	順濤	男	三九	江蘇武進	常州鐵橋灣四十七號
	童獻之	子賢	男	四八	江蘇寶應	本院
推事	申屠宸	載肩	男	三六	浙江桐廬	杭州[illegible]溪深溪 南京首都高等法院
	孫永法	成之	男	三八	江蘇江都	揚州卞家巷十號
書記官長	袁采荃	繳芳	男	四〇	江蘇武進	鎮江斜橋街一四九號
主科書記官	葛[illegible]宗		男	四〇	江蘇鹽城	鎮江永安里一二號
書記官	劉操文	趣森	男	四三	江蘇興化	鎮江斜橋街一四九號
	封玉玲	振聲	女	二五	江蘇泰興	泰興黃橋處園橋外
	陳[illegible]鵬	搏九	男	四〇	江蘇寶應	南門大街古通巷極樂寺
	施雲臣	藎良	男	四七	江蘇淮安	永久淮安方蝸寺巷二十號 現在萬古一人巷三十五號
	張寶銘		男	三一	江蘇寶應	鎮江千秋橋北五號
	梁國樑	幹御	男	三八	江蘇鹽城	鹽城純化街二十四號
	何慈泓		女	三五	四川涪陵	涪陵鼓場壩頭北巷一號何公館
	徐常寶	明江	男	三〇	山東蓬萊	上海江西南路九六號東興福
	王平福		男	四九	河北高陽	本院
人事管理員	張葆誠	春霖	男	四九	江蘇泰縣	本院
錄事	夏毓英		男	二八	江蘇鹽城	本院
	楊震霆		男	三八	江蘇鹽城	本院
	鮑石磐		男	四九	江蘇淮安	鎮江仙鶴巷三十一號
	徐廷俊	傑人	男	四八	江蘇寶應	鎮江古通巷極樂寺內
	夏奎璧	仲衡	男	三一	江蘇泰縣	鎮江磨刀巷二十四號

图2-1-2-2

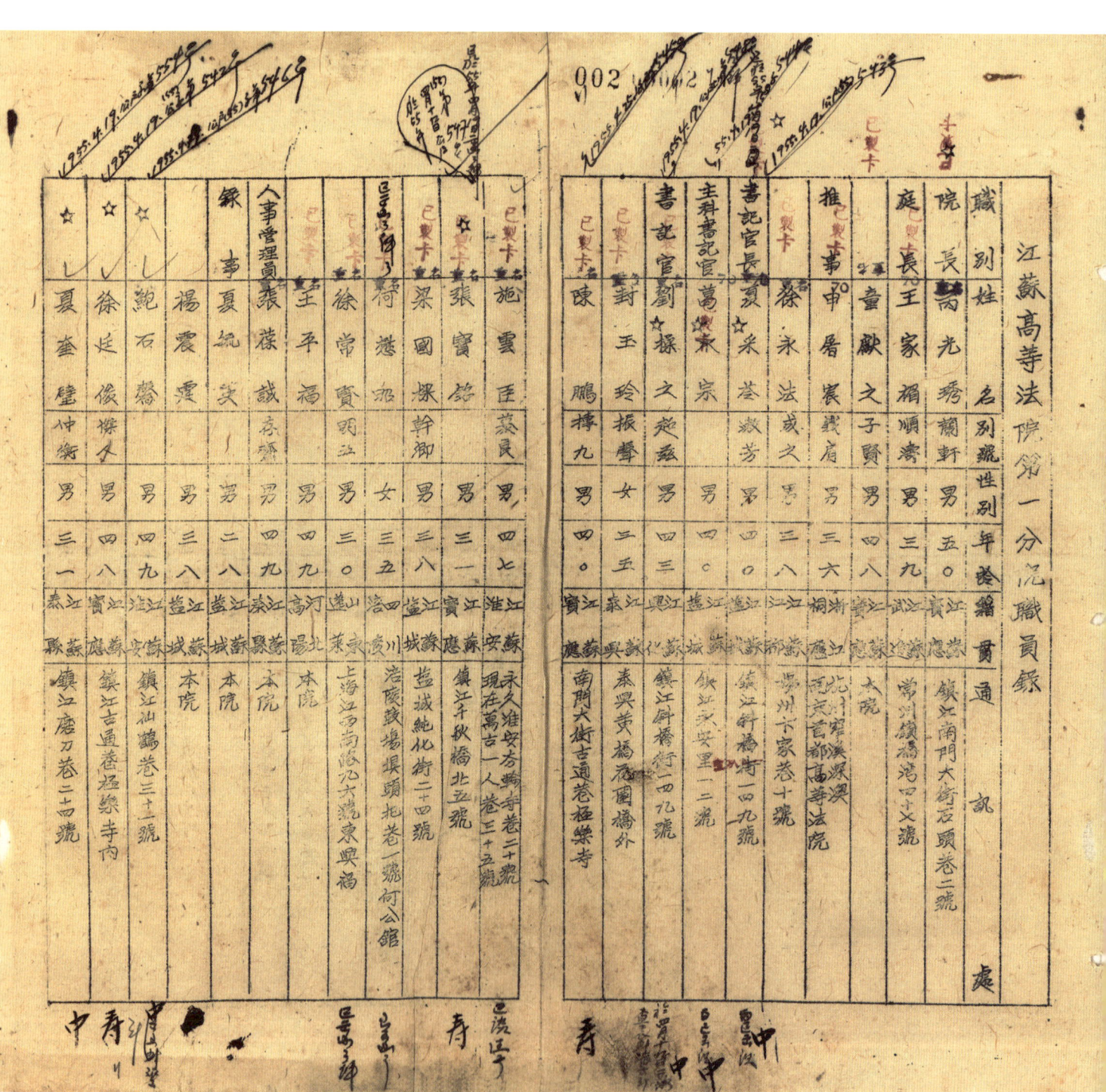

003

☆ 70	方正元	植三	男	四六	江蘇鎮江	鎮江草巷二十七號
	許寄堯	際逵	男	二〇	江蘇興化	揚州新城内倉巷中草房巷三十九號對门
	高仲壽		男	五二	江蘇淮安	斜橋街一一〇號
	阮公言	序仲	男	四二	江蘇江都	揚州太傅街十九號
	金玉川		男	三七	江蘇寶應	本院
☆	陳燕謀		男	三〇	江蘇寶應	鎮江中山路東首一九四號
會計主任	戴長洲		男	三七	江蘇鎮江	鎮江大市口實成茶號内
書記官	何文卿		男	三七	福建林森	本院
☆	于爾强	約農	男	三三	江蘇泰縣	鎮江江蘇省蠶業改進會丁冠群先生轉
辦事員	李鐸	奏成	男	四〇	江蘇興化	本院
	陶逵		男	三八	江蘇淮陰	本院
雇員	顧敦厚	樂吾	男	二四	江蘇江都	本院
☆ 70	吴發廣	福祺	男	二七	江蘇鎮江	本院
	高峻		男	三二	江蘇興化	斜橋街一四九號
	任景良	新萬	男	四四	江蘇興化	本院
統計主任 70	謝犀泉					現在湖北省水利厅统计科
雇員	郭維康		男	二二	湖北江陵	南京司法行政部統計處
執達員 70	張錫齡		男	一七	江蘇鎮江	鎮江正東路 中山[illegible]
	孫朗儒	逸民	男	三七	江蘇鹽城	本院
	韓寶銘		男	二八	江蘇泰縣	本院

壽　中　　中　中　中　壽

图2-1-2-3

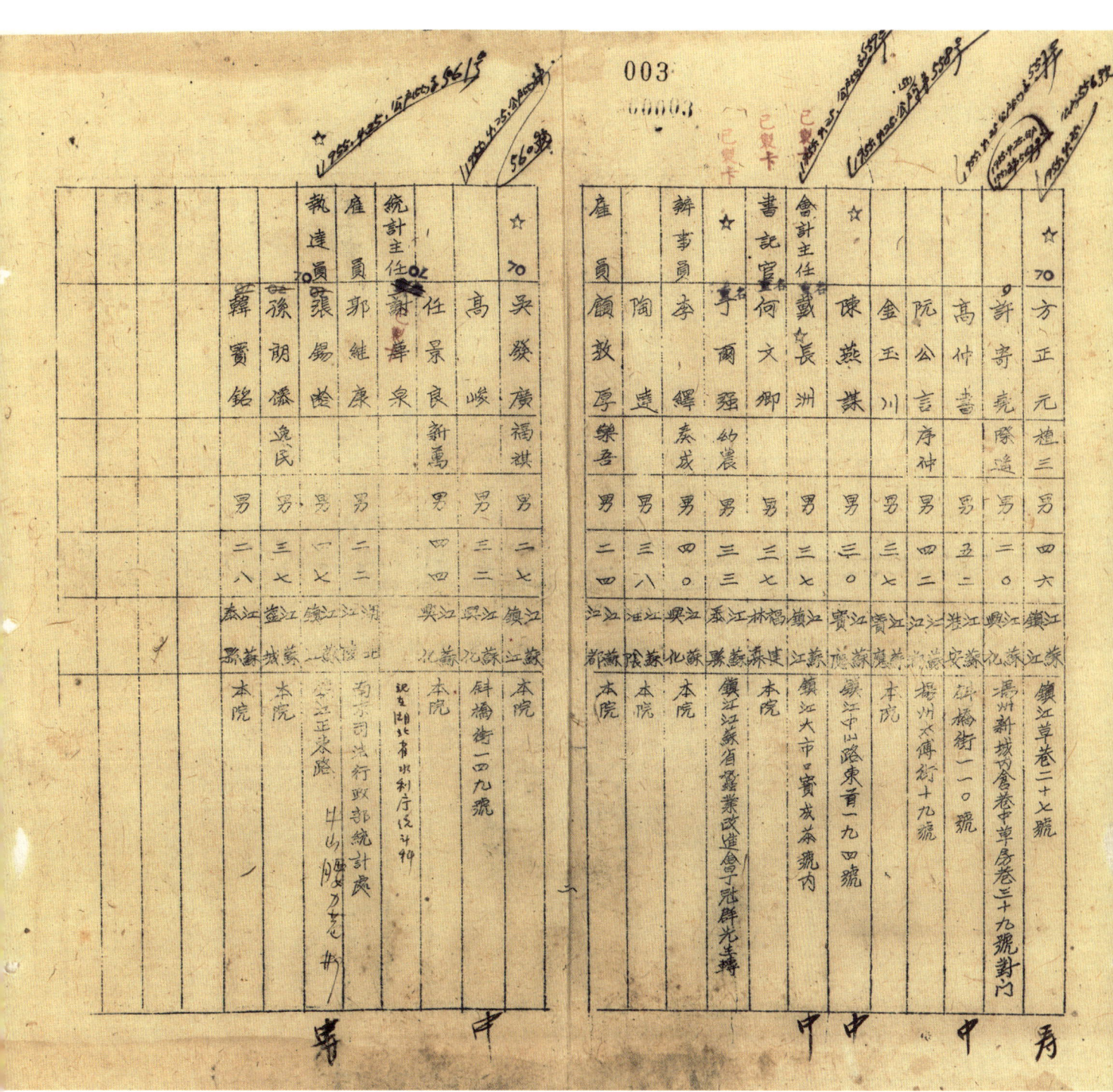

3. 江苏高等法院第一分院检察处职员录（1947年）（档案号：A019-1946-001-0392-0004）

该职员录形成于1947年10月，记载了江苏高等法院第一分院检察处首席检察官、检察官、主任书记官、书记官、管理员、雇员、录事等的姓名、别号、性别、年龄、籍贯、通讯地址等信息。

江苏高等法院第一分院检察处有首席检察官1名，检察官3名，主任书记官1名，人事管理员1名，书记官5名，人事雇员1名，录事7名，共19名。从性别结构上看，其中男性17名，女性仅为2名（占比约11.7%），为人事管理员和书记官。从年龄结构上看，从23岁至60岁不等。从地域结构上看，95%来自江苏，仅1名录事来自外省。

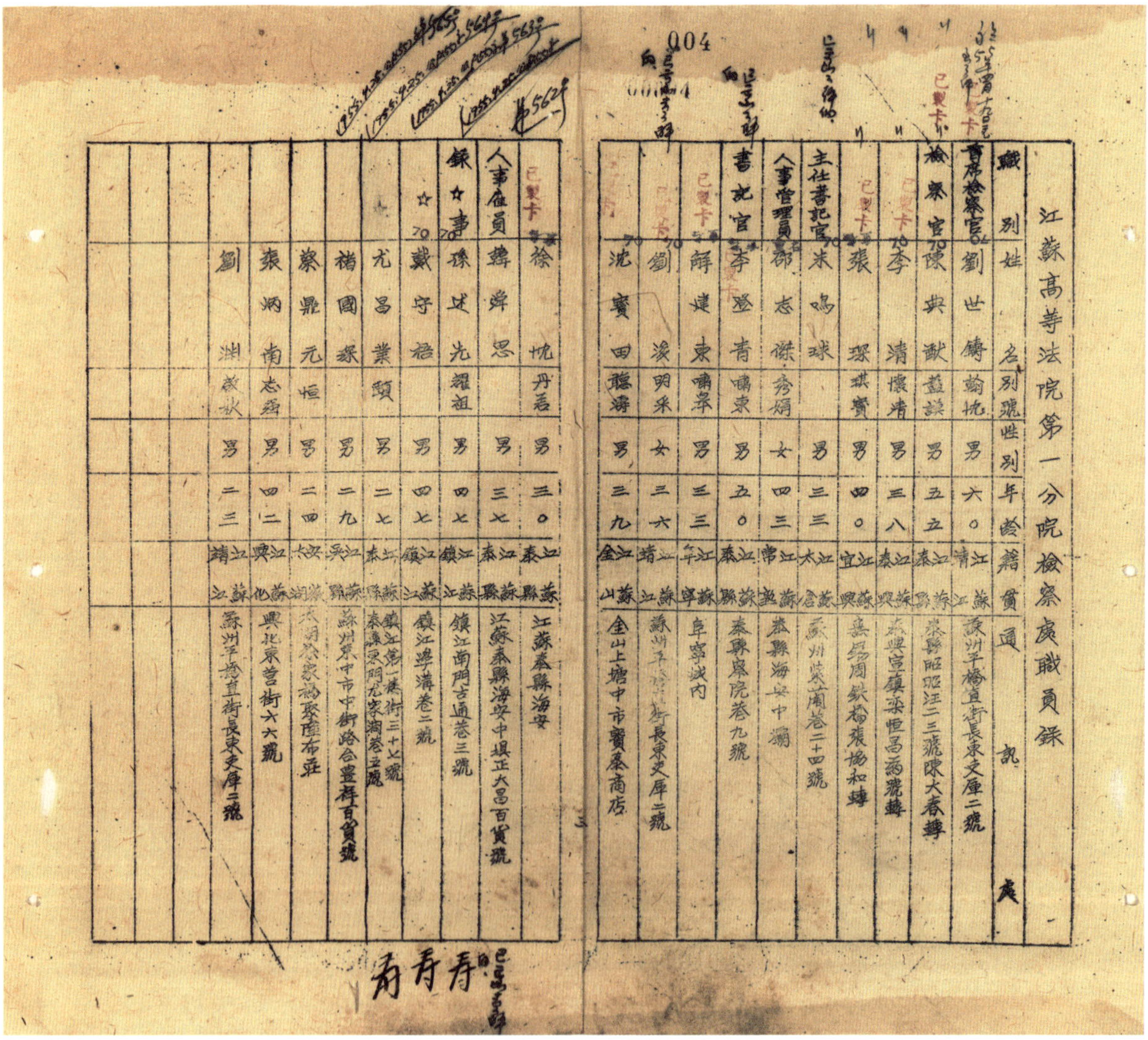

江蘇高等法院第一分院檢察處職員錄

職別	姓名	別號	性別	年齡	籍貫	通訊處
首席檢察官	劉世鑄	菊坑	男	六〇	江蘇清江	蘇州平橋直街長東支庫二號
檢察官	陳與猷	藎謨	男	五五	江蘇泰縣	泰縣昭陽汪二三號陳大春轉
	李清	懷清	男	三八	江蘇泰興	泰興宣堡梁恒昌號轉
	張琛	琪寶	男	四〇	江蘇宜興	宜興周鐵橋張協和轉
主任書記官	米鳴球		男	三三	江蘇太倉	蘇州紫蘭巷二十四號
人事管理員	鄒志謀	秀娟	女	四三	江蘇常熟	泰縣海安中壩
書記官	李登青	嘯東	男	五〇	江蘇泰縣	泰縣察院巷九號
	解建東	嘯皋	男	三三	江蘇阜寧	阜寧城內
	劉湲	明采	女	三六	江蘇靖江	蘇州平橋直街長東支庫二號
	沈寶田	聽濤	男	三九	江蘇金山	金山上塘中市寶泰商店
	徐忱	丹若	男	三〇	江蘇泰縣	江蘇泰縣海安
人事雇員	韓舜思		男	三七	江蘇泰縣	江蘇泰縣海安中壩正大昌百貨號
錄事	孫述先	耀祖	男	四七	江蘇鎮江	鎮江南門古通巷三號
	戴守禮		男	四七	江蘇鎮江	鎮江學清巷二號
	尤昌業	頤	男	二七	江蘇泰縣	鎮江第一樓街三十七號 泰縣東門尤家潤巷五號
	褚國琛		男	二九	江蘇吳縣	蘇州東中市中街路合豐祥百貨號
	蔡鼎元	恒	男	二四	安徽六安	[illegible]
	張炳南	志舜	男	四二	江蘇興化	興化北京營街六大號
	劉淵	敬秋	男	二三	江蘇靖江	蘇州平橋直街長東支庫二號

图2-1-3

4. 江苏高等法院第一分院职员履历表（1947年）

履历表共有5份，记载了江苏高等法院第一分院书记官、统计主任、统计员的姓名、出生年月、性别、学历、党派、受训、地址、简历等信息。

（1）书记官梁国樑履历表（档案号：A019-1947-001-0420-0015）

梁国樑，江苏盐城人，民国纪元前三年（1909年）九月初二日生，性行忠诚，体格健全。学习经历：盐城淮美中学毕业，江苏各县司法书记员训练所毕业。现任江苏高等法院第一分院书记官。

职业经历：民国二十二年（1933年）四月充盐城县司法书记员。民国二十五年（1936年）二月调训期满，同年九月奉江苏高等法院派充东台县司法书记员。民国二十六年（1937年）三月调充涟水县司法书记员。三十五年（1946年）一月充泗阳县政府科员，六月辞职。

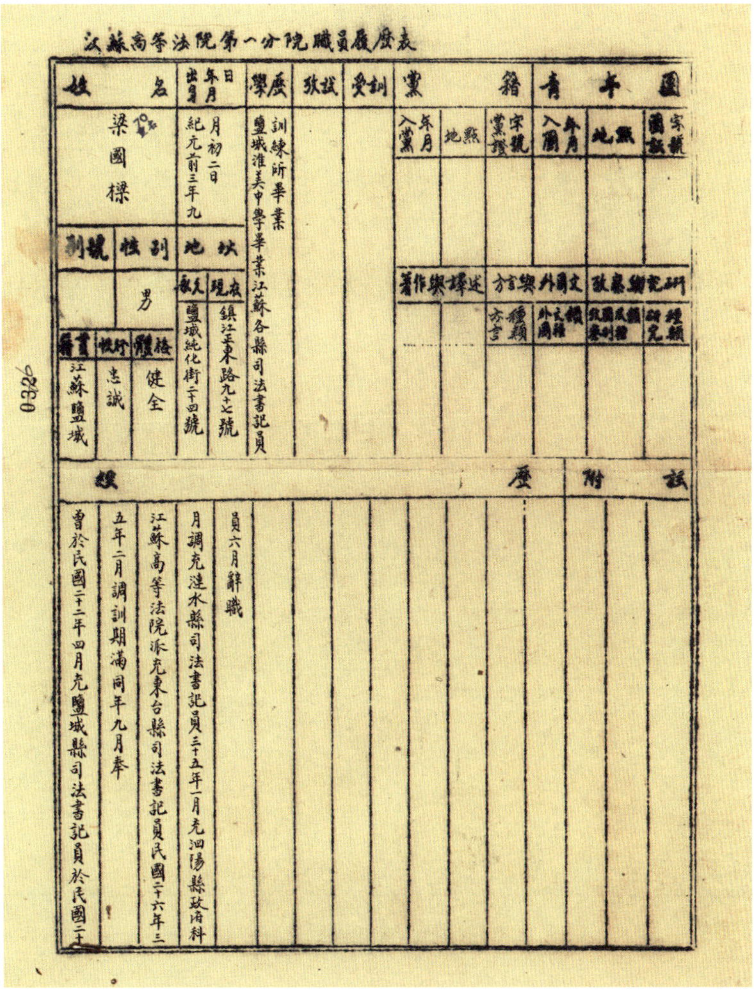

江蘇高等法院第一分院職員履歷表

姓名：梁國樑
出生年月日：紀元前三年九月初二日
學歷：鹽城淮美中學畢業　江蘇各縣司法書記員訓練所畢業
性別：男
住址：現在 鎮江東路九十七號；永久 鹽城純化街二十四號
籍貫：江蘇鹽城
性行：忠誠
體格：健全
經歷：曾於民國二十二年四月充鹽城縣司法書記員於民國二十五年二月調訓期滿同年九月奉江蘇高等法院派充東台縣司法書記員民國二十六年三月調充漣水縣司法書記員三十五年一月充泗陽縣政府科員六月辭職

图2-1-4-1

（2）书记官封玉玲履历表（档案号：A019-1947-001-0420-0045）

封玉玲，江苏泰兴人，民国纪元一年（1912年）七月九日生，性行和谨，体格健全，上海持志大学法学士，研究方向为刑法，掌握英文与日文两种外国文，著有《保安处分之研究》。

职业经历：二十六年（1937年）四月至二十七年（1938年）二月任上海第一特区法院代理书记官；上海市立光夏中学教员；泰兴私立醒华中学教员。

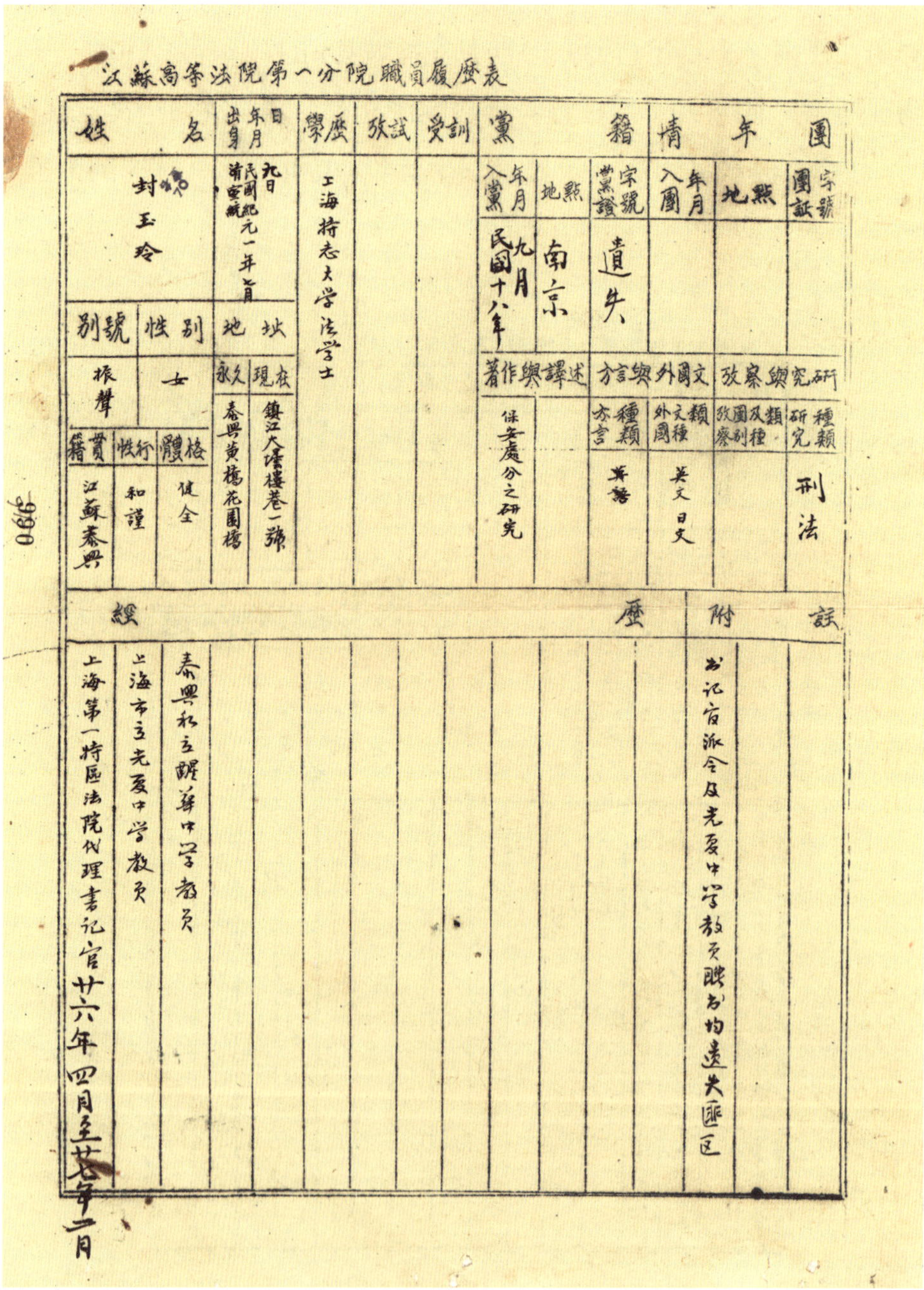
江蘇高等法院第一分院職員履歷表

姓名：封玉玲
出生年月日：民國紀元一年七月九日
學歷：上海持志大學法學士
考試：
受訓：
黨籍：入黨年月：民國十八年九月；地點：南京；黨證字號：遺失
團籍：
別號：振聲
性別：女
地址：永久：泰興黄橋花園橋；現在：鎮江大漢樓巷一號
籍貫：江蘇泰興
性行：和謹
體格：健全
著作與譯述：保安處分之研究
外國文與方言：方言種類：普通；外國文種類：英文 日文
研究與考察：研究種類：刑法
經歷：上海第一特區法院代理書記官廿六年四月至廿七年二月；上海市立光夏中學教員；泰興私立醒華中學教員
附記：書記官派令及光夏中學教員聘書均遺失滬区

图 2-1-4-2

（3）统计主任谢华泉履历表（档案号：A019-1947-001-0412-0041）

谢华泉，湖北孝感人，民国九年（1920年）五月二十日生，性行和，体格健，中华大学经济系毕业，著有《专卖制度之研究》。

职业经历：财政部火柴专卖公司贵州分公司业务课长；社会部育婴院统计主任；四川高一分院统计主任；江苏高一分院统计主任（现职）。

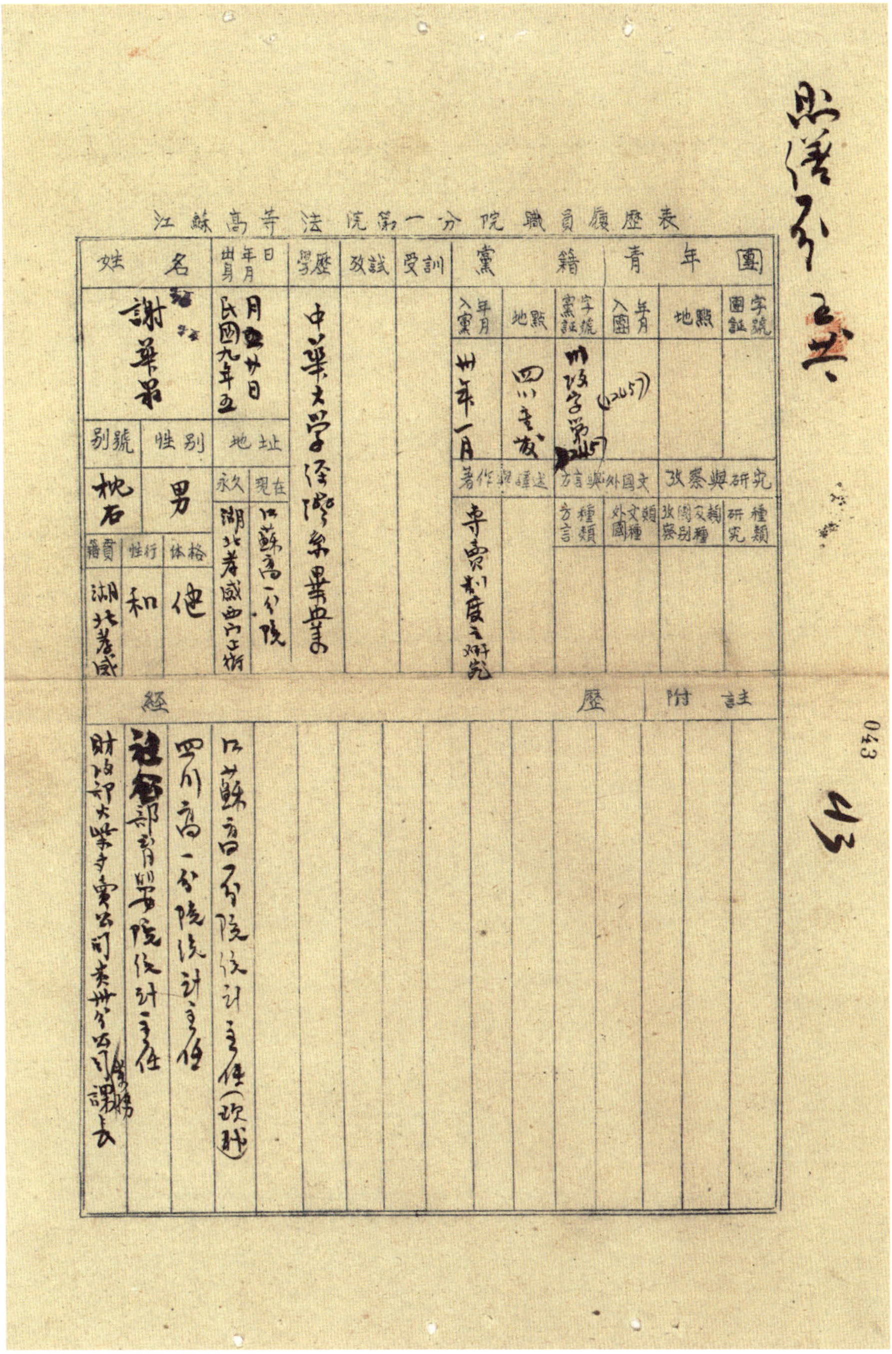

江蘇高等法院第一分院職員履歷表

姓名	出生年月日	學歷	考試	受訓	黨籍 入黨年月	黨籍 地點	黨籍 黨證字號	青年團 入團年月	青年團 地點	青年團 團證字號
謝華泉	民國九年五月廿日	中華大學經濟系畢業			卅年一月	四川重慶	川渝字第(12057)號			

別號	性別	地址 永久	地址 現在	著作與譯述	方言與外國文 方言種類	方言與外國文 外文國別種類	考察與研究 考察國別種類	考察與研究 研究種類
枕石	男	湖北孝感西門正街	江蘇高一分院	專賣制度之研究				

籍貫	性行	體格
湖北孝感	和	健

經歷：
財政部火柴專賣公司貴州分公司業務課長
社會部育嬰院統計主任
四川高一分院統計主任
江蘇高一分院統計主任（現職）

附註：

043

图2-1-4-3

（4）统计员郭继康履历表（档案号：A019-1947-001-0412-0041）

郭继康，湖北江陵人，民国十五年（1926年）七月十五日生，性行温和，体格健强，湖北沙市私立新沙中学毕业，曾任湖北江陵县忠心国民小学教员。永久地址：湖北江陵城内托监坊卅号。现在地址：江苏高一分院。

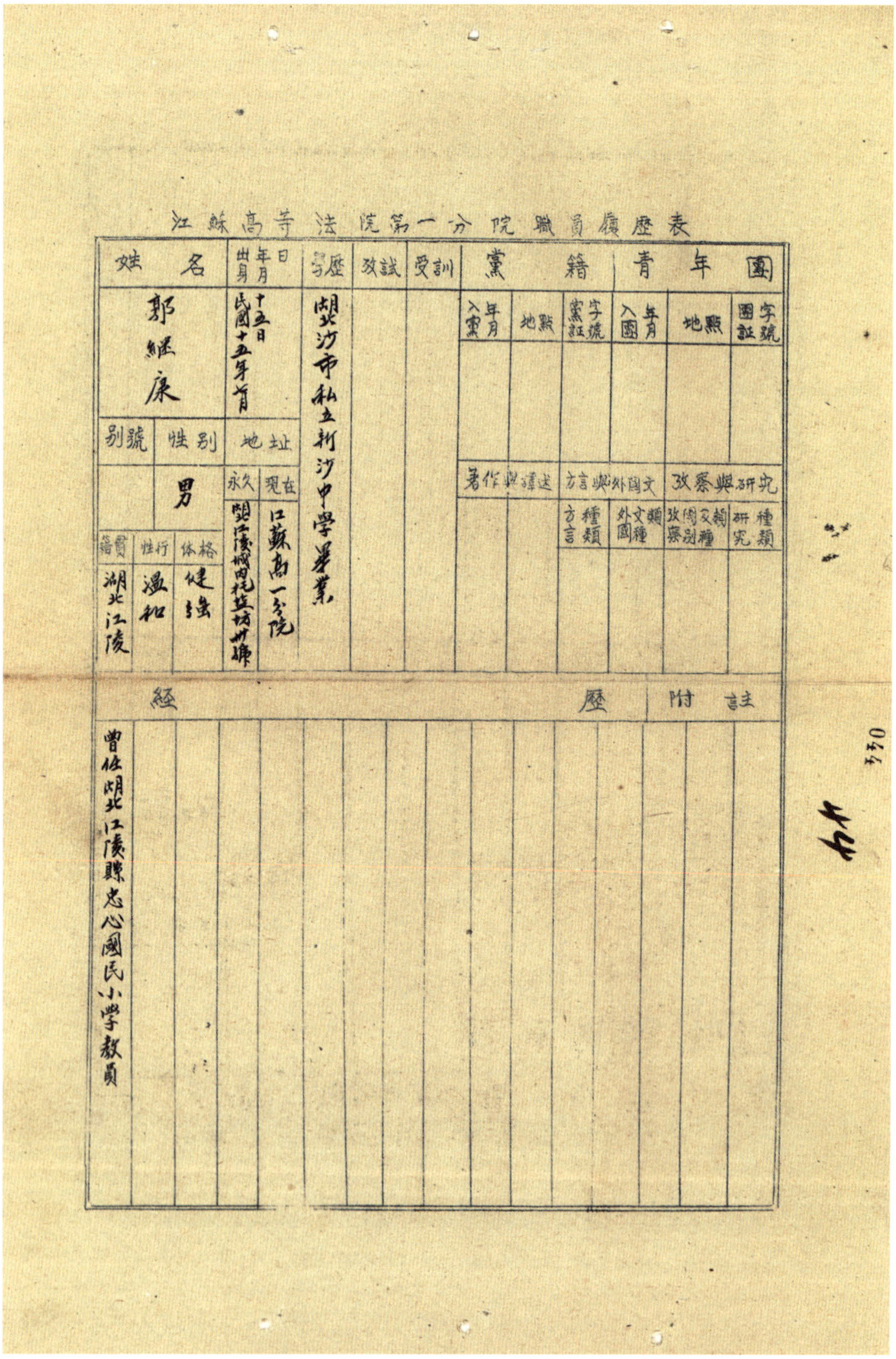

江苏高等法院第一分院职员履历表

姓名	郭继康
出生年月日	民国十五年七月十五日
学历	湖北沙市私立新沙中学毕业
考试	
受训	
党籍（入党年月、地点、党证字号）	
青年团（入团年月、地点、团证字号）	
别号	
性别	男
地址（永久）	湖北江陵城内托监坊卅号
地址（现在）	江苏高一分院
籍贯	湖北江陵
性行	温和
体格	健强
著作与译述	
方言与外国文（方言种类、外国文种类）	
考察与研究（考察国别种类、研究种类）	
经历	曾任湖北江陵县忠心国民小学教员
附注	

044

44

图2-1-4-4

（5）统计员秦介卿履历表（档案号：A019-1947-001-0412-0041）

秦介卿，湖北孝感人，民国十年（1921年）四月三日生，性行和，体格健，中华大学附属高中毕业。籍贯地址：湖北孝感中正路二九号。现在地址：千秋桥北十四号。曾任粮食部武汉储运处业务员、社会部陪都育幼院管理员、经济部燃料管理处职员（办理统计事务），江西省政府科员。

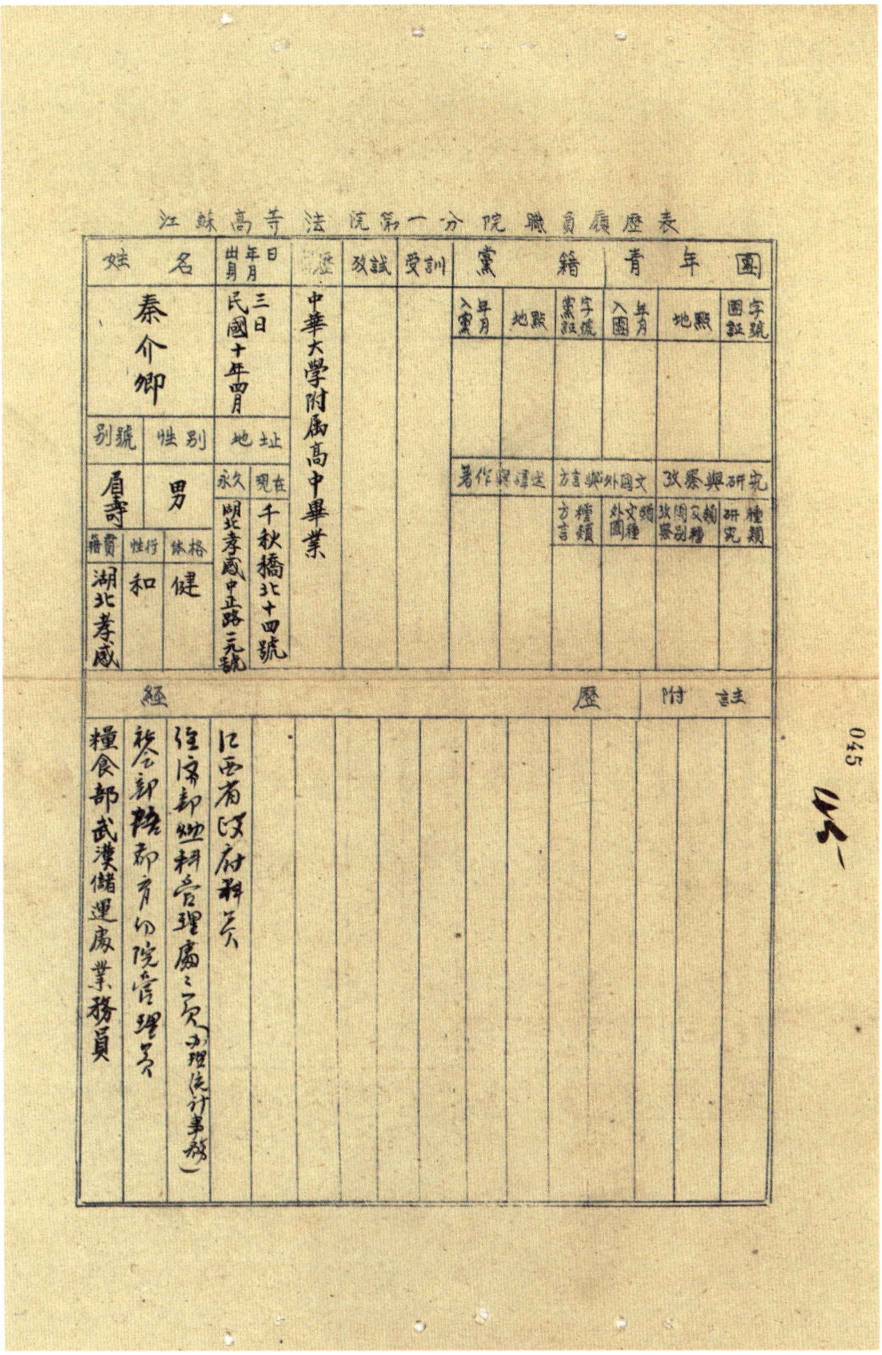

江蘇高等法院第一分院職員履歷表

姓名：秦介卿
出生年月日：民國十年四月三日
別號：眉壽
性別：男
地址：永久　湖北孝感中正路二九號；現在　千秋橋北十四號
籍貫：湖北孝感
性行：和
體格：健
學歷：中華大學附屬高中畢業
考試：
受訓：
黨籍　青年團：入黨年月　地點　黨證字號　入團年月　地點　團證字號
著作與譯述：
方言與外國文：方言種類　外國文種類
技藝與研究：
經歷：
糧食部武漢儲運處業務員
社會部陪都育幼院管理員
經濟部燃料管理處職員（辦理統計事務）
江西省政府科員
附註：

045

图2-1-4-5

5. 江苏镇江地方法院职员录（1947年）（档案号：A020-1948-001-0240-0001）

该职员录形成于1947年12月，记载了镇江地方法院院长、首席检察官、庭长、推事、书记官、统计员、检验员、办事员、录事、执达员、警长、副警长等的姓名、年龄、籍贯和通讯地址等信息。

镇江地方法院有院长1名，首席检察官1名，庭长1名，推事6名，检察官4名，书记官长1名，主任书记官1名，人事管理员2名，会计员1名，统计员1名，书记官12名，检察处书记官5名，会计室书记官2名，会计室办事员1名，检验员1名，录事10名，检察处录事6名，执达员8名，人事室雇员2名，会计室雇员3名，统计室雇员2名，警长1名，副警长1名，共73名。其中女性职员约占19%，男性职员约占81%。年龄从20岁至58岁不等。他们的籍贯多为江苏省各市县，约37%的职员来自外省。

图2.1.5.1 镇江地方法院职员岗位分布图（1947年）

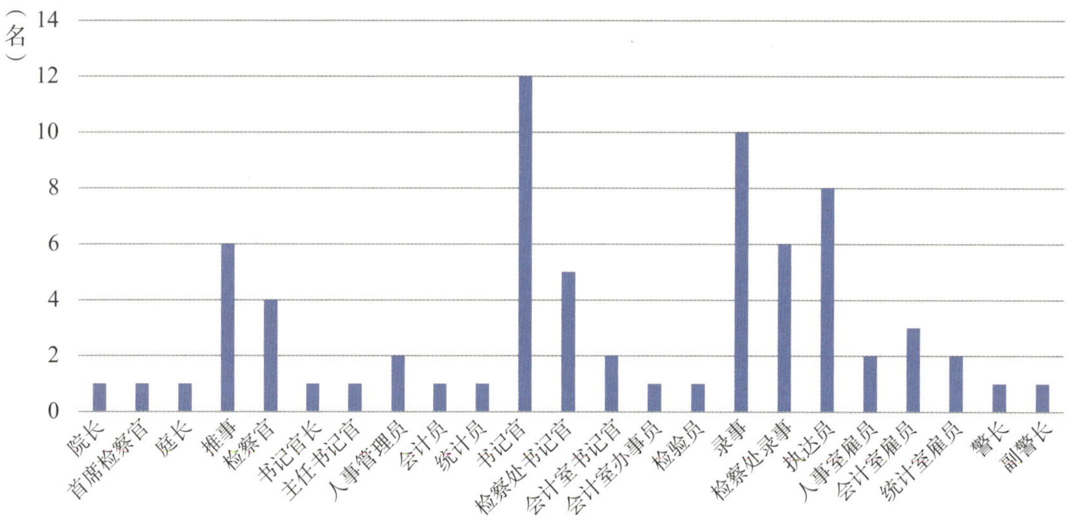

图2.1.5.2 镇江地方法院职员年龄分布图（1947年）

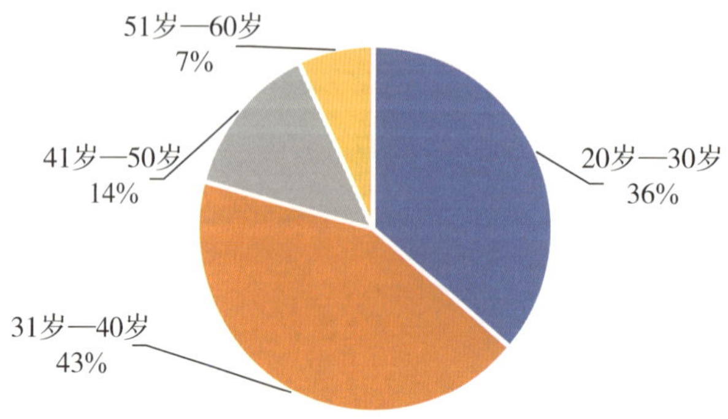

图2.1.5.3　镇江地方法院职员籍贯分布图（1947年）

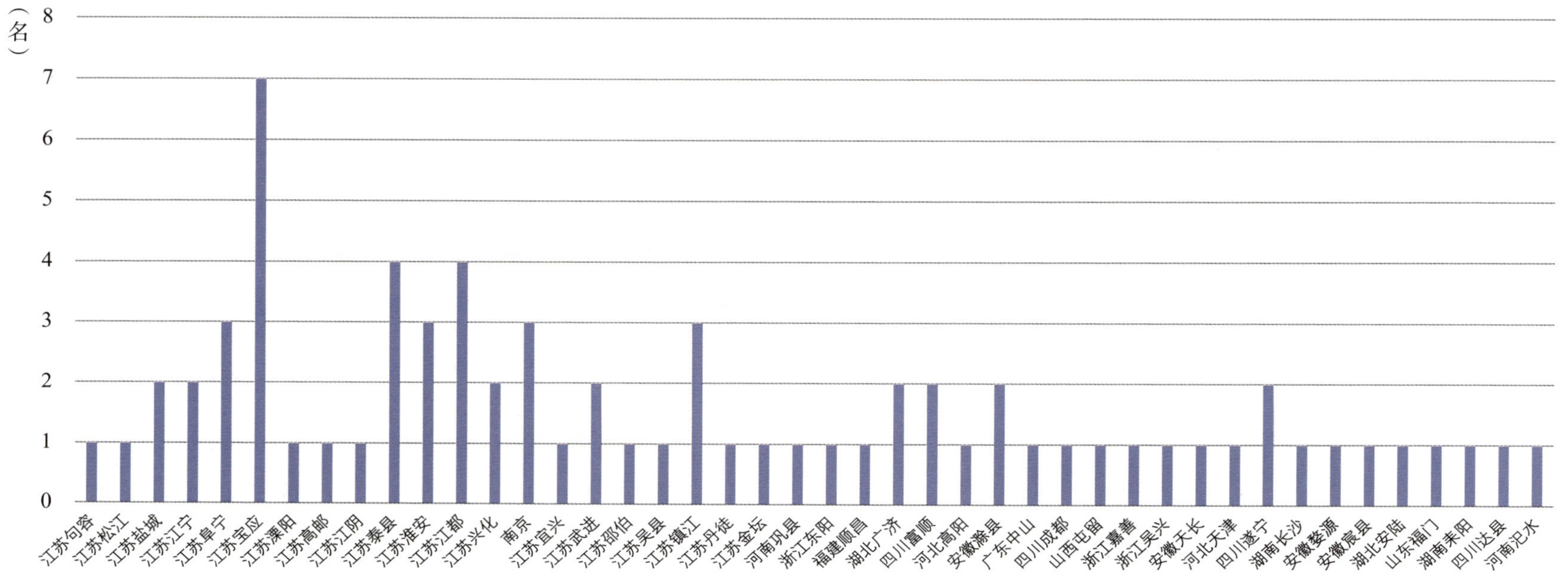

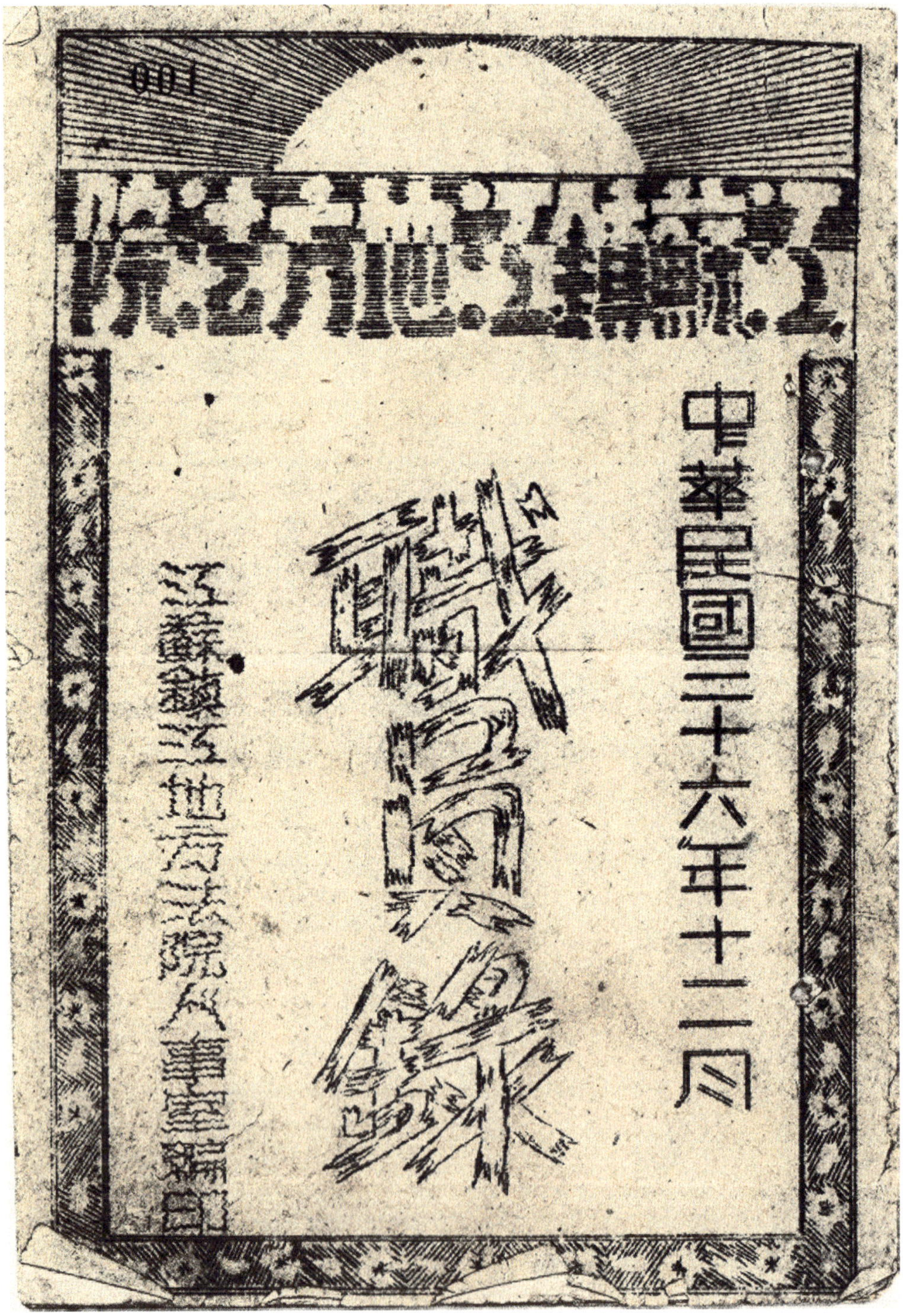

图2-1-5-1

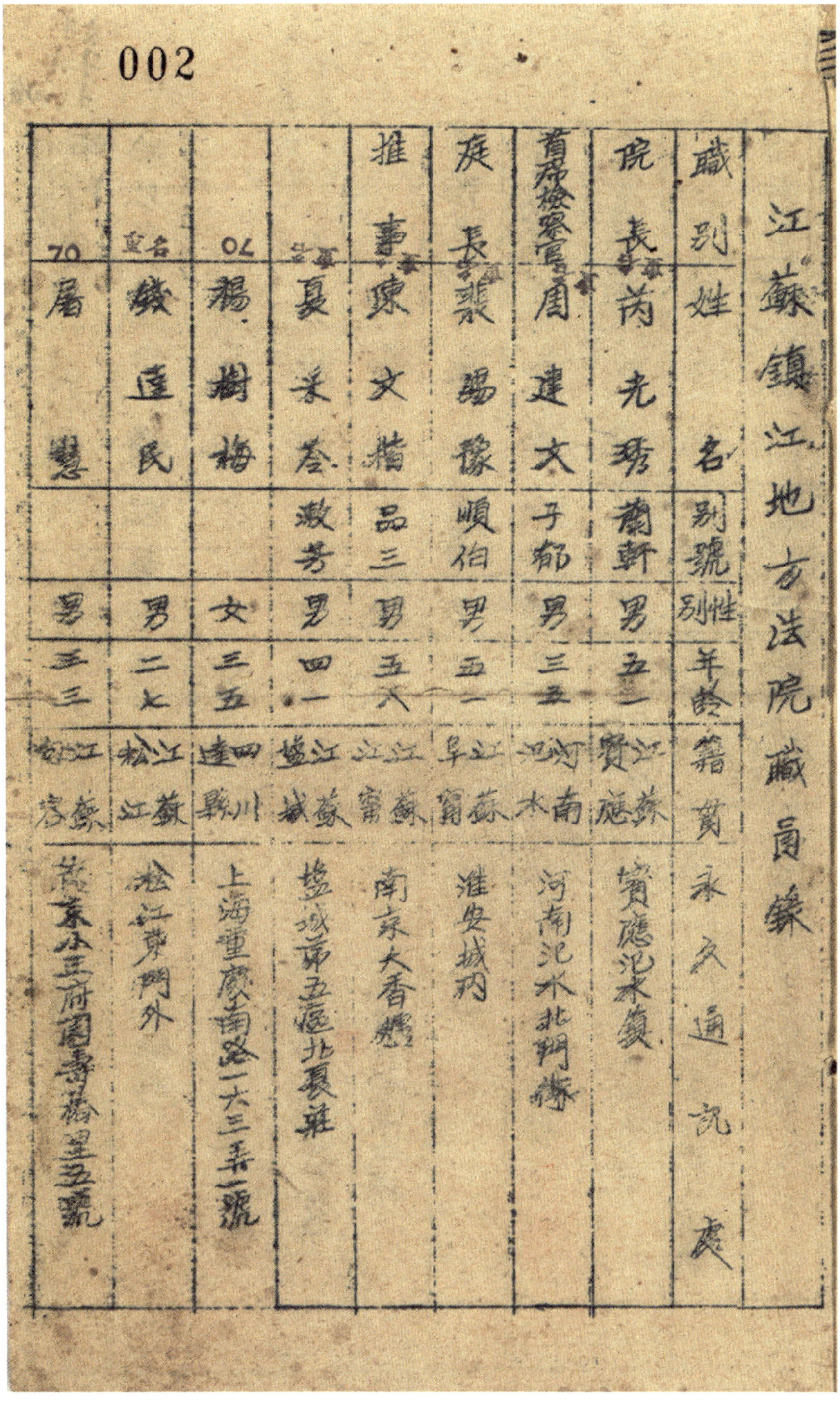

002

江蘇鎮江地方法院職員錄

職別	姓名	別號	性別	年齡	籍貫	永久通訊處
院長	芮光琇	蘭軒	男	五一	江蘇寶應	寶應氾水鎮
首席檢察官	周建文	子郁	男	三五	河南汜水	河南汜水北門街
庭長	張錫豫	順伯	男	五一	江蘇阜寧	淮安城內
推事	陳文楷	品三	男	五八	江蘇江寧	南京大香爐
	夏采苓	漱芳	男	四一	江蘇鹽城	鹽城南五區北夏莊
	楊樹梅		女	三五	四川達縣	上海重慶南路一六三弄一號
	錢逢民		男	二七	江蘇松江	松江東門外
	屠慧		男	三三	江蘇句容	南京小王府園壽椿里五號

图2-1-5-2

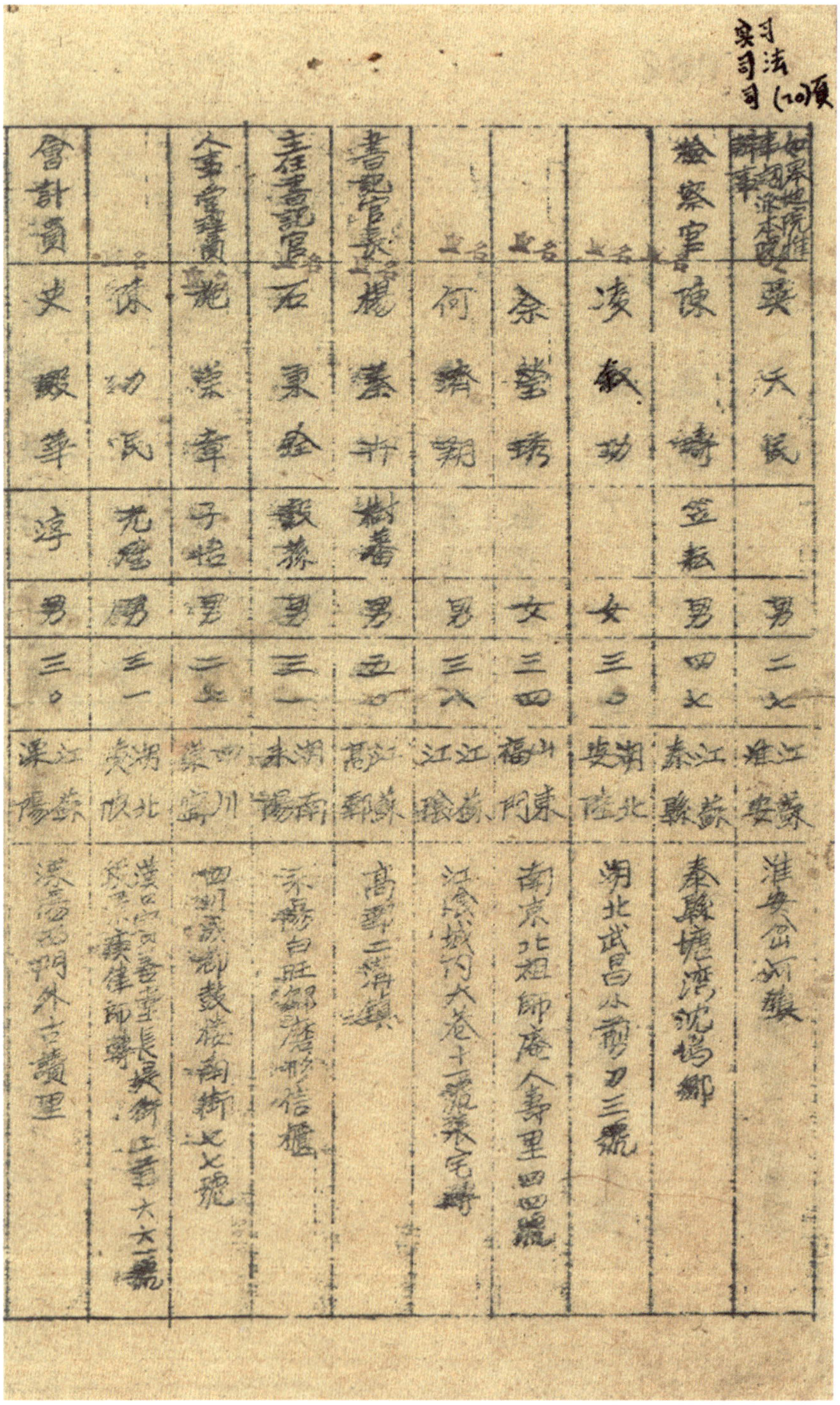

司法 實司 司 (20)頁

[illegible]推事	吳天民		男	二七	江蘇淮安	淮安倉河鎮
檢察官	陳濤	笠耘	男	四七	江蘇泰縣	泰縣塘灣沈鳴鄉
	凌叙功		女	三〇	湖北安陸	湖北武昌[illegible]刀三號
	余瑩琇		女	三四	山東福山	南京北祖師庵人壽里四四號
	何琦翔		男	三八	江蘇江陰	江陰城内大巷十一號蔡宅轉
書記官長	楊泰圻	樹蕃	男	五〇	江蘇高郵	高郵三垛鎮
主任書記官	石秉鈐	叡蓀	男	三一	湖南耒陽	耒陽白旺鄉唐[illegible]信櫃
人事管理員	施榮章	子培	男	二五	四川[illegible]	四川成都鼓樓南街七七號
	孫幼民	光庭	男	三一	湖北黃陂	漢口[illegible]長堤街[illegible]六一號
會計員	史毅華	浮	男	三〇	江蘇溧陽	溧陽西門外古瀆里

图2-1-5-3

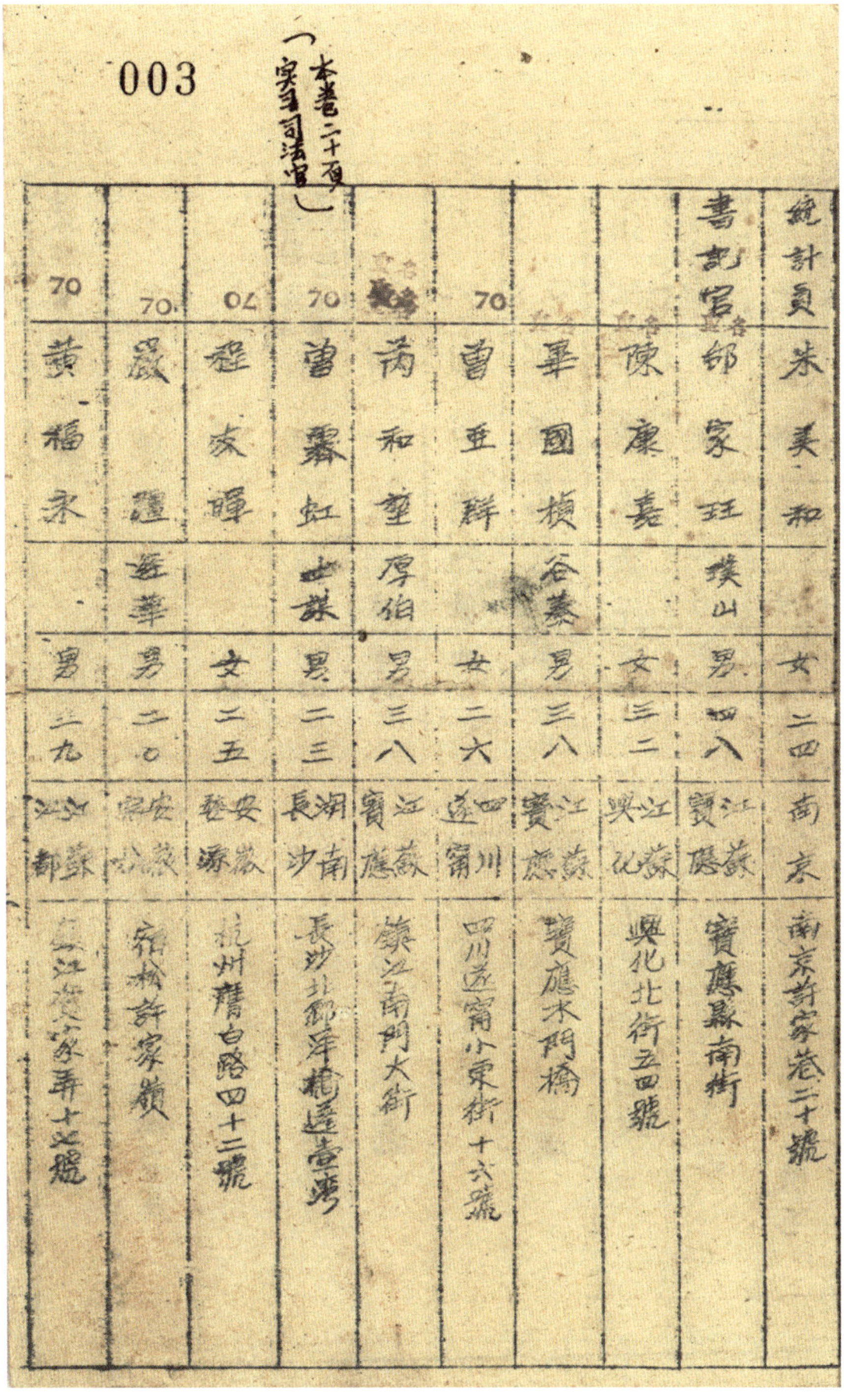

003

（本卷二十頁 实習司法官）

統計員	朱美和		女	二四	南京	南京許家巷二十號
書記官	邰家珏	璞山	男	四八	江蘇寶應	寶應縣南街
	陳康嘉		女	三二	江蘇興化	興化北街五四號
	華國楨	谷蓀	男	三八	江蘇寶應	寶應木門橋
70	曾垂群		女	二六	四川遂寧	四川遂寧小東街十六號
	蔣和望	厚伯	男	三八	江蘇寶應	鎮江南門大街
70	曾羲虹	世琳	男	二三	湖南長沙	長沙北鄉[illegible]壹灣
70	程家暉		女	二五	安徽婺源	杭州積白路四十二號
70	嚴鑑	遜華	男	二〇	安徽宿松	宿松許家嶺
70	黃福永		男	三九	江蘇江都	[illegible]江[illegible]家弄十七號

图2-1-5-4

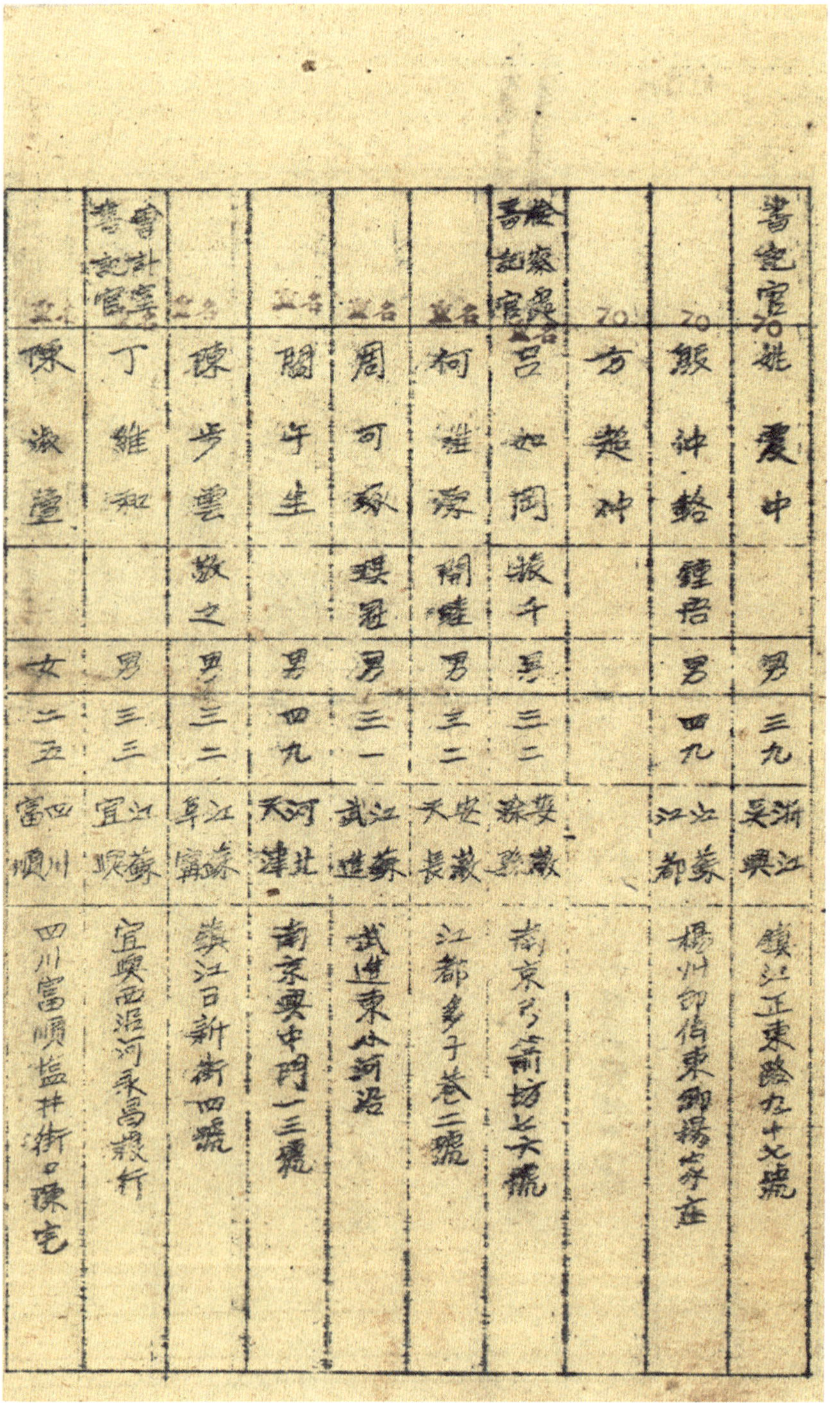

職別	姓名	字	性別	年齡	籍貫	住址
書記官	姚震中		男	三九	浙江吳興	鎮江正東路九十七號
	殷沖齡	鍾岩	男	四九	江蘇江都	揚州邵伯東鄉揚壽莊
	方楚沖					
檢察處書記官	呂如岡	振千	男	三二	安徽滁縣	南京門簾坊七六號
	柯樹滂	閩樓	男	三二	安徽天長	江都多子巷二號
	周可琢	璞君	男	三一	江蘇武進	武進東外河沿
	閻午生		男	四九	河北天津	南京興中門一三號
	陳步雲	敬之	男	三二	江蘇阜寧	阜江口新街四號
會計書記官	丁維翔		男	三三	江蘇宜興	宜興西溪河永昌糧行
	陳淑瑩		女	二五	四川富順	四川富順鹽井街口陳宅

图2-1-5-5

004

會計室辦事員	籍裕秀	良佐	女	三一	四川成都	成都大聖街
檢驗員	適文清		男	二七	山西屯留	上海建國東路
錄事	吳健春		男	四六	江蘇鎮江	鎮江中華路十一號
	金玉川		男	三二	江蘇寶應	寶應都天廟巷一號
	靳梅亭		男	三九	江蘇吳縣	鎮江南門大街三八二號
	黃晉侯		男	三一	江蘇江都	江都宜陵鎮
	徐熙華		女	二三	江蘇邵伯	寶應族[illegible]巷一號
	朱達曾	德徽	男	三七	江蘇寶應	寶應唐寸巷方宅轉
	蔡世昌	京吾	男	二八	江蘇寶應	寶應翰經堂書局轉
	錢家瑋		女	二二	浙江嘉善	南京山[illegible]路三十號

图2-1-5-6

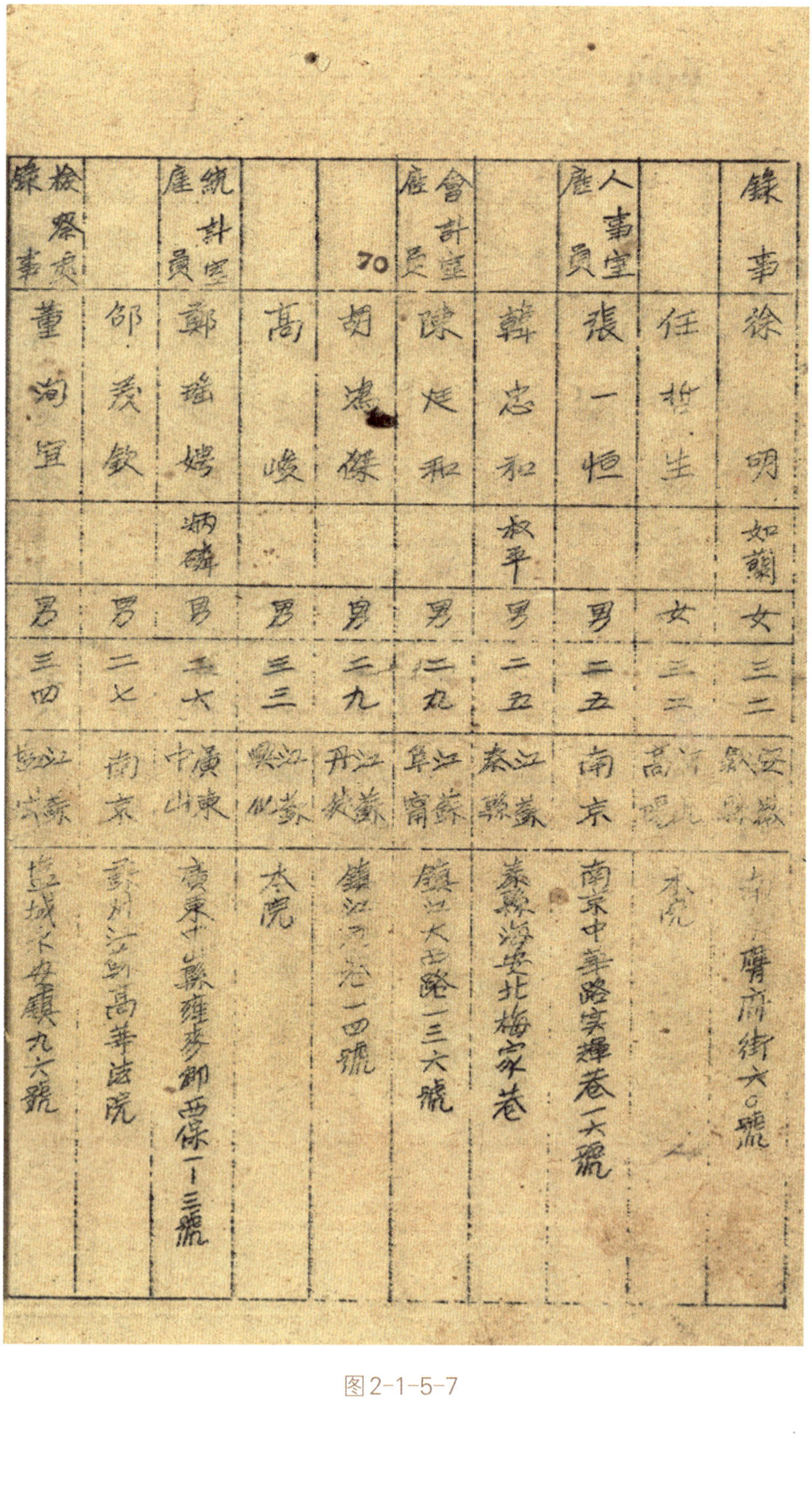

錄事	徐明	如蘭	女	三二	安徽歙縣	[illegible]府街六〇號
	任哲生		女	三二	[illegible]高郵	本院
人事室雇員	張一恒		男	二五	南京	南京中華路实輝巷一六號
	韓忠和	叔平	男	二五	江蘇泰縣	泰縣海安北梅家巷
會計室雇員	陳廷和		男	二九	江蘇阜寧	鎮江大西路一三六號
70	胡凝傑		男	二九	江蘇丹陽	鎮江[illegible]巷一四號
	高峻		男	三三	江蘇吳縣	本院
統計室雇員	鄭瑤娉	炳麟	男	三六	廣東中山	廣東中山縣雍麥鄉西保一一三號
	邵羨欽		男	二七	南京	蘇州江蘇高等法院
檢察處錄事	董洵宜		男	三四	江蘇鹽城	鹽城下岡鎮九六號

图2-1-5-7

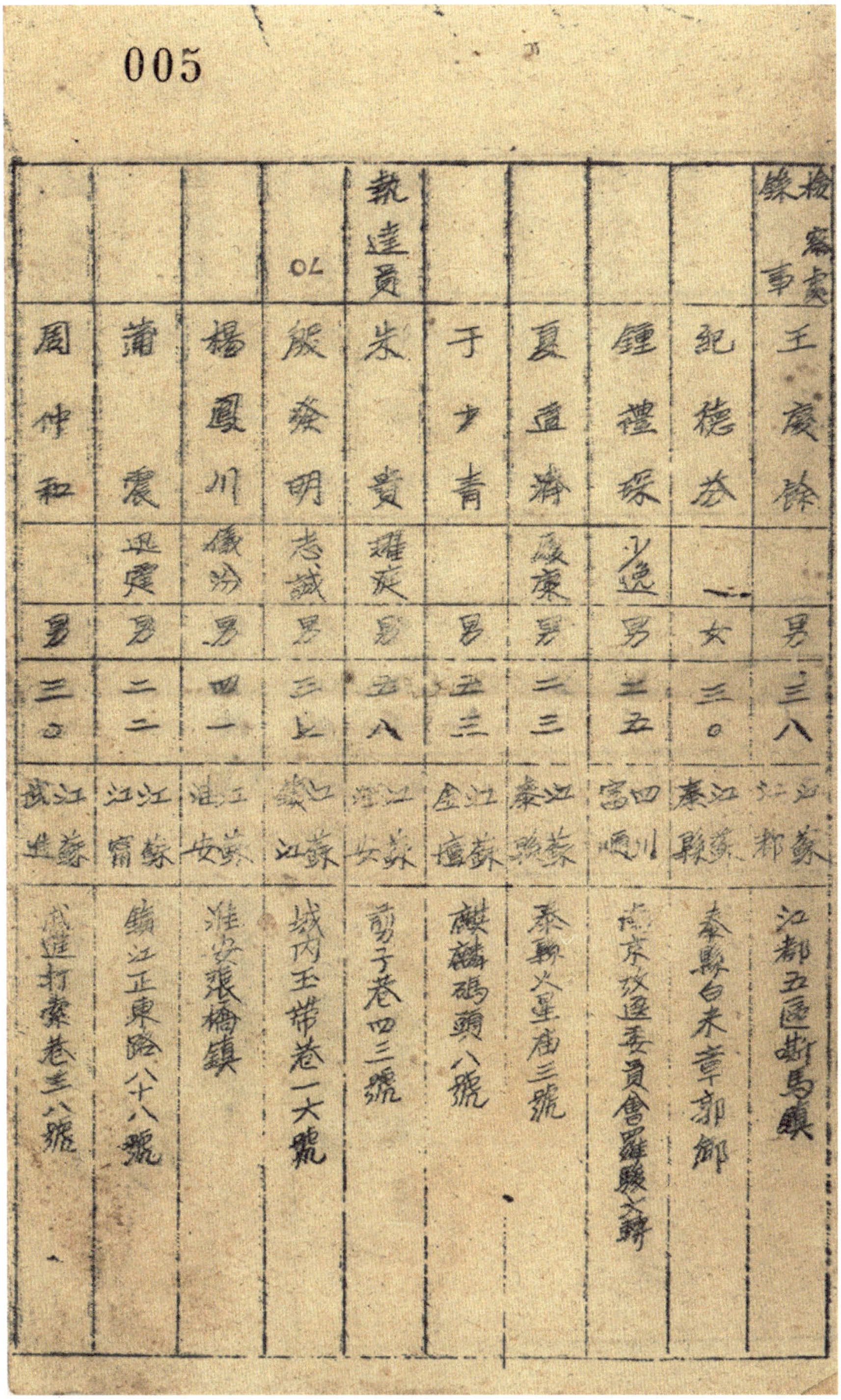

005

檢察處錄事	王慶餘		男	三八	江蘇江都	江都五區嘶馬鎮
	紀德荃	—	女	三〇	江蘇泰縣	泰縣白米章郭鄉
	鍾禮琛	少逸	男	二五	四川富順	南京[illegible]委員會羅縣文轉
	夏道濟	履康	男	二三	江蘇泰興	泰興火星廟三號
	于少青		男	五三	江蘇金壇	麒麟碼頭八號
執達員	朱貴	耀庭	男	五八	江蘇淮安	剪子巷四三號
70	殷癸明	志誠	男	三七	江蘇鎮江	城內玉帶巷一大號
	楊鳳川	儀汾	男	四一	江蘇淮安	淮安張橋鎮
	蒲震	迅霆	男	二二	江蘇江寧	鎮江正東路八十八號
	周仲和		男	三〇	江蘇武進	武進打索巷廿八號

图2-1-5-8

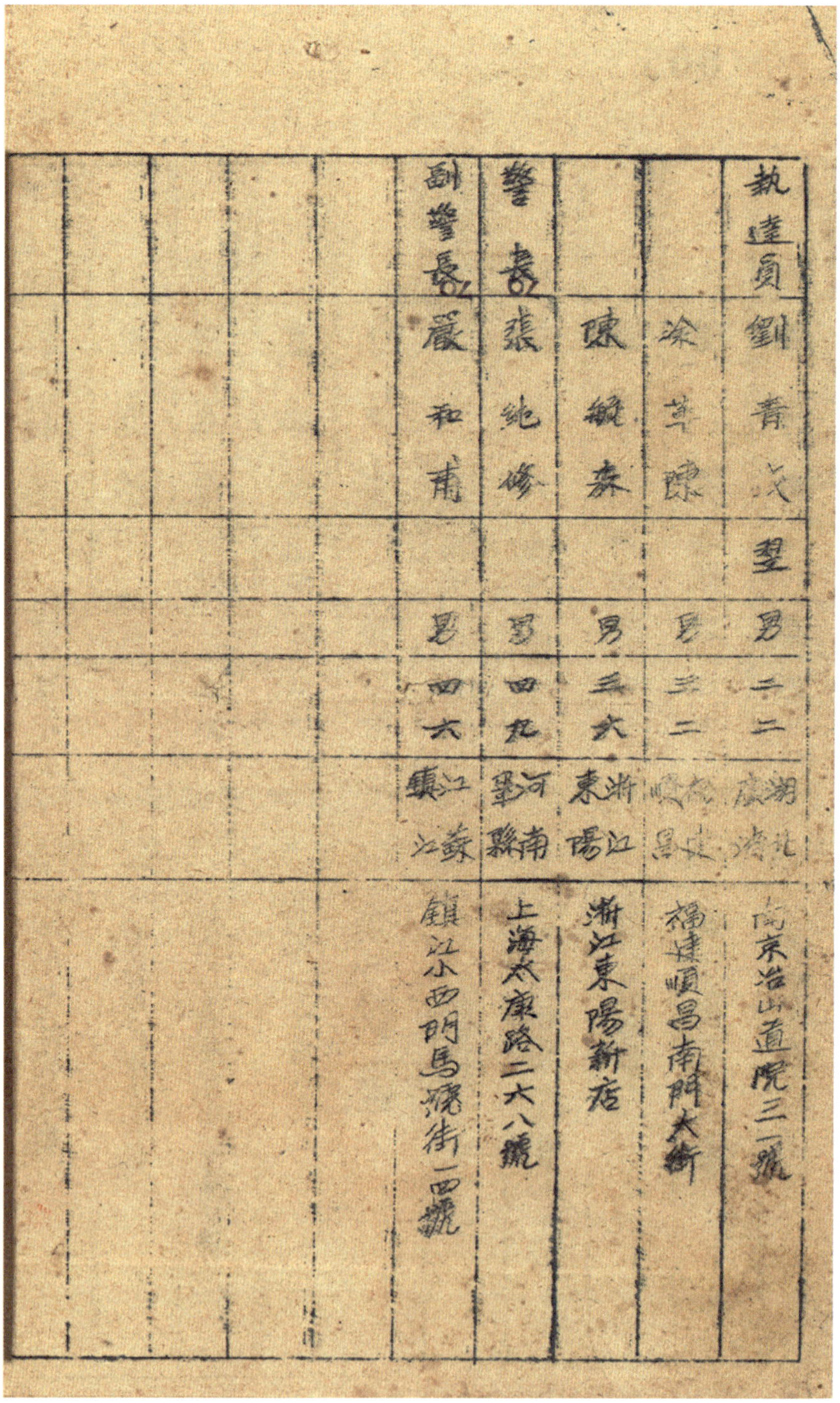

執達員	劉青戈	望	男	二二	湖北廣濟	南京岩山道院三一號
	涂草隟		男	三二	福建順昌	福建順昌南門大街
	陳緞森		男	三六	浙江東陽	浙江東陽新店
警長	張純修		男	四九	河南鞏縣	上海太康路二六八號
副警長	嚴和甫		男	四六	江蘇鎮江	鎮江小西門馬號街一四號

图2-1-5-9

二、薪津待遇

1. 江苏镇江地方法院学习推检津贴开支清册（1931年—1932年）（档案号：A019-1931-001-0066-0001）

该清册系1931年至1932年江苏镇江地方法院学习推事、学习检察官等部分职员的津贴开支清册。1931年7月至10月，学习推事成启光、韩宗愈，学习检察官杜家声等人的留用法收数上涨1.5—1.6倍。从1931年11月起，清册中增加了法医、推事、检察官、书记官的留用法收数。1931年11月，书记官的留用法收数为50元；1931年12月至1932年5月，则一直维持在10元。清册中留用法收数最高的为1932年2月的候补推事成启光，达117.720元。

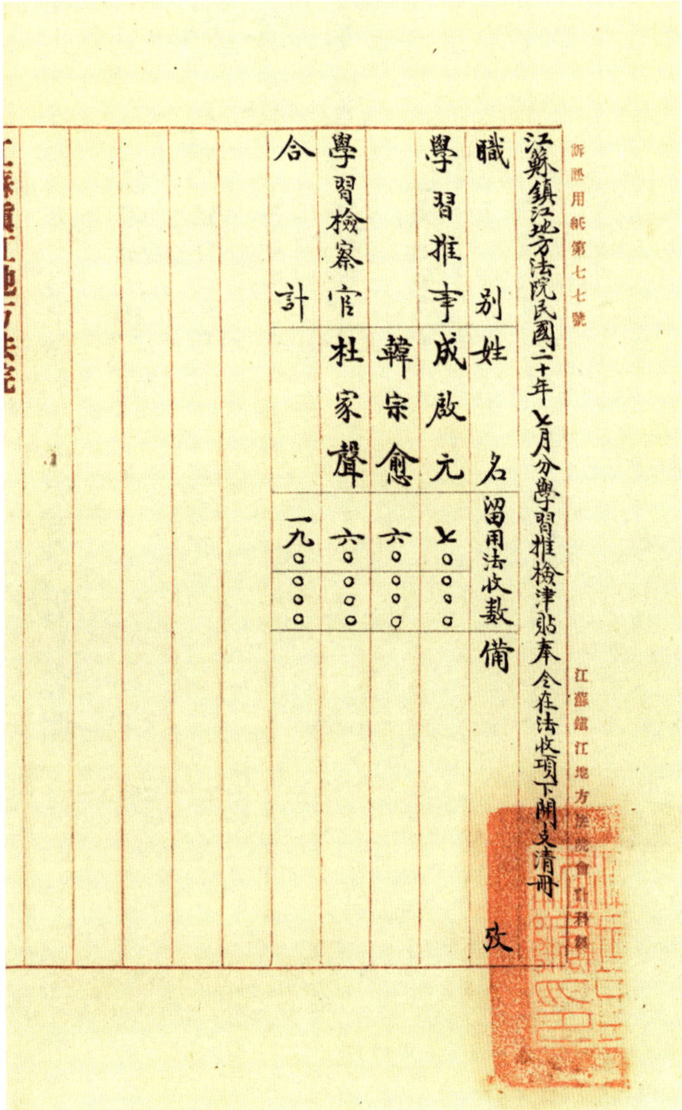
訴訟用紙第七七號

江蘇鎮江地方法院民國二十年七月分學習推檢津貼奉令在法收項下開支清冊

職別	姓名	留用法收數	備攷
學習推事	成啟元	七〇〇〇〇	
	韓宗愈	六〇〇〇〇	
學習檢察官	杜家聲	六〇〇〇〇	
合計		一九〇〇〇〇	

江蘇鎮江地方法院會計科製

图2-2-1-1

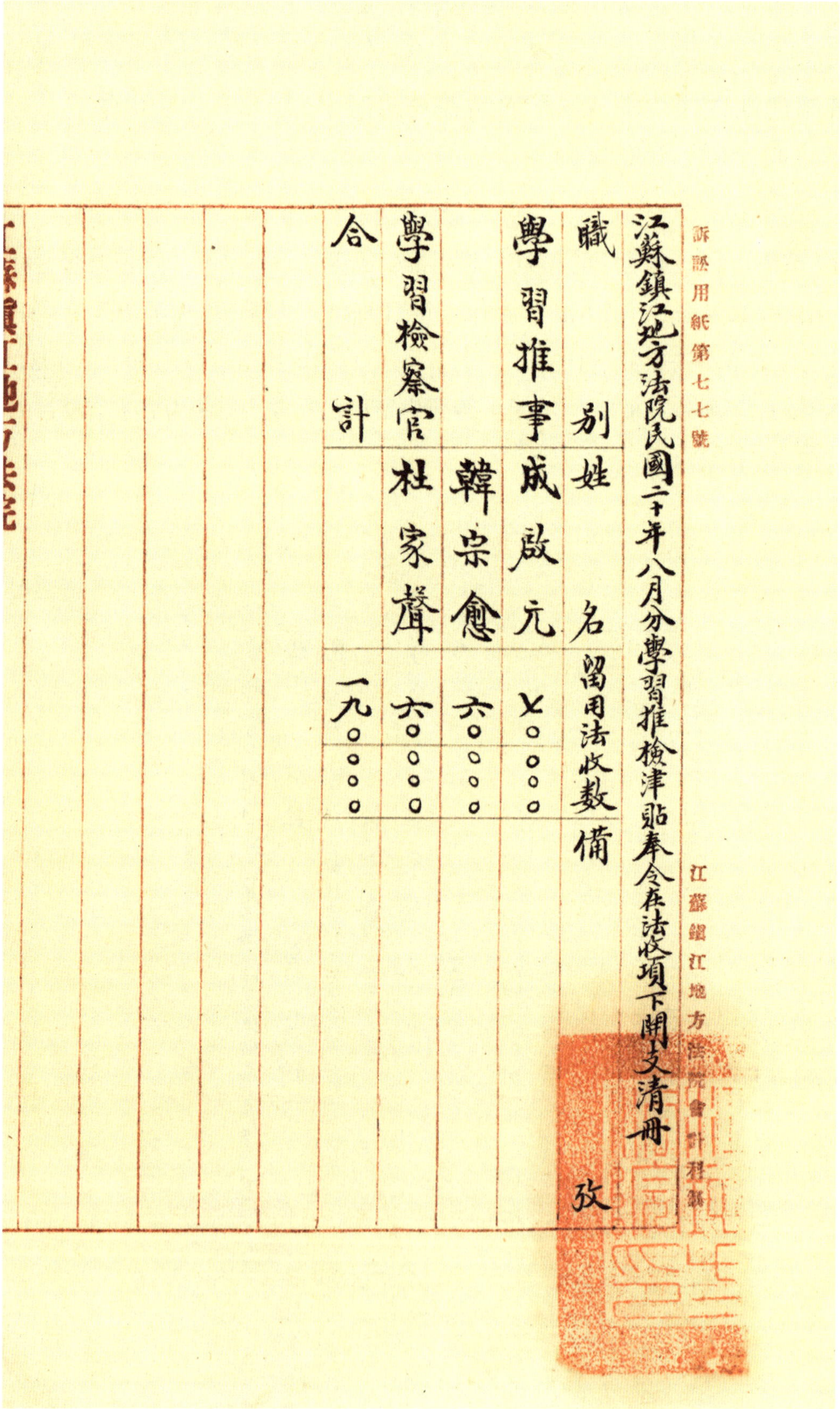

訴訟用紙第七七號

江蘇鎮江地方法院民國二十年八月分學習推檢津貼奉令在法收項下開支清冊

職別	姓名	留用法收數	備攷
學習推事	成啟元	七〇〇〇	
	韓宗愈	六〇〇〇	
學習檢察官	杜家聲	六〇〇〇	
合計		一九〇〇〇	

江蘇鎮江地方法院會計科製

图 2-2-1-2

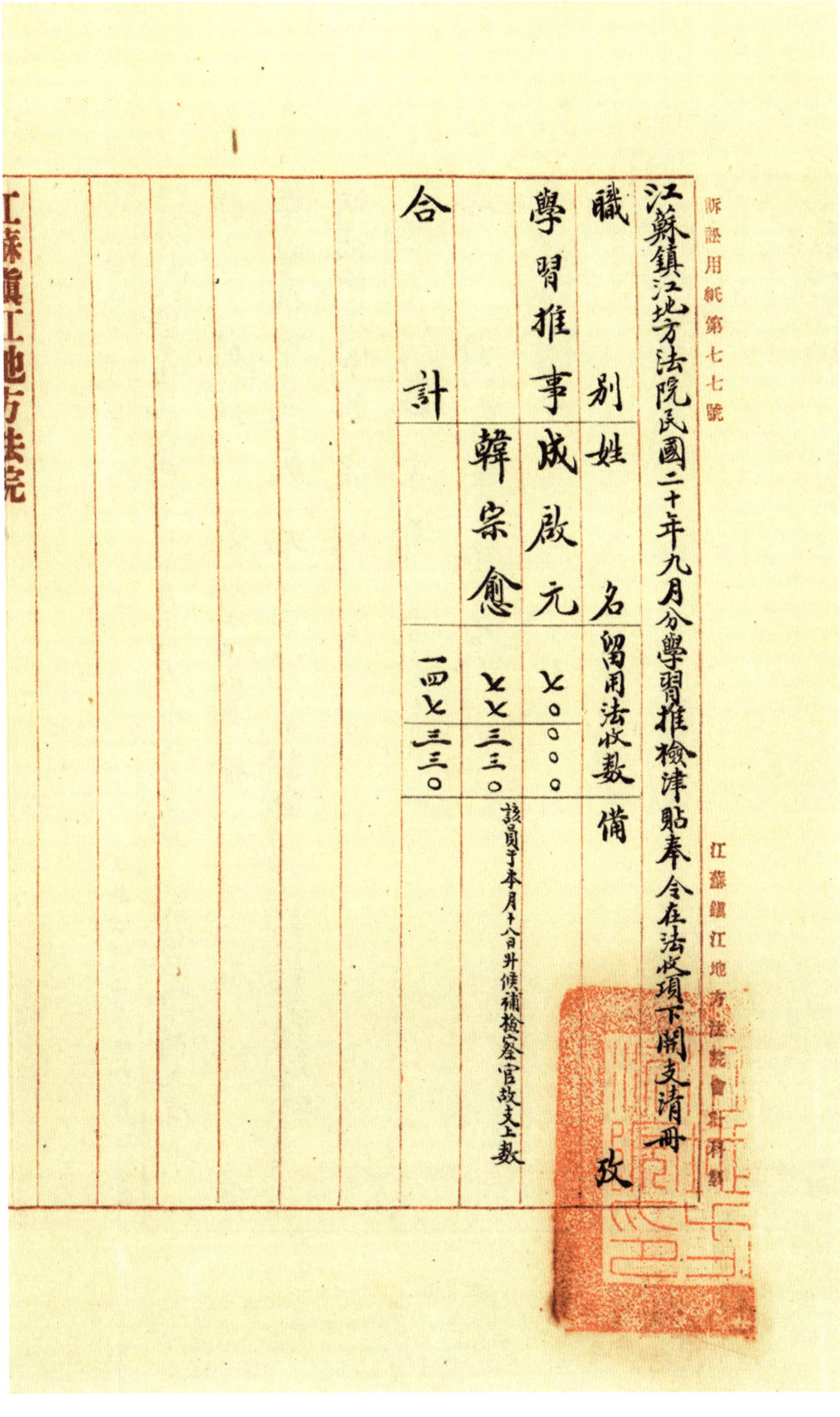
訴訟用紙第七七號

江蘇鎮江地方法院民國二十年九月分學習推檢津貼奉令在法收項下開支清冊

職別	姓名	留用法收數	備攷
學習推事	成啟元	七〇 〇〇〇	
	韓宗愈	七七 三三〇	該員于本月十八日升候補檢察官故支上數
合計		一四七 三三〇	

江蘇鎮江地方法院會計科製

江蘇鎮江地方法院

图 2-2-1-3

訴訟用紙第七七號

江蘇鎮江地方法院民國二十年十月份學習推檢津貼奉 令在法收項下開支清單

職別	姓名	留用法收數	備攷
學習推事	成啟元	一〇八〇〇〇	該員奉令升候補推事自九月二十三日任事之日起支應補支上月升候補津八天計八元連仝本月津一百元合支上數
候補檢察官	韓宗愈	一〇〇〇〇〇	
	杜家聲	一〇〇〇〇〇	
合計		三〇八	

江蘇鎮江地方法院

江蘇鎮江地方法院會計科製

图2-2-1-4

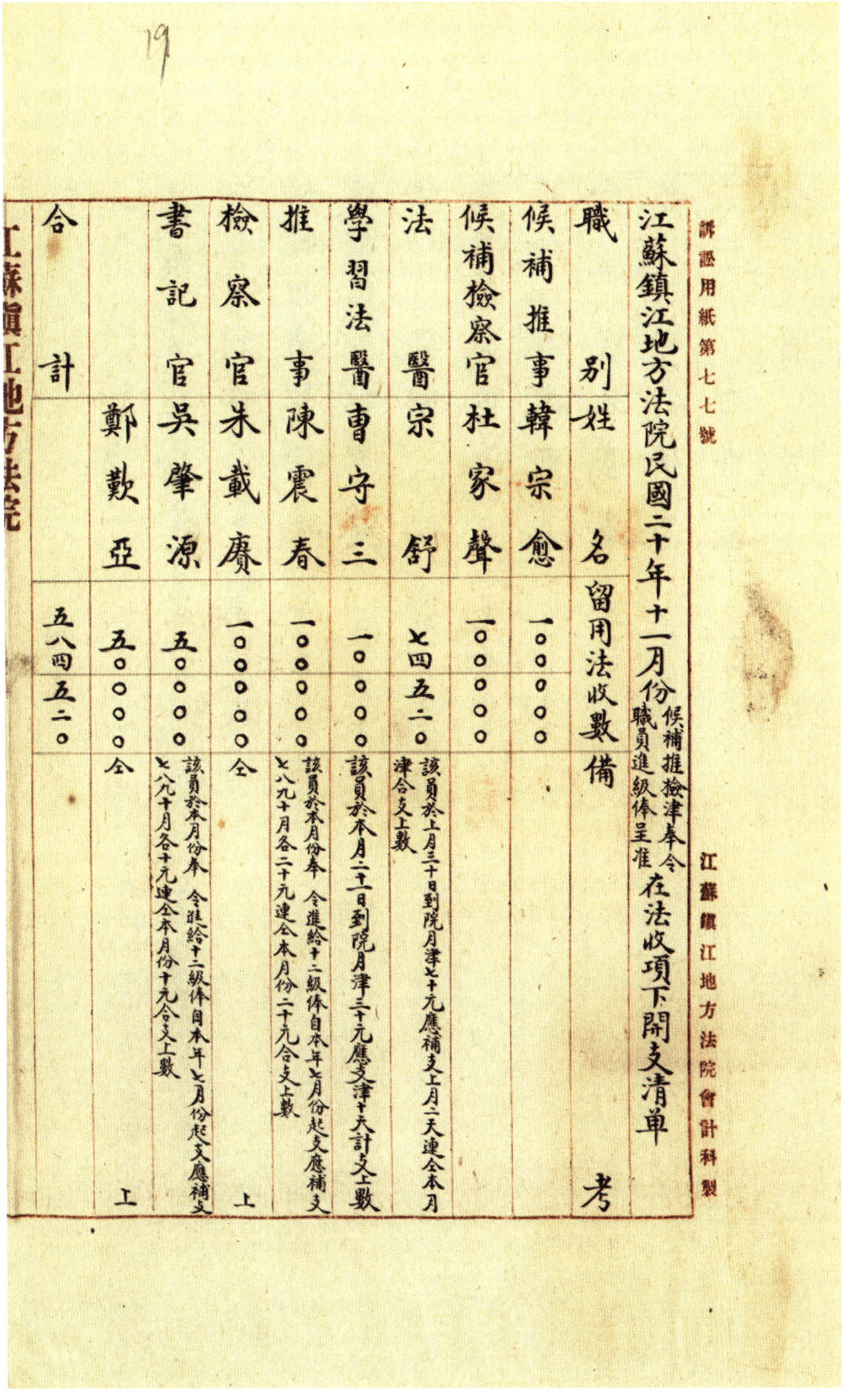
19

訴訟用紙第七七號

江蘇鎮江地方法院民國二十年十一月份候補推檢律奉令職員進級俸呈准在法收項下開支清單

職別	姓名	留用法收數	備考
候補推事	韓宗愈	一〇〇〇〇	
候補檢察官	杜家聲	一〇〇〇〇	
法醫	宗舒	七四五二〇	該員於上月三十日到院月津七十元應補支上月二天連仝本月津合支上數
學習法醫	曹守三	一〇〇〇〇	該員於本月二十一日到院月津三十元應支津十天計支上數
推事	陳震春	一〇〇〇〇	該員於本月份奉令進給十二級俸自本年七月份起支應補支七八九十月各二十元連仝本月份二十元合支上數
檢察官	朱載賡	一〇〇〇〇	仝上
書記官	吳肇源	五〇〇〇	該員於本月份奉令進給十二級俸自本年七月份起支應補支七八九十月各十元連仝本月份十元合支上數
	鄭歎亞	五〇〇〇	仝上
合計		五八四五二〇	

江蘇鎮江地方法院會計科製

江蘇鎮江地方法院

图 2-2-1-5

20

訴訟用紙第七七號

江蘇鎮江地方法院民國二十年十二月份候補推檢律奉令職員進級俸呈准在法收項下開支清单

職別	姓名	留用法收數		備考
候補推事	韓宗愈	一〇〇	〇〇〇	
候補檢察官	杜家聲	一〇〇	〇〇〇	
法醫	宗舒	七〇	〇〇〇	
學習法醫	曹守三	三〇	〇〇〇	
推事	陳震春	二〇	〇〇〇	
檢察官	朱載賡	二〇	〇〇〇	
書記官	吳肇源	一〇	〇〇〇	
	鄭歎亞	一〇	〇〇〇	
合計		三六〇	〇〇〇	

江蘇鎮江地方法院會計科製

江蘇鎮江地方法院

图2-2-1-6

訴訟用紙第七七號

江蘇鎮江地方法院民國二十一年一月份候補推檢津奉令職員進級俸呈准法收項下開支數目清单

職員	姓名	留用法收數	
候補檢察官	韓宗愈	一〇〇	〇〇〇
	杜家聲	一〇〇	〇〇〇
法醫	宗舒	〤〇	〇〇〇
學習法醫	曹守三	三〇	〇〇〇
推事	陳震春	二〇	〇〇〇
檢察官	朱載賡	二〇	〇〇〇
書記官	吳肇源	一〇	〇〇〇
	鄭歟亟	一〇	〇〇〇
合計		三六〇	〇〇〇

江蘇鎮江地方法院會計科製

江蘇鎮江地方法院

图2-2-1-7

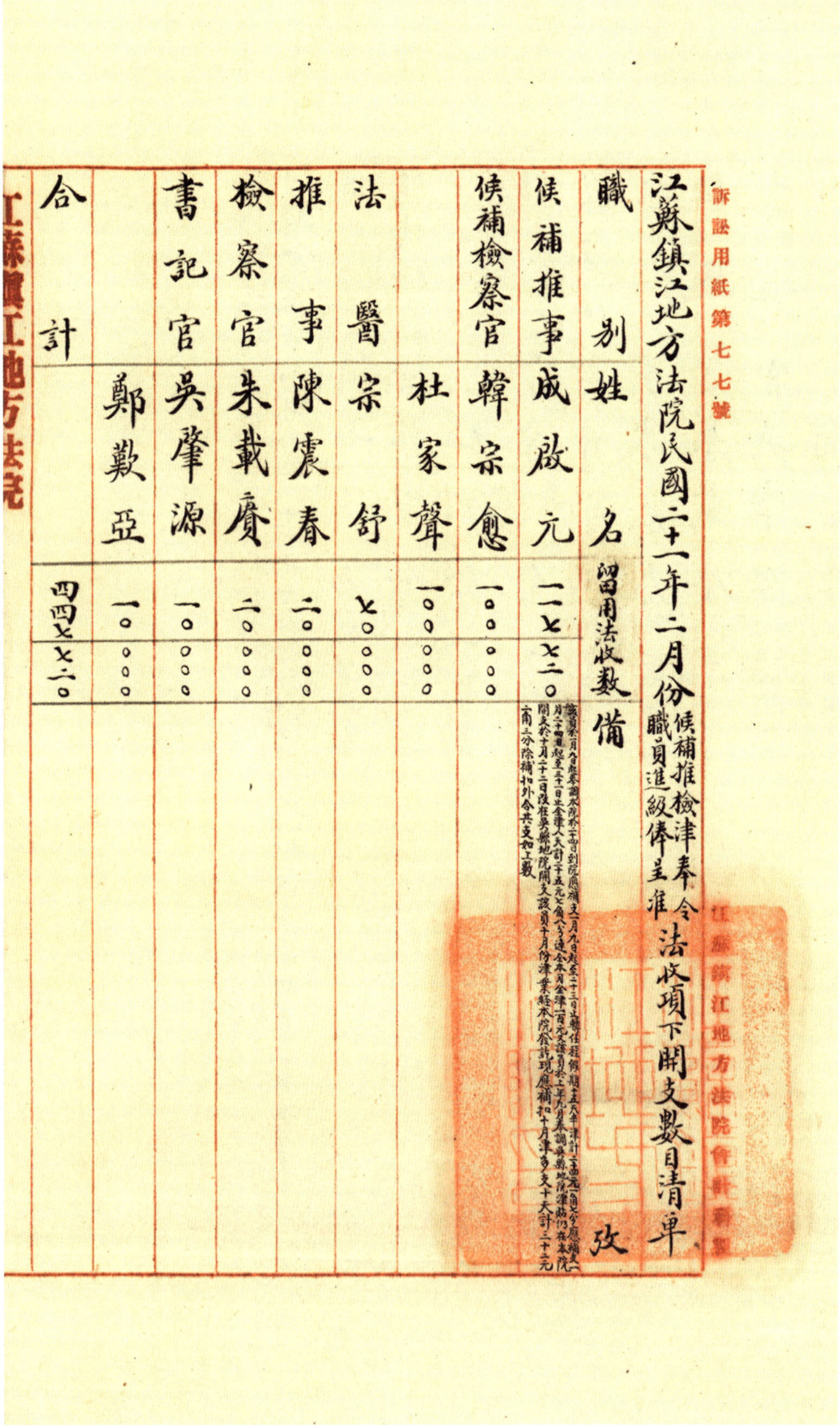

江蘇鎮江地方法院民國二十一年二月份候補推檢津奉令法收項下開支數目清單
職員進級俸呈准

職別	姓名	留用法收數		備攷
候補推事	成啟元	一一七	七二〇	該員於一月九日起奉調本院於二十四日到院應補支一月九日起至二十三日止轉任程假期十五天半津計二十四元一角七分應補支一月二十四日起至三十一日止全津八天計二十五元七角八分連仝本月全津一百元又該員於上年九月奉調吳縣地院津貼仍在本院開支於十月二十二日改在吳縣地院開支該員十月份津業經本院發訖現應補扣十月津多支十天計三十二元二角三分除補扣外合共支如上數
候補檢察官	韓宗愈	一〇〇	〇〇〇	
	杜家聲	一〇〇	〇〇〇	
法醫	宗舒	七〇	〇〇〇	
推事	陳震春	二〇〇	〇〇〇	
檢察官	朱載賡	二〇〇	〇〇〇	
書記官	吳肇源	一〇〇	〇〇〇	
	鄭歎亞	一〇〇	〇〇〇	
合計		四四七	七二〇	

图2-2-1-8

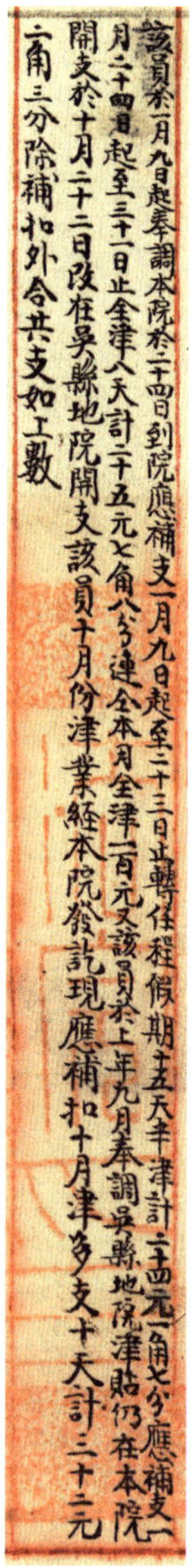

該員於一月九日起奉調本院於二十四日到院應補支一月九日起至二十三日止轉任程假期十五天半津計二十四元一角七分應補支一月二十四日起至三十一日止全津八天計二十五元七角八分連仝本月全津一百元又該員於上年九月奉調吳縣地院津貼仍在本院開支於十月二十二日改在吳縣地院開支該員十月份津業經本院發訖現應補扣十月津多支十天計三十二元二角三分除補扣外合共支如上數

图2-2-1-8（局部图）

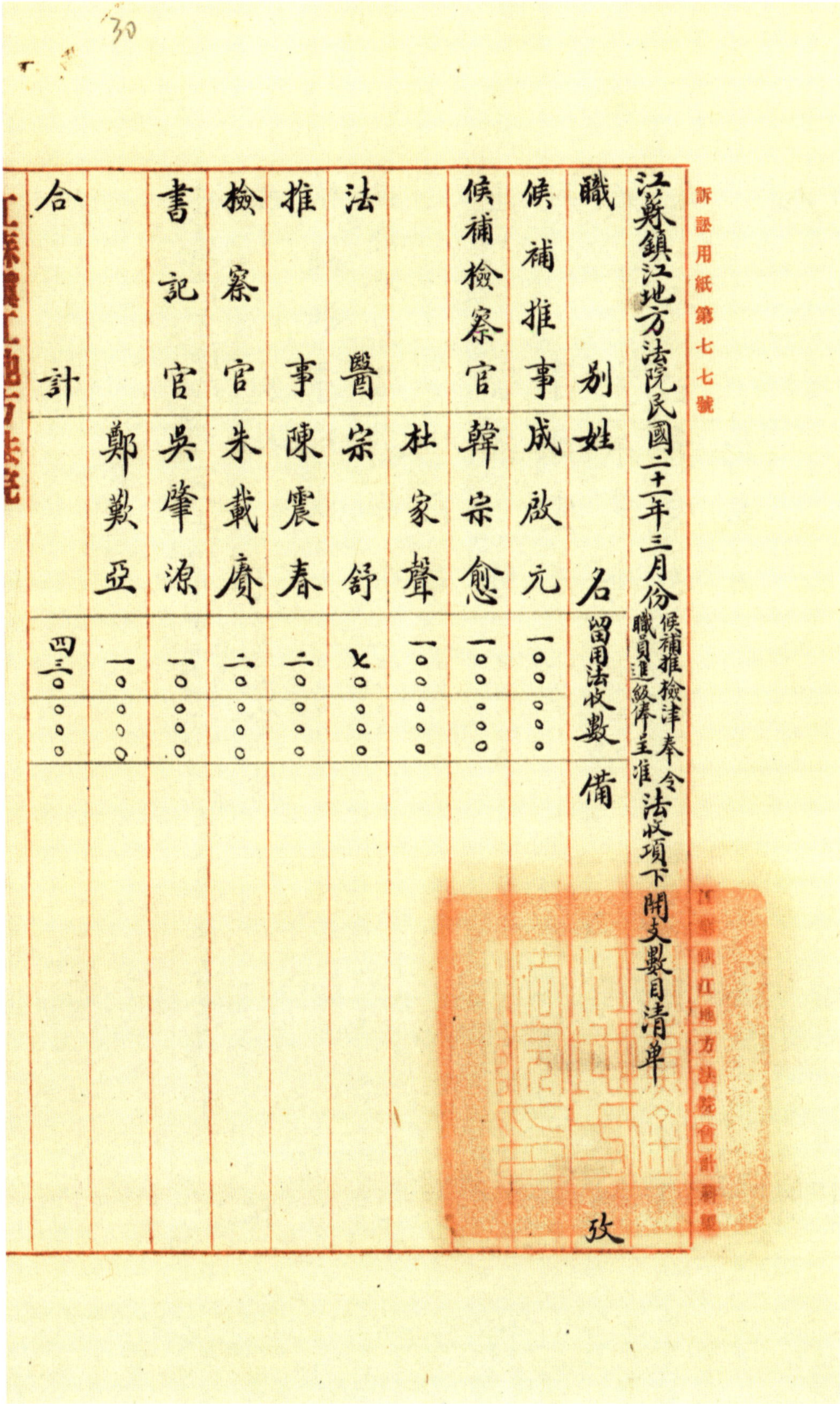

訴訟用紙第七七號

江蘇鎮江地方法院民國二十一年三月份候補推檢律奉令職員進級俸呈准法收項下開支數目清單

職別	姓名	留用法收數		備攷
候補推事	成啟元	一〇〇	〇〇〇	
候補檢察官	韓宗愈	一〇〇	〇〇〇	
	杜家聲	一〇〇	〇〇〇	
法醫	宗舒	七〇	〇〇〇	
推事	陳震春	二〇	〇〇〇	
檢察官	朱載賡	二〇	〇〇〇	
書記官	吳肇源	一〇	〇〇〇	
	鄭歟亞	一〇	〇〇〇	
合計		四三〇	〇〇〇	

江蘇鎮江地方法院

图2-2-1-9

31

訴訟用紙第七七號

江蘇鎮江地方法院民國二十一年四月份候補推檢律奉令職員進級俸呈准法收項下開支數目清单

職別	姓名	留用法收數	備攷
候補推事	成啟元	一〇〇〇〇〇	
候補檢察官	韓宗愈	一〇〇〇〇〇	
	杜家聲	一〇〇〇〇〇	
法醫	宗舒	七〇〇〇〇	
推事	陳震春	二〇〇〇〇	
檢察官	朱載賡	二〇〇〇〇	
書記官	吳肇源	一〇〇〇〇	
	鄭勲亞	一〇〇〇〇	
合計		四三〇〇〇〇	

江蘇鎮江地方法院會計科製

江蘇鎮江地方法院

图 2-2-1-10

32

訴訟用紙第七七號

江蘇鎮江地方法院民國二十一年五月份候補推檢津奉令職員進級俸呈准法收項下開支數目清单

職別	姓名	留用法收數	備攷
候補推事	成啟元	一〇〇〇〇	
候補檢察官	韓宗愈	一〇〇〇〇	
	杜家聲	一〇〇〇〇	
法醫	宗舒	七〇〇〇〇	
推事	陳震春	二〇〇〇〇	
檢察官	朱載賡	二〇〇〇〇	
書記官	吳肇源	一〇〇〇〇	
	鄭歎亞	一〇〇〇〇	
合計		四三〇〇〇〇	

江蘇鎮江地方法院會計科製

江蘇鎮江地方法院

图2-2-1-11

2. 江苏镇江地方法院二十二年度最近月份实支经费数目表（1933年）

（档案号：A019-1933-001-0139-0003）

南京国民政府成立后，于1928年颁行了《司法官官俸暂行条例》和《法院书记官官俸暂行条例》，对司法人员的薪津待遇标准做出了规定。该数目表中镇江地方法院各类人员的“月俸”，即按上述标准制定。

该数目表显示，镇江地方法院的实支经费由三部分构成：俸给、办公费和特别费，其中俸给占比为85.6%—86.6%。数目表对俸给变动情况做了解释，如：七月“俸给栏内有增员超俸五百五十七元九角，又录事一员月支二十六元，奉令在法收项下开支”，九月“俸给栏内有增员超俸三百九十五元，特别费栏内增加三十九元，俸给栏内本院录事一员二十六元，又检察处录事二员月支五十元，自七月起至九月止三个月共支一百五十元，均经奉令在法收项下开支”。

图2.2.2.1　镇江地方法院实支经费类型图（1933年7月—10月）

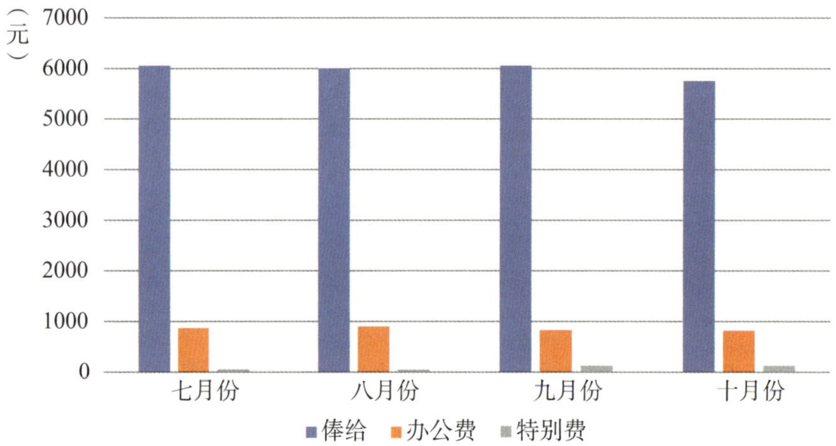

图2.2.2.2　镇江地方法院俸给占比图（1933年7月—10月）

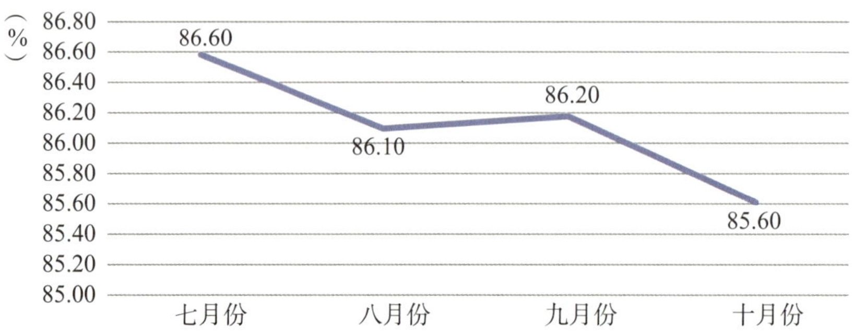

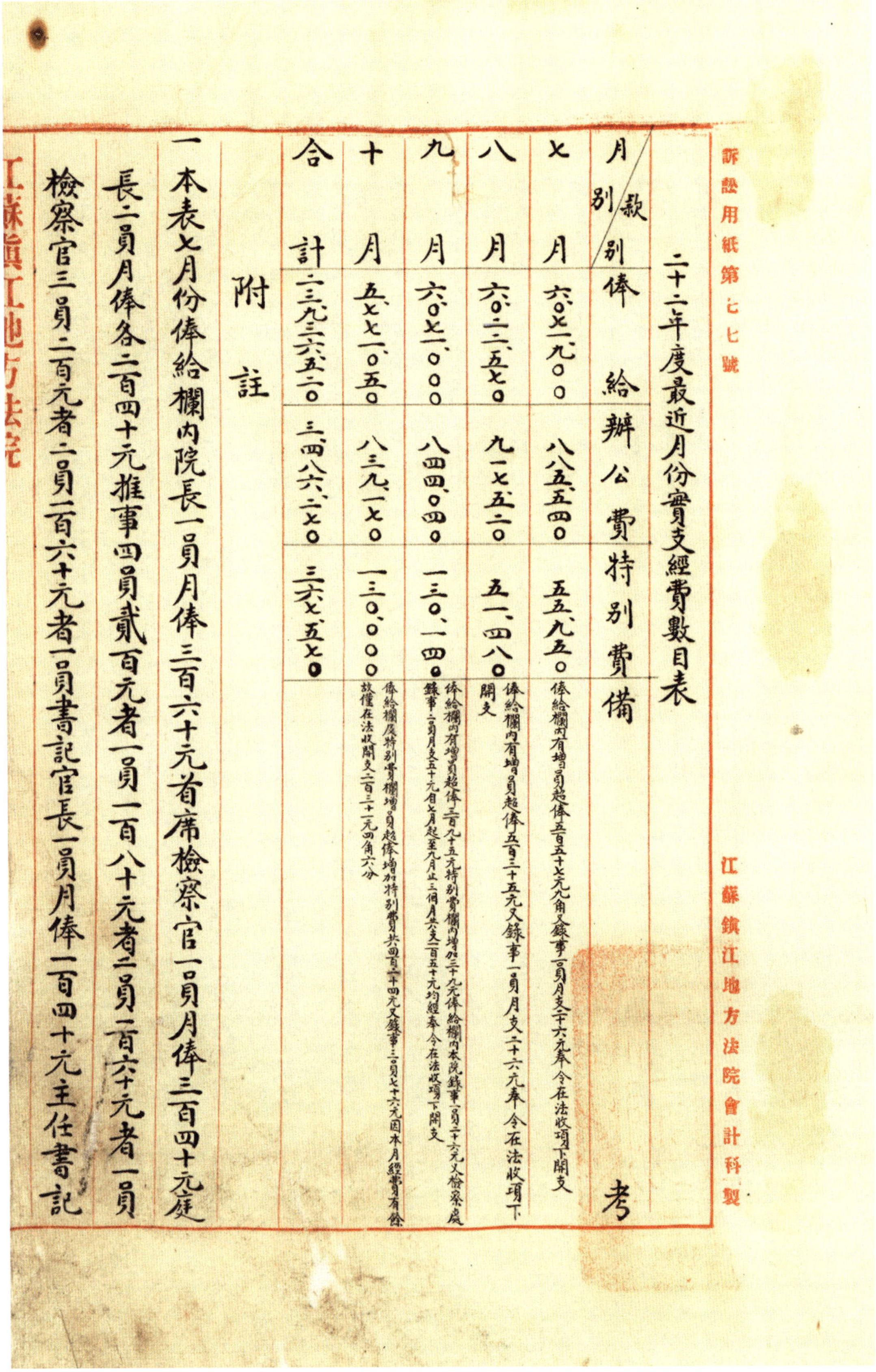

訴訟用紙第七七號

二十二年度最近月份實支經費數目表

款别 / 月别	俸給	辦公費	特别費	備考
七月	六〇七、一九〇	八八五、五四〇	五五、九五〇	俸給欄內有增員超俸五百五十七元九角又錄事一員月支二十六元奉令在法收項下開支
八月	六〇二、五七〇	九一七、五二〇	五一、四八〇	俸給欄內有增員超俸五百三十五元又錄事一員月支二十六元奉令在法收項下開支
九月	六〇七、〇〇〇	八四四、〇四〇	一三〇、一四〇	俸給欄內有增員超俸二百九十五元特别費欄內增加三十九元俸給欄內本院錄事一員二十六元又檢察處錄事二員月支五十元自七月起至九月止三個月共支二百五十元均經奉令在法收項下開支
十月	五七七、〇五〇	八三九、一七〇	一三〇、〇〇〇	俸給欄及特别費欄增員超俸增加特别費共四百二十四元又錄事三員七十六元因本月經費有餘故僅在法收開支二百三十一元四角六分
合計	二三九三六、五二〇	三、四八六、二七〇	三六七、五七〇	

附註

一本表七月份俸給欄內院長一員月俸三百六十元首席檢察官一員月俸三百四十元庭長二員月俸各二百四十元推事四員貳百元者一員一百八十元者二員一百六十元者一員檢察官三員二百元者二員一百六十元者一員書記官長一員月俸一百四十元主任書記

江蘇鎮江地方法院會計科製

江蘇鎮江地方法院

图2-2-2-1

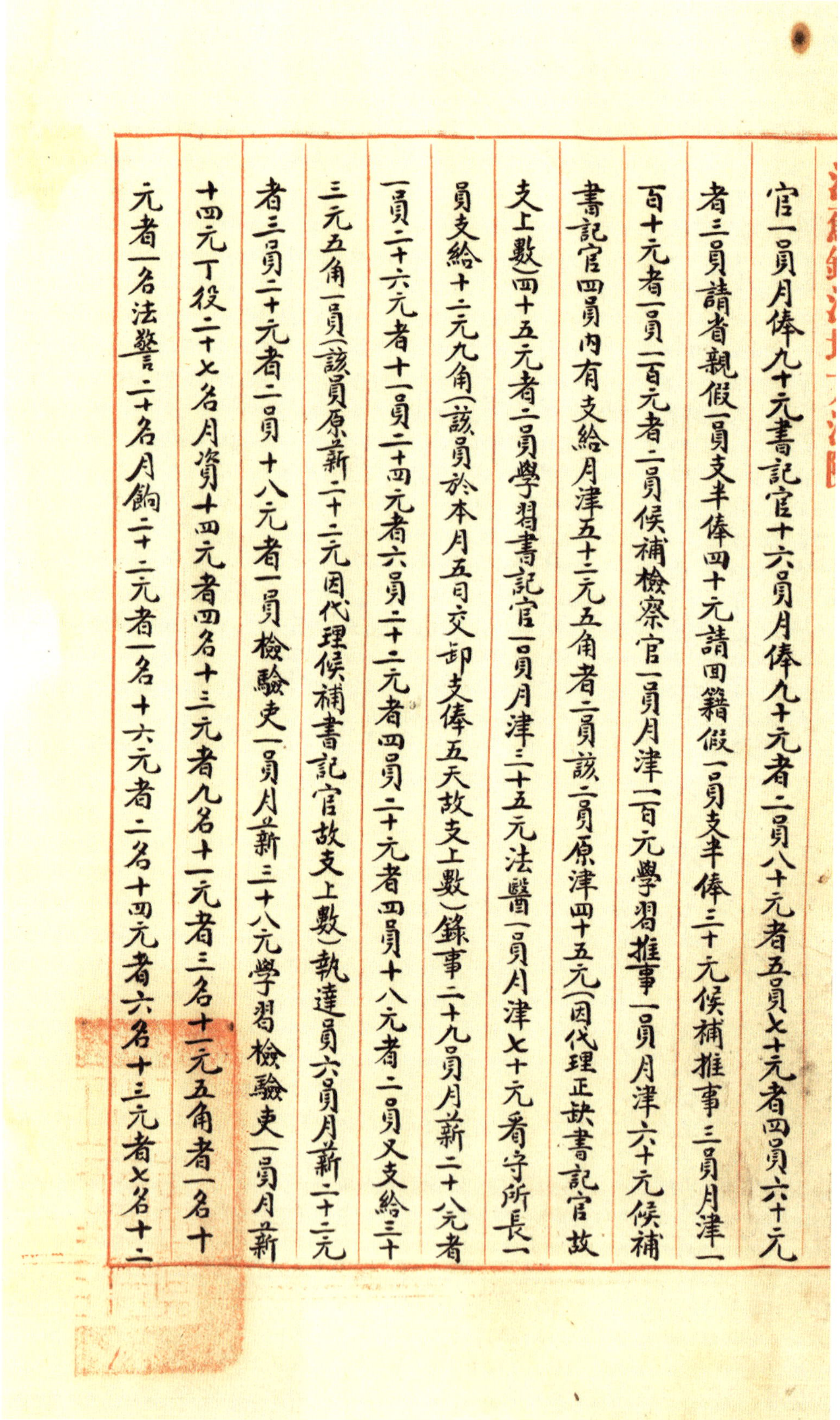

官一員月俸九十元書記官十六員月俸九十元者二員八十元者五員七十元者四員六十元
者三員請者親假一員支半俸四十元請回籍假一員支半俸三十元候補推事三員月津一
百十元者一員一百元者二員候補檢察官一員月津一百元學習推事一員月津六十元候補
書記官四員內有支給月津五十二元五角者二員該二員原津四十五元（因代理正缺書記官故
支上數）四十五元者二員學習書記官一員月津三十五元法醫一員月津七十元看守所長一
員支給十二元九角（該員於本月五日交卸支俸五天故支上數）錄事二十九員月薪二十八元者
一員二十六元者十一員二十四元者六員二十二元者四員二十元者四員十八元者二員又支給三十
三元五角一員（該員原薪二十二元因代理候補書記官故支上數）執達員六員月薪二十二元
者三員二十元者二員十八元者一員檢驗吏一員月薪三十八元學習檢驗吏一員月薪
十四元丁役二十七名月資十四元者四名十三元者九名十一元者三名十一元五角者一名十
元者一名法警二十名月餉二十二元者一名十六元者二名十四元者六名十三元者七名十二

图2-2-2-2

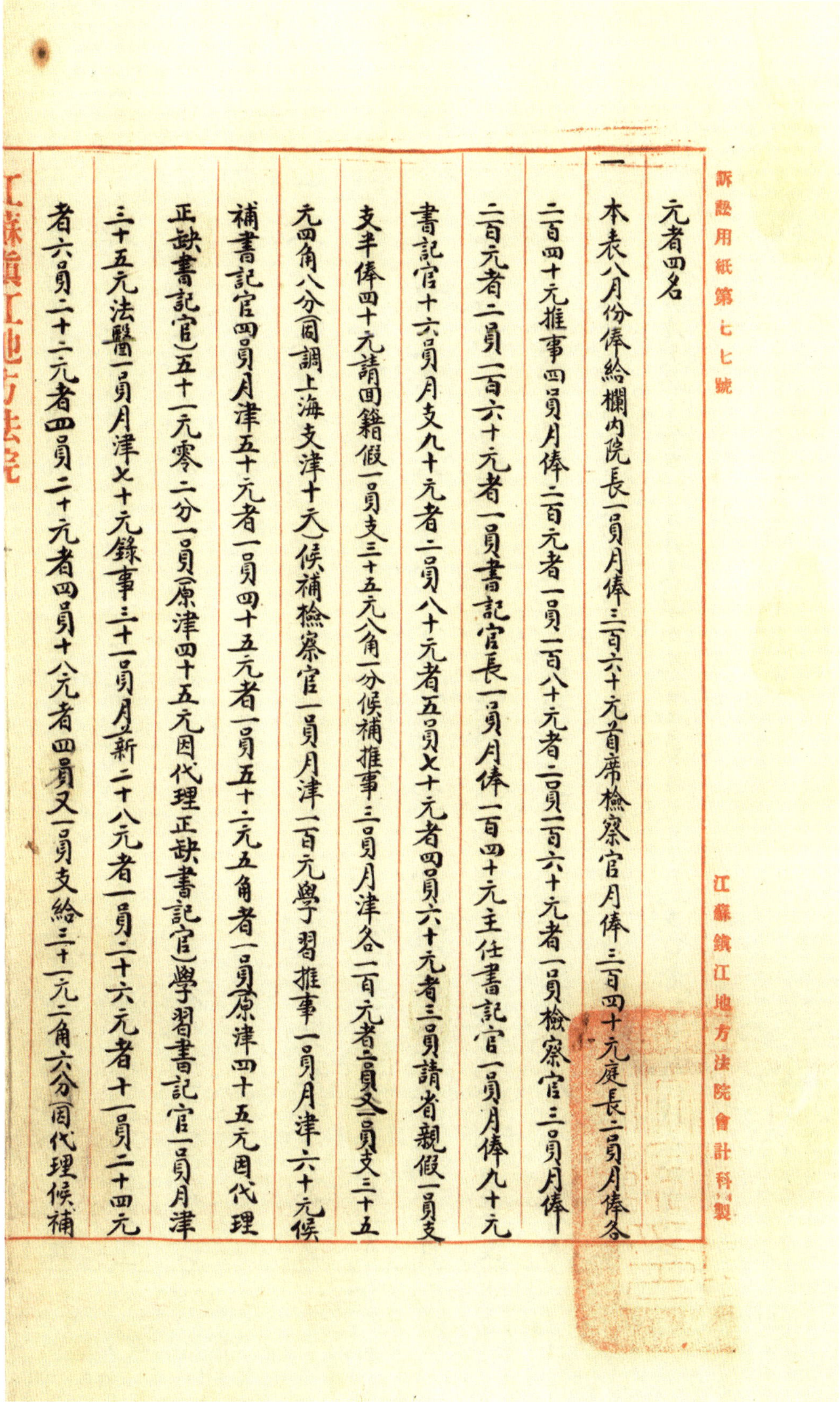
訴訟用紙第七七號
元者四名
一 本表八月份俸給欄內院長一員月俸三百六十元首席檢察官月俸三百四十元庭長二員月俸各
二百四十元推事四員月俸二百元者一員一百八十元者二員一百六十元者一員檢察官三員月俸
二百元者二員一百六十元者一員書記官長一員月俸一百四十元主任書記官一員月俸九十元
書記官十六員月支九十元者二員八十元者五員七十元者四員六十元者三員請者親假一員支
支半俸四十元請回籍假一員支三十五元八角一分候補推事三員月津各一百元者二員又一員支三十五
元四角八分(因調上海支津十天)候補檢察官一員月津一百元學習推事一員月津六十元候
補書記官四員月津五十元者一員四十五元者一員五十二元五角者一員(原津四十五元因代理
正缺書記官)五十一元零二分一員(原津四十五元因代理正缺書記官)學習書記官一員月津
三十五元法醫一員月津七十元錄事三十一員月薪二十八元者一員二十六元者十一員二十四元
者六員二十二元者四員二十元者四員十八元者四員又一員支給三十一元二角六分(因代理候補
江蘇鎮江地方法院
江蘇鎮江地方法院會計科製

图 2-2-2-3

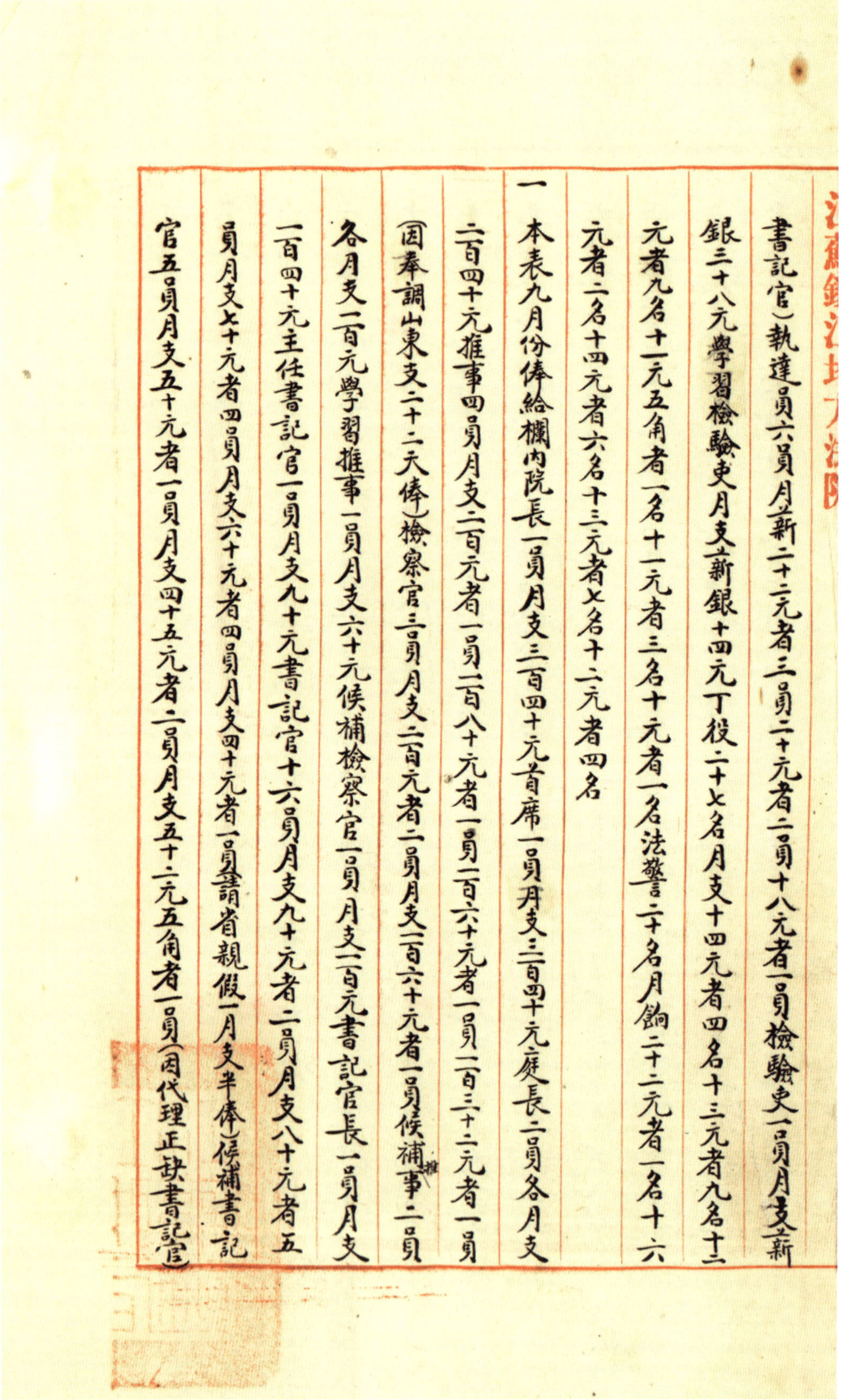

江蘇鎮江地方法院

書記官）執達員六員月薪二十二元者三員二十元者二員十八元者一員檢驗吏一員月支新銀三十八元學習檢驗吏月支新銀十四元丁役二十七名月支十四元者四名十三元者九名十二元者九名十一元五角者一名十一元者三名十元者一名法警二十名月餉二十二元者一名十六元者二名十四元者六名十三元者七名十二元者四名

一　本表九月份俸給欄內院長一員月支三百四十元首席一員月支三百四十元庭長二員各月支二百四十元推事四員月支二百元者一員二百八十元者一員一百六十元者一員二百三十二元者一員（因奉調山東支二十二天俸）檢察官三員月支二百元者二員月支一百六十元者一員候補推事二員各月支二百元學習推事一員月支六十元候補檢察官一員月支一百元書記官長一員月支一百四十元主任書記官一員月支九十元書記官十六員月支九十元者二員月支八十元者五員月支七十元者四員月支六十元者四員月支四十元者一員（請省親假一月支半俸）候補書記官五員月支五十元者一員月支四十五元者二員月支五十二元五角者一員（因代理正缺書記官）

图 2-2-2-4

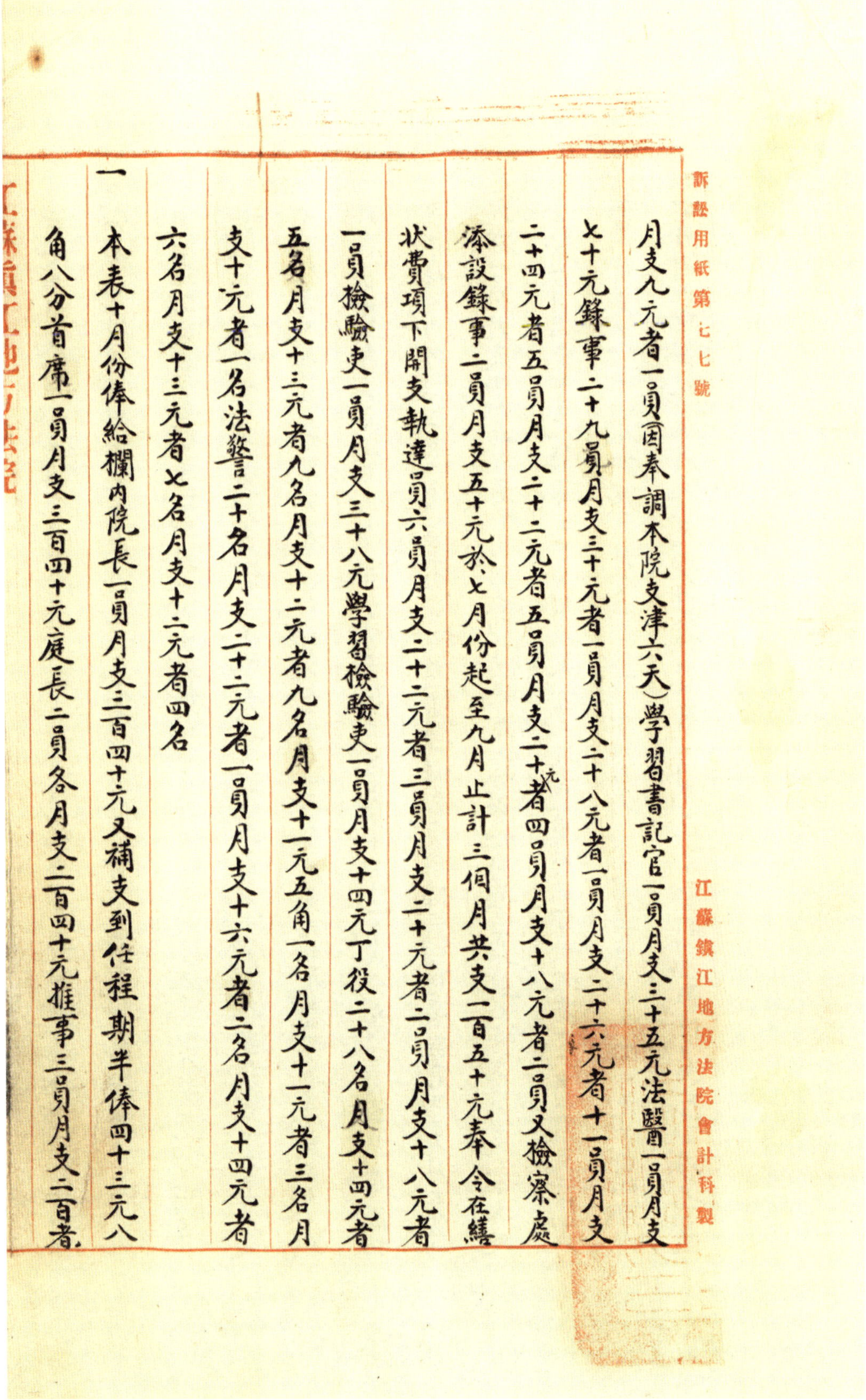

訴訟用紙第七七號

月支九元者一員(因奉調本院支津六天)學習書記官一員月支三十五元法醫一員月支七十元錄事二十九員月支三十元者一員月支二十八元者一員月支二十六元者十一員月支二十四元者五員月支二十二元者五員月支二十元者四員月支十八元者二員又檢察處添設錄事二員月支五十元於七月份起至九月止計三個月共支一百五十元奉令在繕狀費項下開支執達員六員月支二十二元者三員月支二十元者二員月支十八元者一員檢驗吏一員月支三十八元學習檢驗吏一員月支十四元丁役二十八名月支十四元者五名月支十三元者九名月支十二元者九名月支十一元五角一名月支十一元者三名月支十元者一名法警二十名月支二十二元者一員月支十六元者二名月支十四元者六名月支十三元者七名月支十二元者四名

一　本表十月份俸給欄內院長一員月支三百四十元又補支到任程期半俸四十三元八角八分首席一員月支三百四十元庭長二員各月支二百四十元推事三員月支二百者

江蘇鎮江地方法院會計科製

江蘇鎮江地方法院

图 2-2-2-5

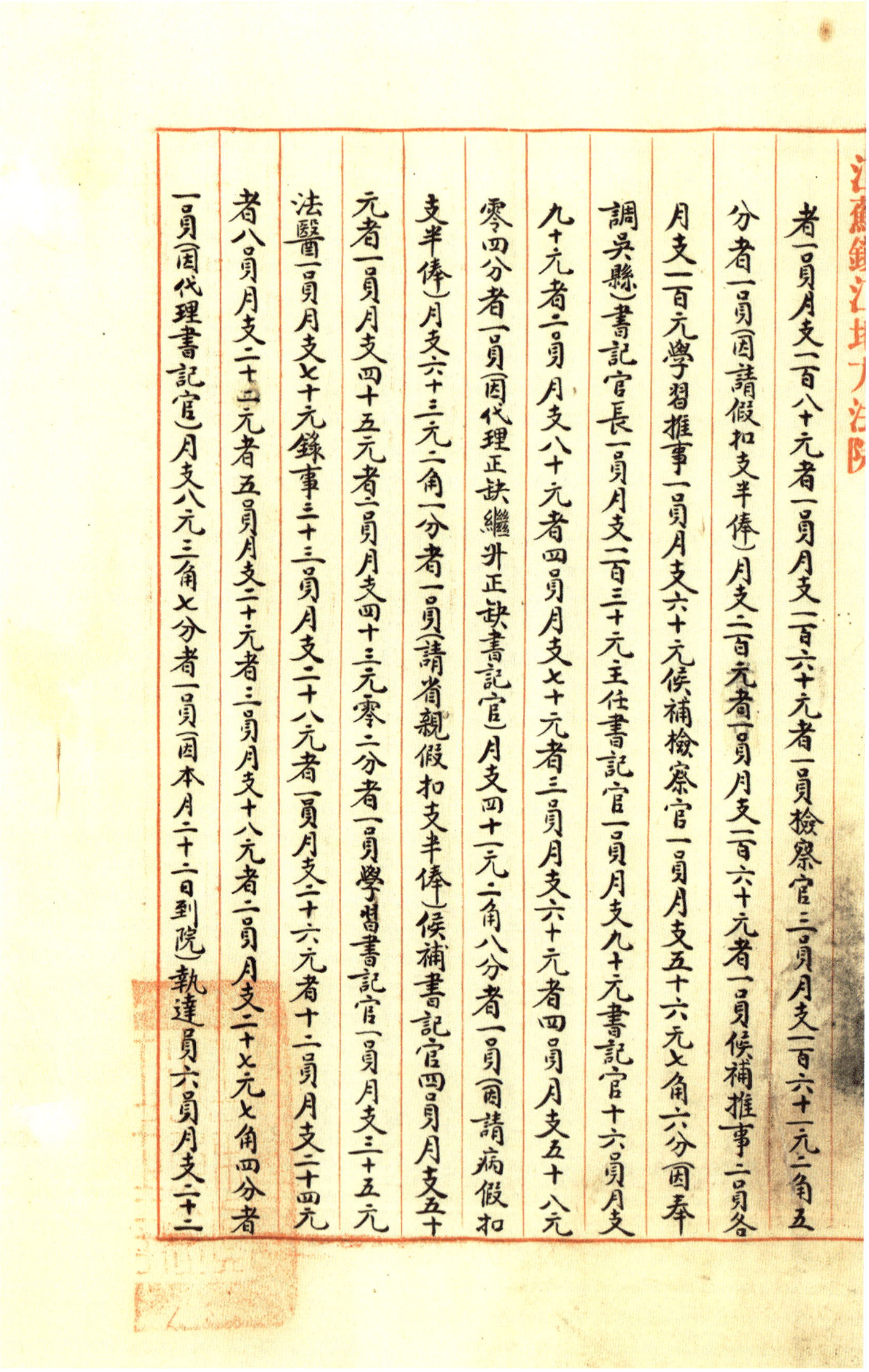
江蘇鎮江地方法院
者一員月支一百八十元者一員月支一百六十元者一員檢察官三員月支一百六十一元二角五
分者一員（因請假扣支半俸）月支二百元者一員月支一百六十元者一員候補推事二員各
月支一百元學習推事一員月支六十元候補檢察官一員月支五十六元七角六分（因奉
調吳縣）書記官長一員月支一百三十元主任書記官一員月支九十元書記官十六員月支
九十元者二員月支八十元者四員月支七十元者三員月支六十元者四員月支五十八元
零四分者一員（因代理正缺繼升正缺書記官）月支四十一元二角八分者一員（因請病假扣
支半俸）月支六十三元二角一分者一員（請省親假扣支半俸）候補書記官四員月支五十
元者一員月支四十五元者二員月支四十三元零二分者一員學習書記官一員月支三十五元
法醫一員月支七十元錄事三十三員月支二十八元者一員月支二十六元者十二員月支二十四元
者八員月支二十二元者五員月支二十元者三員月支十八元者二員月支二十七元七角四分者
一員（因代理書記官）月支八元三角七分者一員（因本月二十二日到院）執達員六員月支二十二

图2-2-2-6

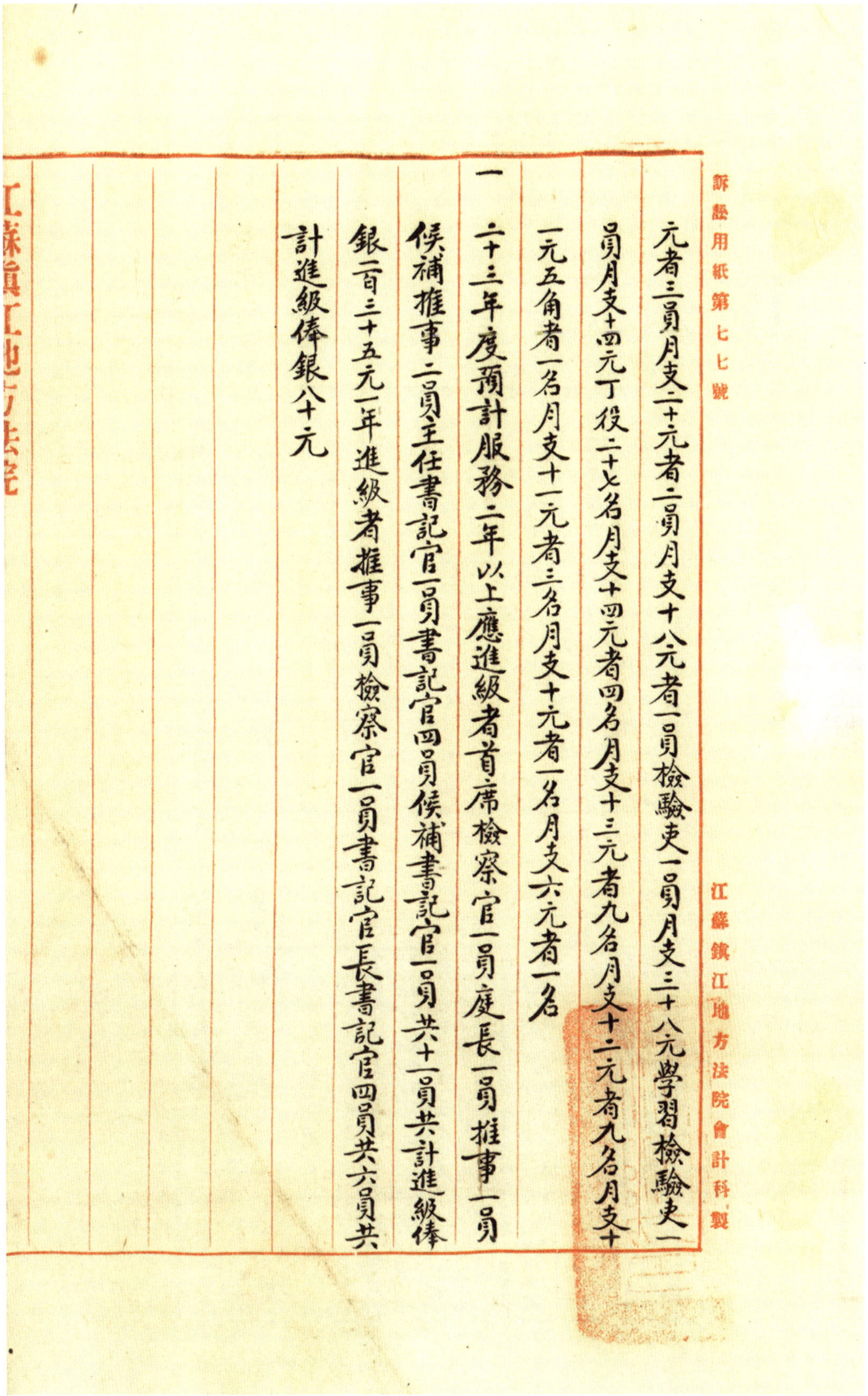
訴訟用紙第七七號

元者三員月支二十元者二員月支十八元者一員檢驗吏一員月支三十八元學習檢驗吏一
員月支十四元丁役二十七名月支十四元者四名月支十三元者九名月支十二元者九名月支十
一元五角者一名月支十一元者三名月支十元者一名月支六元者一名
一 二十三年度預計服務二年以上應進級者首席檢察官一員庭長一員推事一員
候補推事二員主任書記官一員書記官四員候補書記官一員共十一員共計進級俸
銀二百三十五元一年進級者推事一員檢察官一員書記官長書記官四員共六員共
計進級俸銀八十元

江蘇鎮江地方法院會計科製

江蘇鎮江地方法院

图2-2-2-7

3. 江苏镇江地方法院民国二十三年度职员进级超俸动支留院法收一览表（1934年）（档案号：A019-1934-001-0175-0010）

“法收”即司法收入，主要指法院向当事人收取的各类费用，本书第三章将予以详细展示。

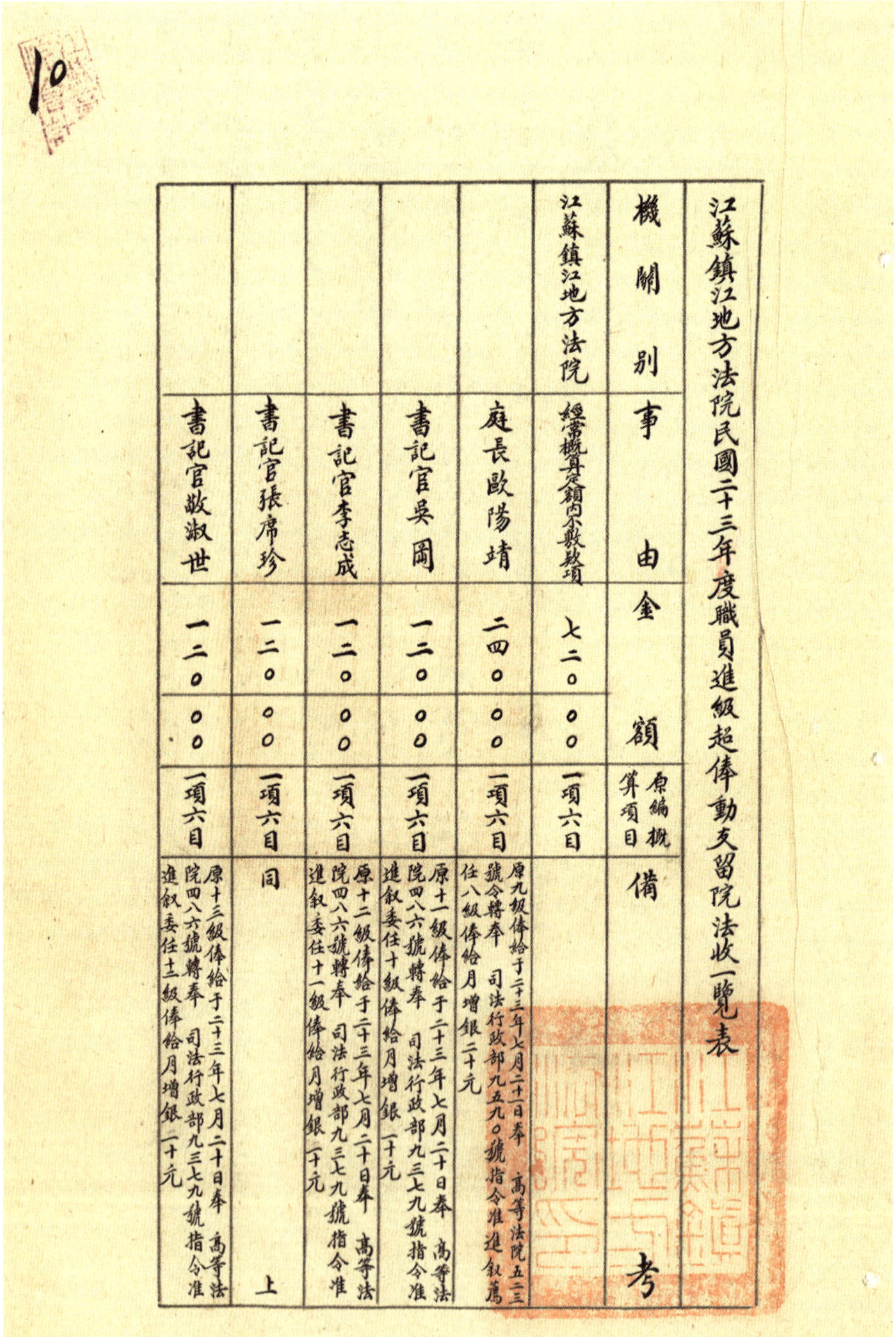

10

江蘇鎮江地方法院民國二十三年度職員進級超俸動支留院法收一覽表

機關別	事由	金額	原編概算項目	備考
江蘇鎮江地方法院	經常概算定額內不敷款項	七二〇.〇〇	一項六目	
	庭長歐陽靖	二四〇.〇〇	一項六目	原九級俸給于二十三年七月二十一日奉 高等法院五二三號令轉奉 司法行政部九五九〇號指令准進敘薦任八級俸給月增銀二十元
	書記官吳閣	一二〇.〇〇	一項六目	原十一級俸給于二十三年七月二十日奉 高等法院四八六號轉奉 司法行政部九三七九號指令准進敘委任十級俸給月增銀一十元
	書記官李志成	一二〇.〇〇	一項六目	原十二級俸給于二十三年七月二十日奉 高等法院四八六號轉奉 司法行政部九三七九號指令准進敘委任十一級俸給月增銀一十元
	書記官張席珍	一二〇.〇〇	一項六目	同上
	書記官敬淑世	一二〇.〇〇	一項六目	原十三級俸給于二十三年七月二十日奉 高等法院四八六號轉奉 司法行政部九三七九號指令准進敘委任十二級俸給月增銀一十元

图2-2-3-1

在该一览表的备考栏中，镇江地方法院对职员的薪津变动情况进行了说明：首席检察官俸给月增银20元，庭长俸给月增银20元，书记官俸给月增银10元，候补书记官俸给月增银5元。

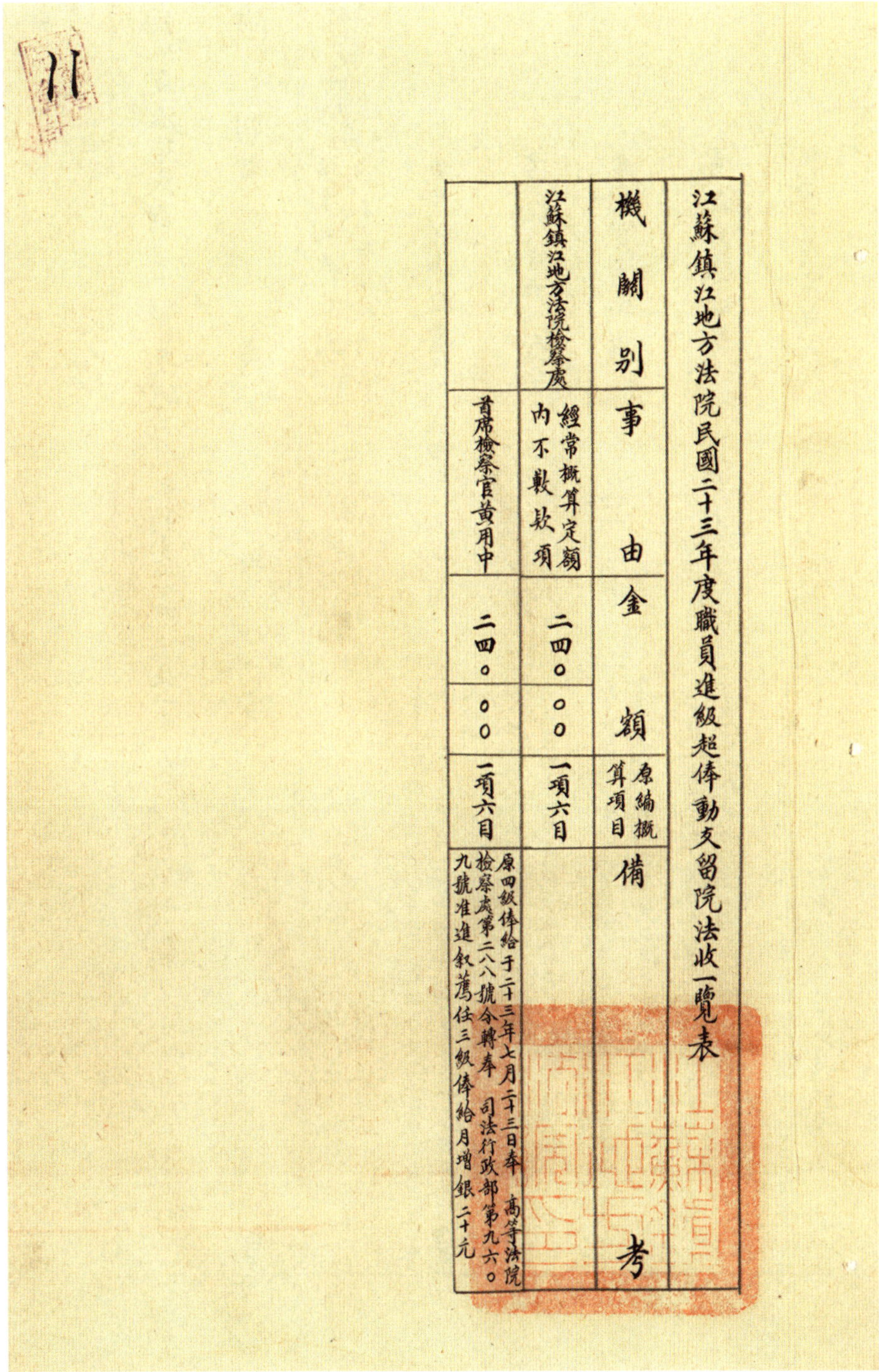

江蘇鎮江地方法院民國二十三年度職員進級超俸動支留院法收一覽表

機關別	事由	金額	原編概算項目	備考
江蘇鎮江地方法院檢察處	經常概算定額内不敷款項	二四〇.〇〇	一項六目	
	首席檢察官黃用中	二四〇.〇〇	一項六目	原四級俸給于二十三年七月二十三日奉 高等法院檢察處第二八八號令轉奉 司法行政部第九六〇九號准進叙薦任三級俸給月增銀二十元

图2-2-3-2

14

江蘇鎮江地方法院民國二十三年度職員進級動支留院法收一覽表

機關別	事由	金額	原編概算項目	備考
江蘇鎮江地方法院檢察處	經常概算定額內不敷款項	六六〇 〇 〇	一項六目	
	檢察官李惟善	二四〇 〇 〇	同上	原十三級俸給於二十三年八月一日奉 江蘇高等法院檢察官第四五一號令轉奉 司法行政部第一零零零七號指令准進敘薦任十二級俸給月增銀貳拾元
	書記官許登	一二〇 〇 〇	同上	原十級俸給於二十三年八月一日奉 江蘇高等法院檢察官第四五六號令轉奉 司法行政部第一零零零八號指令准進敘委任九級俸給月增銀拾元
	書記官徐尚清	一二〇 〇 〇	同上	原十一級俸給於二十三年八月一日奉 江蘇高等法院檢察官第四四七號令轉奉 司法行政部第二四二三號令准進敘委任十級俸給月增銀拾元
	書記官陳瑞芬	一二〇 〇 〇	同上	原十三級俸給於二十三年八月一日奉 江蘇高等法院檢察官第四五六號令轉奉 司法行政部第一零零零八號指令應敘委任十二級俸給月增銀拾元
	候補書記官盛開豫	六〇 〇 〇	同上	原二級津貼於二十三年八月一日奉 江蘇高等法院檢察官第四四七號令轉奉 司法行政部第二四二三號令准進給候補一級津貼月增銀五元

图2-2-3-3

4. 江苏镇江地方法院关于候补推事孟庭珂津贴一事的报告（1934年）（档案号：A019-1934-001-0172-0001）

1934年7月，镇江地方法院就向该院候补推事孟庭珂发放津贴一事，向江苏高等法院呈送收据一份。

下图系该地院向高院的呈文，以及俸给发放存根。从呈文中可知发放津贴的流程：镇江地方法院奉江苏高等法院的训令，垫给月支津贴，取具正式收据，于每月25日前呈送高院；列收转账抵解法收；年度终了，再行分别各该院法收盈亏，通盘划扣，并将该院现有分发人员姓名、职别及现支津贴开列清单，呈送高院备查。

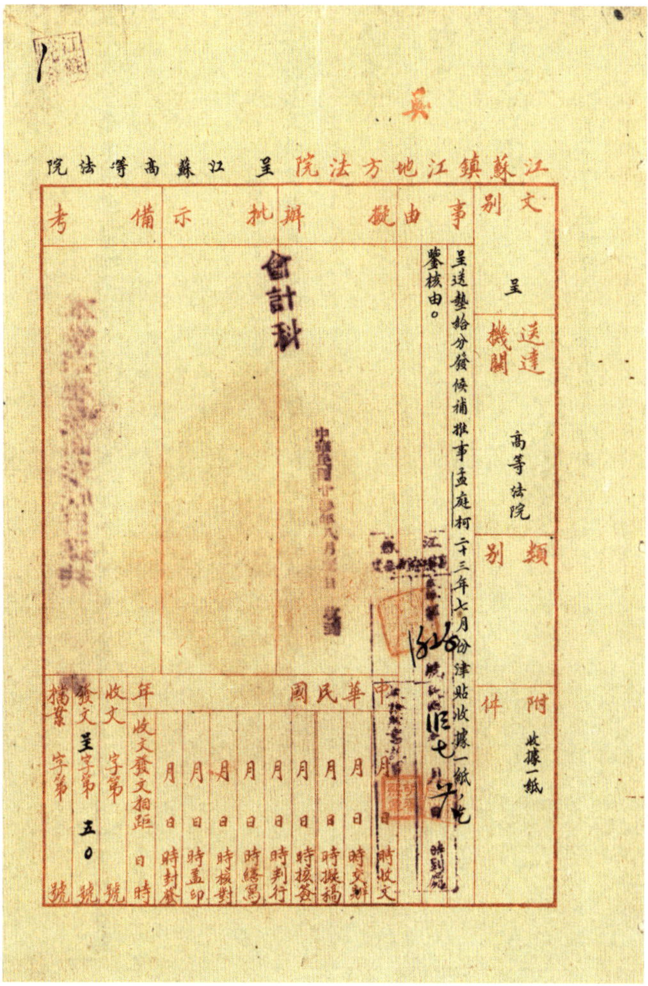

图2-2-4-1

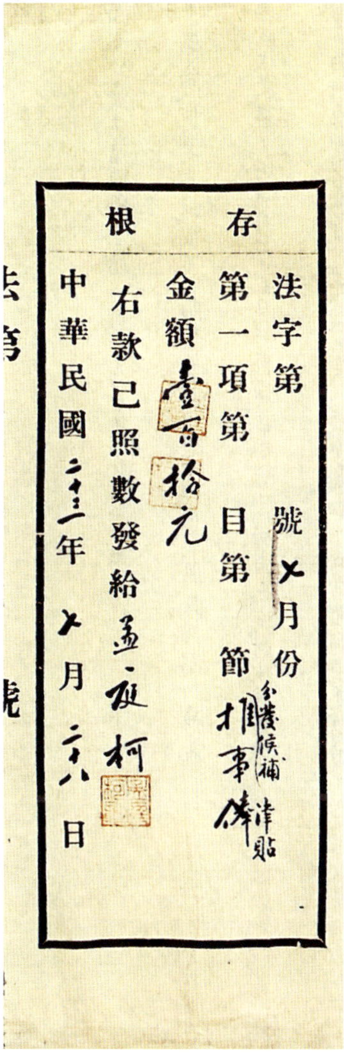

图2-2-4-2

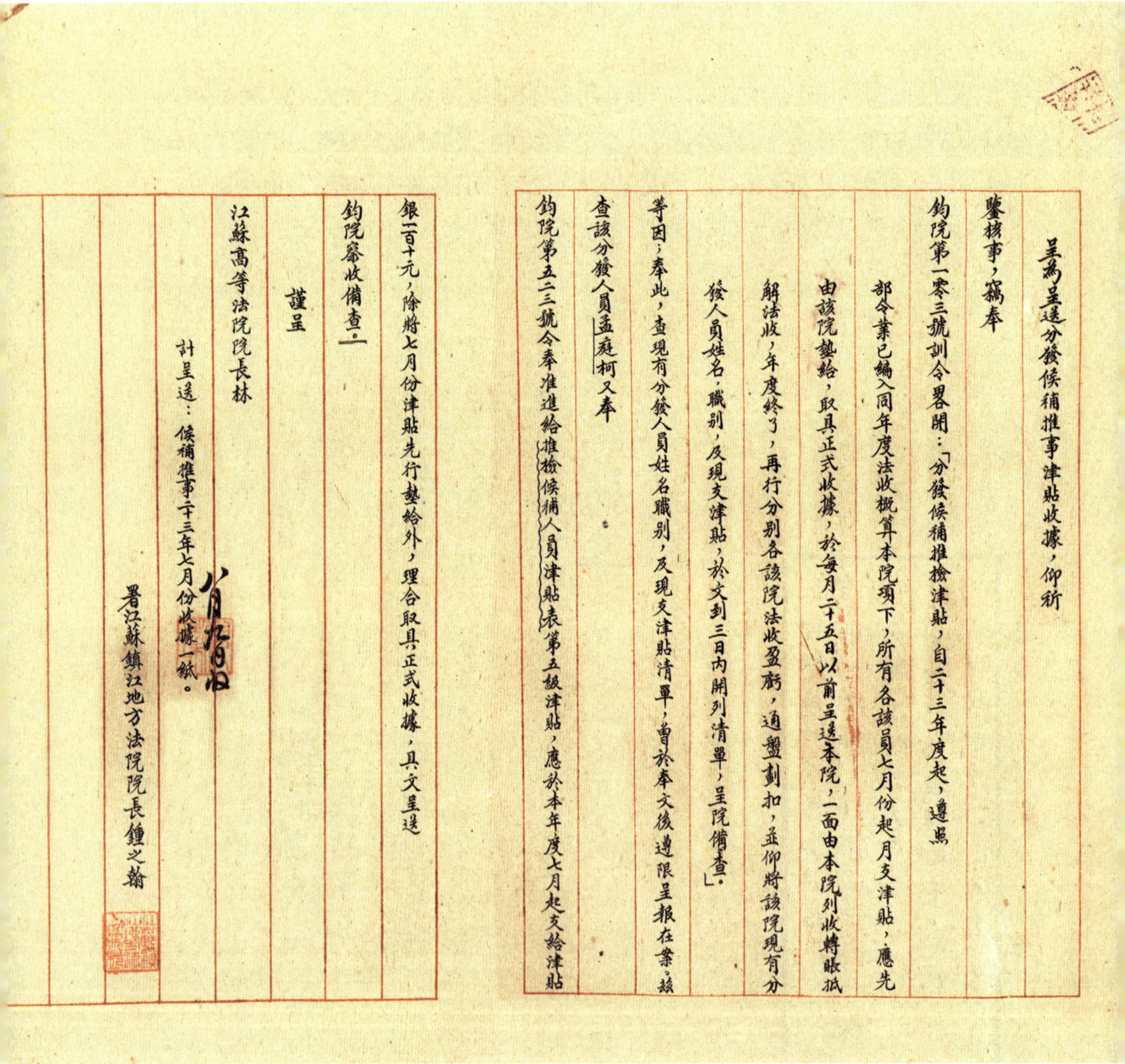

呈為呈送分發候補推事津貼收據，仰祈

鑒核事，竊奉

鈞院第一零三號訓令略開：「分發候補推檢津貼，自二十三年度起，遵照

部令業已編入同年度法收概算本院項下，所有各該員七月份起月支津貼，應先由該院墊給，取具正式收據，於每月二十五日以前呈送本院，一面由本院列收轉賬抵解法收，年度終了，再行分別各該院法收盈虧，通盤劃扣，並仰將該院現有分發人員姓名、職別，及現支津貼，於文到三日內開列清單，呈院備查。」等因，奉此，查現有分發人員姓名職別，及現支津貼清單，曾於奉文後遵限呈報在案，茲查該分發人員孟庭柯又奉

鈞院第五二三號令奉准進給推檢候補人員津貼表第五級津貼，應於本年度七月起支給津貼銀一百十元，除將七月份津貼先行墊給外，理合取具正式收據，具文呈送

鈞院察收備查。

謹呈

江蘇高等法院院長林

計呈送：候補推事二十三年七月份收據一紙。

署江蘇鎮江地方法院院長鍾之翰

图2-2-4-3

5. 江苏镇江地方法院二十四年度司法补助费概算表（1935年）（档案号：A020-1935-001-0110-0001）

南京国民政府时期，国库及省库无法有效负担各级法院经费，故司法行政部出台规定，允许各级法院留用司法收入以补司法经费之不足，但须编制司法补助费概算表。该表反映了镇江地方法院留用司法收入补助司法人员薪津等支出情况。

该概算表显示，镇江地方法院1935年度的各项支出款项，包括经常预算定额内不敷款项、增设员丁俸津薪工、分发候补学习津贴人员、进级超俸款项、增加办公杂费、弥补俸薪津工款项以及建设费7项。该表还标注了1935年度预计服务满二年以上各类职员的进级俸给，共计185元。

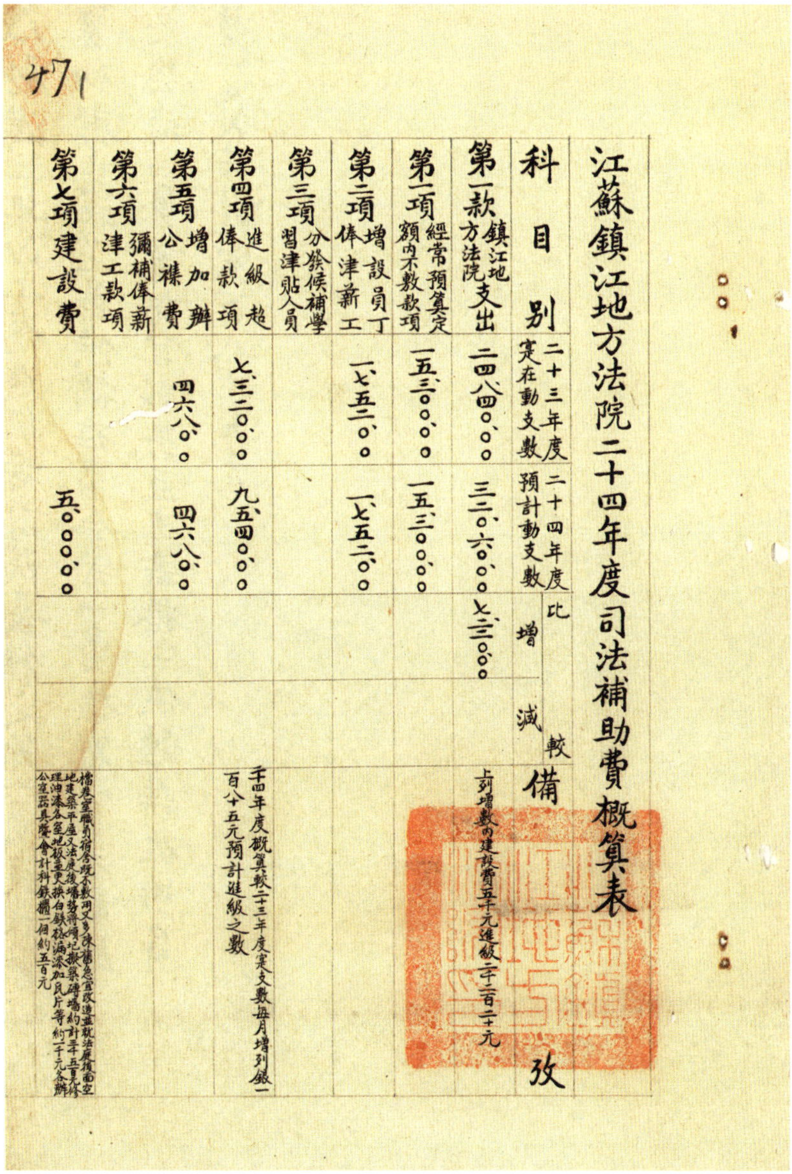

471

江蘇鎮江地方法院二十四年度司法補助費概算表

科目別	二十三年度實在動支數	二十四年度預計動支數	比較 增	比較 減	備攷
第一款 鎮江地方法院支出	二四八〇〇、〇〇	三二〇六〇、〇〇	七、三二〇〇〇		上列增數內建設費五千元進級二千二百二十元
第一項 經常預算定額內不敷款項	一五三〇〇、〇〇	一五三〇〇、〇〇			
第二項 增設員丁俸津薪工	一七五二、〇〇	一七五二、〇〇			
第三項 分發候補學習津貼人員					
第四項 進級超俸款項	七三二〇、〇〇	九五四〇、〇〇			二十四年度概算較二十三年度實支數每月增列銀一百八十五元預計進級之數
第五項 增加辦公雜費	四六八〇、〇〇	四六八〇、〇〇			
第六項 彌補俸薪津工款項					
第七項 建設費		五〇〇〇、〇〇			檔案室職員宿舍既不敷用又多陳舊急宜改造並就法院後面空地建築平屋又法庭後墻勢將傾圮擬築磚墻約計三千五百元修理油漆各室地板並更換白鐵格漏添加瓦片等約一千元各辦公室器具暨會計科鐵櫃一個約五百元

图2-2-5-1

2

一、二十四年度預計服務滿二年以上應進級者計院長鍾之翰一員庭長歐陽亮一員推事周寶初顧宏標二員候補推事金式一員檢察官朱載賡李述之二員書記官長樊琦一員書記官鄭歎亞王壽椿王俠鍾詩佐四員候補書記官楊禮堃一員共計壹百八十五元

图2-2-5-2

6. 江苏高等法院第五分院暨镇江地方法院经费表册（1935年）（档案号：A019-1935-001-0205-0039）

本组两份档案表册系江苏高等法院第五分院暨镇江地方法院1935年11月至12月收支情况统计，反映了司法人员薪津待遇等方面的信息。

表册显示，江苏高等法院第五分院暨镇江地方法院的收入主要由“省库实收”“拨归地方收入”“司法补助费”等项构成，支出则主要分为“俸给”“办公杂费”和“特别费”等项。

图2.2.6.1　江苏高等法院第五分院暨镇江地方法院经费收入构成图（1935年11月）

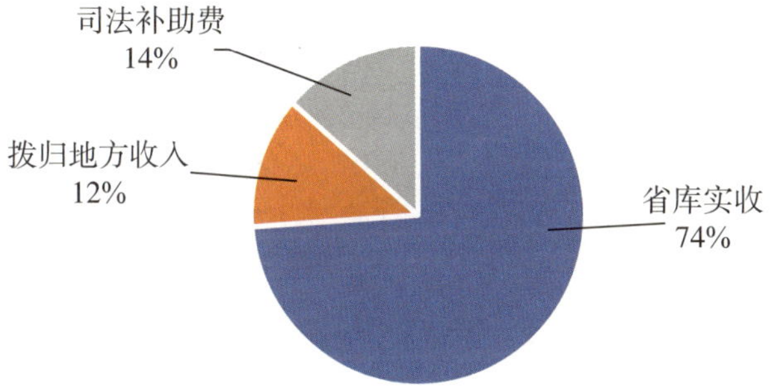

图2.2.6.2　江苏高等法院第五分院暨镇江地方法院经费支出构成图（1935年11月）

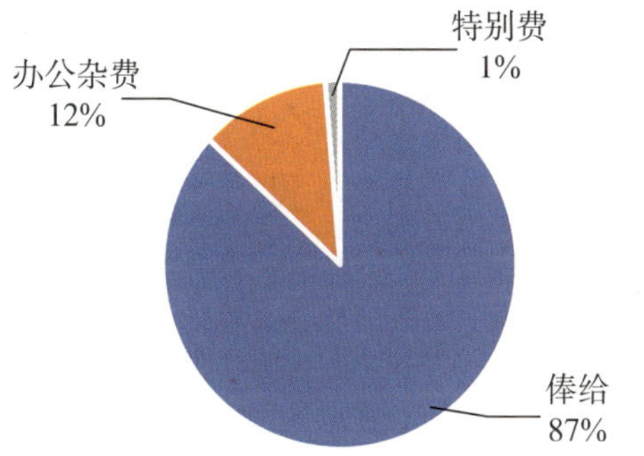

图2.2.6.3　江苏高等法院第五分院暨镇江地方法院经费收入构成图（1935年12月）

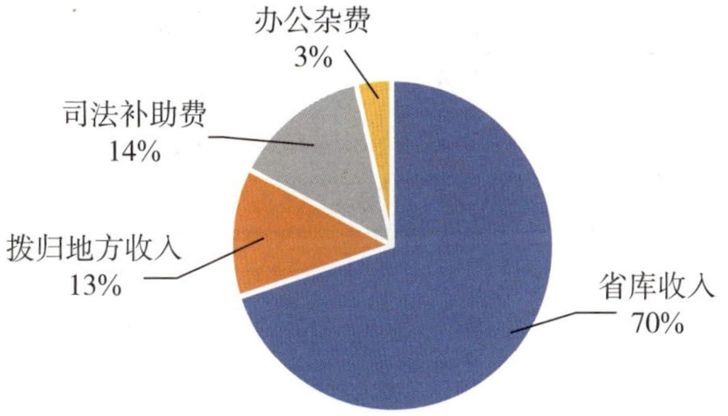

图2.2.6.4　江苏高等法院第五分院暨镇江地方法院经费支出构成图（1935年12月）

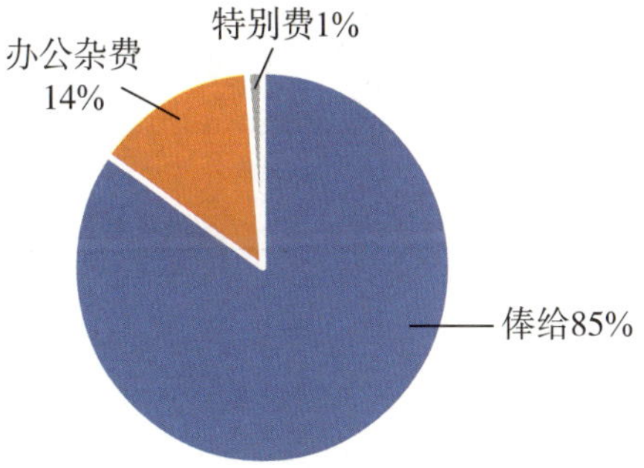

江蘇高等法院第五分院暨鎮江地方法院 二十四年十一月份

款別	舊管	新收	開除	實在	附註
省庫實收		七五七二、〇〇			省庫撥給七月份四千零七十二元八月份三千五百元本月份七千零七十二元尚未領到
撥歸地方收入		一二七五、〇〇			
司法補助費		一三九五、〇〇			上列補助費係呈奉司法行政部二十四年十月二十六日第二〇六八二號又二十五年一月十五日第一〇八七號指令核准註冊
俸給			八三八二、三三		
辦公雜費			一一三六、三九		
特別費			一三〇、一〇		
合計	(墊)二三六五六、二九	一〇二四二、〇〇	九六四八、八二	(墊)二三〇六三、一一	截至本月止應領經費二萬四千七百八十八元如准財政廳撥到除上列墊款數外應餘一千七百二十四元八角九分

說明：表内司法補助費數進級超俸款項玖百二十元增設員丁俸津肆百叁拾陸元增加特別費叁拾玖元共計壹千叁百玖拾伍元

江蘇高等法院第五分院會計科製

江蘇高等法院第五分院 普通訴訟用紙（筆錄）

图2-2-6-1

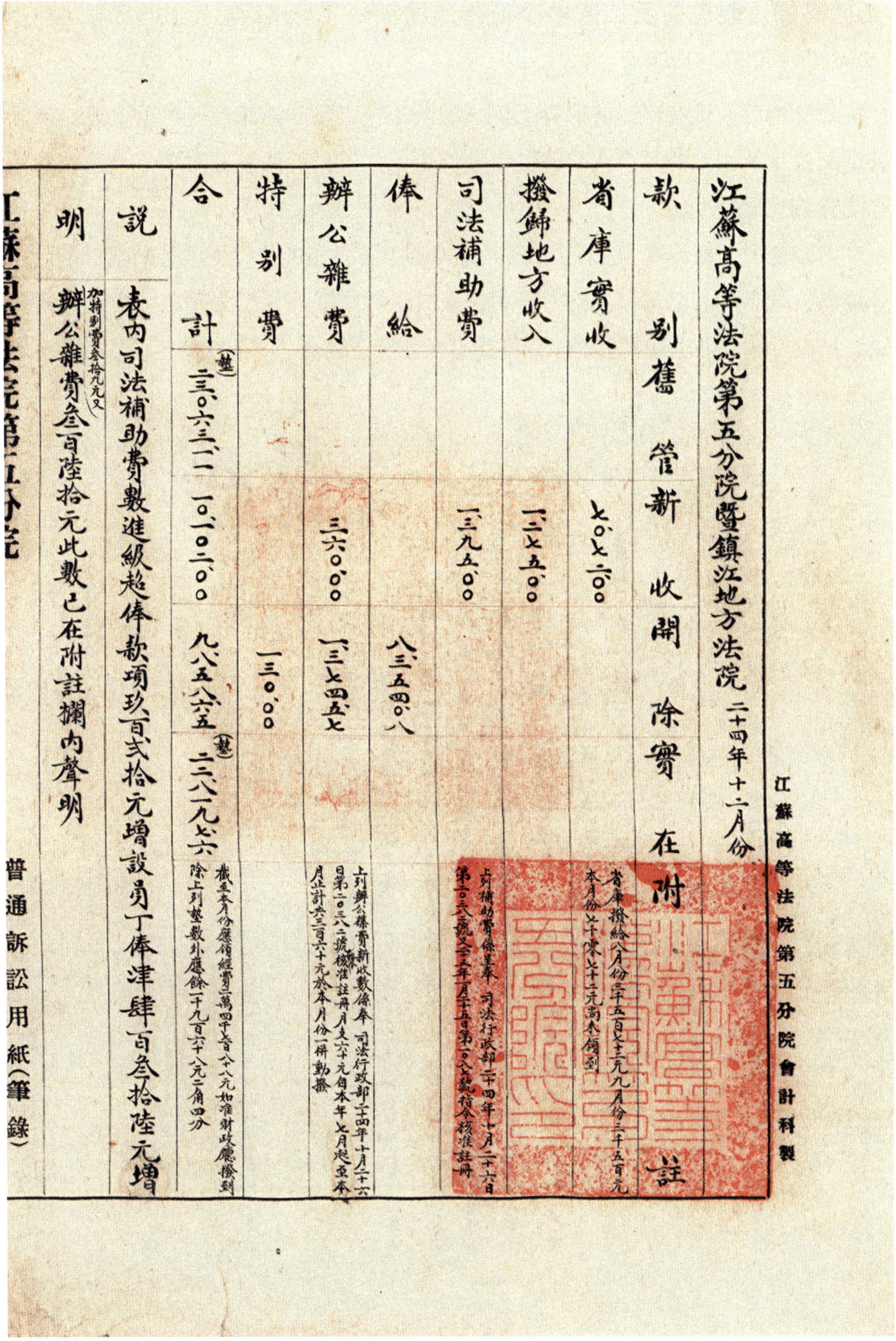

江蘇高等法院第五分院暨鎮江地方法院　二十四年十二月份

款别	舊管	新收	開除	實在	附註
省庫實收		七〇七二.〇〇			省庫撥給八月份三千五百七十二元九月份三千五百元本月份七千零七十二元尚未領到
撥歸地方收入		一三七五.〇〇			
司法補助費		一三九五.〇〇			上列補助費係呈奉司法行政部二十四年十月二十六日第二〇三八二號又二十五年一月十五日第一〇八七號指令核准註冊
俸給			八三五四.〇八		
辦公雜費		三六〇〇.〇〇	一三七四.五七		上列辦公雜費新收數係奉司法行政部二十四年十月二十六日第二〇三八二號核准註冊月支六十元自本年七月起至本月止計共三百六十元於本月份一併動撥
特别費			一三〇.〇〇		
合計	（墊）三〇六三.一一	一〇一〇二.〇〇	九八五八.六五	（墊）二八一九.七六	截至本月份應領經費三萬四千七百八十八元如准財政廳撥到除上列墊數外應餘一千九百六十八元二角四分

說明　表内司法補助費數進級超俸款項玖百貳拾元增設員丁俸津肆百叁拾陸元增加特别費叁拾元又辦公雜費叁百陸拾元此數已在附註欄内聲明

江蘇高等法院第五分院會計科製

江蘇高等法院第五分院

普通訴訟用紙（簿錄）

图2-2-6-2

7. 江苏高等法院有关员工请求改善待遇的训令（1946年）（档案号：A019-1946-001-0308-0096）

抗战胜利后，国统区经济形势恶化，法院工作人员的薪津待遇严重下滑，要求增加补助解决生活困难的呼声此起彼伏。该训令系江苏高等法院针对第三分院及镇江地方法院有关呈请的回复。

在该回复中，江苏高等法院提出：“查该省本年二三两月份生活补助费标准已先后奉令调整，较前均有增加。本部对于司法人员生活之困难，至为轸念，曾经拟具改善办法，呈奉行政院准予恢复补助俸并将支给标准酌予提高。”

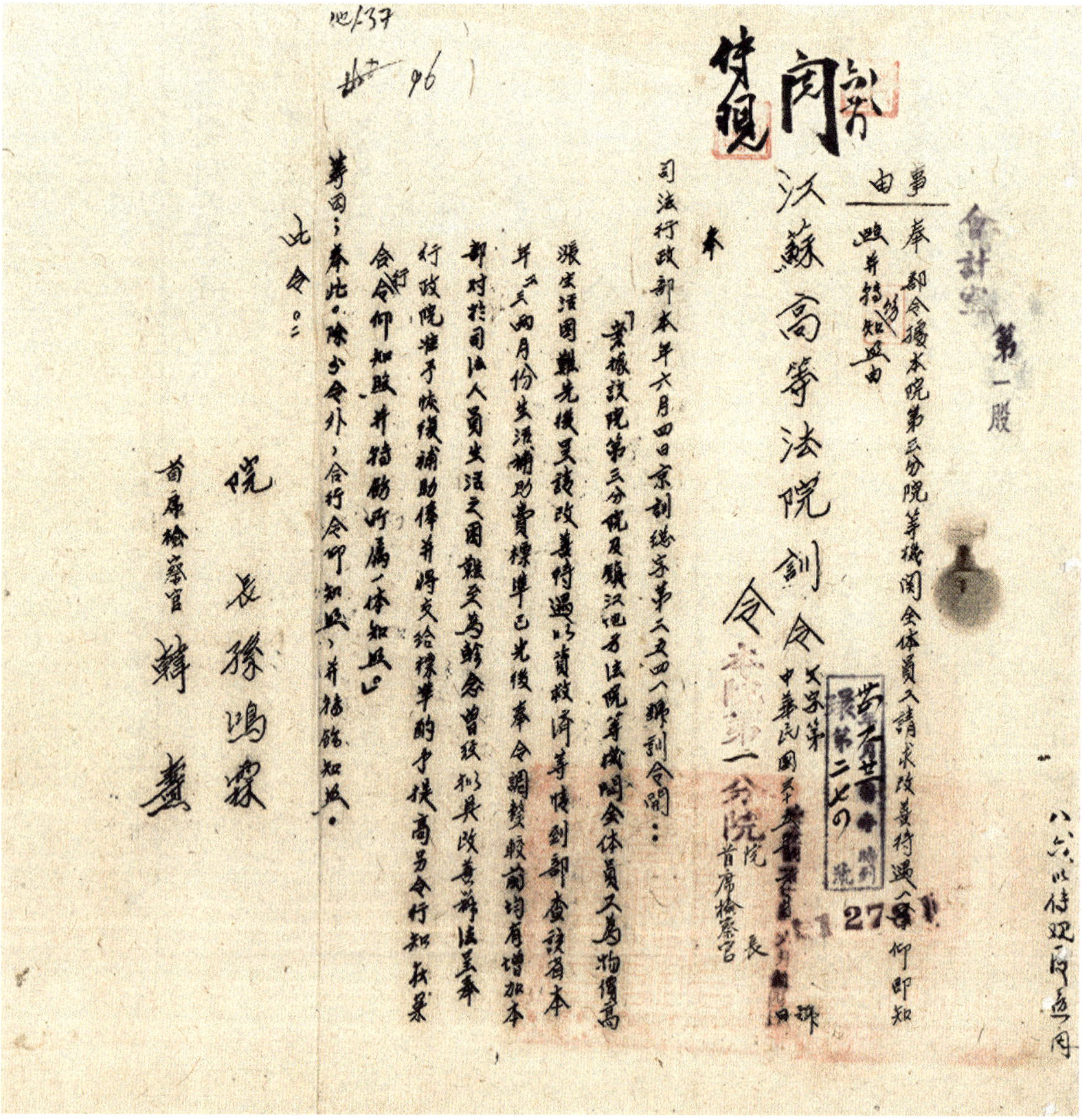

江蘇高等法院訓令

事由：奉部令據本院第三分院等機關全體員工請求改善待遇（一案）仰即知照並轉飭知照由

令第三分院院長、首席檢察官

中華民國三十五年　月　日

司法行政部本年六月四日京訓總字第八五四八號訓令開：

「案據該院第三分院及鎮江地方法院等機關全體員工以為物價高漲生活困難先後呈請改善待遇以資救濟等情到部，查該省本年二三兩月份生活補助費標準已先後奉令調整，較前均有增加，本部對於司法人員生活之困難至為軫念，曾經擬具改善辦法呈奉行政院准予恢復補助俸並將支給標準酌予提高，另令行知在案，合行令仰知照，並轉飭所屬一體知照。」

等因，奉此，除分令外，合行令仰知照，並轉飭知照。

此令。

院長　孫鴻霖

首席檢察官　韓燾

图2-2-7

8. 江苏高等法院第一分院派高仲书、阮公言、夏奎璧、金玉川为录事及月支薪水的指令（1946年）（档案号：A019-1947-001-0420-0001）

下列文件系江苏高等法院第一分院1946年6月聘用4名人员为录事并支付月俸的材料，包括法院的1份指令和4份手令。

“录事”是指民国时期在政府或其他机构中担任抄写工作的低级职员，此处为在法院从事抄写工作的职员。

从下列江苏高等法院第一分院的4份手令中，可知1946年该院的录事月支薪水为60元左右，其中高仲书、阮公言、夏奎璧三人月支薪水60元，金玉川月支薪水55元。

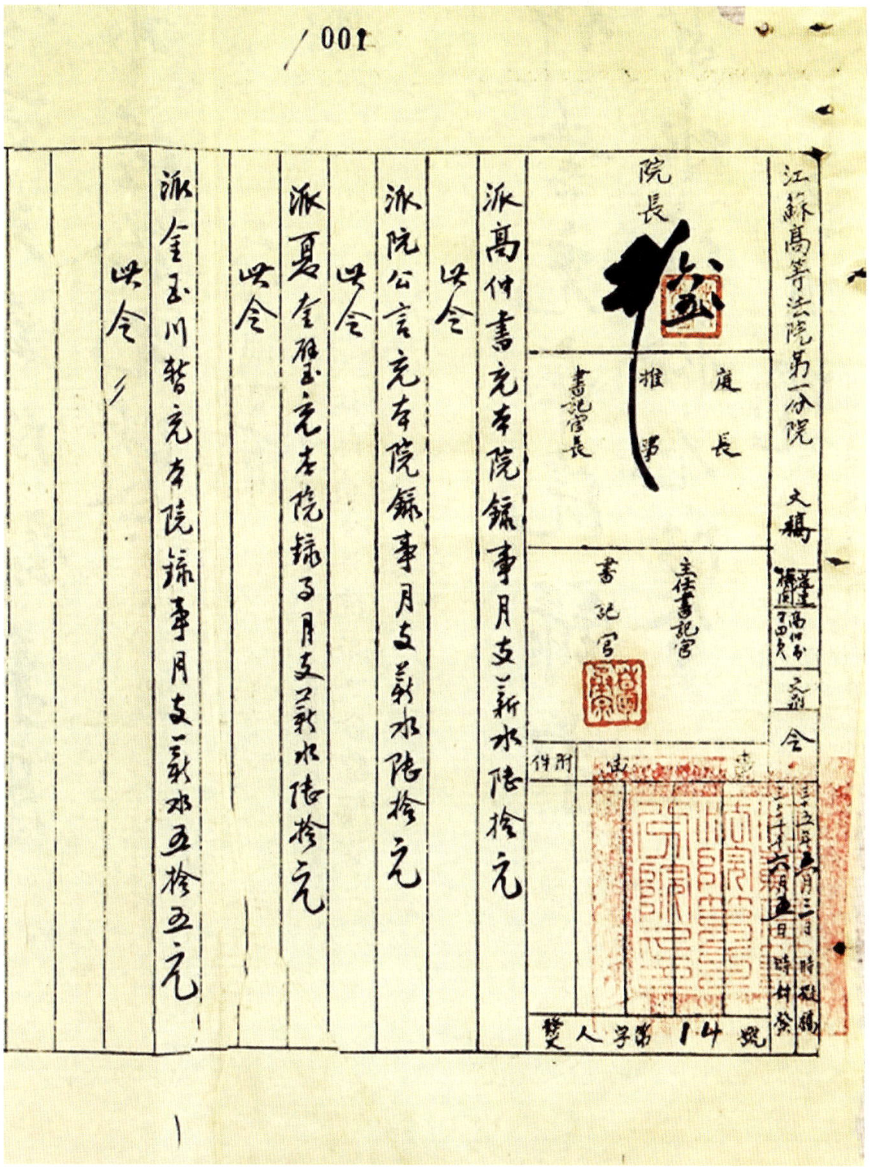
江蘇高等法院第一分院 文稿

院長

庭長 推事 書記官長

主任書記官 書記官

派高仲書充本院錄事月支薪水陸拾元

此令

派阮公言充本院錄事月支薪水陸拾元

此令

派夏奎璧充本院錄事月支薪水陸拾元

此令

派金玉川暫充本院錄事月支薪水五拾五元

此令

發文 人字第 14 號

图2-2-8-1

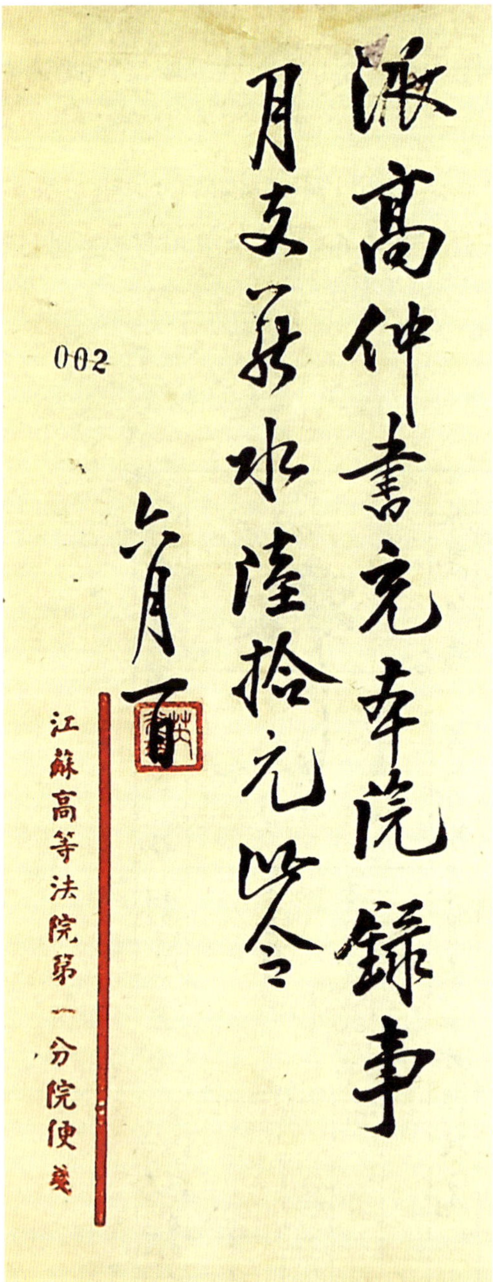
派高仲書充本院錄事
月支薪水陸拾元
此令
六月 日
002
江蘇高等法院第一分院便箋

图2-2-8-2

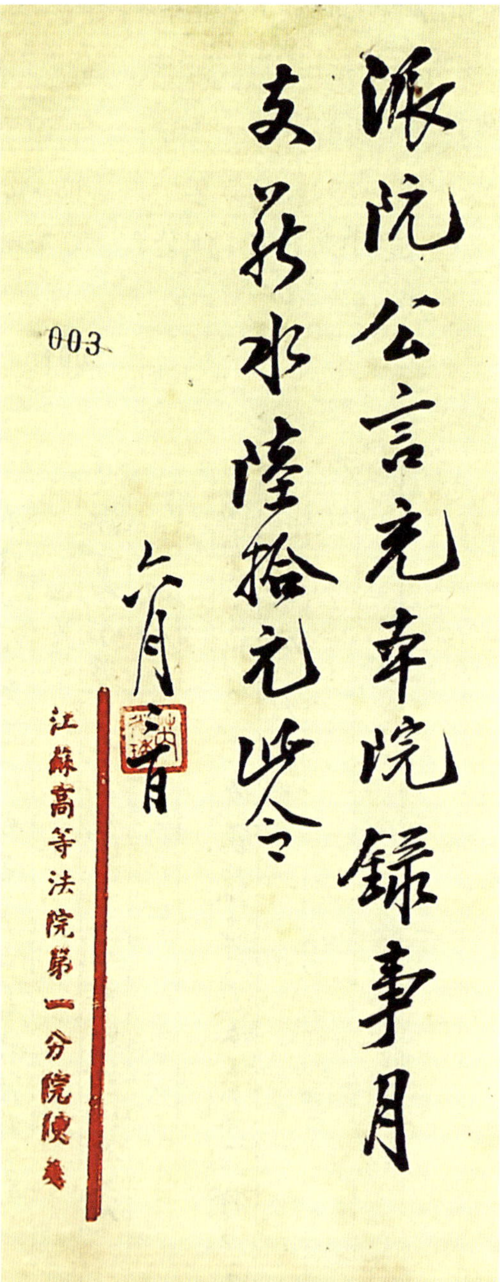
派院公言充本院錄事月
支薪水陸拾元
此令
六月 日
003
江蘇高等法院第一分院便箋

图2-2-8-3

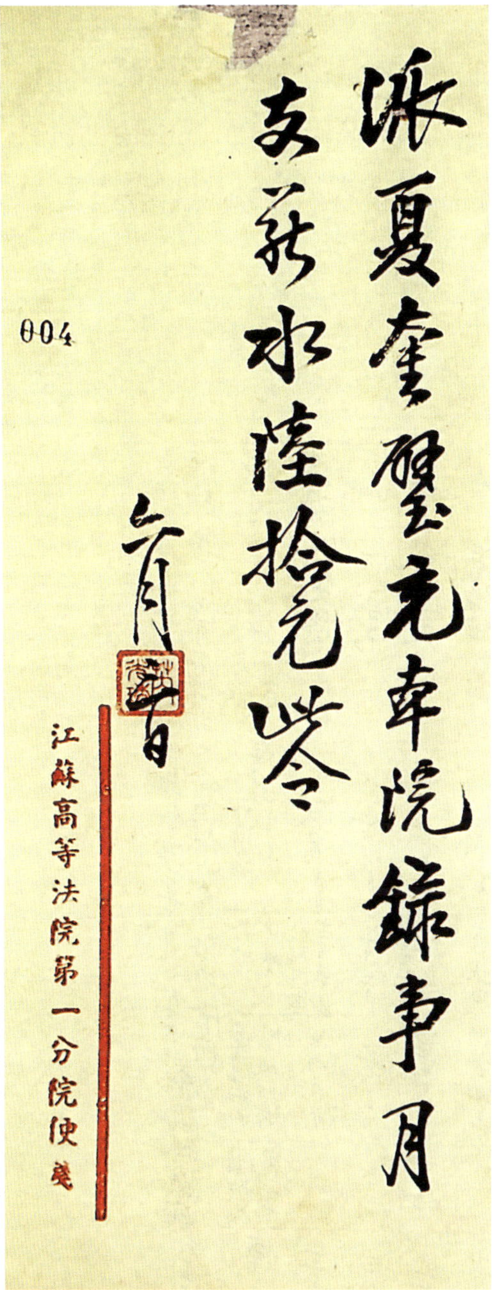

派夏奎璧充本院錄事月
支薪水陸拾元此令

六月　日

江蘇高等法院第一分院使箋

004

图2-2-8-4

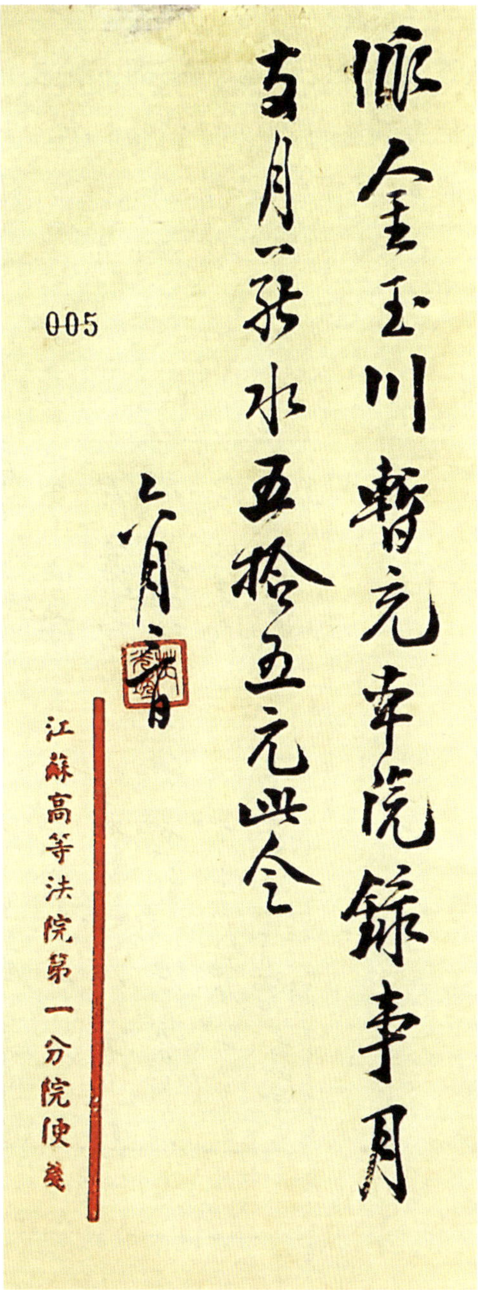

派金玉川暫充本院錄事月
支月薪水五拾五元此令

六月　日

江蘇高等法院第一分院使箋

005

图2-2-8-5

9. 江苏镇江地方法院司法人员补助俸报核清册（1948年）（档案号：A020-1937-001-0220-0001）

该清册详细记录了镇江地方法院司法补助俸发放的具体情况，包括发放人员、金额、日期等信息。

从该清册可以看出，该院职员应支领补助俸金额最高500元，最低20元，实际领取补助俸金额最高500元，最低4.4元。高收入人员（高于100元）主要为院长、首席、庭长、推事、检察官、书记官长、主任书记官；低收入人员（低于100元）主要为统计员、会计员、检验员、书记官、办事员、人事管理员。

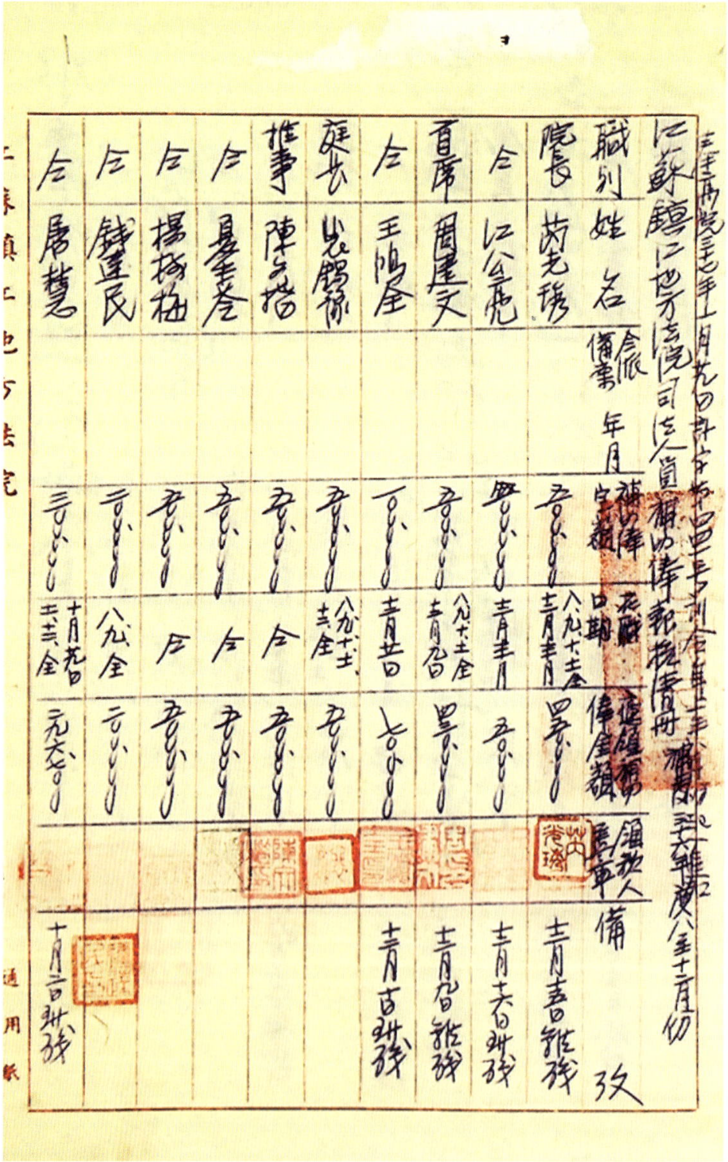

图2-2-9-1

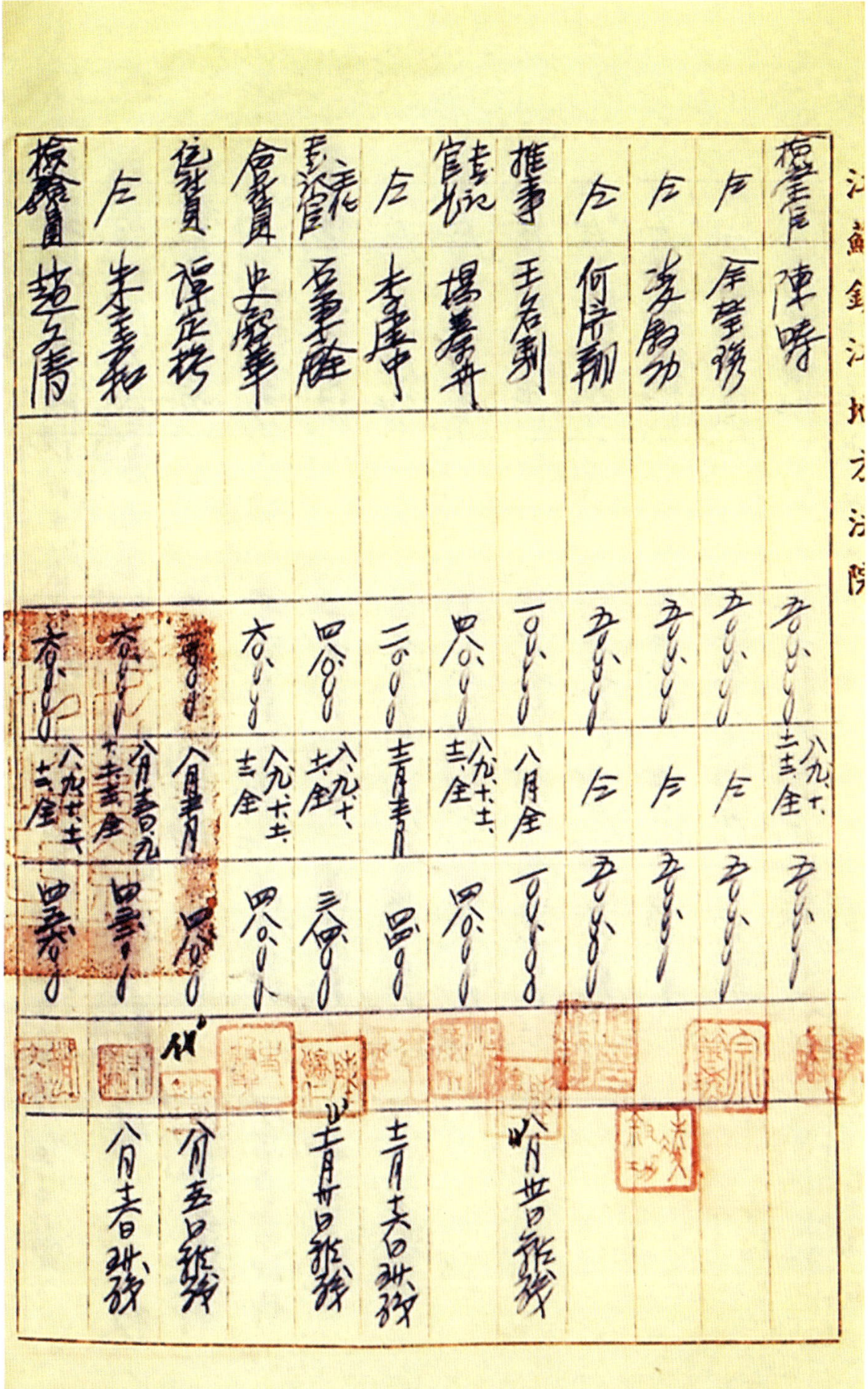

图2-2-9-2

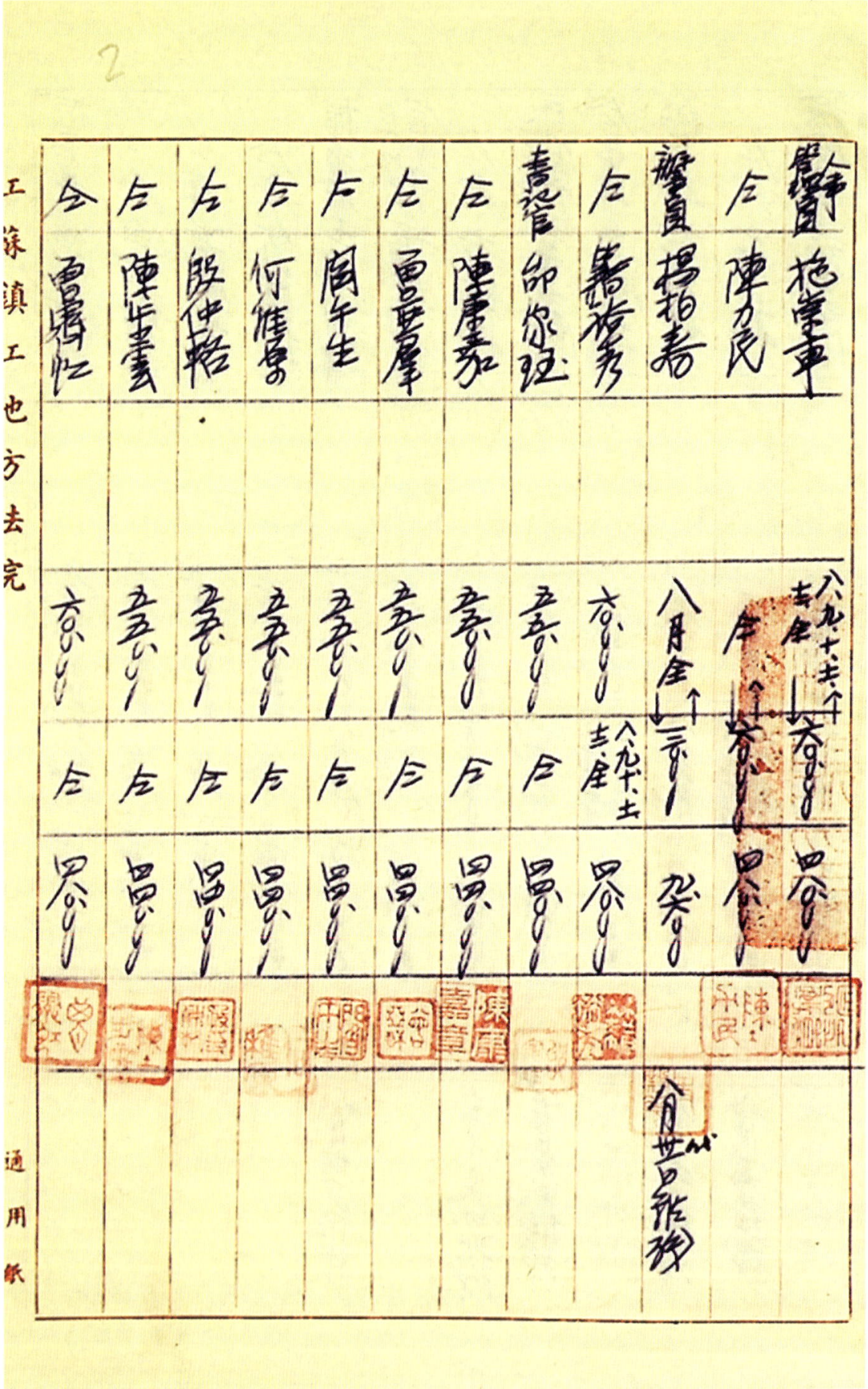

江蘇鎮江地方法院

通用紙

图2-2-9-3

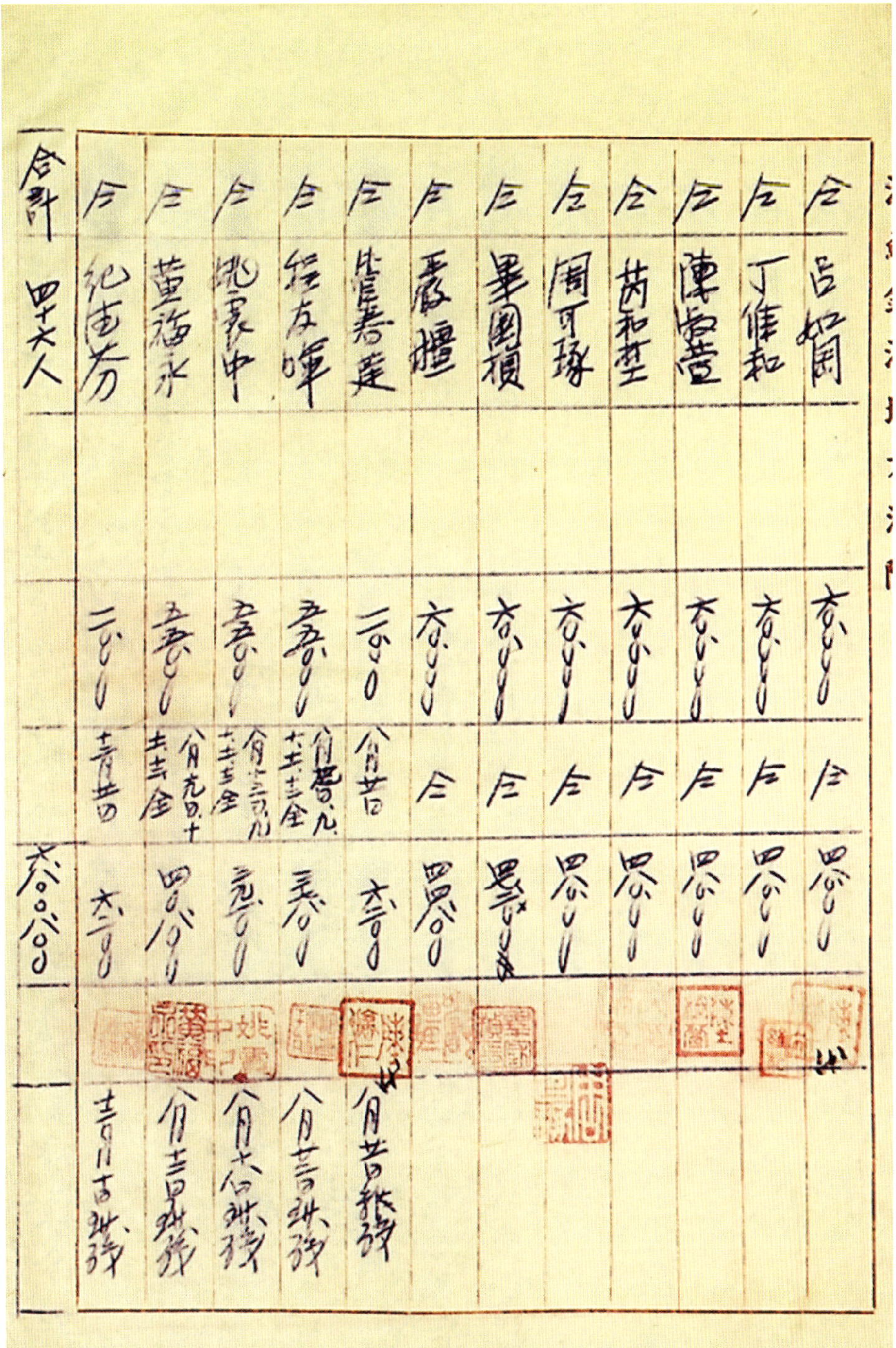

图2-2-9-4

10. 江苏高等法院转发新官等官俸表的训令（1948年）（档案号：A020-1948-001-0251-0028）

1948年，南京国民政府颁行《修正法官及其他司法人员官等官俸表》，江苏高等法院就转发该表一事向镇江地方法院发出训令。

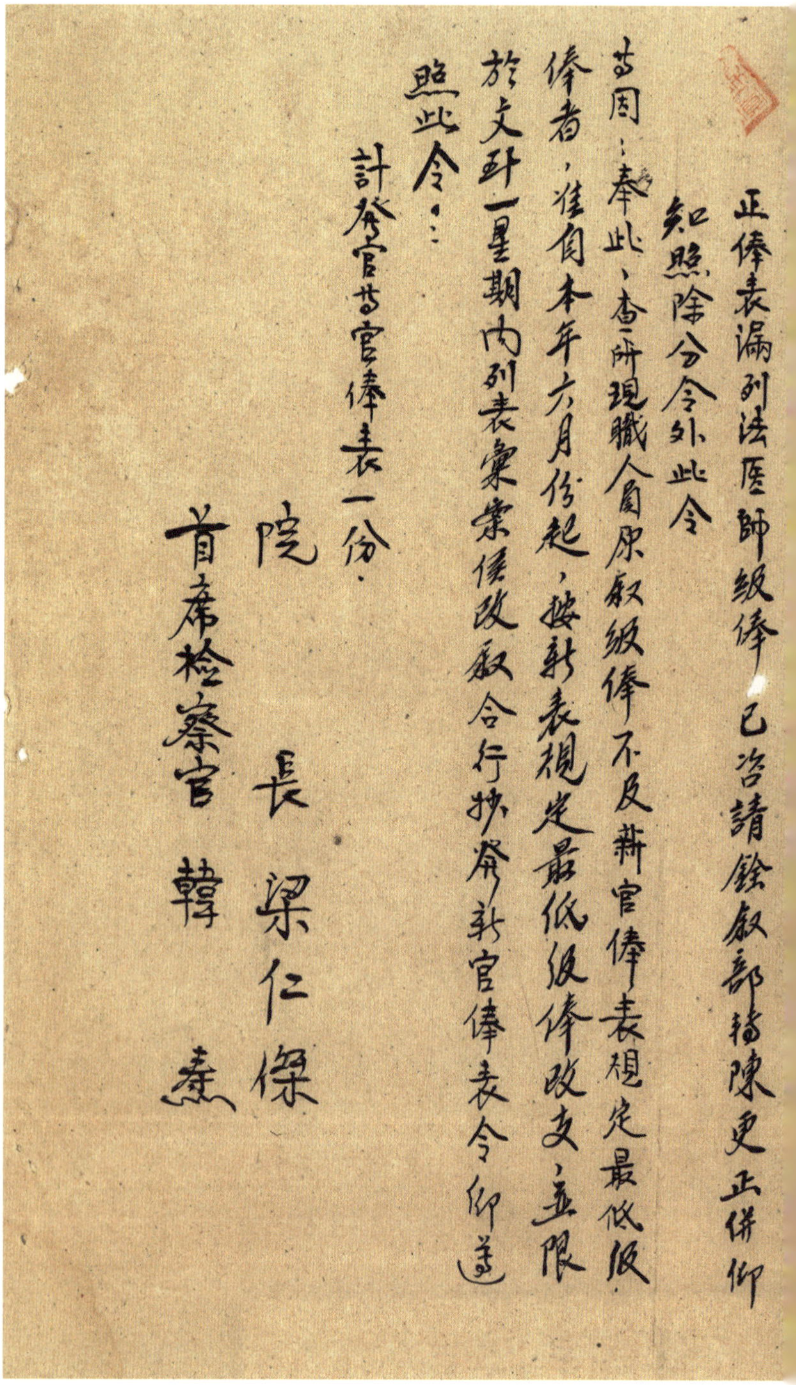
正俸表編列法医師級俸，已咨請銓叙部轉陳更正，併仰
知照。除分令外，此令。
等因，奉此，查所現職人員原叙級俸不及新官俸表規定最低級
俸者，准自本年六月份起，按新表規定最低級俸改支，並限
於文到一星期內列表彙案候改叙。合行抄發新官俸表，令仰遵
照。此令。
計發官等官俸表一份。
院長 梁仁傑
首席檢察官 韓燾

该表系根据1946年《法院组织法》制定，内容较为详尽。该表补充规定，最高法院检察署及高等法院以下各级法院人员之级俸由司法行政部拟定，最高法院人员之级俸由最高法院拟定，分别送由铨叙部核定之；首都及县辖市之地方法院庭长、推事、检察官级俸系比照高等法院庭长、推事、检察官之规定；惟未具有高等法院推事、检察官资格者，仍暂照普通地方法院推事、检察官核叙。

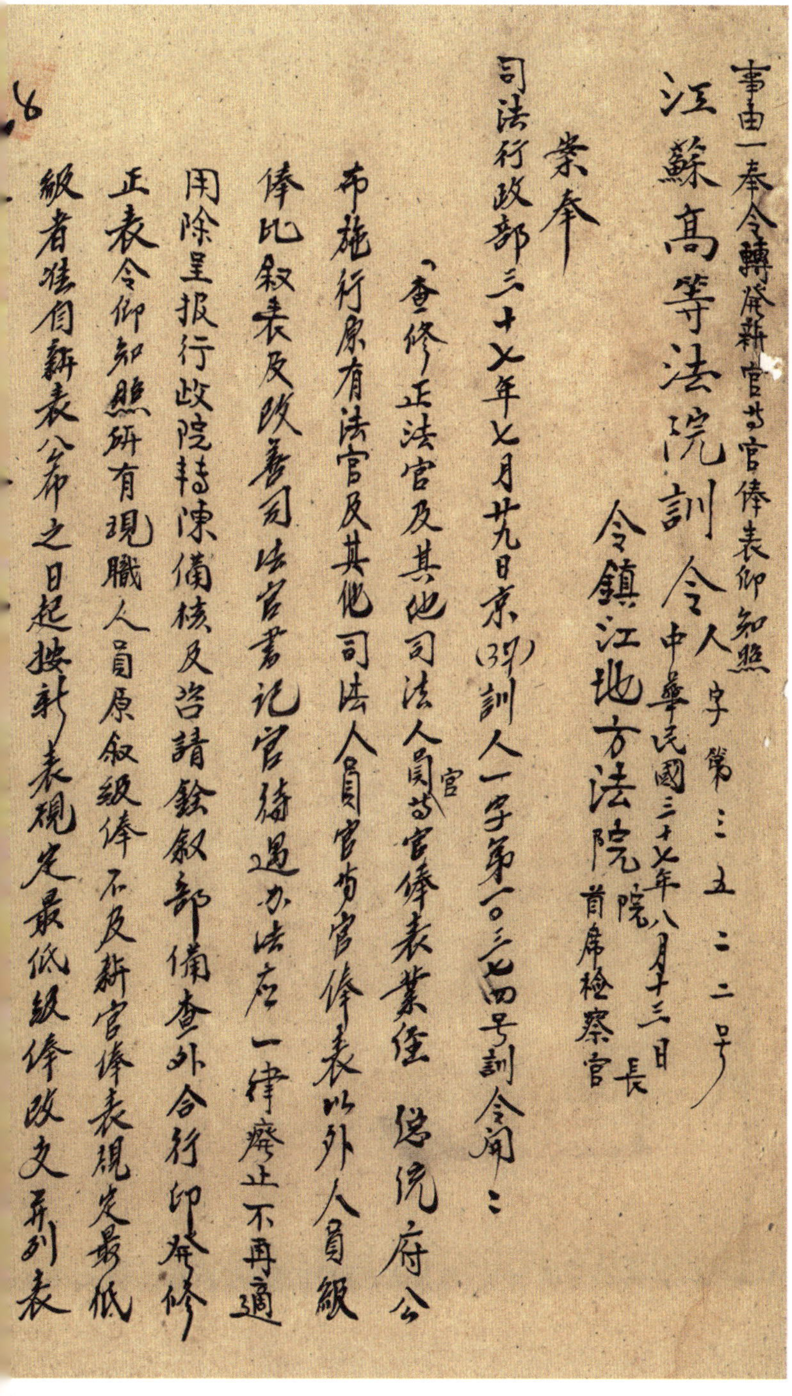

事由一奉令轉發新官等官俸表仰知照

江蘇高等法院訓令　人字第三五二二号

中華民國三十七年八月十三日

令鎮江地方法院院長、首席檢察官

案奉

司法行政部三十七年七月廿九日京(37)訓人一字第一〇三七四号訓令開：

「查修正法官及其他司法人員官等官俸表業經　總統府公布施行，原有法官及其他司法人員官等官俸表以外人員級俸比叙表及改善司法官書記官待遇办法应一律廢止不再適用，除呈报行政院转陳備核及咨請銓叙部備查外，合行抄發修正表，令仰知照。所有現職人員原叙級俸不及新官俸表規定最低級者，准自新表公布之日起按新表規定最低級俸改支，并列表

图2-2-10-1

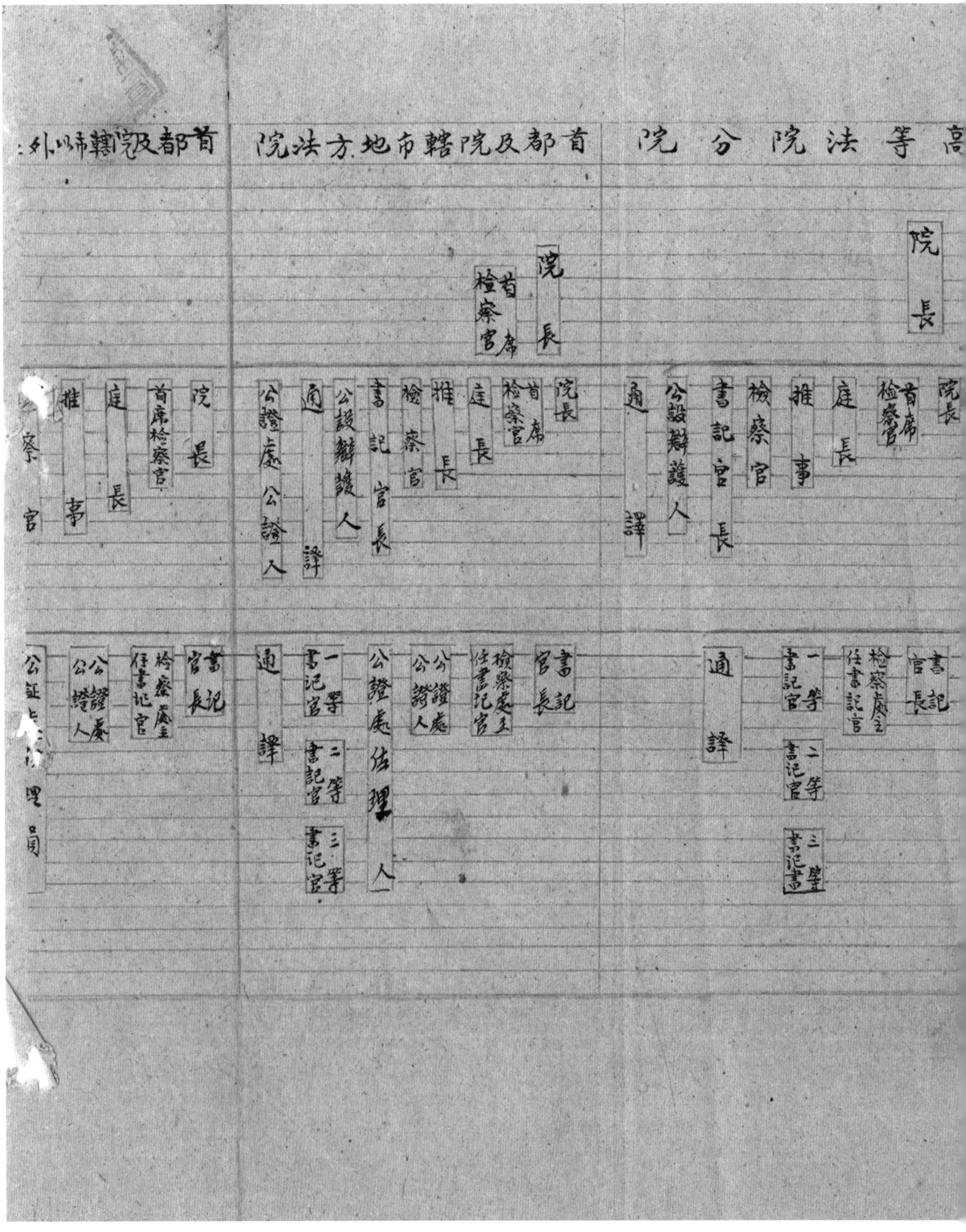
高等法院分院
院長
院長
首席檢察官
庭長
推事
檢察官
書記官長
公設辯護人
通譯
書記官長
檢察處主任書記官
一等書記官
二等書記官
三等書記官
通譯
首都及院轄市地方法院
院長
首席檢察官
院長
首席檢察官
庭長
推長
檢察官
書記官長
公設辯護人
通譯
公證處公證人
書記官長
檢察處主任書記官
公證處公證人
公證處佐理人
一等書記官
二等書記官
三等書記官
通譯
首都及院轄市以外
院長
首席檢察官
庭長
推事
檢察官
書記官長
檢察處主任書記官
公證處公證人
公証處佐理員

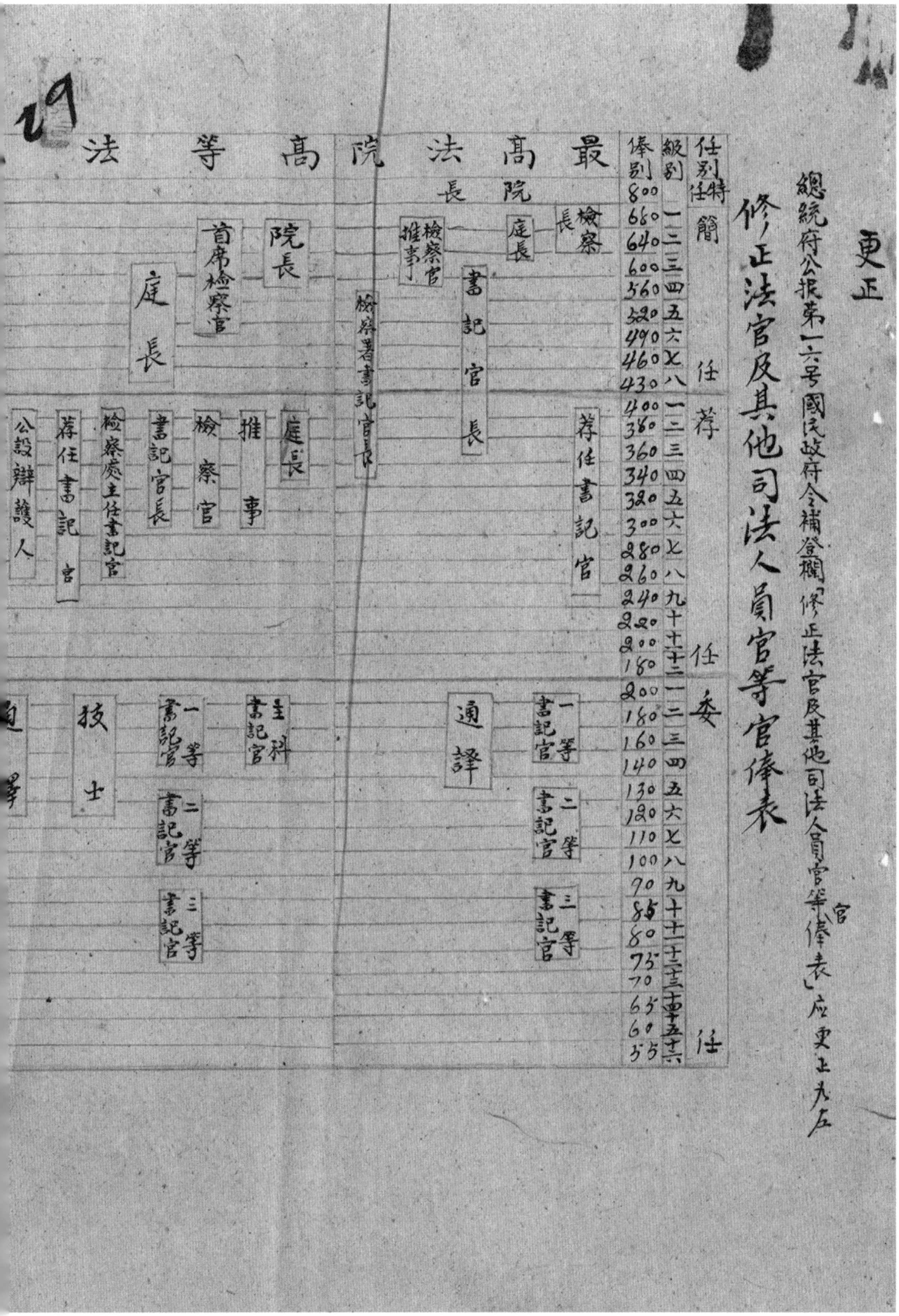

更正

總統府公報第一六号國民政府令補登欄「修正法官及其他司法人員官等官俸表」應更正如左

修正法官及其他司法人員官等官俸表

任別	級別	俸別	最高法院	高等法院
特任		800	院長	
簡任	一	680	檢察長	院長
	二	640	庭長	首席檢察官
	三	600	檢察官 推事	庭長
	四	560	書記官長	
	五	520	檢察署書記官長	
	六	490		
	七	460		
	八	430		
薦任	一	400	薦任書記官	庭長
	二	380		推事
	三	360		檢察官
	四	340		書記官長
	五	320		檢察處主任書記官
	六	300		薦任書記官
	七	280		公設辯護人
	八	260		
	九	240		
	十	220		
	十一	200		
	十二	180		
委任	一	200	一等書記官	主科書記官
	二	180	通譯	一等書記官
	三	160	二等書記官	技士
	四	140		二等書記官
	五	130	三等書記官	三等書記官
	六	120		通譯
	七	110		
	八	100		
	九	90		
	十	85		
	十一	80		
	十二	75		
	十三	70		
	十四	65		
	十五	60		
	十六	55		

图2-2-10-2

3

（二）本表所舉以外合於法定組織之人員應由司法行政部或最高法院比照本表同等人員詳擬應敘級俸報由銓敘部核定行之

（三）最高法院檢察署及高等法院以下各級法院人員之級俸由司法行政部擬定最高法院人員之級俸由最高法院擬定分別送由銓敘部核定之

（四）首都及縣轄市之地方法院庭長推事檢察官級俸儘比照高等法院庭長推事檢察官之規定惟未具有高等法院推事檢察官資格者仍暫照普通地方法院推事檢察官核敘

（五）高等法院既設薦書記官原任主任書記官經銓敘有案准支薦任待遇俸者於本表公布後仍得繼續支給以後任用人員應依本表規定敘俸不再給予薦任待遇俸

（六）縣司法處主任審判官及審判官依縣司法處組織條例規定有薦任待遇茲規定主任審判官由十八級至六級審判官由十二級至六級核給薦任待遇俸

（七）本表所規定委任職人員應依敘級條例第四條各款規定按資起敘級俸

（八）本表俸額以元為單位

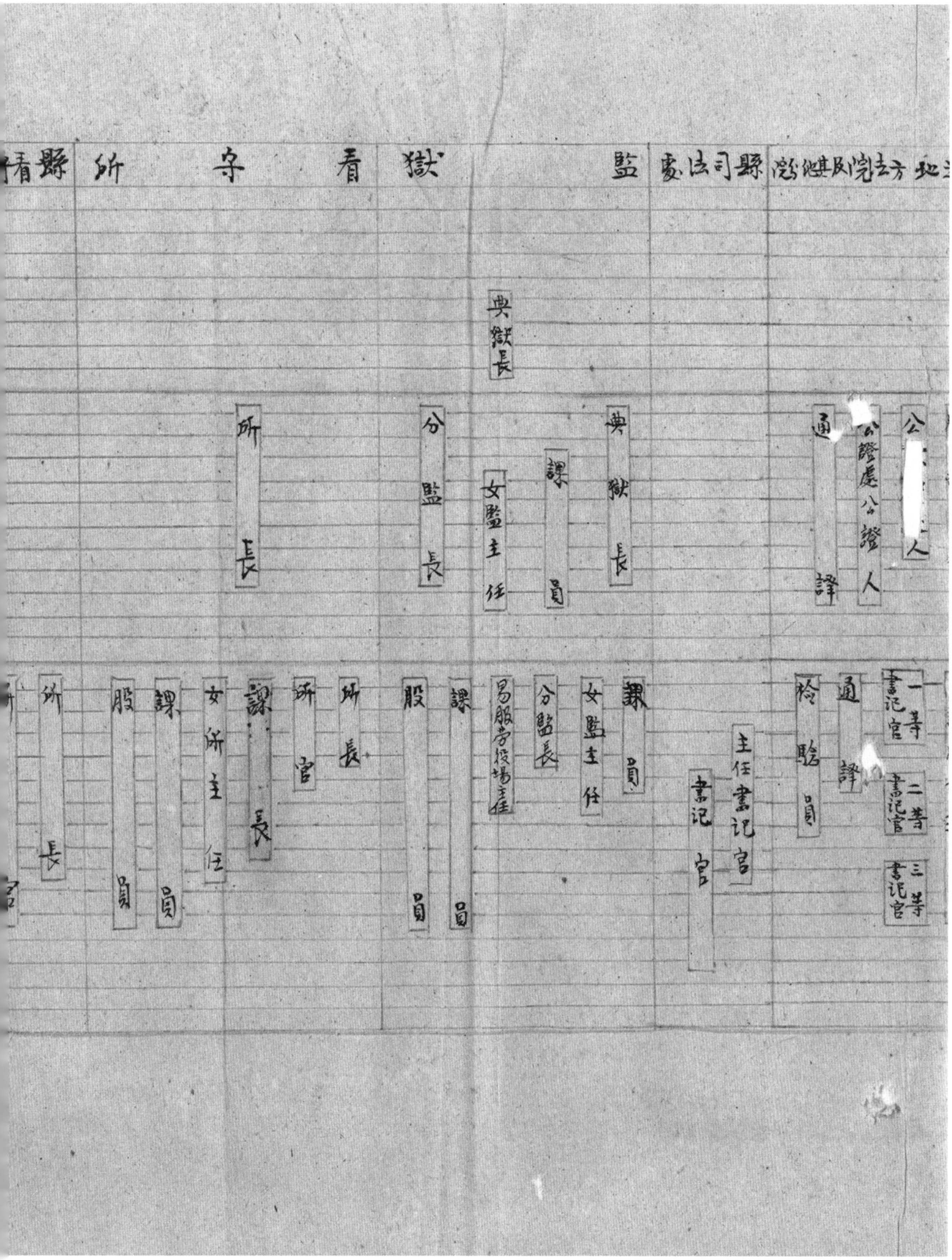
監獄看守所
縣司法處
典獄長
所長
分監長
女監主任
課員
典獄長
通譯
公證處公證人
股員
課員
女所主任
課長
所官
分監長
女監主任
主任書記官
書記官
檢驗員
一等書記官
二等書記官
三等書記官

图2-2-10-3

11. 江苏镇江地方法院检察处员工俸给表（1948年）（档案号：A020-1948-001-0257-0019）

该表详细记录了镇江地方法院检察处检察官、书记官、录事、法警等各类人员的薪津待遇。

根据该表，镇江地方法院检察处员工的预支与实支俸给最高有340元，为首席检察官；预支与实支俸给最低是15元，为公丁（勤杂人员）。其他人员的薪津待遇，以100元为分界线，不低于此收入的为检察官、主任书记官、人事管理员、书记官、检验员，低于该收入的是人事室雇员、录事、法警长、副警长、法警。

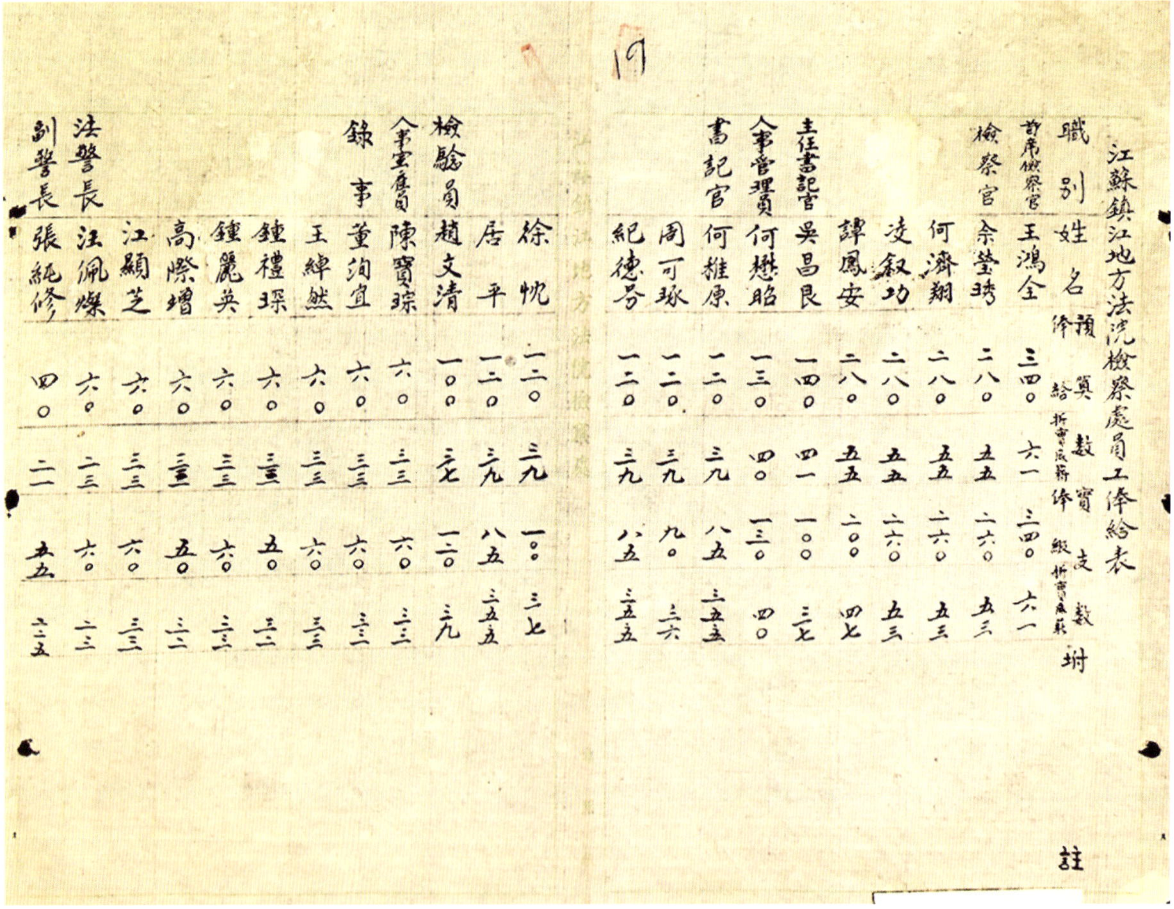

江蘇鎮江地方法院檢察處員工俸給表

職別	姓名	預算數 俸給	預算數 折實底薪	實支數 俸級	實支數 折實底薪	註
首席檢察官	王鴻全	三四〇	六一	三四〇	六一	
檢察官	佘瑩琦	二八〇	五五	二六〇	五三	
	何濟翔	二八〇	五五	二六〇	五三	
	凌叙功	二八〇	五五	二六〇	五三	
	諱鳳安	二八〇	五五	二〇〇	四七	
主任書記官	吳昌良	一四〇	四一	一〇〇	三七	
人事管理員	何懋貽	一三〇	四〇	一三〇	四〇	
書記官	何維康	一二〇	三九	八五	三五五	
	周可琢	一二〇	三九	九〇	三六	
	紀德芬	一二〇	三九	八五	三五五	
	徐忱	一二〇	三九	一〇〇	三七	
	居平	一二〇	三九	八五	三五五	
檢驗員	趙文清	一〇〇	三七	一二〇	三九	
人事室雇員	陳寶琮	六〇	三三	六〇	三三	
錄事	董洵宜	六〇	三三	六〇	三三	
	王緯然	六〇	三三	六〇	三三	
	鍾禮琛	六〇	三三	五〇	三二	
	鍾麗英	六〇	三三	六〇	三三	
	高燦增	六〇	三三	五〇	三二	
	江顯芝	六〇	三三	六〇	三三	
法警長	汪佩燦	六〇	二三	六〇	二三	
副警長	張純修	四〇	二一	五五	二五	

图2-2-11-1

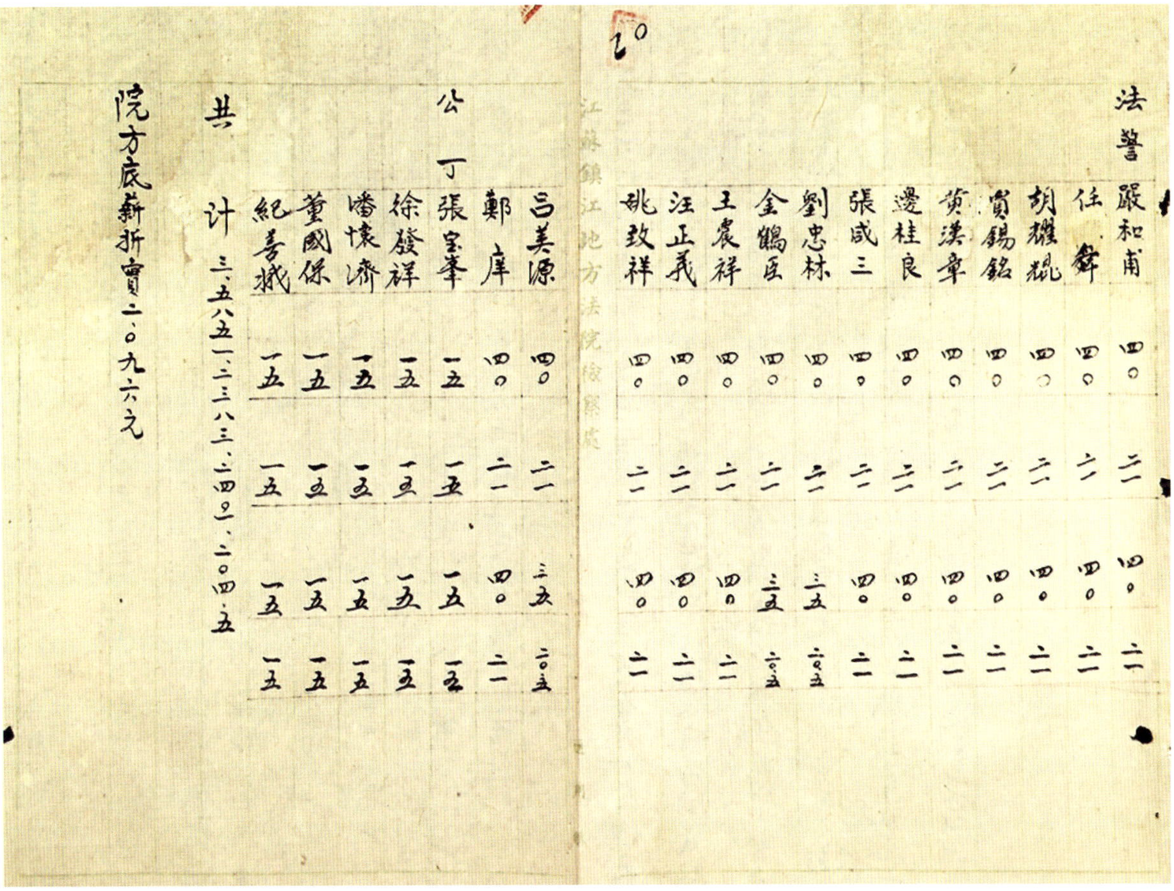
20

江蘇鎮江地方法院檢察處

法警	嚴和甫	四〇	二一	四〇	二一
	任鑫	四〇	二一	四〇	二一
	胡耀觥	四〇	二一	四〇	二一
	賈錫銘	四〇	二一	四〇	二一
	黄漢章	四〇	二一	四〇	二一
	邊桂良	四〇	二一	四〇	二一
	張威三	四〇	二一	四〇	二一
	劉忠林	四〇	二一	三五	二〇五
	金鶴臣	四〇	二一	三五	二〇五
	王震祥	四〇	二一	四〇	二一
	汪正義	四〇	二一	四〇	二一
	姚致祥	四〇	二一	四〇	二一
公丁	吕美源	四〇	二一	三五	二〇五
	鄭庠	四〇	二一	四〇	二一
	張寶峯	一五	一五	一五	一五
	徐發祥	一五	一五	一五	一五
	潘懷濟	一五	一五	一五	一五
	董國保	一五	一五	一五	一五
	紀善臧	一五	一五	一五	一五

共计　三、五八五一、二三八三、二四〇五、二〇四.五

院方底薪折實二、〇九六元

图 2-2-11-2

12. 江苏镇江地方法院有关拨发实习人员薪津各费的代电（1948年）（档案号：A020-1948-001-0271-0003）

本组文件系1948年1月镇江地方法院就拨发实习人员薪津一事向江苏高等法院发出的公文。

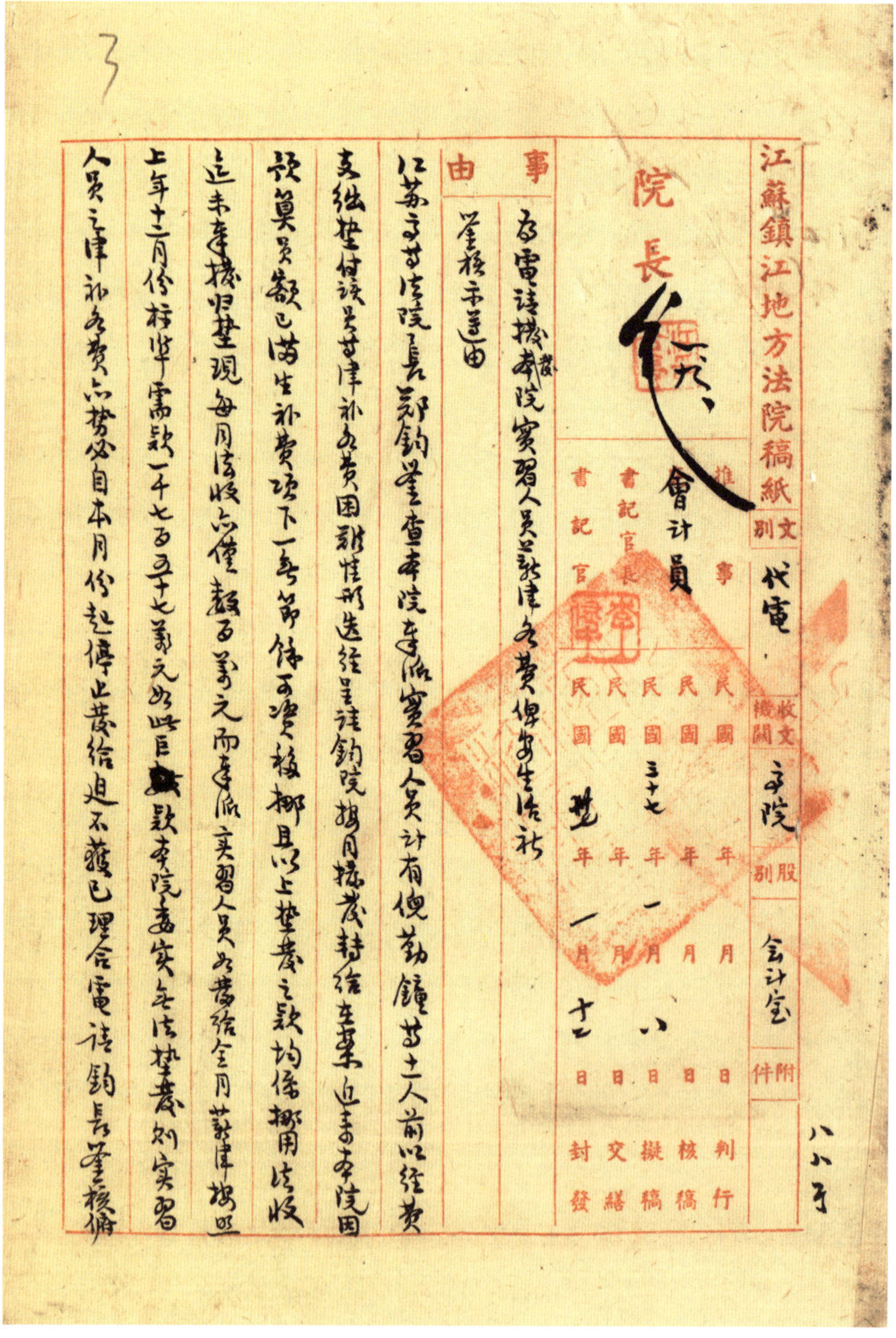

江蘇鎮江地方法院稿紙

文别：代電
收文機關：高院
股别：會計室
附件：

院長
推事
會計員
書記官長
書記官

民國 年 月 日 判行
民國 年 月 日 核稿
民國三十七年一月八日 擬稿
民國 年 月 日 繕文
民國卅七年一月十二日 封發

事由：為電請撥發本院實習人員薪津各費俾安生活祈鑒核示遵由

江蘇高等法院院長鄭鈞鑒：查本院奉派實習人員計有傅勤鐘等十人，前以經費支絀，墊付該員等津补各費困難維持，所送經呈請鈞院按月撥發轉給在案，迄未奉院因該員員額已滿生补費項下一無節餘可資核撥，且以上墊發之款均係挪用法收，迄未奉撥歸墊。現每月法收亦僅數百萬元，而奉派實習人員各薪給全月薪津按照上年十二月份標準需款一千七百五十七萬元之巨，此款本院無法墊發，則實習人員之津补各費亦勢必自本月份起停止發給。迫不獲已，理合電請鈞長鑒核俯

图2-2-12-1

在该份公文中，镇江地方法院提出，实习人员的薪津各费“此巨款本院委实无法垫发，则实习人员之津补各费应势必自本月份起停止发给”。此外，附呈的《江苏镇江地方法院实习司法人员每月应领薪津一览表》显示，实习司法官的薪额为160元，实习审判官、实习会计员以及实习书记官的薪额为130元。

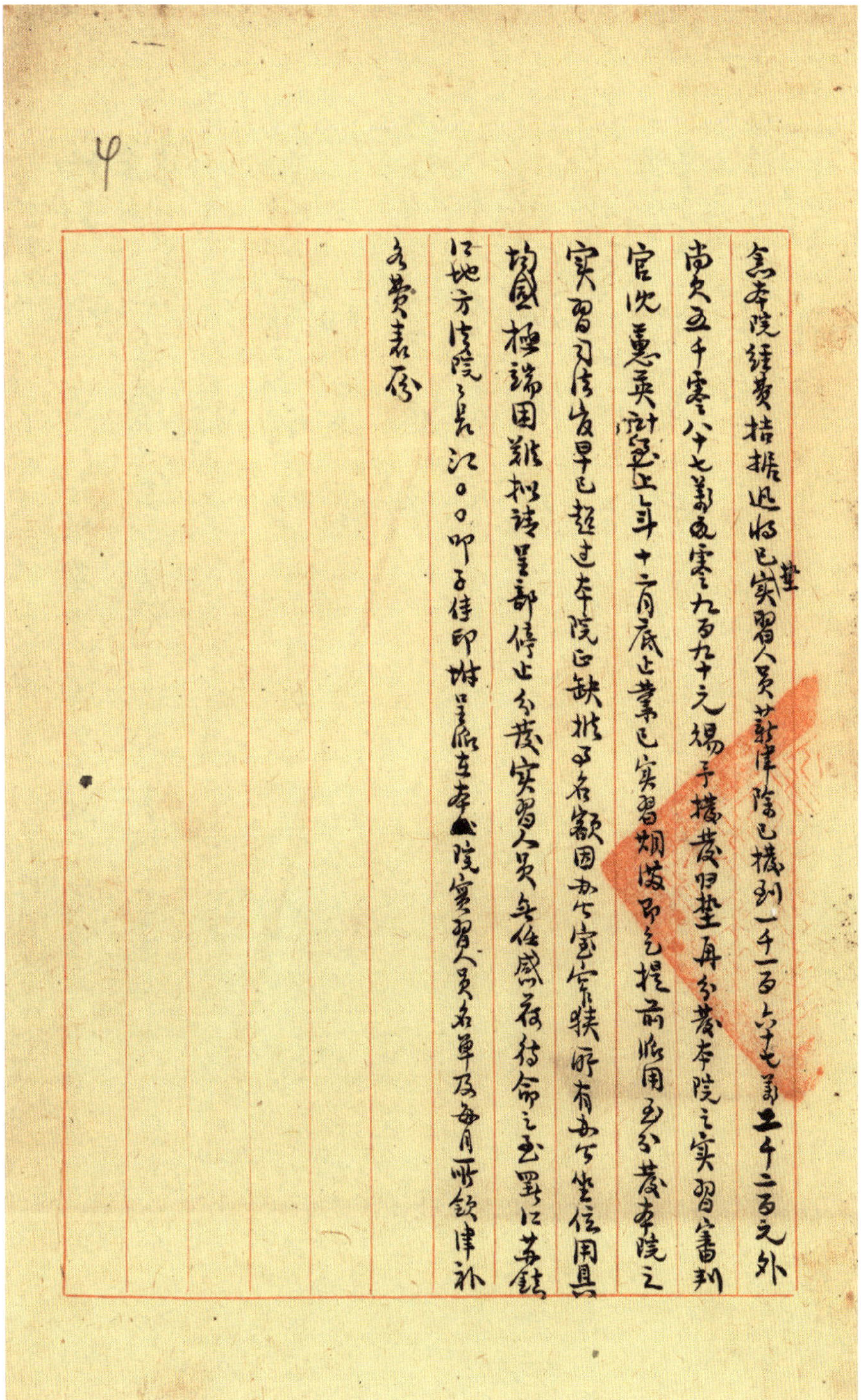

图2-2-12-2

5

江苏镇江地方法院实习司法人员每月应领薪俸一览表　三十七年一月

职别	姓名	薪额	基本数	加成数	合计
实习司法官	丁伯涛	一六〇	九〇〇〇〇	二四〇〇〇〇	一六三〇〇〇
仝	倪勤铨	一六〇	〃	〃	〃
仝	陈嘉福	一六〇	〃	〃	〃
仝	杜大华	一六〇	〃	〃	〃
仝	鲁煊	一六〇	〃	〃	〃
仝	袁仲魁	一六〇	〃	〃	〃
仝	郭光镜	一六〇	〃	〃	〃
仝	吴思盛	一六〇	〃	〃	〃
实习审判官	沈莲英	三一〇	〃	五二〇〇〇〇	五一〇〇〇〇
实习会计员	毛树屏	一三〇	〃	〃	〃
实习书记员	崔浩	一三〇	〃	〃	〃
合计	十一人	一五五〇	一〇八〇〇〇〇	一六六〇〇〇〇	一五五〇〇〇〇

图2-2-12-3

13. 江苏高等法院有关暂调办事人员邵茂钦俸补费事宜的训令（1948年）（档案号：A020-1948-001-0261-0124）

1948年5月，镇江地方法院统计室雇员邵茂钦被暂调至江苏高等法院。下列文件系关于向他补发俸金的系列材料，包括江苏高等法院训令、银行回单和领俸清册等。

该领俸清册显示，邵茂钦的俸补费中，除了薪额和生活补助费，还有食米代金。由此可见，此时国统区通货膨胀极为严重，新式司法机构职员的薪津收入难以保障。

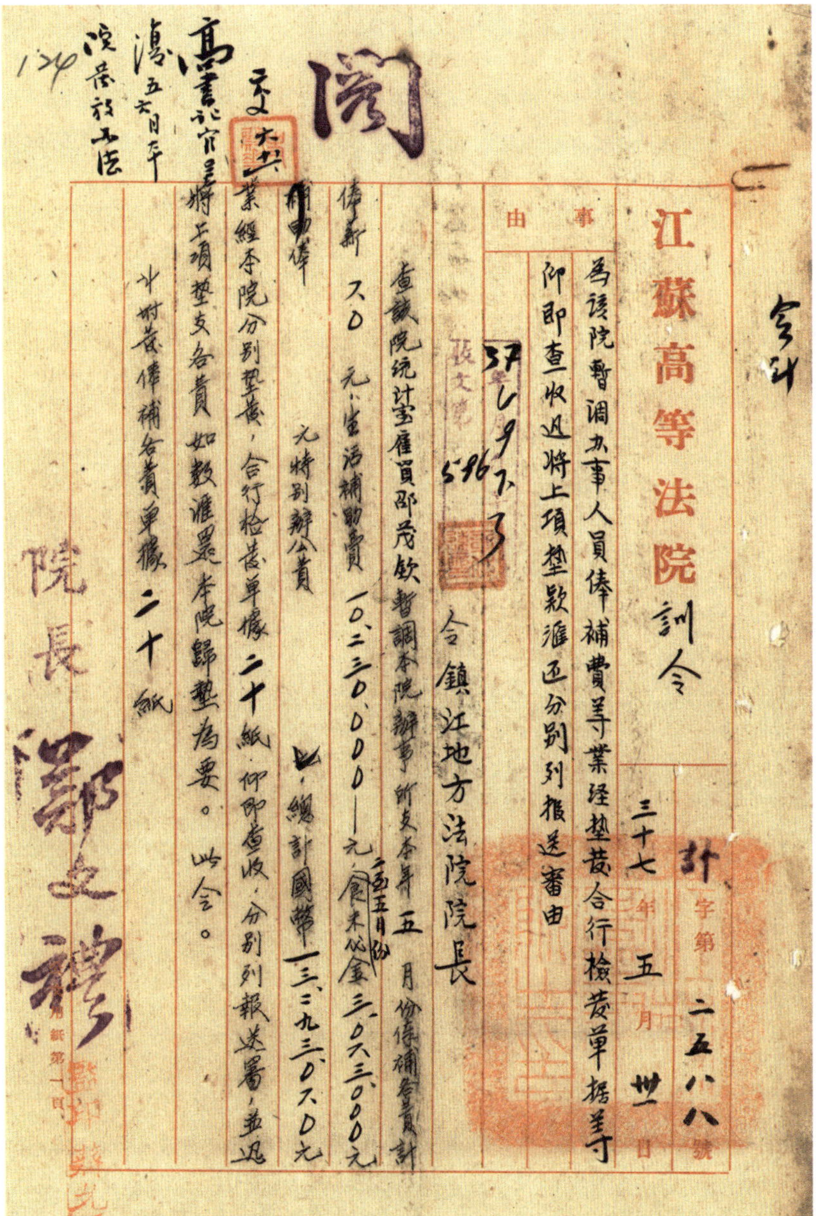
江蘇高等法院訓令
事由：為該院暫調办事人員俸補費等業経墊發合行檢發單據等仰即查收迅將上項墊款滙還分別列報送審由
三十七年五月卅日　計字第二五八八號
令鎮江地方法院院長
查該院統計室雇員邵茂欽暫調本院辦事所支本年五月份俸補各費計
俸薪 [illegible] 元，生活補助費 10,230,000 元，五月份食米代金 3,063,000 元
[illegible] 元特别辦公費
總計國幣 [illegible] 元
業經本院分別墊發，合行檢發單據二十紙，仰即查收，分別列報送審，並迅將上項墊支各費如數滙還本院歸墊為要。此令。
計附發俸補各費單據二十紙
院長 鄭文禮

图2-2-13-1

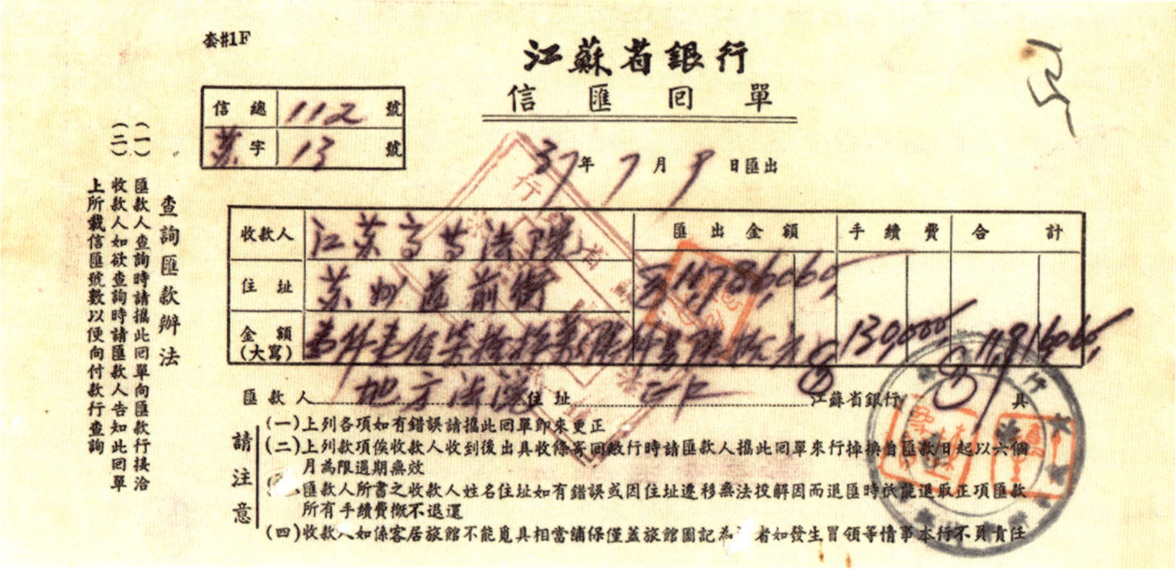

图2-2-13-2

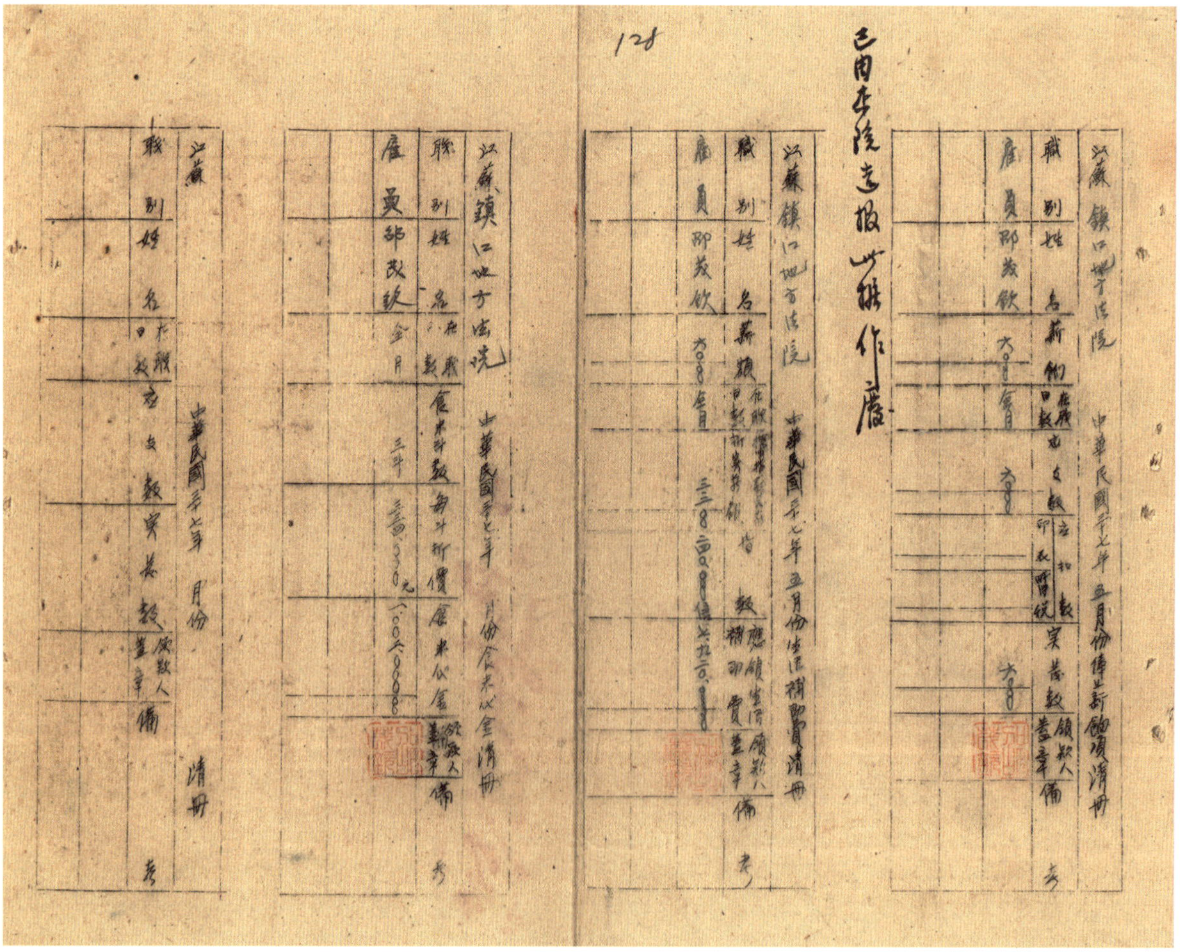

图2-2-13-3

14. 江苏如皋地方法院就调任人员薪津一事的公函（1948年）（档案号：A020-1948-001-0261-0025）

1948年8月，如皋地方法院检察处书记官方超仲调任镇江地方法院检察处。如皋地方法院检察处就方超仲薪津一事，致函镇江地方法院检察处。

在公函中，江苏如皋地方法院检察处以本处书记官方超仲奉调镇江地方法院检察处办事，业于7月8日到职，计垫发给该员7月至10月份薪津共计178.71元，请即汇还归垫，并附生活费报核清册、薪饷清册、米代金清册、俸薪册和薪津清单。

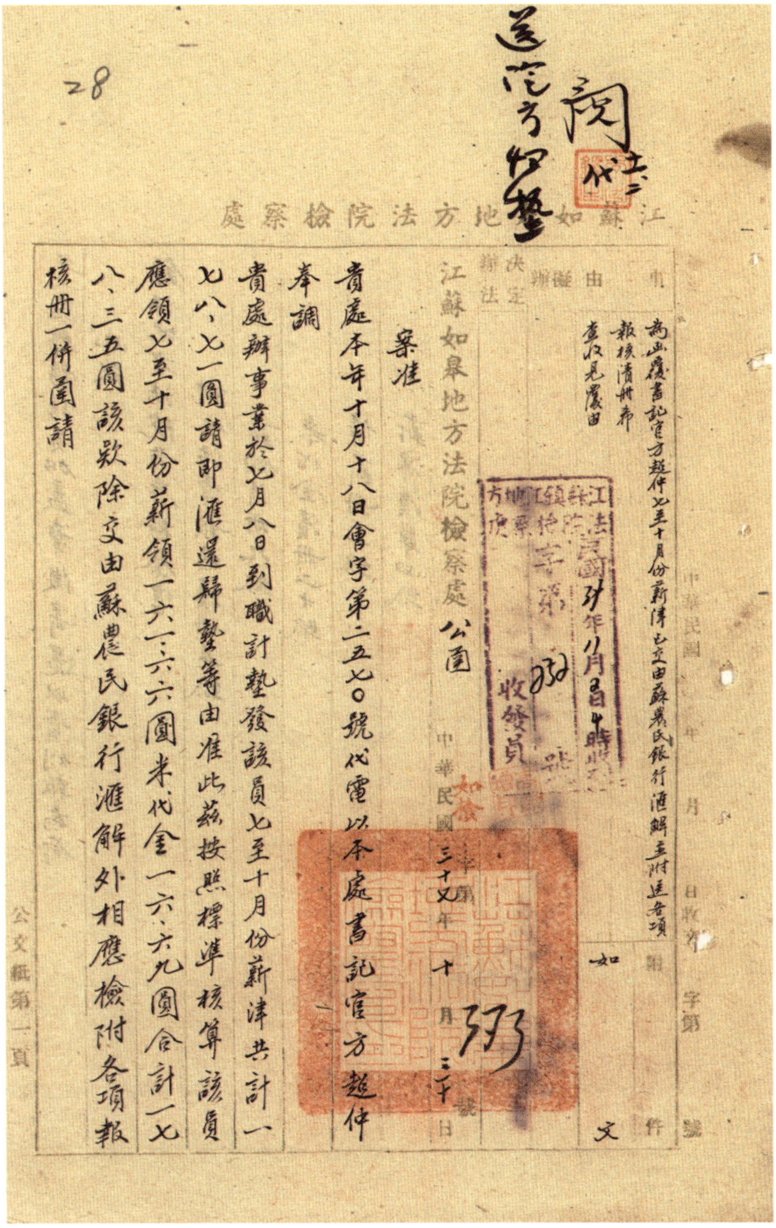
江蘇如皋地方法院檢察處

事由：為函覆書記官方超仲七至十月份薪津已交由蘇農民銀行滙解並附送各項報核清冊希查收見覆由

江蘇如皋地方法院檢察處公函

案准

貴處本年十月十八日會字第二五七〇號代電以本處書記官方超仲

奉調

貴處辦事業於七月八日到職計墊發該員七至十月份薪津共計一七八、七一圓請即滙還歸墊等由准此茲按照標準核算該員應領七至十月份薪領一六一、六六圓米代金一六、六九圓合計一七八、三五圓該款除交由蘇農民銀行滙解外相應檢附各項報核冊一併函請

中華民國三十七年十月二十日

图2-2-14-1

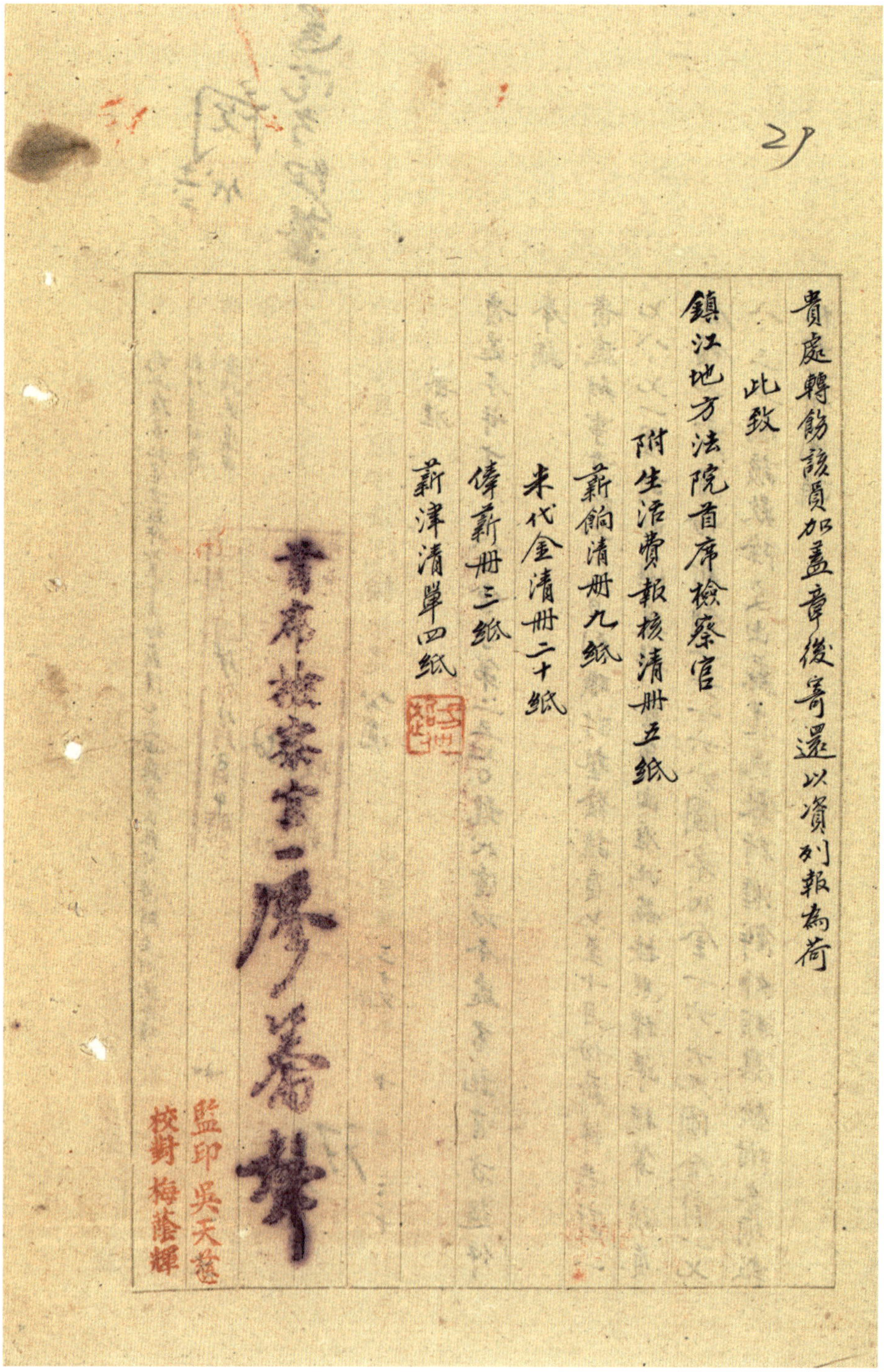

貴處轉飭該員加蓋章後寄還以資列報為荷

此致

鎮江地方法院首席檢察官

附生活費報核清册五紙
薪餉清册九紙
米代金清册二十紙
俸薪册三紙
薪津清單四紙

首席檢察官 廖蕎華

監印 吳天毬
校對 梅蔭輝

图2-2-14-2

三、勤务管理

1. 江苏丹徒地方法院有关书记员朱锡瑜请假的报告（1928年）（档案号：A019-1930-001-0064-0041）

下列材料系1928年1月丹徒地方法院院长徐谟因书记官朱锡瑜请假一事向江苏高等法院做出的报告。

报告称："窃据职院民庭纪录科书记官朱锡瑜呈称，锡瑜叠接家函，谓家母患病嘱速归，闻信之下，不胜惶急，迫不获已，呈请鉴核准予自十七年一月四日起给假三十日。再原籍金华，距镇江路途遥远，往返颇需时日，其在途程期援照旧例请给十四天（有民国十四年请假文卷可稽），并请派员代理，俾资归省……查该员所陈各节尚属实情，除批令准予给假三十日，在途程期照章扣除，所遗职务派该庭书记官邹福生暂行兼代……"

清末民国时期，在镇新式司法机构的历任院长、首席检察官、推事和检察官中，徐谟的知名度最高。徐谟（1893—1956），字叔谟，江苏吴县（今属苏州）人。1917年毕业于北洋大学法律学系。1920年赴美，在中国驻美使馆见习，并入华盛顿大学攻读法学硕士学位。1922年回国，受聘为南开大学政治系教授，讲授法学和政治学。1926年担任上海公共租界临时法庭法官。1927年调任丹徒地方法院院长。1928年后历任国民政府外交部参事、欧美司司长、常务次长、政务次长、驻澳大利亚公使、驻土耳其大使等职。1945年出席联合国法律专家委员会会议，参与起草国际法庭章则，并任旧金山联合国组织会议中国代表团顾问。1946年当选海牙国际法庭大法官，1948年连任。1956年赴西班牙参加国际法学会会议，当选大会副会长。①

---

① 参见《南开学术名家志：著名法学家、政治学家——徐谟》，《南开学报》（哲学社会科学版）2007年第6期。

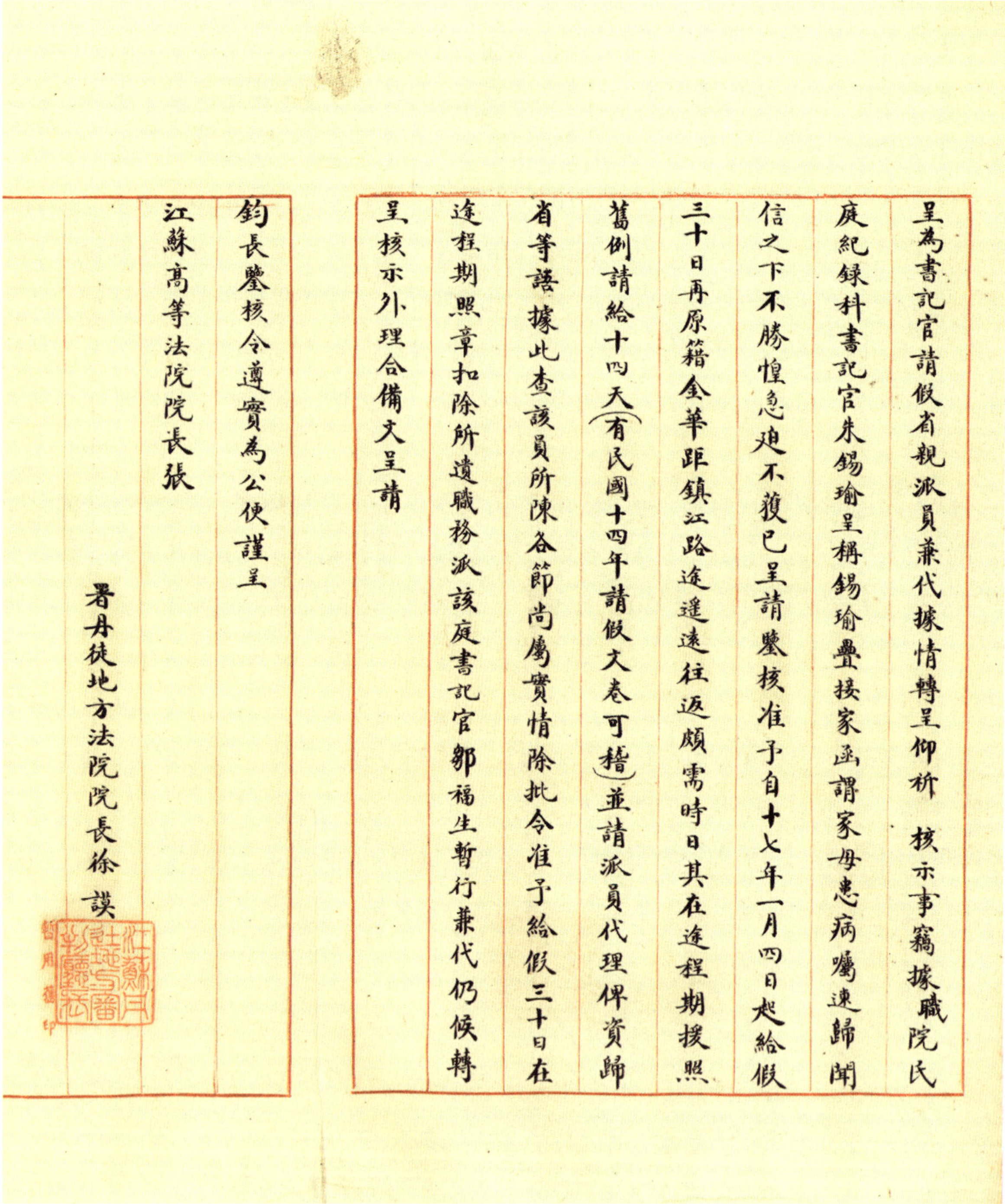

呈為書記官請假省親派員兼代據情轉呈仰祈
核示事竊據職院民庭紀録科書記官朱錫瑜呈稱錫瑜疊接家函謂家母患病囑速歸閱信之下不勝惶急廹不獲已呈請鑒核准予自十七年一月四日起給假三十日再原籍金華距鎮江路途遥遠往返頗需時日其在途程期擬照舊例請給十四天（有民國十四年請假文卷可稽）並請派員代理俾資歸省等語據此查該員所陳各節尚屬實情除批令准予給假三十日在途程期照章扣除所遺職務派該庭書記官鄒福生暫行兼代仍候轉呈核示外理合備文呈請
鈞長鑒核令遵實為公便謹呈
江蘇高等法院院長張

署丹徒地方法院院長徐 謨

图2-3-1

2. 江苏镇江地方法院职员勤怠比较表（1929年）（档案号：A019-1929-001-0017-0010）

该表详细记录了1929年1月镇江地方法院职员的考勤情况。

该考勤表要求，勤务时间除例假外每月应达192小时，因此除去每周1天休息，加上例假，需每日工作8小时。

在该考勤表记载的22名职员中，仅8人按照每日8小时工作制，其余14人均在每日工作10—11小时不等。其中，该月份工作时长最长者为吴冈，每日工作均在11小时以上，总计时长265小时。

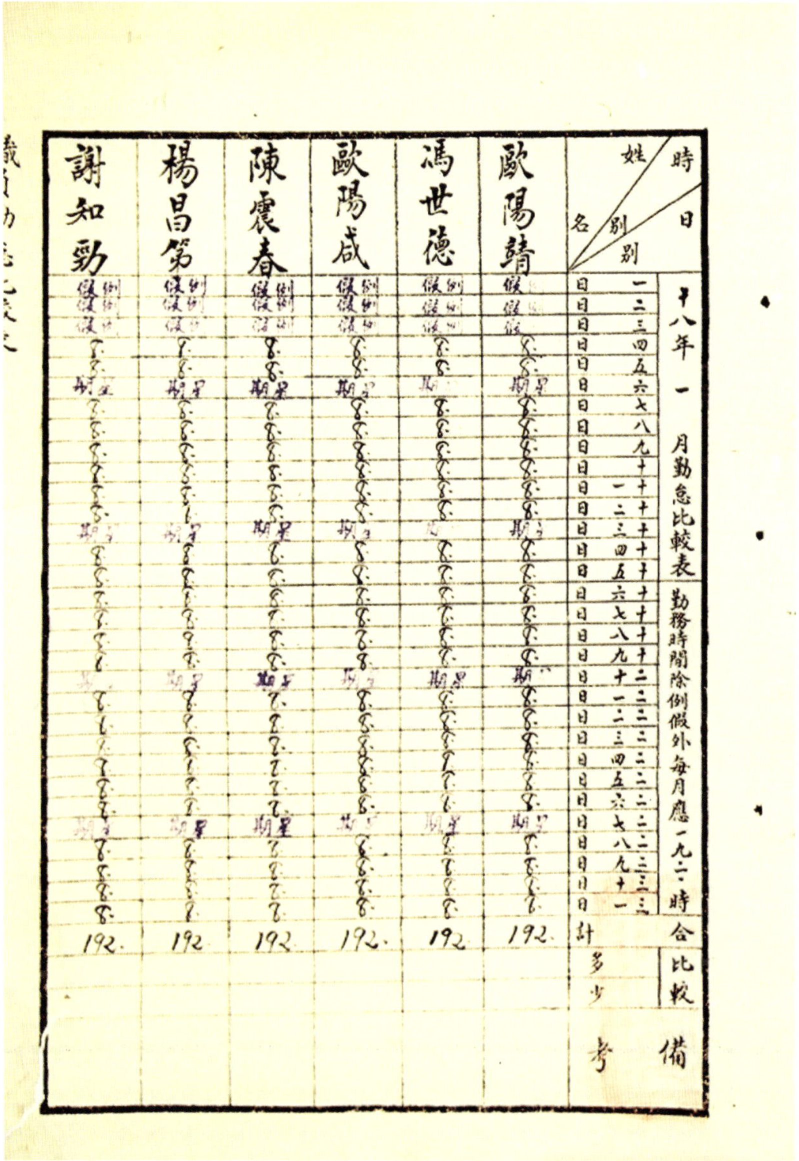
十八年一月勤怠比較表
勤務時間除例假外每月應一九二時

姓名	歐陽靖	馮世德	歐陽咸	陳震春	楊昌第	謝知勁
合計	192	192	192	192	192	192
比較 多 少						
備考						

图2-3-2-1

十八年一月勤怠比較表

勤務時間除例假外每月應一九二時

時日別 / 姓名別	吳振	周寶初	汪沐昌	吳闓	董國章	劉志伊
一日	例假	例假	例假	例假	例假	例假
二日	例假	例假	例假	例假	例假	例假
三日	例假	例假	例假	例假	例假	例假
四日	8.	8.	9.	11.	10.	病假
五日	8.	8.	11.	11.	10.	病假
六日	星期	星期	星期	星期	星期	星期
七日	8.	8.	11.	11.	10.	病假
八日	8.	8.	11.	11.	10.	病假
九日	8.	8.	11.	11.	10.	5
十日	8.	8.	11.	11.	11.	11.
十一日	8.	8.	11.	11.	10.	10.
十二日	8.	8.	11.	11.	10.	11.
十三日	星期	星期	星期	星期	星期	星期
十四日	8.	8.	11.	11.	10.	11.
十五日	8.	8.	11.	11.	10.	11.
十六日	8.	8.	10.	11.	10.	11.
十七日	8.	8.	11.	11.	10.	11.
十八日	8.	8.	11.	12.	10.	10.
十九日	8.	8.	11.	11.	10.	10.
二十日	星期	星期	星期	星期	星期	星期
二十一日	8.	8.	11.	11.	10.	10.
二十二日	8.	8.	11.	11.	10.	10.
二十三日	8.	8.	11.	11.	10.	10
二十四日	8.	8.	11.	11.	10.	11.
二十五日	8.	8.	11.	11.	10.	10.
二十六日	8.	8.	11.	11.	10.	10.
二十七日	星期	星期	星期	星期	星期	星期
二十八日	8.	8.	11.	11.	9.	10.
二十九日	8.	8.	11.	11.	9.	10.
三十日	8.	8.	11.	11.	9.	10.
三十一日	8.	8.	11.	11	9.	10.
合計	192.	192.	230.	265	237.	202.
比較 多			38.	73	45.	10.
比較 少						
備考						

图2-3-2-2

十八年一月勤怠比較表

勤務時間除例假外每月應一九二時

時日 \ 別別 \ 姓名	蒲錫蘭	朱劍青	王肇元	吳練伯	沈浧	吳肇源
一日	例假	例假	例假	例假	例假	例假
二日	例假	例假	例假	例假	例假	例假
三日	例假	例假	例假	例假	例假	例假
四日	10.	10.	9.	10.	10.	10.
五日	10.	10.	9.	10.	10.	10.
六日	星期	星期	星期	星期	星期	星期
七日	11.	10.	10.	10.	10.	10.
八日	9.	10.	9.	10.	10.	10.
九日	9.30	10.	9.30	11.	10.	10.
十日	10.	10.	9.30	10.	9.30	10.
十一日	10.	10.	10	10.	10.	10.
十二日	9.30	10.	10.	11.	10.	10.
十三日	星期	星期	星期	星期	星期	星期
十四日	10.	10.	10	10.	10.	10.
十五日	10.	10.	10	10.	10.	10.
十六日	10.	10.	9.	11.	10.	10.
十七日	9.	10.	9.	11.	10.	10.
十八日	10.	10.	9.	11.	10.	10.
十九日	10.	10.	9.	11.	10.	10.
二十日	星期	星期	星期	星期	星期	星期
二十一日	11.	10.	10.	11.	10.	10.
二十二日	10.	10.	10.	10	10.	10.
二十三日	10.	10.	10.	事假	10.	10.
二十四日	10.	10.	10.	10.	10.	10.
二十五日	10.	10.	10.	事假	10.	10.
二十六日	10.	10.	10.	10.	10.	10.
二十七日	星期	星期	星期	星期	星期	星期
二十八日	10.	10.	10.	10.	10.	10.
二十九日	10.	10.	10.	11.	10.	10.
三十日	9.	10.	10.	11.	10.	10.
三十一日	10.	10.	10.	11.	10.	10.
合計	229.	240.	232.	241.	239.30	240.
比較 多	37	48.	40	47.	47.30	48.
比較 少						
備考						

图2-3-2-3

十八年一月勤怠比較表

勤務時間除例假外每月應一九二時

時日別 / 姓名別	朱雄武	鄭歎亞	吳祖泰	李志成
一日	例假	例假	例假	例假
二日	例假	例假	例假	例假
三日	例假	例假	例假	例假
四日	10.	9.	10.	10.
五日	10.	9.	10.	10.
六日	星期	星期	星期	星期
七日	10.	9.	9.30	10.
八日	9.30	9.	10.	10.
九日	9.	9.	9.30	9.
十日	9.	9.	9.30	9.
十一日	10.	10.	10.	10.
十二日	10.	10.	10.	10.
十三日	星期	星期	星期	星期
十四日	10.	10.	10.	10.
十五日	11.	10.	10.	11.
十六日	10.	9.30	10.	10.
十七日	10.	10.	10.	10.
十八日	10.	10.	10.	10.
十九日	10.	10.	10.	10.
二十日	星期	星期	星期	星期
二十一日	事假	10.	10.	10.
二十二日	事假	10.	10.	10.
二十三日	事假	10.	11.	10.
二十四日	事假	10.	10.	10.
二十五日	10.	10.	10.	10.
二十六日	10.	10.	10.	10.
二十七日	星期	星期	星期	星期
二十八日	10.	10.	10.	10.
二十九日	10.	10.	10.	10.
三十日	10.	10.	10.	10.
三十一日	10.	10.	10.	10.
合計	196.30	233.30	239.30	237.
比較 多	6.30	41.30	47.30	47.
比較 少				
備考				

图2-3-2-4

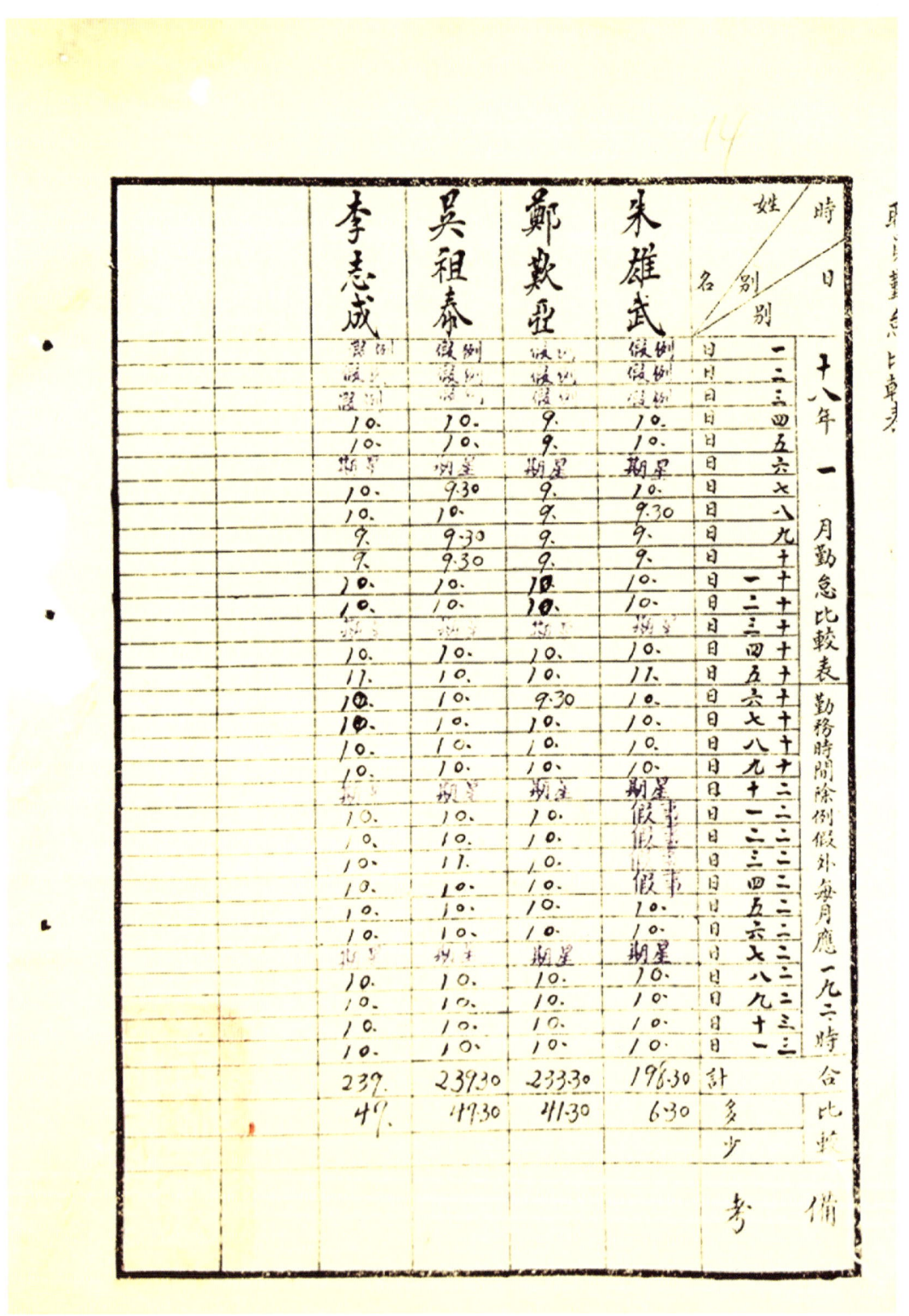

3. 江苏镇江地方法院院长因患牙疾赴沪就医的报告（1931年）（档案号：A019-1930-001-0064-0007）

1931年8月，镇江地方法院院长黄用中因牙疾赴上海就医，向江苏高等法院院长申请请假。

在报告中，黄用中先言明理由及请假日期，“窃查职院长因患牙疾，疼痛异常，不能饮食，睡卧不安。此间缺乏牙科专门医师，不得已拟自八月十四日起至二十日止请假，赴沪就医”；接着说明空缺职位已安排妥当，“院长职务由民庭庭长欧阳靖暂行兼代，以专责成”；最后表达诚恳之意，“呈请钧长俯赐，准予给假，俾得安心调治”。该请假报告格式完整，逻辑清晰，言辞诚切。

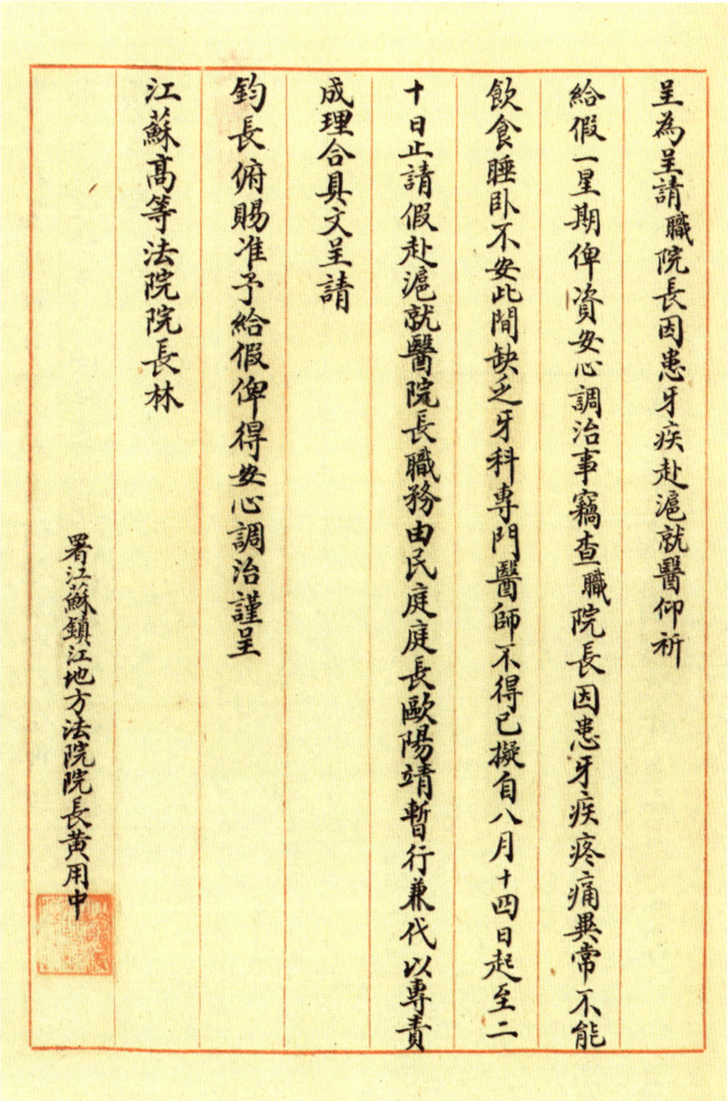
呈為呈請職院長因患牙疾赴滬就醫仰祈
給假一星期俾資安心調治事竊查職院長因患牙疾疼痛異常不能
飲食睡卧不安此間缺乏牙科專門醫師不得已擬自八月十四日起至二
十日止請假赴滬就醫院長職務由民庭庭長歐陽靖暫行兼代以專責
成理合具文呈請
鈞長俯賜准予給假俾得安心調治謹呈
江蘇高等法院院長林
署江蘇鎮江地方法院院長黃用中

图2-3-3

4. 司法行政部指派阮炜任镇江地方法院江都分院学习推事的训令（1931年）

（档案号：A019-1931-001-0077-0005）

南京国民政府司法行政部颁行的《司法官任用暂行标准》第六条规定：“在司法院监督之学校毕业，经司法院发给证明书，其毕业成绩在八十分以上者，司法行政部得按其成绩派充学习推事检察官。”

该训令的主要内容系司法行政部指派阮炜充镇江地方法院江都分院学习推事，司法行政部要求江苏高等法院“除该员部令就近给领外”，“饬将该员到院任事日期连同履历三份呈报备查”。

图2-3-4-1

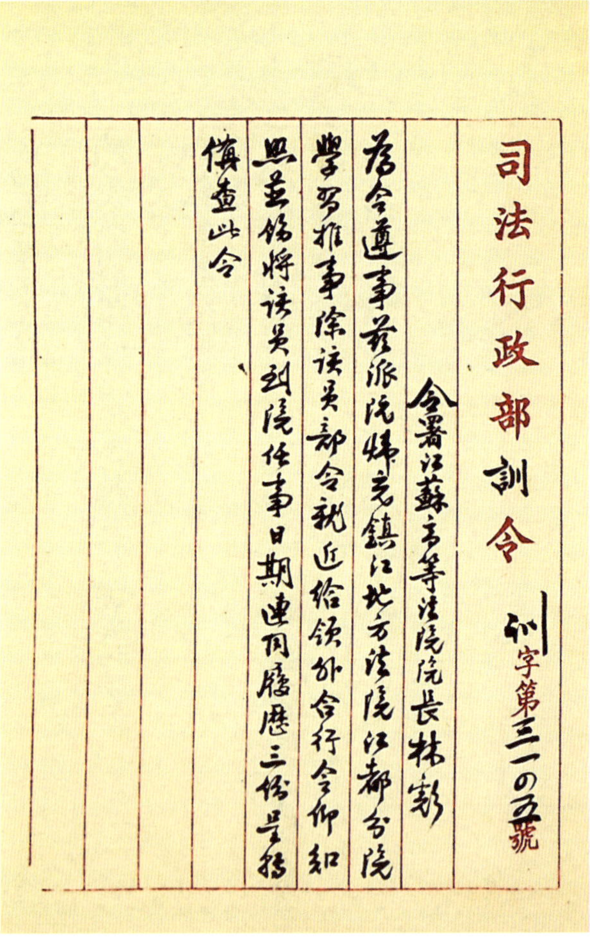

司法行政部訓令

訓字第三一〇五號

令署江蘇高等法院院長林彪

為令遵事茲派阮炜充鎮江地方法院江都分院學習推事除該員部令就近給領外合行令仰知照並飭將該員到院任事日期連同履歷三份呈報備查此令

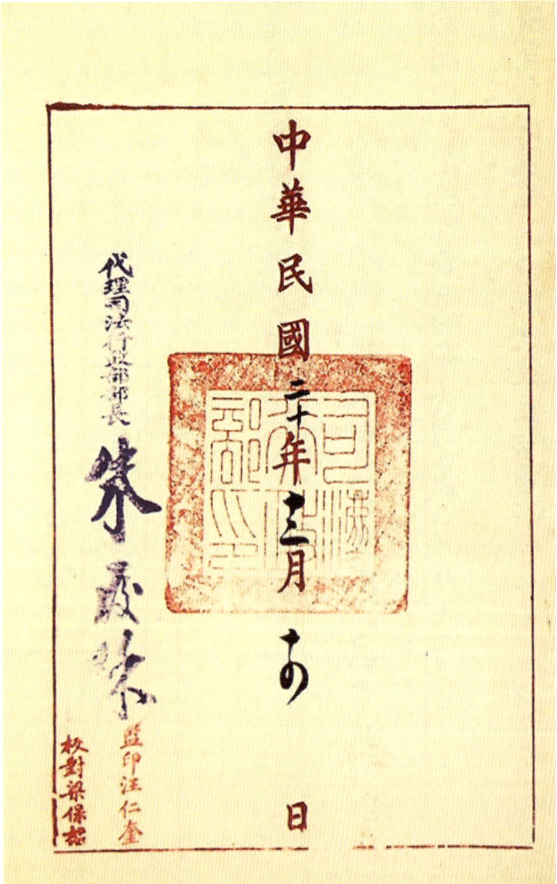

中華民國二十年三月十日

代理司法行政部部長朱履龢

監印汪仁奎

校對梁保懿

图2-3-4-2

5. 江苏镇江地方法院检察官李清出差工作日记（1946年）（档案号：A019-1946-001-0370-0001）

该日记系镇江地方法院检察官李清1945年10月到1946年2月的出差记录，包括出差地点、路程、时间、交通工具等信息。

该日记记录具体翔实："三十四年十月底接吴县地院李代首席检察官曙东函，借悉本省司法业已复员；十一月六日晨首途，晚宿江边龙窝口；七日晨赴泰县搭汽车渡江，抵镇时已薄暮；八日至镇江地院检察处访首席沈念劬等；九日搭火车，晚抵吴县；十日晋谒高检处韩首席请予分派工作，承嘱静候分发令；十一日为星期日，十二日为国父诞辰纪念，均属例假；十三日再赴高检处催办公文；十四日晨方奉暂代镇院地检训令，随搭火车至镇院报到。"

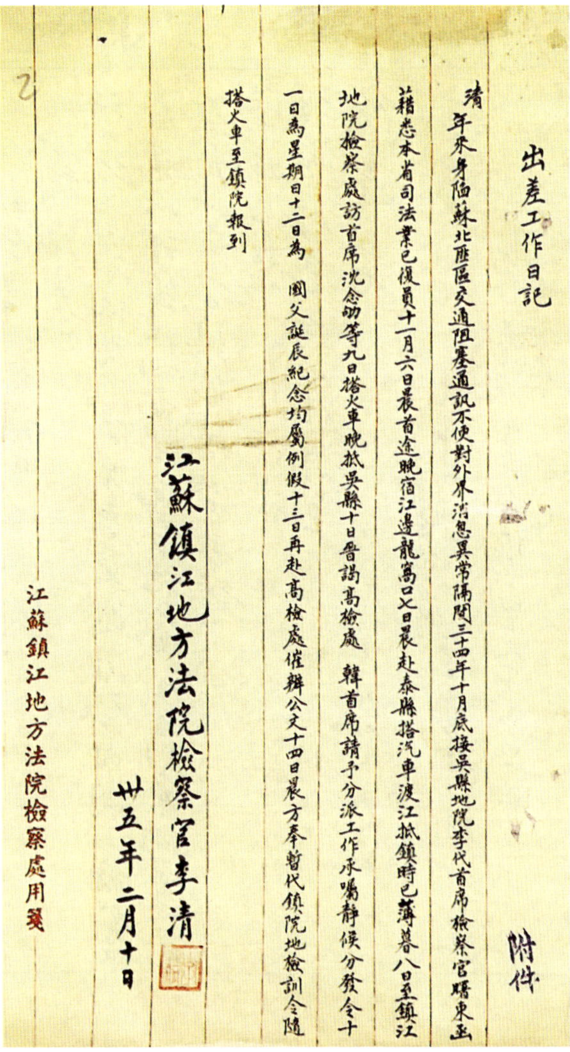
出差工作日記

附件

清 年來身陷蘇北匪區交通阻塞通訊不便對外界消息異常隔閡三十四年十月底接吳縣地院李代首席檢察官曙東函

藉悉本省司法業已復員十一月六日晨首途晚宿江邊龍窩口七日晨赴泰縣搭汽車渡江抵鎮時已薄暮八日至鎮江

地院檢察處訪首席沈念劬等九日搭火車晚抵吳縣十日晉謁高檢處 韓首席請予分派工作承囑靜候分發令十

一日為星期日十二日為 國父誕辰紀念均屬例假十三日再赴高檢處催辦公文十四日晨方奉暫代鎮院地檢訓令隨

搭火車至鎮院報到

江蘇鎮江地方法院檢察官李清

卅五年二月十日

江蘇鎮江地方法院檢察處用箋

图2-3-5

6. 江苏镇江地方法院书记官管春莲任职往来文书（1946年）（档案号：A020-1946-001-0169-0001）

1946年10月，江苏高等法院任命管春莲为镇江地方法院书记官，下列材料为相关公函和文书。

不同于前文的履历表，管春莲的任用审查表除了基本的信息介绍，还增加了拟任官职、拟叙级俸等信息。由此可知，该书记官管春莲于1946年10月22日到职，具体负责事项为民事庭记录等，其拟叙级俸为暂支130元，根据南京国民政府颁布的官等官俸表，可推测其为二等书记官、五级俸。

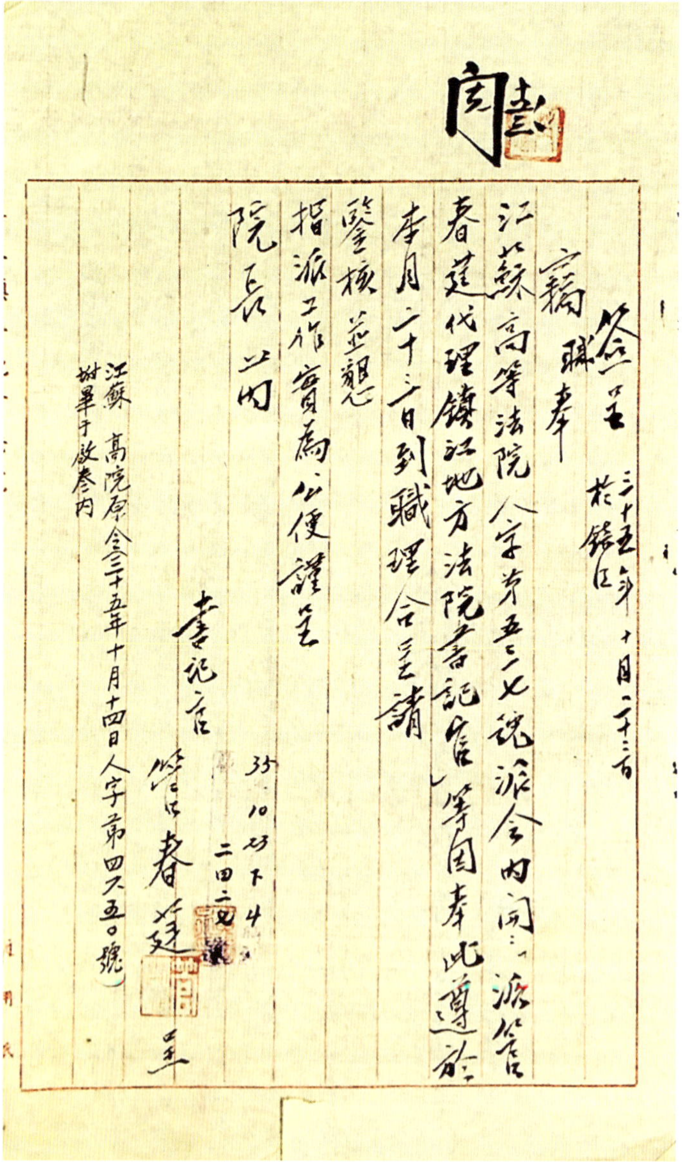

閱

簽呈 於鎮江 三十五年十月二十三日

竊職奉

江蘇高等法院人字第五三七號派令內開：派管

春蓮代理鎮江地方法院書記官等因奉此遵於

本月二十二日到職理合呈請

鑒核並懇

指派工作實為公便謹呈

院長 [illegible]

書記官 管春蓮 呈

江蘇高院原令三十五年十月十四日人字第四七五〇號 [illegible]卷內

35.10.23 下4

[illegible]

图2-3-6-1

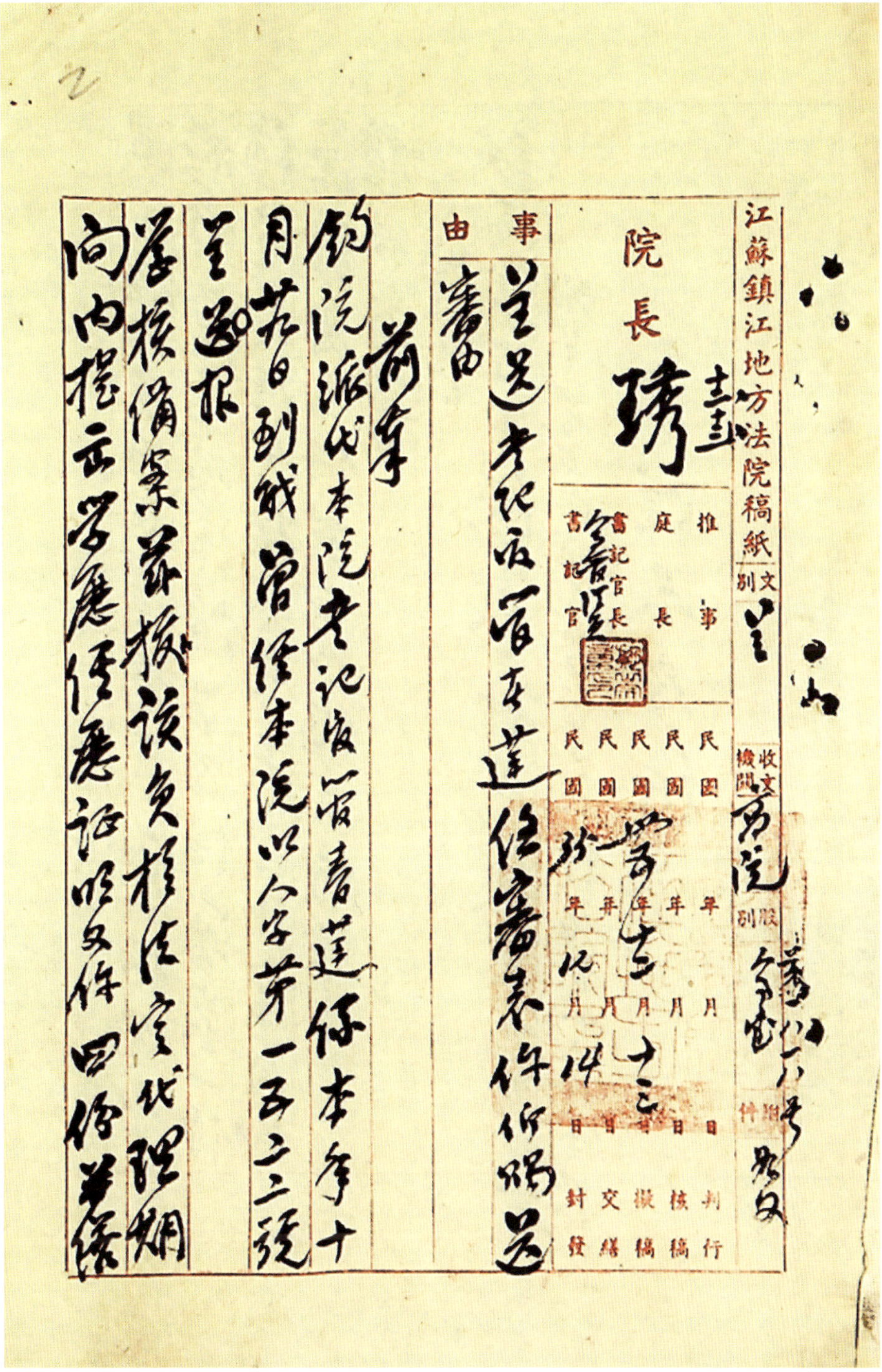
江蘇鎮江地方法院稿紙

院長

推事　庭長　書記官長　書記官

事由

文別

收文機關

別股

附件

民國　年　月　日　判行

民國　年　月　日　核稿

民國　年　月　日　擬稿

民國　年　月　日　文繕

民國　年　月　日　封發

图2-3-6-2

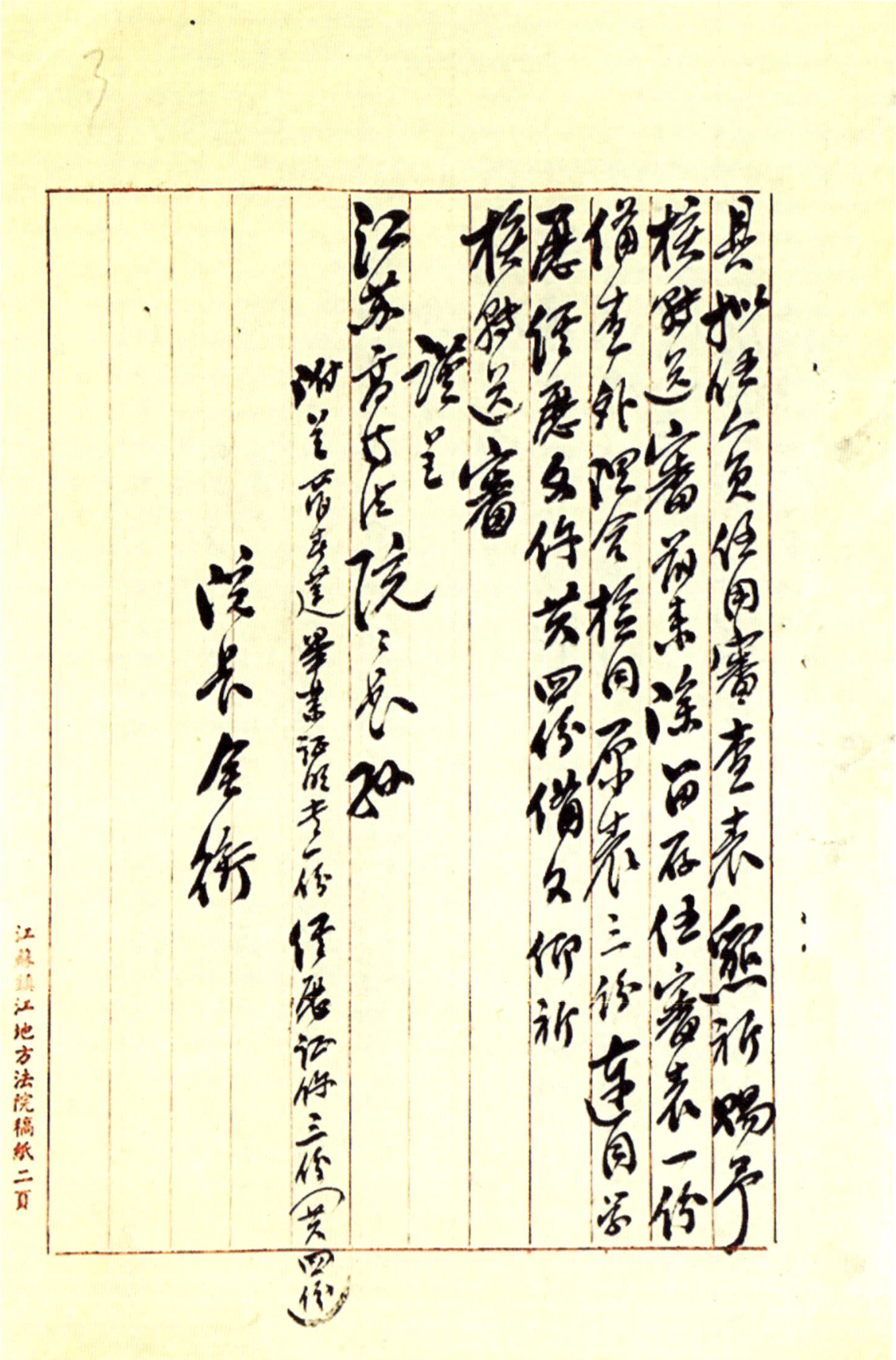

3

是以任员任用审查表懇祈赐予
核转送审前来除留存任审查表一份
备查外理合检同原表三份并连同学
历经历证件共四份备文仰祈
核转送审
谨呈
江苏高等法院院长孙
附呈前表连同毕业证照壹份经历证件三份（共四份）
院长金衔

江苏镇江地方法院稿纸 二页

图2-3-6-3

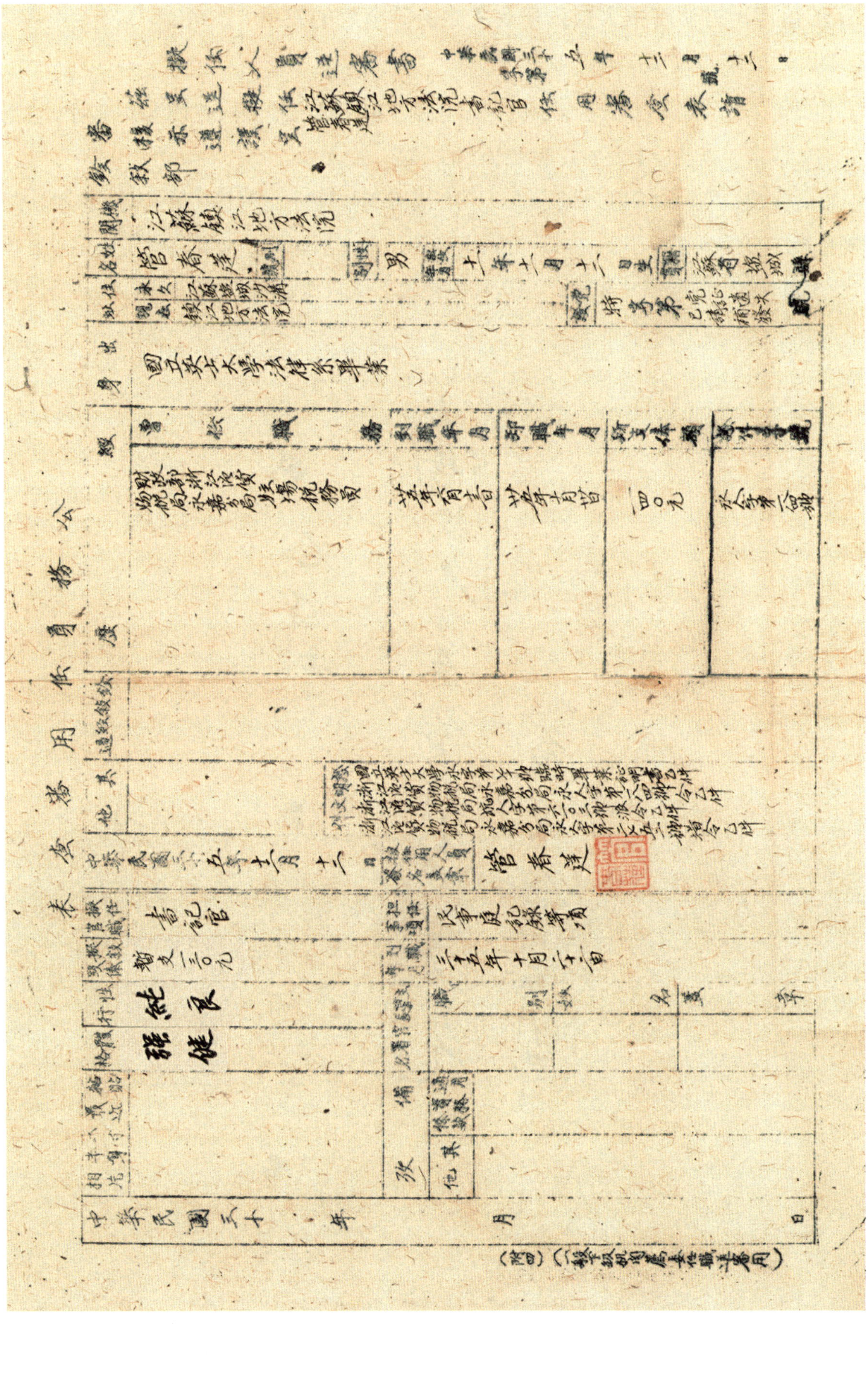
公務員任用審查表

图2-3-6-4

7. 江苏镇江地方法院推事夏采苓有关旅费等事宜的签呈（1946年）（档案号：A020-1946-001-0173-0042）

1946年6月，推事夏采苓奉命由铜山赴镇江担任镇江地方法院推事。下列文件为其出具的收条，以及请求发放旅费和俸金的呈请。

该签呈载：“窃于本年二月二十七日奉江苏高等法院令，调暂代镇江地院推事，帮同筹备高一分院事宜，于三月六日由铜山启程，在途期间共计七天，计支旅费壹万陆千叁佰元，理合检同旅费簿表，呈请钧院核发，又在途期间，自三月七日起至同月十一日止五天俸，并请补发。”

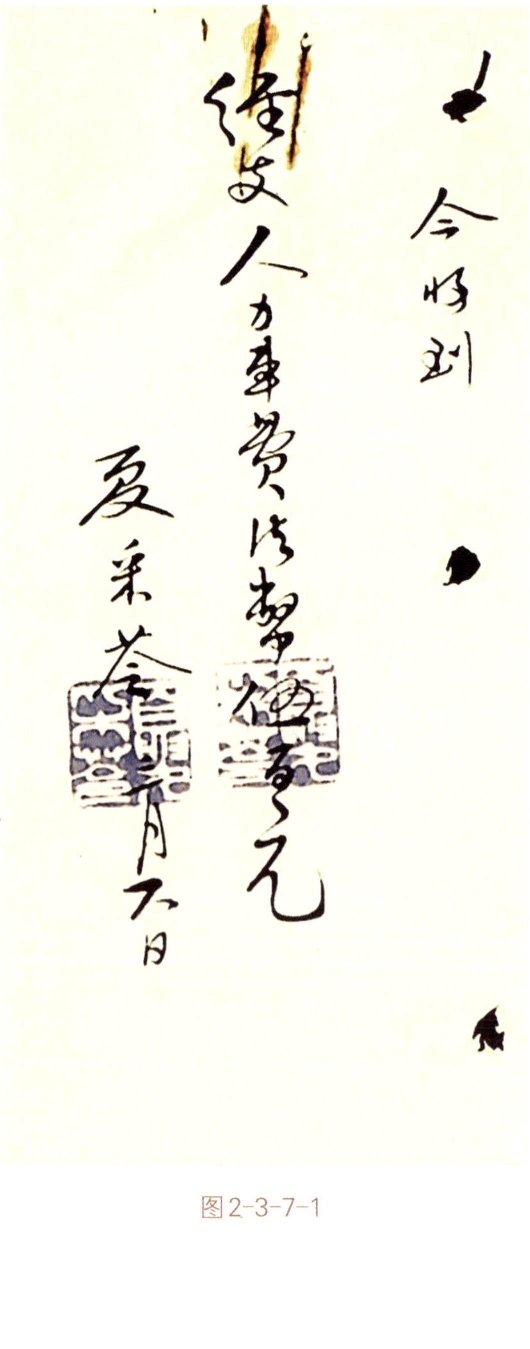

图2-3-7-1

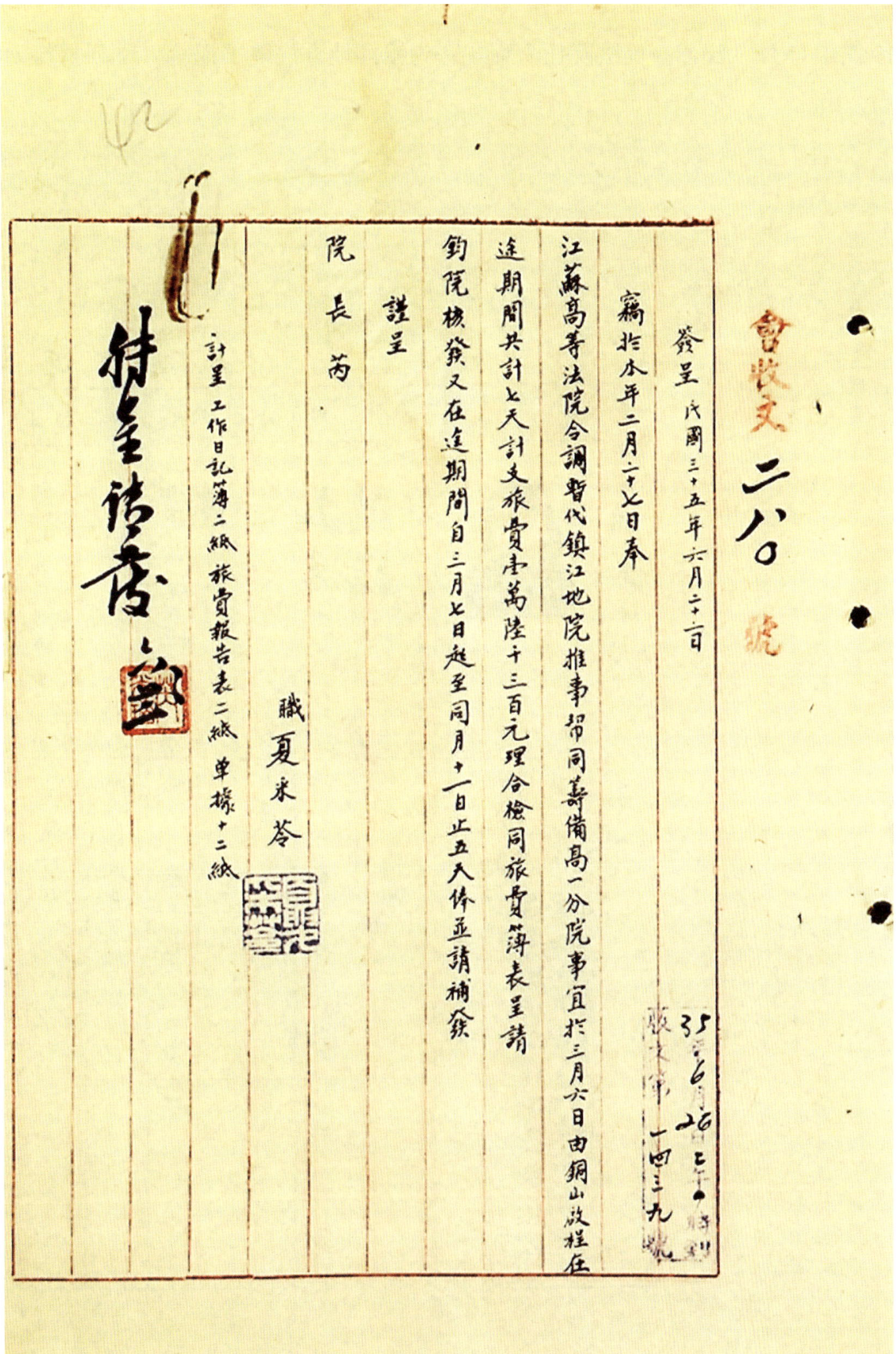

會收文二八〇號

發呈 民國三十五年六月二十二日

竊於本年二月二十七日奉

江蘇高等法院令調暫代鎮江地院推事帮同籌備高一分院事宜於三月六日由銅山啟程在

途期間共計七天計支旅費壹萬陸千三百元理合檢同旅費簿表呈請

鈞院核發又在途期間自三月七日起至同月十一日止五天併並請補發

謹呈

院長 芮

職 夏求苓

計呈 工作日記簿二紙 旅費報告表二紙 單據十二紙

財會請查

35年6月26日 收文第一四三九號

图2-3-7-2

8. 江苏镇江地方法院书记官程友晖任职往来文书（1947年）（档案号：A020-1946-001-0169-0019）

1947年11月，江苏高等法院任命程友晖为镇江地方法院书记官，下列材料为相关文书和公函。

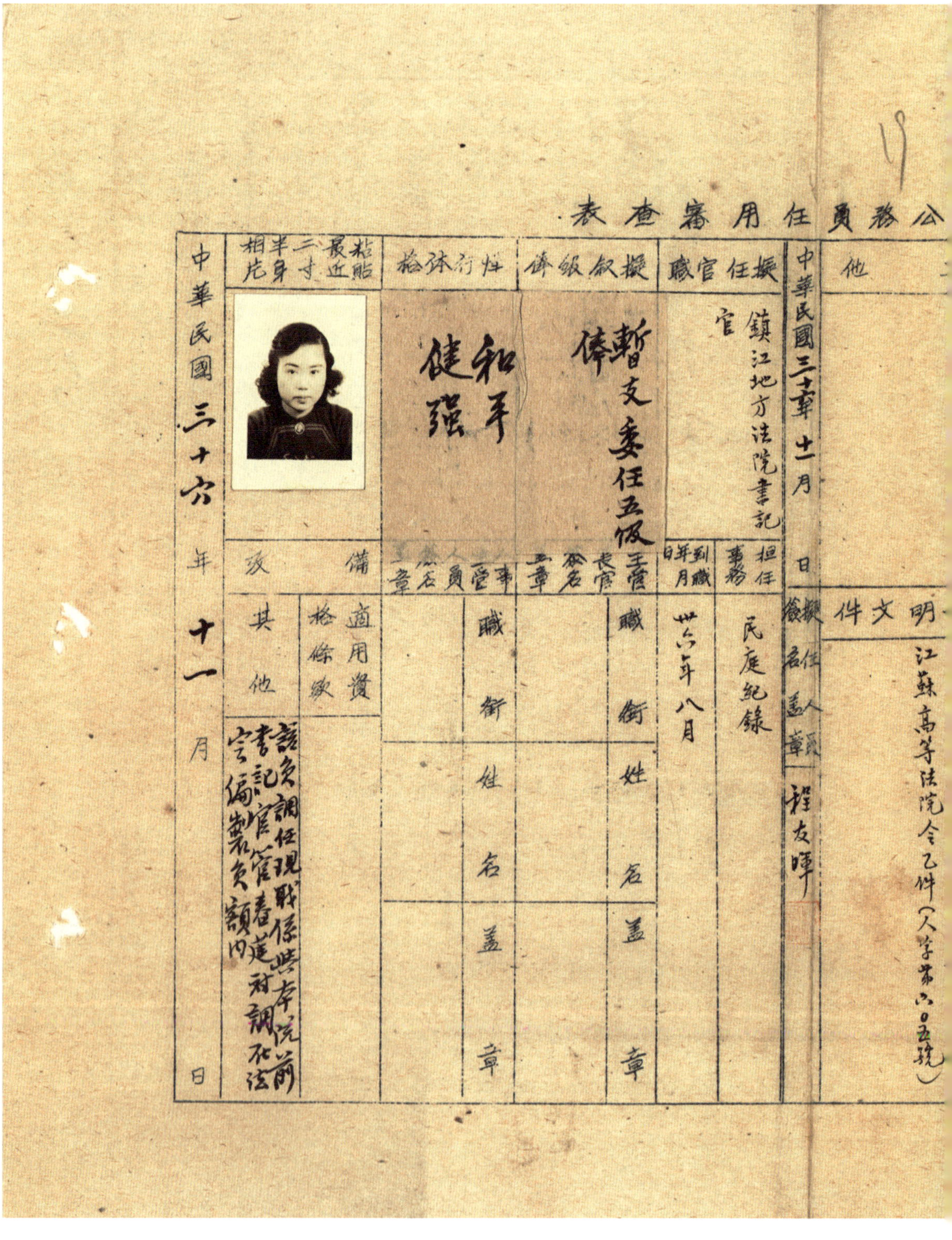

程友晖的公务员任用审查表显示：其到职时间为1947年8月，具体负责事项为民庭记录事务，拟叙级俸为暂支委任五级俸，根据南京国民政府颁布的官等官俸表，可推测其暂支俸禄为130元。此外，任用审查表中还对程友晖的任职进行了说明：“该员调任现职系与本院前书记官管春莲对调，在法官编制员额内。”

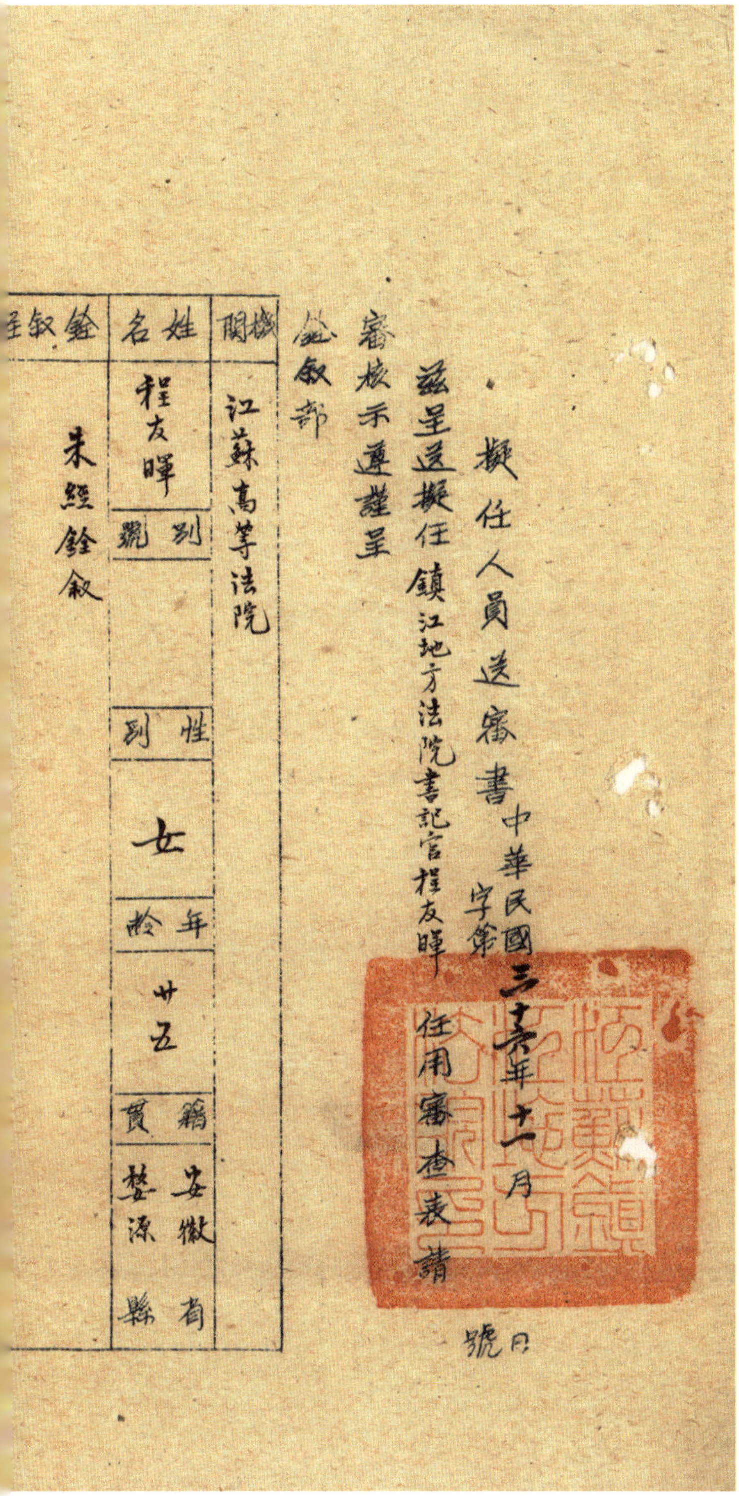
擬任人員送審書
中華民國三十六年十一月 日 字第 號
茲呈送擬任鎮江地方法院書記官程友暉任用審查表請
審核示遵謹呈
銓敘部

機關	姓名	別號	性別	年齡	籍貫	銓敘
江蘇高等法院	程友暉		女	廿五	安徽省婺源縣	未經銓敘

图2-3-8-1

公務員履歷表

（第一面）

姓名	程友暉
性別	女
住址 現在	鎮江地方法院
住址 永久	杭州膺白路四十二號
出身 民國紀元（或農曆）	十二年十二月廿五日
現年	廿五歲
籍貫	安徽省婺源縣
黨籍	
信仰宗教	
體格 身高	51
體重	145
胸圍	31吋
血壓	正常
肺臟	正常
耳 左右	正常
眼 左右	近視
總評	乙等

學歷	
學校或訓練機關名稱	上海法學院
院系科別	法律學系
修業起訖年月	卅一年上期至卅六年
畢業或肄業	畢業
學位	法學士
審查結果	

考試	
考試年屆及名稱	
種類科別	
等第	
證書字號	
考試機關	
審查結果	

發明或著作	
名稱	
學術類別	
審查結果	
附註	

家屬

稱謂	父	母	兄	姊		妹			
名氏	程振基	程戴氏	程國英	程雪暉	程慈暉	程秦暉	程霞暉	程餘暉	程敏暉
年齡	五七	五四	廿八	卅六	卅六	廿二	廿	十九	十七
存歿	歿	歿	存	存	歿	存	存	存	存
職業	銀行		銀行	銀行					
附註									

專長 | 志趣 | 嗜好 | 號編或相片貼

图 2-3-8-2

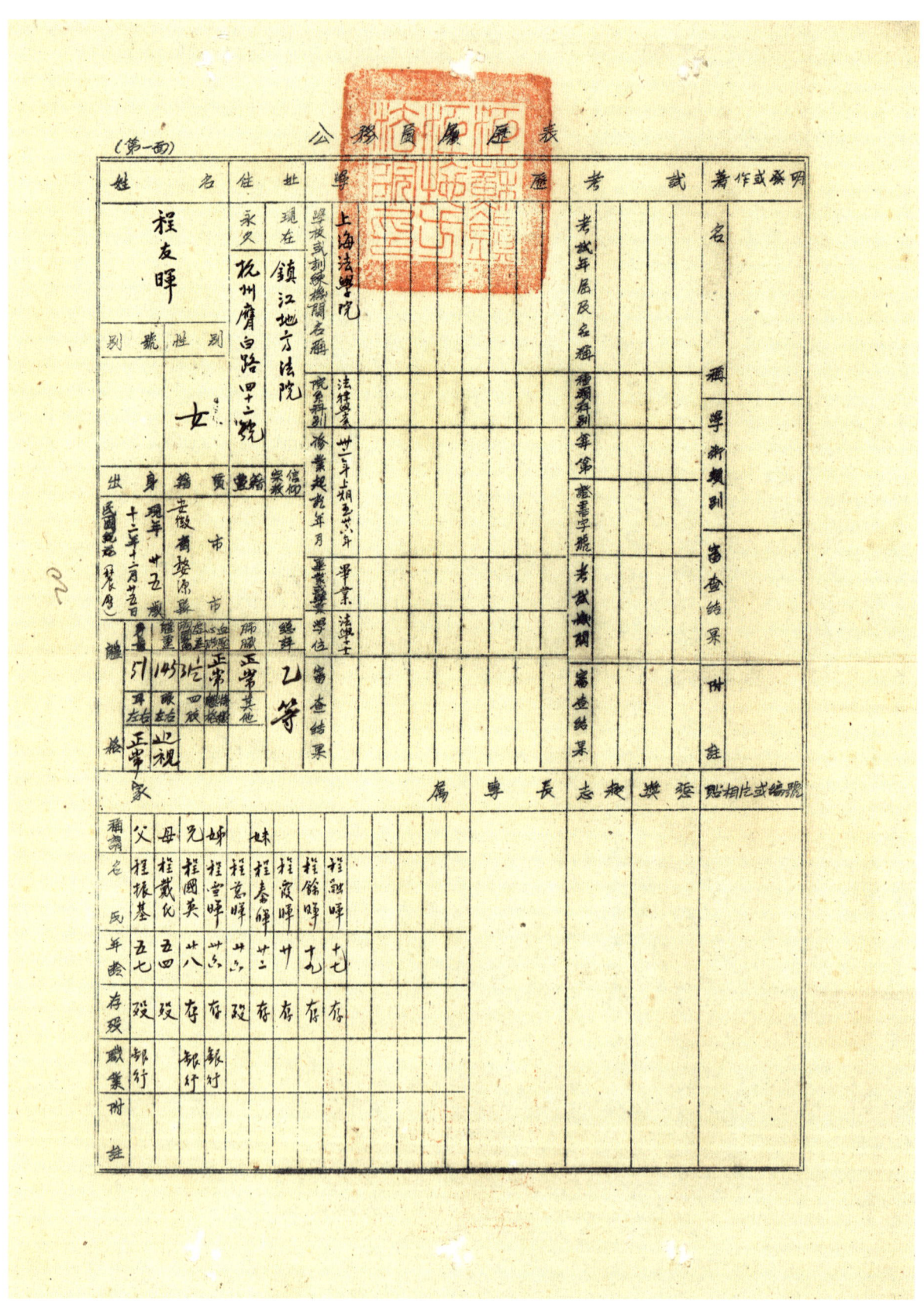

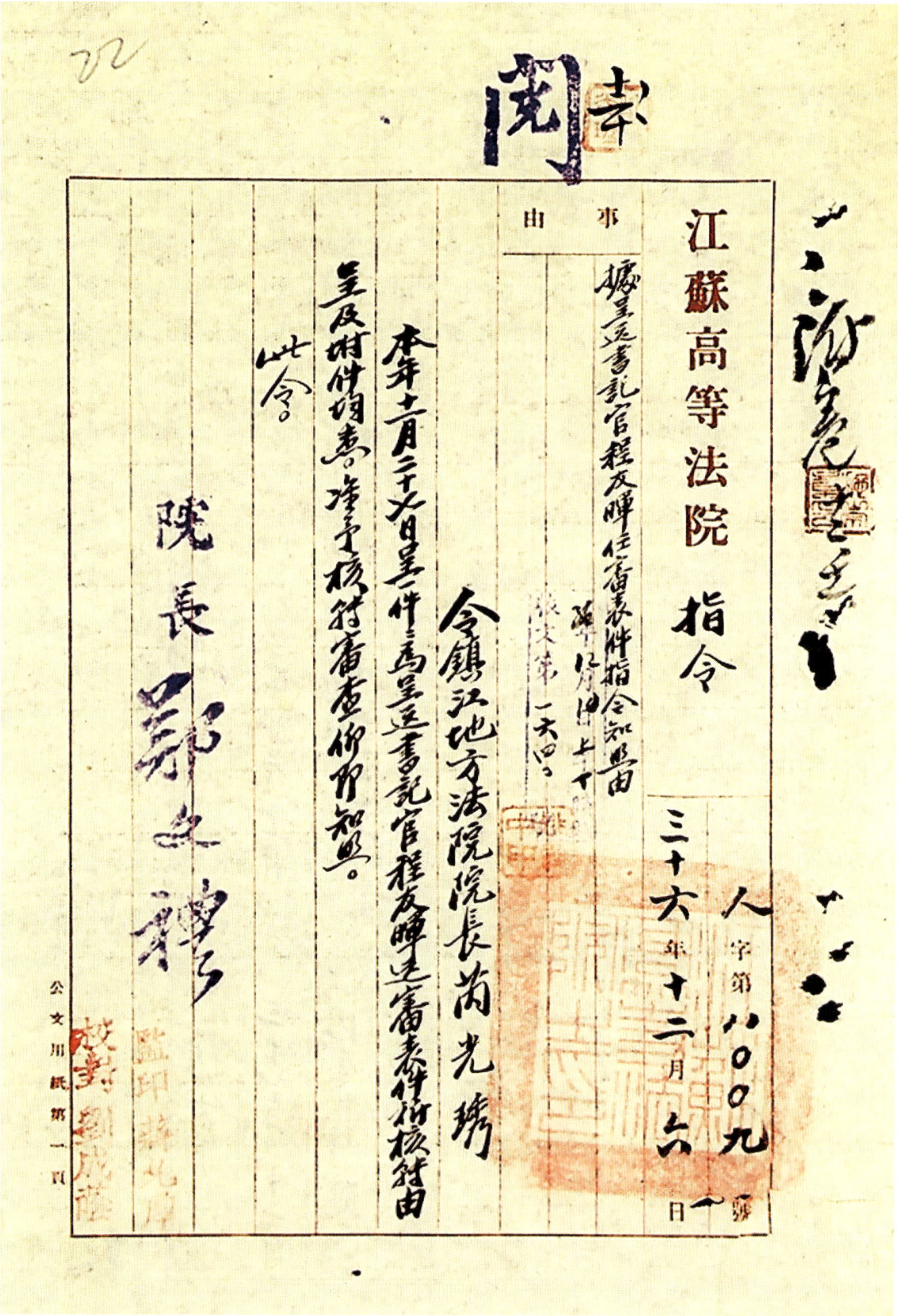

江蘇高等法院　指令

人字第八〇〇九號

三十六年十二月六日

事由：據呈送書記官程友暉任審表件指令知照由

令鎮江地方法院院長荀光琇

本年十一月二十六日呈一件，為呈送書記官程友暉送審表件祈核轉由。

呈及附件均悉。准予核轉審查，仰即知照。

此令。

院長　[illegible]

公文用紙第一頁

图2-3-8-3

9. 江苏镇江地方法院推事顾瑞麟离职证明书（1948年）（档案号：A020-1946-001-0171-0040）

1947年后，在镇新式司法机构出现了“离职潮”。下图系镇江地方法院于1948年12月出具的推事顾瑞麟的离职证明书。

该离职证明书显示，镇江地方法院推事顾瑞麟于1948年11月到职，荐任八级，根据1948年南京国民政府颁行的《修正法官及其他司法人员官等官俸表》，月支薪俸260元；后该员因事辞职，于同年12月离职。

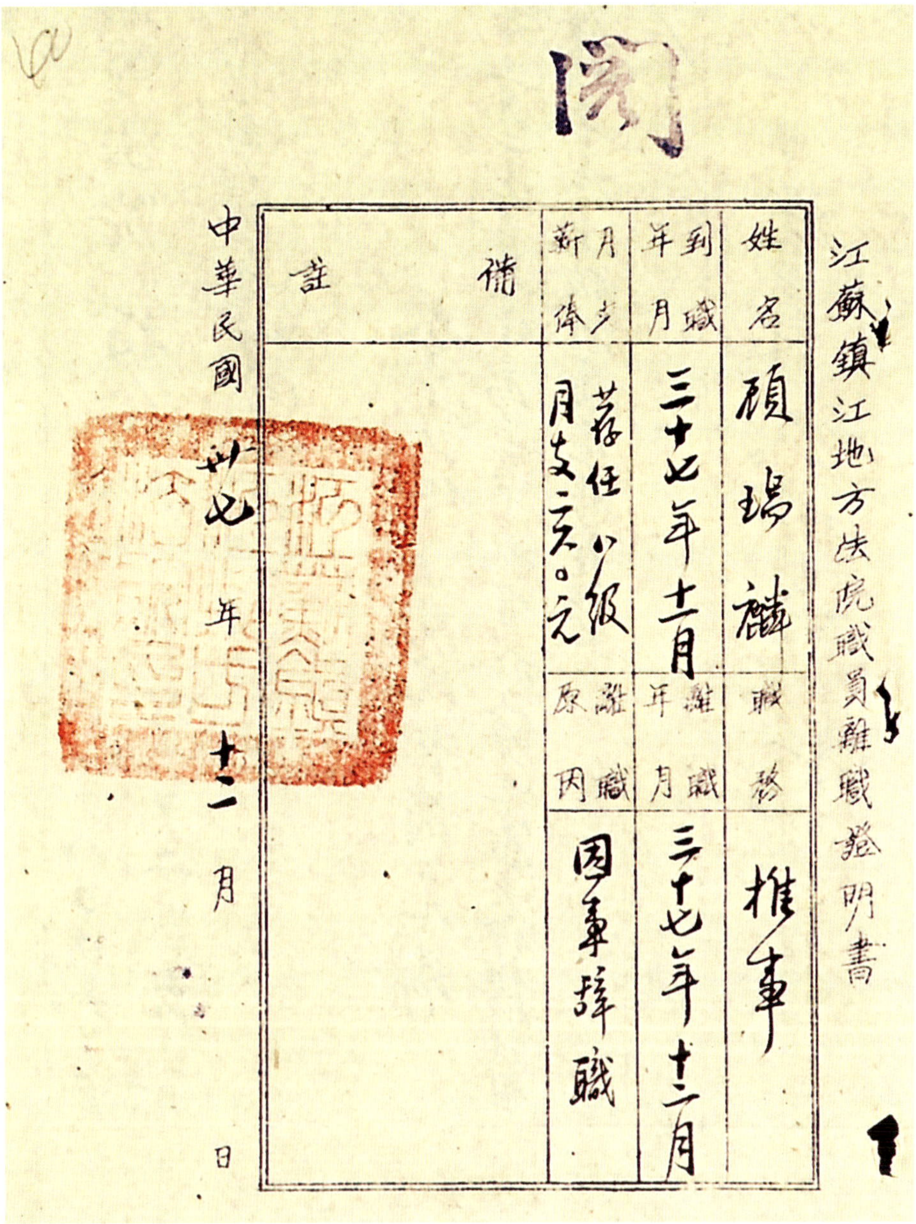

閱

江蘇鎮江地方法院職員離職證明書

姓名	到職年月	月支薪俸	備註
顧瑞麟	三十七年十一月	荐任八級 月支二六〇元	
職務	離職年月	離職原因	
推事	三十七年十二月	因事辭職	

中華民國卅七年十二月 日

图2-3-9

10. 江苏镇江地方法院书记官曾霁虹离职证明书（1948年）（档案号：A020-1946-001-0172-0018）

下图为镇江地方法院于1948年12月出具的书记官曾霁虹的离职证明书。

该离职证明书显示，镇江地方法院书记官曾霁虹，于1947年7月到职，委任五级，根据1948年南京国民政府颁行的《修正法官及其他司法人员官等官俸表》，月支薪俸130元；后该员因事辞职，与推事顾瑞麟一样于1948年12月离职。“离职潮”在一定程度上预示，国民党政权即将覆灭，在镇新式司法机构也将随之退出历史舞台。

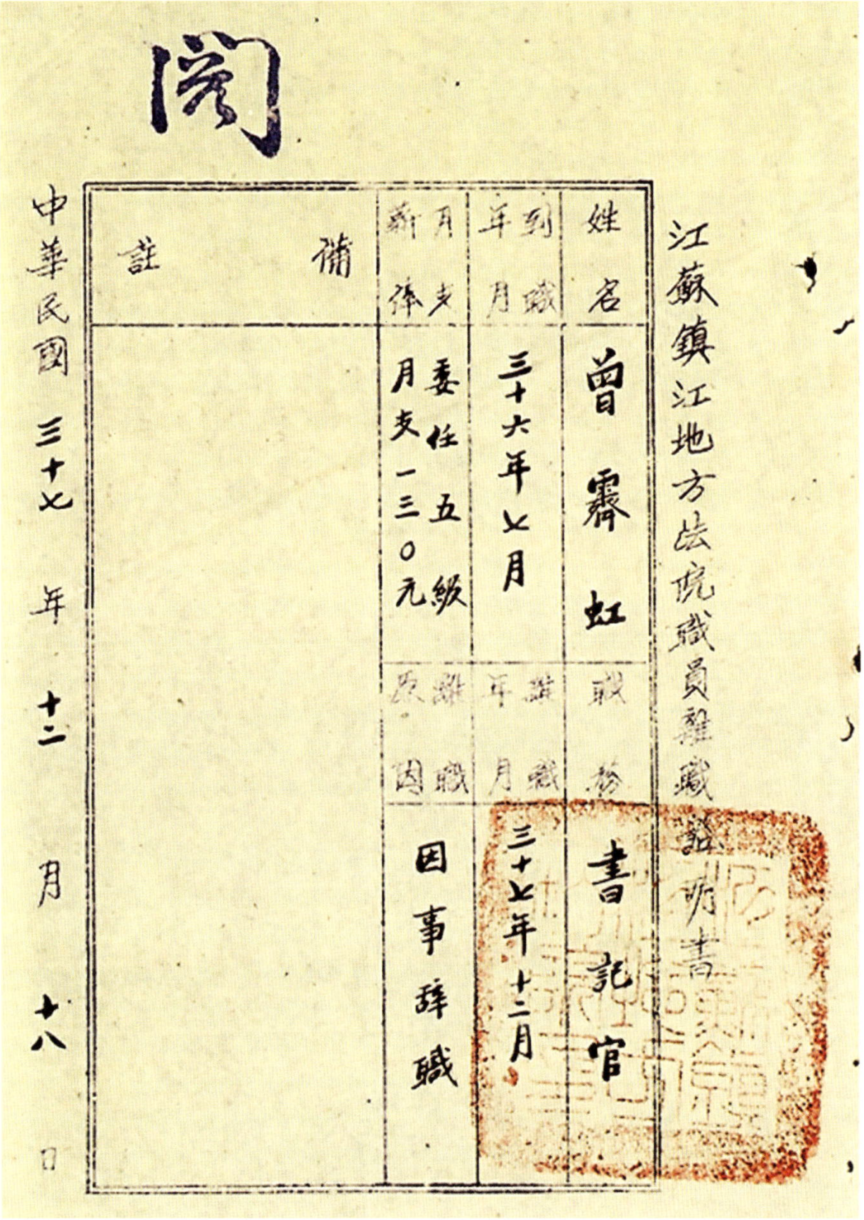

閱

江蘇鎮江地方法院職員離職證明書

姓名	到職年月	月支薪俸	備註
曾霽虹	三十六年七月	委任五級 月支一三〇元	

職務	離職年月	離職原因
書記官	三十七年十二月	因事辭職

中華民國三十七年十二月十八日

图2-3-10

第三章 司法经费

谈及清末及民国时期的司法，经费短缺是绕不过去的坎。清末司法改革时，法部曾经要求各地整顿司法收入，“筹备事宜诸待扩张，需款益众，是关于司法各项收入，亟应设法整顿，庶足以资补助而利推行”①。北洋时期，整顿司法收入的呼声此起彼伏。曾任大理院院长和司法总长的董康，大声疾呼：“预备收回法权及筹议改良司法，百端待理，需费孔急，非整顿司法收入，难期奏效。”②南京国民政府建立后，出台多项措施对司法收入进行规范和整顿，但各地阳奉阴违，以致收效甚微，“现在地方司法经费，莫不艰窘异常，各省法院长官亦莫不以经费掣肘为苦。而于整饬法收，以裕度支，凡此职权内应为之事，乃反不一加措意”③。以上史实表明，无论清政府还是北洋政府，抑或南京国民政府，皆希望通过整顿司法收入舒缓司法经费的紧张，但都以失败而告终。

司法收入是近代中国方才形成的概念。在中国传统社会，各级司法机关处理诉讼，不收取任何费用。当然由于种种原因，在司法实践中，书役、衙役等多向当事人索要或收取法定之外且名目繁多的费用，普通民众苦不堪言。④清末司法改革，诉讼费用制度得以确立——清政府将诉讼费用列为法定收费，同时引进了西方的司法印纸和司法状纸制度，以规范诉讼费用名目和数额。这些诉讼费用及罚金、罚锾等，由各司法机构征收后，按一定比例上缴财政，余额即构成该司法机构司法收入的主体。后北洋政府和南京国民政府基本继承了这一制度。

在近代中国，政府期望通过整顿司法收入舒缓司法经费紧张的思路，是注定要失败的。因为可以看到，世界许多国家在审理民事案件时都会收取一定的诉讼费用，但其目的绝不是为了向当事人分摊司法经费，而是限制当事人滥用诉讼权利。与民国同时期的世界主要国家都不把诉讼费用作为司法经费的主要来源：美国、英国只象征性

---

① 《法部通行各省将司法收入各费切实整顿文》，《浙江官报》第35期，1911年。

② 《董康整顿司法收入之说辞》，《申报》1922年4月1日第7版。

③ 《整顿司法收入令》，《法令周刊》第316期，1936年。

④ 清末司法改革时，曾对这些“潜规则”费用进行调查，名目之多令人瞠目结舌。根据《调查川省诉讼习惯报告书》，四川讼费名目包括状纸费、代书费、传呈费、票钱、路费、草鞋钱、下马饭钱、烟茶钱、带案钱、看押钱、开锁钱、口食钱、喜钱、伤单钱、勘案钱、开单钱、站堂录供钱、具结钱、抄录呈稿钱、抄批钱、抄判钱、开单钱、带案钱、站堂钱、看门钱、唱名钱、录供钱、茶房钱、提刑钱、少数钱、换毛钱、灯油钱、写结费、和息费。参见邓建鹏《从陋规现象到法定收费——清代讼费转型研究》，《中国政法大学学报》2010年第4期。

地收取少量诉讼费用，法国不收取任何诉讼费用，德国、日本的诉讼费用则受到严格限制。[①] 此外，世界各国均不针对刑事案件收取诉讼费用。近代中国积极学习西方国家的司法制度，司法机构的名称、组织、结构和运行，无不仿效西方国家，但在司法收入这一问题上却“选择性失明”。政府仅宣称“民事裁判采取有偿主义，刑法厘有罚金专条，各国皆然”[②]，却忽视了世界各国司法经费保障的真实状况。政府将司法收入视为司法经费的重要财源，即期望通过整顿司法收入缓解司法经费的紧张，进而减轻财政压力，背离了司法公共产品的定位，回避了政府承担司法成本的国家责任。1939年，沈钧儒等在国民参政会上提交了《减轻人民诉讼负担案》，直陈司法收入背离司法定位：“惟征收讼费之目的，原在杜防滥讼，补助法收，（注意补助二字）与国家财政，量出为入，蕲求平衡，迥然不同。旧诉讼费规则之征额，已嫌繁重，为世诟病，新规则反加增二倍乃至三倍以上，其立法旨趣，除增裕法收维持支出平衡外，似无他解。然以司法行政机构支出费用之庞大，悉以责之民事诉讼当事人，匪特失其情理之平，即揆之立法主义，亦属根本背戾。”[③]

镇江近代司法档案中有关丹徒地方审判厅、镇江地方法院、江苏高等法院第一（镇江）分院等新式司法机构经费的档案史料，为我们深入探求民国时期的司法经费问题提供了帮助，其主要包括：

第一，司法收入档案。本章选取了《刑事状》《民事状》《司法状纸 / 司法印纸四柱表》《贴用印纸一览表》《登记费 / 缮状费收支清册》等司法经费档案，力图以原始数据的形式展现基层司法收入的历史原貌。

第二，司法机构收支档案。本章选取了《收入收支计算书》《收支对照表》《岁入岁出决算表》等档案材料，从中我们可以更加全面地观察新式司法机构的财务运行状况。

第三，有关司法经费的公文。本章选取了在镇新式司法机构与江苏高等法院、司法行政部之间的往来公函，其反映出南京国民政府基层司法机构的财务管理特征：地方法院须定期向高等法院报告财务情况，后者初审后再报司法行政部审核，地方法院并不享有完整的财权。

---

① 参见岳琳娜《民事诉讼费用制度研究》，硕士学位论文，西南政法大学，2002，第13—14页。

② 《整顿司法收入令》，《法令周刊》第316期，1936年。

③ 沈钧儒等：《减轻人民诉讼负担案》，国民参政会秘书处编印《国民参政会第三次大会纪录》，1939年。

一、司法收入

（一）司法状纸

南京国民政府司法行政部于1929年颁布的《司法状纸规则》第一条规定："民事或刑事诉讼，除依法得用言词外，应一律购用司法状纸。"据此，司法状纸是新式司法机构一项稳定的收入来源，其性质是强制当事人购买法院出售的状纸，自备状纸无效。以下是1份司法状纸收入统计表及4张司法状纸。

1. 江苏镇江地方法院诉讼状纸四柱表（1929年）（档案号：A019-1929-001-0022-0018）

该表反映了镇江地方法院1929年2月售出司法状纸情况。"四柱"指本月内诉讼状纸旧管、新收、售出和实存四类统计数据，状纸则包括民事诉状、民事辩诉状、民事上诉状、民事抗告状、民事委任状、限状、交状、保状、领状、和解状、结状，共11种。该表详细记录了镇江地方法院当月售出各类诉讼状纸的套数及定价。

图3.1.1.1 镇江地方法院诉讼状纸售出套数统计图（1929年2月）

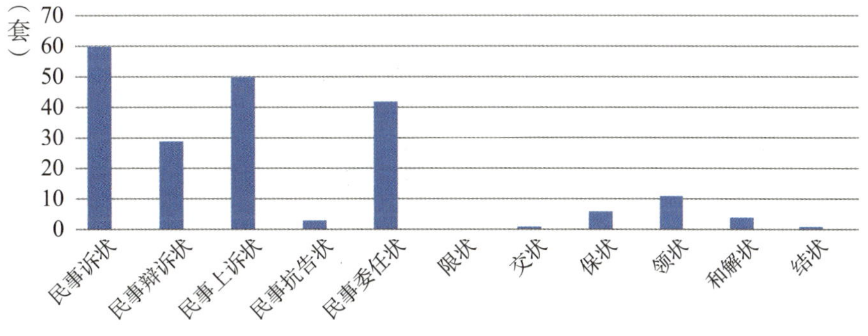

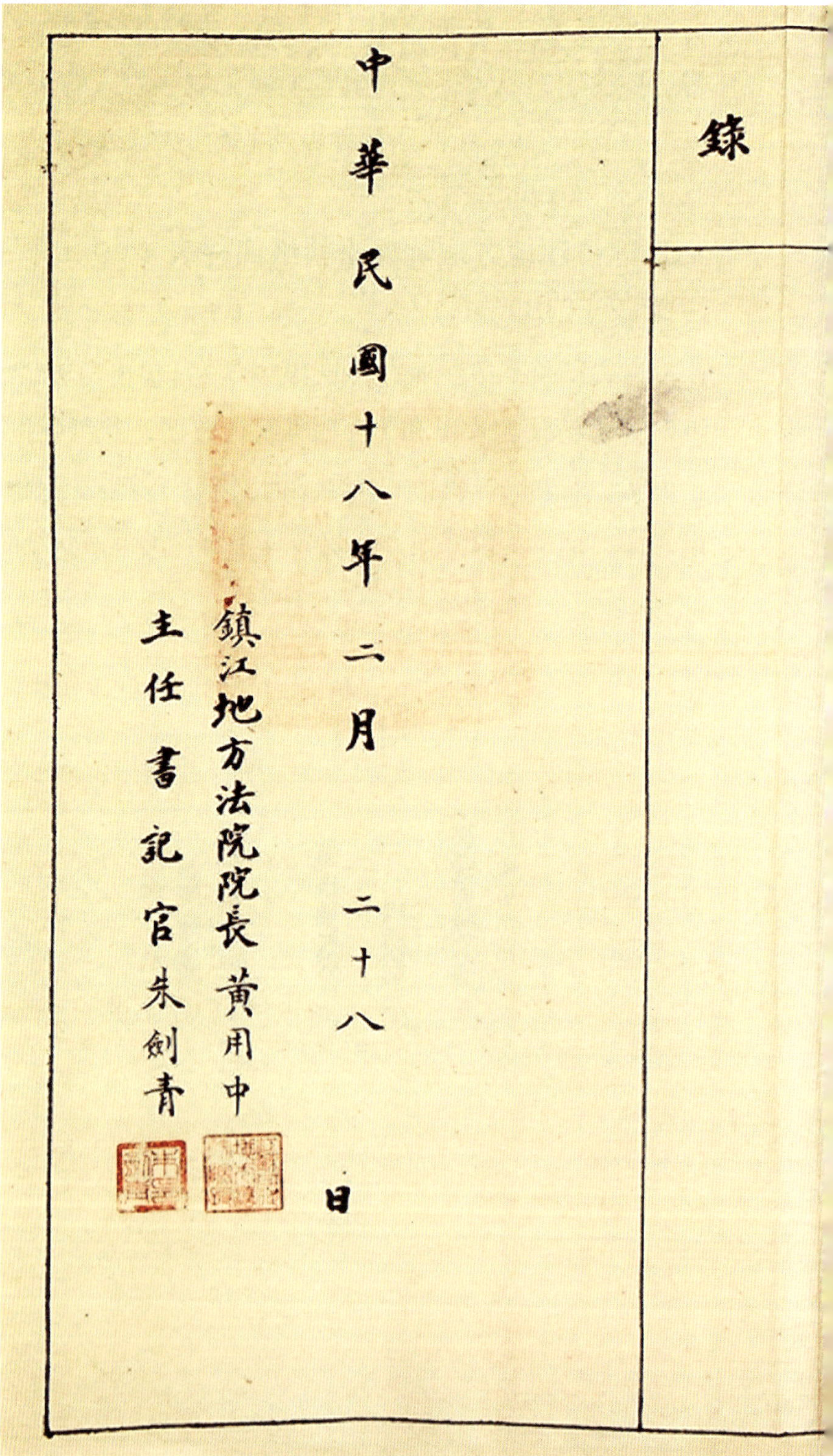

錄

中華民國十八年二月二十八日

鎮江地方法院院長黃用中

主任書記官朱劍青

图3-1-1-1

訴訟狀紙四柱表 十八年二月分

狀紙種類及定價 \ 四柱套數	舊管 套數	舊管 定價	新收 套數	新收 定價	計 套數	計 定價	售出 套數	售出 定價	實存 套數	實存 定價	備考
民事訴狀	四四六	二六七 六〇			四四六	二六七 六〇	六〇	三六 〇〇	三八六	二三一 六〇	
民事辯訴狀	五二二	三一三 二〇			五二二	三一三 二〇	二九	一七 四〇	四九三	二九五 八〇	
民事上訴狀	三四五	二〇七 〇〇			三四五	二〇七 〇〇	五〇	三〇 〇〇	二九五	一七七 〇〇	
民事抗告狀	四九三	二九五 八〇			四九三	二九五 八〇	三	一 八〇	四九〇	二九四 〇〇	
民事委任狀	三六七	二二〇 二〇			三六七	二二〇 二〇	四二	二五 二〇	三二五	一九五 〇〇	
限狀	八二	一六 四〇			八二	一六 四〇			八二	一六 四〇	
交狀	二二七	四五 四〇			二二七	四五 四〇	一	二〇	二二六	四五 二〇	
保狀	二六九	八〇 七〇			二六九	八〇 七〇	六	一 八〇	二六三	七八 九〇	
領狀	二一三	一二七 八〇			二一三	一二七 八〇	一一	六 六〇	二〇二	一二一 二〇	
和解狀	二七二	一六三 二〇			二七二	一六三 二〇	四	二 四〇	二六八	一六〇 八〇	
結狀	一三一	三九 三〇			一三一	三九 三〇	一	三〇	一三〇	三九 〇〇	
合計	三、三六七	一、七七六 六〇			三、三六七	一、七七六 六〇	二〇七	一二一 七〇	三、一六〇	一、六五四 九〇	

附

一本表欄狀價數目均依照新頒狀價填列理合登明

2. 司法状纸（刑事状）（1930年）（档案号：A020-1930-002-0324-0001）

该司法状纸定价银三角。正面印有孙中山头像及国民党中央党部部址等图像，并标明“按照原价代最高法院检察署加价一成”“照原价加征整理旧监费五成银一角五分”等字样，同时注明售出时间和法院名称。反面印有普通注意事项和特别注意事项，普通注意事项是对所有刑事状纸的要求，特别注意事项则根据状纸不同的适用对象而制订。值得一提的是，除了上述内容，司法状纸上还有“总理遗嘱”和“提倡国货是总理民生主义的实行”的宣传口号。

提倡國貨是總理民生主義的實行
1000840
司法狀紙
刑事狀
司法行政部頒行
呈部核准自十九年三月一日起照原價加徵整理舊監費五成銀一角五分
遵奉部令自五月一日起按照原價代最高法院檢察署加徵一成
中央黨部部址
此狀紙定價銀叁角

图3-1-1-2-1

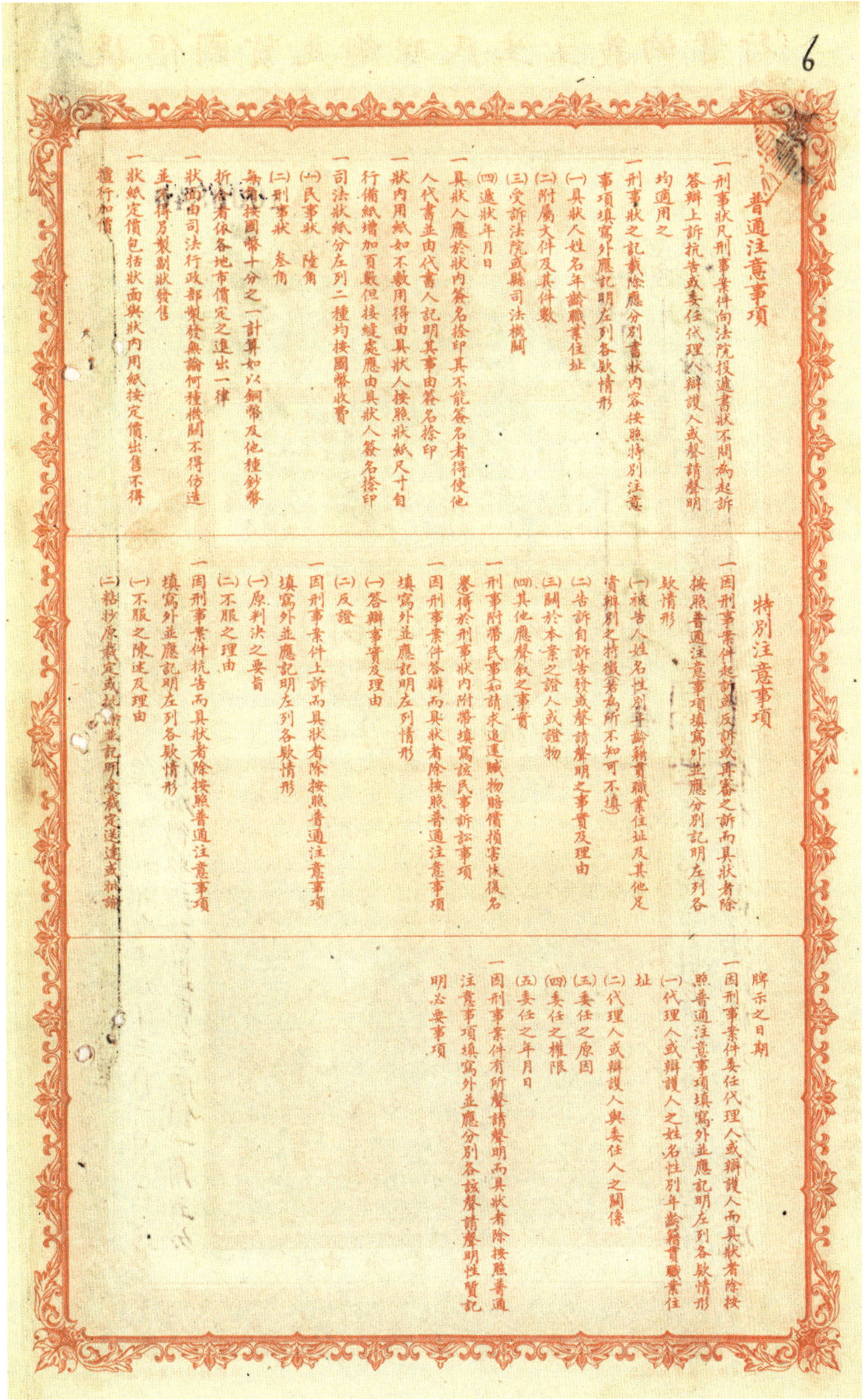

普通注意事項

一刑事狀凡刑事案件向法院投遞書狀不問為起訴答辯上訴抗告或委任代理人辯護人或聲請聲明均適用之
一刑事狀之記載除應分別書狀內容按照特別注意事項填寫外應記明左列各欵情形
(一)具狀人姓名年齡職業住址
(二)附屬文件及其件數
(三)受訴法院或縣司法機關
(四)遞狀年月日
一具狀人應於狀內簽名捺印其不能簽名者得使他人代書並由代書人記明其事由簽名捺印
一狀內用紙如不敷用得由具狀人按照狀紙尺寸自行備紙增加頁數但接縫處應由具狀人簽名捺印
一司法狀紙分左列二種均按國幣收費
(一)民事狀　陸角
(二)刑事狀　叁角
無論按國幣十分之一計算如以銅幣及他種鈔幣折合者依各地市價定之進出一律
一狀面由司法行政部製發無論何種機關不得仿造並不得另製副狀發售
一狀紙定價包括狀面與狀內用紙按定價出售不得擅行加價

特別注意事項

一因刑事案件起訴或反訴或再審之訴而具狀者除按照普通注意事項填寫外並應分別記明左列各欵情形
(一)被告人姓名性別年齡籍貫職業住址及其他足資辨別之特徵(若為所不知可不填)
(二)告訴自訴告發或聲請聲明之事實及理由
(三)關於本案之證人或證物
(四)其他應聲敘之事實
一刑事附帶民事(如請求追還贓物賠償損害恢復名譽得於刑事狀內附帶填寫該民事訴訟事項
一因刑事案件答辯而具狀者除按照普通注意事項填寫外並應記明左列情形
(一)答辯事實及理由
(二)反證
一因刑事案件上訴而具狀者除按照普通注意事項填寫外並應記明左列各欵情形
(一)原判決之要旨
(二)不服之理由
一因刑事案件抗告而具狀者除按照普通注意事項填寫外並應記明左列各欵情形
(一)不服之陳述及理由
(二)粘抄原裁定或批諭並記明受裁定送達或批諭牌示之日期
一因刑事案件委任代理人或辯護人而具狀者除按照普通注意事項填寫外並應記明左列各欵情形
(一)代理人或辯護人之姓名性別年齡籍貫職業住址
(二)代理人或辯護人與委任人之關係
(三)委任之原因
(四)委任之權限
(五)委任之年月日
一因刑事案件有所聲請聲明而具狀者除按照普通注意事項填寫外並應分別各該聲請聲明性質記明必要事項

图3-1-1-2-2

3. 司法状纸（刑事状）（1933年）（档案号：A020-1933-002-0032-0001）

《司法状纸规则》第三条规定：“民事状每套国币六角；刑事状每套国币三角。”第四条规定：“状面由司法行政部制造颁发，无论何种机关不得仿造并不得另制副状发售。”该刑事状状面呈蓝色，定价银三角，印有“此系部颁诉状，禁止仿造，如有以白状代替图利者，准由当事人举发究责”的字样。

提倡國貨是總理民生主義的實行

總理遺囑

余致力國民革命凡四十年其目的在求中國之自由平等積四十年之經驗深知欲達到此目的必須喚起民眾及聯合世界上以平等待我之民族共同奮鬥現在革命尚未成功凡我同志務須依照余所著建國方畧建國大綱三民主義及第一次全國代表大會宣言繼續努力以求貫澈最近主張開國民會議及廢除不平等條約尤須於最短期間促其實現是所至囑

司法狀紙

刑事狀

司法行政部頒行

中央黨部址

此係部頒訴狀禁止仿造如有以白紙代替圖利者准由當事人舉發究責

中華民國廿貳年拾月九日 收到

此狀紙定價銀叁角

图3-1-1-3-1

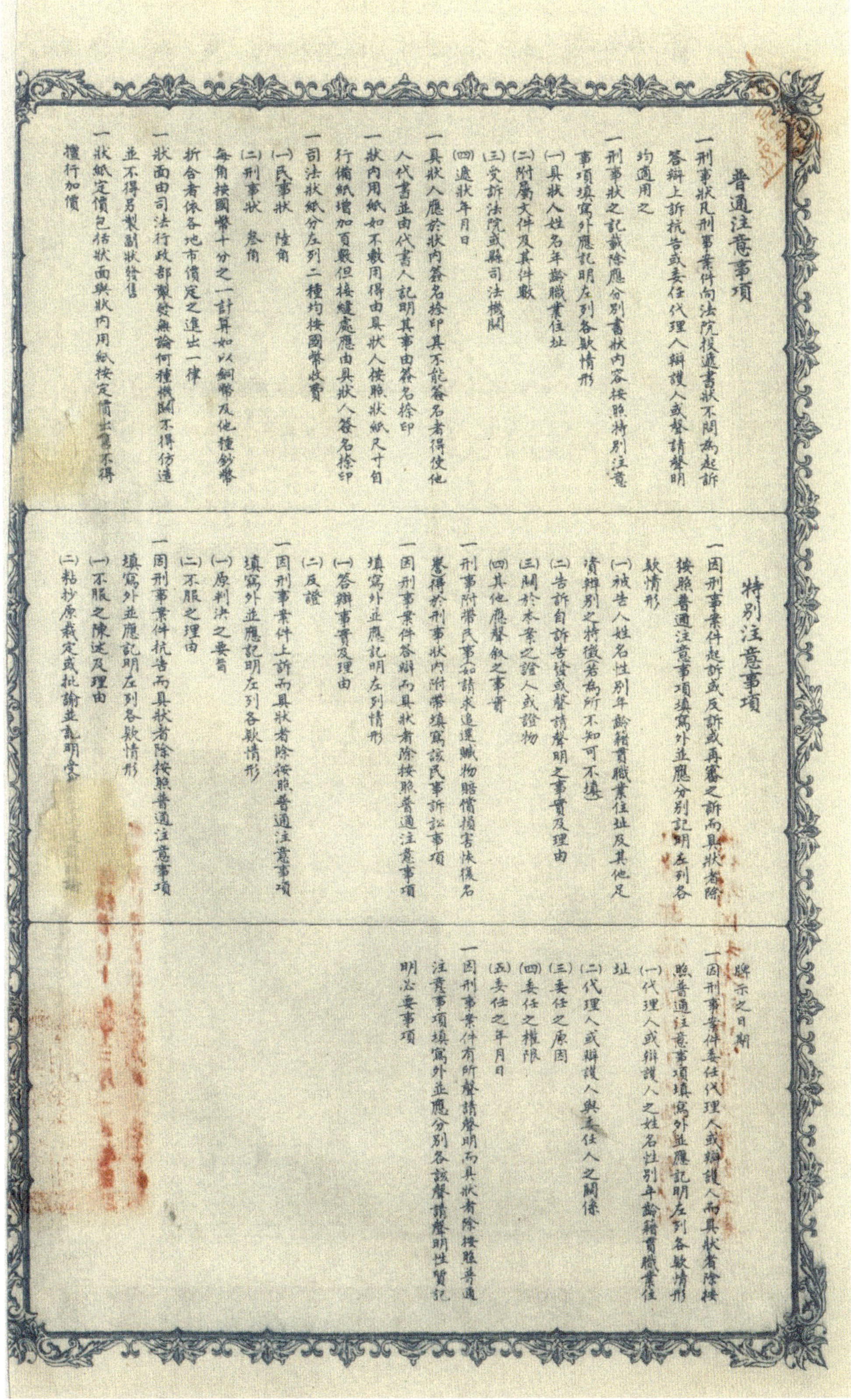

普通注意事項

一刑事狀凡刑事案件向法院投遞書狀不問為起訴答辯上訴抗告或委任代理人辯護人或聲請聲明均適用之

一刑事狀之記載除應分別書狀内容按照特別注意事項填寫外應記明左列各款情形

(一)具狀人姓名年齡職業住址

(二)附屬文件及其件數

(三)受訴法院或縣司法機關

(四)遞狀年月日

一具狀人應於狀内簽名捺印其不能簽名者得使他人代書並由代書人記明其事由簽名捺印

一狀内用紙如不敷用得由具狀人按照狀紙尺寸自行備紙增加頁數但接縫處應由具狀人簽名捺印

一司法狀紙分左列二種均按國幣收費

(一)民事狀　陸角

(二)刑事狀　叁角

每角按國幣十分之一計算如以銅幣及他種鈔幣折合者依各地市價定之進出一律

一狀面由司法行政部製發無論何種機關不得仿造並不得另製副狀發售

一狀紙定價包括狀面與狀内用紙按定價出售不得擅行加價

特別注意事項

一因刑事案件起訴或反訴或再審之訴而具狀者除按照普通注意事項填寫外並應分別記明左列各款情形

(一)被告人姓名性別年齡籍貫職業住址及其他足資辨別之特徵(若為所不知可不填)

(二)告訴自訴告發或聲請聲明之事實及理由

(三)關於本案之證人或證物

(四)其他應聲敘之事實

一刑事附帶民事(如請求追還贓物賠償損害恢復名譽得於刑事狀内附帶填寫該民事訴訟事項

一因刑事案件答辯而具狀者除按照普通注意事項填寫外並應記明左列情形

(一)答辯事實及理由

(二)反證

一因刑事案件上訴而具狀者除按照普通注意事項填寫外並應記明左列各款情形

(一)原判決之要旨

(二)不服之理由

一因刑事案件抗告而具狀者除按照普通注意事項填寫外並應記明左列各款情形

(一)不服之陳述及理由

(二)粘抄原裁定或批諭並記明當牌示之日期

一因刑事案件委任代理人或辯護人而具狀者除按照普通注意事項填寫外並應記明左列各款情形

(一)代理人或辯護人之姓名性別年齡籍貫職業住址

(二)代理人或辯護人與委任人之關係

(三)委任之原因

(四)委任之權限

(五)委任之年月日

一因刑事案件有所聲請聲明而具狀者除按照普通注意事項填寫外並應分別各該聲請聲明性質記明必要事項

图3-1-1-3-2

4. 司法状纸（刑事状）（1948年）（档案号：A020-1947-002-1101-0001）

抗战胜利后的司法状纸较之全面抗战前有较大差异——去掉了孙中山的头像和总理遗训，图案换成了司法行政部部址。该状纸为刑事状纸，呈蓝色，未标定价。

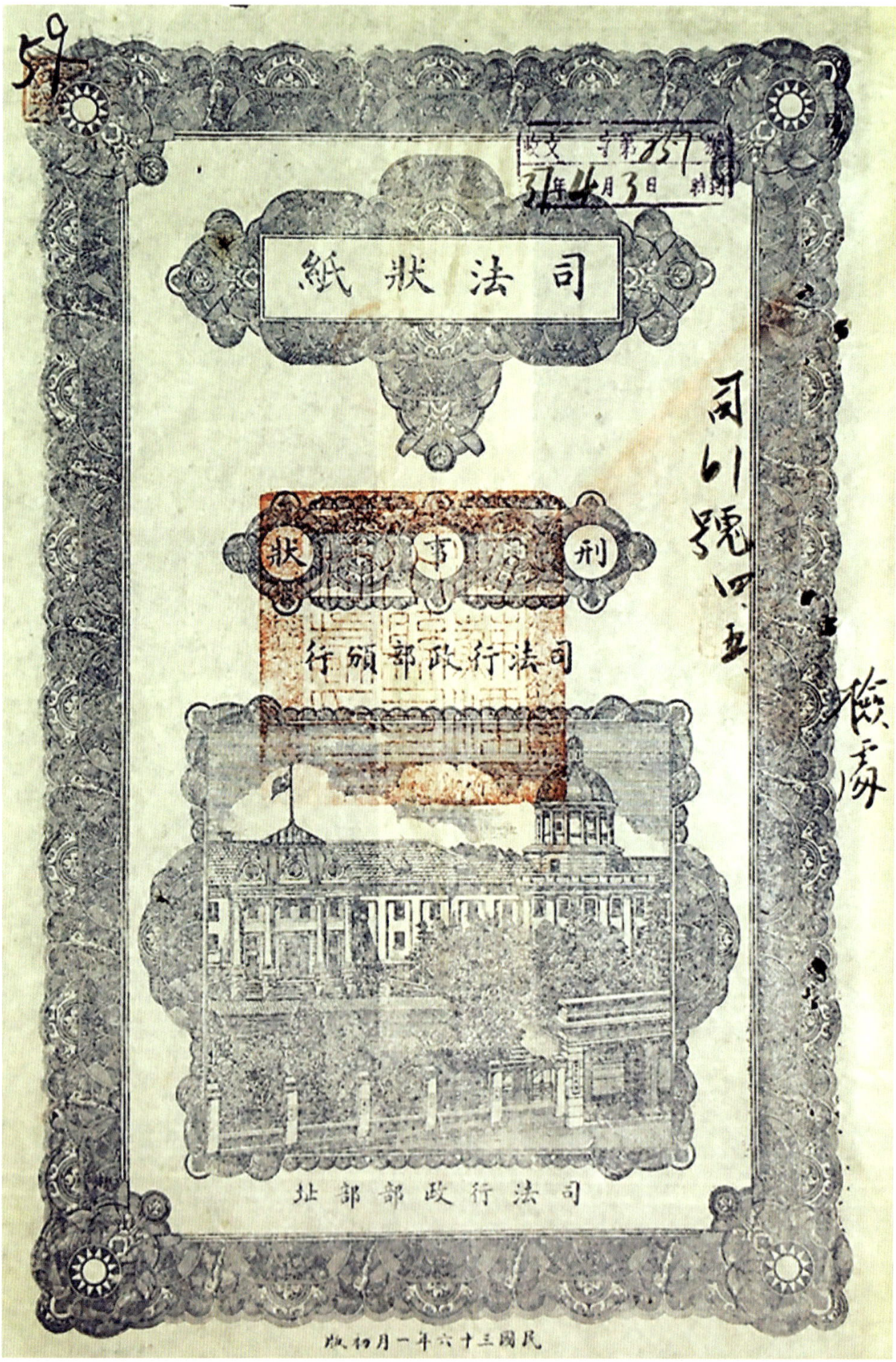

图3-1-1-4

5. 司法状纸（民事状）（1948年）（档案号：A020-1947-002-0757-0001）

该司法状纸呈红色，正面有“奉令民事状每本改售贰万元”的字样。

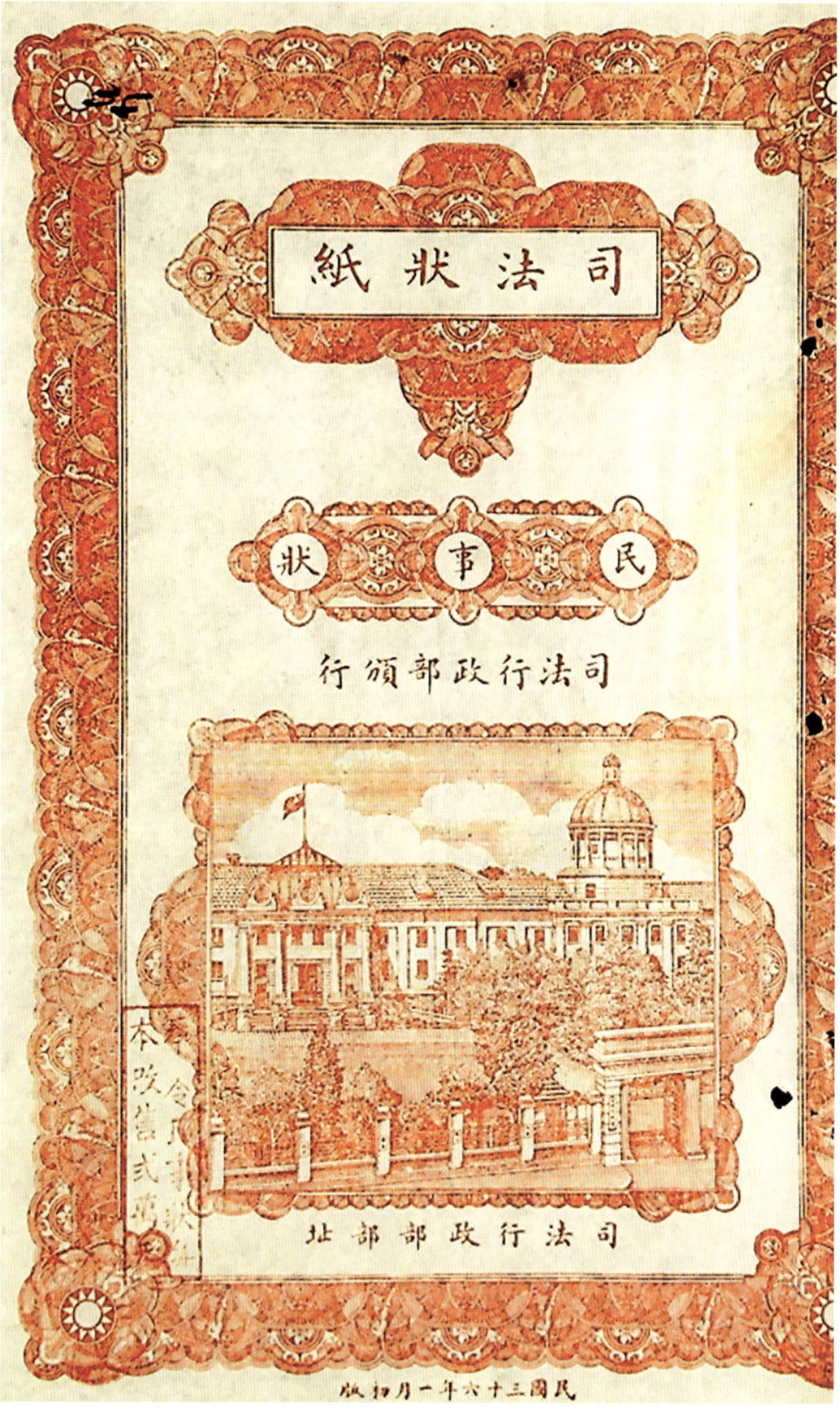

图3-1-1-5

（二）司法印纸

司法印纸的性质与邮票类似，是司法机构在受理案件时收取的裁判费、缮状费、罚金等费用的凭证。当事人缴纳诉讼费用，只需购买并粘贴相应的司法印纸即可。1931年1月，南京国民政府修正公布《司法印纸规则》。

1. 江苏靖江县司法印纸四柱表（1927年）（档案号：A019-1927-001-0005-0003）

司法印纸根据颜色不同来区分价格，其共有8种颜色，分别为淡青色、绿色、紫色、棕色、赭色、蓝色、黄色和红色，对应的价格分别为一分、五分、一角、二角、五角、一元、五元和十元。该四柱表显示，1927年9月靖江县售出最多的是价值二角的棕色司法印纸，共售出36枚。除售出情况外，该四柱表还详细记录了司法印纸旧管、新收和实存的情况。

图3.1.2.1　靖江县司法印纸售出枚数统计图（1927年9月）

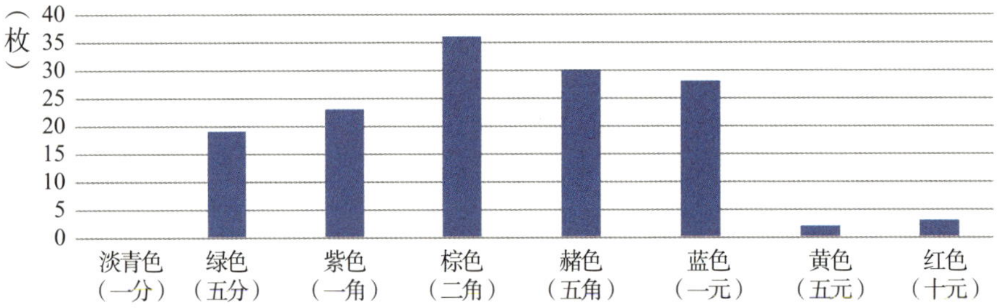

图3-1-2-1-1

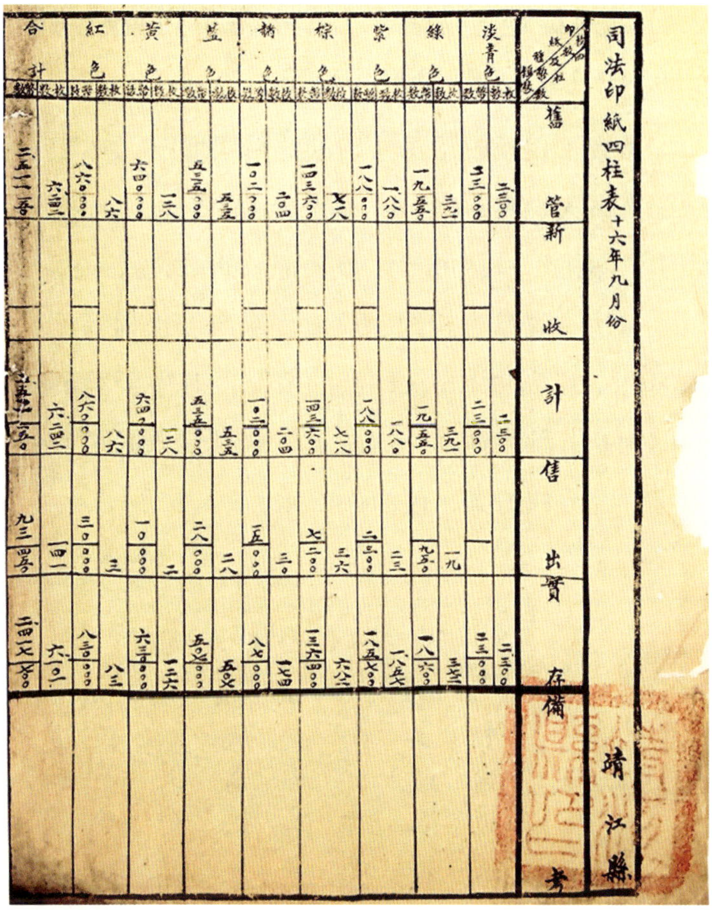

司法印紙四柱表　十六年九月份

	淡青色 價數	淡青色 枚數	綠色 價數	綠色 枚數	紫色 價數	紫色 枚數	棕色 價數	棕色 枚數	赭色 價數	赭色 枚數	藍色 價數	藍色 枚數	黃色 價數	黃色 枚數	紅色 價數	紅色 枚數	合計 價數	合計 枚數
舊管	二三〇〇〇	二三〇〇	一九五五〇	三九一	一八八〇〇〇	一八八〇	一四三六〇〇	七一八	一〇二〇〇〇	二〇四	五三五〇〇〇	五三五	六四〇〇〇〇	一二八	八六〇〇〇〇	八六	二五一一一五〇	六二四二
新收																		
計	二三〇〇〇	二三〇〇	一九五五〇	三九一	一八八〇〇〇	一八八〇	一四三六〇〇	七一八	一〇二〇〇〇	二〇四	五三五〇〇〇	五三五	六四〇〇〇〇	一二八	八六〇〇〇〇	八六	二五一一一五〇	六二四二
售出			九五〇	一九	二三〇〇	二三	七二〇〇	三六	一五〇〇〇	三〇	二八〇〇〇	二八	一〇〇〇〇	二	三〇〇〇〇	三	九三四五〇	一四一
實存	二三〇〇〇	二三〇〇	一八六〇〇	三七二	一八五七〇〇	一八五七	一三六四〇〇	六八二	八七〇〇〇	一七四	五〇七〇〇〇	五〇七	六三〇〇〇〇	一二六	八三〇〇〇〇	八三	二四一七七〇〇	六一〇一
備考																		

靖江縣

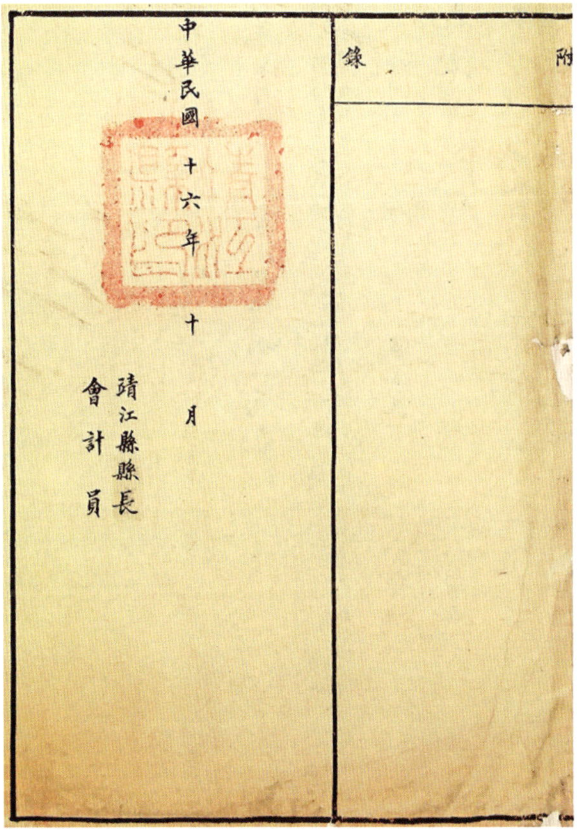

附錄

中華民國十六年十月

靖江縣縣長

會計員

图3-1-2-1-2

2. 江苏丹徒地方法院十七年七月审判费贴用印纸一览表（1928年）（档案号：A019-1928-001-0007-0009）

该表不仅反映了司法印纸的贴用情况，亦记载了当事人姓名、案由、诉讼金额等信息。根据表中“案由”一栏可知，该表记录的系欠款、赎田、赎房、场基、违约、坟地、嗣产、水利等民事案件审判费贴用司法印纸的情况，其中金额最高的为高云秋租地案，达63元，金额最低的则为王正春经界纠纷案，仅为0.45元。

图3.1.2.2　丹徒地方法院审判费征收额统计图（1928年7月）

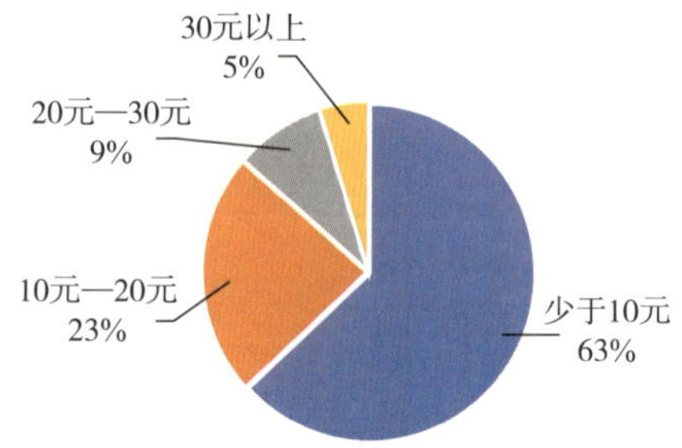

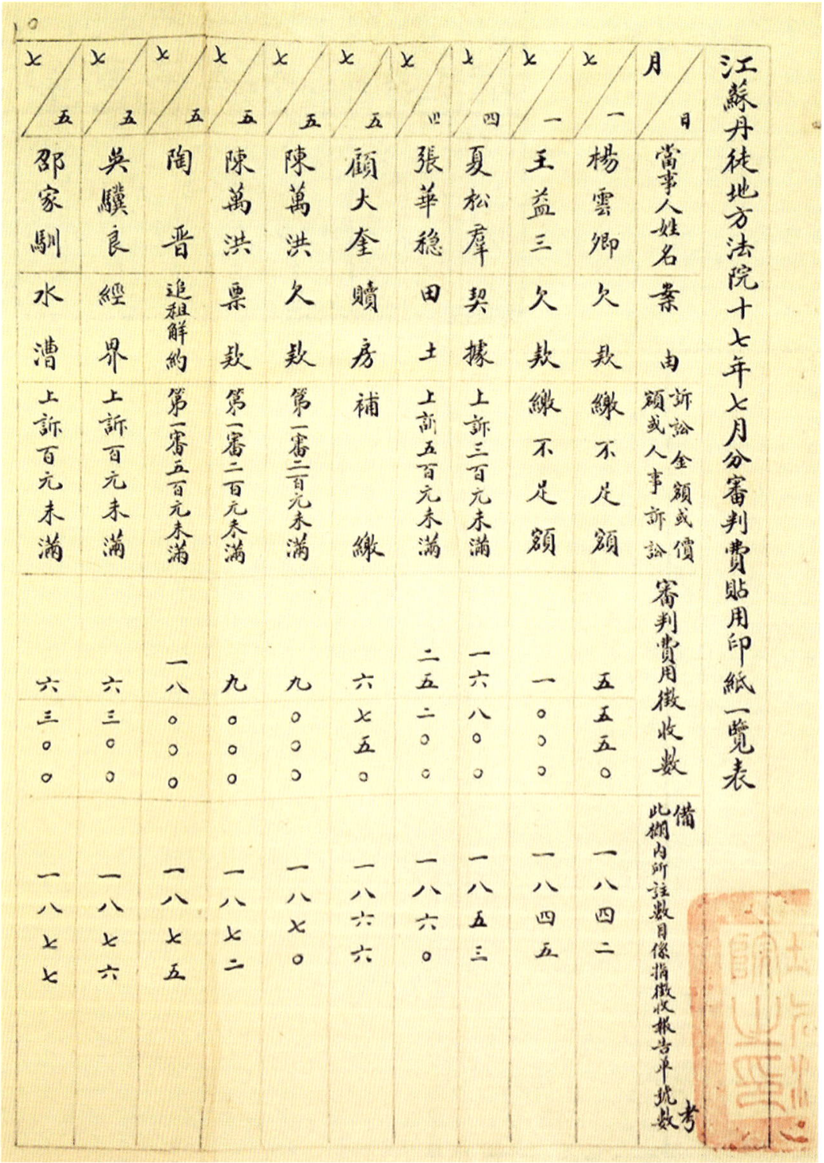

江蘇丹徒地方法院十七年七月分審判費貼用印紙一覽表

月/日	當事人姓名	案由	訴訟全額或價額或人事訴訟	審判費用徵收數	備考（此欄内所註數目係指徵收報告單號數）
七/一	楊雲卿	欠款	繳不足額	五五五〇	一八四二
七/一	王益三	欠款	繳不足額	一〇〇〇	一八四五
七/四	夏松庠	契據	上訴三百元未滿	一六八〇〇	一八五三
七/四	張華稳	田土	上訴五百元未滿	二五二〇〇	一八六〇
七/五	顧大奎	贖房	補繳	六七五〇	一八六六
七/五	陳萬洪	欠款	第一審二百元未滿	九〇〇〇	一八七〇
七/五	陳萬洪	票款	第一審二百元未滿	九〇〇〇	一八七二
七/五	陶晋	追租解約	第一審五百元未滿	一八〇〇〇	一八七五
七/五	吴驥良	經界	上訴百元未滿	六三〇〇	一八七六
七/五	邵家馴	水漕	上訴百元未滿	六三〇〇	一八七七

图3-1-2-2-1

七 / 六	封子和	房產	上訴千元未滿	四六二〇〇	一八八三
七 / 六	盧錦餘	贖田	補繳	九六〇〇	一八八五
七 / 六	邵德華	贖田	第一審五十元未滿	九〇〇	一八八七
七 / 六	許夏氏	款項	上訴二百元未滿	一二六〇〇	一八八八
七 / 七	黄陶氏	賣田	上訴二百元未滿	一二六〇〇	一八九二
七 / 七	章厚齋	經界	上訴百元未滿	六三〇〇	一八九七
七 / 七	譚官林	追租解約	第一審六百元未滿	二一〇〇〇	一八九八
七 / :	湯升釗	房產	上訴二百元未滿	一二六〇〇	一八九九
七 / 七	黄陳氏	承繼	第一審百元未滿	四五〇〇	一九〇〇
七 / 九	馮駱氏	扶養	上訴非因財產	六三〇〇	一九〇八
七 / 九	蔡高氏	贖房	繳不足額	七五〇	一九一二
七 / 九	孔趙氏	房產	第一審百元未滿	四五〇〇	一九一三

图3-1-2-2-2

12

七 / 九	葛正貫	田土	上訴三百元未滿	一六八〇〇	一九一四
七 / 十	楊士楨	追租	第一審三百元未滿	一二〇〇〇	一九一六
七 / 十一	唐文書	田產	上訴三百元未滿	一六八〇〇	一九二四
七 / 十一	魏在善	承繼	第一審百元未滿	四五〇〇	一九二三
七 / 十一	吳琪興	基地	繳不足額	二〇〇〇	一九三一
七 / 十二	張晏端	欠款	第一審四千元未滿	四八〇〇〇	一九四七
七 / 十二	王禹成	田畝	第一審二十五元未滿	九〇〇	一九四八
七 / 十二	戚萬和	異議	補繳	七五〇〇	一九四九
七 / 十二	湯寶文武	田產	上訴百元未滿	六三〇〇	一九五一
七 / 十二	袁盛和	公路	第一審二十五元未滿	九〇〇	一九五二
七 / 十三	袁祖庭	嗣產	補繳	一三〇二〇	一九五五
七 / 十三	張和發	讓房	上訴百元未滿	六三〇〇	一九五六

图3-1-2-2-3

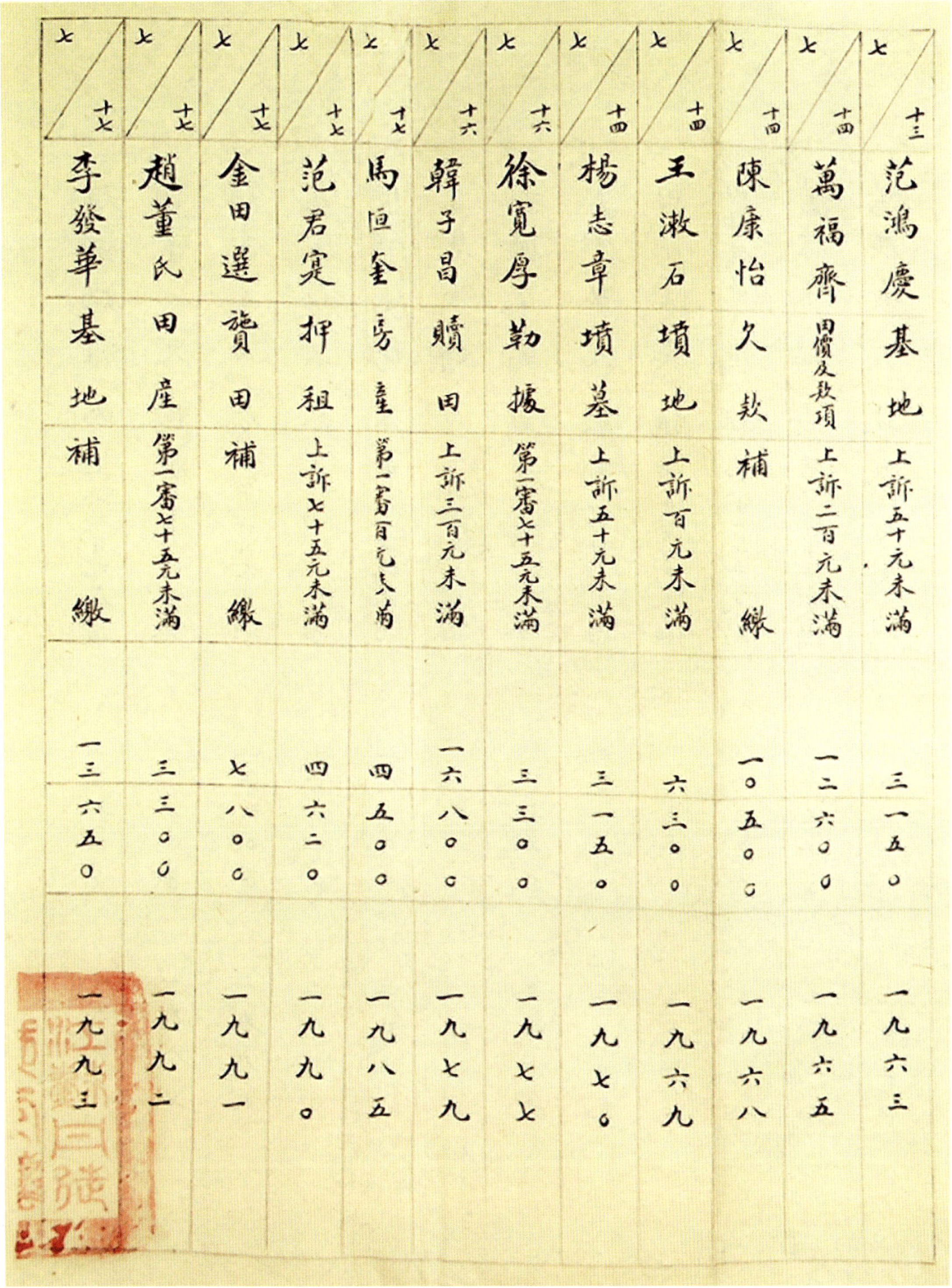

七 十三	范鴻慶	基地	上訴五十元未滿	三一五〇	一九六三
七 十四	萬福齊	田價及款項	上訴二百元未滿	一二六〇〇	一九六五
七 十四	陳康怡	欠款	補繳	一〇五〇〇	一九六八
七 十四	王漱石	墳地	上訴百元未滿	六三〇〇	一九六九
七 十四	楊志章	墳墓	上訴五十元未滿	三一五〇	一九七〇
七 十六	徐寬厚	勒據	第一審七十五元未滿	三三〇〇	一九七七
七 十六	韓子昌	贖田	上訴三百元未滿	一六八〇〇	一九七九
七 十七	馬恒奎	房產	第一審百元未滿	四五〇〇	一九八五
七 十七	范君寔	押租	上訴七十五元未滿	四六二〇	一九九〇
七 十七	金田選	贖田	補繳	七八〇〇	一九九一
七 十七	趙董氏	田產	第一審七十五元未滿	三三〇〇	一九九二
七 十七	李發華	基地	補繳	一三六五〇	一九九三

图3-1-2-2-4

18

七/十七	趙文炳	灘地	上訴二百元未滿	一二六〇〇	一九九四
七/十八	蔣寶仁	欠款	補繳	二三〇〇〇	一九九七
七/十八	胡高才	田房	上訴二百元未滿	一二六〇〇	一九九九
七/十八	張立功	欠款	上訴四百元未滿	二一〇〇〇	二〇〇〇
七/十八	張佩連	場基	上訴二百元未滿	一二六〇〇	二〇〇一
七/十八	賈恩榮	贖田	上訴七十五元未滿	四六二〇	二〇〇五
七/十八	邵德華	贖田	補繳	一三五〇	二〇〇六
七/十九	吳紫臣	欠款	第一審四千元未滿	四八〇〇〇	二〇〇九
七/十九	田明堂	異議	第一審五十元未滿	二二五〇	二〇一七
七/十九	田祥龍等	追租	第一審七十五元未滿	三三〇〇	二〇一八
七/十九	蕭德永	賠償	第一審七十五元未滿	三三〇〇	二〇一九
七/十九	湯廣喜	欠款	繳不足額	一四〇〇〇	二〇二〇

图3-1-2-2-5

七 二十	李丹岩	樹木	補繳	一〇五〇〇	二〇二一
七 二十	焦懷益	田土	上訴三百元未滿	一六八〇〇	二〇二五
七 二十	周國昌	基地	上訴二百元未滿	一二六〇〇	二〇二六
七 二十	馬潔夫	典田	第一審五十元未滿	二二五〇	二〇二七
七 二十一	楊錦孝	田產	補繳	一八九〇〇	二〇二八
七 二十三	徐有才	田房	第一審百元未滿	四五〇〇	二〇四七
七 二十三	厲虞卿	追租	上訴百元未滿	六三〇〇	二〇四八
七 二十三	戴淦清	違約	第一審七百元未滿	二四〇〇〇	二〇五〇
七 二十三	陳叔明	租田	上訴四百元未滿	二一〇〇〇	二〇五一
七 二十三	徐統揚	贖田	上訴百元未滿	六三〇〇	二〇五二
七 二十三	陸周氏等	債務	上訴六百元未滿	二九四〇〇	二〇五四
七 二十四	王劉氏等	遺產	上訴百元未滿	六三〇〇	二〇六二

图3-1-2-2-6

七 二十四	戴長秀	存款	上訴四百元未滿	二一〇〇〇	二〇六三
七 二十四	張榮慶	贖房	上訴百元未滿	六三〇〇	二〇六四
七 二十四	劉燧熙	欠款	第一審七十五元未滿	三三〇〇	二〇六六
七 二十四	楊介亭	房產	上訴百元未滿	六三〇〇	二〇六七
七 二十四	金如清	欠款	上訴七百元未滿	三三六〇〇	二〇六八
七 二十四	曹萬安	欠款	補繳	六三〇〇	二〇七七
七 二十四	陳錫嘏	水利	第一審百元未滿	四五〇〇	二〇七八
七 二十四	李伯殷	讓房	第一審七十五元未滿	三三〇〇	二〇八二
七 二十五	邵家馴	水漕	補繳	六三〇〇	二〇九三
七 二十六	高雲秋	租地	第一審六千元未滿	六三〇〇〇	二〇九五
七 二十六	王韻南	追租	第一審二十五元未滿	九〇〇	二一一〇
七 二十七	葛開瑞	欠款	上訴五十元未滿	三一五〇	二一一四

图3-1-2-2-7

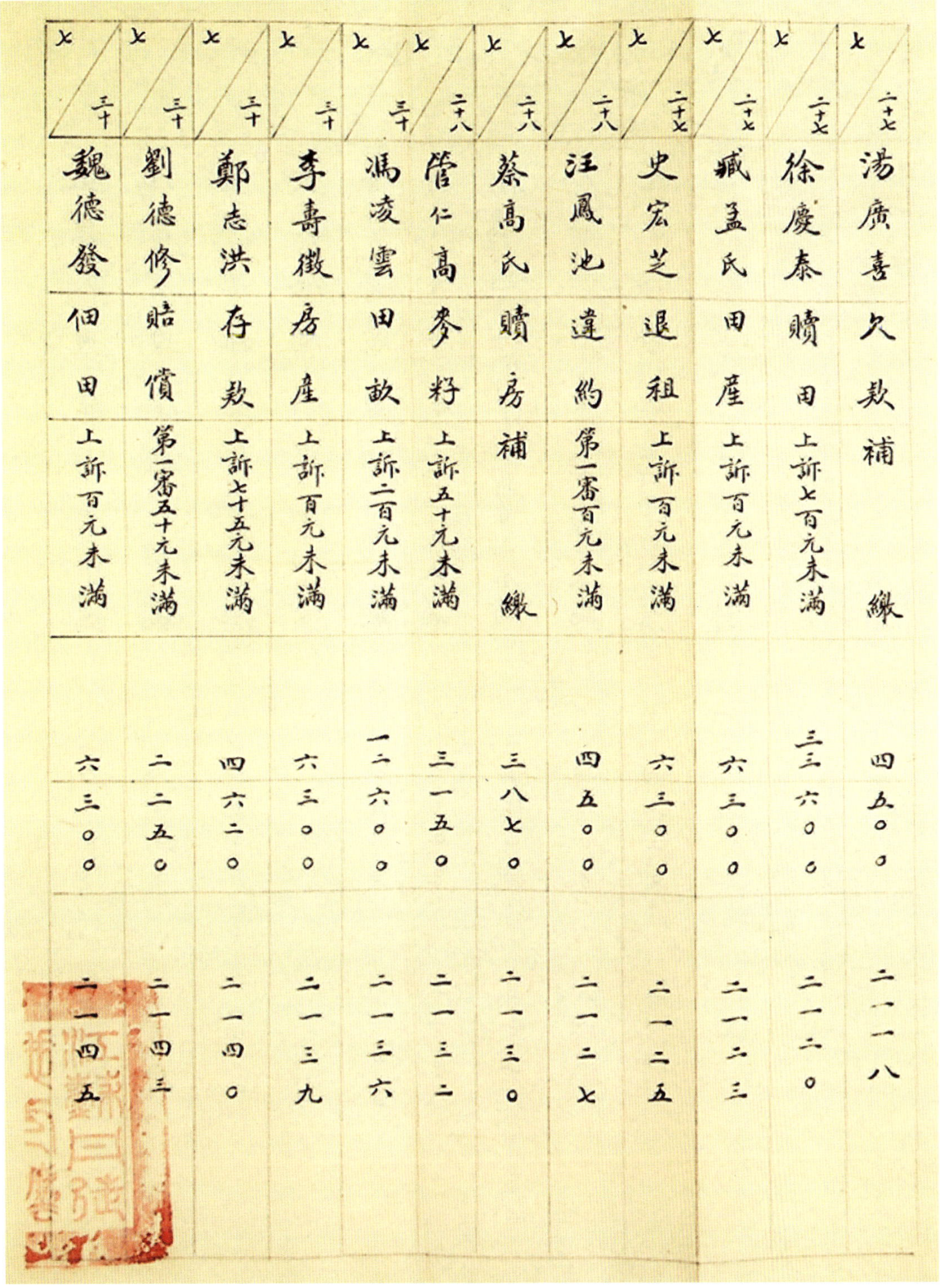

七	二十七	湯廣喜	欠款補繳		四	五〇〇	二一一八
七	二十七	徐慶泰	贖田	上訴七百元未滿	三三	六〇〇	二一二〇
七	二十七	臧孟氏	田產	上訴百元未滿	六	三〇〇	二一二三
七	二十七	史宏芝	退租	上訴百元未滿	六	三〇〇	二一二五
七	二十八	汪鳳池	違約	第一審百元未滿	四	五〇〇	二一二七
七	二十八	蔡高氏	贖房補繳		三	八七〇	二一三〇
七	二十八	管仁高	參籽	上訴五十元未滿	三	一五〇	二一三二
七	三十	馮凌雲	田畝	上訴二百元未滿	一二	六〇〇	二一三六
七	三十	李壽徵	房產	上訴百元未滿	六	三〇〇	二一三九
七	三十	鄭志洪	存款	上訴七十五元未滿	四	六二〇	二一四〇
七	三十	劉德修	賠償	第一審五十元未滿	二	二五〇	二一四三
七	三十	魏德發	佃田	上訴百元未滿	六	三〇〇	二一四五

图3-1-2-2-8

七/三十	王孫氏	田產	上訴三百元未滿	一六	八〇〇	二二四六
七/三十	馮淩雲	田產	補繳	八	四〇〇	二一四九
七/三十	李獻臣等	離異	第一審非因財產	四	五〇〇	二一五〇
七/三十	王正春	經界	第一審十元未滿		四五〇	二一五四
七/三十一	金裕才等	贖田	補繳	一八	九〇〇	二一五五
七/三十一	楊志寬	眷屋	上訴百元未滿	六	三〇〇	二一五八
七/三十一	楊鴻寬	土地權	上訴百元未滿	六	三〇〇	二一五九
七/三十一	徐仁瀛	佃田	上訴四百元未滿	二一	〇〇〇	二一六〇
七/三十一	欒陳氏	樹地	上訴七十五元未滿	四	六二〇	二一六一
合計				一、一三三	四二〇	

图3-1-2-2-9

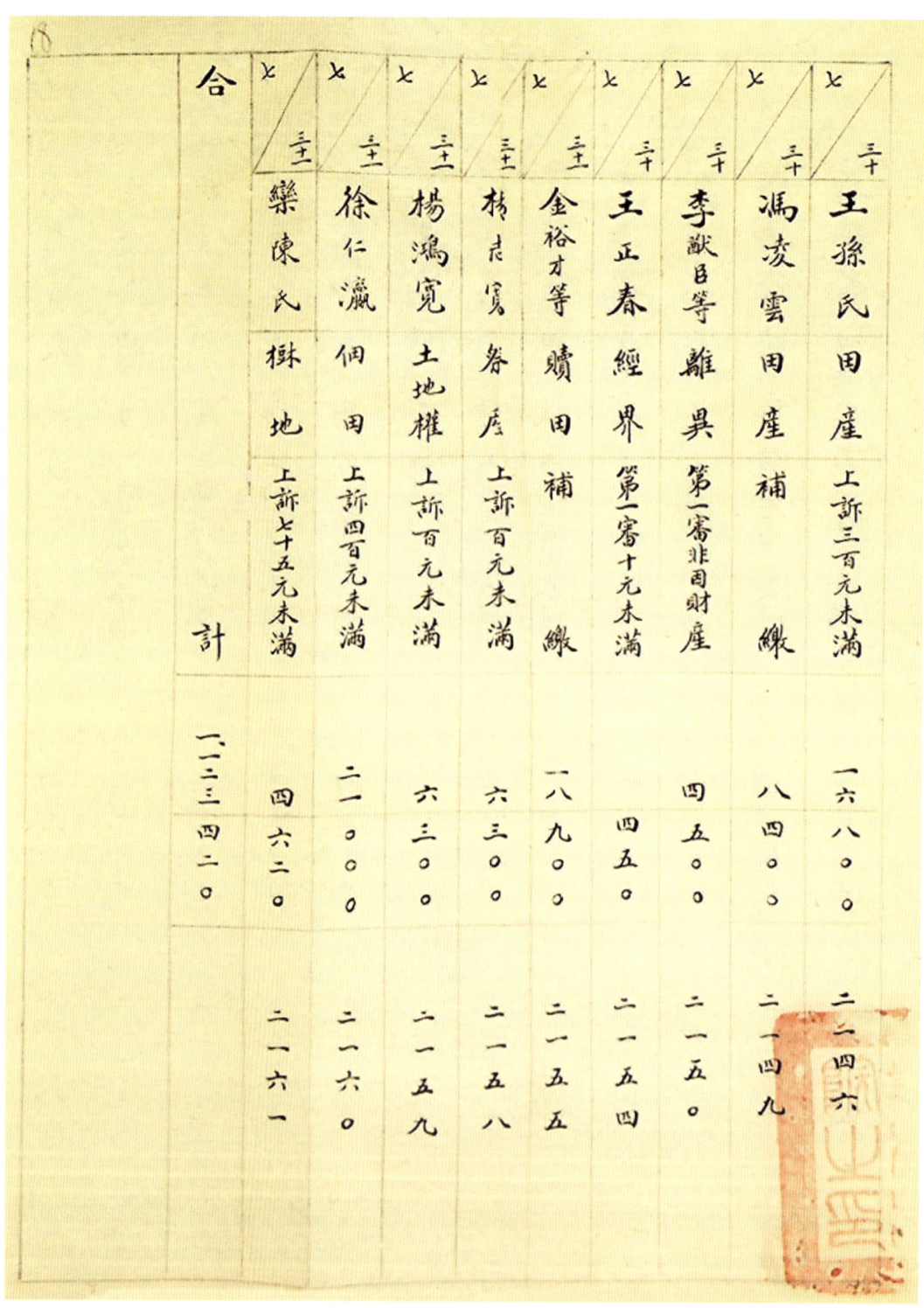

3. 江苏镇江地方法院司法印纸四柱表（1929年）（档案号：A019-1929-0010-0022-0016）

由该四柱表可知，截至1929年2月，镇江地方法院“实存”最多的司法印纸为价值二角的棕色司法印纸，实存4366枚，占所有印纸数量的27%左右；而“实存”占比最小的为价值一分的淡青色司法印纸362枚，仅为2%左右。

图3.1.2.3 镇江地方法院各色司法印纸实存数统计图（1929年2月）

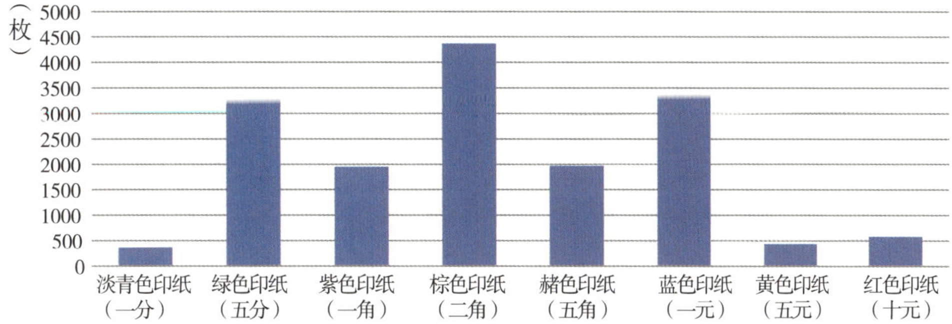

图3-1-2-3

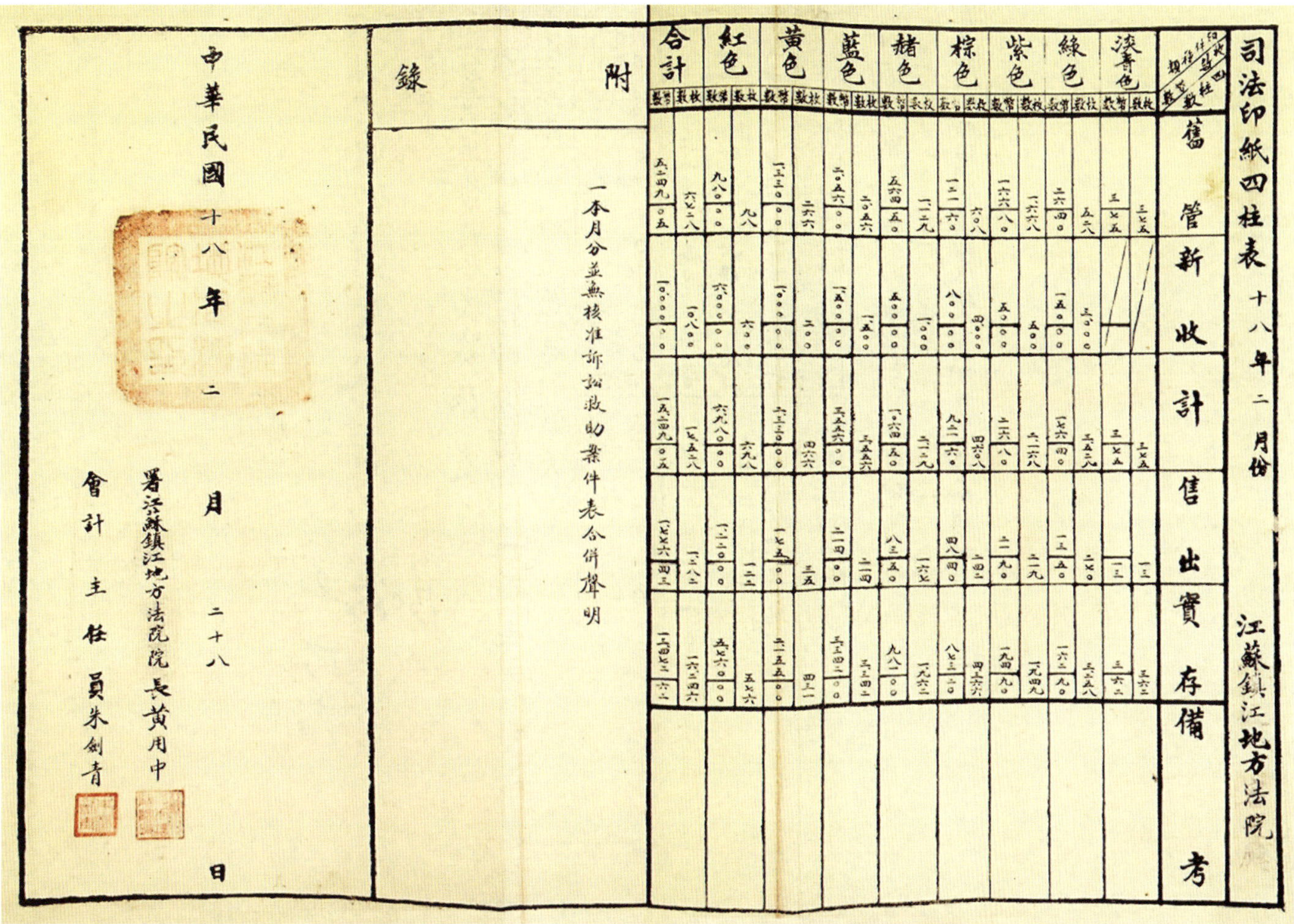

司法印紙四柱表 十八年二月份 江蘇鎮江地方法院

四柱	淡青色 數幣	淡青色 數枚	綠色 數幣	綠色 數枚	紫色 數幣	紫色 數枚	棕色 數幣	棕色 數枚	赭色 數幣	赭色 數枚	藍色 數幣	藍色 數枚	黃色 數幣	黃色 數枚	紅色 數幣	紅色 數枚	合計 數幣	合計 數枚
舊管	三 七五	三七五	二六 四〇	五二八	一六六 八〇	一六六八	一二一 六〇	六〇八	五六四 五〇	一一二九	二〇五六 〇〇	二〇五六	一三三〇 〇〇	二六六	九八〇 〇〇	九八	五二四九 〇五	六七二八
新收			一五〇 〇〇	三〇〇〇	五〇 〇〇	五〇〇	八〇〇 〇〇	四〇〇〇	五〇〇 〇〇	一〇〇〇	一五〇〇 〇〇	一五〇〇	一〇〇〇 〇〇	二〇〇	六〇〇〇 〇〇	六〇〇	一〇〇〇〇 〇〇	一〇八〇〇
計	三 七五	三七五	一七六 四〇	三五二八	二一六 八〇	二一六八	九二一 六〇	四六〇八	一〇六四 五〇	二一二九	三五五六 〇〇	三五五六	二三三〇 〇〇	四六六	六九八〇 〇〇	六九八	一五二四九 〇五	一七五二八
售出	一三	一三	一三 五〇	二七〇	二一 九〇	二一九	四八 四〇	二四二	八三 五〇	一六七	二一四 〇〇	二一四	一七五 〇〇	三五	一二〇 〇〇	一二	一七七六 四三	一二八二
實存	三 六二	三六二	一六二 九〇	三二五八	一九四 九〇	一九四九	八七三 二〇	四三六六	九八一 〇〇	一九六二	三三四二 〇〇	三三四二	二一五五 〇〇	四三一	五七六〇 〇〇	五七六	一三四七二 六二	一六二四六
備考																		

附錄

一本月分並無核准訴訟救助案件表合併聲明

中華民國十八年二月二十八日

署江蘇鎮江地方法院院長黃用中

會計主任員朱劍青

4. 江苏高等法院镇江分院司法印纸月报表（1948年）（档案号：A019-1948-001-0700-0001、A019-1948-001-0700-0002、A019-1948-001-0700-0003）

1938年，南京国民政府重新颁布《司法印纸规则》，将司法印纸的颜色更改为赭黄（一分）、蓝色（五分）、花青（一角）、紫色（二角）、绿色（五角）、赭色（一元）、黄色（五元）、红色（十元）。下面3张表记载了江苏高等法院镇江分院1948年1月至3月司法印

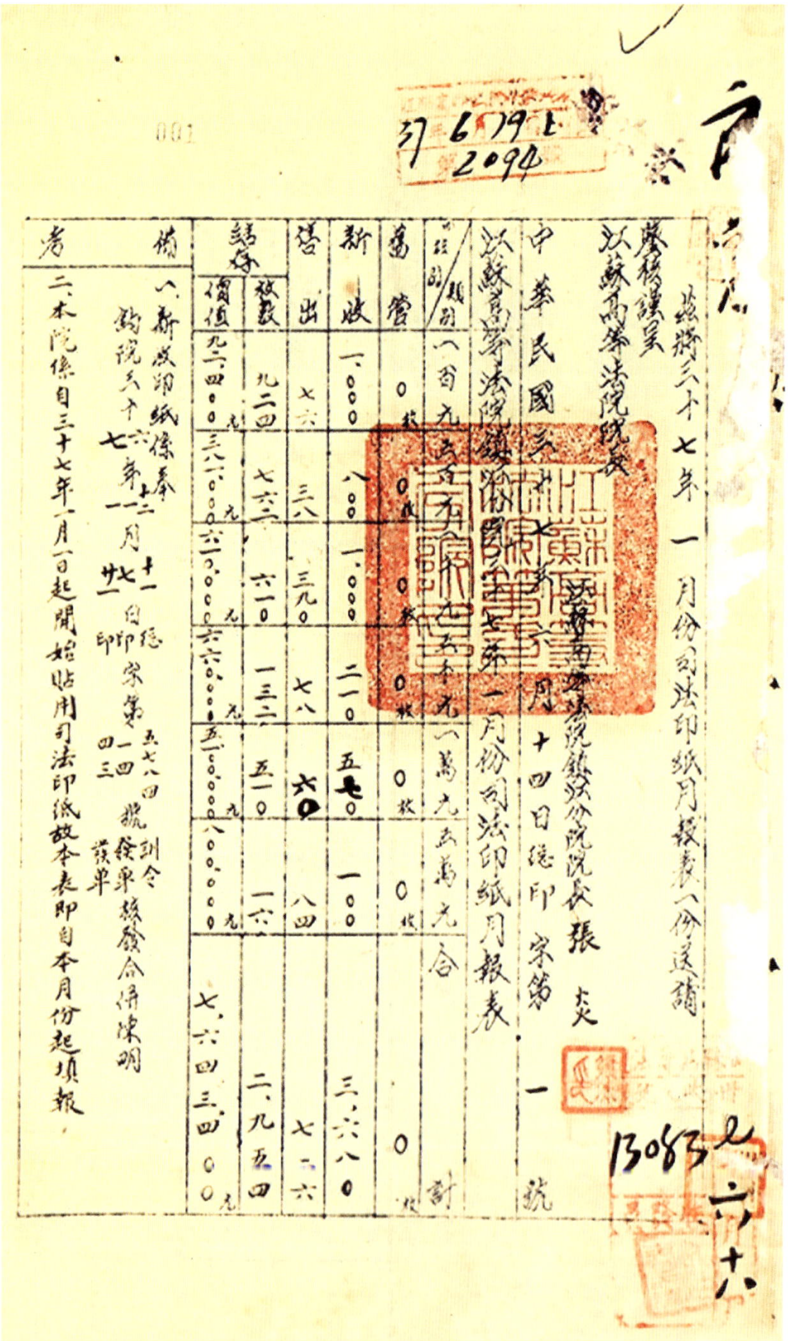

茲將三十七年一月份司法印紙月報表一份送請
鑒核謹呈
江蘇高等法院院長
江蘇高等法院鎮江分院院長 張□
中華民國三十七年二月十四日總印字第一號

江蘇高等法院鎮江分院三十七年一月份司法印紙月報表

類別	舊管	新收	售出	結存 枚數	結存 價值
一百元	0枚	1,000	76	924	92,400元
五百元	0枚	800	38	762	381,000元
一千元	0枚	1,000	390	610	610,000元
五千元	0枚	210	78	132	660,000元
一萬元	0枚	570	60	510	5,100,000元
五萬元	0枚	100	84	16	800,000元
合計	0枚	3,680	726	2,954	7,643,400元

備考：
一、新收印紙係奉鈞院三十六年十二月廿七日總印字第一四四三號、三十七年一月廿一日總印字第五七八四號訓令發票核發合併陳明
二、本院係自三十七年一月一日起開始貼用司法印紙故本表即自本月份起填報

图3-1-2-4-1

纸的旧管、新收、售出和结存情况。第一张表格附录中写有“本院系自三十七年一月一日起开始贴用司法印纸，故本表即自本月起填报”。1948年3月，司法印纸售出数量较前两个月有大幅增加，达到了1891张。该表还有江苏高等法院镇江分院院长张炎的签名与盖章。

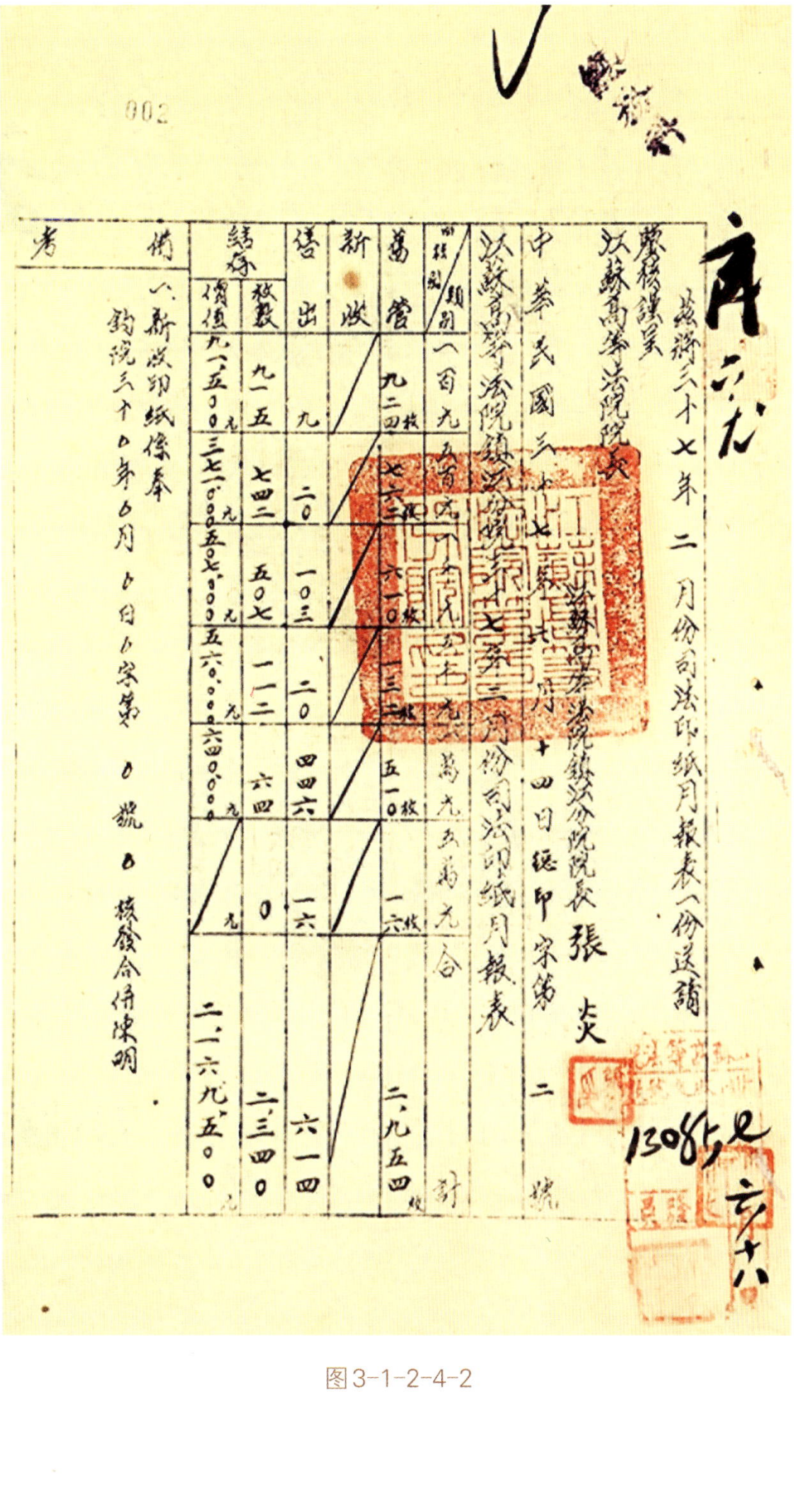

图3-1-2-4-2

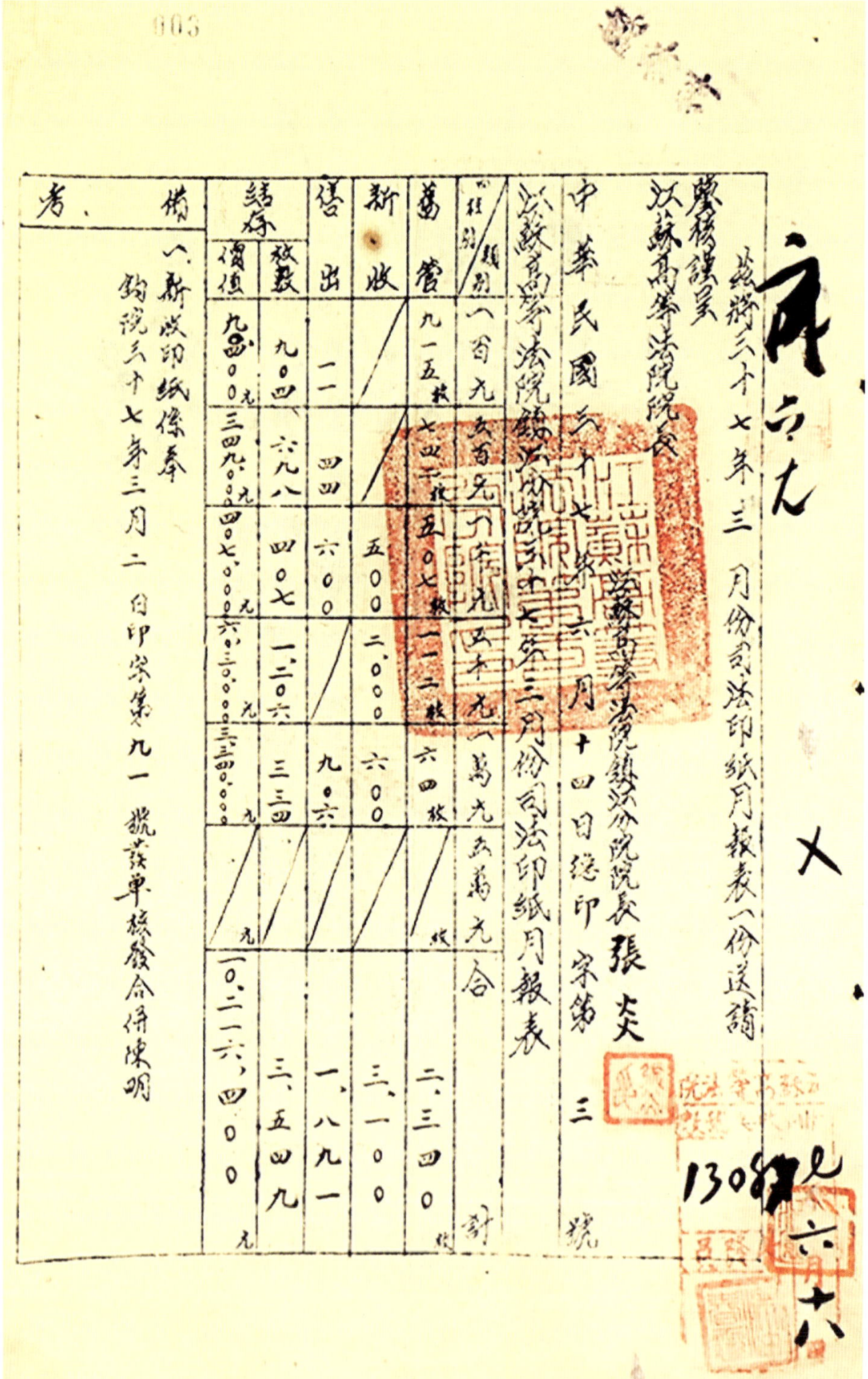
兹將三十七年三月份司法印紙月報表一份送請
鑒核謹呈
江蘇高等法院院長
江蘇高等法院鎮江分院院長 張[illegible]
中華民國三十七年六月十四日總印字第三號

江蘇高等法院鎮江分院三十七年三月份司法印紙月報表

類別	舊管	新收	售出	結存 枚數	結存 價值
一百元	九一五枚		一一	九〇四	九〇四〇〇元
五百元	七四二枚		四四	六九八	三四九〇〇〇元
一千元	五〇七枚	五〇〇	六〇〇	四〇七	四〇七〇〇〇元
五千元	一一二枚	二、〇〇〇		一、二〇六	六、〇三〇、〇〇〇元
一萬元	六四枚	六〇〇	九〇六	三三四	三、三四〇、〇〇〇元
五萬元	枚				元
合計	二、三四〇枚	三、一〇〇	一、八九一	三、五四九	一〇、二一六、四〇〇元

備考
一、新收印紙係奉
鈞院三十七年三月二日印字第九一號發單核發合併陳明

图3-1-2-4-3

（三）登记费

南京国民政府时期，法院曾负责不动产登记事务，故司法收入中也包含登记费一项。

1. 江苏镇江地方法院十七年八月登记费收支清册（1928年）（档案号：A019-1928-001-0009-0009）

该清册详细记载了镇江地方法院1928年8月份的登记费收支情况。根据记录，该院1928年6月止结存登记费1413.8元，当月新收登记费105.1元，支提印纸工本费26.275元以及储金5.255元，故结存1487.37元。

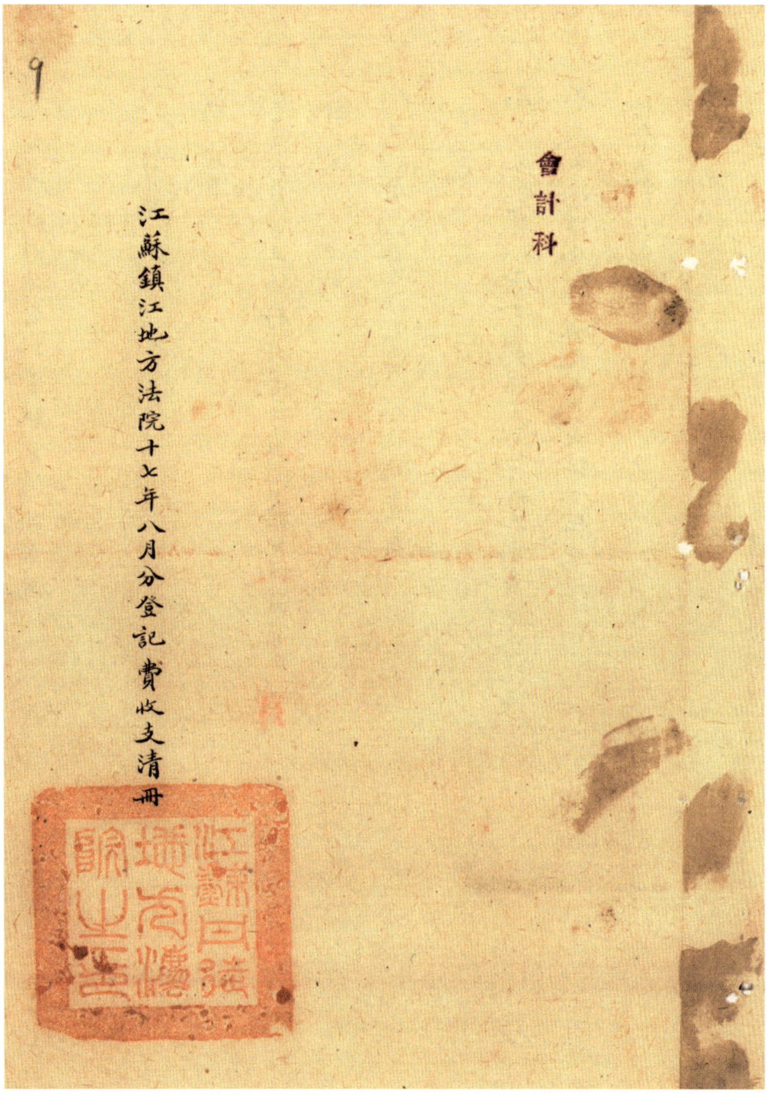
9
會計科
江蘇鎮江地方法院十七年八月分登記費收支清冊

图3-1-3-1-1

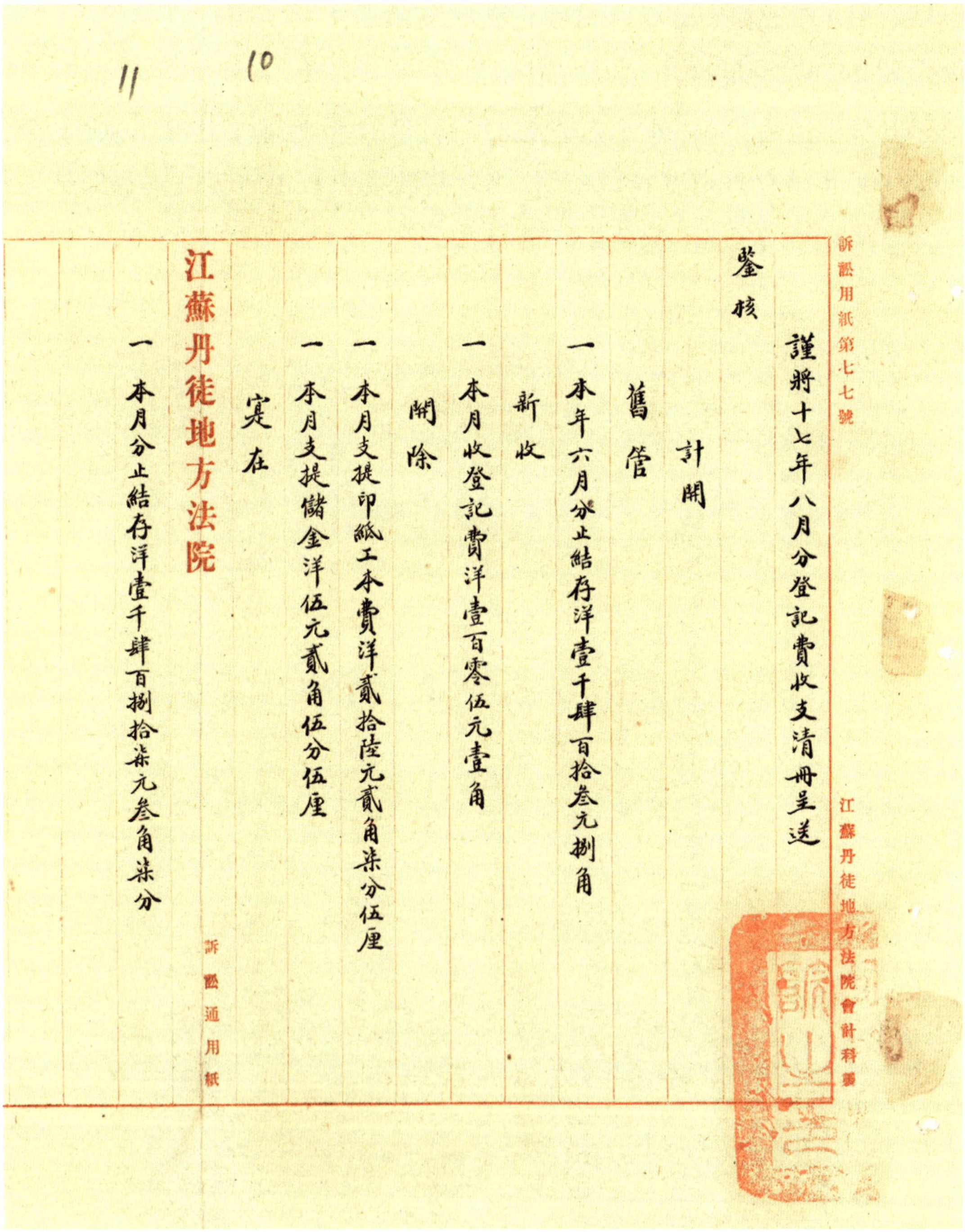
11 10

訴訟用紙第七七號

謹將十七年八月分登記費收支清冊呈送

鑒核

計開

舊管

一 本年六月分止結存洋壹千肆百拾叁元捌角

新收

一 本月收登記費洋壹百零伍元壹角

開除

一 本月支提印紙工本費洋貳拾陸元貳角柒分伍厘

一 本月支提儲金洋伍元貳角伍分伍厘

實在

一 本月分止結存洋壹千肆百捌拾柒元叁角柒分

江蘇丹徒地方法院

訴訟通用紙

江蘇丹徒地方法院會計科製

图3-1-3-1-2

2. 江苏镇江地方法院十九年十二月登记费收支清册（1930年）（档案号：A019-1930-001-0050-0031）

根据南京国民政府1930年颁布的《土地法》，登记项目除土地所有权外，还包括地上权、永佃权、地役权、典权以及抵押权。在该清册中，旧管登记费记载为“无”，新收为225.4元，而支出部分除了印纸工本费56.35元和储金11.27元外，还增加了留用金157.78元，故本月“收支两抵无存”。

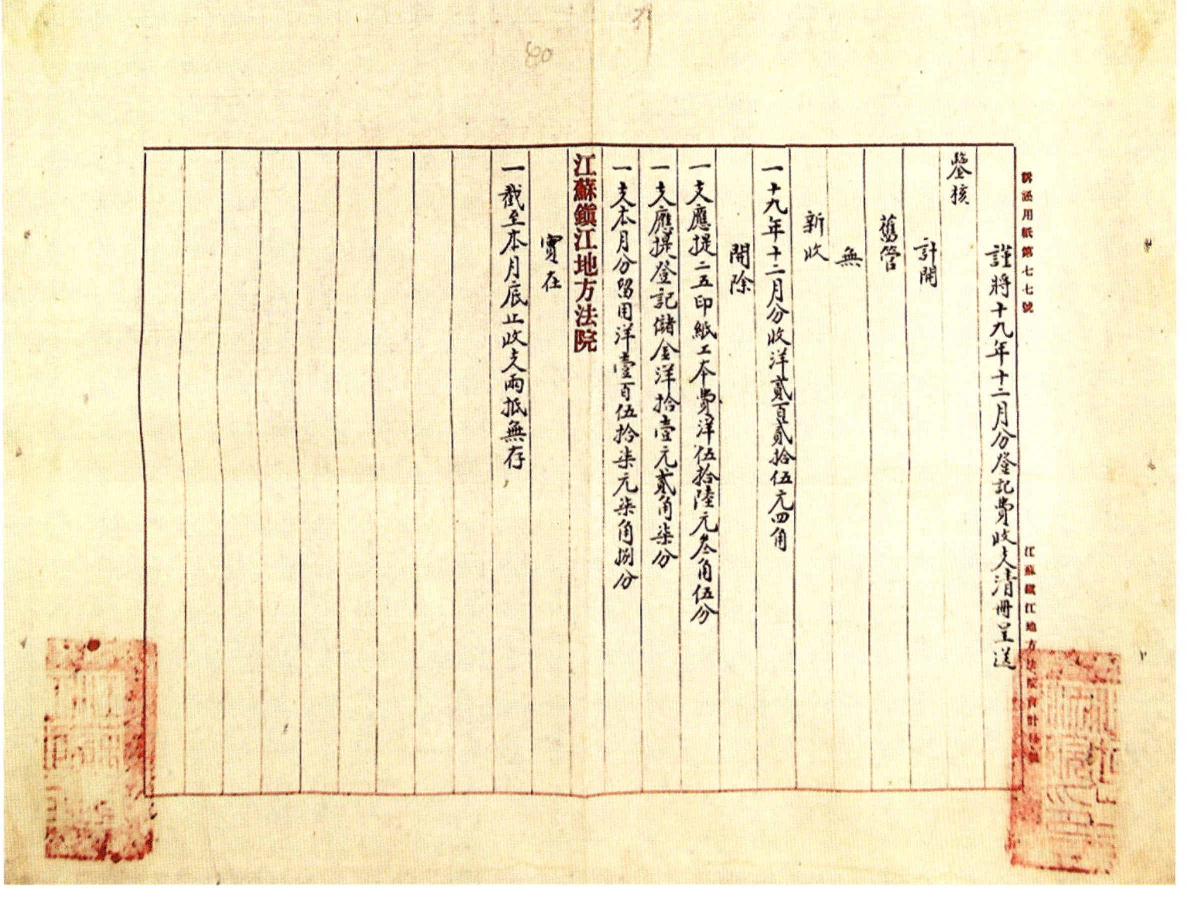

司法用紙第七七號

謹將十九年十二月分登記費收支清冊呈送

鑒核

計開

舊管

無

新收

一十九年十二月分收洋貳百貳拾伍元四角

開除

一支應提二五印紙工本費洋伍拾陸元叁角伍分

一支應提登記儲金洋拾壹元貳角柒分

一支本月分留用洋壹百伍拾柒元柒角捌分

江蘇鎮江地方法院

實在

一截至本月底止收支兩抵無存

江蘇鎮江地方法院會計科製

图3-1-3-2

（四）缮状费

缮状费是法院设专人为当事人撰写诉状所收取的费用。

1. 江苏镇江地方法院二十二年二月缮状费收支清册（1933年）（档案号：A019-1932-001-0116-0027）

1927年，南京国民政府公布《准修改缮状处规则令》，大幅上调了缮状费的收取标准。根据该清册记载，1933年2月镇江地方法院旧管缮状费519.9元，新收27.9元，支出录事薪资28元，结存519.8元。

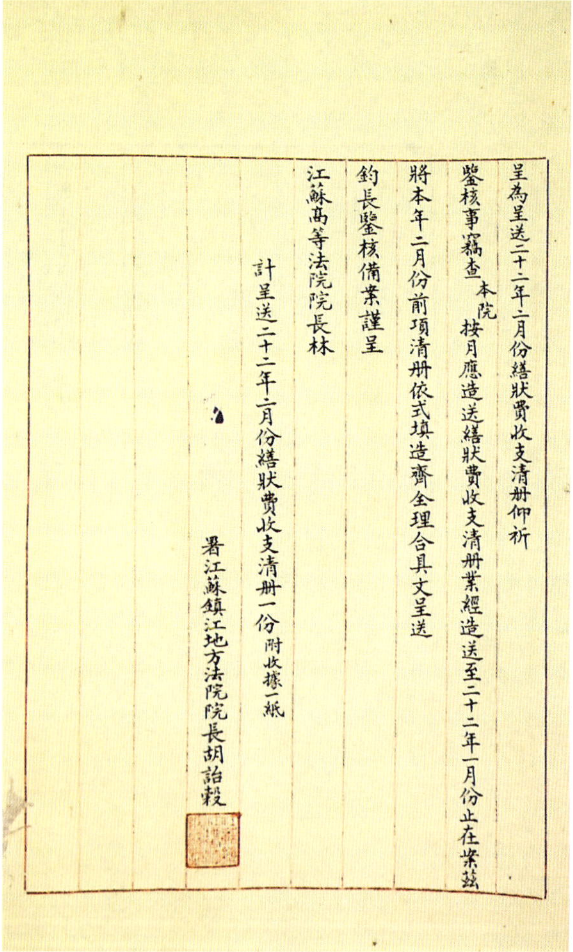

呈為呈送二十二年二月份繕狀費收支清冊仰祈
鑒核事竊查 本院
按月應造送繕狀費收支清冊業經造送至二十二年一月份止在案茲
將本年二月份前項清冊依式填造齊全理合具文呈送
鈞長鑒核備案謹呈
江蘇高等法院院長林
計呈送二十二年二月份繕狀費收支清冊一份附收據一紙
署江蘇鎮江地方法院院長胡詒穀

图3-1-4-1-1

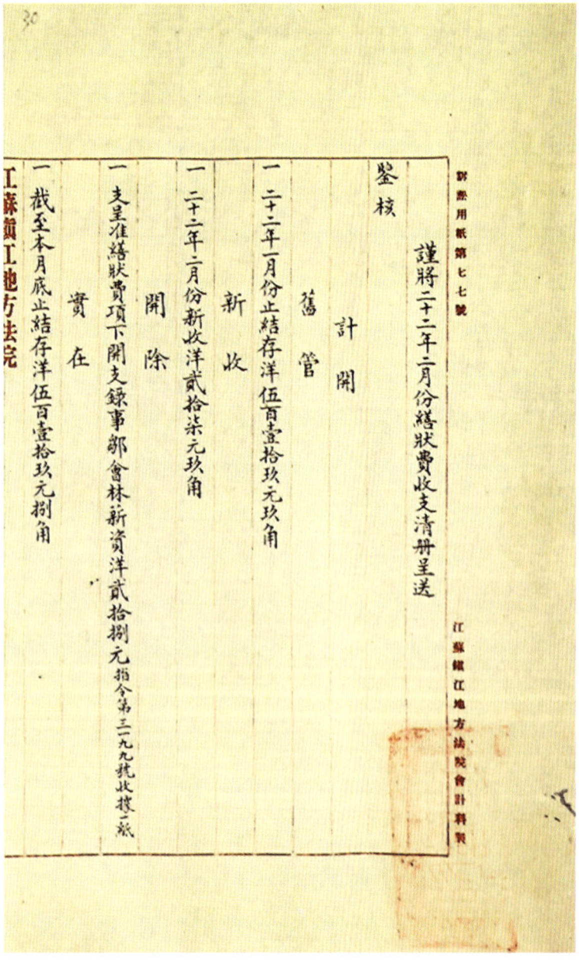

[illegible]用紙第七七號
謹將二十二年二月份繕狀費收支清冊呈送
鑒核
計開
舊管
一 二十二年一月份止結存洋伍百壹拾玖元玖角
新收
一 二十二年二月份新收洋貳拾柒元玖角
開除
一 支呈准繕狀費項下開支錄事郭會林薪資洋貳拾捌元指令第三一九九號收據一紙
實在
一 截至本月底止結存洋伍百壹拾玖元捌角
江蘇鎮江地方法院
江蘇鎮江地方法院會計科製

图3-1-4-1-2

2. 江苏高等法院第一分院经收缮费提奖三月份收支清册（1947年）（档案号：A019-1947-001-0548-0007）

1947年3月，南京国民政府将《高等法院以下各级法院缮状处规则》第五条修改为："缮状费每百字征收壹百元，撰状费每百字征收贰百元，未满百字者，均按百字计算；前项费用，得视经济情形，提高至五倍，由高等法院按照本省实际情况酌定，呈报司法行政部核准加征之。"这说明，抗战胜利后司法机关可以酌情多收5倍以内的缮状费，国统区社会经济形势的恶化于此可见一斑。

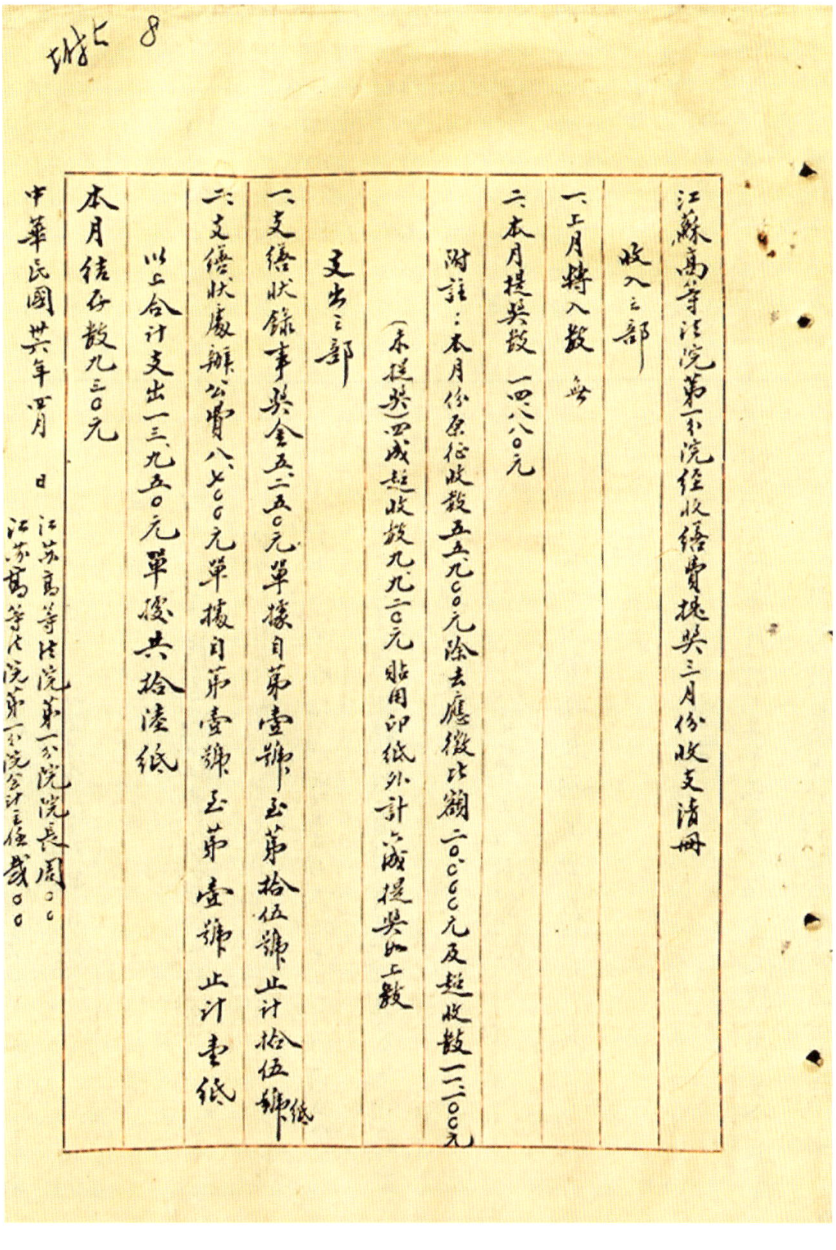

江苏高等法院第一分院经收缮费提奖三月份收支清册

收入之部

一、上月转入数　无

二、本月提奖数　一四、八八〇元

附注：本月份原征收数五五、九〇〇元除去应缴比额二〇、〇〇〇元及超收数一一、〇〇元

（未提奖）四成超收数九、九二〇元贴用印纸外计六成提奖如上数

支出之部

一、支缮状录事奖金五、二五〇元　单据自第壹号至第拾伍号止计拾伍号纸

二、支缮状处办公费八、七〇〇元　单据自第壹号至第壹号止计壹纸

以上合计支出一三、九五〇元　单据共拾陆纸

本月结存数九三〇元

中华民国卅六年四月　日

江苏高等法院第一分院院长周〇〇

江苏高等法院第一分院会计主任戴〇〇

图3-1-4-2

（五）收入息金及罚金

在镇新式司法机构将司法收入、当事人缴纳的诉讼保证金等款项存入中国银行、交通银行或江苏银行，产生的利息即为收入息金。罚金是新式司法机构对当事人的罚没款。

镇江地方法院收支息金等收支清册（1928年—1930年）（档案号：A020-1927-001-0064-0024）

图3-1-5

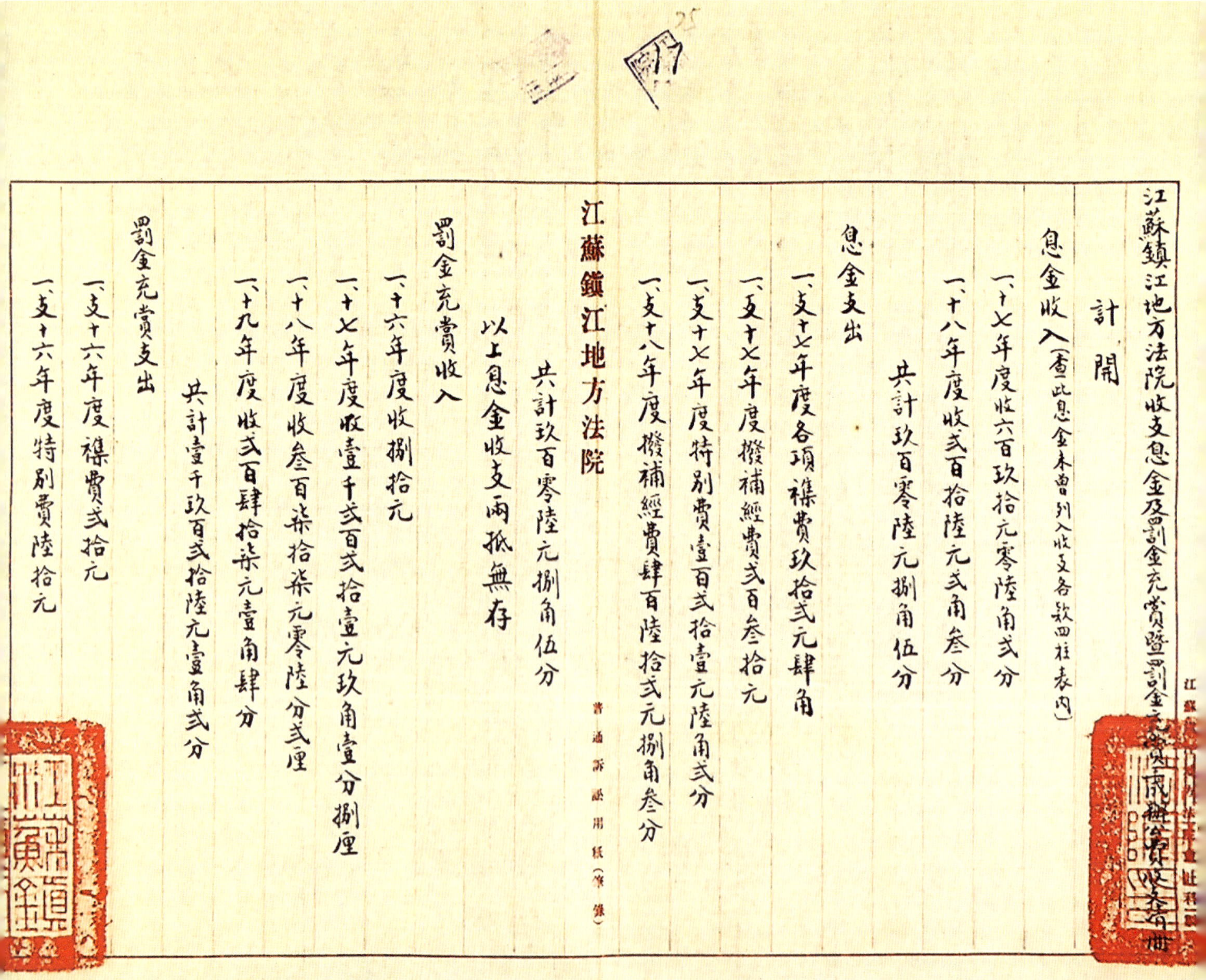

江蘇鎮江地方法院收支息金及罰金充賞暨罰金[illegible]成撥經費收支清册

計開

息金收入（查此息金未曾列入收支各款四柱表內）

一、十七年度收六百玖拾元零陸角弍分

一、十八年度收弍百拾陸元弍角叁分

共計玖百零陸元捌角伍分

息金支出

一、支十七年度各項襍費玖拾弍元肆角

一、支十七年度撥補經費弍百叁拾元

一、支十七年度特別費壹百弍拾壹元陸角弍分

一、支十八年度撥補經費肆百陸拾弍元捌角叁分

江蘇鎮江地方法院

普通訴訟用紙（[illegible]）

共計玖百零陸元捌角伍分

以上息金收支兩抵無存

罰金充賞收入

一、十六年度收捌拾元

一、十七年度收壹千弍百弍拾壹元玖角壹分捌厘

一、十八年度收叁百柒拾柒元零陸分弍厘

一、十九年度收弍百肆拾柒元壹角肆分

共計壹千玖百弍拾陸元壹角弍分

罰金充賞支出

一、支十六年度襍費弍拾元

一、支十六年度特別費陸拾元

二、整体收支

1. 江苏镇江地方法院历年法收不敷拨补及正杂项收入清册（1927年—1933年）

（档案号：A019-1933-001-0136-0012）

该清册详细记录了丹徒地方审判厅（检察厅）移交的以及镇江（丹徒）地方法院1927年至1933年6月份司法收入情况。根据清册的记载，该院收入包括印纸收入、民事状价收入、刑事状纸价收入、代收民事状纸加征五成修监费、收入民状纸代最高检察署加征一成费、息金收入、没入收入、登记储金收入、登记图式费收入、民事调解声请书收入、代高院征收审判费收入、代高院征收抄录费收入等项。

图3-2-1-1

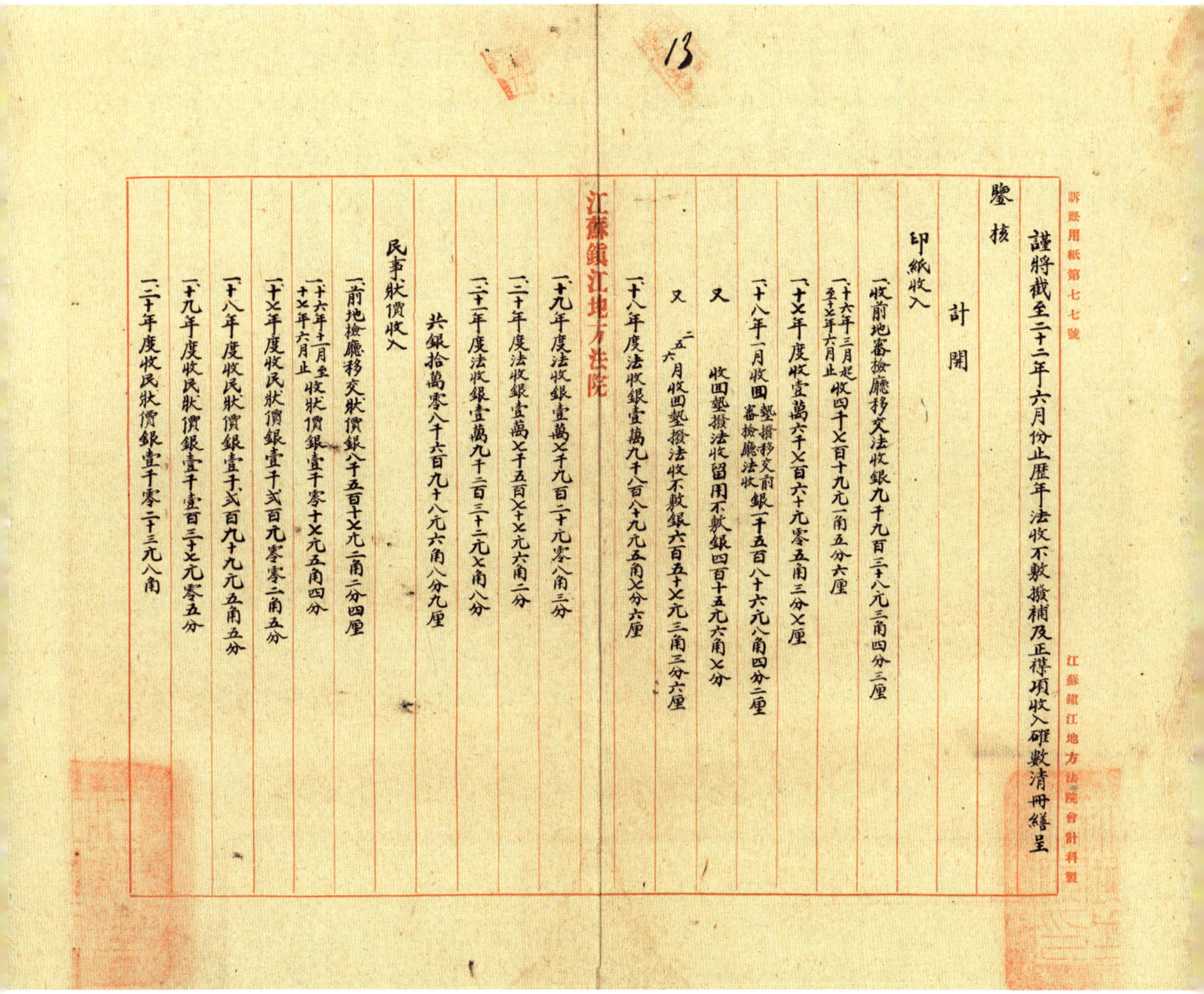

13

訴訟用紙第七七號

謹將截至二十二年六月份止歷年法收不敷撥補及正雜項收入確數清冊繕呈

鑒核

計開

印紙收入

一收前地審檢廳移交法收銀九千九百三十八元三角四分三厘

一十六年三月起至十七年六月止收四千七百十九元一角五分六厘

一十七年度收壹萬六千七百六十九元零五角三分七厘

一十八年一月收回墊撥移交前審檢廳法收銀一千五百八十六元八角四分二厘

又　收回墊撥法收留用不敷銀四百十五元六角七分

又　二五六月收回墊撥法收不敷銀六百五十七元三角三分六厘

一十八年度法收銀壹萬九千八百八十九元五角七分六厘

江蘇鎮江地方法院

一十九年度法收銀壹萬七千九百二十元零八角三分

一二十年度法收銀壹萬七千五百七十七元六角二分

一二十一年度法收銀壹萬九千二百三十二元七角八分

共銀拾萬零八千六百九十八元六角八分九厘

民事狀價收入

一前地檢廳移交狀價銀八千五百十七元二角二分四厘

一十六年十一月至十七年六月止收狀價銀壹千零十七元五角四分

一十七年度收民狀價銀壹千弍百元零零二角五分

一十八年度收民狀價銀壹千弍百九十九元五角五分

一十九年度收民狀價銀壹千壹百三十七元零五分

一二十年度收民狀價銀壹千零二十三元八角

江蘇鎮江地方法院會計科製

14

訴訟用紙第七七號

一、二十一年度收民狀價銀壹千壹百零四元九角

共銀壹萬五千三百九零零三角一分四厘

刑事狀紙價收入

一、十八年六月五日收檢察處十八年一月五成刑狀價至四月止銀壹百九十六元五角五分

一、十八年度收刑狀價銀八百五十三元一角五分

一、十九年度收刑狀價銀一千二百七十八元二角

一、二十年度收刑狀價銀八百六十七元二角

一、二十一年度收刑狀價七百六十一元二角五分

共銀叁千八百五十六元三角五分

以上總共印紙收入民刑狀紙價銀拾貳萬七千八百五十五元三角五分三厘

印紙收入呈解撥補經費

江蘇鎮江地方法院

一、十六年三月至十七年六月止收撥補七千六百二十三元零一分二厘

一、十七年度撥補法收壹萬六千六百四十三元四角九分九厘

一、十七年度呈解十二年度起至十六年六月止法收銀九千九百三十八元三角四分三厘

一、十七年度撥還印紙工本墊支四百七十三元零一分五厘

一、十八年度撥補法收貳萬零五百六十九元三角四分

一、十九年度撥補法收貳萬三千七百十五元五角

一、二十年度撥補法收貳萬七千二百二十五元二角七分

一、二十一年度撥補法收貳萬五千四百六十四元三角八分

共銀拾叁萬壹千六百五十二元三角五分九厘

民事狀價撥補經費

一、解高院前檢廳十六年十月止各種狀價八千五百十七元二角二分四厘

江蘇鎮江地方法院會計科製

图3-2-1-2

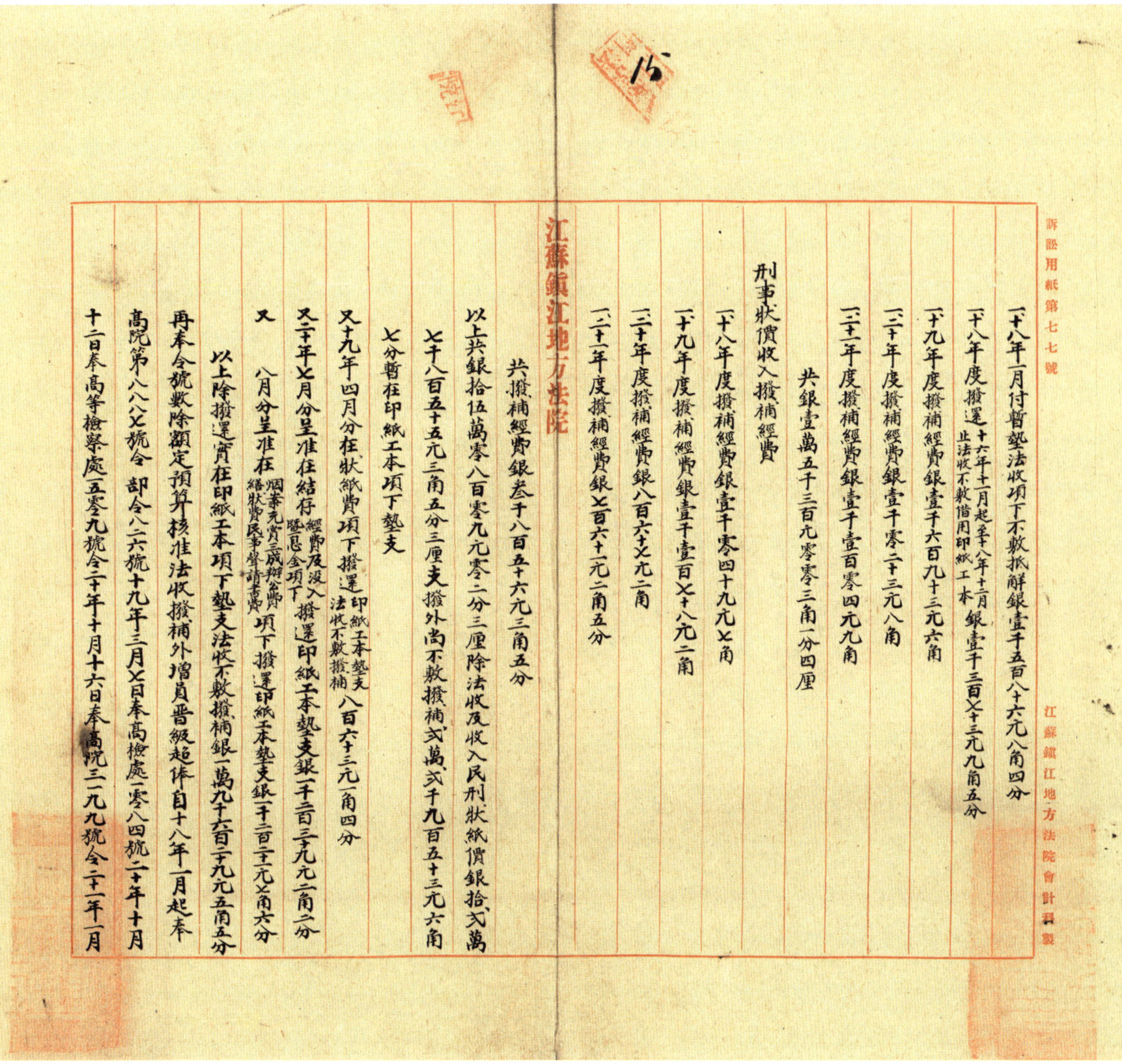

訴訟用紙第七七號

15

一十八年一月付暂墊法收項下不敷抵解銀壹千五百八十六元八角四分
一十八年度撥還十六年十一月起至十八年十二月止法收不敷借用印紙工本銀壹千三百七十三元九角五分
一十九年度撥補經費銀壹千六百九十三元六角
一二十年度撥補經費銀壹千零二十三元八角
一二十一年度撥補經費銀壹千壹百零四元九角
共銀壹萬五千三百九元零零三角一分四厘

刑事狀價收入撥補經費
一十八年度撥補經費銀壹千零四十九元七角
一十九年度撥補經費銀壹千壹百七十八元二角
一二十年度撥補經費銀八百六十七元二角
一二十一年度撥補經費銀七百六十一元二角五分
共撥補經費銀叁千八百五十六元三角五分

江蘇鎮江地方法院

以上共銀拾伍萬零八百零九元零二分三厘除法收及收入民刑狀紙價銀拾弍萬
七千八百五十五元三角五分三厘支撥外尚不敷撥補弍萬弍千九百五十三元六角
七分暫在印紙工本項下墊支
又十九年四月分在狀紙費項下撥還印紙工本墊支法收不敷撥補八百六十三元一角四分
又二十年七月分呈准在結存經費及沒入暨息金項下撥還印紙工本墊支銀一千二百三十九元二角二分
又　八月分呈准在烟賽充賞三成辦公費繕狀費民事聲請書費項下撥還印紙工本墊支銀一千二百二十元七角六分
以上除撥還實在印紙工本項下墊支法收不敷撥補銀一萬九千六百二十九元五角五分
再奉令號數除額定預算核准法收撥補外增員晋級超俸自十八年一月起奉
高院第八八八七號令　部令八二六號十九年三月七日奉高檢處一零八四號二十年十月
十二日奉高等檢察處一五零九號令二十年十月十六日奉高院三一九九號令二十一年一月

江蘇鎮江地方法院會計科製

图3-2-1-3

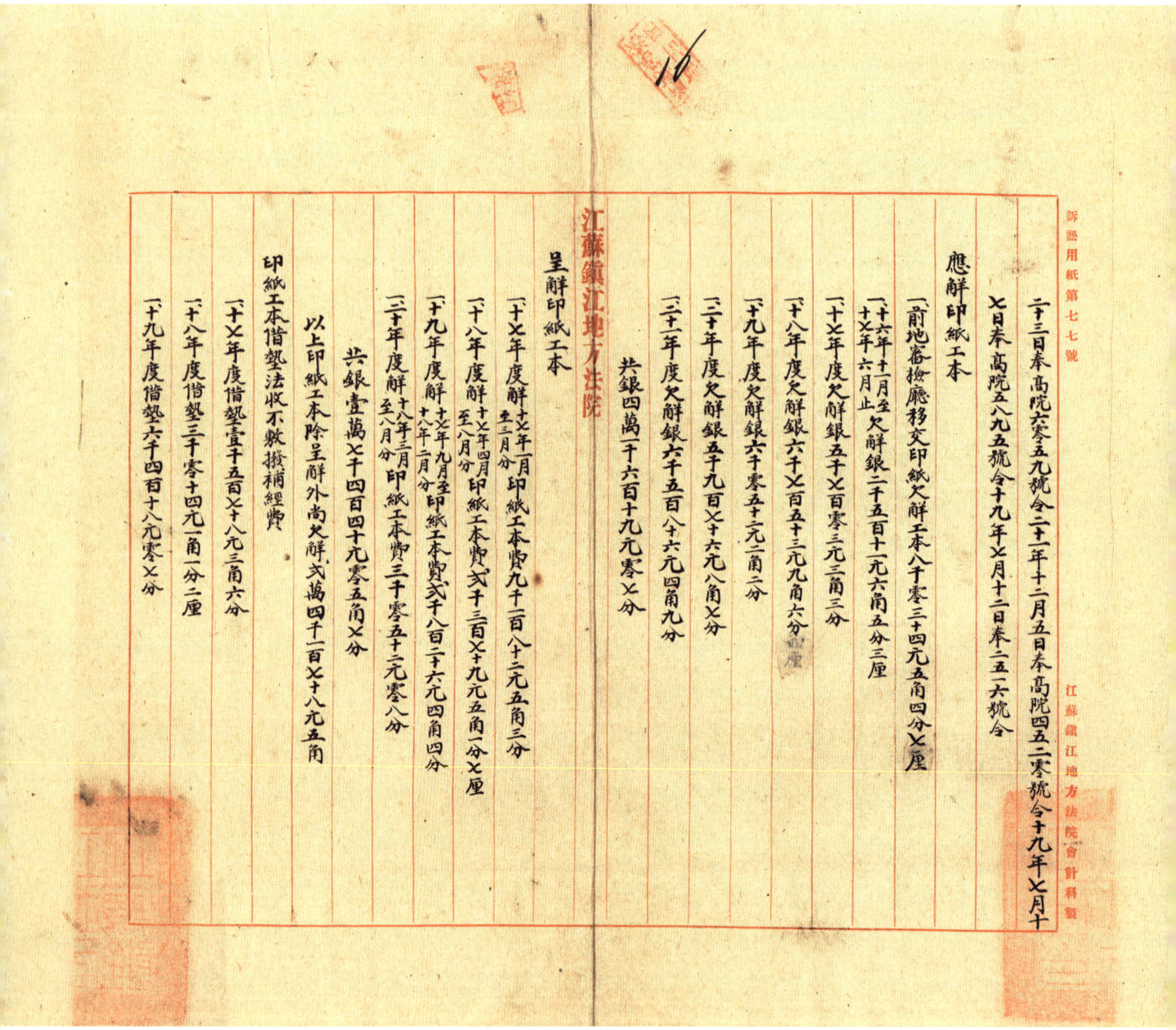

訴訟用紙第七七號

二十三日奉高院六零五九號令二十一年十二月五日奉高院四五二零號令十九年七月十
七日奉高院五八九五號令十九年七月十二日奉二五一六號令

應觧印紙工本

一、前地審檢廳移交印紙欠觧工本八千零三十四元五角四分七厘

一、十六年十一月至十七年六月止欠觧銀二千五百十一元六角五分三厘

一、十七年度欠觧銀五千七百零三元三角三分

一、十八年度欠觧銀六千七百五十三元九角六分

一、十九年度欠觧銀六千零五十二元二角二分

一、二十年度欠觧銀五千九百七十六元八角七分

一、二十一年度欠觧銀六千五百八十六元四角九分

共銀四萬一千六百十九元零七分

江蘇鎮江地方法院

呈觧印紙工本

一、十七年度觧十七年一月至三月分印紙工本貲九千一百八十二元五角三分

一、十八年度觧十七年四月至八月分印紙工本貲弍千三百七十九元五角一分七厘

一、十九年度觧十七年九月至十八年二月分印紙工本貲弍千八百二十六元四角四分

一、二十年度觧十八年三月至八月分印紙工本貲三千零五十二元零八分

共銀壹萬七千四百四十九元零五角七分

以上印紙工本除呈觧外尚欠觧弍萬四千一百七十八元五角

印紙工本借墊法收不敷撥補經費

一、十七年度借墊壹千五百七十八元三角六分

一、十八年度借墊三千零十四元一角一分二厘

一、十九年度借墊六千四百十八元零七分

江蘇鎮江地方法院會計科製

图3-2-1-4

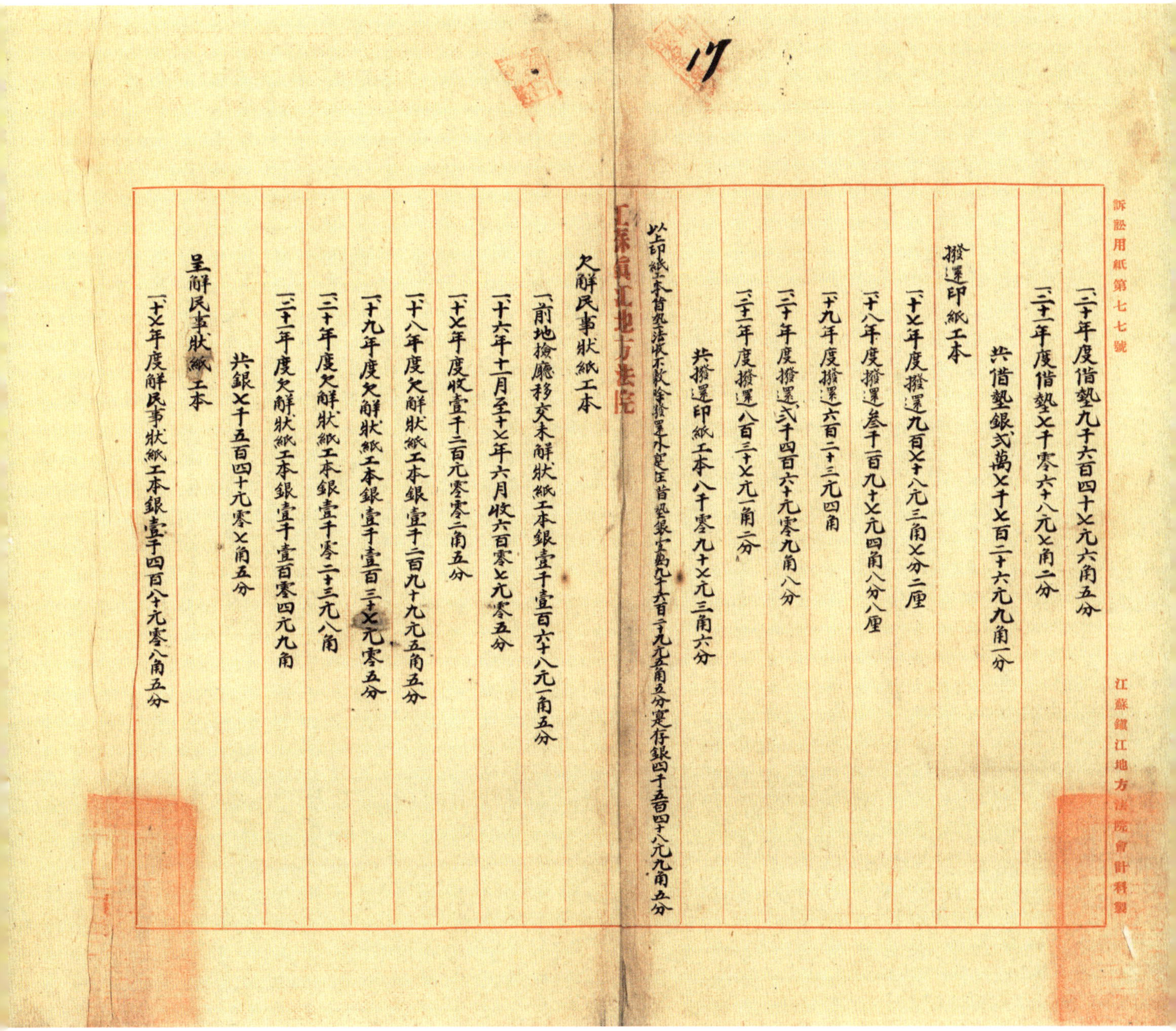

17

訴訟用紙第七七號

一、二十年度借墊九千六百四十七元六角五分
一、二十一年度借墊七千零六十八元七角二分
共借墊銀弍萬七千七百二十六元九角一分

撥還印紙工本
一、十七年度撥還九百七十八元三角七分二厘
一、十八年度撥還叁千一百九十七元四角八分八厘
一、十九年度撥還六百二十三元四角
一、二十年度撥還弍千四百六十九元零九角八分
一、二十一年度撥還八百三十七元一角二分
共撥還印紙工本八千零九十七元三角六分

以上印紙工本皆照法收不敷除撥還外尚應還借墊銀壹萬九千六百二十九元五角五分實存銀四千五百四十八元九角五分

江蘇鎮江地方法院

欠解民事狀紙工本
一、前地檢廳移交未解狀紙工本銀壹千壹百六十八元一角五分
一、十六年十一月至十七年六月收六百零七元零五分
一、十七年度收壹千二百元零零二角五分
一、十八年度欠解狀紙工本銀壹千二百九十九元五角五分
一、十九年度欠解狀紙工本銀壹千壹百三十七元零五分
一、二十年度欠解狀紙工本銀壹千零二十三元八角
一、二十一年度欠解狀紙工本銀壹千壹百零四元九角
共銀七千五百四十九元零七角五分

呈解民事狀紙工本
一、十七年度解民事狀紙工本銀壹千四百八十九元零八角五分

江蘇鎮江地方法院會計科製

图3-2-1-5

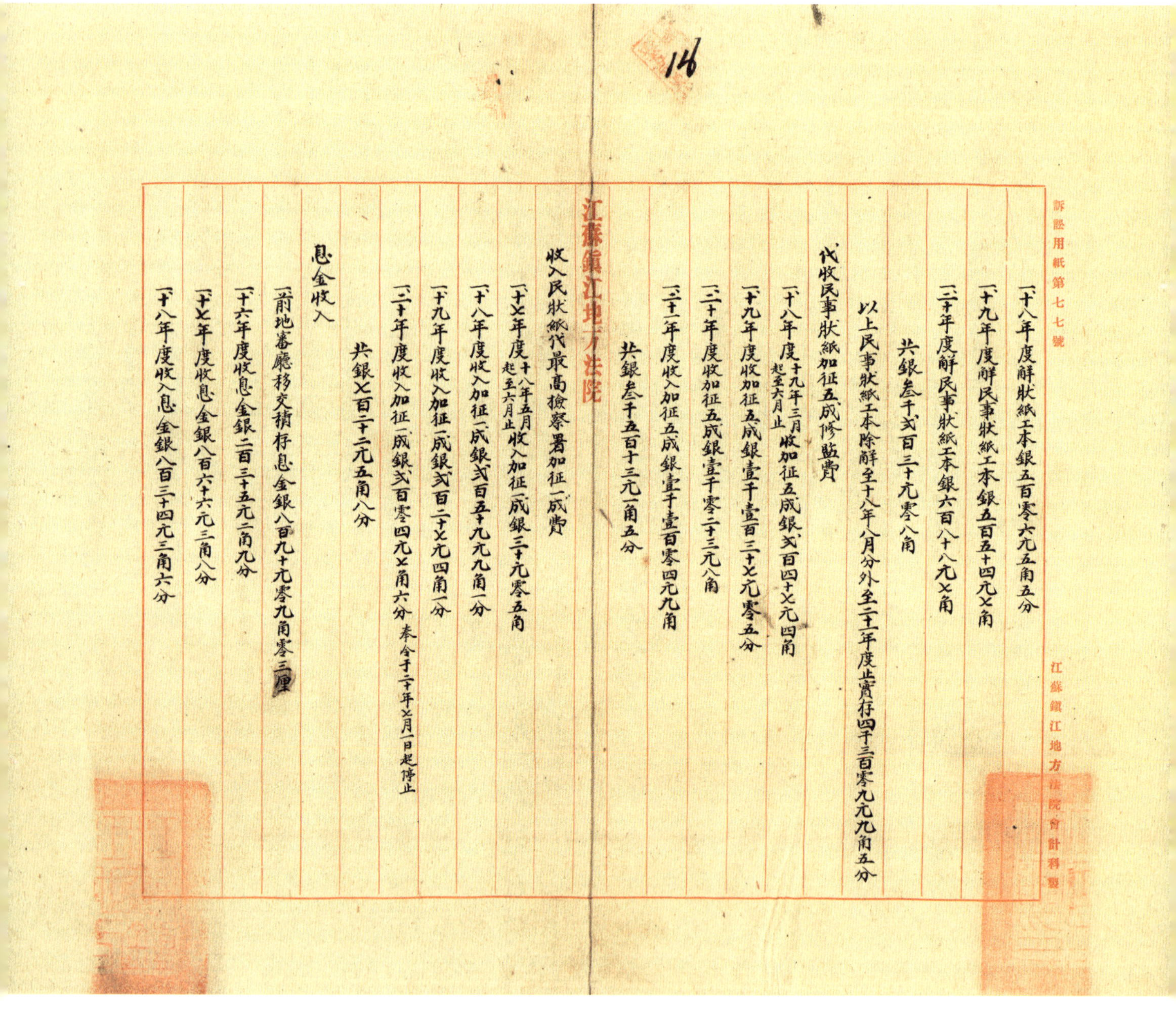

訴訟用紙第七七號

一、十八年度解狀紙工本銀五百零六元五角五分
一、十九年度解民事狀紙工本銀五百五十四元七角
一、二十年度解民事狀紙工本銀六百八十八元七角
共銀叁千式百三十九元零八角
以上民事狀紙工本除解至十八年八月分外至二十一年度止實存四千三百零九元九角五分

代收民事狀紙加征五成修監費
一、十八年度十九年三月起至六月止收加征五成銀式百四十七元四角
一、十九年度收加征五成銀壹千壹百三十七元零五分
一、二十年度收加征五成銀壹千零二十三元八角
一、二十一年度收入加征五成銀壹千壹百零四元九角
共銀叁千五百十三元一角五分

江蘇鎮江地方法院

收入民狀紙代最高撿察署加征一成費
一、十七年度十八年五月起至六月止收入加征一成銀三十元零五角
一、十八年度收入加征一成銀式百五十九元九角一分
一、十九年度收入加征一成銀式百二十七元四角一分
一、二十年度收入加征一成銀式百零四元七角六分　奉令于二十年七月一日起停止
共銀七百二十二元五角八分

息金收入
一、前地審廳移交積存息金銀八百九十元零九角零三厘
一、十六年度收息金銀二百三十五元二角九分
一、十七年度收息金銀八百六十六元三角八分
一、十八年度收入息金銀八百三十四元三角六分

江蘇鎮江地方法院會計科製

图3-2-1-6

19

訴訟用紙第七七號

一十九年度收入息金銀五百六十三元六角五分
一二十年度收入息金銀四百八十五元三角五分
一二十一年度收入息金銀八百二十五元二角一分
共銀四千七百零一元一角四分三厘

息金撥支經費
一十六年度付發還承發吏保證金利息銀四十九元一角四分
一十七年度付撥還看守所前借建築新法庭不敷經費銀壹千弍百三十三元六角五分三厘
一、又　付撥補經費銀弍百四十九元
一、又　付發還承發吏保證金利息銀四十六元八角
一十八年度撥支經費襍項銀壹千二百三十七元一角三分
一十九年度撥支經費襍項銀弍百八十七元八角五分

江蘇鎮江地方法院

一二十年度撥支經費襍項銀三十七元二角五分
一二十一年度撥支經費襍項銀二十九元八角二分
共銀三千一百五十三元六角四分三厘
以上息金收支相抵結存銀壹千五百四十七元五角

沒入收入
一十九年度收沒銀弍百元
一二十年度收沒銀壹千元
一二十一年度收沒銀叁元
共銀壹千弍百零三元

登記儲金收入
一前地審廳移交積存銀壹百三十三元四角六分

江蘇鎮江地方法院會計科製

图3-2-1-7

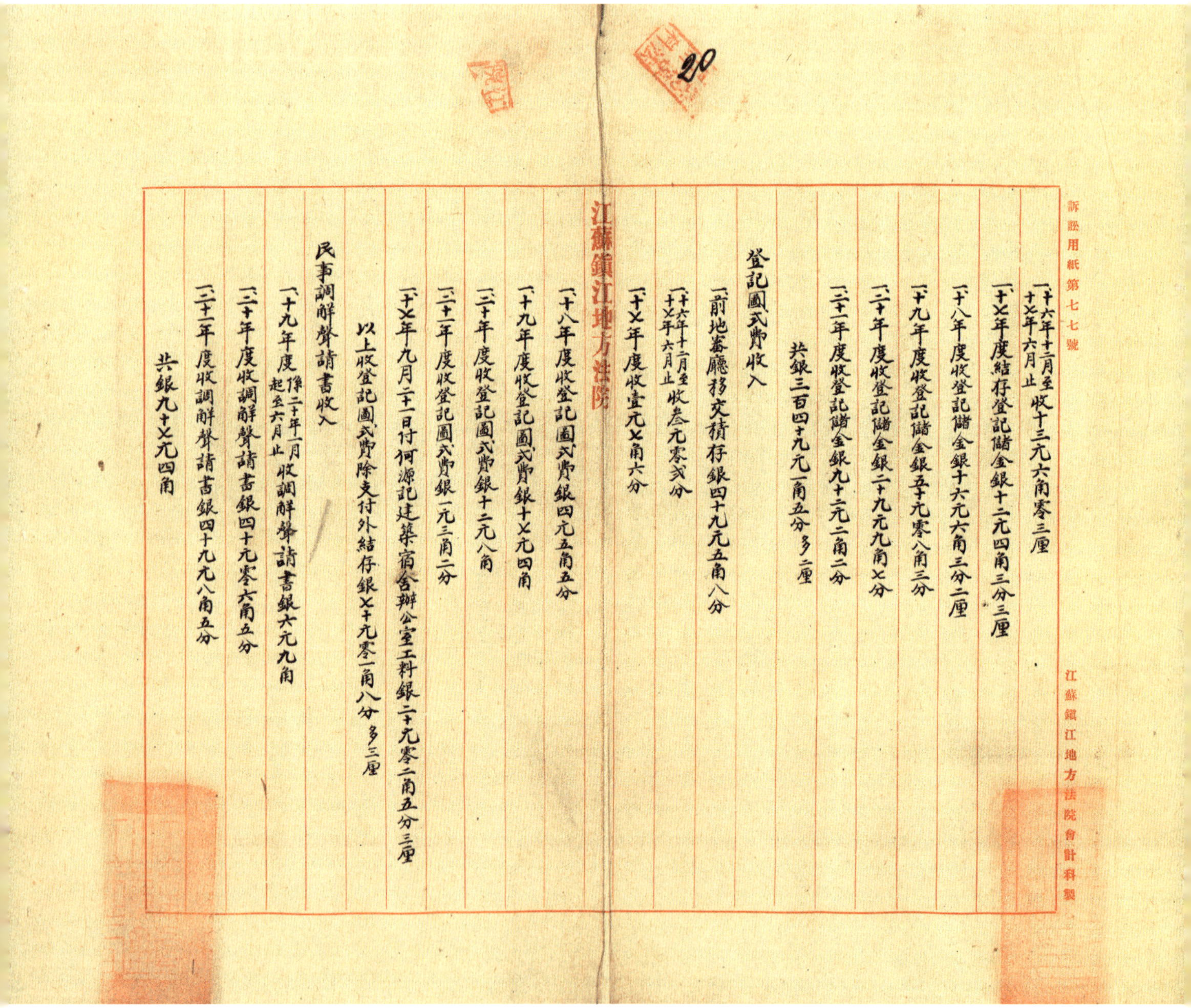

訴訟用紙第七七號

一、十六年十二月至十七年六月止收十三元六角零三厘
一、十七年度結存登記儲金銀十二元四角三分三厘
一、十八年度收登記儲金銀十六元六角三分二厘
一、十九年度收登記儲金銀五十元零八角三分
一、二十年度收登記儲金銀二十九元九角七分
一、二十一年度收登記儲金銀九十二元二角二分
共銀三百四十九元一角五分多二厘

登記圖式費收入
一、前地審廳移交積存銀四十九元五角八分
一、十六年十二月至十七年六月止收叁元零弍分
一、十七年度收壹元七角六分

江蘇鎮江地方法院

一、十八年度收登記圖式費銀四元五角五分
一、十九年度收登記圖式費銀十七元四角
一、二十年度收登記圖式費銀十二元八角
一、二十一年度收登記圖式費銀一元三角二分
一、十七年九月二十一日付何源記建築宿舍辦公室工料銀二十九元零二角五分三厘
以上收登記圖式費除支付外結存銀七十九元零一角八分多三厘

民事調解聲請書收入
一、十九年度係二十年一月起至六月止收調解聲請書銀六元九角
一、二十年度收調解聲請書銀四十元零六角五分
一、二十一年度收調解聲請書銀四十九元八角五分
共銀九十七元四角

江蘇鎮江地方法院會計科製

图3-2-1-8

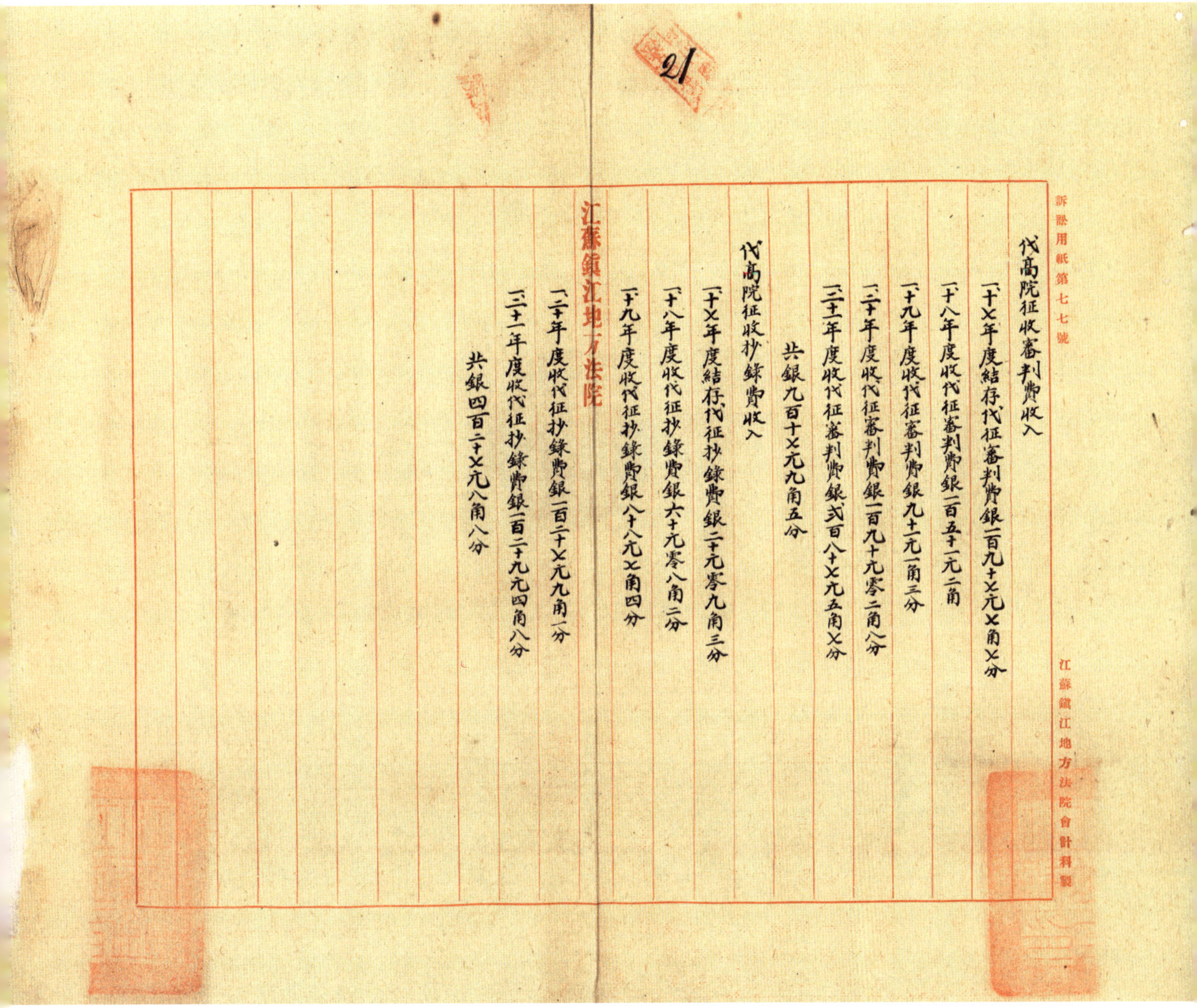
21
訴訟用紙第七七號
代高院征收審判費收入
一十七年度結存代征審判費銀一百九十七元七角七分
一十八年度收代征審判費銀一百五十一元二角
一十九年度收代征審判費銀九十一元一角三分
二十年度收代征審判費銀一百九十元零二角八分
二十一年度收代征審判費銀弍百八十七元五角七分
共銀九百十七元九角五分
代高院征收抄錄費收入
一十七年度結存代征抄錄費銀二十元零九角三分
一十八年度收代征抄錄費銀六十元零八角二分
一十九年度收代征抄錄費銀八十八元七角四分
二十年度收代征抄錄費銀一百二十七元九角一分
二十一年度收代征抄錄費銀一百二十九元四角八分
共銀四百二十七元八角八分
江蘇鎮江地方法院
江蘇鎮江地方法院會計科製

图3-2-1-9

2. 江苏镇江地方法院民国二十二年十一月收入计算书、收支对照表（1933年）

（档案号：A019-1933-001-0135-0017）

该收入计算书全面展示了镇江地方法院1933年11月司法收入的构成情况。司法收入共有两大项，即国家行政收入及其他收入。前者由司法印纸费、司法状纸费、没收没入以及缮状费构成，其中司法印纸费占据较大比例，主要包括审判费、执行费、送达费、抄录费、翻译费、不动产登记费、法人登记费等。而后者则包括存款息金、拍卖金和杂项收入。

图3.2.2.1 镇江地方法院收入构成图（1933年11月）

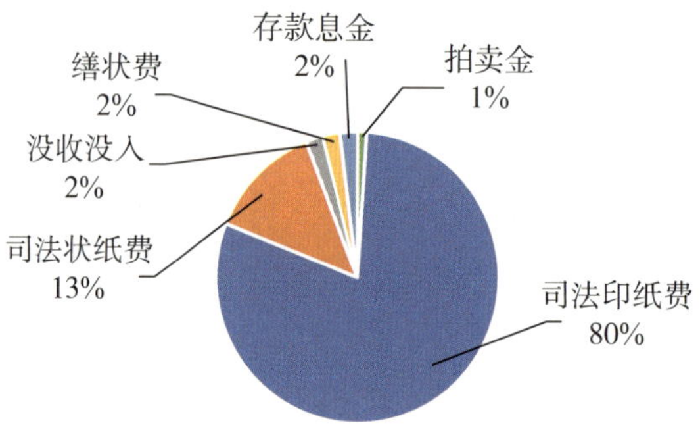

图3.2.2.2 镇江地方法院司法印纸费构成情况统计图（1933年11月）

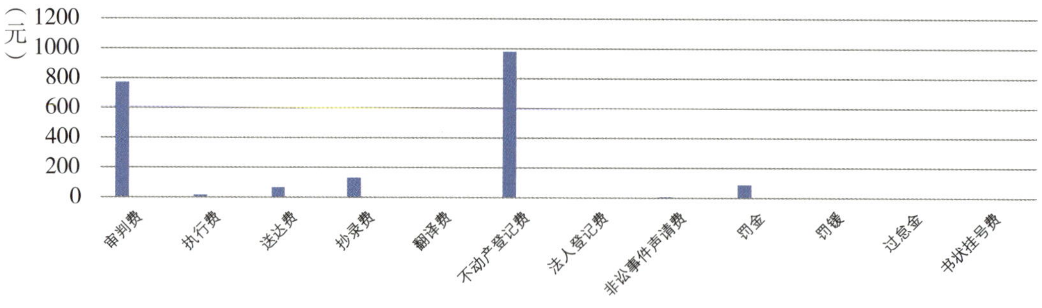

图3.2.2.3 镇江地方法院司法状纸费构成情况统计图（1933年11月）

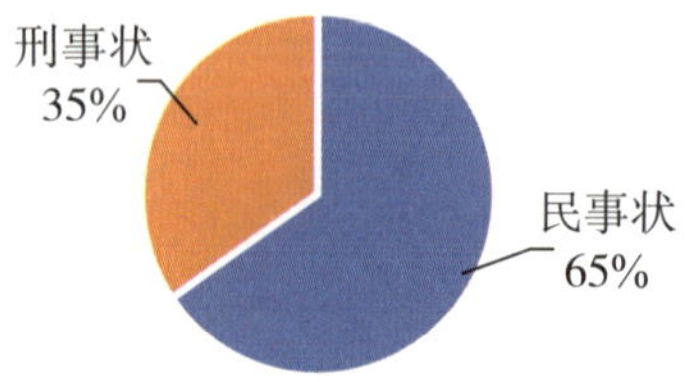

江蘇鎮江地方法院中華民國二十二年十一月份收入計算書

018

科目	本月分收入預算數	本月分收入計算數	比較 增	比較 減	備考
第一款 鎮江地方法院收入	二、一五一 / ○○	二、四八七 / 三九	三三六 / 三九		
第一項 國家行政收入	二○七五 / ○○	二、四八七 / 三九	四一二 / 三九		
第一目 司法印紙費	一、六五二 / ○○	二、○六七 / 八九			
第一節 審判費		七七三 / 四二			原征一千零三十一元二角二分内提扣工本二百五十七元八角
第二節 執行費		一六 / 三三			原征二十一元七角八分内提扣工本五元四角五分
第三節 送達費		六七 / 三九			原征八十九元八角五分内提扣工本二十二元四角六分
第四節 鈔錄費		一三一 / 四○			原征一百七十五元二角内提扣工本四十三元八角
第五節 繙譯費					
第六節 不動産登記費		九八一 / 一七			原征一千三百零八元二角三分内提扣工本三百二十七元零六分
第七節 法人登記費					
第八節 非訟事件聲請費		八 / 一○			原征十元八角内提扣工本二元七角

图3-2-2-1

第九節 罰金		八八五〇		原征一百十八元内提工本二十九元五角
第十節 罰緩				
第十一節 過急金				
第十二節 書狀掛號費		一五八		原征二元一角内提扣工本五角二分
第二目 司法狀紙費	三三二〇〇	三二四三〇		
第一節 民事狀		二一一八〇		原征三百十七元七角内提扣工本一百零五元九角内提加征五成一百零五元九角
第二節 刑事狀		一一二五〇		原征一百六十八元七角五分内提扣工本五十六元二角五分提加征五成五十六元二角五分
第三目 沒收沒入	四一〇〇			
第四目 繕狀費	五〇〇〇	九五二〇		民事繕狀費四十五元八角 刑事繕狀費四十九元四角
第二項 其他收入	七六〇〇		七六〇〇	
第一目 存款息金	四一〇〇			
第二目 拍賣金	三五〇〇			
第三目 雜項收入				

图3-2-2-2

江蘇鎮江地方法院中華民國二十二年十一月份收支對照表

摘要	收入數		支出數
收入部			
上月轉入數	三六八三五	七六	
本月收入數	三、三三八	八三	
一、司法印紙費	二、〇六七	八九	
二、司法狀紙費	三二四	三〇	
三、沒收沒入			
四、繕狀費	九五	二〇	
五、存款息金			
六、雜項收入			
七、司法印紙工本費	六八九	二九	
八、司法狀紙工本費	一六二	一五	

图3-2-2-3

支出部		
一、解款數		
甲、解上月留院法收		五六 二五
乙、解本月留院法收		
丙、解上月印紙工本費		
丁、解上月刑狀紙工本費		五六 二五
二、坐支數　抵支本院十二月份經常定額內不敷款項一千五百七十五元又增員起俸二百七十三元九角一分		一、八四八 九一
三、撥付數		
本月現金支出總計		一、九六一 四一
本月底結存		三八二一三 一八
	四〇、一七四 五九	四〇、一七四 五九

附註一、上月轉入數係印紙工本結存銀二萬五千五百四十二元二角八分民狀紙工本結存銀四千七百十元零一角五分民狀紙加征五成結存銀三千九百十三元三角五分民狀紙加征一成結存銀七百二十二元五角八分舊存懲金銀三百五十六元五角三分法收項下結存銀一千四百七十八元三角七分刑狀紙工本及加征五成結存銀二百十二元五角（此項結存之數向由檢察處保存逕解高檢處核收）共結存銀三萬六千八百三十五元七角六分

图3-2-2-4

二、本月份收法收三千三百三十八元八角三分内除印紙工本六百八十九元二角九分民刑狀紙工本一百六十二元一角五分暨民刑狀紙加征五成一百六十二元一角五分未動支外實收法收二千三百二十五元二角四分本月預算額定撥補一千五百七十五元又增員超俸二百七十三元九角一分共應撥補一千八百四十八元九角一分除將實收法收二千三百二十五元二角四分內支撥一千八百四十八元九角一分外計餘法收四百七十六元三角三分

三、本月底印紙工本結存銀二萬六千二百三十一元五角七分民狀紙工本結存銀四千八百十六元零五分民狀紙加征五成結存銀四千零十九元二角五分民狀紙加征一成結存銀七百二十二元五角八分舊存息金銀三百五十六元五角三分法收項下結存銀一千九百五十四元七角刑狀紙工本結存銀五十六元二角五分刑狀紙加征五成結存銀五十六元二角五分

（此刑狀紙工本及加征五成之數向由檢察處保存逕解　高檢處核收）本月底共結存銀三萬八千二百十三元一角八分

四、院長鍾之翰超俸二十元於二十二年十月十八日奉　高院四七八三號令轉奉　部令（七零一零號）（二十二年十月八日）首席黃用中超俸六十元庭長歐陽亮超俸四十元推事顧宏標進級二十元候補書記官盛開豫進級五元庭長歐陽靖進級二十元書記官吳岡劉志伊董國章張席珍李志成徐尚清王壽椿王俠各進級十元計八十元推事陳震春進級二十元書記官吳肇源進級十元鄭數丞進級十元書記官長樊琦超俸三十元法醫吳逢强增員七十元錄事靳梅亭增員二十六元柏弘今增員二十六元王其昌增員二十四元院長首席增加特別辦公費三十九元均於二十三年一月二十三日奉

部令第九五三號核准註冊共計為五百元除在本月經常費內節餘匀支二百二十六元零八分實在動支法收二百七十三元九角一分

020

图3-2-2-5

3. 江苏镇江地方法院民国二十三年一月收入计算书、收支对照表（1934年）

（档案号：A019-1933-001-0135-0025）

该计算书和对照表记录了1934年1月镇江地方法院的收入及收支对照情况，样式与上份书表相同。计算书的“备考”一栏对部分收入项目进行了说明，如：审判费985.5元项下“原征一千三百十四元内提工本三百二十八元五角”，缮状费项下“上列之数民缮状费四十五元九角、刑缮状费四十二元”。此外，计算书还记载了较上月的增减情况，如：司法印纸收入增加了432.91元，没收没入减少了41元。

图3.2.3.1 镇江地方法院收入构成图（1934年1月）

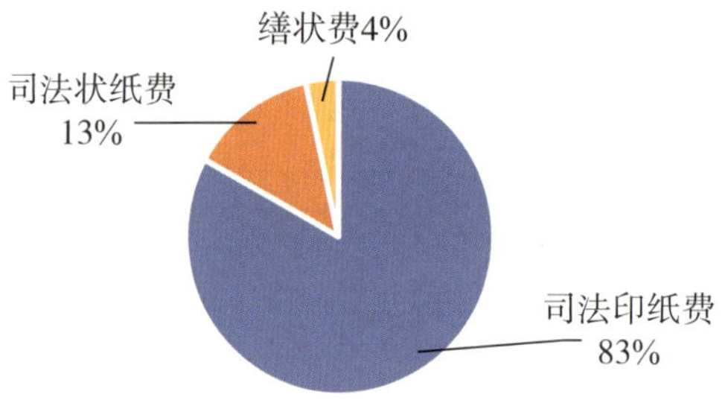

图3.2.3.2 镇江地方法院司法印纸费构成情况统计图（1934年1月）

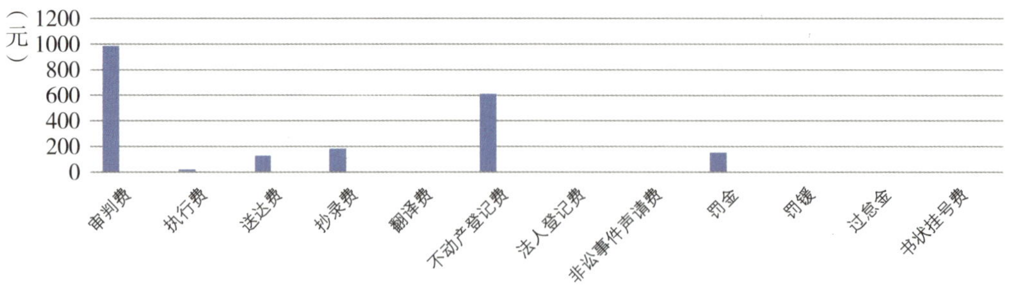

026

江蘇鎮江地方法院中華民國二十三年一月份收入計算書

科目	本月分收入預算數	本月分收入計算數	比較 增	比較 減	備考
第一款　鎮江地方法院收入	二、一五一 ○○	二、五一○ ○一	三五九 ○一		
第一項　國家行政收入	二、○七五 ○○	二、五一○ ○一	四三五 ○一		
第一目　司法印紙費	一、六五二 ○○	二、○八四 九一	四三二 九一		
第一節　審判費		九八五 五○			原征一千三百十四元内提工本三百二十八元五角
第二節　執行費		二○ 九五			原征二十七元九角三分内提工本六元九角八分
第三節　送達費		一二九 三七			原征一百七十二元五角内提工本四十三元一角三分
第四節　鈔錄費		一八二 七四			原征二百四十三元六角五分内提工本六十元九角一分
第五節　繙譯費					
第六節　不動産登記費		六一二 一五			原征八百十六元二角内提工本二百零四元零五分
第七節　法人登記費					
第八節　非訟事件聲請費					

图3-2-3-1

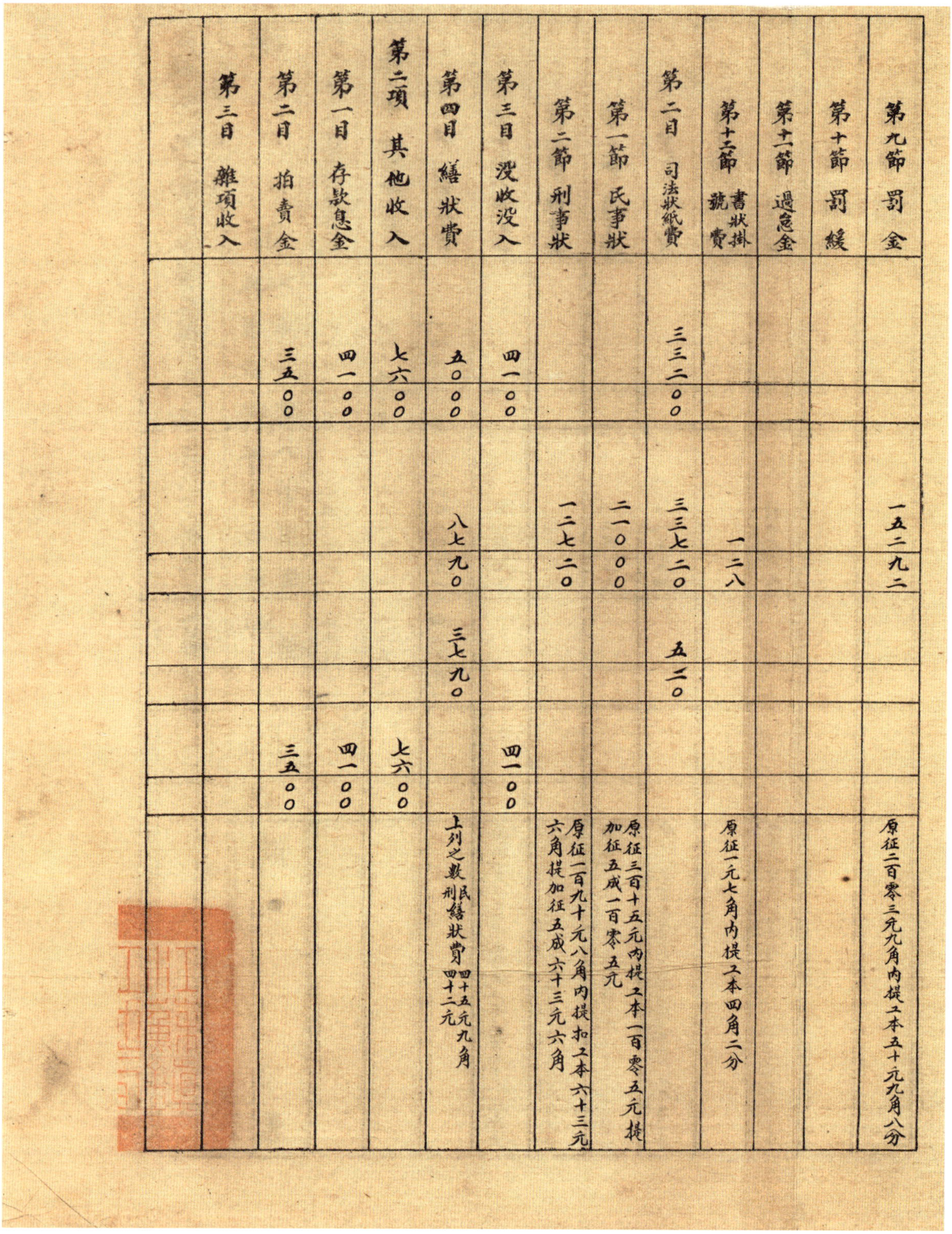

第九節 罰金		一五二九二			原征二百零三元九角内提工本五十元九角八分
第十節 罰鍰					
第十一節 過怠金					
第十二節 書狀掛號費		一二八			原征一元七角内提工本四角二分
第二目 司法狀紙費	三三二〇〇	三三七二〇	五二〇		
第一節 民事狀		二一〇〇〇			原征三百十五元内提工本一百零五元提加征五成一百零五元
第二節 刑事狀		一二七二〇			原征一百九十元八角内提扣工本六十三元六角提加征五成六十三元六角
第三目 沒收沒入	四一〇〇			四一〇〇	
第四目 繕狀費	五〇〇〇	八七九〇	三七九〇		上列之數民刑繕狀費民四十五元九角刑四十二元
第二項 其他收入	七六〇〇			七六〇〇	
第一目 存款息金	四一〇〇			四一〇〇	
第二目 拍賣金	三五〇〇			三五〇〇	
第三目 雜項收入					

图3-2-3-2

江蘇鎮江地方法院中華民國二十三年一月份收支對照表

027

摘要	收入數		支出數	
收入部				
上月轉入數	四〇、九二二	八八		
本月收入數	三、三七三	五八		
一、司法印紙費	二、〇八四	九一		
二、司法狀紙費	三三七	二〇		
三、沒收沒入				
四、繕狀費	八七	九〇		
五、存款息金				
六、雜項收入				
七、司法印紙工本費	六九四	九七		
八、司法狀紙工本費	一六八	六〇		

图3-2-3-3

支出部				
一、解款數				
甲、解上月留院法收			八〇	四〇
乙、解本月留院法收				
丙、解上月印紙工本費				
丁、解上月（刑）狀紙工本費			八〇	四〇
二、坐支數 抵支本院一月份經常預算定額內不敷款項一千三百七十五元增員超俸二百六十九元五角執達員保證金息銀四十九元三角二分			一、五九三	八二
三、撥付數				
本月現金支出總計			一、七五四	六二
本月底結存			四二、五四一	八四
	四四、二九六	四六	四四、二九六	四六

附註一、上月轉入數係印紙工本結存銀二萬六千九百六十九元一角八分民狀工本結存銀四千九百三十九元零五分民狀加征五成結存銀四千一百三十三元二角五分民狀加征一成結存銀七百二十二元五角八分舊存息金銀三百五十六元五角三分法收項下結存銀三千六百五十九元四角九分刑狀工本結存銀八十元四角刑狀加征五成結存銀八十元四角（此項刑狀工本及加征五成結存之數向由檢察處保存逕解高等檢察處核收）共結存銀四萬零九百二十二元八角八分

图3-2-3-4

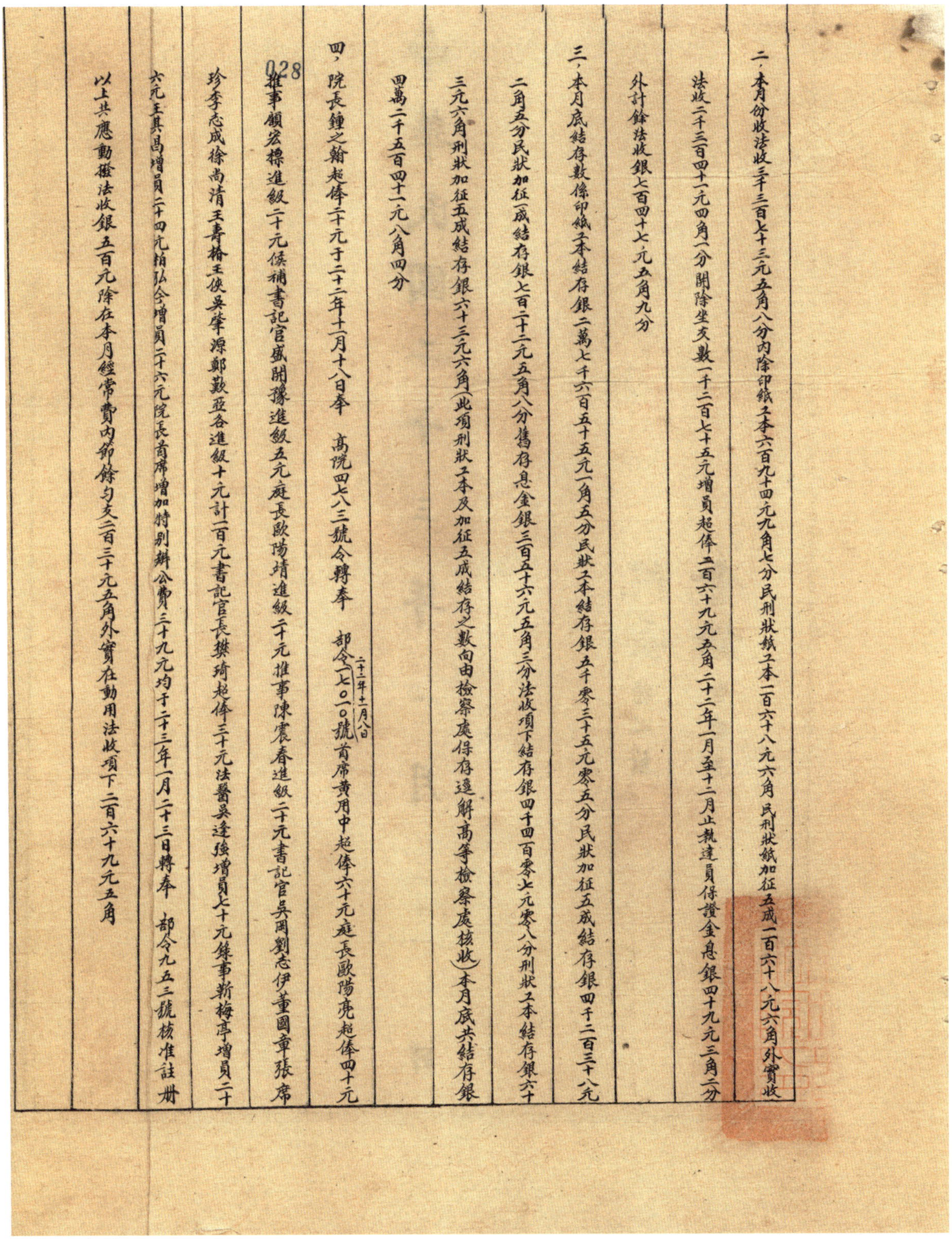

二、本月份收法收三千三百七十三元五角八分内除印紙工本六百九十四元九角七分民刑狀紙工本一百六十八元六角 民刑狀紙加征五成一百六十八元六角外實收
法收二千三百四十一元四角一分開除坐支數一千二百七十五元增員超俸二百六十九元五角二十二年一月至十二月止執達員保證金息銀四十九元三角二分
外計餘法收銀七百四十七元五角九分
三、本月底結存數係印紙工本結存銀二萬七千六百五十五元一角五分民狀工本結存銀五千零三十五元零五分民狀加征五成結存銀四千二百三十八元
二角五分民狀加征一成結存銀七百二十二元五角八分舊存息金銀三百五十六元五角三分法收項下結存銀四千四百零七元零八分刑狀工本結存銀六十
三元六角刑狀加征五成結存銀六十三元六角（此項刑狀工本及加征五成結存之數向由檢察處保存遞解高等檢察處核收）本月底共結存銀
四萬二千五百四十一元八角四分
四、院長鍾之翰超俸二十元于二十二年十一月十八日奉　高院四七八三號令轉奉　部令（二十二年十一月八日）一七〇一〇號首席黄用中超俸六十元庭長歐陽亮超俸四十元
028
推事顧宏標進級二十元候補書記官盛開豫進級五元庭長歐陽靖進級二十元推事陳震春進級二十元書記官吳岡劉志伊董國章張席
珍李志成徐尚清王壽椿王俠吳肇源鄭藪亞各進級十元計一百元書記官長樊琦超俸三十元法醫吳逢強增員七十元錄事靳梅亭增員二十
六元王其昌增員二十四元賴弘今增員二十六元院長首席增加特別辦公費三十九元均于二十三年一月二十三日轉奉　部令九五三號核准註冊
以上共應動撥法收銀五百元除在本月經常費内節餘匀支二百三十九元五角外實在動用法收項下二百六十九元五角

图3-2-3-5

4. 江苏镇江地方法院三十六年岁入岁出决算表（1947年）（档案号：A020-1948-001-0280-0005）

抗战胜利后，新式司法机构的收支统计口径发生了重大变化。1947年，镇江地方法院的收支情况如下：

图3.2.4.1　镇江地方法院收入构成图（1947年）

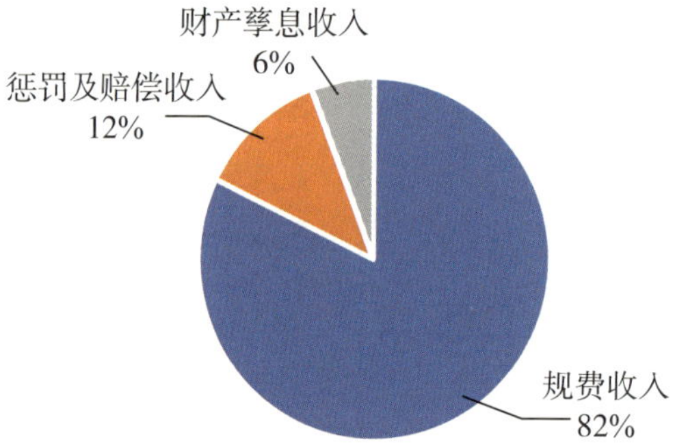

表3.2.4.1　镇江地方法院支出构成表（1947年）

支出费用项目	经常支出（元）	临时支出（元）
俸给费	121 995	
办公费	12 687 705	
购置费	2 977 800	
特别费	10 656 000	
员工福利费		39 572 444
司法辅助俸		7 825 240
勘验拘提费		1 199 700
学习人员津贴		0

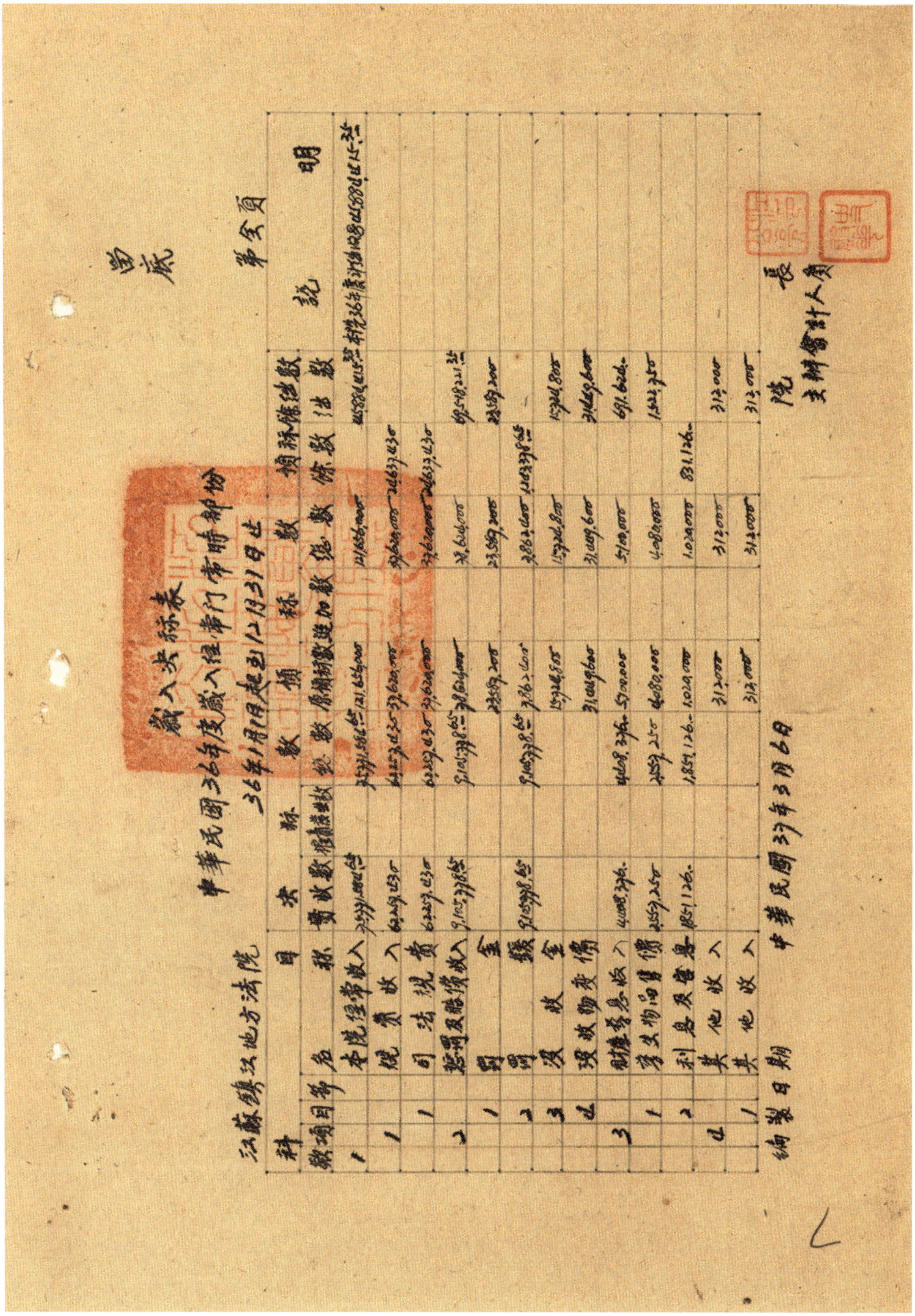

留底

歲入决算表

中華民國36年度歲入經常门常時部份

江蘇鎮江地方法院　　36年1月1日起至12月31日止　　第全頁

科目					决算数			预算数			预算餘绌数		説明
款	項	目	節	名称	實收數	權責發生數	總數	原預算數	追加數	總數	餘數	绌數	
1				本院經常收入	75,331,586.65		75,331,586.65	121,656,000		121,656,000		45,884,415.35	本院36年度計绌收45,884,415.35
	1			規費收入	62,259,430		62,259,430	37,620,000		37,620,000	24,637,430		
		1		司法規費	62,259,430		62,259,430	37,620,000		37,620,000	24,637,430		
	2			懲罰及賠償收入	9,105,378.65		9,105,378.65	78,624,000		78,624,000		69,518,221.35	
		1		罰金				23,589,200		23,589,200		23,589,200	
		2		罰鍰	9,105,378.65		9,105,378.65	7,862,400		7,862,400	1,242,978.65	—	
		3		沒收金				15,724,800		15,724,800		15,724,800	
		4		沒收物變價				31,449,600		31,449,600		31,449,600	
	3			財產孳息收入	4,408,376.-		4,408,376.-	5,100,000		5,100,000		691,624.-	
		1		遺失物品售價	2,557,250		2,557,250	4,080,000		4,080,000		1,522,750	
		2		利息及官息	1,851,126.-		1,851,126.-	1,020,000		1,020,000	831,126.-		
	4			其他收入				312,000		312,000		312,000	
		1		其他收入				312,000		312,000		312,000	

編製日期　中華民國37年3月6日　　院長

主辦會計人員

图3-2-4-1

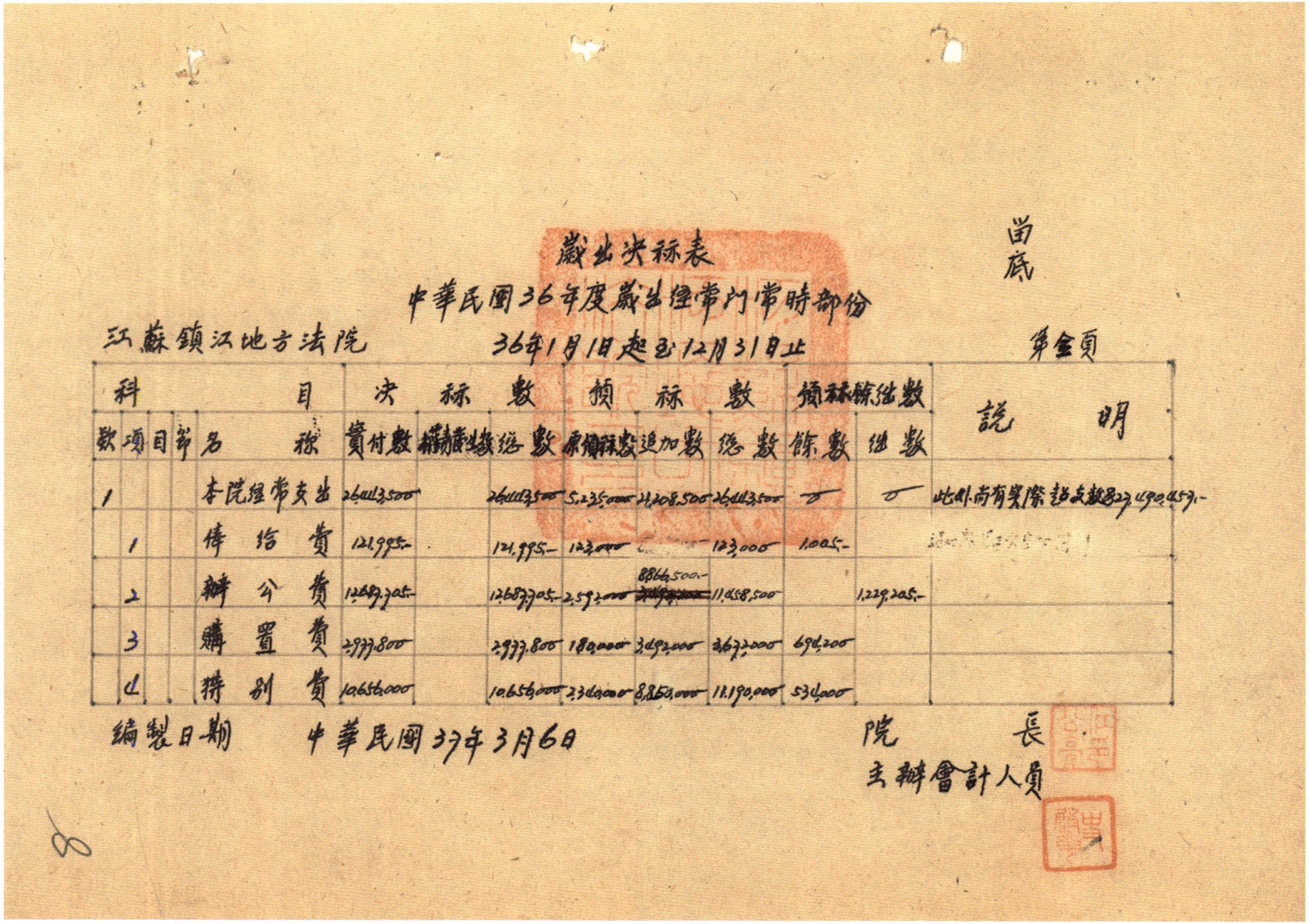

留底

歲出決算表

中華民國36年度歲出經常門常時部份

江蘇鎮江地方法院　　36年1月1日起至12月31日止　　第壹頁

科				目	決算數			預算數			預算餘絀數		說明
款	項	目	節	名稱	實付數	[illegible]	總數	原預算數	追加數	總數	餘數	絀數	
1				本院經常支出	26,443,500		26,443,500	5,235,000	21,208,500	26,443,500	〇	〇	此外尚有實際超支數827,490,459.-
	1			俸給費	121,995.-		121,995.-	123,000		123,000	1,005.-		
	2			辦公費	12,687,705.-		12,687,705.-	2,592,000	8,866,500.-	11,458,500		1,229,205.-	
	3			購置費	2,977,800		2,977,800	180,000	3,492,000	3,672,000	694,200		
	4			特別費	10,656,000		10,656,000	2,340,000	8,850,000	11,190,000	534,000		

編製日期　中華民國37年3月6日　　院長　主辦會計人員

图3-2-4-2

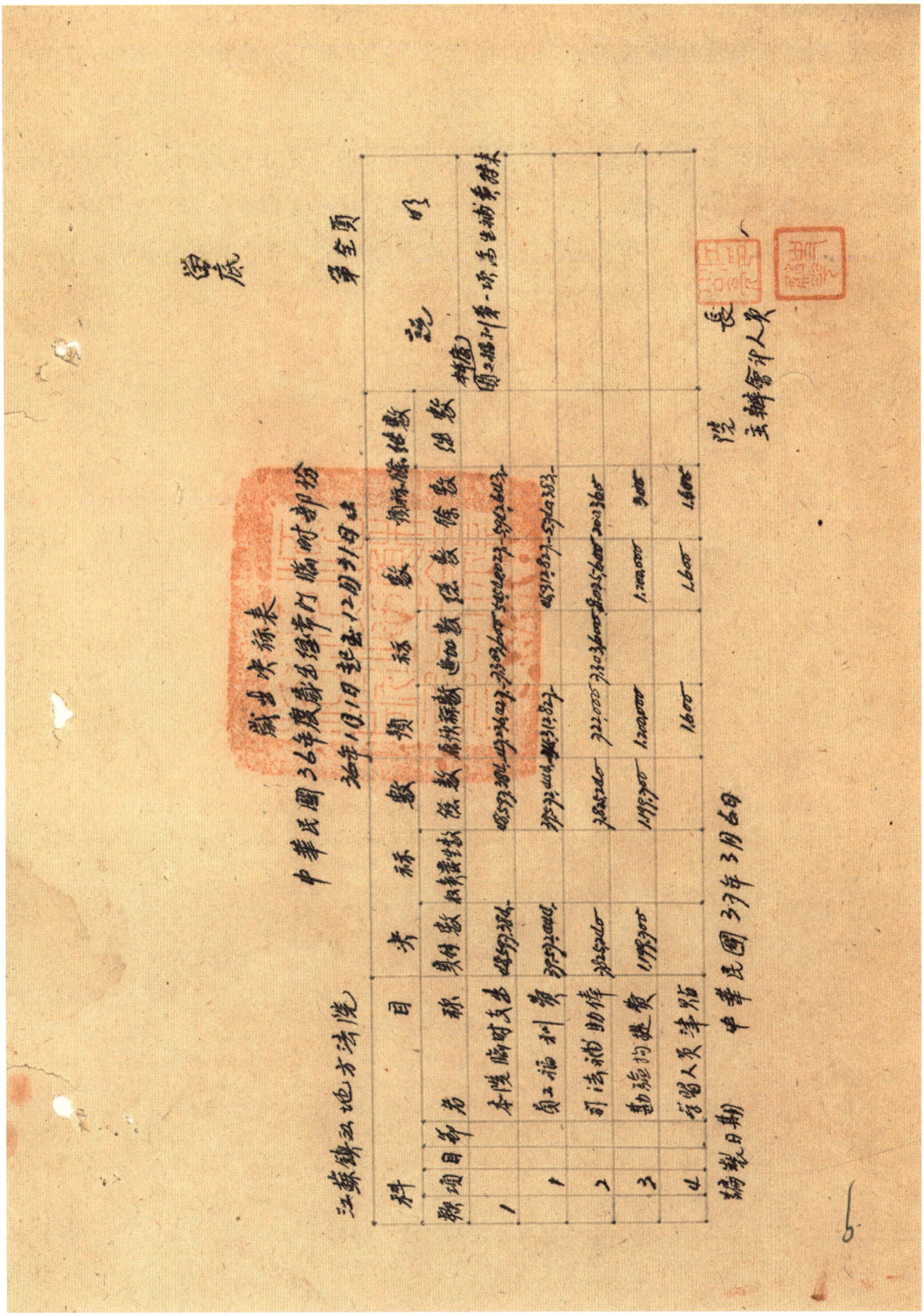

留底

歲出決算表

中華民國36年度歲出經常門臨時部份

36年1月1日起至12月31日止

江蘇鎮江地方法院　　　　第全頁

款	項	目	節	名稱	決算數 實付數	決算數 權責發生數	決算數 總數	預算數 原預算數	預算數 追加數	預算數 總數	預算餘絀數 餘數	預算餘絀數 絀數	說明
1				本院臨時支出	48,593,384		48,593,384	47,236,427	7,303,600	54,540,027	5,946,643		附注 員工福利費一項為生補費轉來
	1			員工福利費	40,592,444		40,592,444	46,312,827		46,312,827	5,720,383		
	2			司法補助費	7,825,240		7,825,240	722,000	7,303,600	8,025,600	200,360		
	3			勘驗拘提費	1,199,700		1,199,700	1,200,000		1,200,000	300		
	4			學習人員津貼				1,600		1,600	1,600		

編製日期　中華民國37年3月6日

院長

主辦會計人員

图3-2-4-3

三、往来文书

1. 江苏镇江地方法院呈请拨补款项的报告（1931年）（档案号：A019-1931-001-0084-0030）

下列材料为镇江地方法院就法收问题向江苏高等法院做出的请示报告。报告称："本院深以目下收支状况实有难于维持之危险，长此以往究非根本办法。查其他法院之法收盈亏未必较本院为甚，用敢呈请钧长准予将其他法院之法收其有盈余者，暂行拨移以充填补本院法收不敷拨之数，籍资维持……"

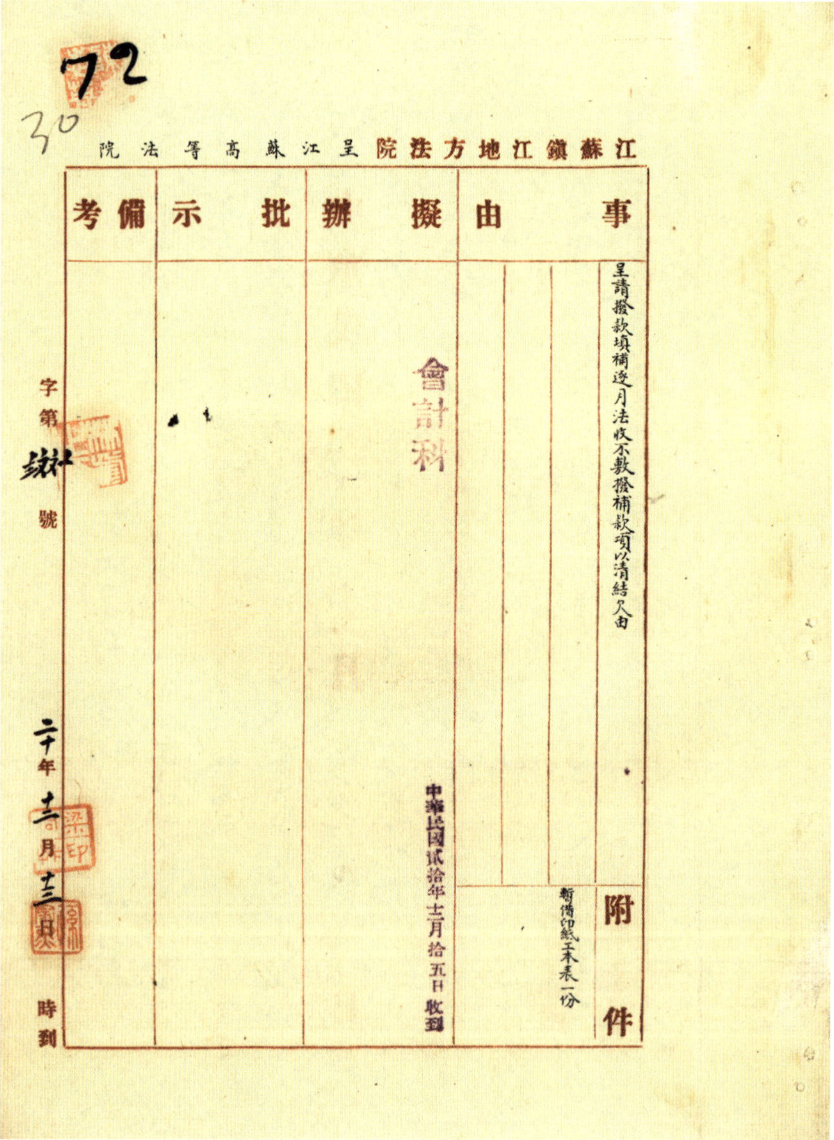
江苏镇江地方法院呈江苏高等法院

事由：呈请拨款填补逐月法收不敷拨补款项以清结欠由

附件：暂借印纸工本表一份

拟办：会計科

批示

備考

中華民國貳拾年十二月拾五日收到

字第　號

二十年十二月十三日　時到

图3-3-1-1

呈為呈請撥款填補逐月法收不敷撥補款項仰祈

鑒核事竊查本院逐月法收不敷撥補款項截至本年十月分止共計不敷撥補銀陸千捌百伍拾伍元肆角陸分暫在印紙工本項下挪用業經每月呈報在案查印紙工本係屬專款例不能擅自挪動但因本院實無他款可挪只得暫時墊用不過係一時權宜之計本擬俟法收有增加時再行陸續撥還解繳似於工本專款不致發生任何影響乃查現在法收非但無加增反較以前日漸減少而法收預算撥補費及奉

令在法收項下開支各款又復日見增多本院深以目下收支狀況實有難於維持之危險長此以往究非根本辦法查其他法院之法收盈虧未必較本院為甚用敢呈請

鈞長准予將其他法院之法收其有盈餘者暫行撥移以充填補本院法收不敷撥之數藉資維持而清結欠庶印紙工本有陸續解清之望是否有當理合將法收不敷撥補數目挪用印紙工本情形詳細列表具文呈請

鈞長俯賜鑒核指令祇遵實為公便謹呈

江蘇高等法院院長林

計呈送法收不敷撥補款項暫借印紙工本表一份

署江蘇鎮江地方法院院長黃用中

图3-3-1-2

2. 江苏高等法院有关缮状费开支的指令（1933年）（档案号：A019-1933-001-0132-0083）

下列材料为江苏高等法院就缮状费问题向镇江地方法院江都分院做出的指令，其主要内容系拟在缮状费项目上弥补因经费削减带来的收入不足，“令应将逐月经征数及截至本年一月止结存数均作杂项法收列报……在征收缮状费项下弥补本年度不敷经费……”。

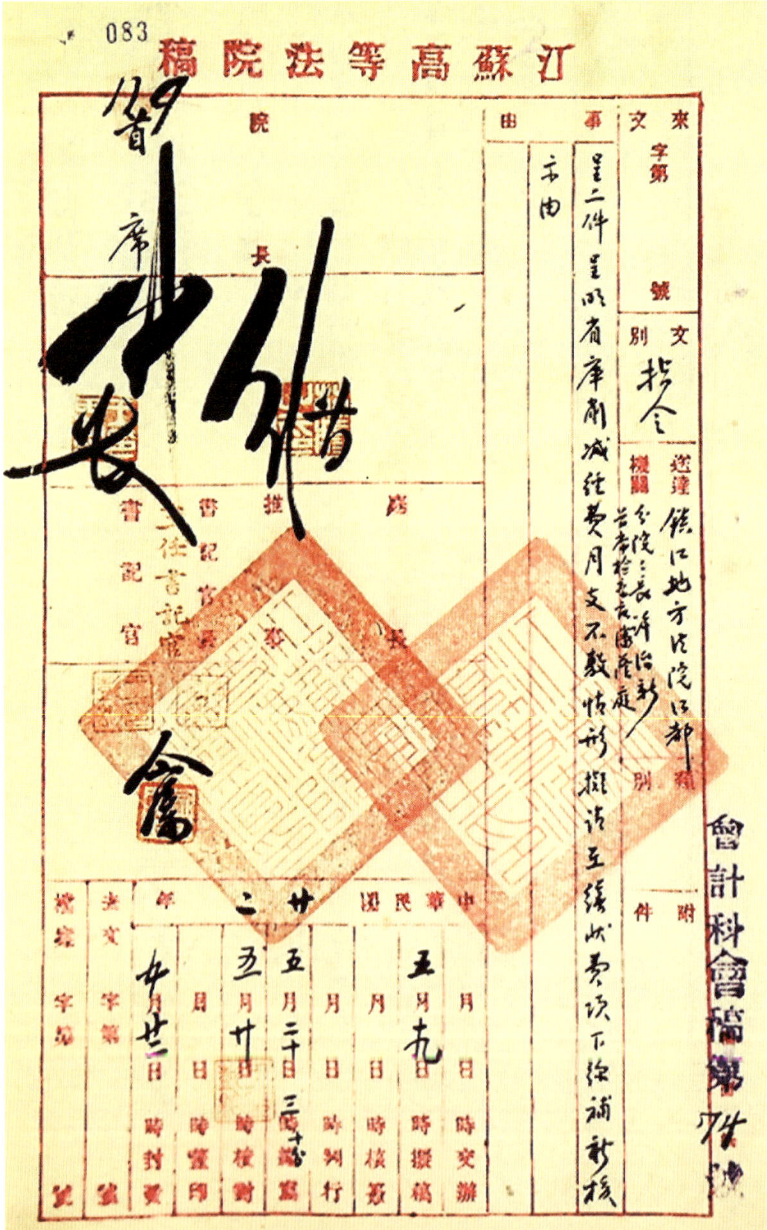
江蘇高等法院稿

文別 指令

送達機關 鎮江地方法院江都分院

會計科

图3-3-2-1

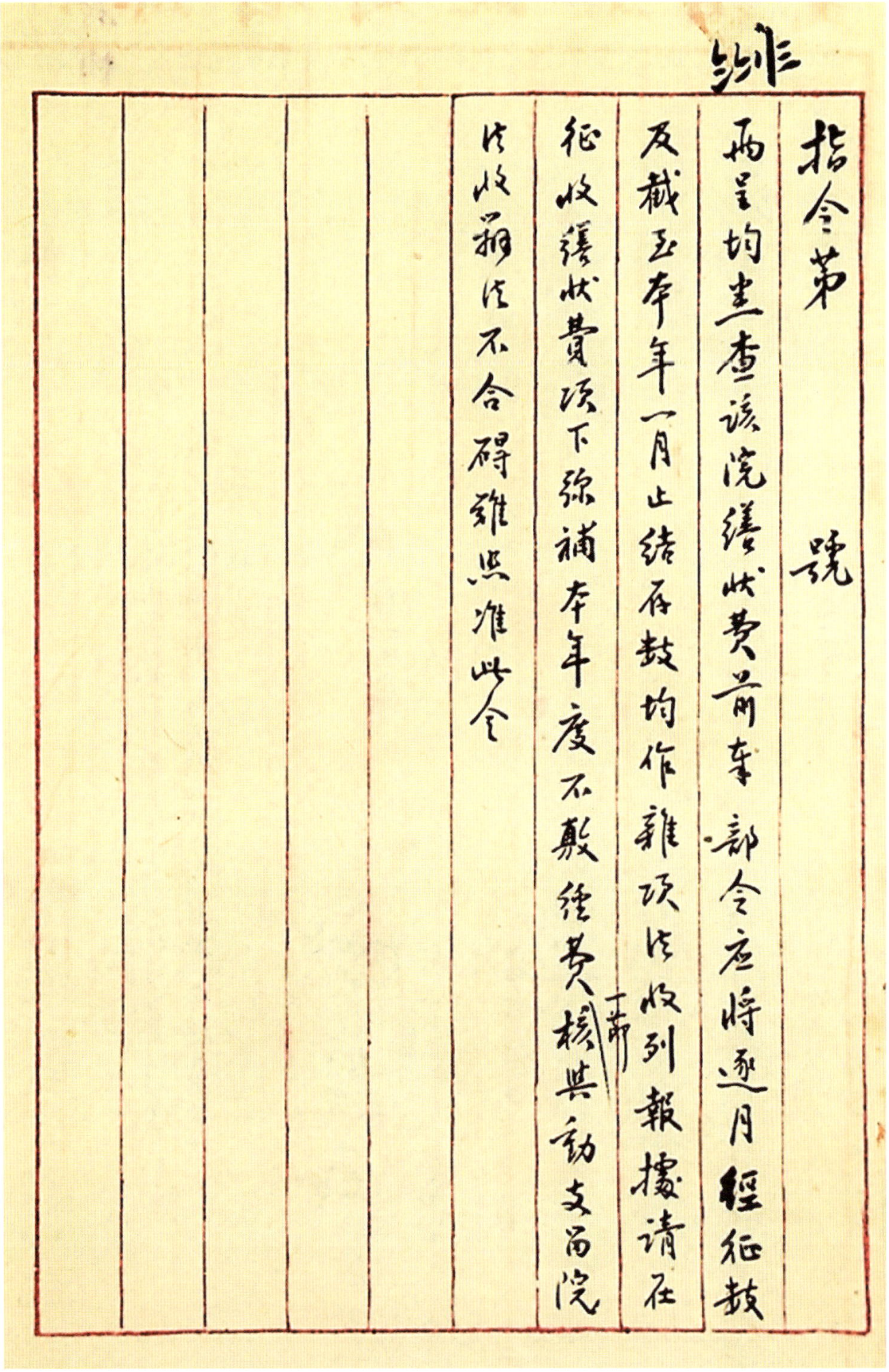

緋

指令第　　號

兩呈均悉查該院繕狀費前奉　部令應將逐月經征款及截至本年一月止結存款均作雜項收入列報據請在征收繕狀費項下彌補本年度不敷經費一節核與動支當院收入科目不合礙難照准此令

图3-3-2-2

3. 江苏镇江地方法院有关印状工本费的报告（1934年）（档案号：A019-1933-001-0136-0005）

由于经费紧张，镇江地方法院拟借用之前的司法印纸费来弥补亏空，直至财政部补发经费，就此镇江地方法院院长钟之翰特向江苏高等法院呈送报告。报告称：“查印

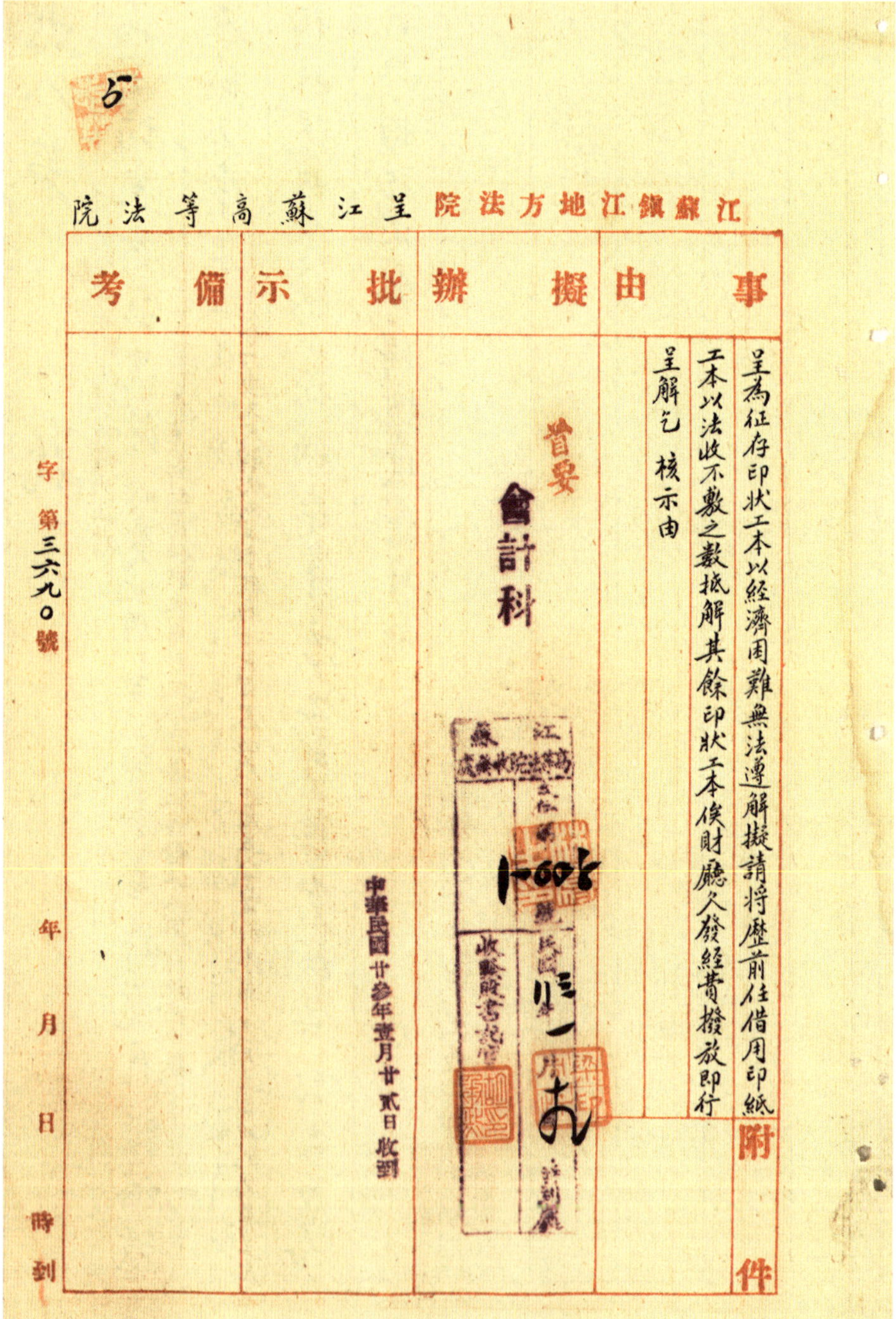
江蘇鎮江地方法院呈江蘇高等法院

事由	擬辦	批示	備考
呈為征存印狀工本以經濟困難無法遵解擬請將歷前任借用印紙工本以法收不敷之數抵解其餘印狀工本俟財廳久發經費撥放即行呈解乞核示由	會計科		

中華民國廿叁年壹月廿貳日收到

字第三六九〇號　年　月　日　時到

附件

图3-3-3-1

纸工本截至二十二年八月份止历前任欠解银二万五千二百三十七元零七分六厘，内有银二万零六百二十元零五角九分五厘，历前任以留院法收不敷动支先后借用暂垫……历前任借用印纸工本银二万零二百九十九元一角九分五厘，拟请钧长俯念困难实情，通筹全省法收之数，酌盈剂虚，准予以历前任法收不敷之数抵解印纸工本。”

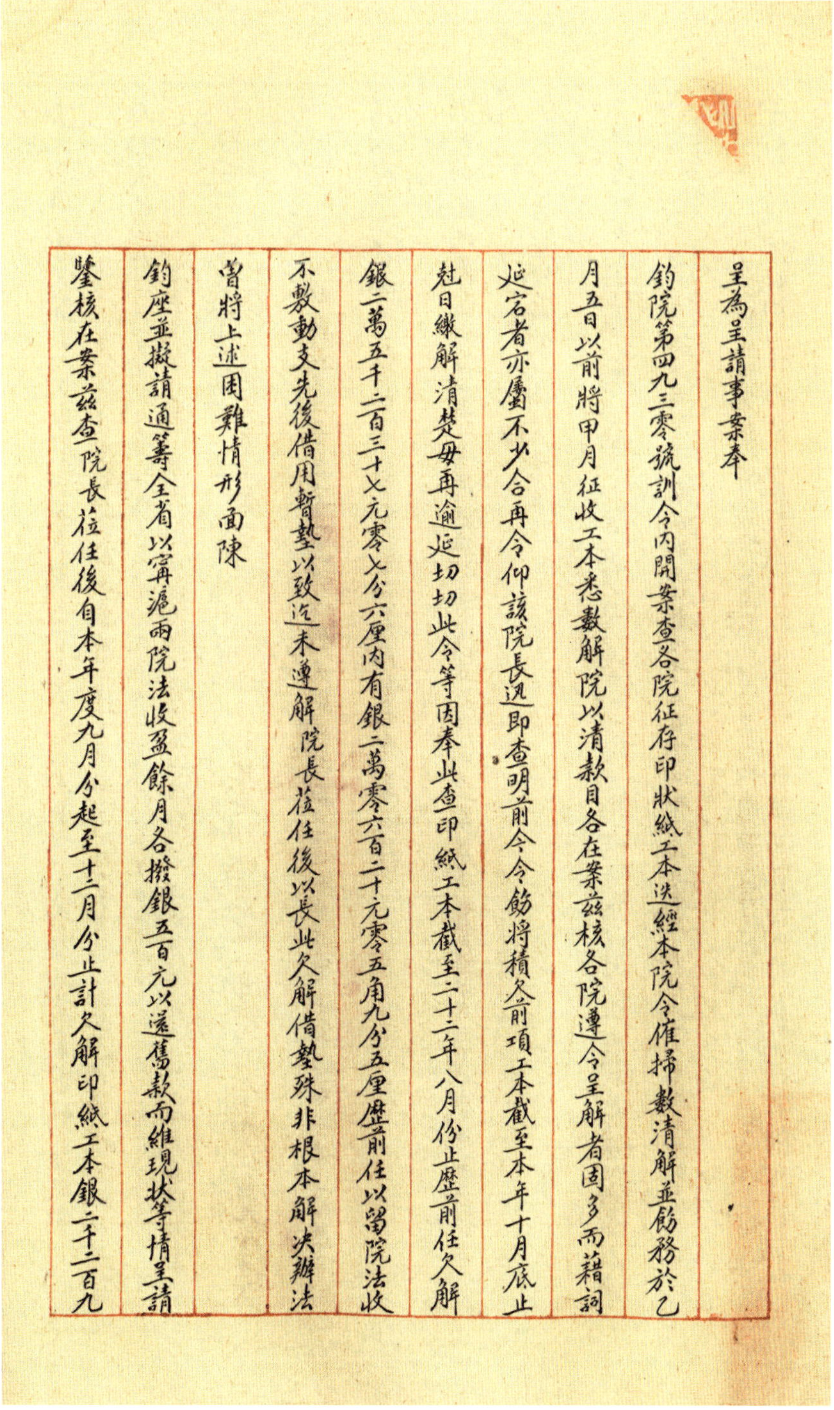
呈為呈請事案奉
鈞院第四九三零號訓令內開案查各院征存印狀紙工本迭經本院令催掃數清解並飭務於乙月五日以前將甲月征收工本悉數解院以清款目各在案茲核各院遵令呈解者固多而藉詞延宕者亦屬不少合再令仰該院長迅即查明前令令飭將積欠前項工本截至本年十月底止赶日繳解清楚毋再逾延切切此令等因奉此查印紙工本截至二十二年八月份止歷前任欠解銀二萬五千二百三十七元零七分六厘內有銀二萬零六百二十元零五角九分五厘歷前任以留院法收不敷動支先後借用暫墊以致迄未遵解院長莅任後以長此欠解借墊殊非根本解決辦法曾將上述困難情形面陳
鈞座並擬請通籌全省以盈濟絀兩院法收盈餘月各撥銀五百元以還舊款而維現狀等情呈請
鑒核在案茲查院長莅任後自本年度九月分起至十二月分止計欠解印紙工本銀二千二百九

图3-3-3-2

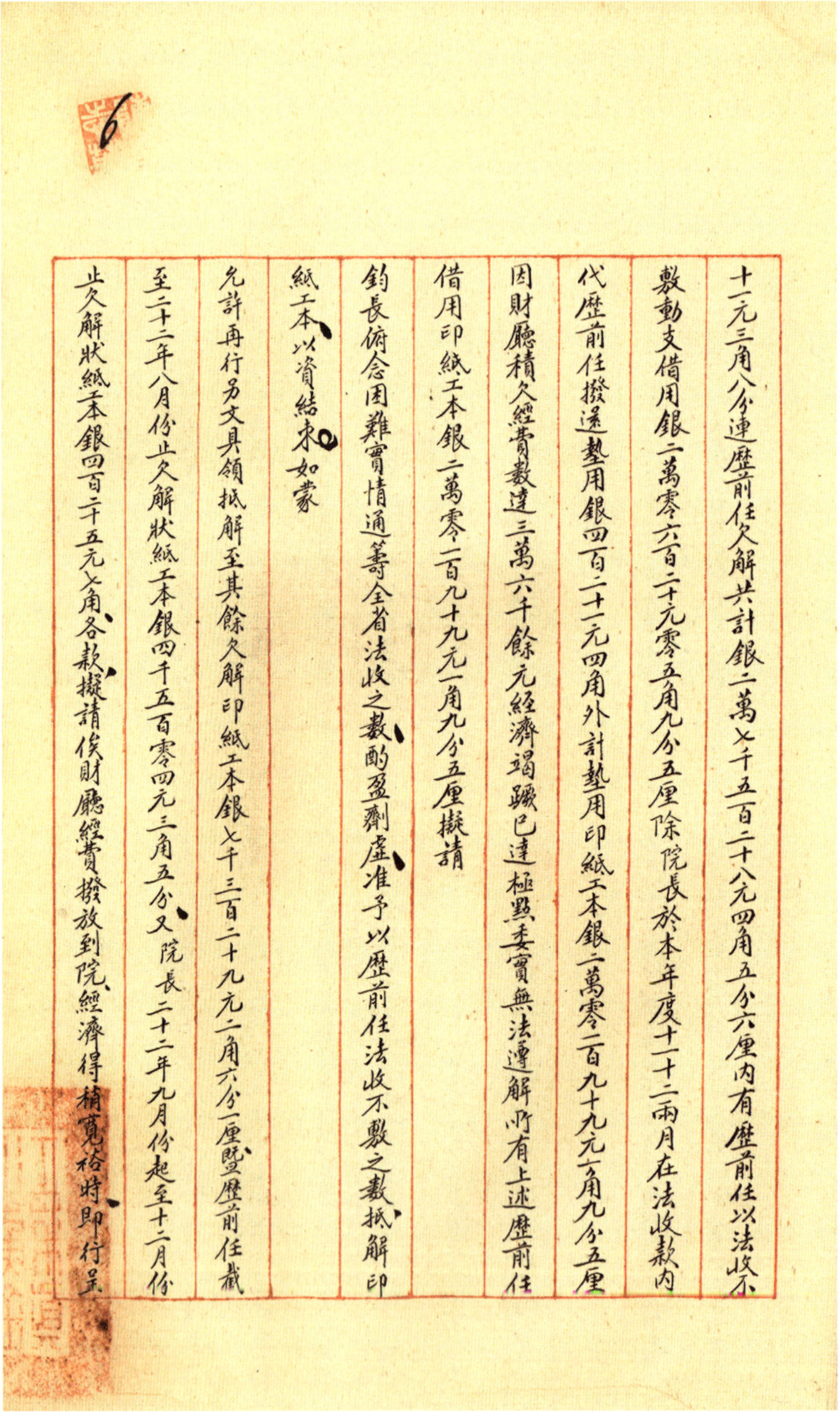

十一元三角八分連歷前任欠解共計銀二萬七千五百二十八元四角五分六厘內有歷前任以法收不敷動支借用銀二萬零六百二十元零五角九分五厘除院長於本年度十一十二兩月在法收款內代歷前任撥還墊用銀四百二十一元四角外計墊用印紙工本銀二萬零一百九十九元一角九分五厘因財廳積欠經費數達三萬六千餘元經濟竭蹶已達極點委實無法遵解所有上述歷前任借用印紙工本銀二萬零一百九十九元一角九分五厘擬請

鈞長俯念困難實情通籌全省法收之數酌盈劑虛准予以歷前任法收不敷之數抵解印紙工本以資結束如蒙

允許再行另文具領抵解至其餘欠解印紙工本銀七千三百二十九元二角六分一厘暨歷前任截至二十二年八月份止欠解狀紙工本銀四千五百零四元三角五分又院長二十二年九月份起至十二月份止欠解狀紙工本銀四百二十五元七角各款擬請俟財廳經費撥放到院經濟得稍寬裕時即行呈

图3-3-3-3

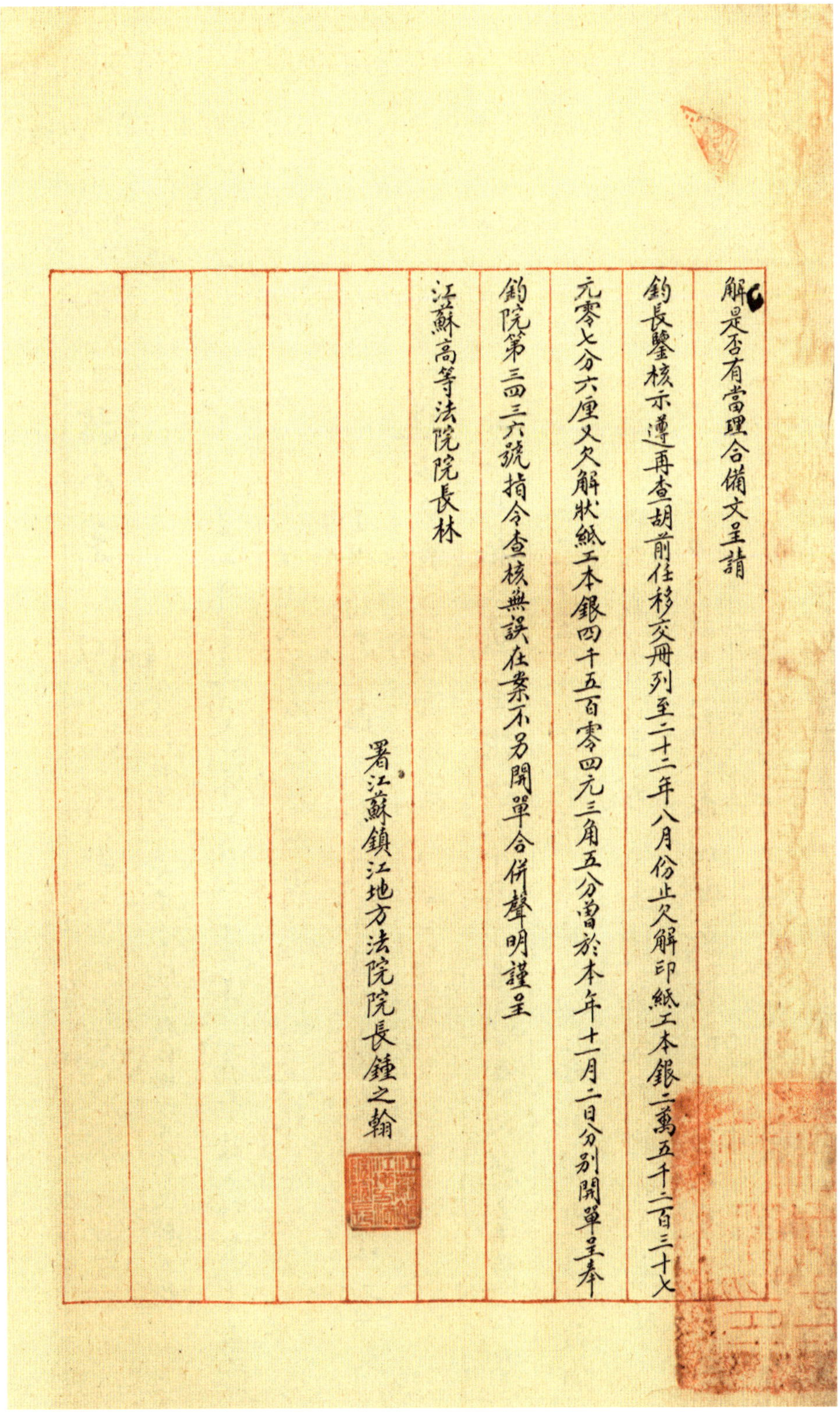

解是否有當理合備文呈請
鈞長鑒核示遵再查胡前任移交册列至二十二年八月份止欠解印紙工本銀二萬五千二百三十八
元零七分六厘又欠解狀紙工本銀四千五百零四元三角五分曾於本年十一月二日分别開單呈奉
鈞院第三四三六號指令查核無誤在案不另開單合併聲明謹呈
江蘇高等法院院長林
署江蘇鎮江地方法院院長鍾之翰

图3-3-3-4

4. 司法行政部、江苏高等法院有关收入计算书表的指令（1936年）（档案号：A019-1935-001-0194-0007）

下列材料为就呈送收入计算书一事，江苏高等法院向第五分院暨镇江地方法院，以及司法行政部向江苏高等法院做出的指令，还有江苏高等法院第五分院暨镇江地方

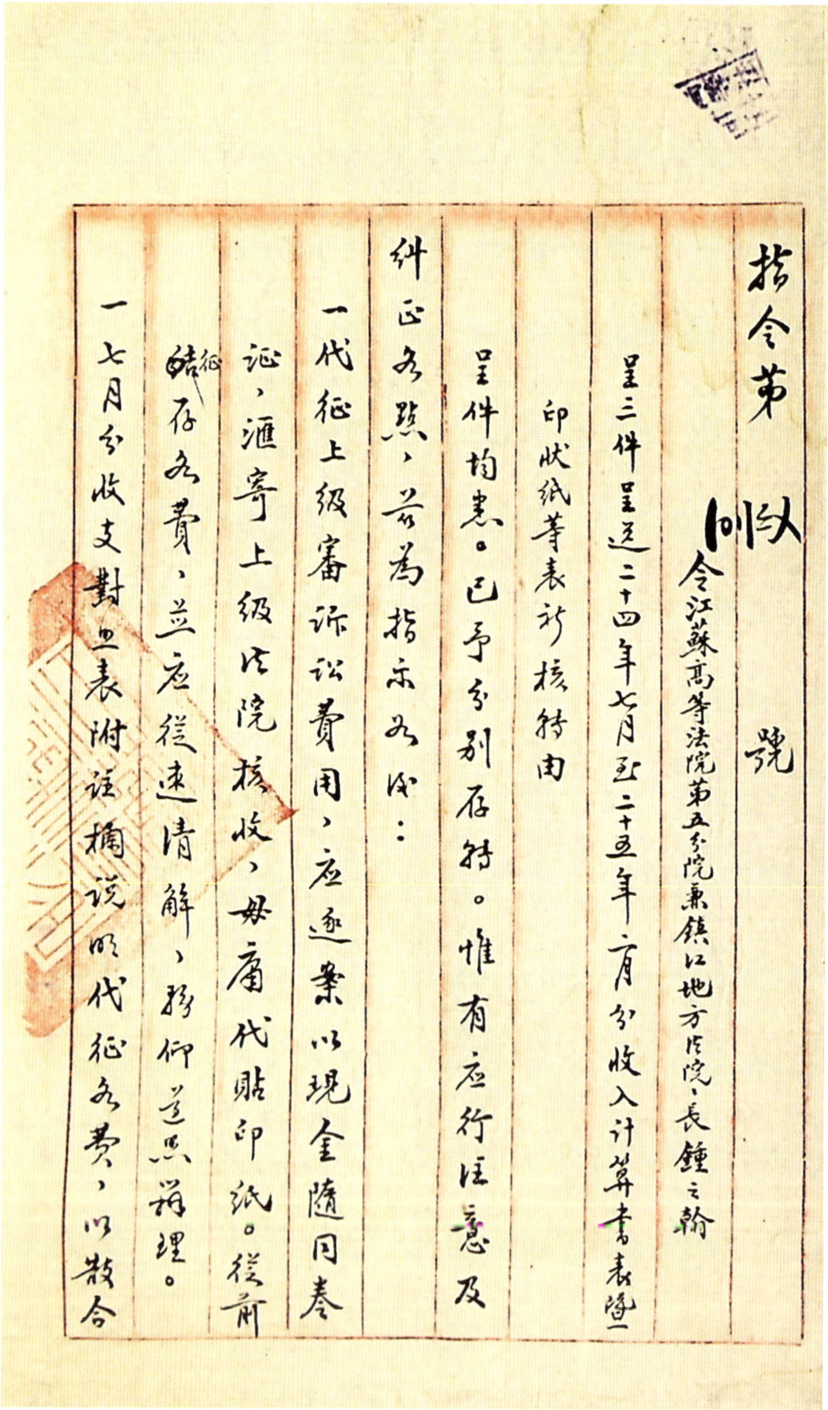
指令第　　號

令江蘇高等法院第五分院兼鎮江地方法院院長鍾之翰

呈三件呈送二十四年七月至二十五年六月分收入計算書表暨一印狀紙等表祈核轉由

呈件均悉。已予分別存轉。惟有應行注意及糾正各點，並為指示如次：

一、代徵上級審訴訟費用，應逐案以現金隨同卷證，滙寄上級法院核收，毋庸代貼印紙。從前結存各費，並應從速清解，轉仰遵照辦理。

一、七月分收支對照表附註摘說明代徵各費，以敖合

图3-3-4-1

法院向司法行政部提交的报告。报告称，“查镇江地方法院应造收入计算书表，业经呈送至二十四年六月分止在案……本院覆核无异，除送江苏省审计处外，理合检同原件，备文呈请钧部鉴核”，这说明，司法经费计算书表除了要报送司法行政部和上级法院，还要呈送省审计处。此外，文末有司法行政部部长王用宾的印章。

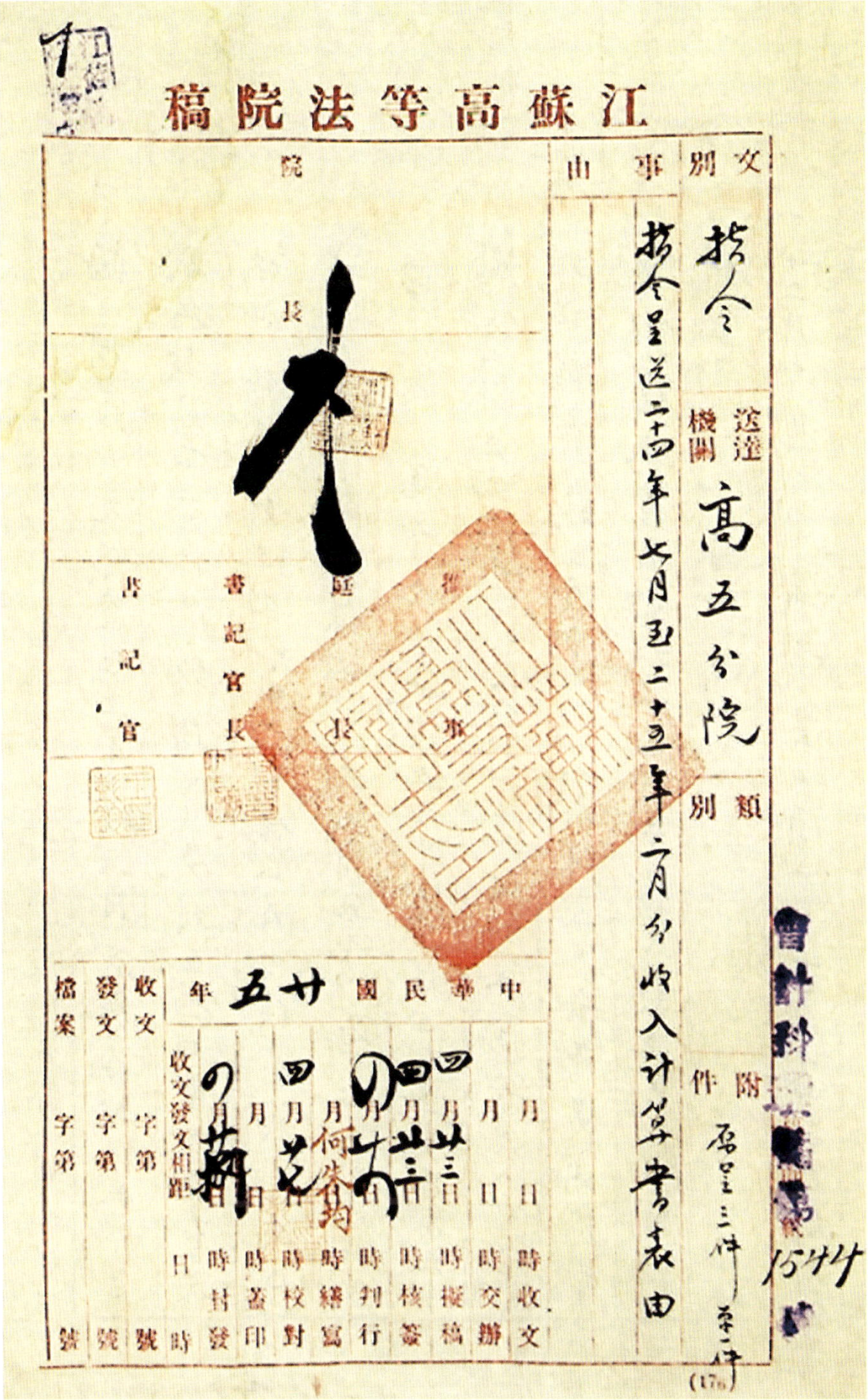

图3-3-4-2

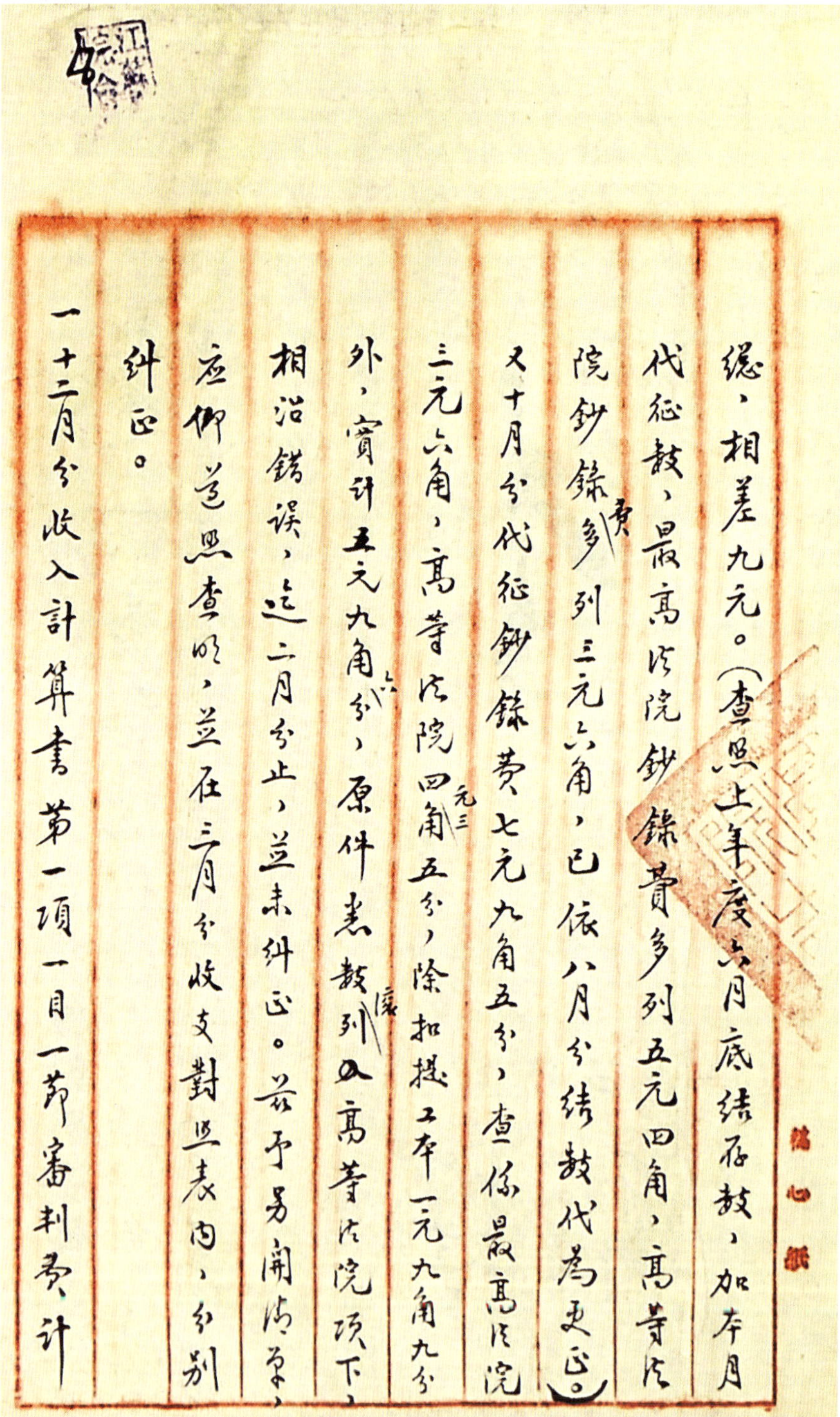

總，相差九元。（查照上年度六月底結存數，加本月代征數，最高法院鈔錄費多列五元四角，高等法院鈔錄費多列三元六角，已依八月分結數代為更正。）又十月分代征鈔錄費七元九角五分，查係最高法院三元六角，高等法院四元三角五分，除扣提工本一元九角九分外，實計五元九角六分，原件黑數列入高等法院項下，相沿錯誤，迄二月分止，並未糾正。茲予另開清單，應即遵照查明，並在三月分收支對照表內，分別糾正。

一、十二月分收入計算書第一項一目一節審判費計

图3-3-4-3

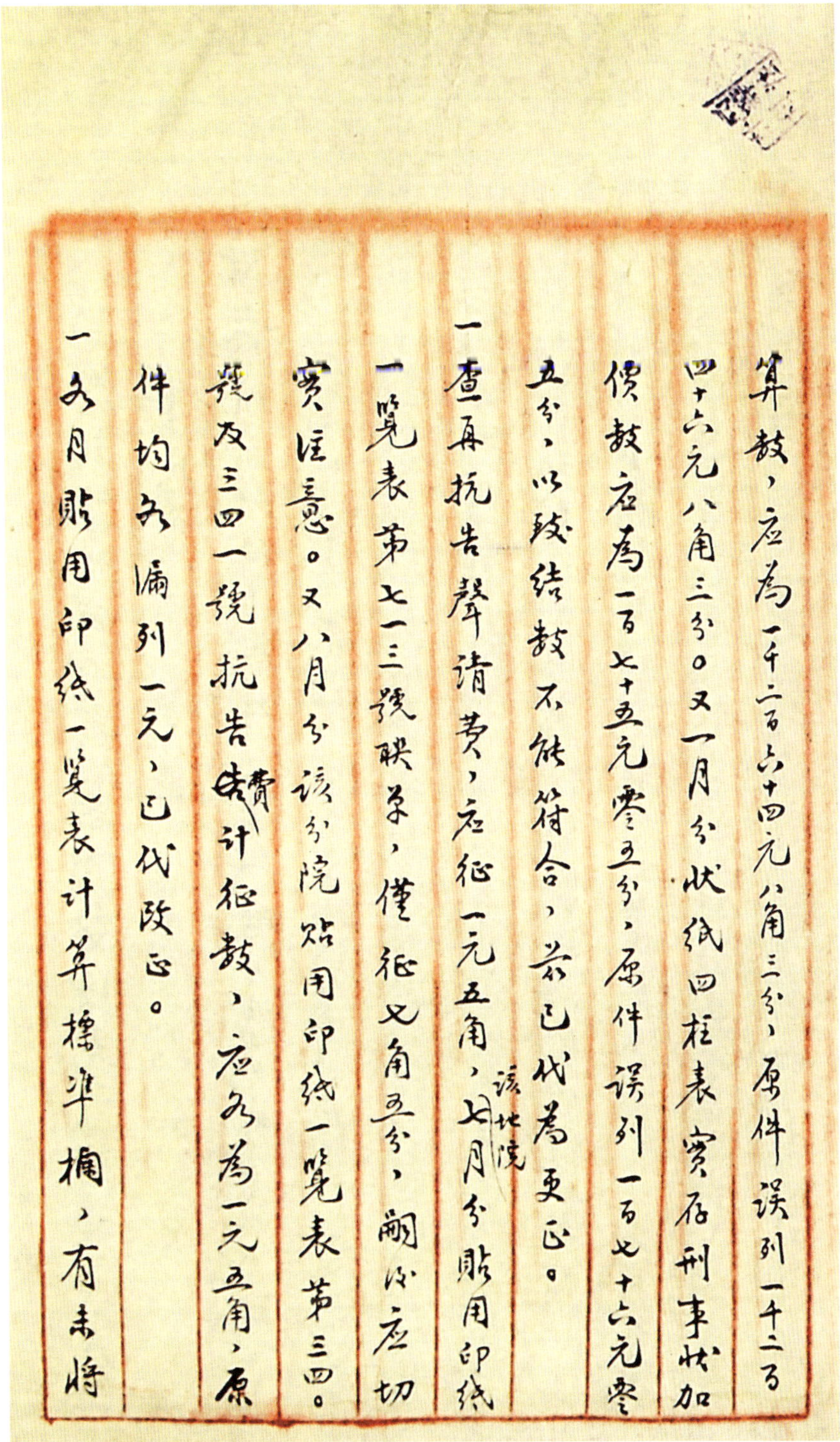

算數，應為一千二百六十四元八角三分，原件誤列一千二百
四十六元八角三分。又一月分狀紙四柱表實存刑事狀加
價數應為一百七十五元零五分，原件誤列一百七十六元零
五分，以致結數不能符合，茲已代為更正。
一查再抗告聲請費，應徵一元五角，該地院七月分貼用印紙
一覽表第七一三號聯單，僅徵七角五分，嗣後應切
實注意。又八月分該分院貼用印紙一覽表第三四
號及三四一號抗告費計徵數，應各為一元五角，原
件均各漏列一元，已代改正。
一各月貼用印紙一覽表計算標準欄，有未將

图3-3-4-4

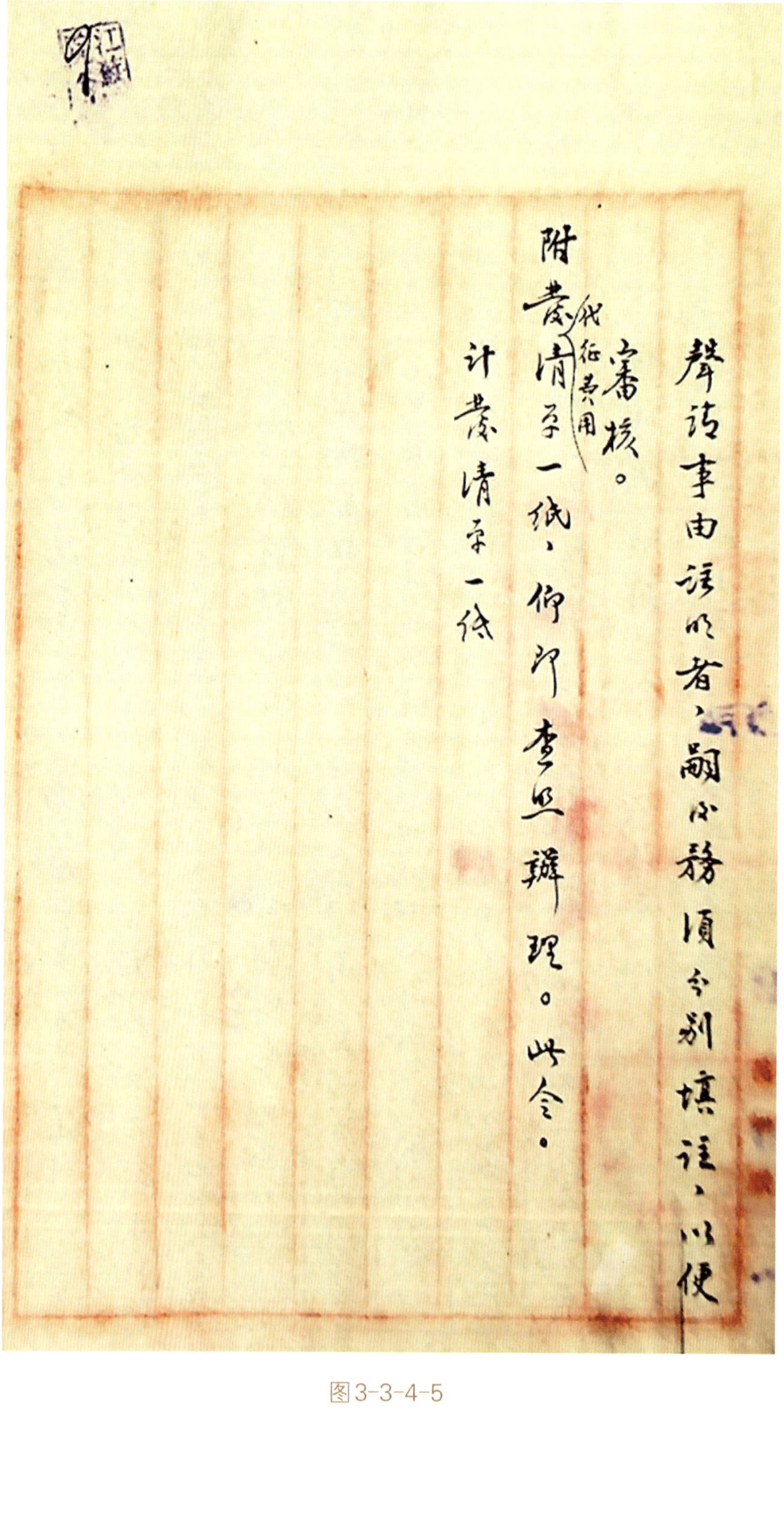

聲請事由該所者、嗣後務須分別填註、以便
審核。
附蒙代征費用清單一紙、仰即遵照辦理。此令。
計蒙清單一紙

图3-3-4-5

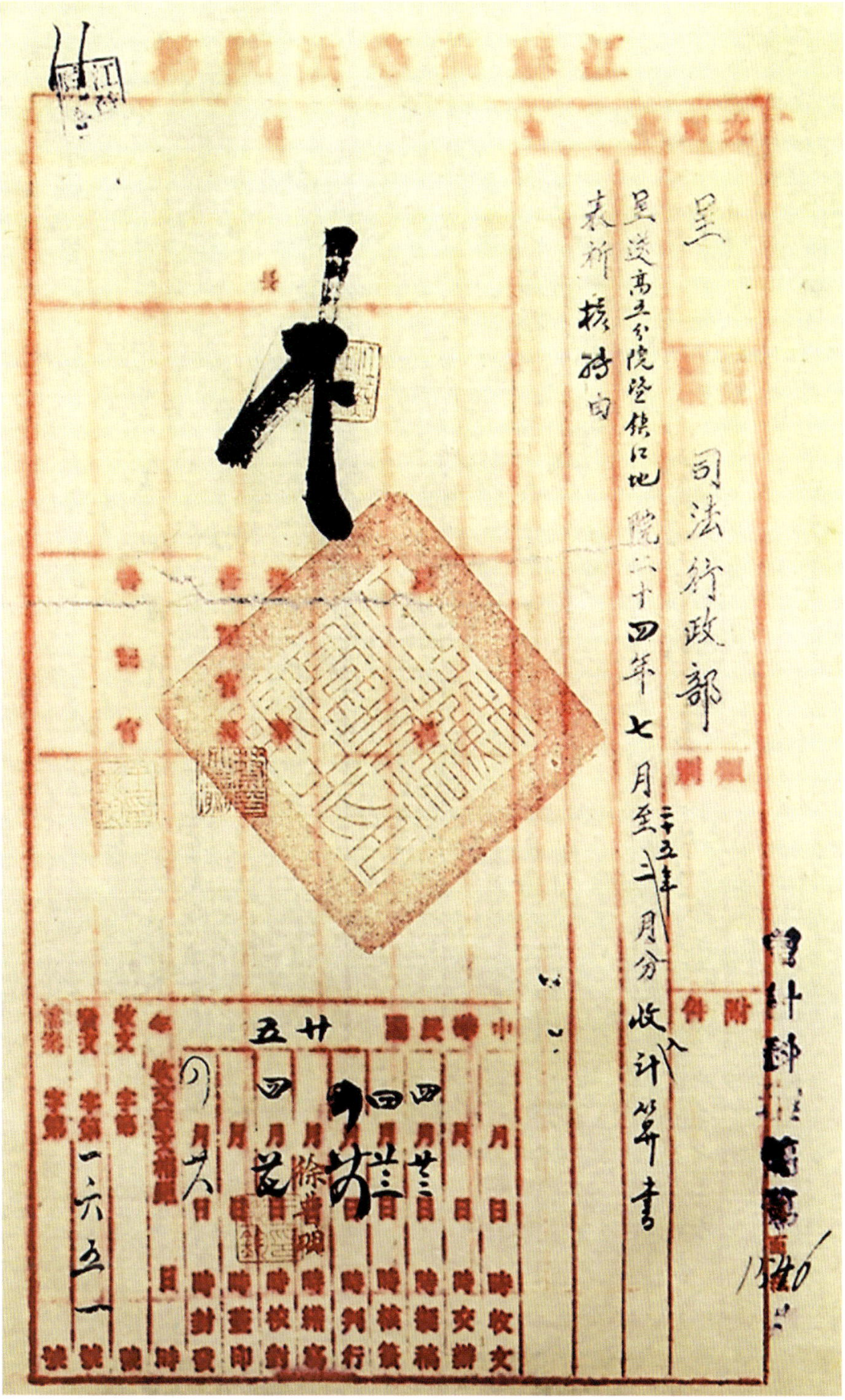

图3-3-4-6

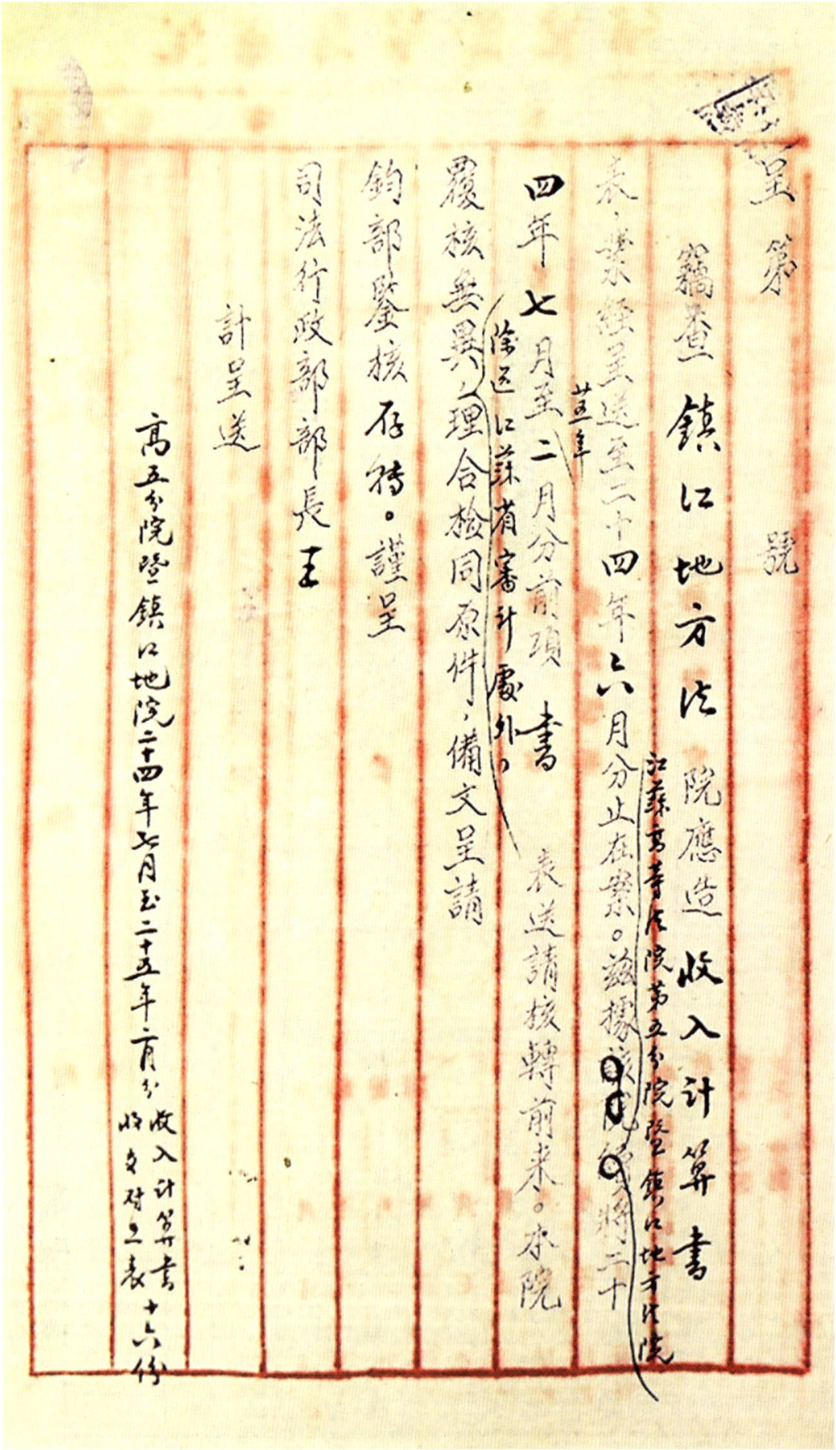

呈第　　號

竊查鎮江地方法院應造收入計算書表，業經呈送至二十四年六月分止在案。茲據江蘇高等法院第五分院暨鎮江地方法院將二十四年七月至廿五年二月分前項書表送請核轉前來。本院覆核無異，除送江蘇省審計處外，理合檢同原件，備文呈請

鈞部鑒核存轉。謹呈

司法行政部部長王

計呈送

高五分院暨鎮江地院二十四年七月至二十五年二月分收入計算書、收支對照表十六份

图3-3-4-7

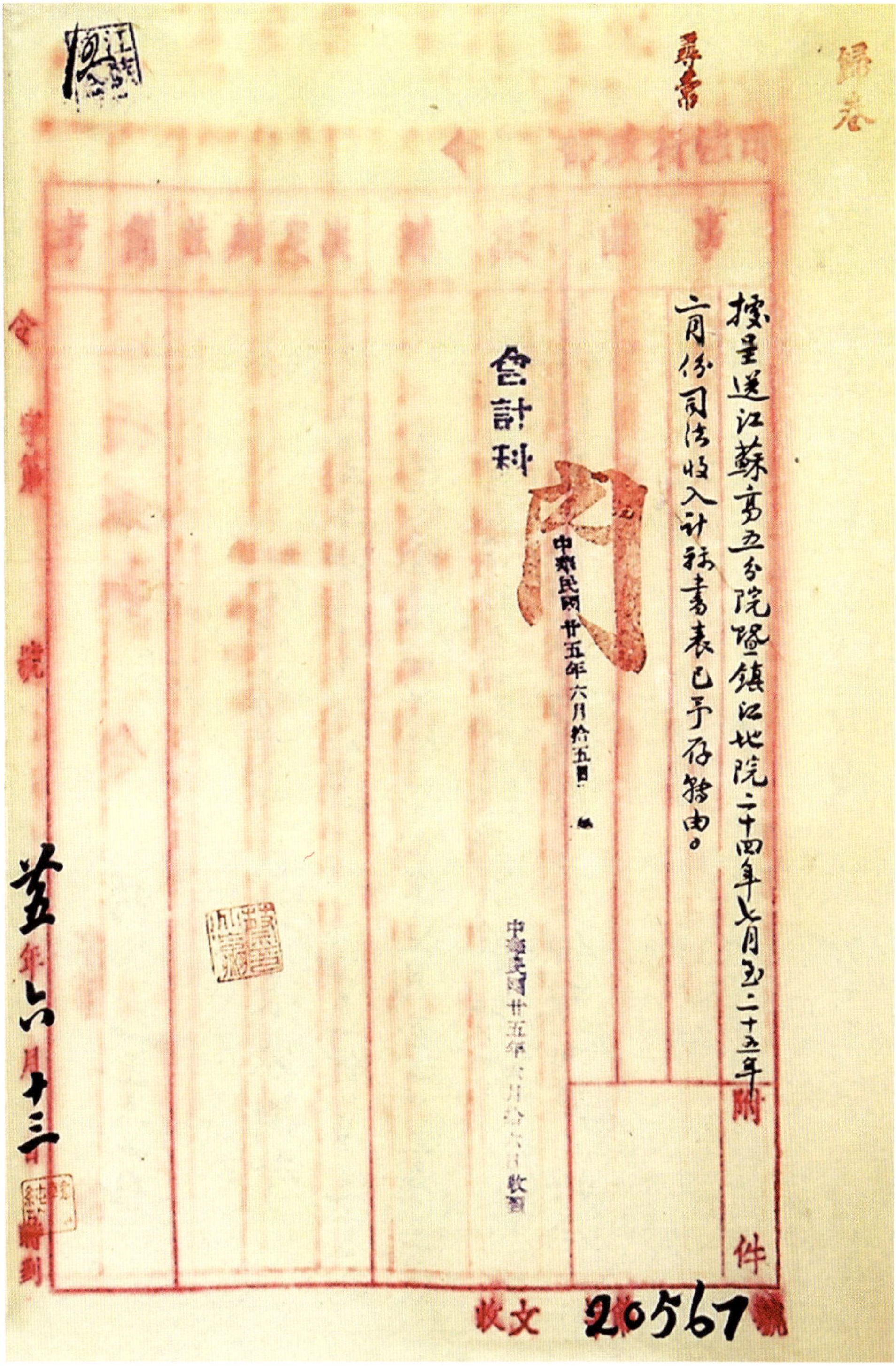

歸卷

據呈送江蘇高五分院暨鎮江地院二十四年七月至二十五年五月份司法收入計算書表已予存轉由。

會計科

中華民國廿五年六月拾五日

中華民國廿五年六月拾六日收到

廿五年六月十三日

收文 20567 號

图3-3-4-8

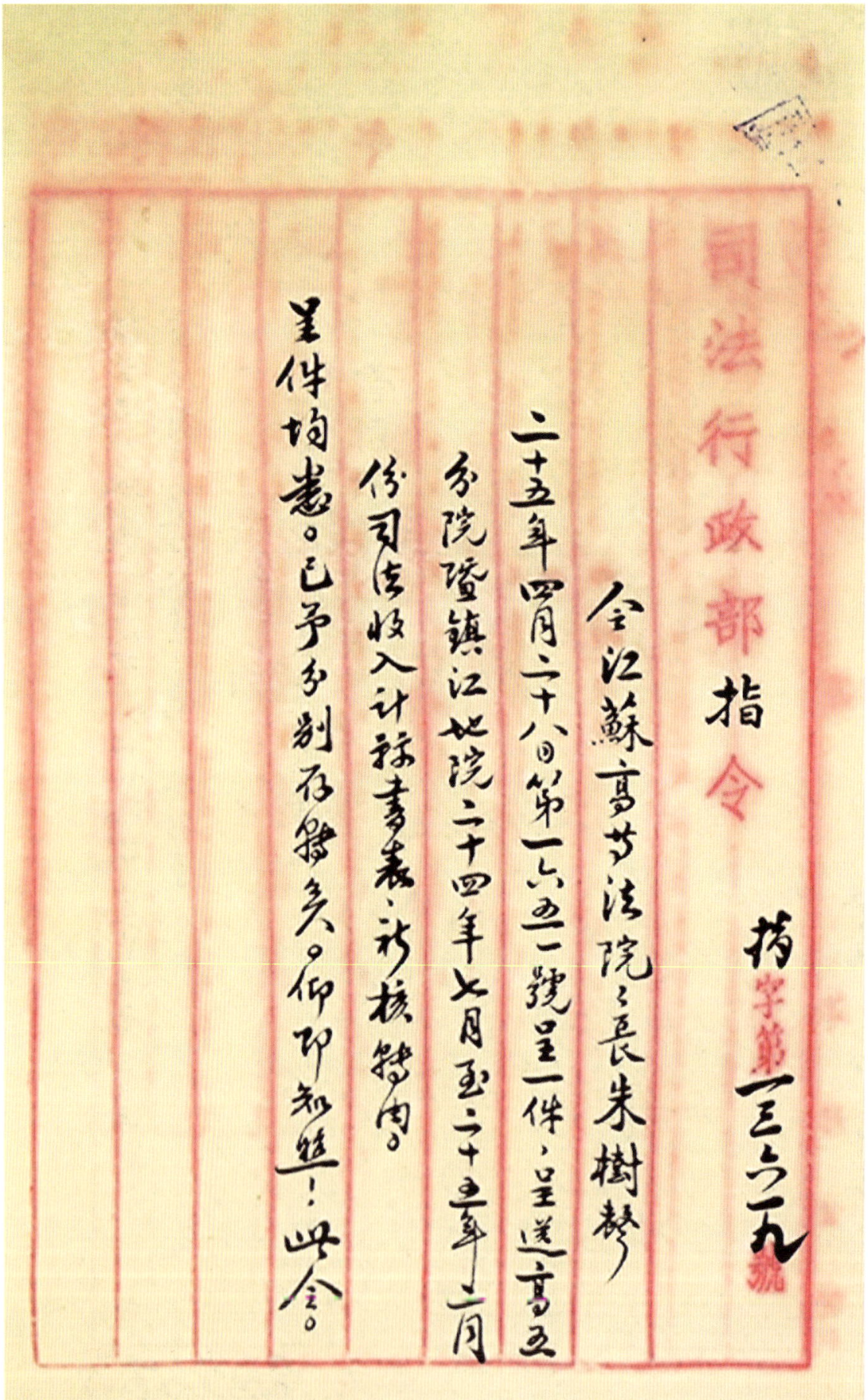
司法行政部指令

指字第一三六一九號

令江蘇高等法院院長朱樹聲

二十五年四月二十八日第一六五一號呈一件，呈送高五分院暨鎮江地院二十四年七月至二十五年六月份司法收入計算書表，祈核轉由。

呈件均悉。已予分別存轉矣。仰即知照！此令。

图3-3-4-9

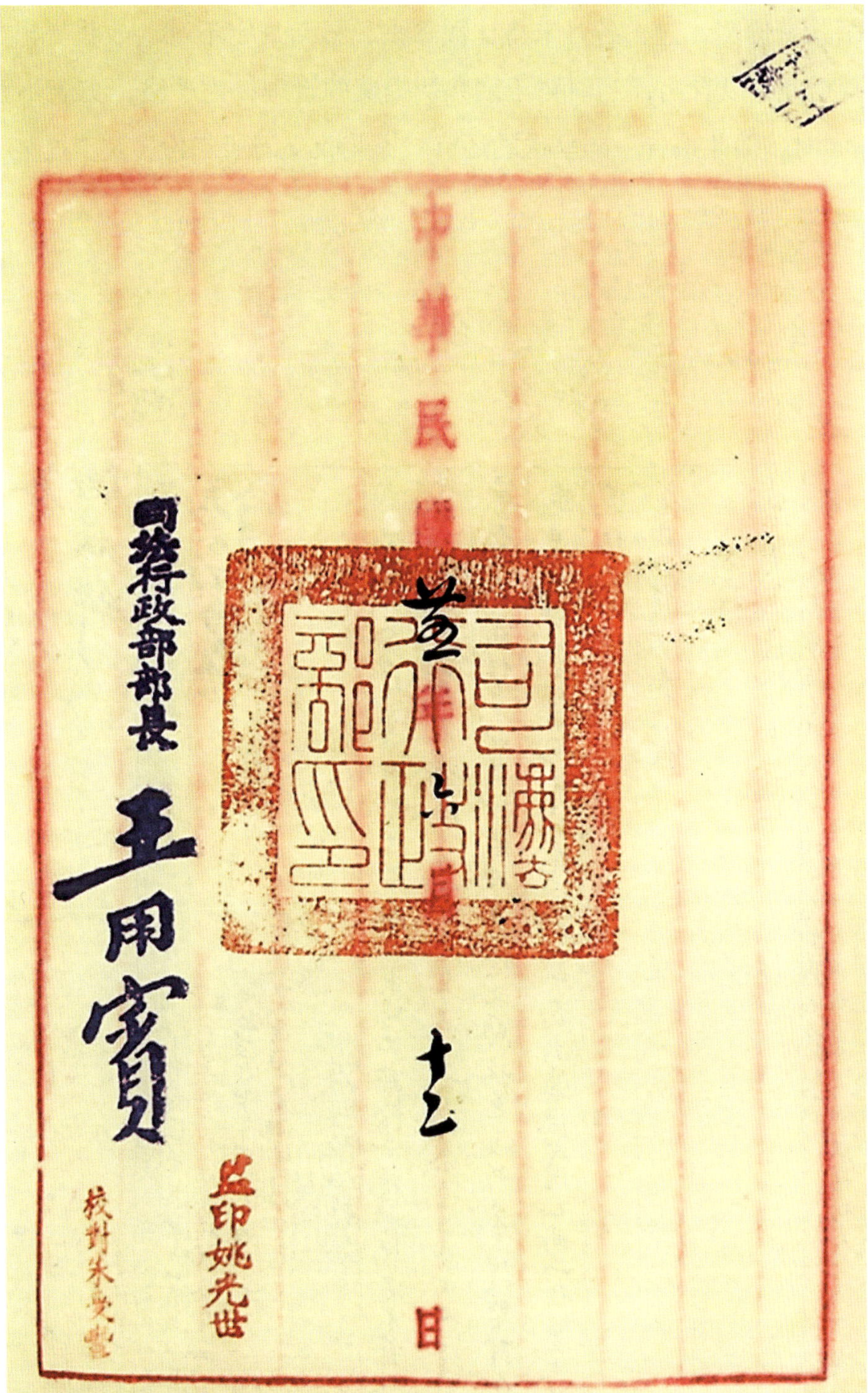

中華民國　年　月　十七　日

司法行政部部長　王用賓

監印姚光世

校對朱受豐

图3-3-4-10

5. 江苏高等法院第一分院有关缮状费提奖等问题的报告（1947年）（档案号：A019-1947-001-0548-0007）

该报告为江苏高等法院第一分院就缮状费提奖等问题向江苏高等法院做出的请示。“窃查本院缮状费提奖，过去各月未将比额除去，核与规定不符，故将提出之奖金悉数缴解国库。”据此可以看出，当时对于缮状费提奖的管理较为严格，如若不符规定，则收缴国库。同时，随此报告一同呈送的还有“提奖收支清册二份”及“提奖支出凭证簿乙册”。

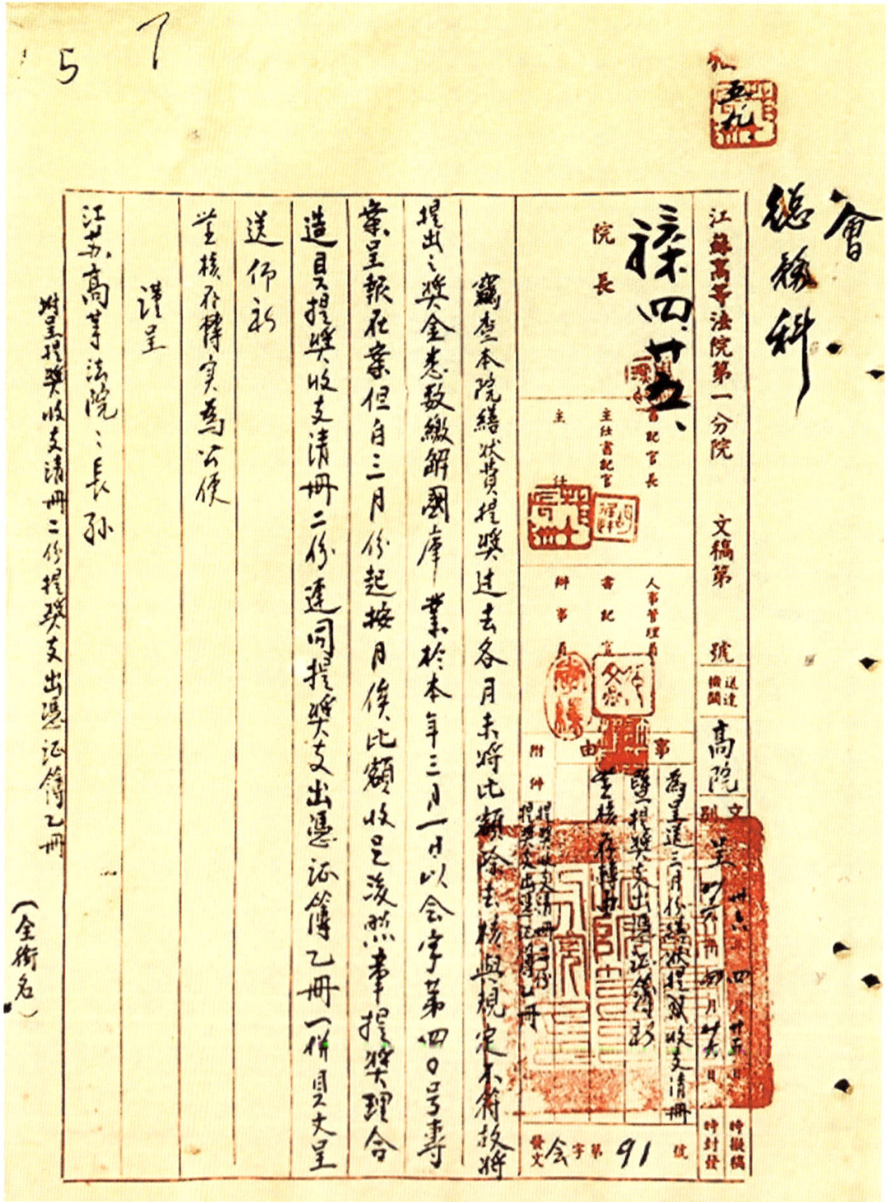
江蘇高等法院第一分院 文稿第 號
院長 孫
竊查本院繕狀費提獎過去各月未將比額除去核與規定不符故將提出之獎金悉數繳解國庫業於本年三月一日以会字第四〇号專案呈報在案但自三月份起按月俟比額收足後照章提獎理合造具提獎收支清冊二份連同提獎支出憑證簿乙冊一併具文呈送仰祈鑒核存轉實為公便
謹呈
江蘇高等法院院長孫
附呈提獎收支清冊二份提獎支出憑證簿乙冊
（全銜名）

图3-3-5

6. 江苏镇江地方法院有关三十六年度岁入岁出决算表的报告（1948年）（档案号：A020-1948-001-0280-0005）

此为镇江地方法院向江苏高等法院呈送岁入岁出决算表的公文。报告称：“三十六年度岁入岁出各项决算表编造齐全，理合备文呈送。”文末记载了呈送文书的内容及具体数量：“三十六年度岁入决算表四份，岁出决算表八份，附表八份（计二十份）。”

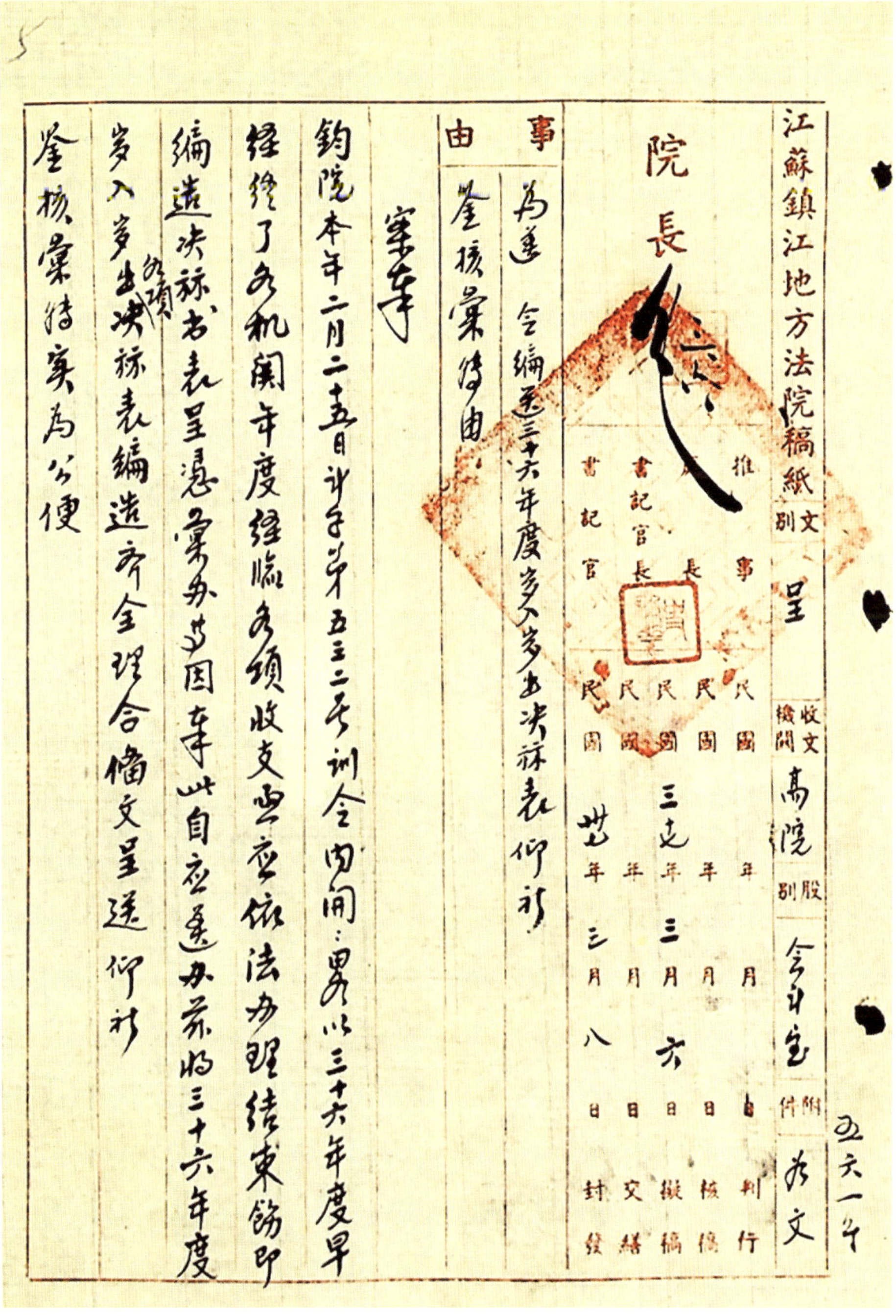

江蘇鎮江地方法院稿紙

院長

事由　為遵令編送三十六年度岁入岁出决算表仰祈鉴核彙轉由

案奉

鈞院本年二月二十五日訓字第五三二号訓令內開：累以三十六年度早經終了，各机关年度經臨各項收支，應依法办理結束，飭即編造决算书表呈送鉴核彙轉，因奉此自應遵办。茲將三十六年度岁入岁出各項决算表編造齐全，理合備文呈送，仰祈鉴核彙轉，实为公便。

图3-3-6-1

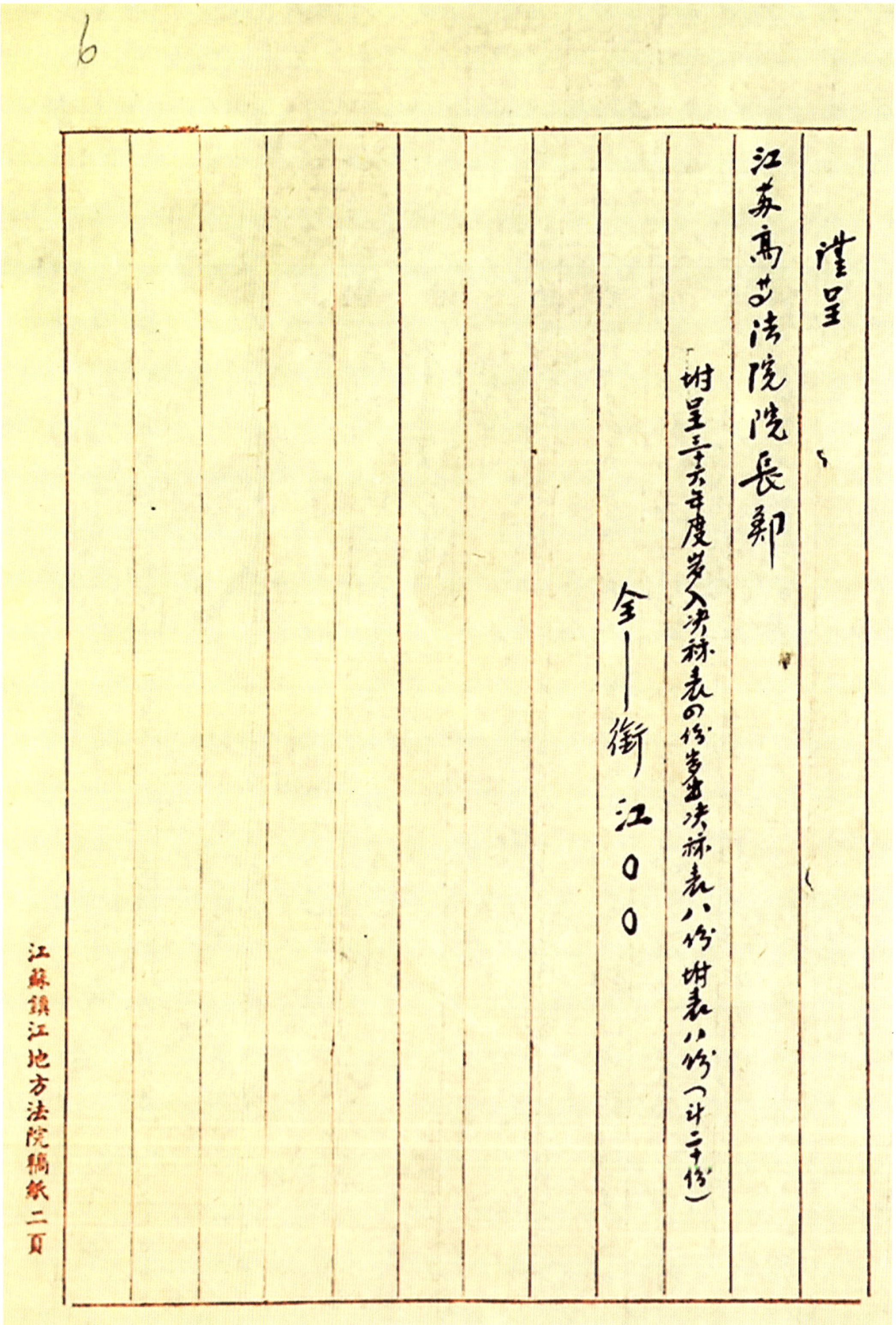

6

謹呈

江蘇高等法院院長鄭

附呈三十六年度歲入決算表四份歲出決算表八份附表八份（計二十份）

全銜 江〇〇

江蘇鎮江地方法院稿紙二頁

图3-3-6-2

7. 江苏高等法院第一分院有关呈送经征财务罚锾提成收支清册等问题的报告（1948年）（档案号：A019-1948-001-0674-0010）

下列材料为江苏高等法院第一分院向江苏高等法院呈送经征财务罚锾提成收支清册暨单据粘存簿的相关材料，以及财政部江苏区直接税局致江苏高等法院镇江分院的公函。罚锾提成收支清册载，本月留用数27.534 64万元，加上上月转入的共29.378 331万元，主要支出为办公费29.3万元，故月底仅存783.31元。公函则强调征收定额薪资所得税并说明税额计算公式：所得额税起征额为791万元，一律课税1%；所得额在5274万元至10547万元者，就其超额部分加征2%；所得额在10547万元至26367万元者，就其超额部分加征3%；所得额在26367万元以上者就其超额部分加征4%。

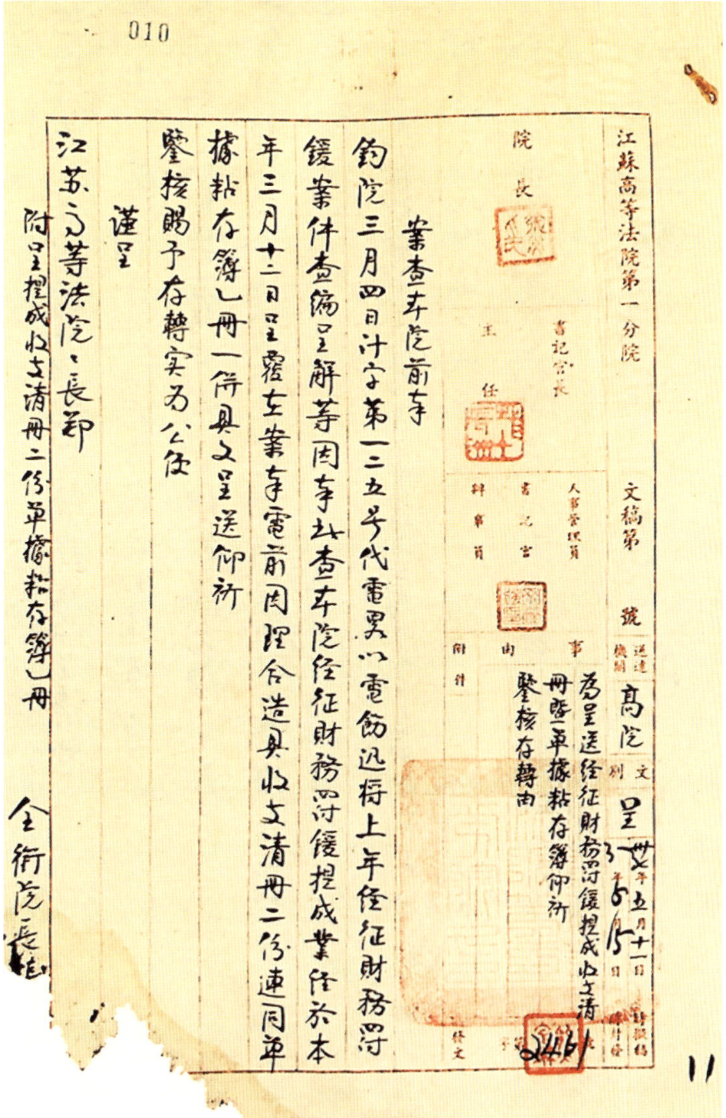
江苏高等法院第一分院 文稿第 號
事由：为呈送经征财务罚锾提成收支清册暨单据粘存簿仰祈鉴核存转由
送达机关：高院　文别：呈

案查本院前奉
钧院三月四日计字第一三五号代电略以电饬迅将上年经征财务罚锾案件查编呈解等因奉此查本院经征财务罚锾提成业经于本年三月十二日呈覆在案奉电前因理合造具收支清册二份连同单据粘存簿一册一并具文呈送仰祈
鉴核赐予存转实为公便
谨呈
江苏高等法院院长郑
附呈提成收支清册二份单据粘存簿一册
全衔院长

图3-3-7-1

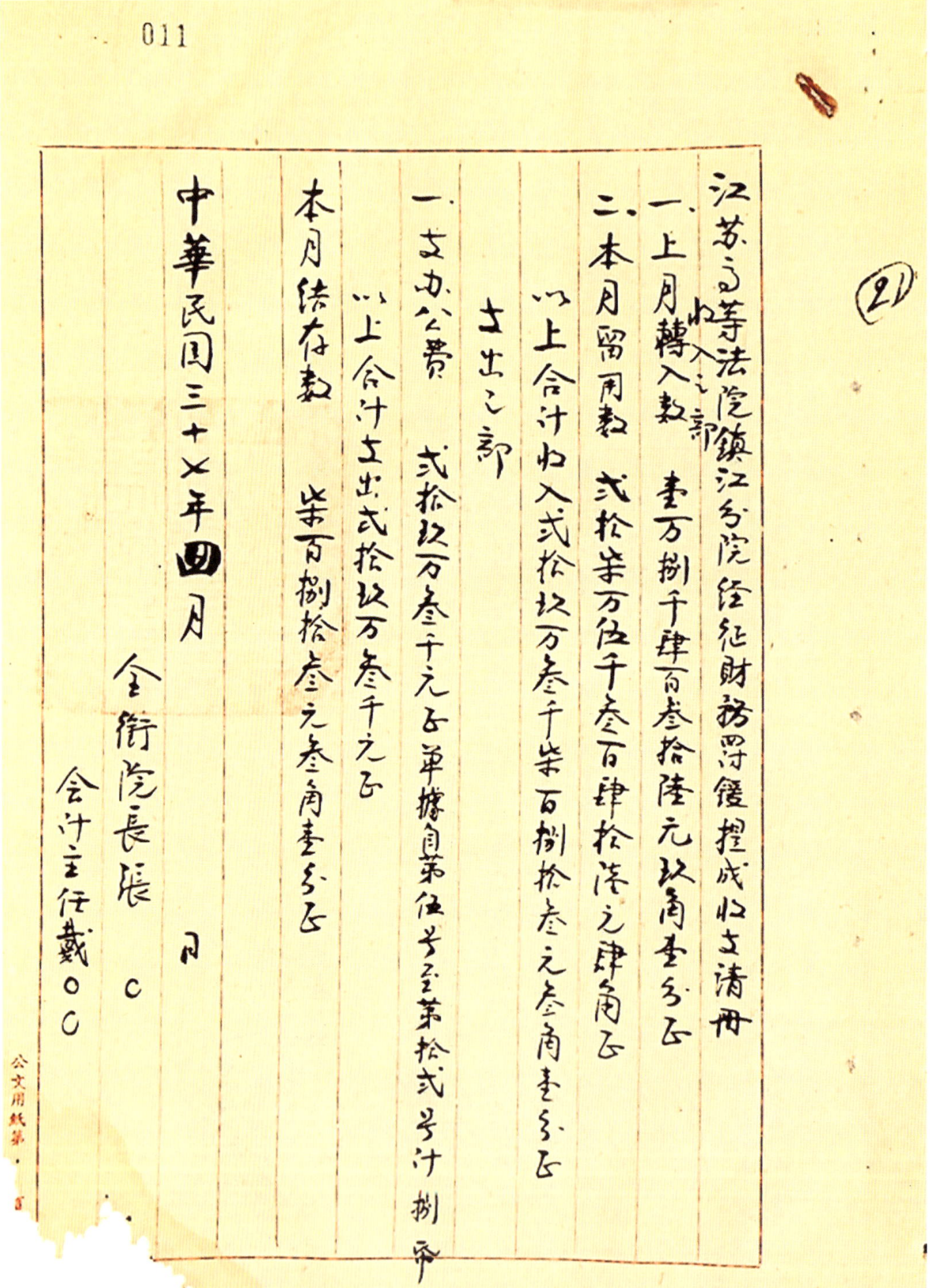

011

(21)

江苏高等法院镇江分院经征财务罚锾提成收支清册

收入之部

一、上月轉入數　壹万捌千肆百叁拾陆元玖角壹分正

二、本月留用數　弍拾柒万伍千叁百肆拾陆元肆角正

以上合计收入弍拾玖万叁千柒百捌拾叁元叁角壹分正

支出之部

一、支办公费　弍拾玖万叁千元正　单据自第伍号至第拾弍号计捌张

以上合计支出弍拾玖万叁千元正

本月结存数　柒百捌拾叁元叁角壹分正

中華民国三十七年四月　日

全衔院长张〇

会计主任戴〇〇

公文用纸第

图3-3-7-2

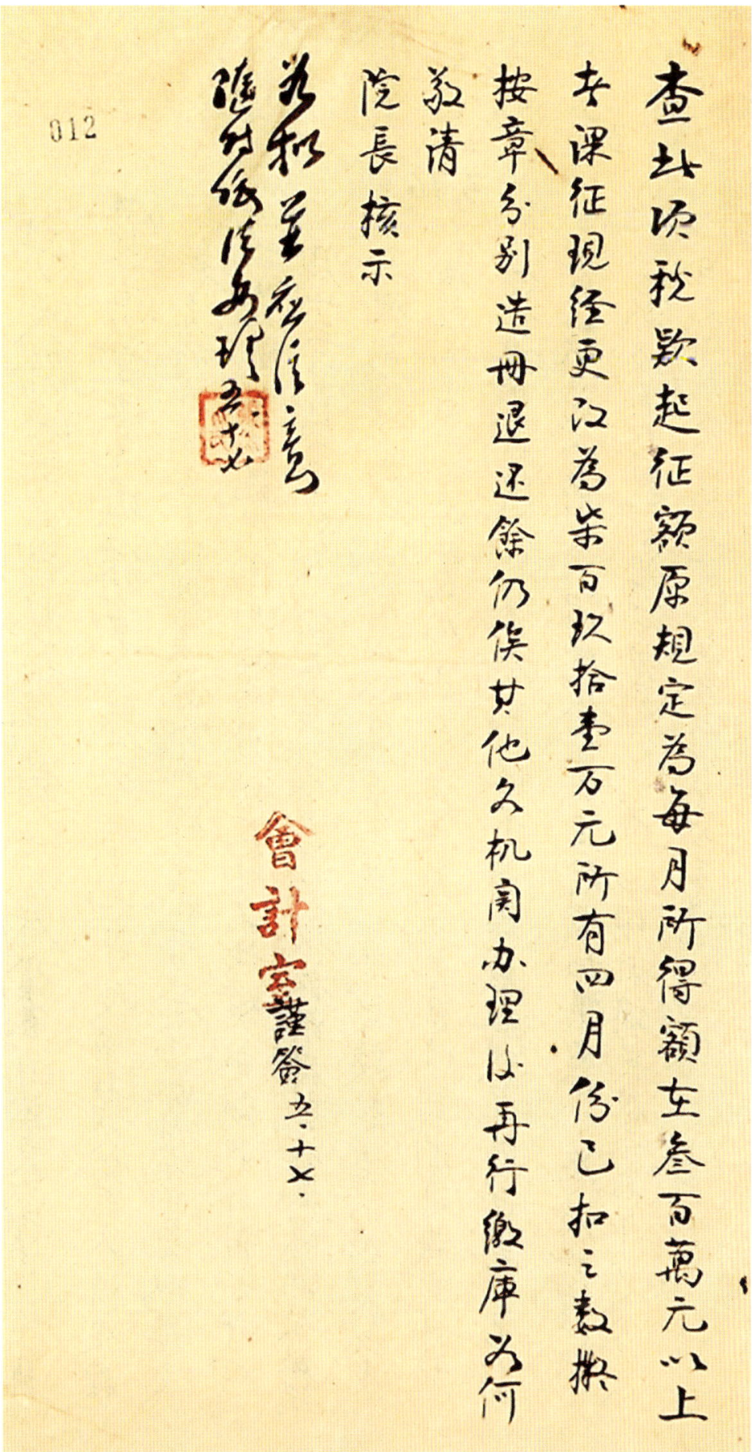

012

查此项税款起征额原规定为每月所得额在叁百萬元以上
者课征现经更改为柒百玖拾壹万元所有四月份已扣之数拟
按章分别造册退还余仍依其他各机关办理以再行缴库为何
敬请
院长核示
[illegible]
[illegible]

會計室謹簽　五·十七·

图3-3-7-3

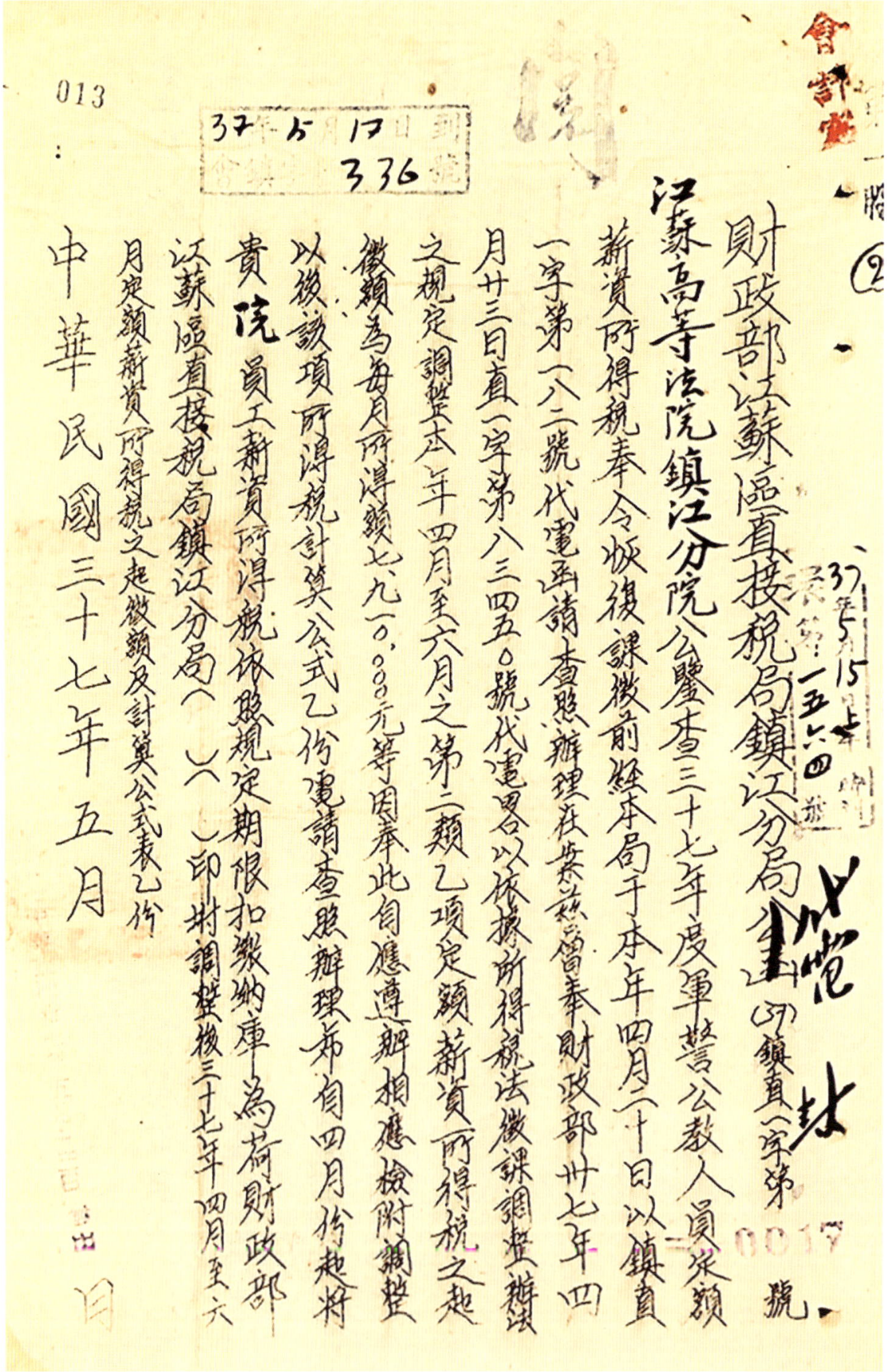

财政部江苏区直接税局镇江分局代电（卅）镇直（一）字第　　号

江苏高等法院镇江分院公鉴：查三十七年度军警公教人员定额薪资所得税奉令恢复课征，前经本局于本年四月二十日以镇直（一）字第（八二）号代电函请查照办理在案。兹奉财政部卅七年四月廿三日直（一）字第八三四五〇号代电略以：依据所得税法征课调整办法之规定，调整本年四月至六月之第二类乙项定额薪资所得税之起征额为每月所得额七、九〇〇，〇〇〇元等因。奉此，自应遵办。相应检附调整以后该项所得税计算公式乙份，电请查照办理，希自四月份起将贵院员工薪资所得税依照规定期限扣缴纳库为荷。财政部江苏区直接税局镇江分局（　）（　）印

附调整后三十七年四月至六月定额薪资所得税之起征额及计算公式表乙份

中华民国三十七年五月　日

图3-3-7-4

014

三十七年四月至六月定額薪資所得稅之起徵額及計算公式

甲．起徵額：每月所得額滿七，九一〇，〇〇〇元者

乙．計算公式：

一、所得額在七，九一〇，〇〇〇元以上者一律課稅百分之一。

應納所得稅＝所得額×1/100

二、所得額在五二，七四〇，〇〇〇元至一〇五，四七〇，〇〇〇元者就其超過額加徵百分之二。

應納所得稅＝所得額×2/100 —1,054,800.-

三、所得額超過一〇五，四七〇，〇〇〇元至二六三，六七〇，〇〇〇元者就其超過額加徵百分之三。

應納所得稅＝所得額×3/100 —2,109,500.-

四、所得額超過二六三，六七〇，〇〇〇元以上者就其超過額加徵百分之四。

應納所得稅＝所得額×4/100 —4,746,200.-

图3-3-7-5

第四章 案件统计

訴

刑事分案簿

中華民國十六年 月 日

全宗号	目录号	案卷号
A20	1	233

306

清末启动司法改革时，人们即注意到了司法统计的重要作用。法部提出："窃维统计之学以考一国政教民物之消长，而司法统计尤足觇人民进化之迟速，与行政秩序相纲维。当汇全国之刑狱诉讼罪犯年龄，贯通比例，条晰缕分，洪纤毕举，使执法者有所考镜，奉法者有所监惩。"[①]在法部的努力下，贯通全国上下的司法统计体系逐步建立起来，其典型的表现是各地及全国范围内定期发布的司法公报中的相关统计报表。

进入民国时代，司法当局对司法统计的重视程度有增无减。1932年，南京国民政府出台《法院监狱看守所办理司法统计考成规则》，规定"办理司法统计，应由各级法院院长首席检察官、各监狱典狱长、各看守所所长就所属人员中择其算术精明或具有统计学识者指派之"，并对无故拖延、不依定式造报、计算错误等不当统计行为设置了严厉的处罚规则。[②]

司法统计的重点是案件统计，镇江近代司法档案为我们留下一幅丰富的案件统计图景。按照司法行政部和江苏高等法院的指令，镇江地方法院、镇江地方法院江都分院及江苏高等法院驻镇分院等新式司法机构，逐月 / 年进行案件统计并上报。江苏高等法院对上报来的案件统计材料存档审查，若发现问题会发文调查。1931年10月，江苏高等法院发现镇江地方法院审理的某个刑事案件，时限计算有误，立即发文督问："呈表均悉。核阅来表，胡剑锋渎职案之期限起算年月日为二十年七月二十三日，终结年月日为二十年九月二十六日，是经过日数计六十六日。而扣除第一款日数四百四十日、第二款日数九十日，共计反有五百三十日。完系如何错误，仰即查明具覆。"[③]镇江地方法院调查后发现此系书写错误："胡剑锋第一款日数四四，第二款九日，合计五十三日。"[④]

新式司法机构开展案件统计有如下几重意义：第一，有助于新式司法机构的自我管理。通过案件统计，新式司法机构的首长可以全面了解推事、检察官、书记官等的

---

① 《法部奏撰成第一次统计表册并规画司法统计大略折》,《东方杂志》1908年第8期。

② 《法院监狱看守所办理司法统计考成规则》,《司法行政公报》1932年第3期。

③ 《令镇江地方法院院长呈一件呈送二十年九月份刑事案件进行期间表由》，镇江市档案馆藏，档案号：A019-1931-001-0074-0005。

④ 《为呈复九月份刑事进行表系属笔误仰祈饬科更正事》，镇江市档案馆藏，档案号：A019-1931-001-0074-0005。

工作业绩，亦能掌握侦查、公诉、立案、审理、判决、执行等各个司法环节的运转状况，从而为开展有效管理奠定基础。借用著名史学家黄仁宇先生的观点，我们可以将这种管理称为“数目字上管理”①。第二，为国家司法决策提供数据支持。“从统计上我们看出某县民刑诉讼多，便知道成立正式法院，增加经费及人员。反之，就会暂缓成立法院，就是已成立好了，也会把经费缩减，人员他调。”②第三，案件经过详细统计和逐层上报，使得中央司法当局对各地法院的案件审理情况能够了如指掌，并时时监督，因此在军阀割据、政令不畅、国家实际上四分五裂的民国时代，案件统计是维系国家司法统一的重要手段。

镇江近代司法档案中有关镇江地方法院、镇江地方法院江都分院、江苏高等法院第一分院等新式司法机构的案件统计史料，可分为如下三类：

一是刑事案件统计档案，主要有刑事案件月报表、案件罪名比较表、刑事分案簿、烟特案件分案簿、覆判分案簿、通缉分案簿、再议分案簿和相验案件分案簿等。刑事案件月报表以月份为单位，记载了新式司法机构受理、已结及未结的不同审级或类型的刑事案件数量。案件罪名比较表则主要增加了法院处理刑事案件所涉刑法法条及罪名的司法信息，亦有科刑、无罪、免诉、不受理等分类统计信息。分案簿记载的刑事案件信息则包括：案件受理时间，当事人姓名，涉及罪名，承办推事、检察官或书记官姓名等。其中，烟特案件分案簿系对烟毒特种刑事案件的统计，覆判 / 通缉 / 再议 / 相验案件分案簿则重点反映了检察官办理刑事案件的情况。

二是民事案件统计档案，主要有民事执行未结案件表、调解类 / 声请类 / 执行类 / 诉讼类民事分案簿等。民事执行未结案件表以月份为单位，记载了尚未办理完结的民事案件执行情况。调解类 / 声请类 / 执行类 / 诉讼类民事分案簿以年度为单位，记录了不同类型民事案件的分配情况，包括当事人、受理时间、案由、案号、承办人员等信息。

三是案件统计相关公文，主要是镇江地方法院、镇江地方法院江都分院就呈送案件统计材料与江苏高等法院之间的往来公文，内容具有格式化、程序化的特征，承载的信息量相对有限，故本章仅选取了少量公文予以展示。

---

① 参见［美］黄仁宇《大历史不会萎缩》，中信出版社，2016，第444—445页。

② 罗慕义：《司法统计应如何改善》，《司法评论》第1卷第4期，1941年。

一、刑事案件

1. 江苏镇江地方法院江都分院民国二十二年一月至四月刑事第一审案件罪名比较表（1933年）（档案号：A020-1933-001-0072-0001、A020-1933-001-0072-0004、A020-1933-001-0072-0007、A020-1933-001-0072-0010）

下列比较表反映了镇江地方法院江都分院1933年1月至4月刑事第一审案件的如下信息：（1）不同办理状态（受理、终结、未结）的案件数量；（2）与上月相比的案件数量变动情况；（3）各相关刑法法条及罪名的案件数量。

1933年1月，镇江地方法院江都分院刑事第一审案件数（新收+旧收）为110件，其中妨害自由罪（15件）、鸦片罪（16件）、伤害罪（12件）、毁损罪（11件）、窃盗罪（9件）占比最大，达57.27%。在受理的110件案件中，已终结案件数为58件，未结案件数为52件，结案率为52.73%。

图4.1.1.1 镇江地方法院江都分院刑事案件罪名分布图（1933年1月）

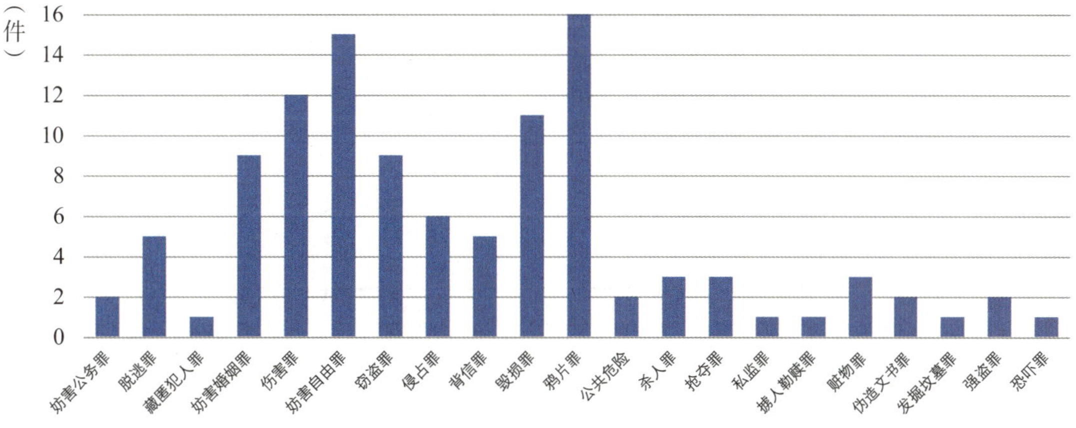

图4.1.1.2 镇江地方法院江都分院刑事案件结案类型分布图（1933年1月）

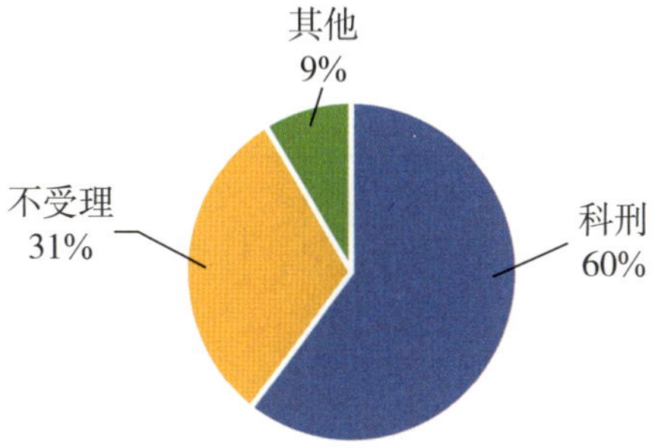

1933年2月，镇江地方法院江都分院刑事第一审受理案件数出现小幅度的降低，为99件，1933年3月至4月则是呈持续性增长趋势，受理案件数分别为127件与138件。同时，1933年2月至4月镇江地方法院江都分院刑事第一审已终结案件分别为57件、66件、72件，结案率分别为57.58%、51.97%、52.17%。

图4.1.1.3 镇江地方法院江都分院刑事案件受理案件数、结案率统计图（1933年1月—4月）

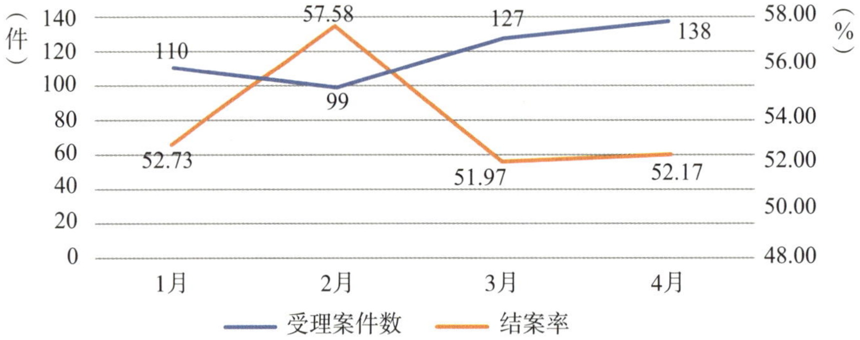

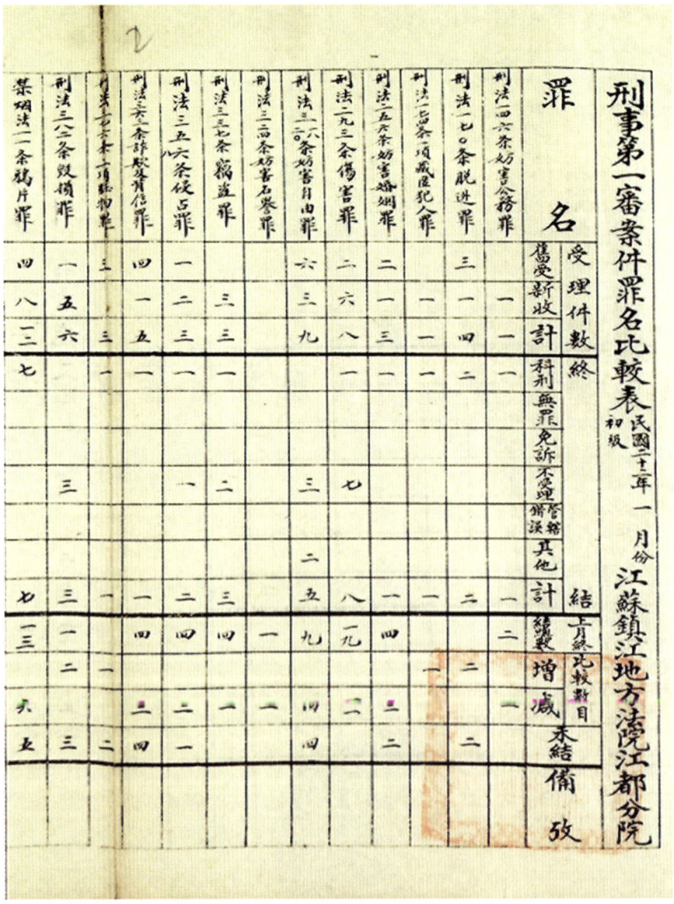

刑事第一審案件罪名比較表 民國二十二年一月份 初級 江蘇鎮江地方法院江都分院

罪名	受理件數 舊受	受理件數 新收	受理件數 計	終結 科刑	終結 無罪	終結 免訴	終結 不受理	終結 管轄錯誤	終結 其他	終結 計	上月終結數	比較數目 增	比較數目 減	未結	備攷
刑法一四六条妨害公務罪		一	一	一						一	二		一		
刑法一七〇条脱逃罪	三	一	四	二						二		二		二	
刑法一七四条一項藏匿犯人罪		一	一	一						一		一			
刑法二五六条妨害婚姻罪	二	一	三	一						一	四		三	二	
刑法二九三条傷害罪	二	六	八	一			七			八	一九		一一		
刑法三一八、三二〇条妨害自由罪	六	三	九				三		二	五	九		四	四	
刑法三二四条妨害名誉罪											一		一		
刑法三三七条竊盗罪		三	三	一			二			三	四		一		
刑法三五六条侵占罪	一	二	三	一			一			二	四		二	一	
刑法三六三条詐欺及背信罪	四	一	五	一						一	四		三	四	
刑法三七六条一項贓物罪	三		三	一						一		一		二	
刑法三八二条毁損罪	一	五	六				三			三	一	二		三	
禁烟法一一条鴉片罪	四	八	一三	七						七	一三		六	五	

图4-1-1-1

图4-1-1-2

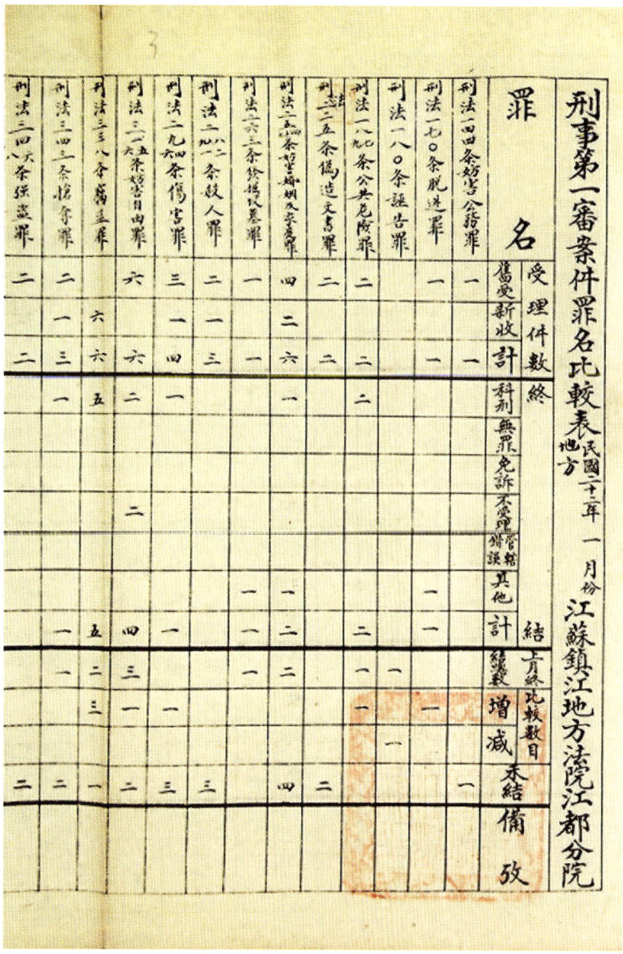

刑事第一審案件罪名比較表 地方 民國二十二年 一月份 江蘇鎮江地方法院江都分院

罪名	受理件數 舊受	新收	計	終結件數 科刑	無罪免訴	不受理	管轄錯誤	其他	計	上月終結數	比較數目 增	減	未結	備攷
刑法一四四条妨害公務罪	一		一										一	
刑法一七〇条脫逃罪	一		一					一	一		一			
刑法一八〇条誣告罪										一		一		
刑法一八九〇条公共危險罪	二		二	二					二	一	一			
刑法二二五条偽造文書罪	二		二										二	
刑法二五四条妨害婚姻及家庭罪	四	二	六	一				一	二	二			四	
刑法二六三条賭博罪	一		一					一	一	一				
刑法二八二、二九一条殺人罪	二	一	三										三	
刑法二九四条傷害罪	三	一	四	一					一		一		三	
刑法三一五、三一六条妨害自由罪	六		六	二		二			四	三	一		二	
刑法三三八条竊盜罪		六	六	五					五	二	三		一	
刑法三四三条搶奪罪	二	一	三	一					一	一			二	
刑法三四六、三四八条強盜罪	二		二										二	

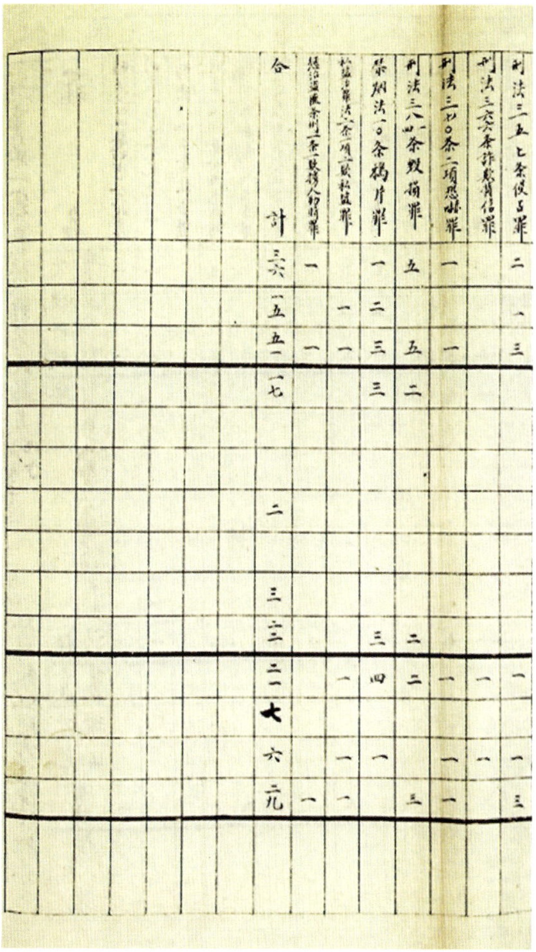

罪名	受理件數 舊受	新收	計	終結件數 科刑	無罪免訴	不受理	管轄錯誤	其他	計	上月終結數	比較數目 增	減	未結	備攷
刑法三五七条侵占罪	二	一	三							一		一	三	
刑法三六六条詐欺背信罪										一		一		
刑法三七〇条二項恐嚇罪	一		一							一		一	一	
刑法三八四条贓物罪	五		五	二					二	二			三	
禁烟法一〇条鴉片罪	一	二	三	三					三	四		一		
私鹽治罪法六条一項二款私鹽罪		一	一							一		一	一	
懲治盜匪條例二条一款擄人勒贖罪	一		一										一	
合計	三六	一五	五一	一七		二		三	二二	二一	七	六	二九	

图4-1-1-3

图4-1-1-4

刑事第一審案件罪名比較表 民國二十二年 二 月份 初級

江蘇鎮江地方法院江都分院

罪名	受理件數：舊受	受理件數：新收	受理件數：計	終結：科刑	終結：無罪	終結：免訴	終結：不受理	終結：管轄錯誤	終結：其他	終結：計	比較數目：上月終未結數	比較數目：增	比較數目：減	未結	備攷
刑法一四五六條妨害公務罪		一	一	一						一	一				
刑法一七〇條脫逃罪	二		二	一						一	二		一	一	
刑法一七四條一項藏匿犯人罪		一	一								一		一	一	
刑法一九九條公共危險罪		一	一											一	
刑法二四二條二項妨害風化罪		一	一				一			一		一			
刑法二五六條妨害婚姻罪	二		二	二						二	一	一			
刑法二九三條傷害罪		一五	一五	二			六		一	九	八	一		六	
刑法三一八三二〇條妨害自由罪	四	八	一二	二			六		二	一〇	五	五		二	
刑法三三七條竊盜罪		四	四	四						四	三	一			
刑法三五八條侵占罪	一		二				一			一	二		一		
刑法三六三條詐欺及背信罪	四	三	七				三		一	四	一	三		三	
刑法三七六條二項贓物罪	二		二								一		一	二	
刑法三八二條毀損罪	三	二	五		一		二		二	五	三	二			

罪名	受理件數：舊受	受理件數：新收	受理件數：計	終結：科刑	終結：無罪	終結：免訴	終結：不受理	終結：管轄錯誤	終結：其他	終結：計	比較數目：上月終未結數	比較數目：增	比較數目：減	未結	備攷
禁烟法一一條鴉片罪	五	二	七	七						七	七				
禁烟法一三條鴉片罪		二	二								一		一	二	
合計	二三	四〇	六三	一九	一		一九		六	四五	三六	一四	五	一八	

图4-1-1-5

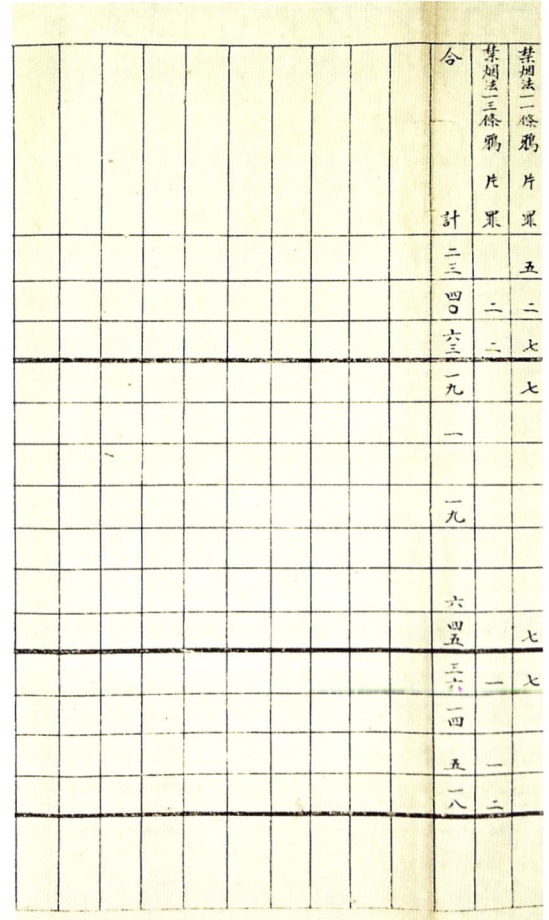

图4-1-1-6

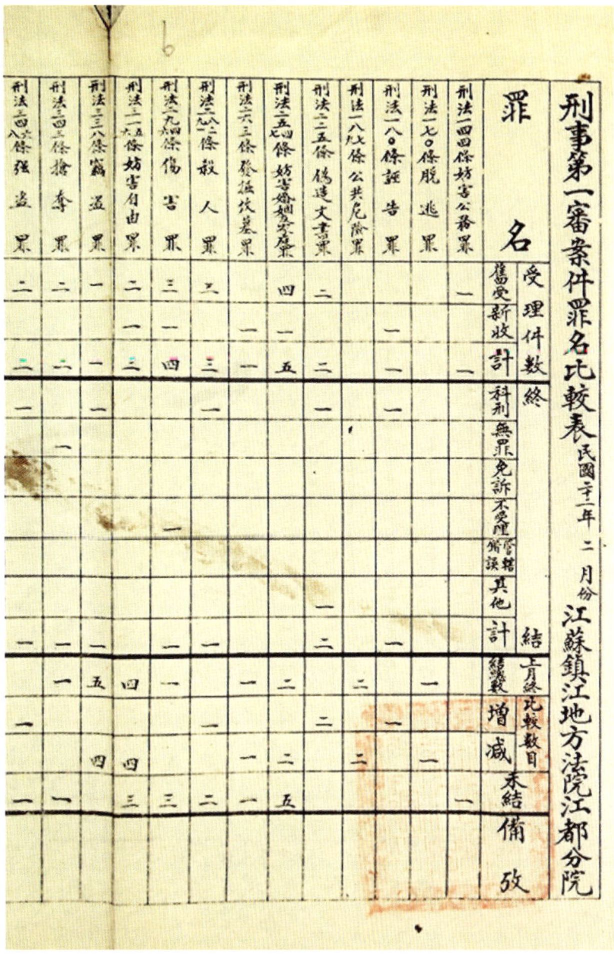

刑事第一審案件罪名比較表 民國十二年 二月份 江蘇鎮江地方法院江都分院

罪名	受理件數 舊受	受理件數 新收	受理件數 計	終結 科刑	終結 無罪	終結 免訴	終結 不受理	終結 管轄錯誤	終結 其他	終結 計	上月終結數	比較數目 增	比較數目 減	未結	備攷
刑法一四四條妨害公務罪	一		一											一	
刑法一七〇條脫逃罪											一		一		
刑法一八〇條誣告罪		一	一	一						一		一			
刑法一八九條公共危險罪											二		二		
刑法二二五條偽造文書罪	二		二	一					一	二		二			
刑法二五四、二五七條妨害婚姻家庭罪	四	一	五								二		二	五	
刑法二六三條發掘墳墓罪		一	一								一		一	一	
刑法二八二條殺人罪	三		三	一						一		一		二	
刑法二九三條傷害罪	三	一	四				一			一	一			三	
刑法三一五、三一六條妨害自由罪	二	一	三								四		四	三	
刑法三三八條竊盜罪	一		一	一						一	五		四		
刑法三四三條搶奪罪	二		二		一					一	一			一	
刑法三四六、三四八條強盜罪	二		二	一						一		一		一	

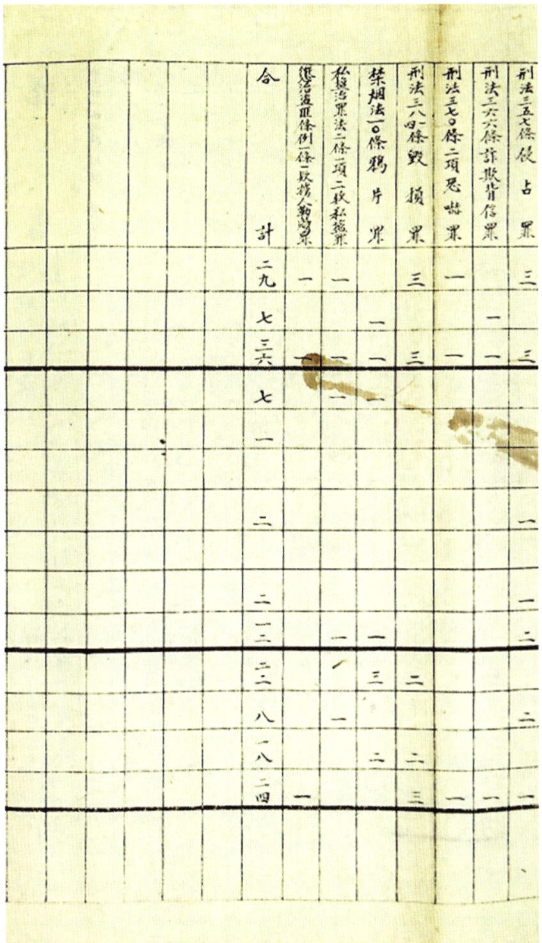

刑法三五七條侵占罪	三		三				一		一	二		二		一	
刑法三六六條詐欺背信罪		一	一											一	
刑法三七〇條二項恐嚇罪	一		一											一	
刑法三八四條毀損罪	三		三								二		二	三	
禁烟法一〇條鴉片罪		一	一	一						一	三		二		
私鹽治罪法二條一項二款私鹽罪	一		一	一						一	一	一			
懲治盜匪條例一條二款擄人勒贖罪	一		一											一	
合計	二九	七	三六	七	一		二		二	一二	二二	八	一八	二四	

图4-1-1-7

图4-1-1-8

刑事第一審案件罪名比較表 民國二十二年 三月份 初級 江蘇鎮江地方法院江都分院

罪名	受理件數 舊受	受理件數 新收	受理件數 計	終結 科刑	終結 無罪	終結 免訴	終結 不受理	終結 管轄錯誤	終結 其他	終結 計	上月終結數	比較數目 增	比較數目 減	未結	備攷
刑法一四六條妨害公務罪		一	一	一						一	一				
刑法一七〇條一項脫逃罪	一		一								一		一	一	
刑法一七四條藏匿犯人罪	一	一	二	一						一		一		一	
刑法一九九條公共危險罪	一		一						一	一		一			
刑法二二三條二項偽造貨幣罪		一	一	一						一		一			
刑法二四二條二項妨害風化罪											一		一		
刑法二五六條妨害婚姻罪		一	一	一						一	二		一		
刑法二九三條傷害罪	六	一四	二〇	一			一五			一六	九	七		四	
刑法三〇八三一八條妨害自由罪	二	七	九	一			四		二	七	一〇		三	二	
刑法三三七條竊盜罪		七	七	四					一	五	四	一		二	
刑法三五六條侵占罪		二	二				一			一	一			一	
刑法三六三條詐欺及背信罪	三	五	八						一	一	四		三	七	
刑法三七六條二項贓物罪	二		二											二	

罪名	受理件數 舊受	受理件數 新收	受理件數 計	終結 科刑	終結 無罪	終結 免訴	終結 不受理	終結 管轄錯誤	終結 其他	終結 計	上月終結數	比較數目 增	比較數目 減	未結	備攷
刑法三八二條毀損罪		五	五				五			五	五				
禁烟法一一條鴉片罪		一六	一六	七						七	七			九	
禁烟法一三條鴉片罪	二	二	四	二						二		二		二	
[illegible]法二〇條一項販私鹽罪		二	二	一						一		一		一	
中國[illegible]條例[illegible]條一項[illegible]罪		一	一	一						一		一			
合計	一八	六五	八三	二一			二五		五	五一	四五	一五	九	三二	

图4-1-1-9

图4-1-1-10

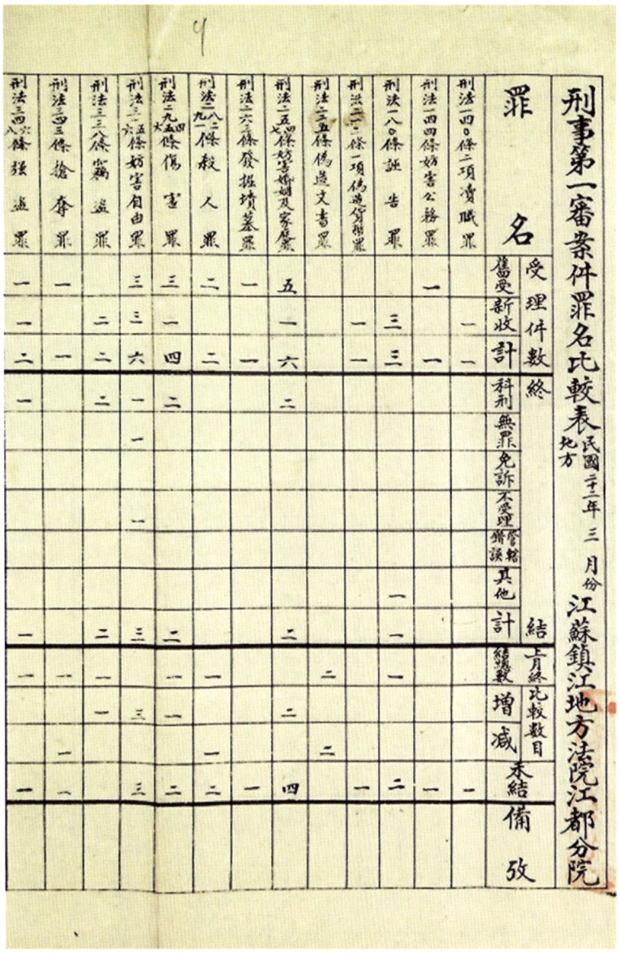

刑事第一審案件罪名比較表 民國二十二年三月份 江蘇鎮江地方法院江都分院

罪名	受理件數 舊受	受理件數 新收	受理件數 計	終結 科刑	終結 無罪	終結 免訴	終結 不受理	終結 管轄錯誤	終結 其他	終結 計	上月終結數	比較數目 增	比較數目 減	未結	備攷
刑法一四〇條二項瀆職罪		一	一											一	
刑法一四四條妨害公務罪	一		一											一	
刑法一八〇條誣告罪		三	三						一	一	一			二	
刑法二一一條一項偽造貨幣罪		一	一											一	
刑法二二五條偽造文書罪											二		二		
刑法二五四、二五七條妨害婚姻及家庭罪	五	一	六	二						二		二		四	
刑法二六二條發掘墳墓罪	一		一											一	
刑法二八二、二九一條殺人罪	二		二								一		一	二	
刑法二九三、二九五條傷害罪	三	一	四	二						二	一	一		二	
刑法三一五、三一六條妨害自由罪	三	三	六	一	一		一			三		三		三	
刑法三三八條竊盜罪		二	二	二						二	一	一			
刑法三四三條搶奪罪	一		一								一		一	一	
刑法三四六、三四八條強盜罪	一	一	二	一						一	一			一	

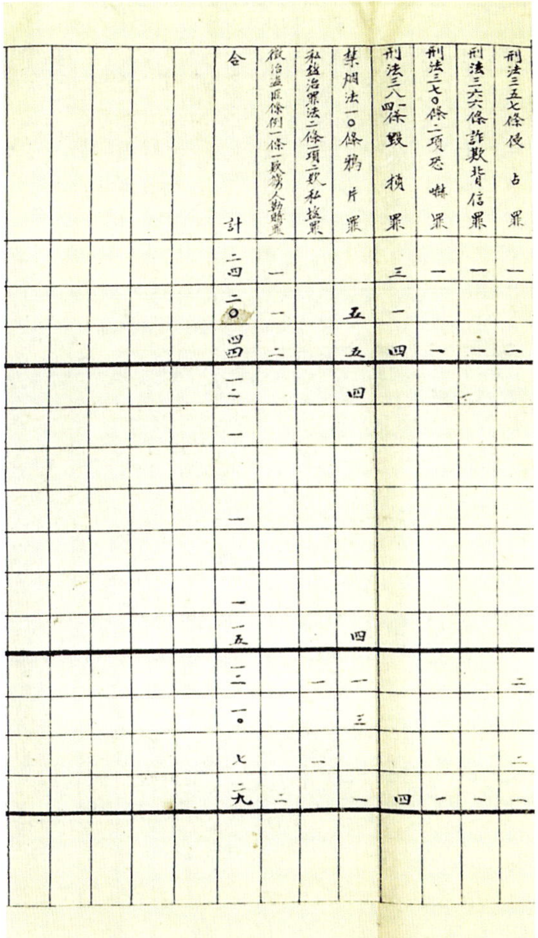

罪名	受理件數 舊受	受理件數 新收	受理件數 計	終結 科刑	終結 無罪	終結 免訴	終結 不受理	終結 管轄錯誤	終結 其他	終結 計	上月終結數	比較數目 增	比較數目 減	未結	備攷
刑法三五七條侵占罪	一		一								二		二	一	
刑法三六六條詐欺背信罪	一		一											一	
刑法三七〇條二項恐嚇罪	一		一											一	
刑法三八一、三八四條毀損罪	三	一	四											四	
禁烟法一〇條鴉片罪		五	五	四						四	一	三		一	
私鹽治罪法二條一項二款私鹽罪											一		一		
懲治盜匪條例一條一款擄人勒贖罪	一	一	二											二	
合計	二四	二〇	四四	一二	一		一		一	一五	一二	一〇	七	二九	

图4-1-1-11

图4-1-1-12

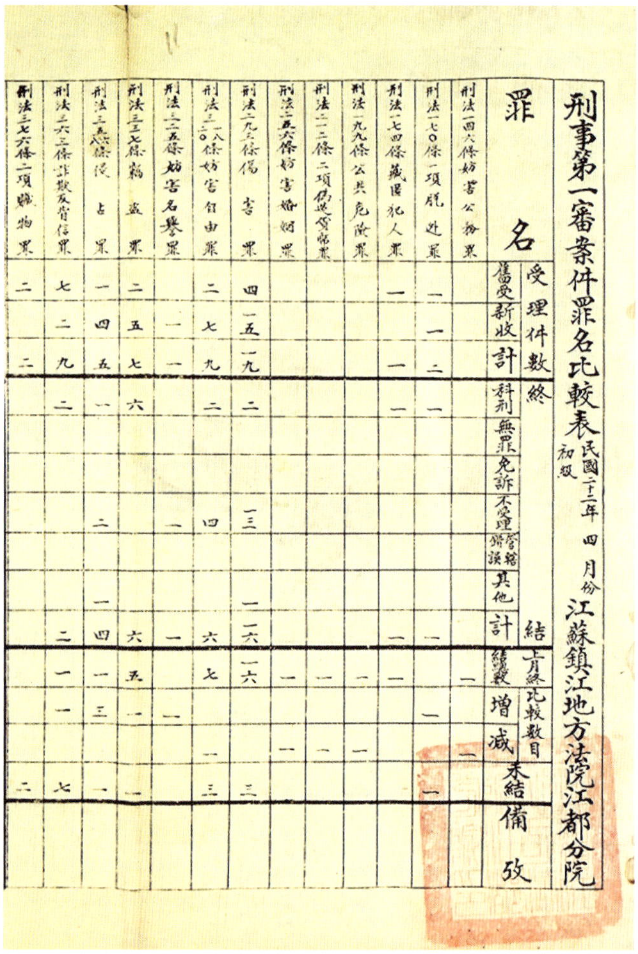

刑事第一審案件罪名比較表 民國二十二年四月份 初級 江蘇鎮江地方法院江都分院

罪名	受理件數 舊受	受理件數 新收	受理件數 計	終結 科刑	終結 無罪	終結 免訴	終結 不受理	終結 管轄錯誤	終結 其他	終結 計	上月終結數	比較數目 增	比較數目 減	未結	備攷
刑法一四六條妨害公務罪											一		一		
刑法一七〇條一項脫逃罪	一	一	二	一						一		一		一	
刑法一七四條藏匿犯人罪	一		一	一						一	一				
刑法一九九條公共危險罪											一		一		
刑法二一二條二項偽造貨幣罪											一		一		
刑法二五六條妨害婚姻罪											一		一		
刑法二九三條傷害罪	四	一五	一九	二			一三		一	一六	一六			三	
刑法三一八、三二〇條妨害自由罪	二	七	九	二			四			六	七		一	三	
刑法三二五條妨害名譽罪		一	一				一			一		一			
刑法三三七條竊盜罪	二	五	七	六						六	五	一		一	
刑法三五六、三五八條侵占罪	一	四	五	一			二		一	四	一	三		一	
刑法三六三條詐欺及背信罪	七	二	九	二						二	一	一		七	
刑法三七六條二項贓物罪	二		二											二	

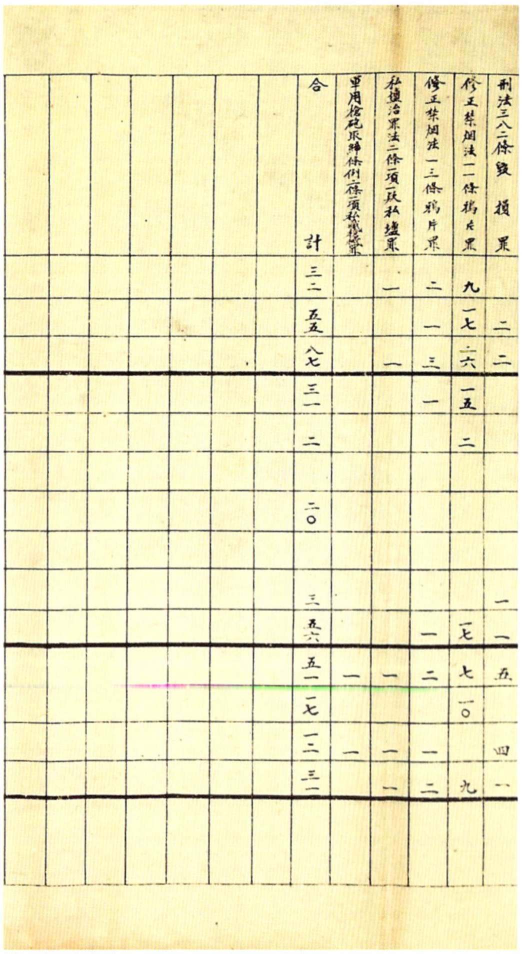

罪名	受理件數 舊受	受理件數 新收	受理件數 計	終結 科刑	終結 無罪	終結 免訴	終結 不受理	終結 管轄錯誤	終結 其他	終結 計	上月終結數	比較數目 增	比較數目 減	未結	備攷
刑法三八二條毀損罪		二	二						一	一	五		四	一	
修正禁烟法一一條鴉片罪	九	一七	二六	一五	二					一七	七	一〇		九	
修正禁烟法一三條鴉片罪	二	一	三	一						一	二		一	二	
私鹽治罪法二條一項販私鹽罪	一		一								一		一	一	
軍用槍砲取締條例一條一項私藏槍砲罪											一		一		
合計	三二	五五	八七	三一	二		二〇		三	五六	五一	一七	一三	三一	

图4-1-1-13

图4-1-1-14

刑事第一審案件罪名比較表　民國二十二年四月份　地方　江蘇鎮江地方法院江都分院

罪名	受理件數·舊受	受理件數·新收	受理件數·計	終結·科刑	終結·無罪	終結·免訴	終結·不受理	終結·管轄錯誤	終結·其他	終結·計	上月終結數	比較數目·增	比較數目·減	未結	備考
刑法一四〇條瀆職罪	一	一	二	一						一		一		一	
刑法一四四條妨害公務罪	一	一	二											二	
刑法一八〇條誣告罪	二		二						一	一	一			一	
刑法二一二條一項偽造貨幣罪	一		一	一						一		一			
刑法二四〇條妨害風化罪		二	二											二	
刑法二五四、二五七條妨害婚姻及家庭罪	四	四	八	二						二	二			六	
刑法二六二條發掘墳墓罪	一		一											一	
刑法二八二、二九一條殺人罪	二		二											二	
刑法二九三、二九六條傷害罪	二		二	一						一	二		一	一	
刑法三一五、三一六條妨害自由罪	三	三	六								三		三	六	
刑法三三八條竊盜罪		二	二	二						二	二				
刑法三四三條搶奪罪	一	二	三											三	
刑法三四六、三四八條強盜罪	一	二	三	一						一	一			二	

罪名	受理件數·舊受	受理件數·新收	受理件數·計	終結·科刑	終結·無罪	終結·免訴	終結·不受理	終結·管轄錯誤	終結·其他	終結·計	上月終結數	比較數目·增	比較數目·減	未結	備考
刑法三五七條侵占罪	一		一		一					一		一			
刑法三六六條詐欺背信罪	一		一		一					一		一			
刑法三七〇條二項恐嚇罪	一		一											一	
刑法三八一、三八四條毀損罪	四		四	二						二		二		二	
修正禁煙法一〇條鴉片罪	一	三	四	一						一	四		三	三	
懲治盜匪條例一條二款擄人勒贖罪	二	二	四	二						二		二		二	
合計	二九	二二	五一	一三	二				一	一六	一五	八	七	三五	

图4-1-1-15

2. 江苏镇江地方法院江都分院民国二十三年七月至十二月刑事案件月报表（1934年）（档案号：A020-1935-001-0114-0001、A020-1935-001-0114-0003、A020-1935-001-0114-0005、A020-1935-001-0114-0007、A020-1935-001-0114-0009、A020-1935-001-0114-0011）

下列刑事案件月报表反映了镇江地方法院江都分院1934年7月至12月刑事诉讼的如下信息：（1）处于不同办理状态的案件数量（受理、已结、未结）；（2）处于不同审级的案件数量（第一审、第二审）；（3）抗告案件数量；（4）再审案件数量；（5）附带民事诉讼案件数量；（6）其他事件数量。

1934年7月，江苏镇江地方法院江都分院受理刑事案件数为199件，主要案件类型包括第一审（146件）、第二审（36件）、抗告（4件）、再审（1件）、附带民事诉讼（6件）及其他事件（6件）。当月199件案件中，已结案件数为119件，结案率为59.8%。在已结案件中，判决结果类型包括判决（45件）、驳回（10件）、变更或撤销（5件）、更为判决（0件）、撤回（38件）、经裁判或处分（2件）、其他（19件）。未结案件结果类型主要包括审理中（80件）和停止（0件）。

图4.1.2.1　镇江地方法院江都分院刑事案件类型分布图（1934年7月）

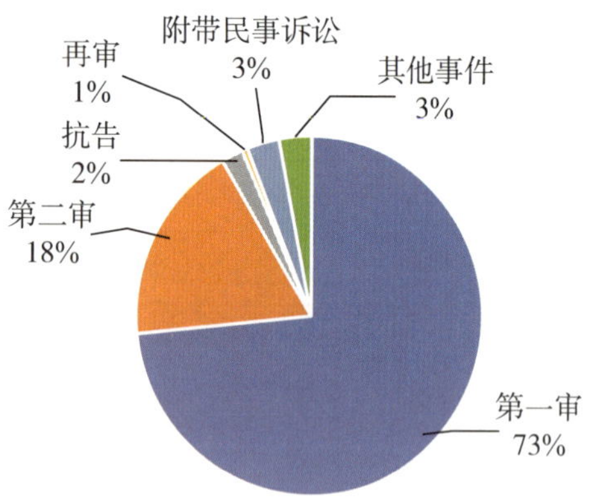

图4.1.2.2　镇江地方法院江都分院已结刑事案件类型分布图（1934年7月）

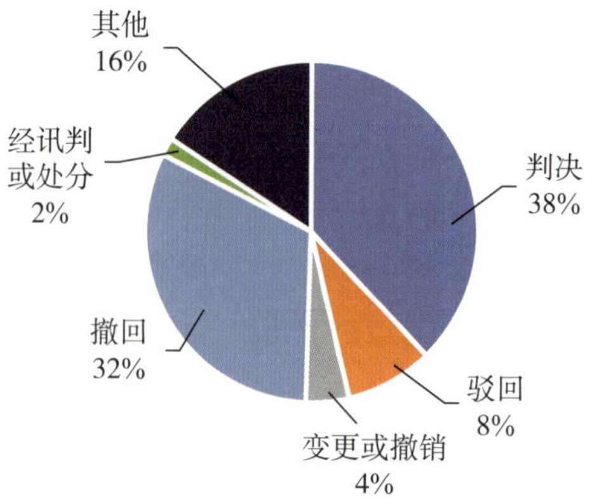

刑事案件月報表 民國廿三年七月份 江蘇江都地方分院

案件		第一審	第二審	抗告	再審	附帶民事訴訟	其他事件	合計
受理件數	舊受	五七	二〇	二		二	三	八四
	新收	八九	一六	二	一	四	三	一一五
	計	一四六	三六	四	一	六	六	一九九
已結	判決	四五						四五
	駁回		八	一	一			一〇
	撤銷原判決更為判決		五					五
	撤回	三六	二					三八
	經裁判撤銷原處分						二	二
	其他	一五				二	二	一九
	計	九六	一五	一	一	二	四	一一九
未結		五〇	二一	三		四	二	八〇
	審判停止							
	計	五〇	二一	三		四	二	八〇

備考

本表第一審項下舊受簡易七件（自訴一七 地方三三）新收三件（四〇 一八）已結三〇件（四一 二五）未結八件（一六 二六）合併聲明

图4-1-2-1

刑事案件月報表 民國廿三年八月份 江蘇江都地方分院

案件		第一審	第二審	抗告	再審	附帶民事訴訟	其他事件	合計
受理件數	舊受	五〇	二一	三		四	二	八〇
	新收	八一	一二	一		四	一	九九
	計	一三一	三三	四		八	三	一七九
已結	判決	七八						七八
	駁回		五					五
	撤銷原判決更為判決		一一					一一
	撤回		三					三
	經裁判撤銷原處分							
	其他	七		二		八	一	一八
	計	八五	一九	二		八	一	一一五
未結		四六	一四	二			二	六四
	審判停止							
	計	四六	一四	二			二	六四

備考

本表第一審項下舊受簡易八件（自訴一六 地方二六）新收二二件（三九 二〇）已結二〇件（四一 二四）未結一〇件（一四 二二）合併聲明

图4-1-2-2

刑事案件月報表　民國廿三年九月份　江蘇江都地方分院

案件		第一審	第二審	抗告	再審	附帶民事訴訟	其他事件	合計
受理件數	舊受	四六	一四	二			二	六四
	新收	一一二	一六		一	四	五	一三八
	計	一五八	三〇	二	一	四	七	二〇二
已結	判決	六八						六八
	駁回		七		一			八
	撤銷判決變更		三					三
	撤銷判決更為							
	撤回		一					一
	經裁判或處分						三	三
	其他	九	四	一		四	二	二〇
	計	七七	一五	一	一	四	五	一〇三
未結		八一	一五	一			二	九九
	審判停止							
	計	八一	一五	一			二	九九

備考

本表第一審項下舊受簡易一〇件新收三〇件已結一九件未結二一件合併聲明
自訴一四　地方二二；四九　三三；三八　二〇；二五　三五

图4-1-2-3

刑事案件月報表　民國廿三年十月份　江蘇江都地方分院

案件		第一審	第二審	抗告	再審	附帶民事訴訟	其他事件	合計
受理件數	舊受	八一	一五	一			二	九九
	新收	八七	九			一	七	一〇四
	計	一六八	二四	一		一	九	二〇三
已結	判決	九三						九三
	駁回		一三			一		一四
	撤銷判決變更		二					二
	撤銷判決更為							
	撤回		四					四
	經裁判或處分						三	三
	其他	一三					四	一七
	計	一〇六	一九				七	一三三
未結		五九	四	一			二	六六
	審判停止	三	一					四
	計	六二	五	一			二	七〇

備考

本表第一審項下舊受簡易二一件新收二〇件已結三三件未結八件合併聲明
自訴二五　地方三五；三八　二九；三六　三七；三七　二七

图4-1-2-4

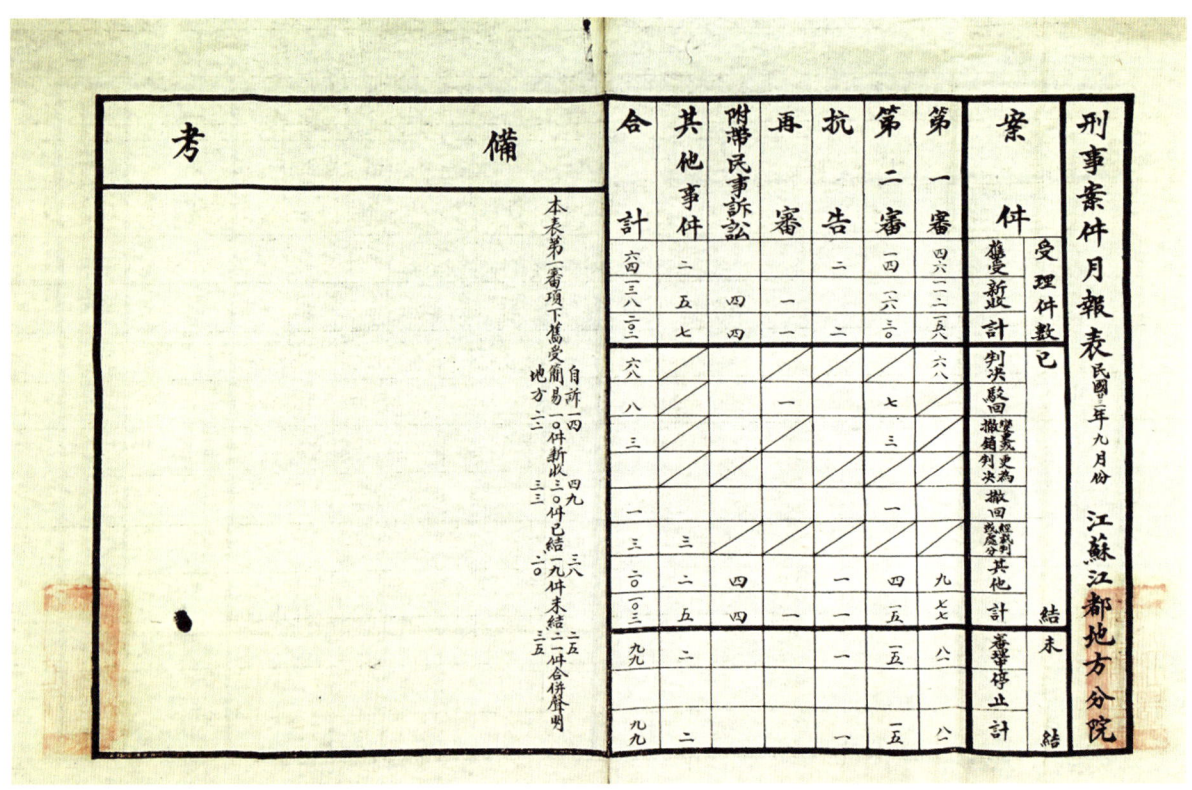

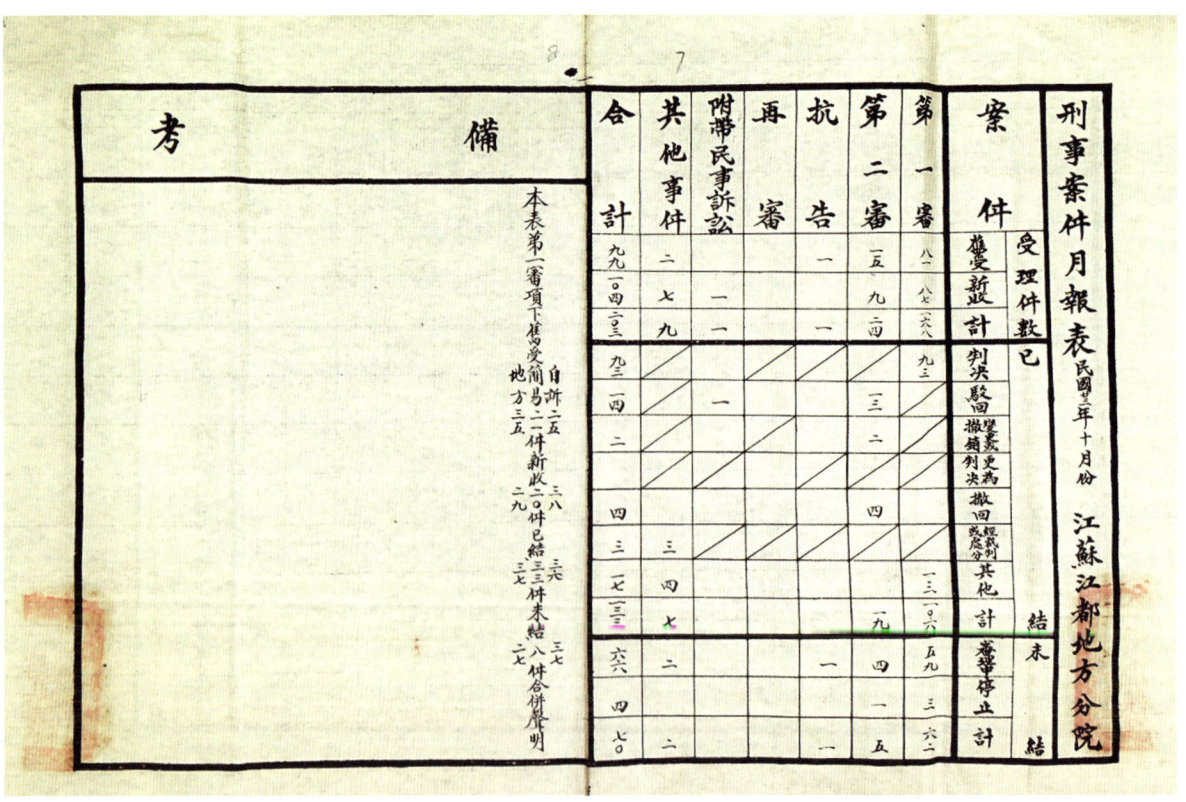

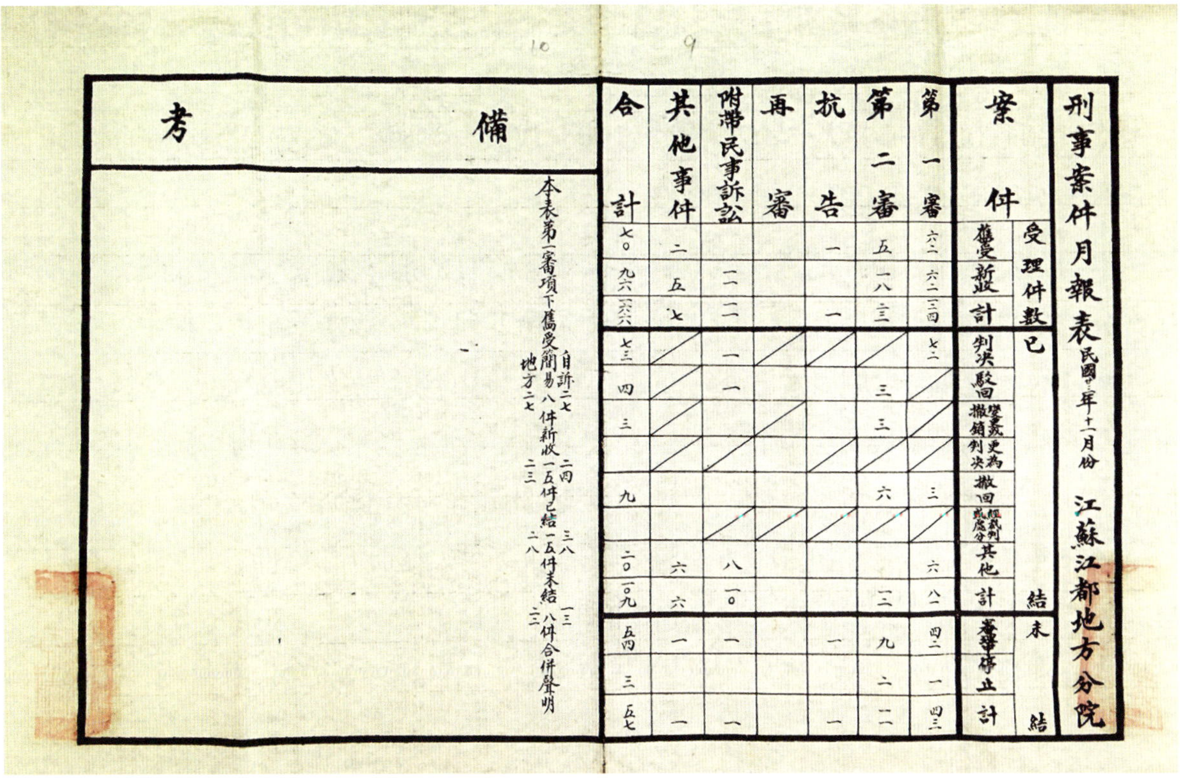

刑事案件月報表　民國廿三年十一月份　江蘇江都地方分院

案件		第一審	第二審	抗告	再審	附帶民事訴訟	其他事件	合計
受理件數	舊受	六二	五	一			二	七〇
	新收	六二	一八			一一	五	九六
	計	一二四	二三	一		一一	七	一六六
已結	判决	七二				一		七三
	駁回		三			一		四
	撤銷判决		三					三
	變更為判决							
	撤回	三	六					九
	經裁判處分							
	其他	六				八	六	二〇
	計	八一	一二			一〇	六	一〇九
未結	審判	四二	九	一		一	一	五四
	停止	一	二					三
	計	四三	一一	一		一	一	五七

備考

本表第一審項下舊受（自訴二七 地方二七）簡易八件新收（二四 二三）一五件已結（三八 二八）一五件未結（一三 二三）八件合併聲明

图4-1-2-5

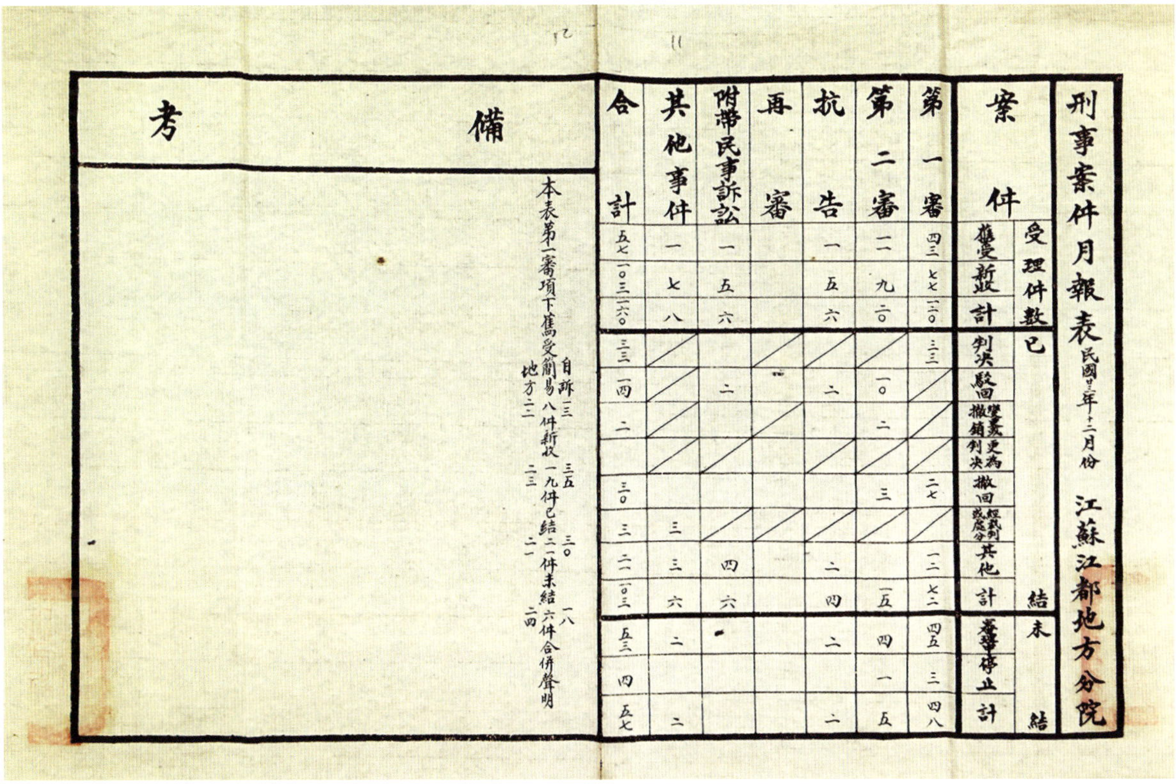

刑事案件月報表　民國廿三年十二月份　江蘇江都地方分院

案件		第一審	第二審	抗告	再審	附帶民事訴訟	其他事件	合計
受理件數	舊受	四三	一一	一		一	一	五七
	新收	七七	九	五		五	七	一〇三
	計	一二〇	二〇	六		六	八	一六〇
已結	判决	三三						三三
	駁回		一〇	二		二		一四
	撤銷判决		二					二
	變更為判决							
	撤回	二七	三					三〇
	經裁判處分							
	其他	一二		二		四	三	二一
	計	七二	一五	四		六	六	一〇三
未結	審判	四五	四	二			二	五三
	停止	三	一					四
	計	四八	五	二			二	五七

備考

本表第一審項下舊受（自訴一三 地方二三）簡易八件新收（三五 二三）一九件已結（三〇 二一）二一件未結（一八 二四）六件合併聲明

图4-1-2-6

3. 江苏镇江地方法院民国二十三年七月至十二月刑事案件月报表（1934年）

（档案号：A020-1934-001-0081-0023、A020-1934-001-0081-0025、A020-1934-001-0081-0027、A020-1934-001-0081-0029、A020-1934-001-0081-0031、A020-1934-001-0081-0033）

本组档案图片为镇江地方法院1934年7月至12月的刑事案件月报表，统计标准与江都分院刑事案件月报表相同。镇江地方法院在下列月报表的“备考”栏中，重点对未结案件的数量和发生原因做了介绍。如1934年7月的未结案件共22起，其中，“定期审理”9起、“函军事委员会调查”1起、“定期续审”1起、“定期宣判”3起、“调查证据”1起、“咨询检察官意见”1起、“声请展期”1起、“传讯中”5起。

1934年7月至12月，镇江地方法院受理刑事案件数分别为173件、137件、104件、113件、94件、86件，已结案件数分别为151件、114件、75件、80件、67件、69件，结案率分别为87.28%、83.21%、72.12%、70.80%、71.28%、80.23%。

图4.1.3　镇江地方法院刑事案件结案率统计图（1934年7月—12月）

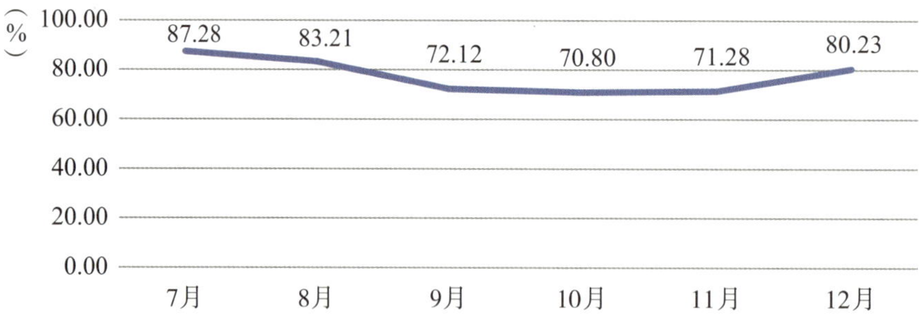

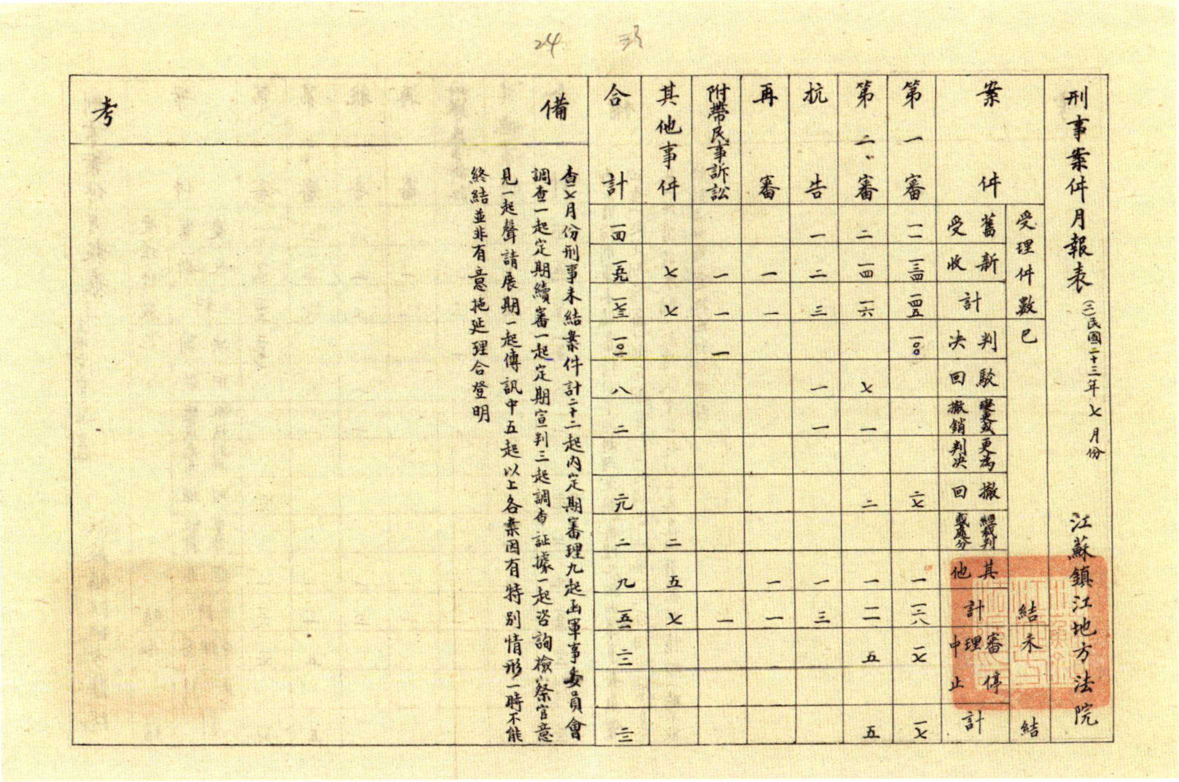

刑事案件月報表　（三）民國二十三年七月份　江蘇鎮江地方法院

案件		第一審	第二審	抗告	再審	附帶民事訴訟	其他事件	合計
受理件數	舊受	一一	二	一				一四
	新收	一三四	一四	二	一	一	七	一五九
	計	一四五	一六	三	一	一	七	一七三
已結	判決	一〇〇				一		一〇一
	駁回		七	一				八
	變更或撤銷		一	一				二
	更為判決							
	撤回	二七	二					二九
	緩裁判或處分						二	二
	其他	一	一	一	一		五	九
	計	一二八	一二	三	一	一	七	一五二
未結	審理中	一七	五					二二
	停止							
	計	一七	五					二二

備考：查七月份刑事未結案件計二十二起內定期審理九起函軍事委員會調查一起定期續審一起定期宣判三起調查證據一起咨詢檢察官意見一起聲請展期一起傳訊中五起以上各案因有特別情形一時不能終結並非有意拖延理合登明

图4-1-3-1

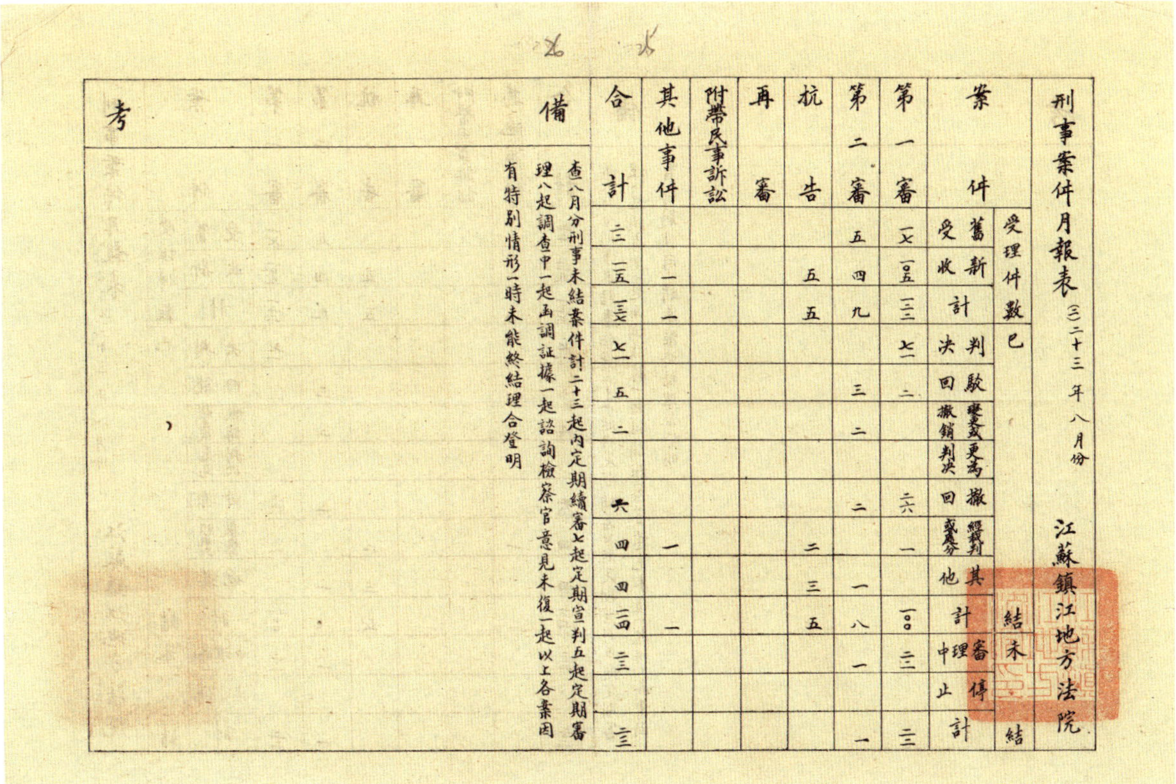

刑事案件月報表　（三）二十三年八月份　江蘇鎮江地方法院

案件		第一審	第二審	抗告	再審	附帶民事訴訟	其他事件	合計
受理件數	舊受	一七	五					二二
	新收	一〇五	四	五			一	一一五
	計	一二二	九	五			一	一三七
已結	判決	七一						七一
	駁回	二	三					五
	變更或撤銷		二					二
	更為判決							
	撤回	二六	二					二八
	緩裁判或處分	一		二			一	四
	其他		一	三				四
	計	一〇〇	八	五			一	一一四
未結	審理中	二二	一					二三
	停止							
	計	二二	一					二三

備考：查八月分刑事未結案件計二十三起內定期續審七起定期宣判五起定期審理八起調查中一起函調證據一起諮詢檢察官意見未復一起以上各案因有特別情形一時未能終結理合登明

图4-1-3-2

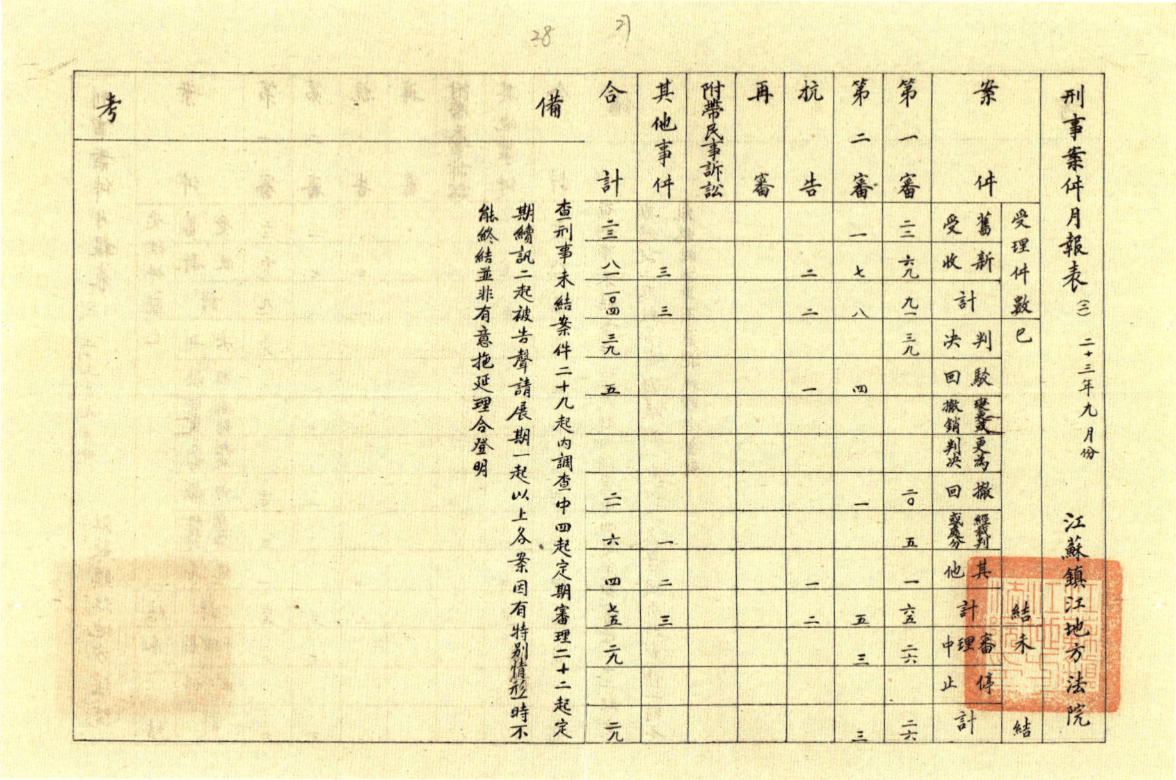
28 7

刑事案件月報表㈢ 二十三年九月份 江蘇鎮江地方法院

案件		第一審	第二審	抗告	再審	附帶民事訴訟	其他事件	合計
受理件數	舊受	二三	一					二三
	新收	六九	七	二			三	八一
	計	九二	八	二			三	一〇四
已結	判決	三九						三九
	駁回		四	一				五
	撤銷判決發回或更為判決							
	撤回	一〇	一					一一
	經裁判或處分	五					一	六
	其他	一		一			二	四
	計	六五	五	二			三	七五
未結	審理	二六	三					二九
	停止							
	計	二六	三					二九

備考 查刑事未結案件二十九起內調查中四起定期審理二十二起定期續訊二起被告聲請展期一起以上各案因有特別情形時不能終結並非有意拖延理合登明

图4-1-3-3

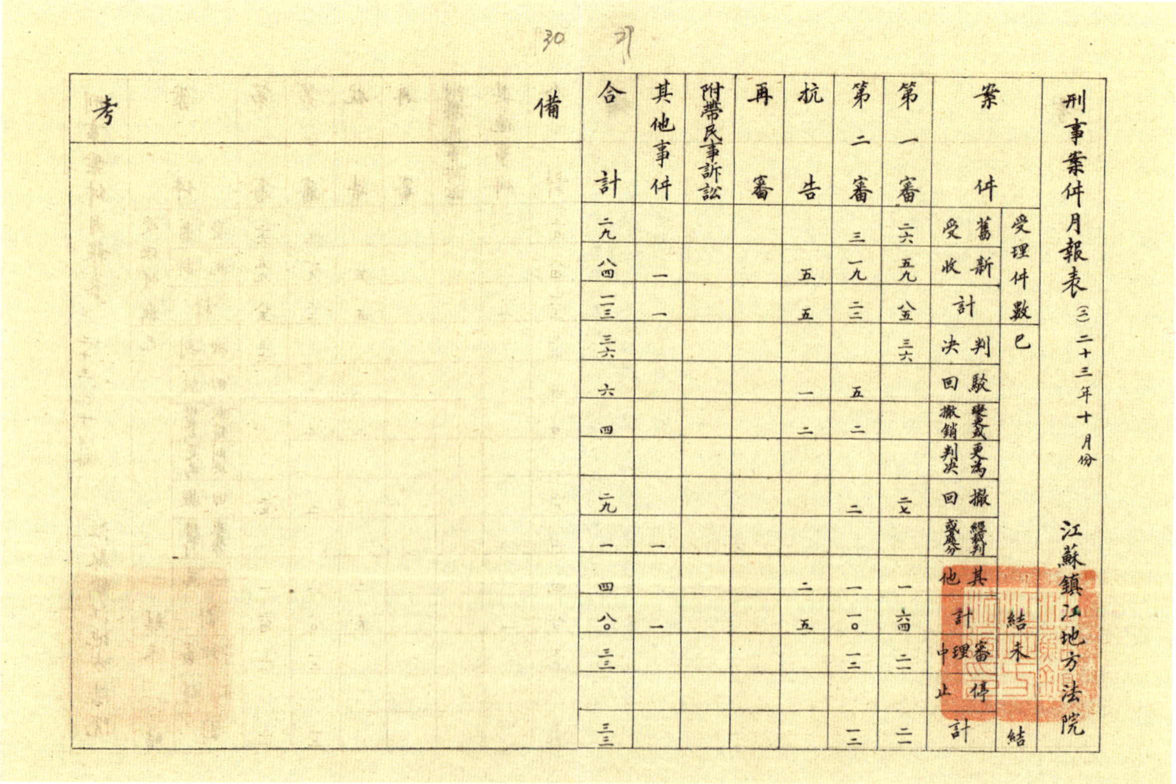
30 7

刑事案件月報表㈢ 二十三年十月份 江蘇鎮江地方法院

案件		第一審	第二審	抗告	再審	附帶民事訴訟	其他事件	合計
受理件數	舊受	二六	三					二九
	新收	五九	一九	五			一	八四
	計	八五	二二	五			一	一一三
已結	判決	三六						三六
	駁回		五	一				六
	撤銷判決發回或更為判決		二	二				四
	撤回	二七	二					二九
	經裁判或處分						一	一
	其他	一	一	二				四
	計	六四	一〇	五			一	八〇
未結	審理	二	一二					三三
	停止							
	計	二	一二					三三

備考

图4-1-3-4

刑事案件月報表㊂二十三年十一月份　江蘇鎮江地方法院

件數	案件	第一審	第二審	抗告	再審	附帶民事訴訟	其他事件	合計	備考
受理件數	舊受	二一	一二					三三	
	新收	四三	九	一		四	四	六二	
	計	六四	二一	一		四	四	九四	
已結	判決	一九						一九	
	駁回		四			一		五	
	變更或撤銷		五	一				六	
	更為判決								
	撤回	二四	四					二八	
	緩裁判或處分						四	四	
	其他	一	一			三		五	
	計	四四	一四	一		四	四	六七	
未結	審理中	二〇	七					二七	
	停止								
	計	二〇	七					二七	

图4-1-3-5

刑事案件月報表㊂二十三年十二月份　江蘇鎮江地方法院

件數	案件	第一審	第二審	抗告	再審	附帶民事訴訟	其他事件	合計	備考
受理件數	舊受	二〇	七					二七	
	新收	四六	九	一			三	五九	
	計	六六	一六	一			三	八六	
已結	判決	二五						二五	
	駁回		四	一				五	
	變更或撤銷		六					六	
	更為判決								
	撤回	二五						二五	
	緩裁判或處分						一	一	
	其他	三	二				二	七	
	計	五三	一二	一			三	六九	
未結	審理中	一三	四					一七	
	停止								
	計	一三	四					一七	

图4-1-3-6

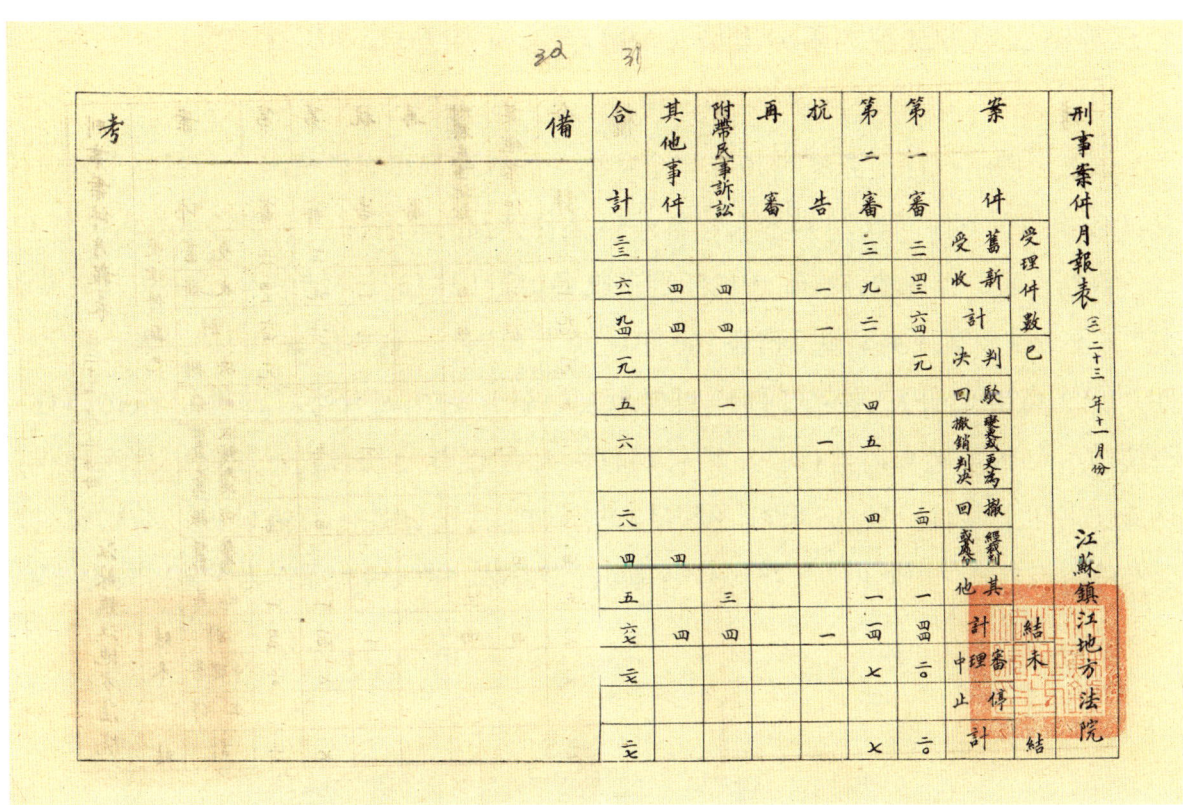

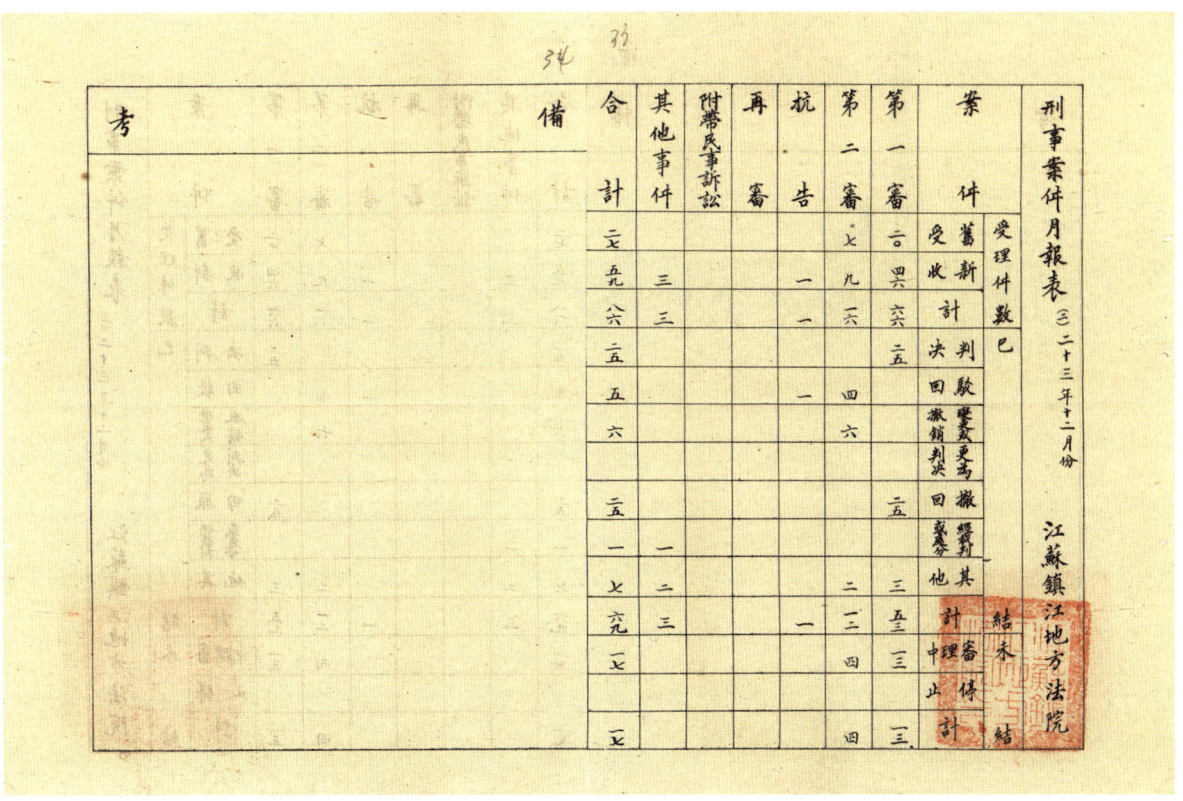

4. 江苏镇江地方法院刑事分案簿（1947年）（档案号：A020-1947-001-0233-0001）

该表反映了镇江地方法院1947年全年办理的普通刑事案件情况，包括如下重要信息：（1）案件受理时间；（2）被告人姓名；（3）案件涉及的罪名；（4）各案件承办人员名单。

根据该表，镇江地方法院1947年刑事收案始于1月13日，结束于12月30日，共收案126件，主要案件类型包括窃盗（66件）、杀人（17件）、妨害家庭（9件）、妨害风化（2件）、妨害自由（2件）、抢夺（2件）、过失杀人（1件）、过失致人死亡（2件）、诈欺（4件）、行使伪币（1件）、遗弃遗骨（1件）、诬告（4件）、伤害（1件）、伤害致死（2件）、贪污（3件）、伪造文书印文（2件）、脱逃（1件）、侵占（2件）、妨害兵役（1件）、背信（1件）、赃物（1件）、公共危险（2件）。[1]由此可见，在1947年的镇江，盗窃、杀人等犯罪行为发生得较为频繁。

图4.1.4　镇江地方法院刑事案件罪名分布图（1947年）

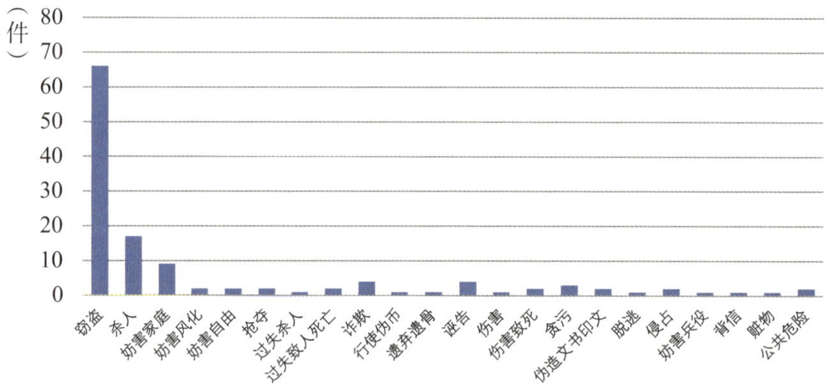

① 该分案簿显有一处错误："卅六年诉字第三二号钱金生等窃盗"案与"卅六年诉字第三十二号陈世点杀人"案都标记为32号。故该分案簿罪名总计为127项。

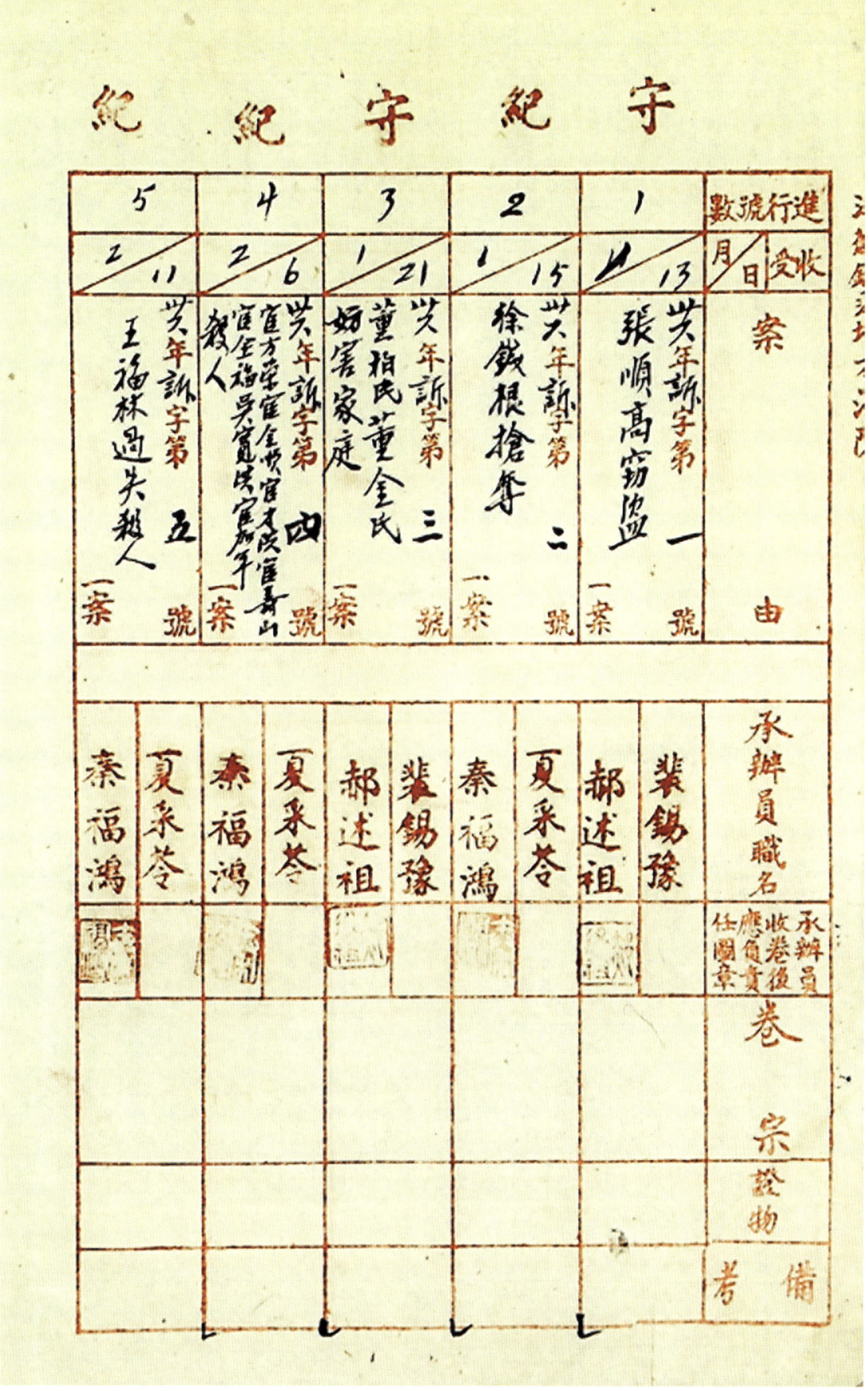

守　紀　守　紀　紀

進行號數	1	2	3	4	5
收受 月/日	12/13	1/15	1/21	2/6	2/11
案由	卅六年訴字第一號 張順高竊盜 一案	卅六年訴字第二號 徐鐵根搶奪 一案	卅六年訴字第三號 董柏氏董全氏妨害家庭 一案	卅六年訴字第四號 宦方榮宦全貴宦才玖宦壽山宦全福吳寬貴宦加年殺人 一案	卅六年訴字第五號 王福林過失殺人 一案
承辦員職名	裴錫豫　郝述祖	夏采苓　秦福鴻	裴錫豫　郝述祖	夏采苓　秦福鴻	夏采苓　秦福鴻
承辦員收卷後應負責任圖章					
卷宗					
證物					
備考					

图4-1-4-1

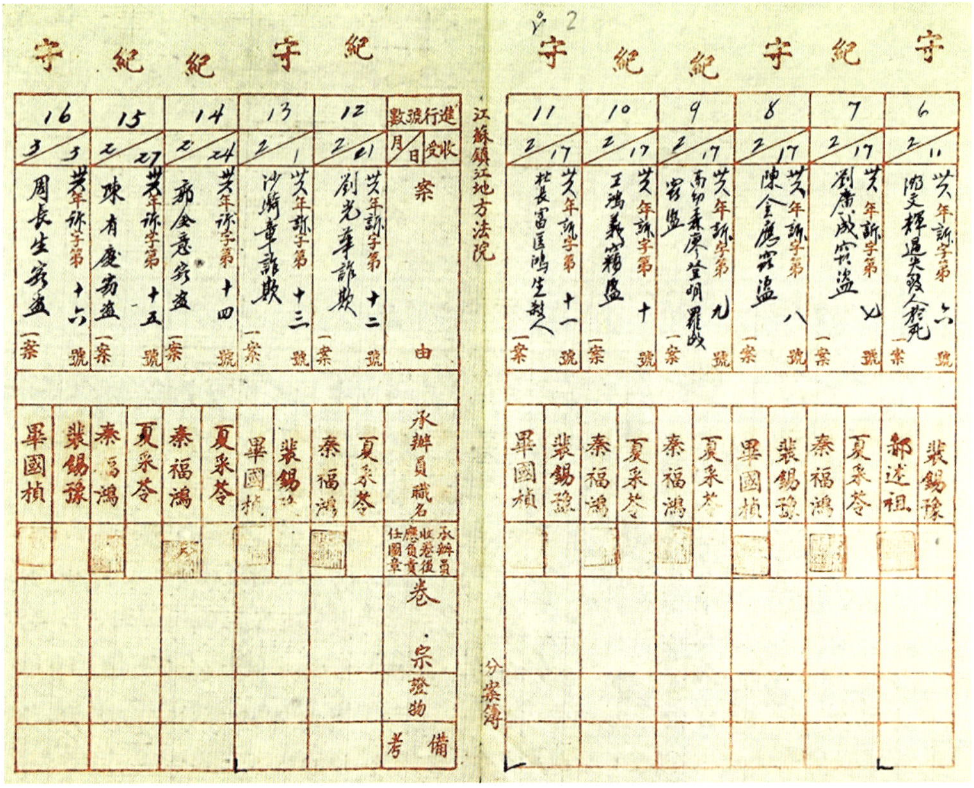

江蘇鎮江地方法院　分案簿

進行號數	收受月日	案由	承辦員職名
6	2 11	卅年訴字第六號 沈文梓過失致人於死一案	裴錫豫 郁述祖
7	2 17	卅年訴字第七號 劉廣成竊盜一案	夏采苓 秦福鴻
8	2 17	卅年訴字第八號 陳金應竊盜一案	裴錫豫 畢國楨
9	2 17	卅年訴字第九號 高印春 康登明 羅成 竊盜一案	夏采苓 秦福鴻
10	2 17	卅年訴字第十號 王鴻義竊盜一案	夏采苓 秦福鴻
11	2 17	卅年訴字第十一號 杜長富 巨鴻生 殺人一案	裴錫豫 畢國楨
12	2 21	卅年訴字第十二號 劉光華詐欺一案	夏采苓 秦福鴻
13	2 1	卅年訴字第十三號 沙衡章詐欺一案	裴錫豫 畢國楨
14	2 24	卅年訴字第十四號 郭金意竊盜一案	夏采苓 秦福鴻
15	2 27	卅年訴字第十五號 陳有慶搶盜一案	夏采苓 秦福鴻
16	3 3	卅年訴字第十六號 周長生竊盜一案	裴錫豫 畢國楨

图4-1-4-2

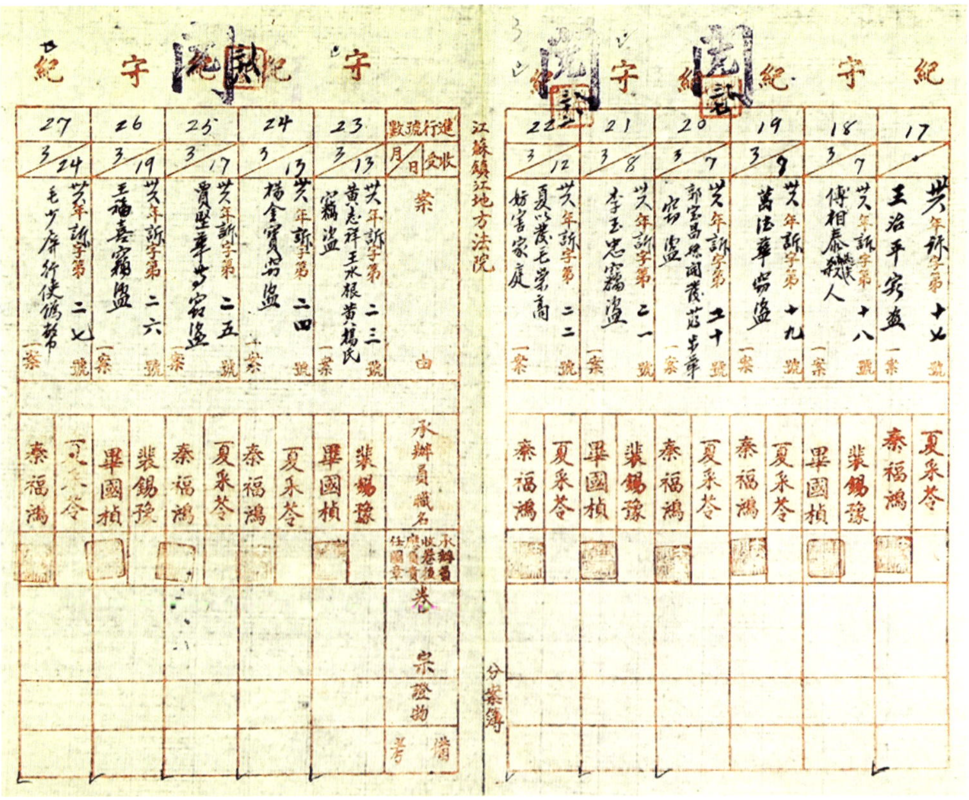

江蘇鎮江地方法院　分案簿

進行號數	收受月日	案由	承辦員職名
17		卅年訴字第十七號 王治平竊盜一案	夏采苓 秦福鴻
18	3 7	卅年訴字第十八號 傅相泰殺人一案	裴錫豫 畢國楨
19	3 9	卅年訴字第十九號 黃法華竊盜一案	夏采苓 秦福鴻
20	3 7	卅年訴字第二十號 鄒宝昌等竊盜一案	夏采苓 秦福鴻
21	3 8	卅年訴字第二一號 李玉忠竊盜一案	裴錫豫 畢國楨
22	3 12	卅年訴字第二二號 夏以農 毛崇高 妨害家庭一案	夏采苓 秦福鴻
23	3 13	卅年訴字第二三號 黃志祥 王水根 黃鶴氏 竊盜一案	裴錫豫 畢國楨
24	3 13	卅年訴字第二四號 楊金寶竊盜一案	夏采苓 秦福鴻
25	3 17	卅年訴字第二五號 賈壁華等竊盜一案	夏采苓 秦福鴻
26	3 19	卅年訴字第二六號 王福喜竊盜一案	裴錫豫 畢國楨
27	3 24	卅年訴字第二七號 毛少庠行使偽幣一案	夏采苓 秦福鴻

图4-1-4-3

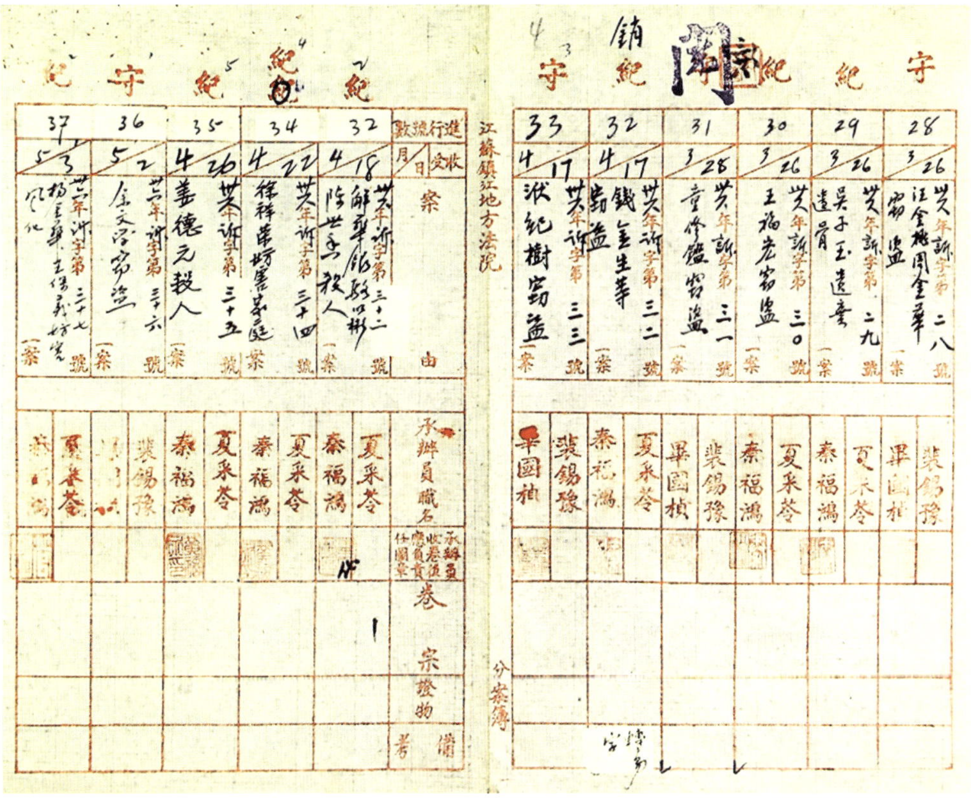

图4-1-4-4

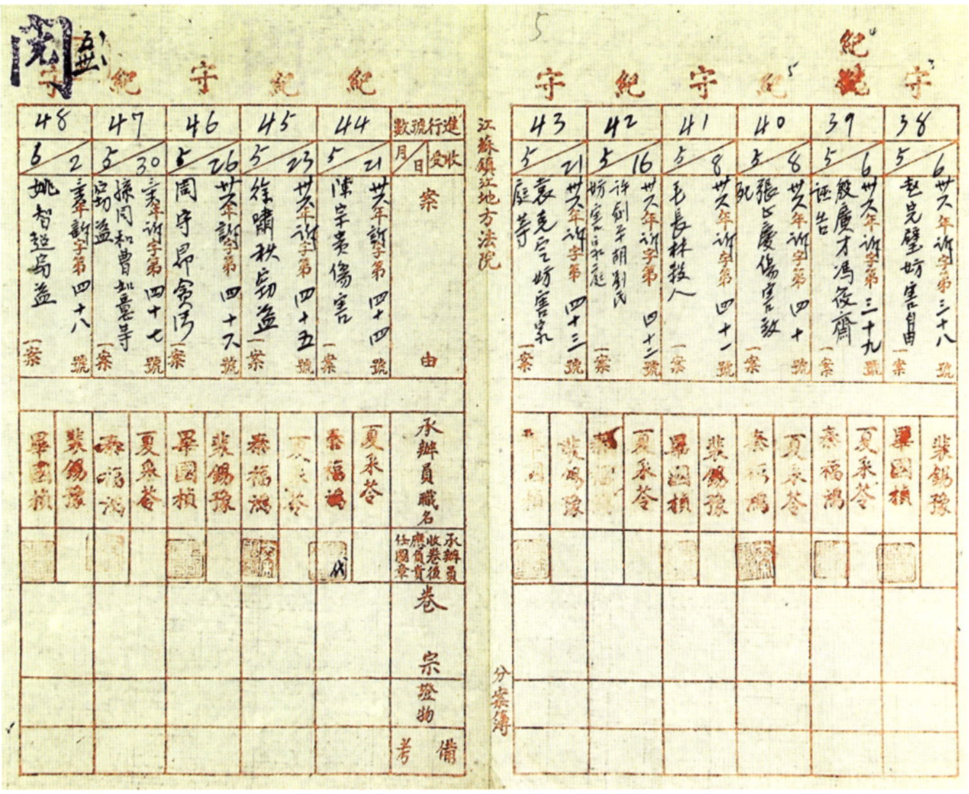

图4-1-4-5

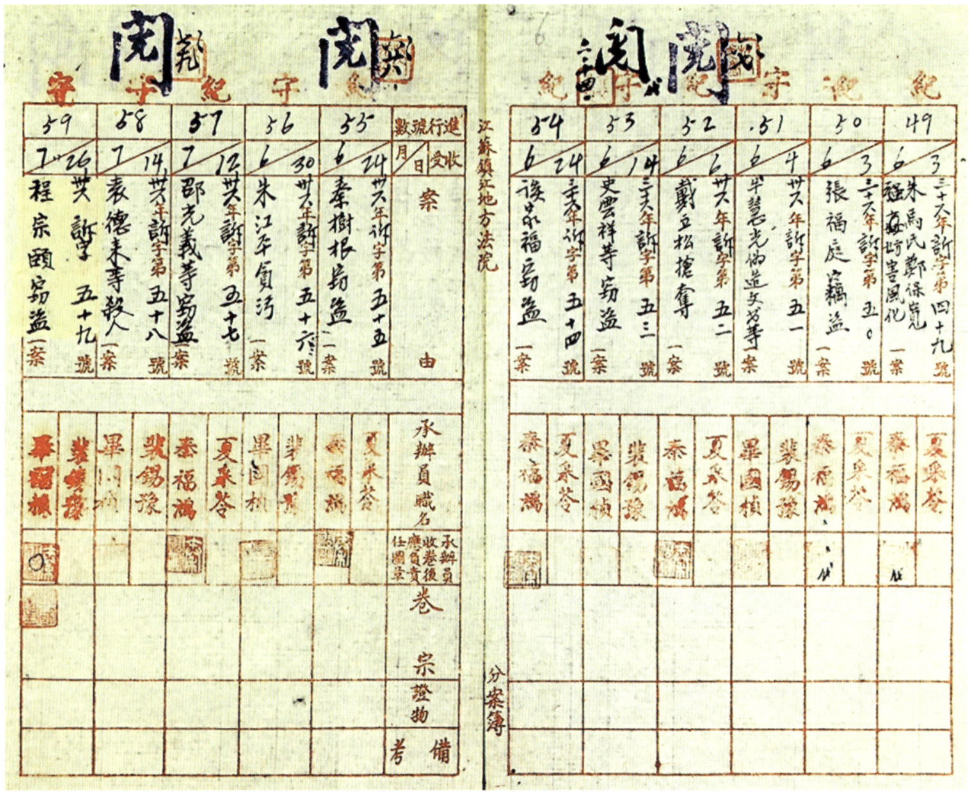

江蘇鎮江地方法院　分案簿

進行號數	收受月日	案由	承辦員職名
49	6/3	三十六年訴字第四十九號 朱馬氏鄭保兒妨害風化一案	夏秉荃　秦福鴻
50	6/3	三十六年訴字第五〇號 張福庭竊盜一案	夏秉荃　秦福鴻
51	6/4	卅六年訴字第五一號 [illegible]等一案	裴錫豫　畢國楨
52	6/6	卅六年訴字第五二號 戴立松搶奪一案	夏秉荃　秦福鴻
53	6/14	卅六年訴字第五三號 史雲祥等竊盜一案	裴錫豫　畢國楨
54	6/24	卅六年訴字第五十四號 [illegible]竊盜一案	夏秉荃　秦福鴻
55	6/24	卅六年訴字第五十五號 秦樹根竊盜一案	夏秉荃　秦福鴻
56	6/30	卅六年訴字第五十六號 朱江年貪污一案	裴錫豫　畢國楨
57	7/12	卅六年訴字第五十七號 邵光義等竊盜一案	夏秉荃　秦福鴻
58	7/14	卅六年訴字第五十八號 袁德來等殺人一案	裴錫豫　畢國楨
59	7/26	卅六年訴字第五十九號 程宗頤竊盜一案	裴錫豫　畢國楨

图4-1-4-6

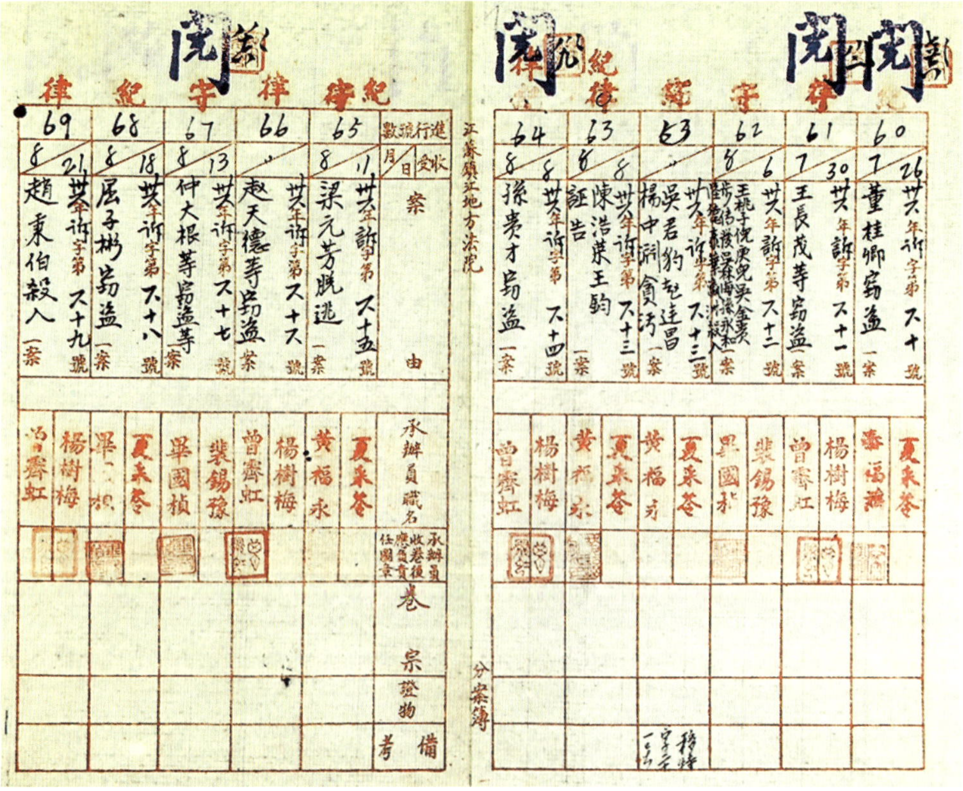

江蘇鎮江地方法院　分案簿

進行號數	收受月日	案由	承辦員職名
60	7/26	卅六年訴字第六十號 董桂卿竊盜一案	夏秉荃　秦福鴻
61	7/30	卅六年訴字第六十一號 王長茂等竊盜一案	楊樹梅　曾齊虹
62	8/6	卅六年訴字第六十二號 [illegible]一案	裴錫豫　畢國楨
63	8/8	卅六年訴字第六十三號 吳君豹楊中洲[illegible]貪污一案	夏秉荃　黃福永
63	8/8	卅六年訴字第六十三號 陳浩泉王駒証告一案	夏秉荃　黃福永
64	8/8	卅六年訴字第六十四號 孫春才竊盜一案	楊樹梅　曾齊虹
65	8/11	卅六年訴字第六十五號 梁元芳脫逃一案	夏秉荃　黃福永
66		卅六年訴字第六十六號 趙天德等竊盜一案	楊樹梅　曾齊虹
67	8/13	卅六年訴字第六十七號 仲大根等竊盜等一案	裴錫豫　畢國楨
68	8/18	卅六年訴字第六十八號 屈子彬竊盜一案	夏秉荃　畢國楨
69	8/21	卅六年訴字第六十九號 趙秉伯殺人一案	楊樹梅　曾齊虹

图4-1-4-7

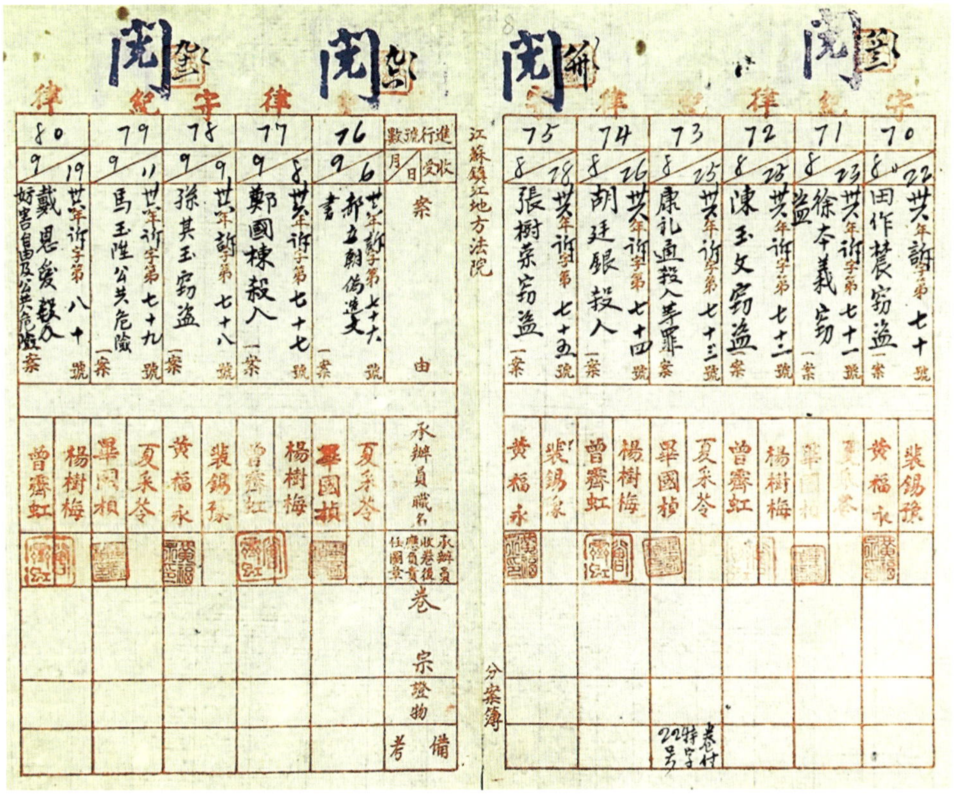

江蘇鎮江地方法院 分案簿

進行號數	收受月日	案由	承辦員職名	承辦員收卷後應負責任圖章	卷宗證物	備考
70	8/22	廿六年許字第七十號 田作葚窃盗一案	裴錫豫 黄福永			
71	8/23	廿六年許字第七十一號 徐本義窃盗一案	夏采苓 畢國楨			
72	8/23	廿六年許字第七十二號 陳玉文窃盗一案	楊樹梅 曾霽虹			
73	8/25	廿六年許字第七十三號 康礼迪殺人等罪案	夏采苓 畢國楨			22特字号 表卷付
74	8/26	廿六年許字第七十四號 胡廷銀殺人一案	楊樹梅 曾霽虹			
75	8/28	廿六年許字第七十五號 張樹棻窃盗一案	裴錫豫 黄福永			
76	9/6	廿六年許字第七十六號 郝立朝偽造文書一案	夏采苓 畢國楨			
77	9/8	廿六年許字第七十七號 鄭國棟殺人一案	楊樹梅 曾霽虹			
78	9/9	廿六年許字第七十八號 孫其玉窃盗一案	裴錫豫 黄福永			
79	9/11	廿六年許字第七十九號 馬玉陞公共危險一案	夏采苓 畢國楨			
80	9/19	廿六年許字第八十號 戴恩爱殺人妨害自由及公共危險案	楊樹梅 曾霽虹			

图4-1-4-8

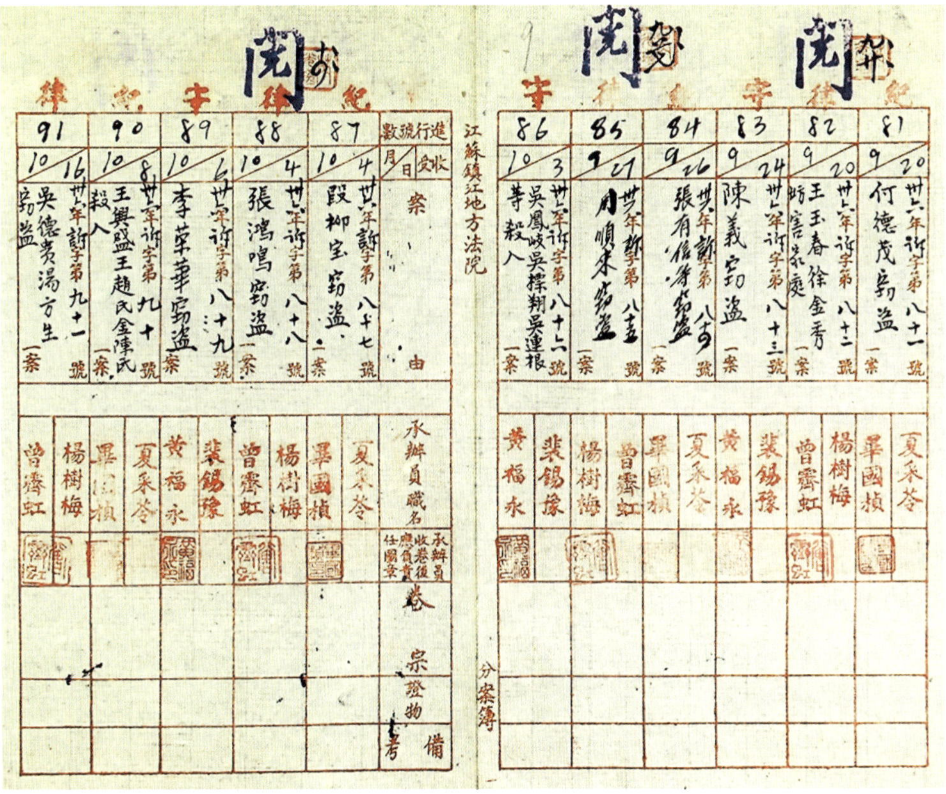

江蘇鎮江地方法院 分案簿

進行號數	收受月日	案由	承辦員職名	承辦員收卷後應負責任圖章	卷宗證物	備考
81	9/20	廿六年許字第八十一號 何德茂窃盗一案	夏采苓 畢國楨			
82	9/20	廿六年許字第八十二號 王玉春徐金秀妨害家庭一案	楊樹梅 曾霽虹			
83	9/24	廿六年許字第八十三號 陳義窃盗一案	裴錫豫 黄福永			
84	9/26	廿六年許字第八十四號 張有信等窃盗一案	夏采苓 畢國楨			
85	9/27	廿六年許字第八十五號 月順來窃盗	曾霽虹 楊樹梅			
86	10/3	廿六年許字第八十六號 吳鳳岐吳揆翔吳蓮根等殺人一案	裴錫豫 黄福永			
87	10/4	廿六年許字第八十七號 段柳宝窃盗一案	夏采苓 畢國楨			
88	10/4	廿六年許字第八十八號 張鴻鳴窃盗一案	楊樹梅 曾霽虹			
89	10/6	廿六年許字第八十九號 李萃華窃盗一案	裴錫豫 黄福永			
90	10/8	廿六年許字第九十號 王興盛王趙氏金陳氏殺人一案	夏采苓 畢國楨			
91	10/16	廿六年許字第九十一號 吳德貴湯方生窃盗一案	楊樹梅 曾霽虹			

图4-1-4-9

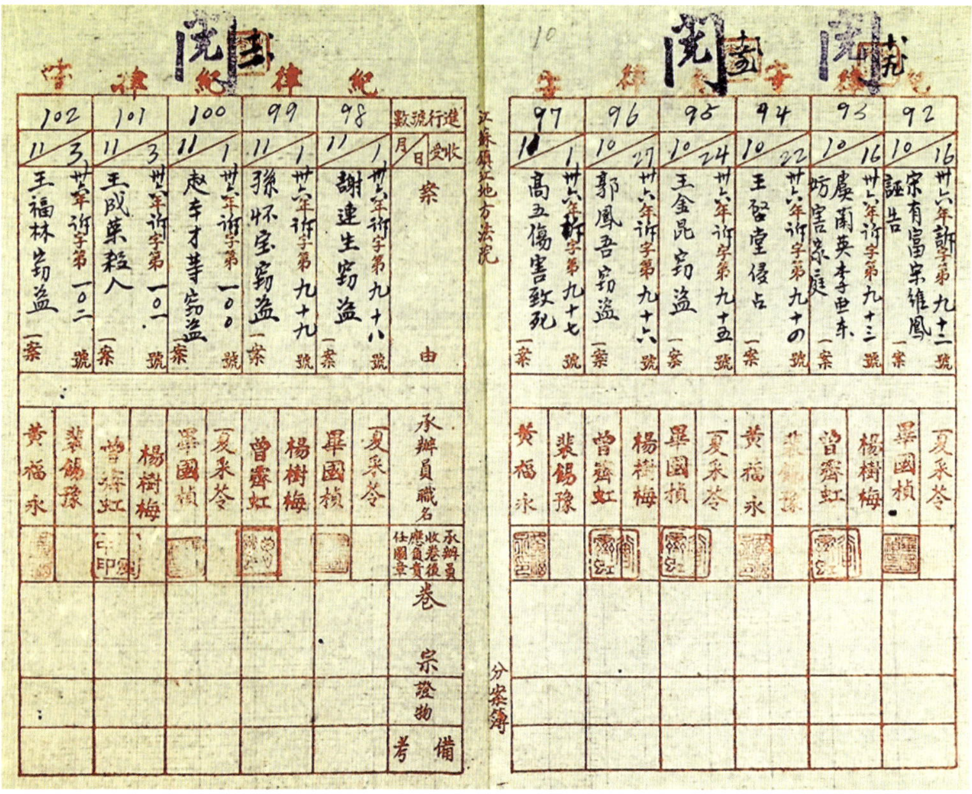

進行號數	收受月日	案由	承辦員職名
92	10/16	卅六年許字第九十二號 宋有富宋維鳳誣告一案	夏釆苓 畢國楨
93	10/16	卅六年許字第九十三號 虞蘭英李世禾妨害家庭一案	楊樹梅 曾霽虹
94	10/22	卅六年許字第九十四號 王留堂侵占一案	裴錫豫 黃福永
95	10/24	卅六年許字第九十五號 王金昆竊盜一案	夏釆苓 畢國楨
96	10/27	卅六年許字第九十六號 郭鳳吾竊盜一案	楊樹梅 曾霽虹
97	11/1	卅六年許字第九十七號 高五傷害致死一案	裴錫豫 黃福永
98	11/1	卅六年許字第九十八號 謝連生竊盜一案	夏釆苓 畢國楨
99	11/1	卅六年許字第九十九號 孫怀宝竊盜一案	楊樹梅 曾霽虹
100	11/1	卅六年許字第一〇〇號 赵幸才等竊盜一案	夏釆苓 畢國楨
101	11/3	卅六年許字第一〇一號 王成棠殺人一案	楊樹梅 曾霽虹
102	11/3	卅六年許字第一〇二號 王福林竊盜一案	裴錫豫 黃福永

图4-1-4-10

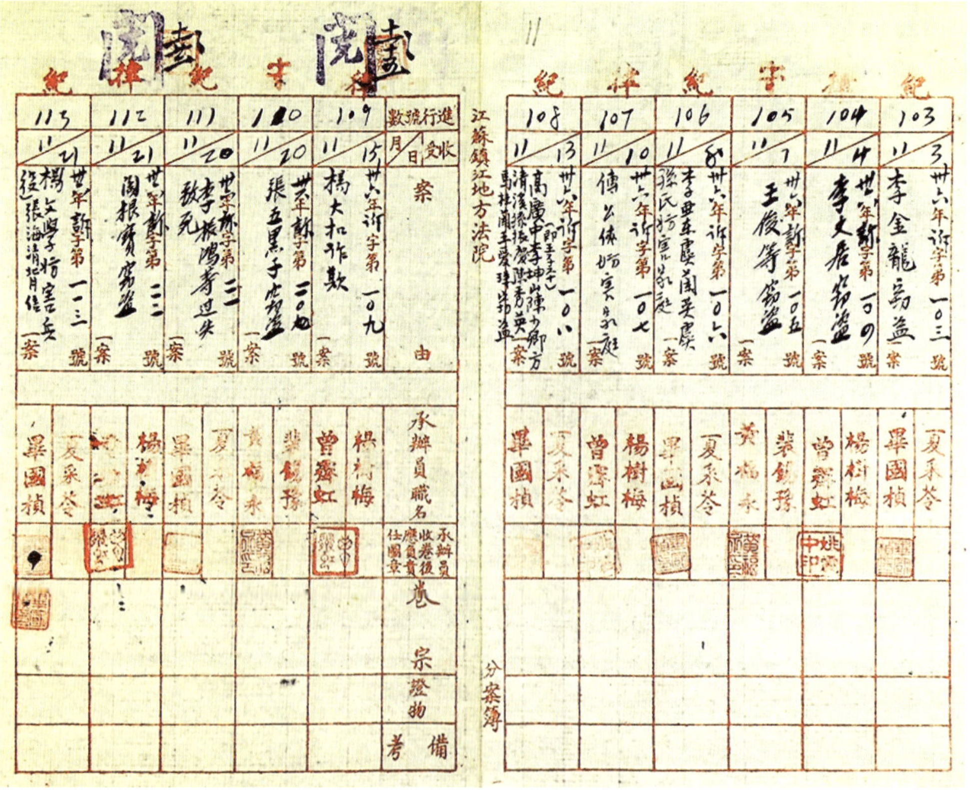

進行號數	收受月日	案由	承辦員職名
103	11/3	卅六年許字第一〇三號 李金龍竊盜一案	夏釆苓 畢國楨
104	11/4	卅六年新字第一〇四號 李文[illegible]竊盜一案	楊樹梅 曾霽虹
105	11/7	卅六年新字第一〇五號 王俊等竊盜一案	裴錫豫 黃福永
106	11/8	卅六年許字第一〇六號 李世禾虞蘭英孫氏妨害家庭一案	夏釆苓 畢國楨
107	11/10	卅六年許字第一〇七號 傅公体妨害家庭一案	楊樹梅 曾霽虹
108	11/13	卅六年許字第一〇八號 高廣中（即王子才）李坤山陳少卿方清溪[illegible]竊盜一案	夏釆苓 畢國楨
109	11/15	卅六年許字第一〇九號 楊大和詐欺一案	楊樹梅 曾霽虹
110	11/20	卅六年新字第一一〇號 張五黑子竊盜一案	裴錫豫 黃福永
111	11/20	卅六年新字第一一一號 李振鴻等過失致死一案	夏釆苓 畢國楨
112	11/21	卅六年新字第一一二號 閻根寶竊盜一案	楊樹梅 [illegible]
113	11/21	卅六年新字第一一三號 楊文學妨害兵役 張海清[illegible]一案	夏釆苓 畢國楨

图4-1-4-11

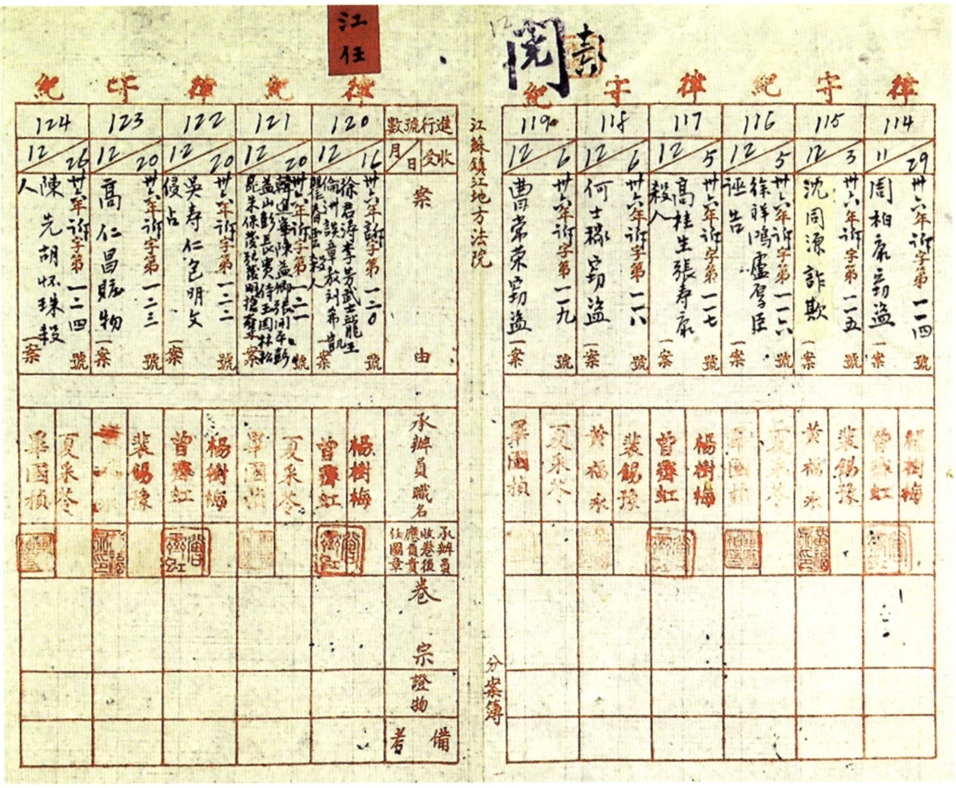

江蘇鎮江地方法院　分案簿

進行號數	收受（月/日）	案由	承辦員職名
114	11/29	廿六年訴字第一一四號 周柏康竊盜一案	楊樹梅 曾霽虹
115	12/3	廿六年訴字第一一五號 沈同源詐欺一案	裴錫豫 黃福永
116	12/5	廿六年訴字第一一六號 徐祥鴻 盧[illegible]臣 誣告一案	夏采苓 畢國楨
117	12/5	廿六年訴字第一一七號 高桂生 張壽康 殺人一案	楊樹梅 曾霽虹
118	12/6	廿六年訴字第一一八號 何士祿竊盜一案	裴錫豫 黃福永
119	12/6	廿六年訴字第一一九號 曹常榮竊盜一案	夏采苓 畢國楨
120	12/16	廿六年訴字第一二〇號 徐君濤 李芳武 王龍生 [illegible] 一案	楊樹梅 曾霽虹
121	12/20	廿六年訴字第一二一號 [illegible] 一案	夏采苓 畢國楨
122	12/20	廿六年訴字第一二二號 吳壽仁 包明文 侵占一案	楊樹梅 曾霽虹
123	12/20	廿六年訴字第一二三號 高仁昌 贓物一案	裴錫豫 [illegible]
124	12/26	廿六年訴字第一二四號 陳先 胡懷珠 殺人一案	夏采苓 畢國楨

图4-1-4-12

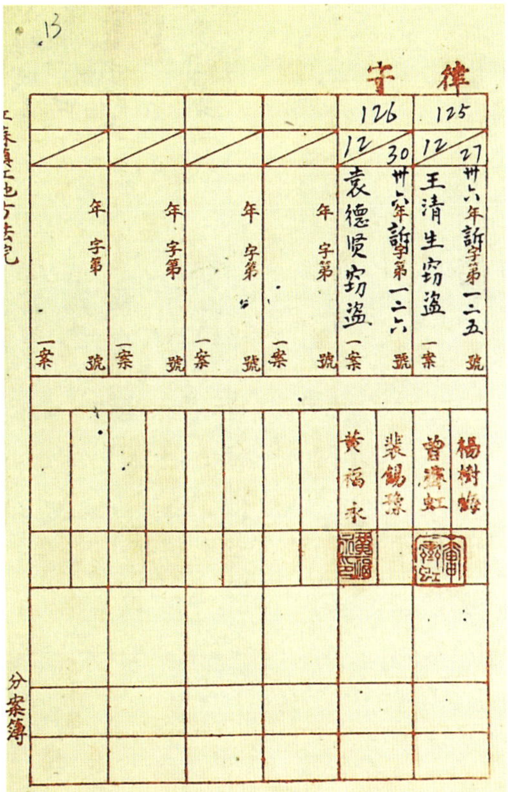

江蘇鎮江地方法院　分案簿

進行號數	收受（月/日）	案由	承辦員職名
125	12/27	廿六年訴字第一二五號 王清生竊盜一案	楊樹梅 曾霽虹
126	12/30	廿六年訴字第一二六號 袁德賢竊盜一案	裴錫豫 黃福永

图4-1-4-13

5. 江苏镇江地方法院烟特案件分案簿（1947年）（档案号：A020-1947-001-0234-0007）

所谓“烟特”，是指依据《特种刑事案件诉讼条例》办理的烟毒案件，依据南京国民政府的相关规定，抗战胜利后的烟特案件由普通司法机关办理。该表记录了1947年10月至12月镇江地方法院受理的烟毒案件及其相应办理人员等信息。

1947年10月至12月，镇江地方法院共受理烟毒案件48件，可见烟毒犯罪在当时比较泛滥。同时，根据该分案簿的记载，烟毒案件主要是由裴锡豫、黄福永、夏采苓、毕国桢、杨树梅、曾霁虹六人承办，反映出镇江地方法院对烟毒案件实行了专案专办的管理方式。

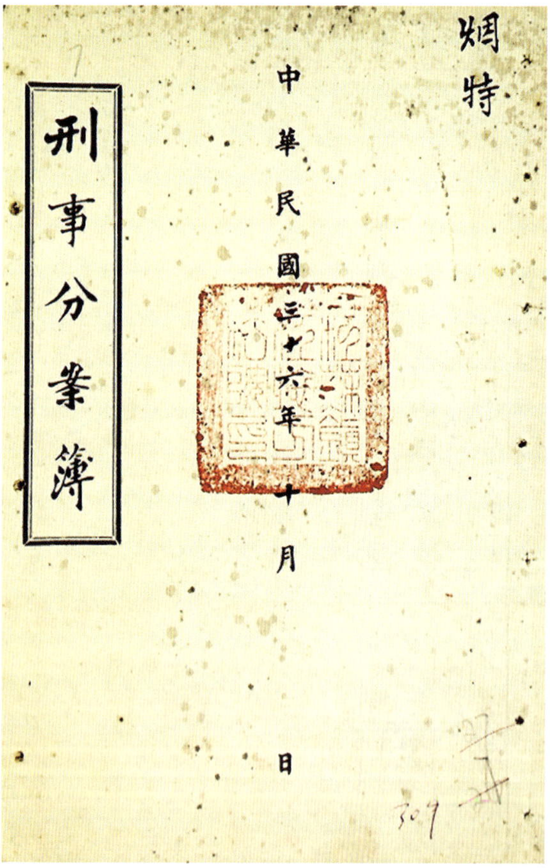
刑事分案簿
烟特
中華民國三十六年十月 日

图4-1-5-1

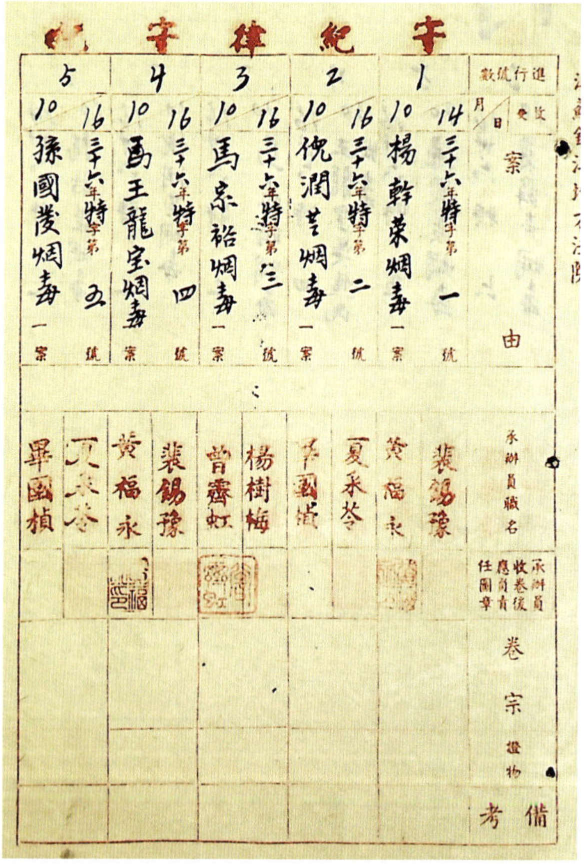
進行號數：1、2、3、4、5
收受 月 日：10 14、10 16、10 16、10 16、10 16
案由：三十六年特字第一號 楊幹萊烟毒一案；三十六年特字第二號 倪潤芝烟毒一案；三十六年特字第三號 馬宗裕烟毒一案；三十六年特字第四號 馬王龍宝烟毒一案；三十六年特字第五號 孫國淩烟毒一案
承辦員職名：裴錫豫 黄福永 夏采苓 畢國楨 楊樹梅 曾霽虹 裴錫豫 黄福永 夏采苓 畢國楨
承辦員收卷後應負責任圖章
卷宗 證物
備考

图4-1-5-2

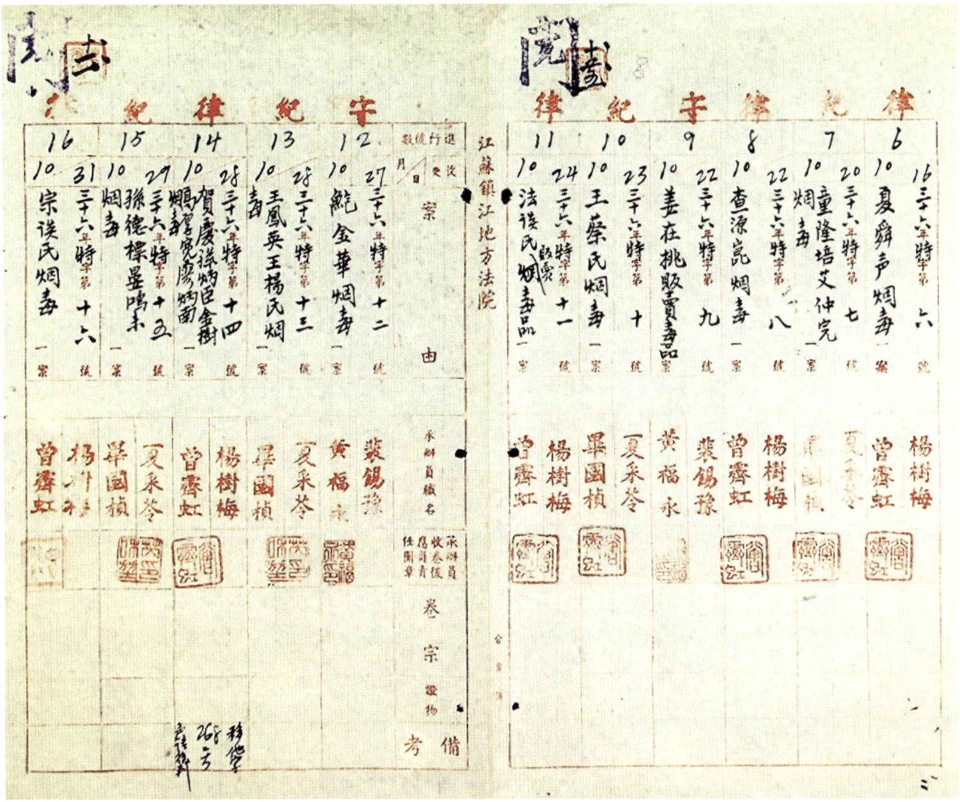

图 4-1-5-3

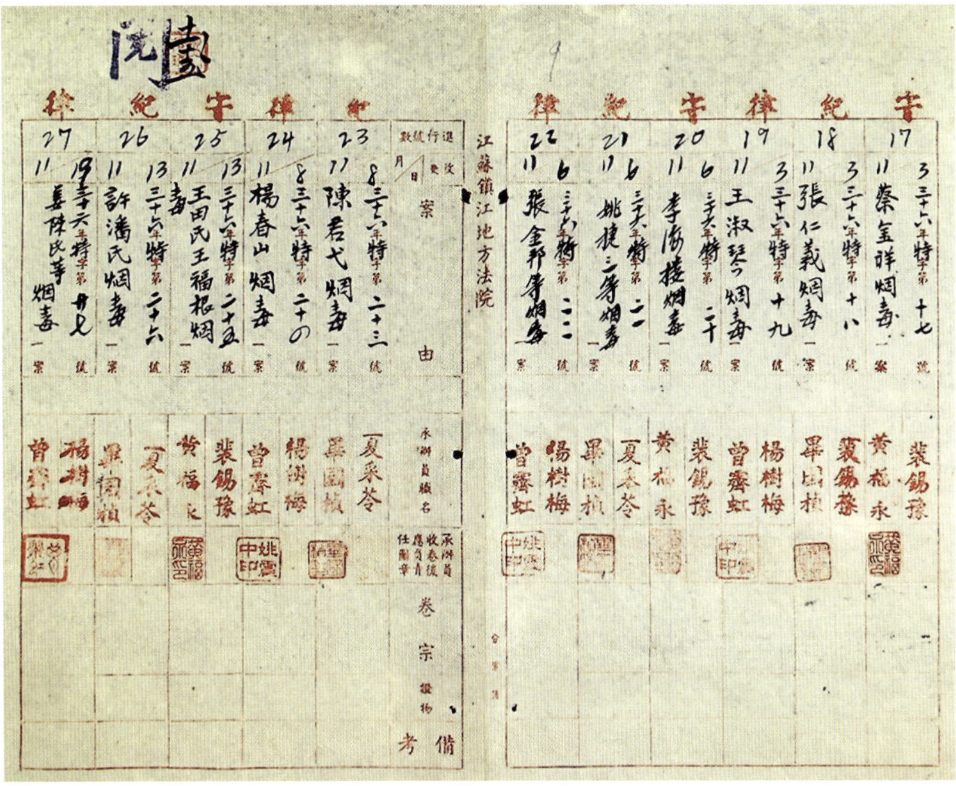

图 4-1-5-4

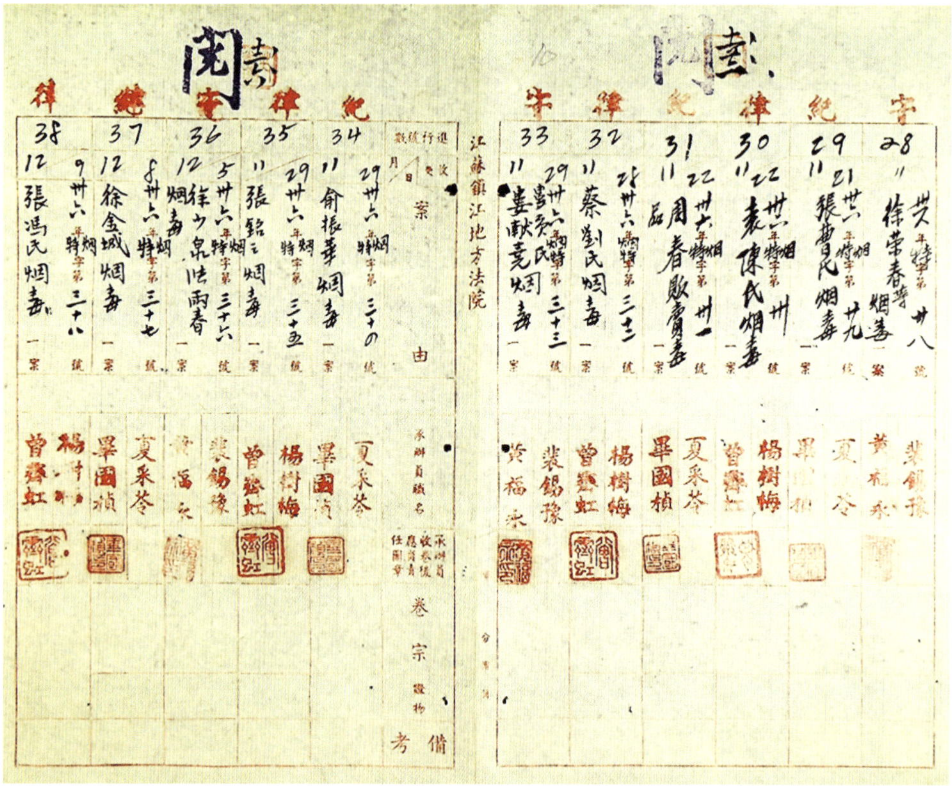

图 4-1-5-5

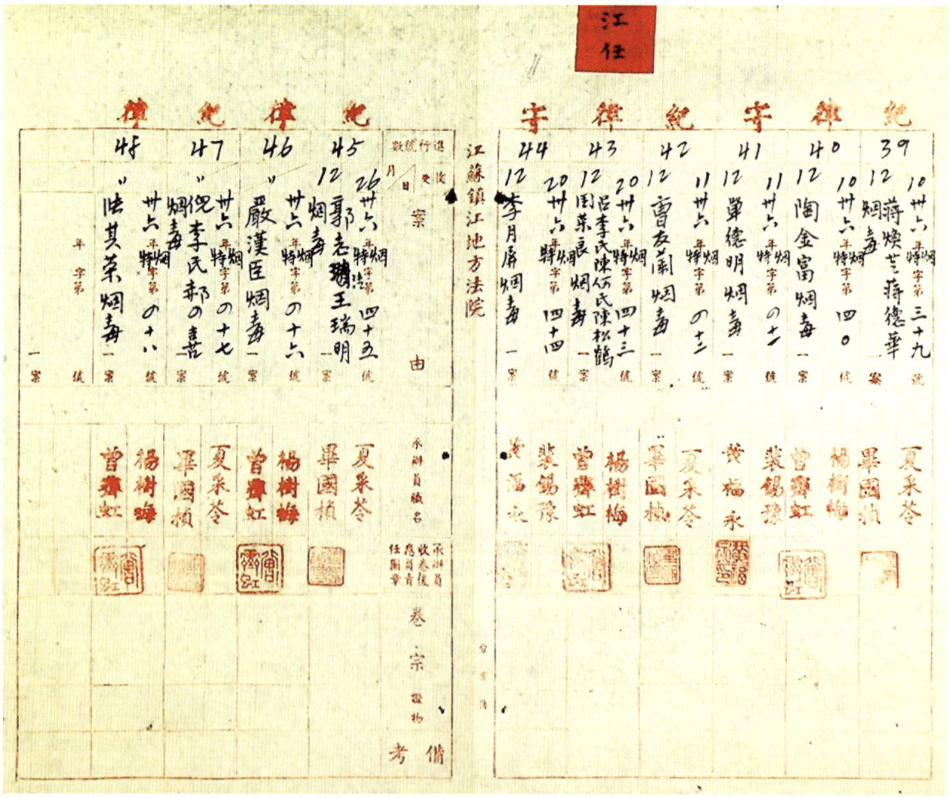

图 4-1-5-6

6. 江苏高等法院第一分院检察处覆判分案簿（1948年）（档案号：A019-1948-001-0685-0001）

南京国民政府于1936年颁行《县司法处刑事案件覆判暂行条例》，其第一条规定："县司法处之刑事案件，未经上诉或撤回上诉，或上诉不合法，未经第二审为实体上之审判者，应由该管高等法院或分院覆判，但刑法第六十一条所判各罪之案件，不在此限。"该分案簿记录了江苏高等法院第一分院1948年全年办理覆判案件的情况，内含一审机构、犯罪人姓名及案由等信息。

根据该分案簿的记载，江苏高等法院第一分院检察处1948年共办理29件覆判案件，主要罪名包括杀人（9件）、窃盗（5件）、抢夺（3件）、妨害风化（2件）、诬告（1件）、渎职（2件）、盗匪（1件）、诈欺（1件）、公共危险（1件）、毁损（1件）、教唆杀人（1件）伤害致死（1件）、脱逃（1件）、妨害自由（1件）、诈财（1件）、放火（1件）等。

图4.1.6　江苏高等法院第一分院覆判案件罪名分布图（1948年）

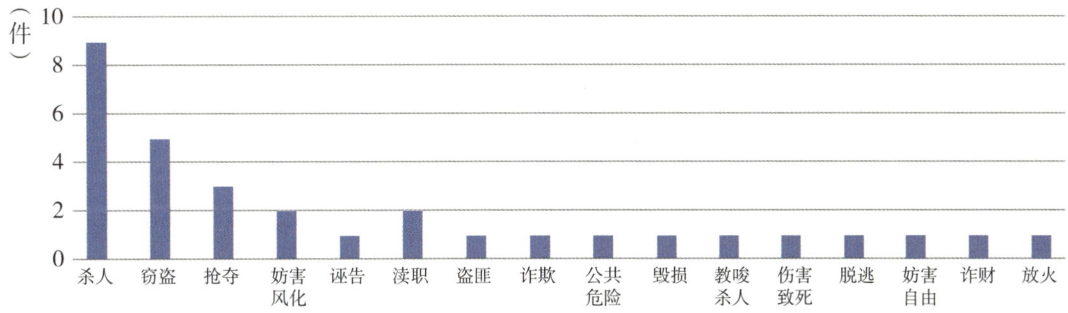

图4-1-6-1

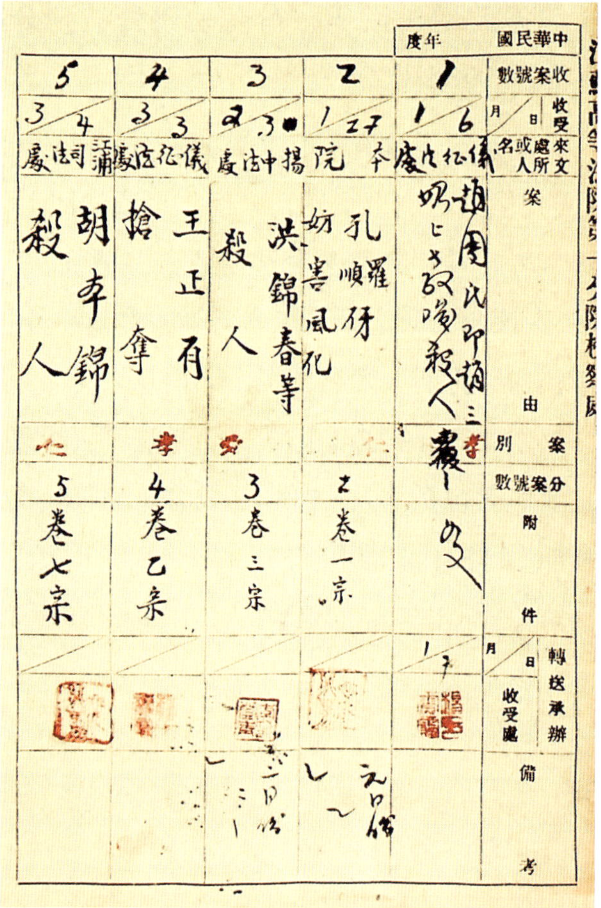

江蘇高等法院第一分院收案簿

中華民國 年度

收案號數	收受月日	來文處所或人名	案由	案別	分案號數	附件	轉送承辦收受處	備考
1	1 6	儀征法院	趙周氏即趙三嫂 殺人	孝	1	文	1 7	
2	1 27	本院	孔羅仔 妨害風化		2	卷一宗		二日付
3	2 3	揚中法院	洪錦春等 殺人	愛	3	卷三宗		三日付
4	3 3	儀征法院	王正有 搶奪	孝	4	卷乙宗		
5	3 4	江浦司法處	胡本錦 殺人	仁	5	卷七宗		

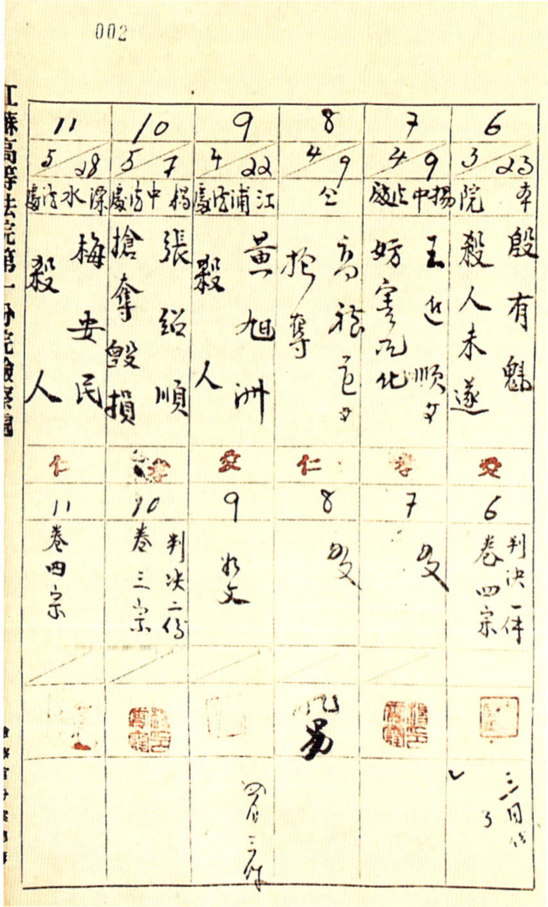

002

江蘇高等法院第一分院收案簿

收案號數	收受月日	來文處所或人名	案由	案別	分案號數	附件	轉送承辦收受處	備考
6	3 23	本院	殷有魁 殺人未遂	愛	6	卷四宗 判決一件		三月付
7	4 9	揚中法院	王正順等 妨害風化	孝	7	文		
8	4 9	公	高振飛等 搶奪	仁	8	文		
9	4 22	江浦法院	黃旭洲 殺人	愛	9	卷文		
10	5 7	揚中法院	張紹順 搶奪毀損	孝	10	卷三宗 判決二件		
11	5 28	溧水法院	梅安民 殺人	仁	11	卷四宗		

图4-1-6-2

图4-1-6-3

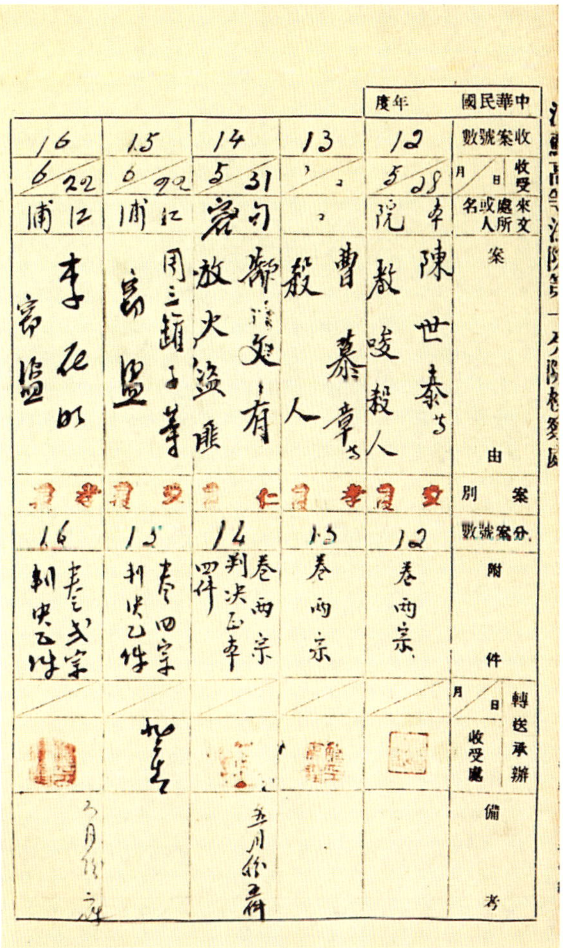

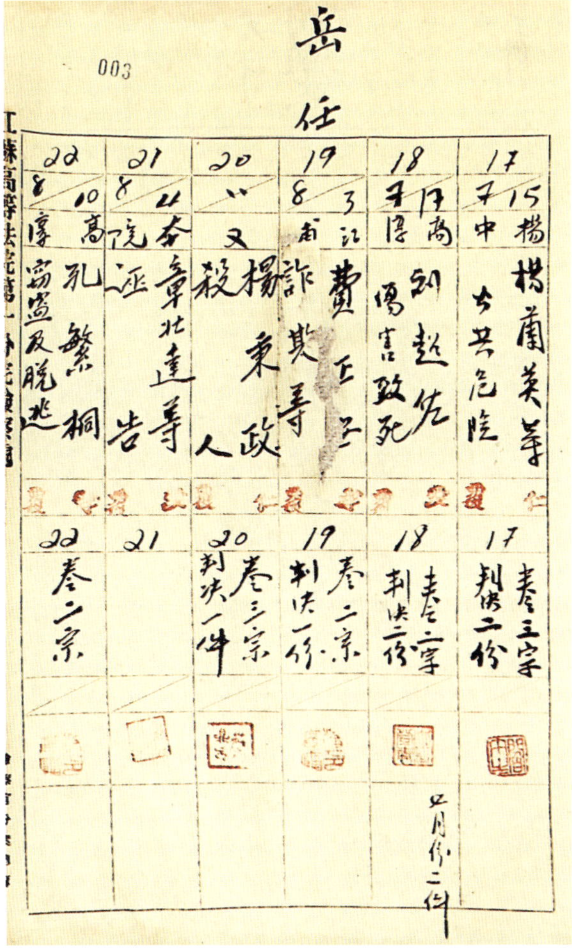

图4-1-6-4

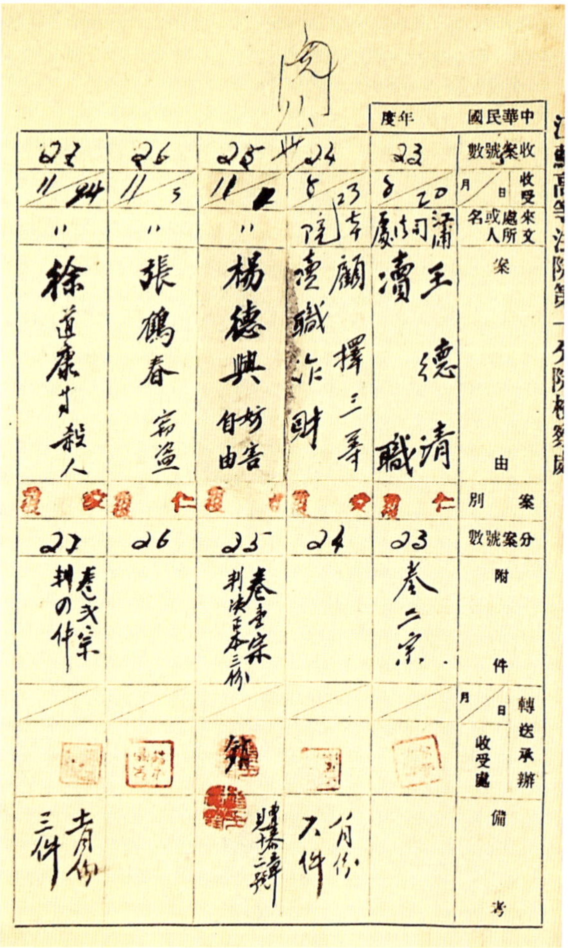

图4-1-6-5

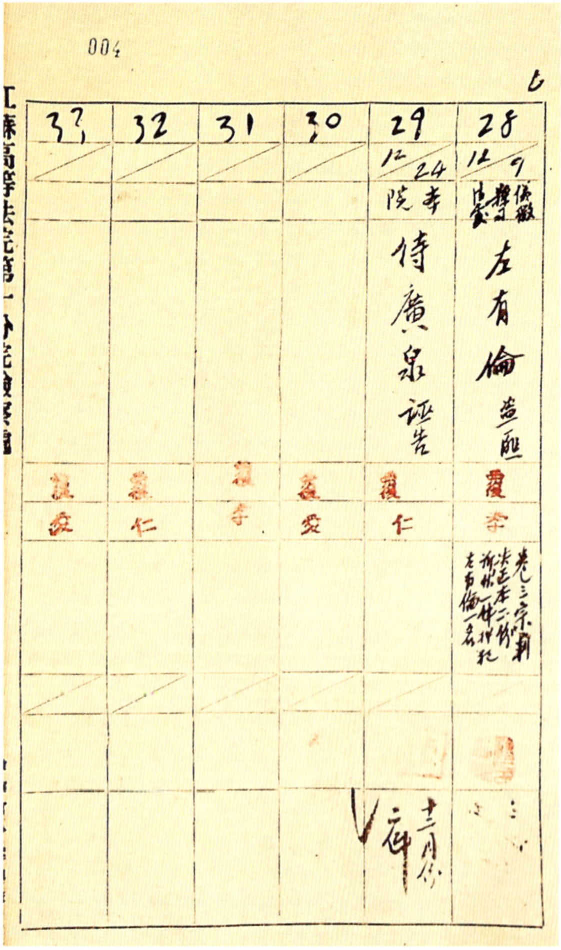

图4-1-6-6

7. 江苏高等法院第一分院检察处再议分案簿（1948年）（档案号：A019-1948-001-0790-0007）

南京国民政府《刑事诉讼法》(1935年)第二百三十五条规定:“告诉人接受不起诉处分书后，得于七日内以书状叙述不服之理由，经由原检察官向直接上级法院首席检察官或检察长声请再议。”第二百三十六条规定:“再议之声请，原检察官认为有理由者，应撤销其处分，继续侦查或起诉。原检察官认为声请无理由者，应即将该案卷宗及证物送交上级法院首席检察官或检察长。”该分案簿记载了江苏高等法院第一分院检察处1948年全年处理再议声请的情况。

根据该分案簿的记载，江苏高等法院第一分院检察处1948年共处理109件再议声请，其中杀人(17件)、妨害自由(18件)、侵占(11件)、抢夺(8件)、窃盗(6件)、妨害家庭(6件)、伤害(6件)、渎职(4件)、贪污(4件)、毁损(3件)、盗匪(3件)、诈欺(4件)等罪名占比较大，针对恐吓(1件)、烟毒(1件)、诽谤(1件)、侵害坟墓(1件)、妨害兵役(2件)、妨害权利(2件)、伤害致死(2件)、遗弃(1件)、公共危险(2件)、诬告(1件)、赃物(1件)、背信(1件)、妨害婚姻(1件)等罪名提出的再议申请也时有发生。①

图4.1.7　江苏高等法院第一分院检察处再议申请罪名分布图(1948年)

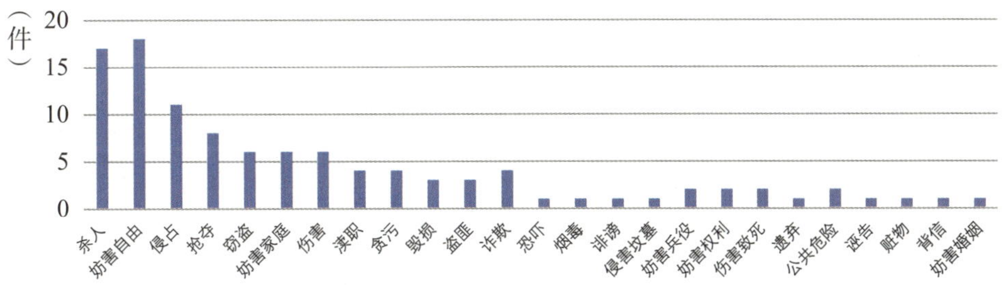

① 因该分案簿第55号、59号案件未列明案由，故该分案簿罪名总数为107件。

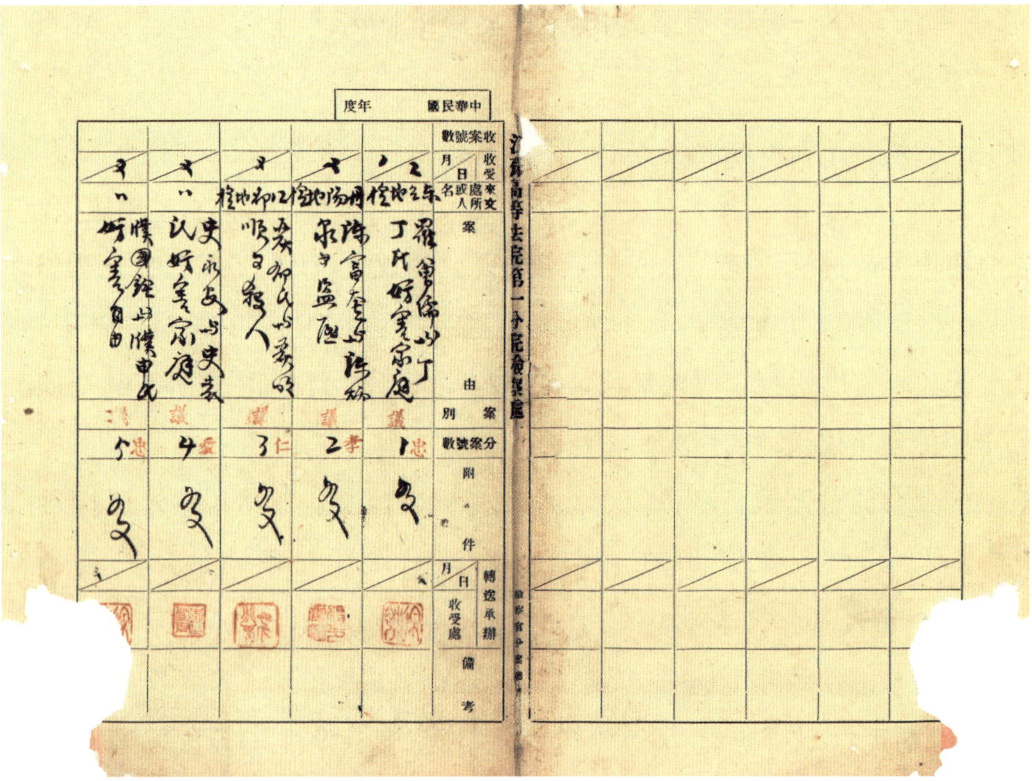

中華民國　年度

江蘇高等法院第一分院檢察處

收案號數	收受來文月日	來文處所或人名	案由	案別	分案號數	附件	轉遞承辦月日	收受處	備考

图4-1-7-1

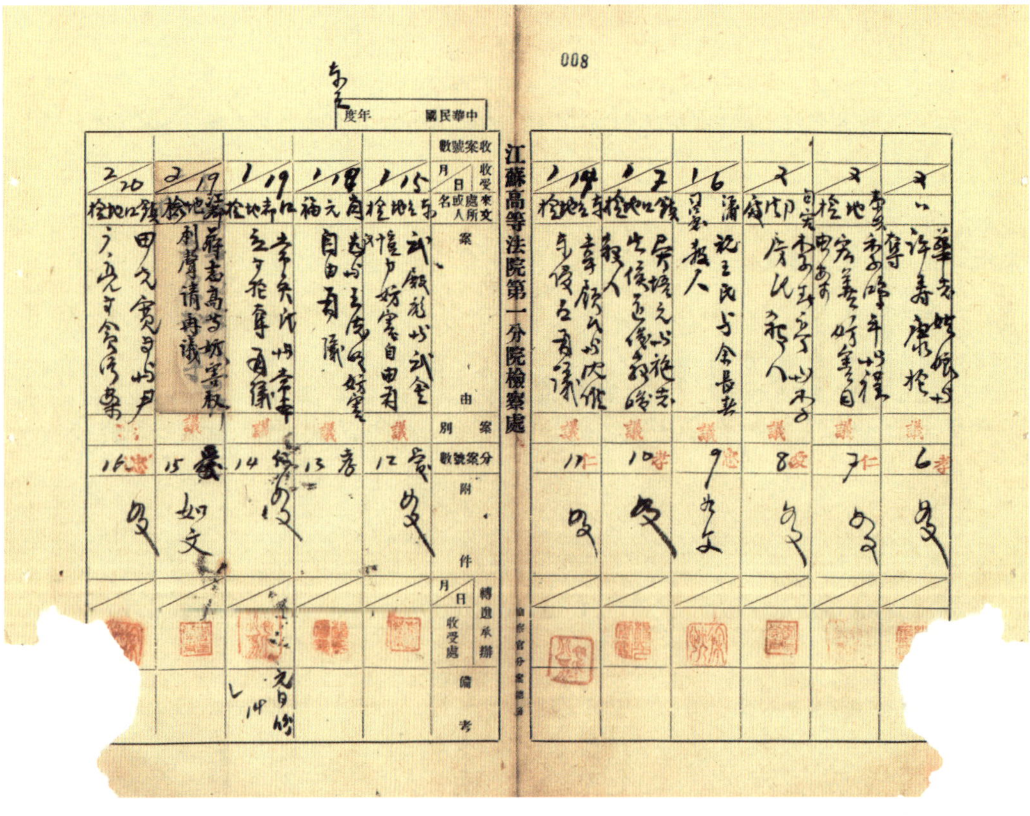

008

中華民國　年度

江蘇高等法院第一分院檢察處

收案號數	收受來文月日	來文處所或人名	案由	案別	分案號數	附件	轉遞承辦月日	收受處	備考

图4-1-7-2

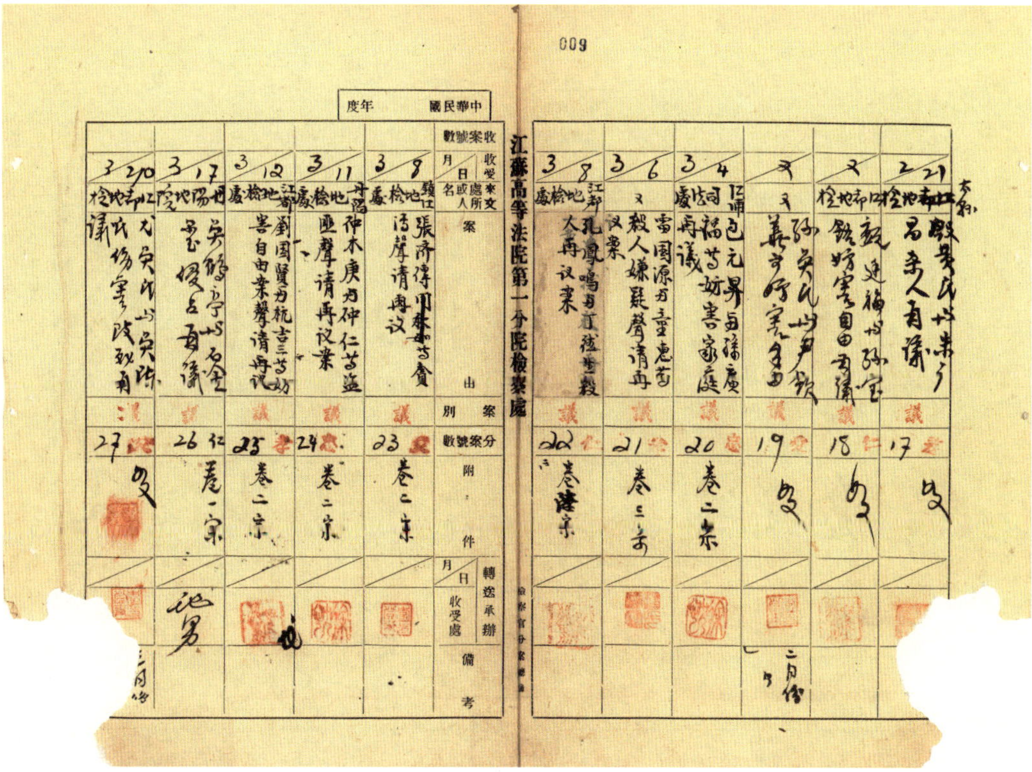
009
中華民國　年度
江蘇高等法院第一分院檢察處
收案號數
收受來文月日
來文處所或人名
案由
案別
分案號數
附件
轉送承辦收受處月日
備考

图4-1-7-3

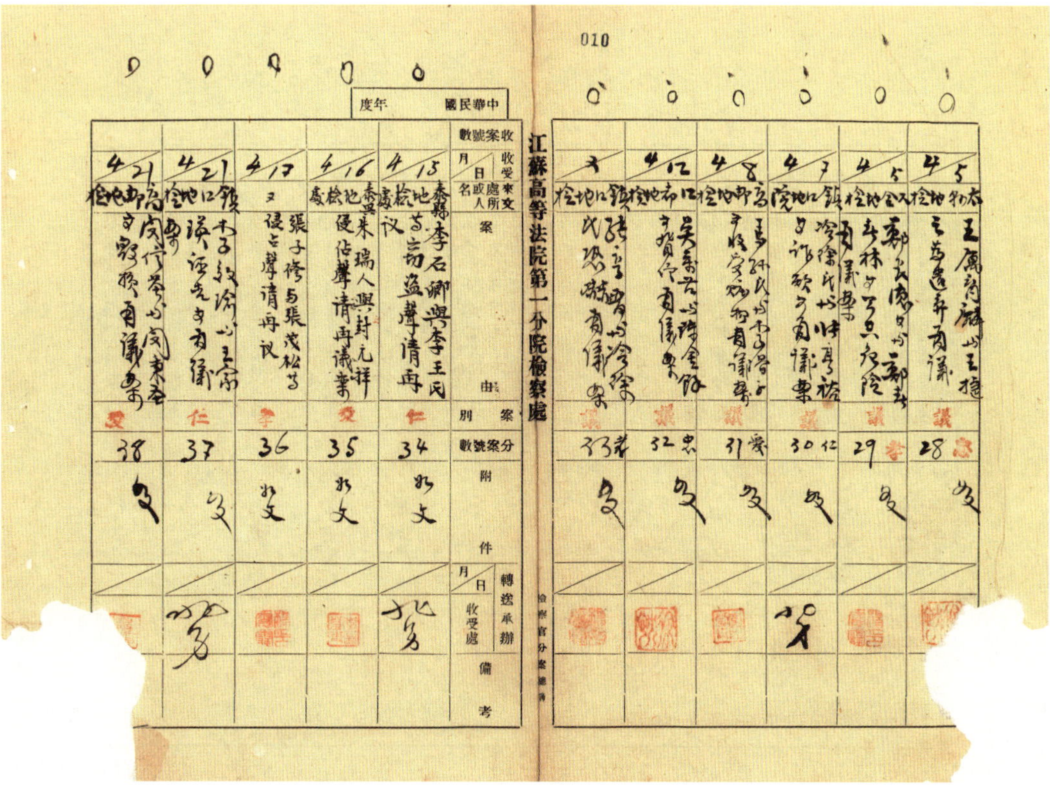
010
中華民國　年度
江蘇高等法院第一分院檢察處
收案號數
收受來文月日
來文處所或人名
案由
案別
分案號數
附件
轉送承辦收受處月日
備考

图4-1-7-4

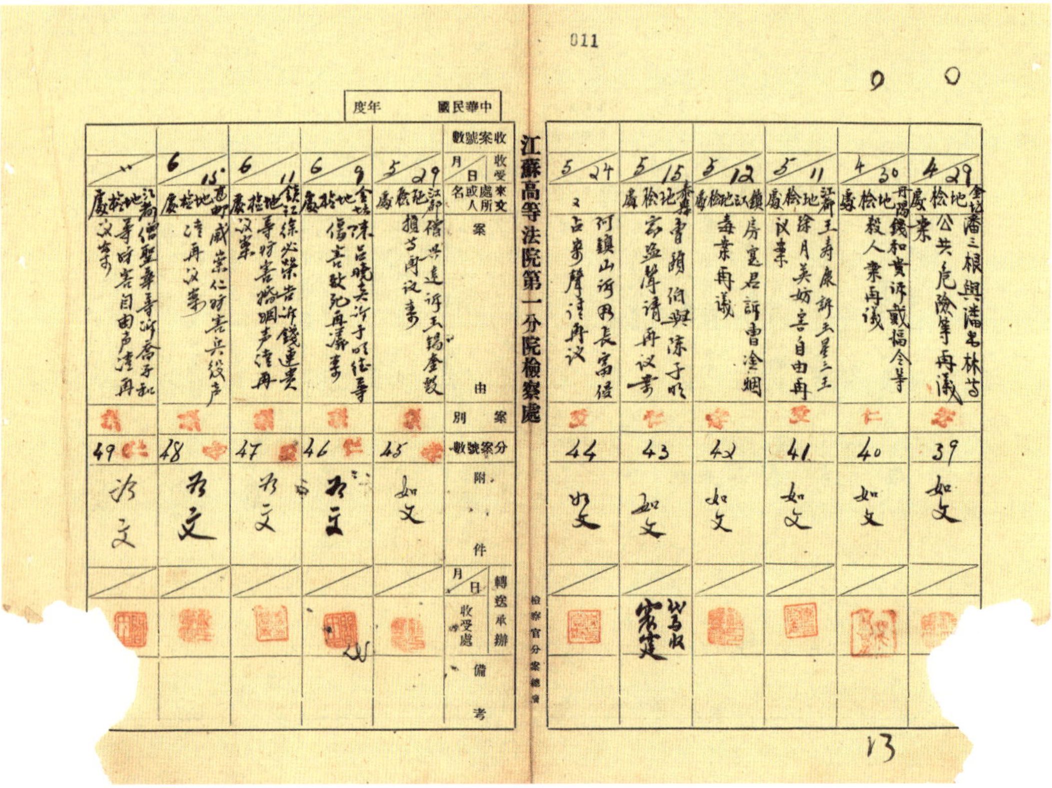

图4-1-7-5

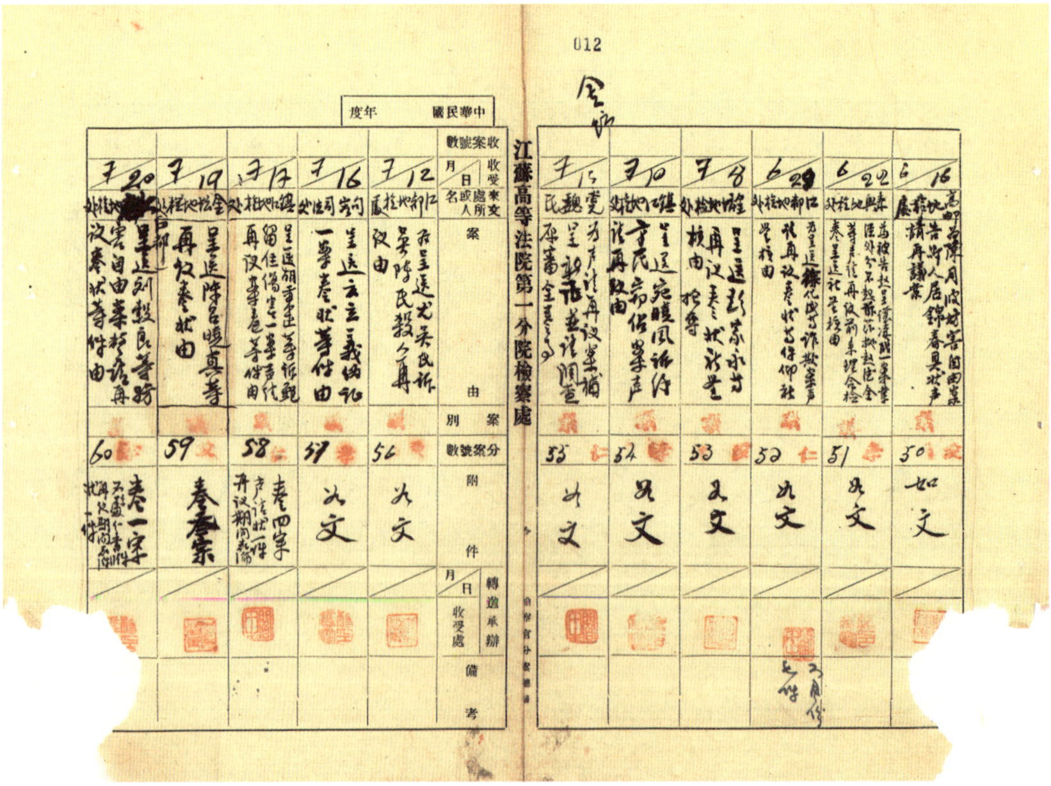

图4-1-7-6

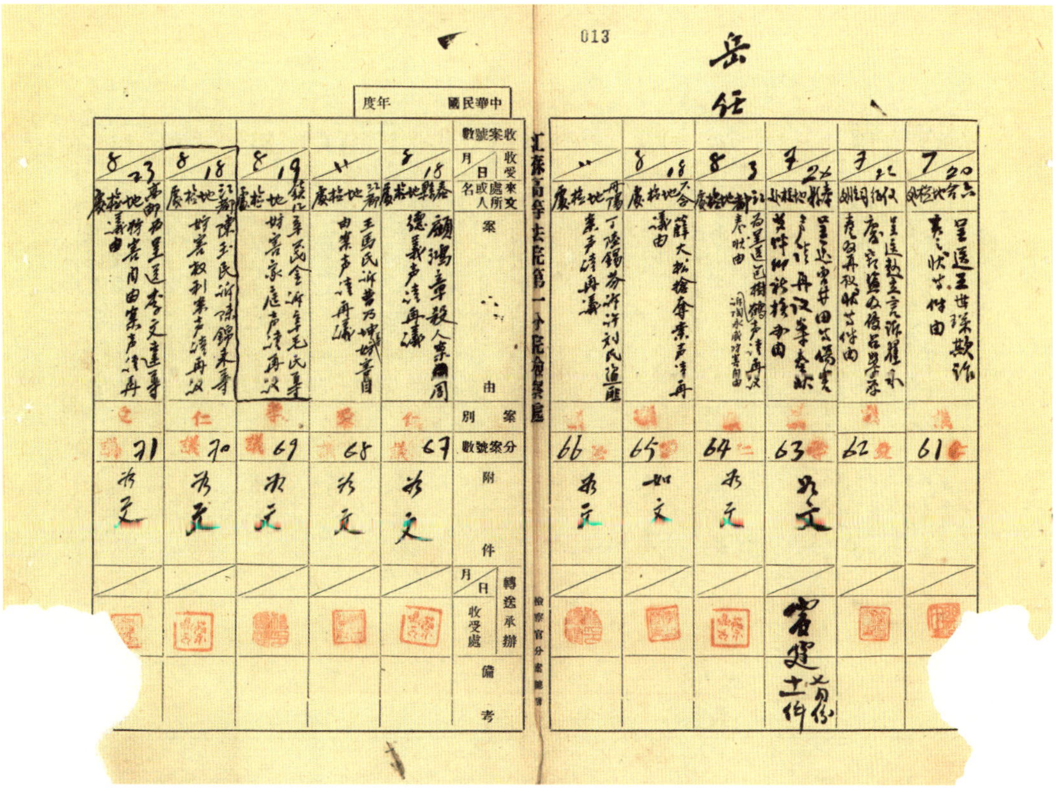
中華民國　年度
收案號數
收受 月 日
來文處所或人名
案由
案別
分案號數
附件
轉送承辦 收受處 月 日
備考
江蘇高等法院第一分院檢察處

图 4-1-7-7

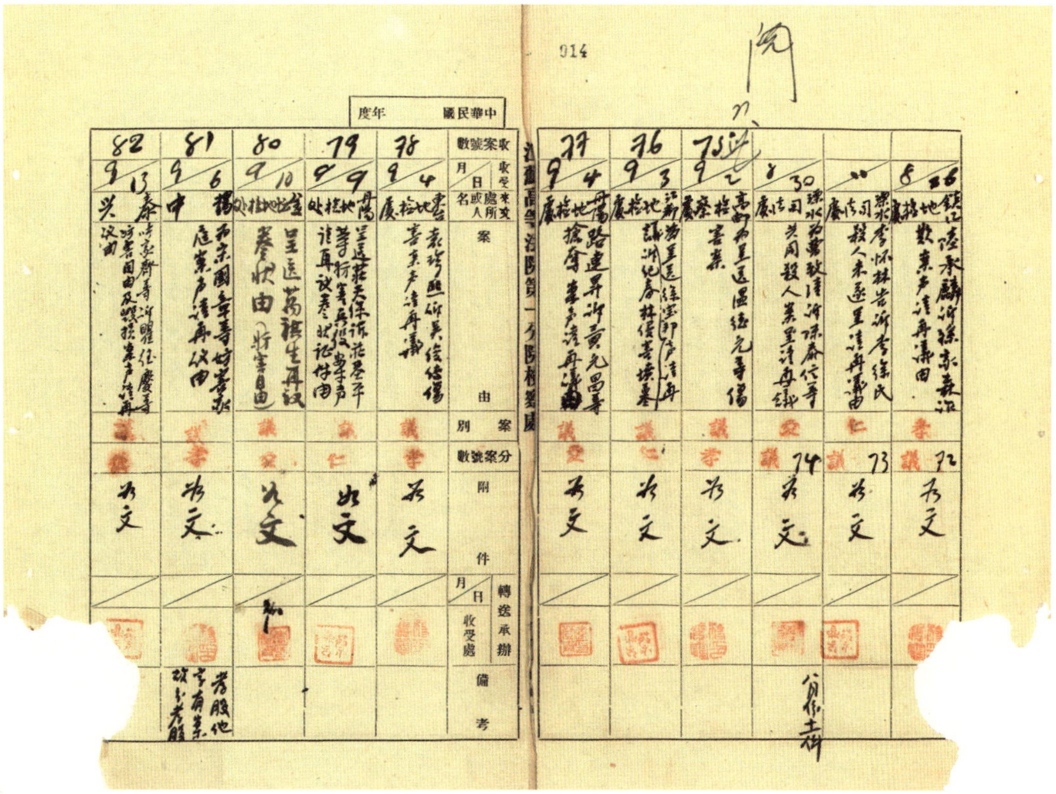
中華民國　年度
收案號數
收受 月 日
來文處所或人名
案由
案別
分案號數
附件
轉送承辦 收受處 月 日
備考

图 4-1-7-8

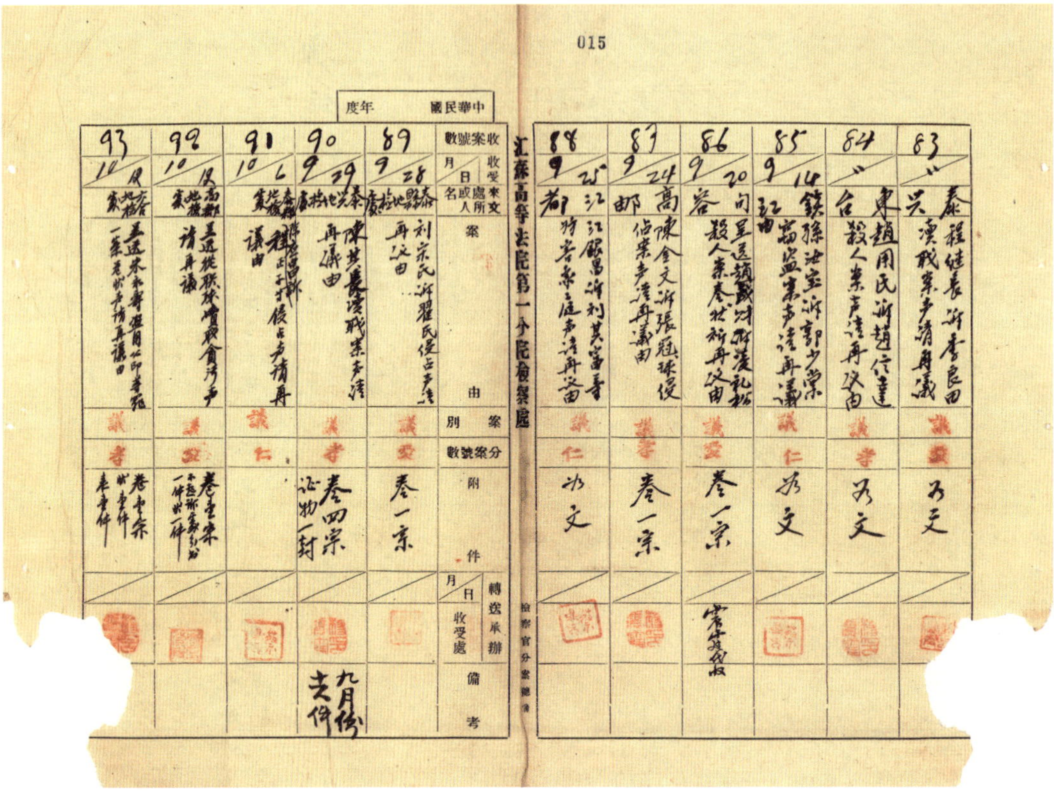

图4-1-7-9

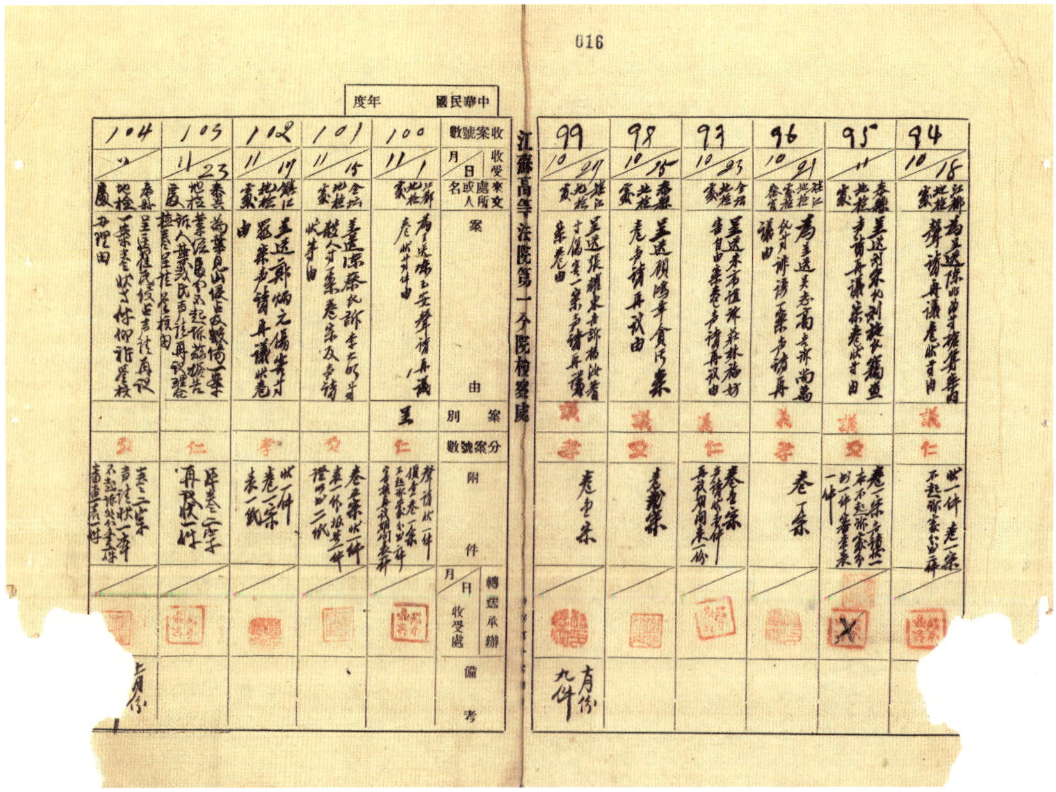

图4-1-7-10

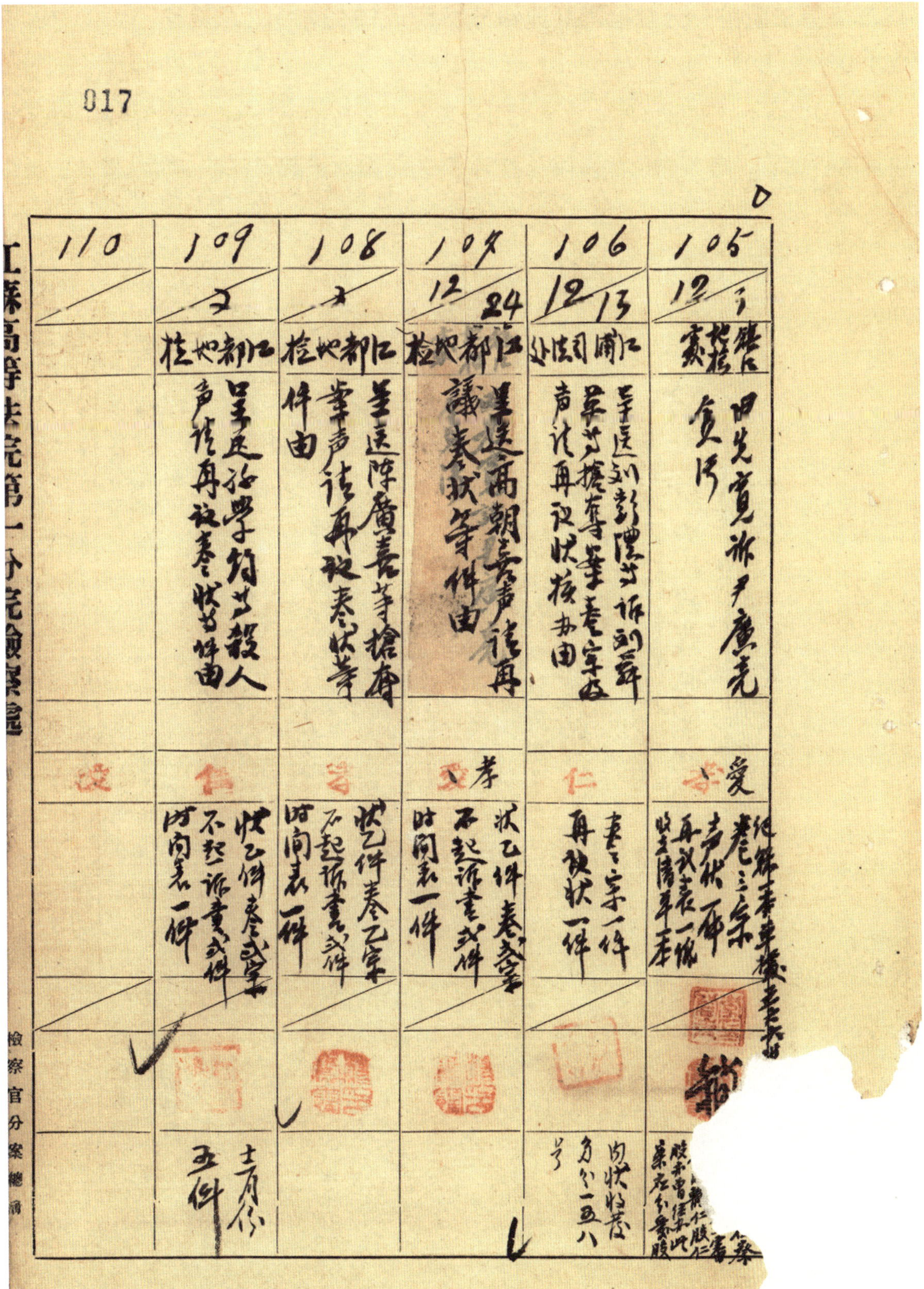

图4-1-7-11

8. 江苏高等法院第一分院检察处通缉分案簿（1948年）（档案号：A019-1948-001-0742-0001）

南京国民政府《刑事诉讼法》(1935年)第八十五条规定：“通缉书于侦查中由检察长或首席检察官，审判中由法院院长签名。”该分案簿记载了江苏高等法院第一分院

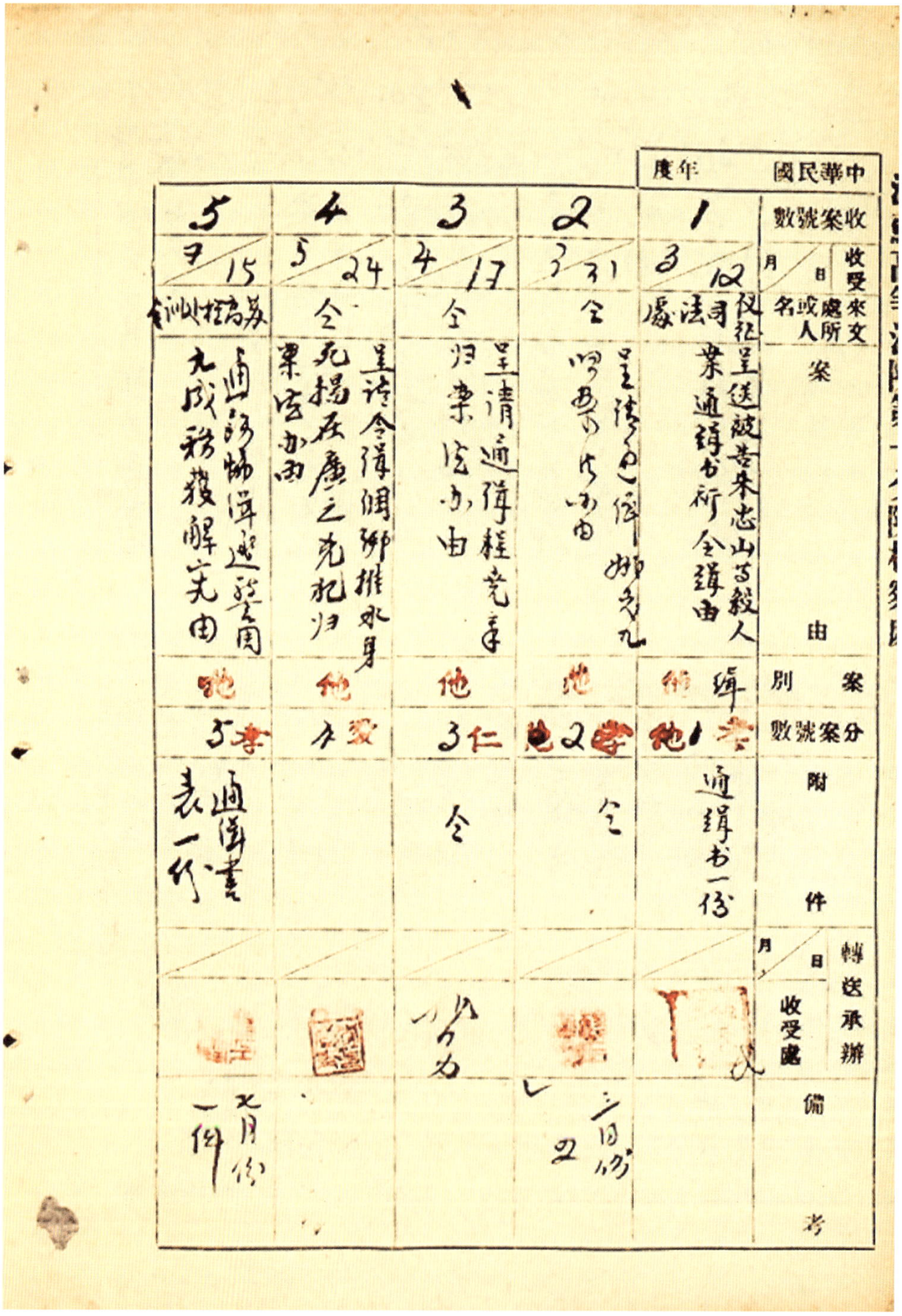

图4-1-8-1

1948年全年签发通缉书的情况，包括被通缉人姓名、案由等信息。

根据分案簿的记载，江苏高等法院第一分院检察处1948年共签发9份通缉书，案由包括杀人、伤害等。

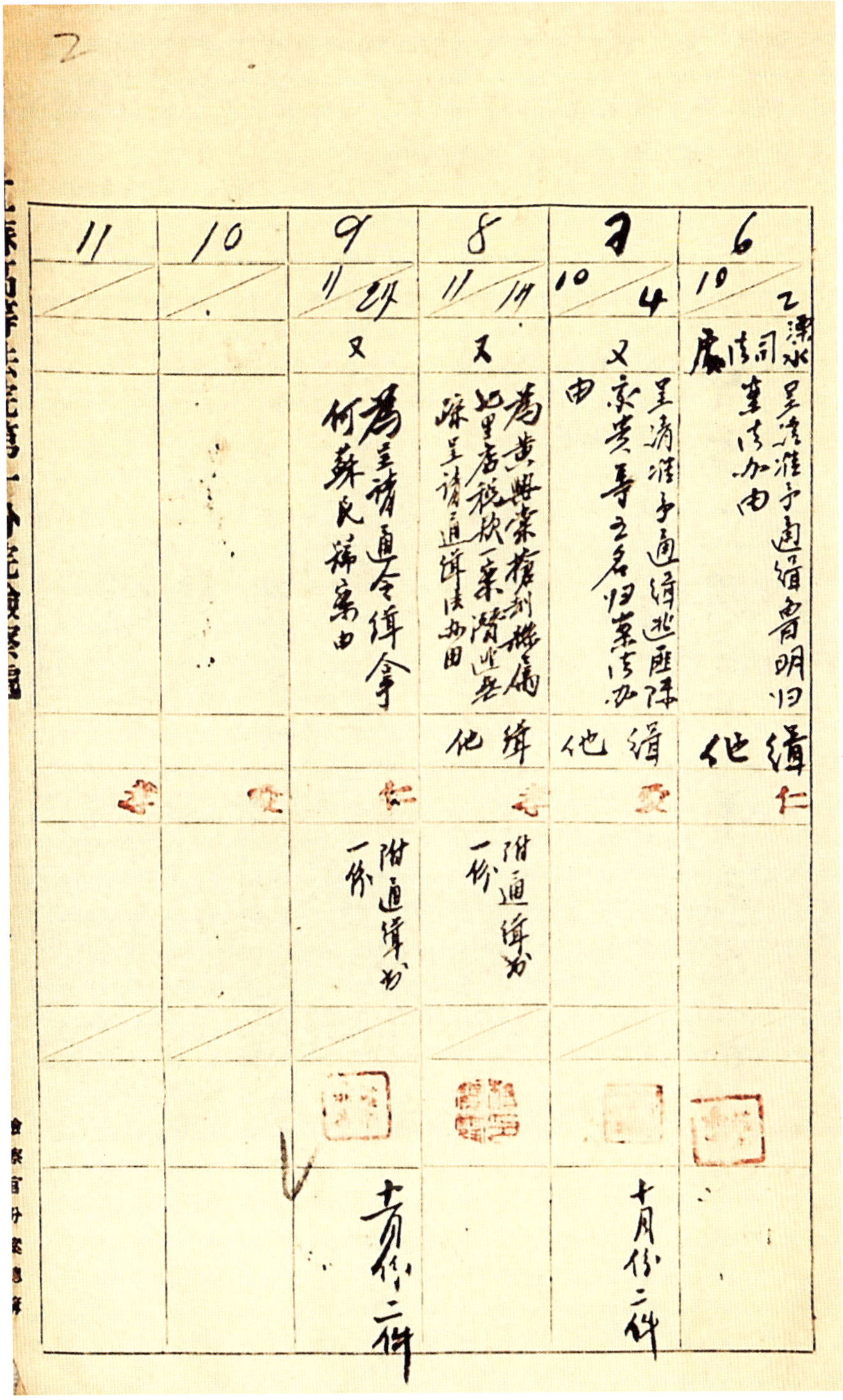

图4-1-8-2

9. 江苏镇江地方法院相验案件分案簿（1949年）（档案号：A020-1949-001-0351-0053）

南京国民政府1935年颁行的《刑事诉讼法》第一百六十条规定："遇有非病死或可疑为非病死者，该管检察官应速相验，如发现有犯罪嫌疑，应继续为必要之勘验。"该分案簿记录了镇江地方法院1949年1月办理相验案件的情况。

根据该分案簿的记载，镇江地方法院1949年1月共办理15件相验案件。分案簿详细记载了收案时间、送案机关或告诉告发人，并对被告情况进行了简明扼要的说明，但除了3件杀人案，大部分案件的案由并未列明。

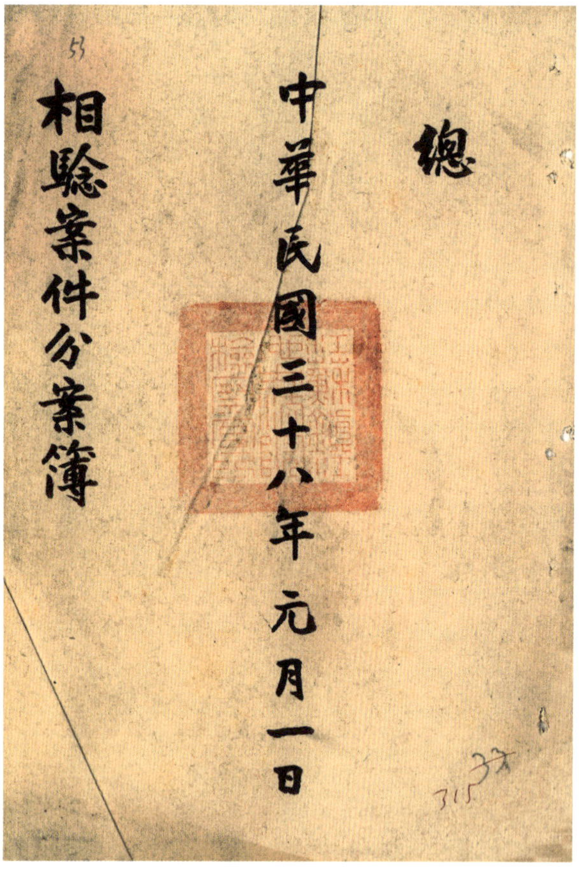

相驗案件分案簿

中華民國三十八年元月一日

總

图4-1-9-1

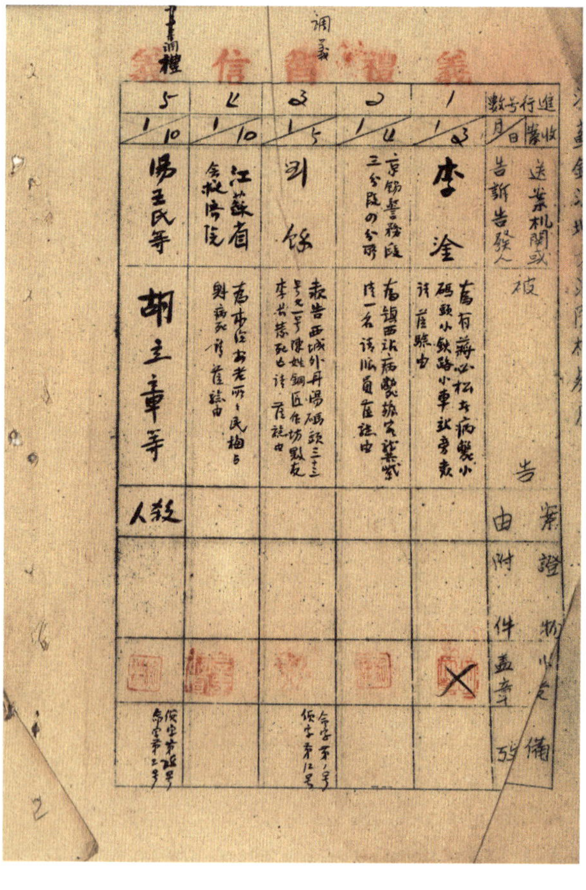

图4-1-9-2

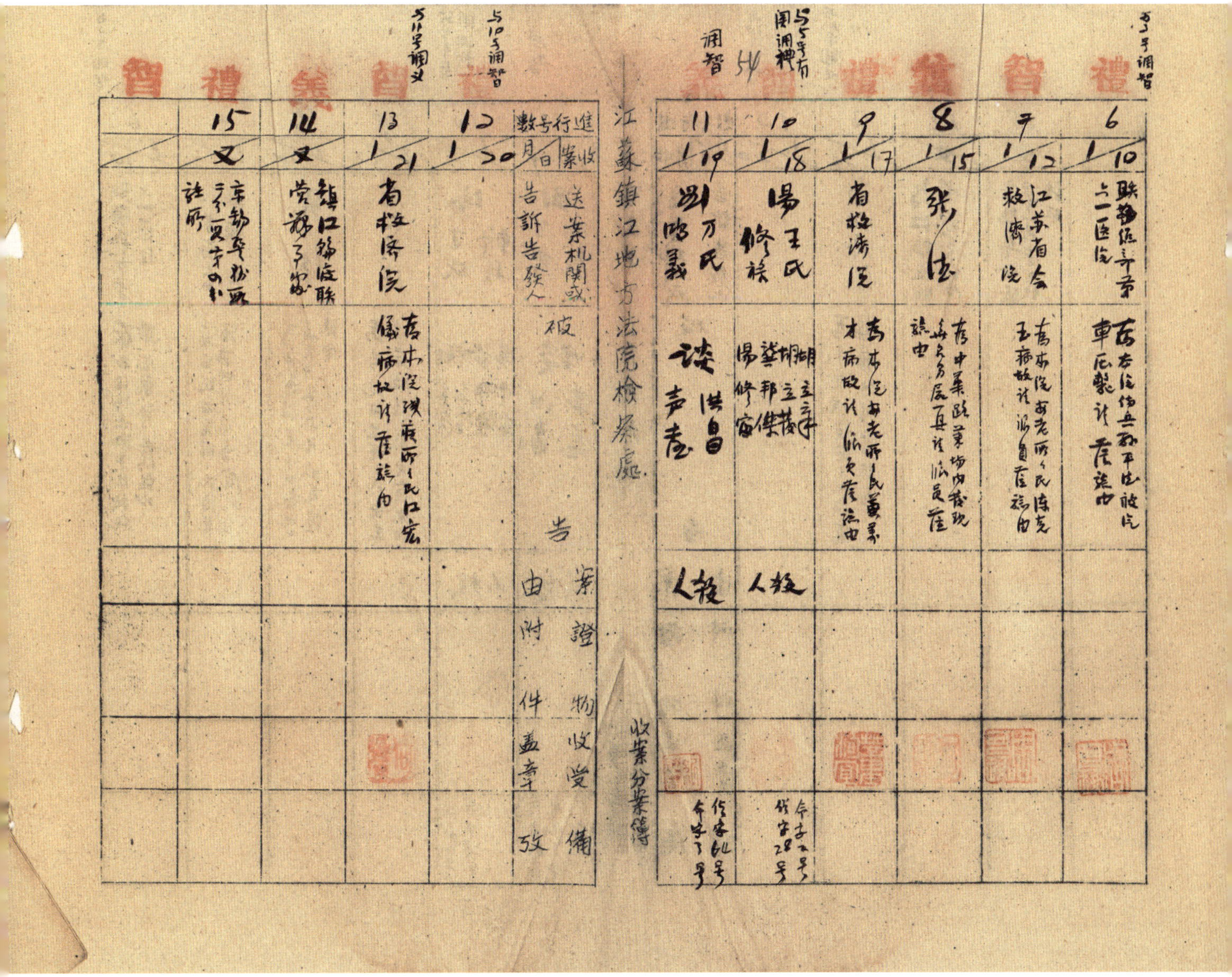

江蘇鎮江地方法院檢察處

進行號數	收案月日	送案機關或告訴告發人	被告	案由
6	1/10	聯勤總部第六一醫院	為本院傷兵郭平生被院車壓斃請屍驗由	
7	1/12	江蘇省會救濟院	為本院安老所之民陳克王病故請派員驗屍由	
8	1/15	張法	為中華路第一坊內發現無名男屍請派員驗屍由	
9	1/17	省救濟院	為本院安老所民黃才病故請派員驗屍由	
10	1/18	湯王氏	胡立平、胡立揚、龔邦傑、湯修富	殺人
11	1/19	劉萬氏	談洪昌、談聲春	殺人
12	1/20			
13	1/21	省救濟院	為本院殘廢所之民江宏儀病故請驗屍由	
14	又	鎮江縣警察局		
15	又	京滬鐵路… 警察所		

收案分案簿

图 4-1-9-3

二、民事案件

1. 江苏镇江地方法院江都分院民国二十三年一月至二月民事执行未结案件表（1934年）（档案号：A020-1934-001-0099-0001、A020-1934-001-0099-0049）

本组档案表册记录了镇江地方法院江都分院未结的民事执行案件情况，包括当事人、案由、标的、收案时间、未结原因等信息。

1934年1月，镇江地方法院江都分院受理的民事执行案件共计148件，其中旧受案件105件，新收案件43件。在148件民事执行案件中，已结案件为19件，未结案件为129件，结案率为12.84%。1934年2月，镇江地方法院江都分院受理的民事执行案件共计152件，其中旧受案件129件，新收案件23件，在152件民事执行案件中，已结案件为22件，未结案件为130件，结案率为14.47%，较上月略有提升。

该表记载的未结民事执行案件，主要案由包括个人债务纠纷、破产执行、金融借款纠纷、房屋租赁纠纷等，未结原因则主要集中在传案执行、一次减价拍卖、二次减价拍卖、移转产权、状请在外和解、布告拍卖、令员继续执行、限期交付等。

图4-2-1-1

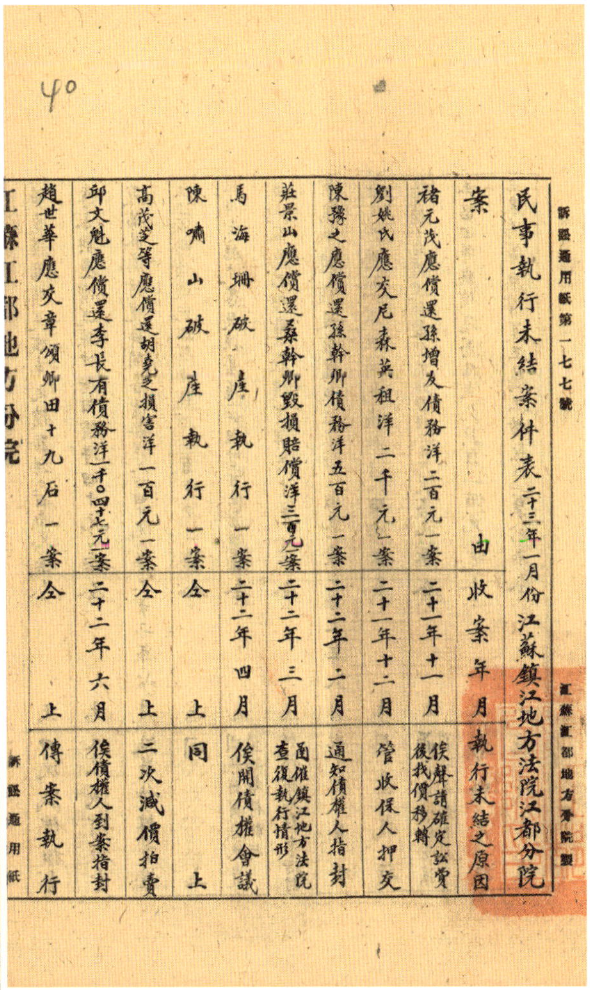
40

訴訟通用紙第一七七號

民事執行未結案件表二十三年一月份江蘇鎮江地方法院江都分院

案由	收案年月	執行未結之原因
褚元茂應償還孫增友債務洋二百元一案	二十一年十一月	俟聲請確定訟費後找價移轉
劉姚氏應交尼森英租洋二千元一案	二十一年十二月	管收保人押交
陳豫之應償還孫幹卿債務洋五百元一案	二十二年二月	通知債權人指封
莊景山應償還桑幹卿毀損賠償洋三百元一案	二十二年三月	函催鎮江地方法院查復執行情形
馬海珊破產執行一案	二十二年四月	俟開債權會議
陳哺山破產執行一案	仝上	同上
高茂芝等應償還胡勇之損害洋一百元一案	仝上	二次減價拍賣
邱文魁應償還李長有債務洋一千〇四十七元一案	二十二年六月	俟債權人到案指封
趙世華應交章頌卿田十九石一案	仝上	傳案執行

江蘇江都地方分院

訴訟通用紙

江蘇江都地方分院製

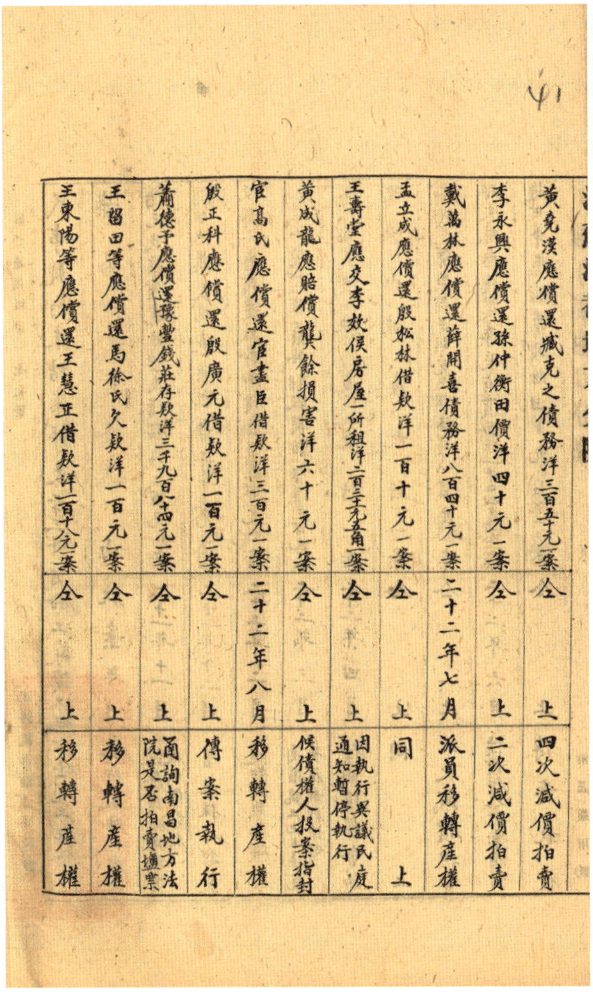
41

案由	收案年月	執行未結之原因
黃克漢應償還臧克之債務洋三百五十元一案	仝上	四次減價拍賣
李永興應償還孫仲衡田價洋四十元一案	仝上	二次減價拍賣
戴萬林應償還薛開喜債務洋八百四十元一案	二十二年七月	派員移轉產權
孟立成應償還殷松林借款洋一百十元一案	仝上	同上
王壽堂應交李效侯房屋一所租洋二百三十元五角一案	仝上	因執行異議民庭通知暫停執行
黃成龍應賠償龔餘損害洋六十元一案	仝上	俟債權人投案指封
官高氏應償還官盡臣借款洋三百元一案	二十二年八月	移轉產權
殷正科應償還殷廣元借款洋一百元一案	仝上	傳案執行
蕭德子應償還豫豐錢莊存款洋三千九百八十四元一案	仝上	函詢南昌地方法院是否拍賣墟票
王留田等應償還馬徐氏欠款洋一百元一案	仝上	移轉產權
王東陽等應償還王慧正借款洋一百十八元一案	仝上	移轉產權

图4-2-1-2

图4-2-1-3

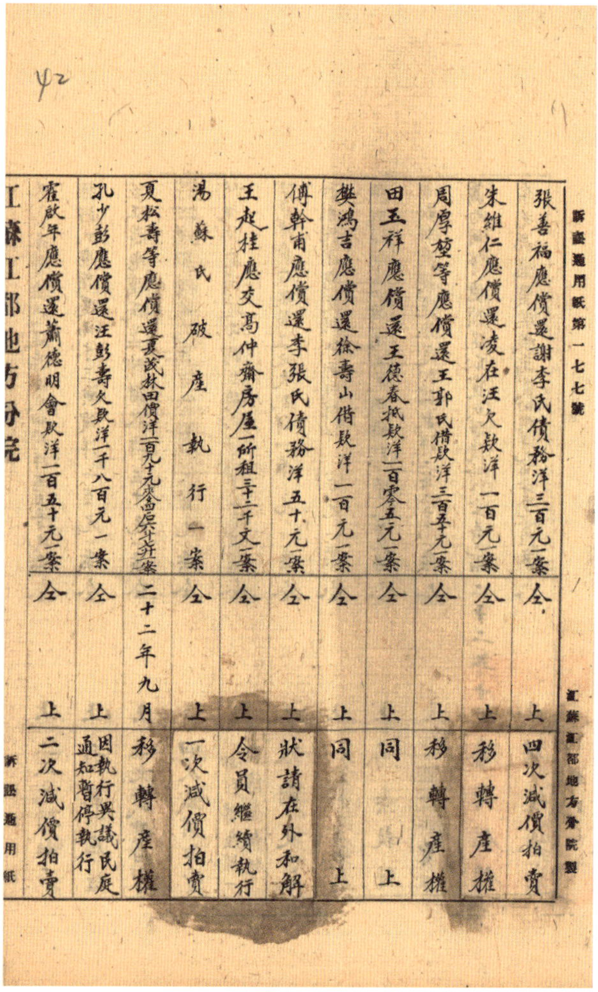

42

訴訟通用紙第一七七號

張善福應償還謝李氏債務洋三百元一案	仝上	四次減價拍賣
朱維仁應償還凌在汪欠款洋一百元一案	仝上	移轉產權
周厚堃等應償還王郭氏借款洋三百五十元一案	仝上	移轉產權
田玉祥應償還王德春抵款洋一百零五元一案	仝上	同上
樊鴻吉應償還徐壽山借款洋一百元一案	仝上	同上
傅幹甫應償還李張氏債務洋五十元一案	仝上	狀請在外和解
王起桂應交高仲齋房屋一所租三十二千文一案	仝上	令員繼續執行
湯蘇氏破產執行一案	仝上	一次減價拍賣
夏松壽等應償還夏茂林田價洋一百九十元[illegible]并案	二十二年九月	移轉產權
孔少彭應償還汪彭壽欠款洋一千八百元一案	仝上	因執行異議民庭通知暫停執行
霍啟年應償還蕭德明會款洋一百五十元一案	仝上	二次減價拍賣

江蘇江都地方法院

江蘇江都地方法院製

訴訟通用紙

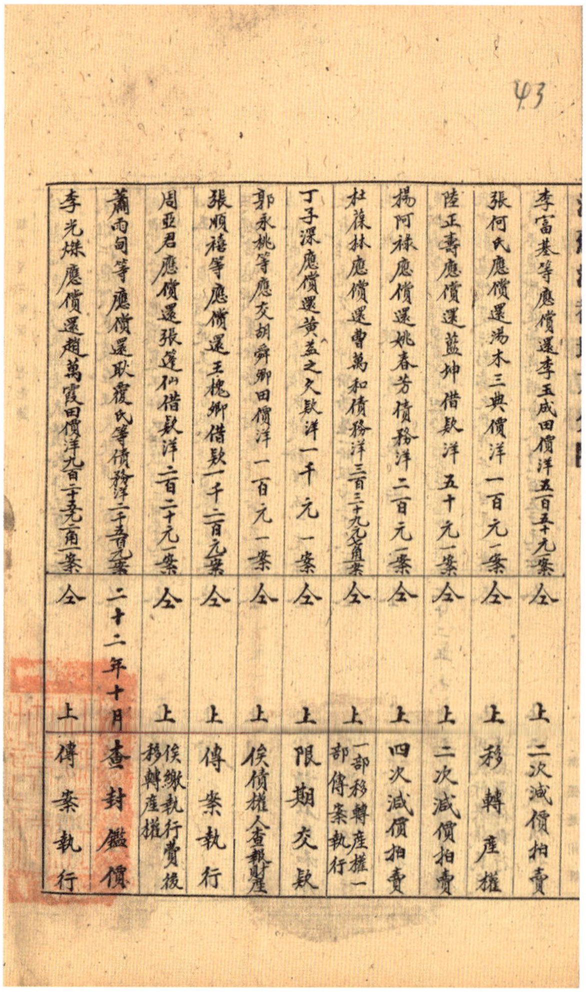

43

李富基等應償還李玉成田價洋五百五十元一案	仝上	二次減價拍賣
張何氏應償還湯木三典價洋一百元一案	仝上	移轉產權
陸正壽應償還藍坤借款洋五十元一案	仝上	二次減價拍賣
楊阿祿應償還姚春芳債務洋二百元一案	仝上	四次減價拍賣
杜葆林應償還曹萬和債務洋三百三十九元[illegible]角一案	仝上	一部移轉產權一部傳案執行
丁子深應償還黃益之欠款洋一千元一案	仝上	限期交款
郭永桃等應交胡舜卿田價洋一百元一案	仝上	俟債權人查報財產
張順禧等應償還王槐卿借款一千二百元一案	仝上	傳案執行
周亞君應償還張蓬仙借款洋二百二十元一案	仝上	俟繳執行費後移轉產權
蕭雨甸等應償還耿霞氏等債務洋二千五百元一案	二十二年十月	查封鑑價
李光燦應償還趙萬霞田價洋九百二十五元一角一案	仝上	傳案執行

图4-2-1-4

图4-2-1-5

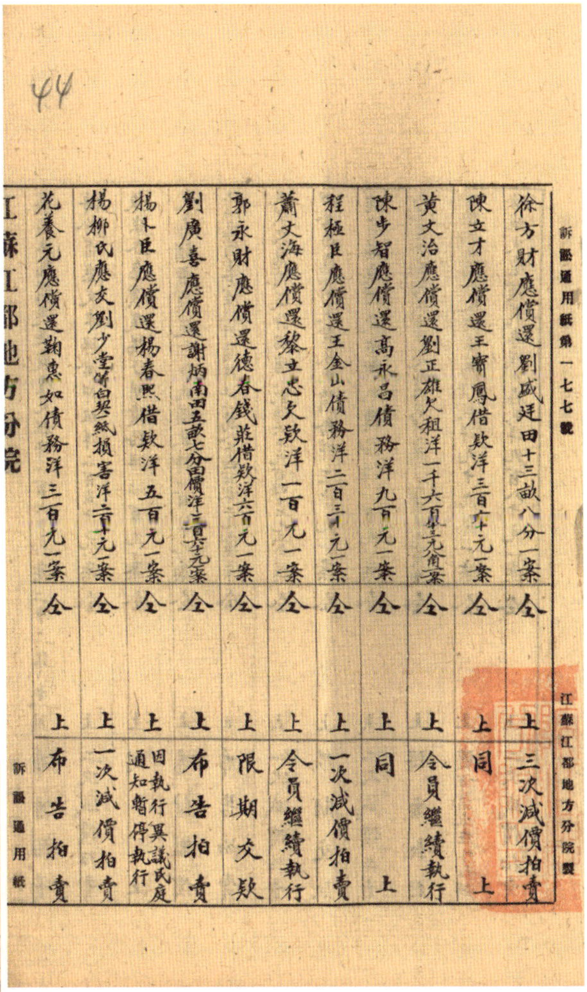

44

訴訟通用紙第一七七號

徐方財應償還劉盛廷田十三畝八分一案	仝上	三次減價拍賣
陳立才應償還王甯鳳借欵洋三百六十元一案	仝上	同上
黃文治應償還劉正雄欠租洋一千六百六十三元角一案	仝上	令員繼續執行
陳步智應償還高永昌債務洋九百元一案	仝上	同上
程極良應償還王金山債務洋二百三十元一案	仝上	一次減價拍賣
蕭文海應償還黎立忠欠欵洋一百元一案	仝上	令員繼續執行
郭永財應償還德春錢莊借欵洋六百元一案	仝上	限期交欵
劉廣喜應償還謝炳南田五畝七分田價洋二百六十元一案	仝上	布告拍賣
楊卜臣應償還楊春熙借欵洋五百元一案	仝上	因執行異議氏庭通知暫停執行
楊柳氏應交劉少堂所白契紙損害洋二百十元一案	仝上	一次減價拍賣
花養元應償還鞠惠如債務洋三百元一案	仝上	布告拍賣

江蘇江都地方分院

江蘇江都地方分院製

訴訟通用紙

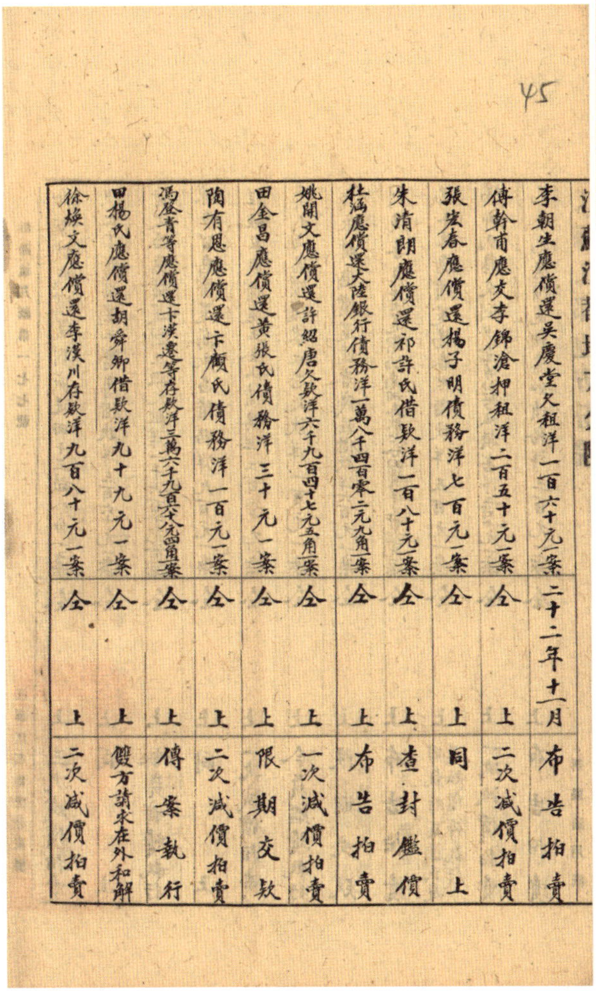

45

李朝生應償還吳慶堂欠租洋一百六十元一案	二十二年十一月	布告拍賣
傅幹甫應交李錦滄押租洋二百五十元一案	仝上	二次減價拍賣
張宏春應償還楊子明債務洋七百元一案	仝上	同上
朱清朗應償還祁許氏借欵洋一百八十元一案	仝上	查封鑑價
〔殷〕福應償還大陸銀行債務洋一萬八千四百零二元九角一案	仝上	布告拍賣
姚開文應償還許紹唐欠欵洋六千九百四十七元五角一案	仝上	一次減價拍賣
田金昌應償還黃張氏債務洋三十元一案	仝上	限期交欵
陶有恩應償還卞顧氏債務洋一百元一案	仝上	二次減價拍賣
馮登青等應償還卞漢邊等存欵洋三萬六千九百六十八元四角一案	仝上	傳案執行
田楊氏應償還胡舜卿借欵洋九十九元一案	仝上	雙方請求在外和解
徐煥文應償還李漢川存欵洋九百八十元一案	仝上	二次減價拍賣

图4-2-1-6

图4-2-1-7

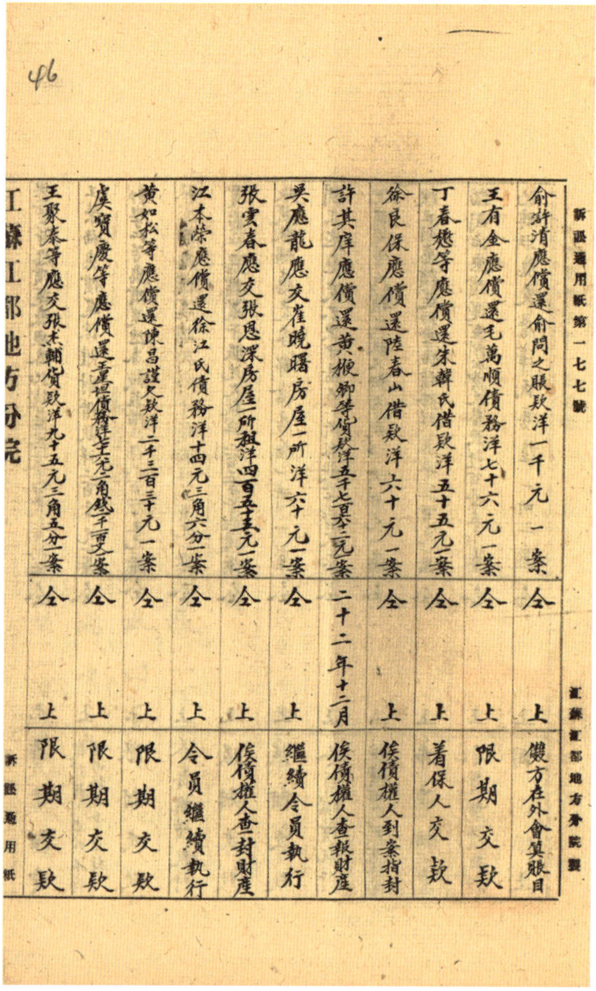

46

訴訟通用紙第一七七號

俞許清應償還俞問之賬款洋一千元一案	仝	上	俟方在外會算賬目
王有金應償還毛萬順債務洋七十六元一案	仝	上	限期交款
丁春懋等應償還朱韓氏借款洋五十五元一案	仝	上	着保人交款
徐良保應償還陸春山借款洋六十元一案	仝	上	俟債權人到案指封
許其庠應償還黃椒卿等貨款洋五千七百六十二元一案	二十二年十二月		俟債權人查報財產
吳應龍應交崔曉曙房屋一所洋六十元一案	仝	上	繼續令員執行
張寶春應交張恩深房屋一所租洋四百五十三元一案	仝	上	俟債權人查封財產
江本榮應償還徐江氏債務洋十四元三角六分一案	仝	上	令員繼續執行
黃如松等應償還陳昌謹欠款洋二千三百三十元一案	仝	上	限期交款
虞寶慶等應償還王星垣債務洋七十元二角錢一千一百文一案	仝	上	限期交款
王聚奉等應交張杰輔貨款洋九十五元三角五分一案	仝	上	限期交款

江蘇江都地方分院

江蘇江都地方分院製

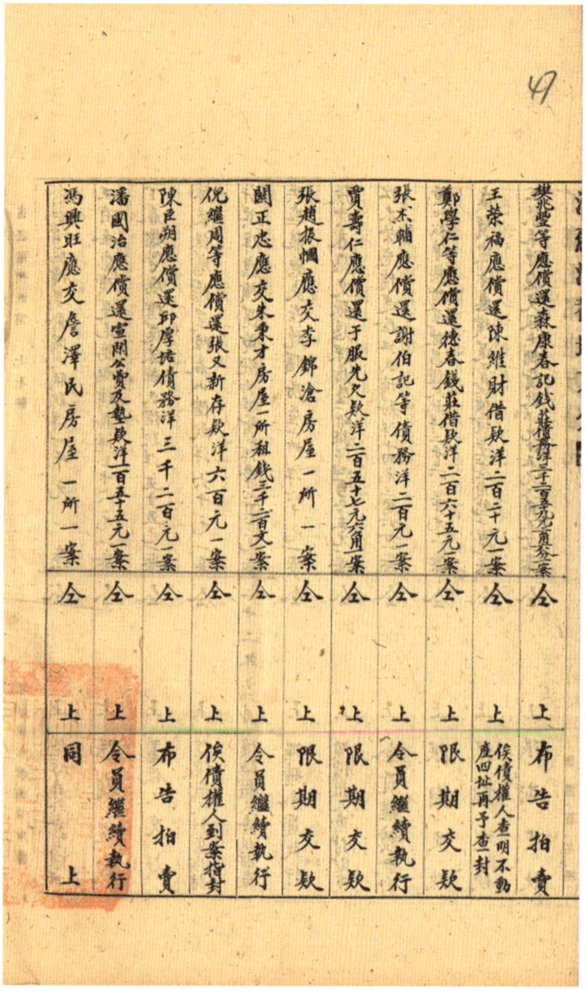

49

樊兆豐等應償還森康春記錢莊債務洋三千二百五十九元一角五分一案	仝	上	布告拍賣
王榮福應償還陳雛財借款洋二百二十元一案	仝	上	俟債權人查明不動產四址再予查封
鄭學仁等應償還德春錢莊借款洋二百六十五元一案	仝	上	限期交款
張杰軸應償還謝伯記等債務洋二百元一案	仝	上	令員繼續執行
賈壽仁應償還于服先欠款洋二百五十七元六角一案	仝	上	限期交款
張趙振幗應交李錦滄房屋一所一案	仝	上	限期交款
闞正忠應交朱秉才房屋一所租錢三千二百文一案	仝	上	令員繼續執行
倪繼周等應償還張又新存款洋六百元一案	仝	上	俟債權人到案指封
陳良朔應償還邱厚培債務洋三千二百元一案	仝	上	布告拍賣
潘國治應償還宣開公費及墊款洋一百五十五元一案	仝	上	令員繼續執行
馮興旺應交詹澤氏房屋一所一案	仝	上	同上

图4-2-1-8

图4-2-1-9

48

訴訟通用紙第一七七號

姜焕庭應償還葛鏡軒借款洋二百元一案	仝上	查封財産
朱慶連應賠償李長富損害洋二十五元一案	仝上	因執行異議民庭通知暫停執行
李德興應償還吳春松借款洋一百五十元一案	仝上	令員繼續執行
夏伯即等應賠償方惠之損害洋二千元一案	仝上	令員繼續執行
李焕章應交吳汝夔欠租洋五十元一案	仝上	令員繼續執行

以上九十一案其執行情形已於二十二年十二月份報告書内具報在案至本月份並無變更合併聲明

本月份：舊受一百零五起　新收四十三起　已結十九起　未結一百二十九起

江蘇江都地方分院

江蘇江都地方分院製

78

訴訟通用紙第一七七號

民事執行未結案件表　二十三年二月份　江蘇鎮江地方法院江都分院

案由	收案年月	執行未結之原因
褚元蔵應償還孫增友債務二百元一案	二十一年十一月	俟確定訴費找價移轉産權
劉姚氏應交尼森英租洋二千元一案	二十一年十二月	令員繼續執行
莊景山應償還桑幹卿毀損賠償洋三百元一案	二十二年三月	函催鎮江地方法院查復執行情形
馬海珊破産執行一案	二十二年四月	續開債權會議
陳嘯山破産執行一案	仝上	仝上
高蔵芝等應償還胡克芝損害洋一百元一案	仝上	三次減價拍賣
卯文魁應償還李長有債務洋千零四十七元一案	二十二年六月	傳案執行
黄克漢應償還臧克之債務洋三百五十元一案	仝上	仝上
李永興應償還孫仲衡田價洋四十九元一案	仝上	三次減價拍賣

江蘇江都地方分院

江蘇江都地方分院製

訴訟通用紙

图4-2-1-10

图4-2-1-11

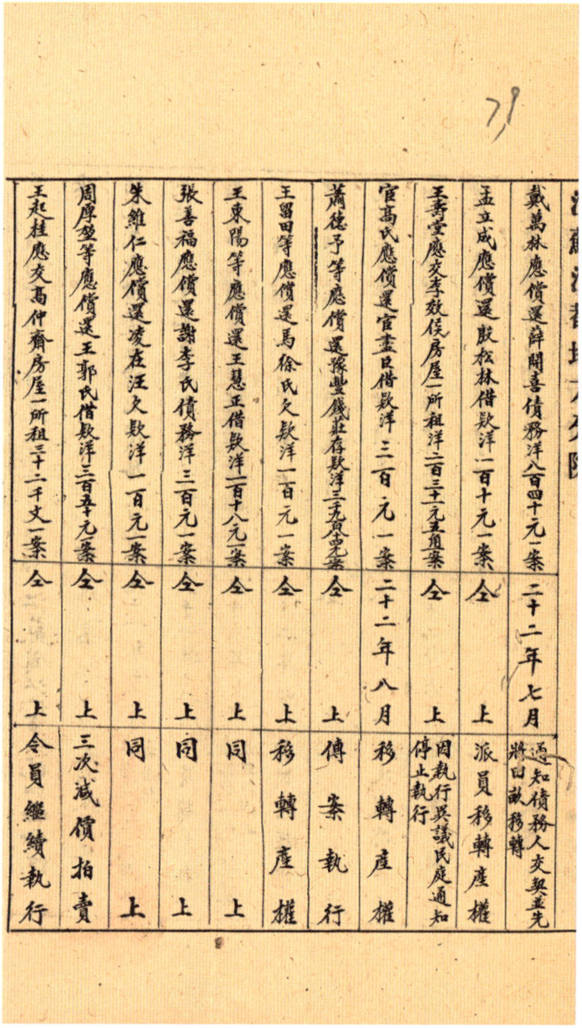

江蘇江都地方分院

戴萬林應償還薛開喜債務洋八百四十元一案	二十二年七月	通知債務人交契並先將田畝移轉
孟立成應償還殷松林借款洋一百十元一案	仝上	派員移轉產權
王壽堂應交李效侯房屋一所租洋二百三十元五角一案	仝上	因執行異議民庭通知停止執行
官高氏應償還官孟氏借款洋三百元一案	二十二年八月	移轉產權
蕭德予等應償還孫豐儀莊存款洋三千九百[illegible]十元一案	仝上	傳案執行
王留田等應償還馬徐氏欠款洋一百元一案	仝上	移轉產權
王東陽等應償還王慧正借款洋一百十八元一案	仝上	同上
張善福應償還謝李氏債務洋三百元一案	仝上	同上
朱維仁應償還凌在汪欠款洋一百元一案	仝上	同上
周厚塋等應償還王郭氏借款洋三百五十元一案	仝上	三次減價拍賣
王起桂應交高仲齋房屋一所租三十二千文一案	仝上	令員繼續執行

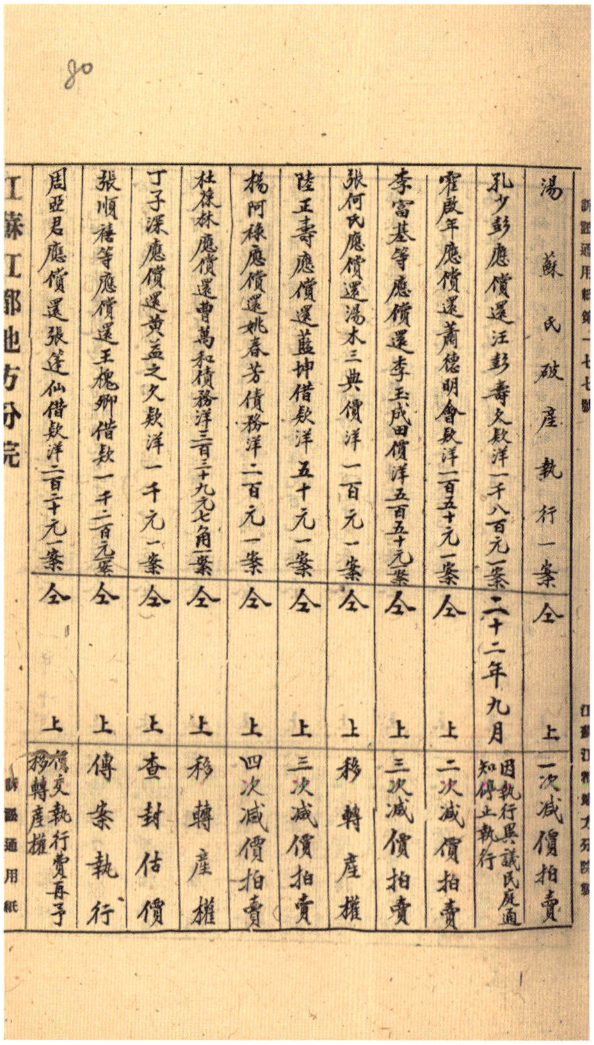

江蘇江都地方分院

湯蘇氏破產執行一案	仝上	一次減價拍賣
孔少彭應償還汪彭壽欠款洋一千八百元一案	二十二年九月	因執行異議民庭通知停止執行
霍啟年應償還蕭德明會款洋一百五十元一案	仝上	二次減價拍賣
李富基等應償還李玉成田價洋五百五十元一案	仝上	三次減價拍賣
張何氏應償還湯木三典價洋一百元一案	仝上	移轉產權
陸正壽應償還藍坤借款洋五十元一案	仝上	三次減價拍賣
楊阿祿應償還姚春芳債務洋二百元一案	仝上	四次減價拍賣
杜祿林應償還曹萬和債務洋三百三十九元七角一案	仝上	移轉產權
丁子深應償還黃益之欠款洋一千元一案	仝上	查封估價
張順禧等應償還王槐卿借款一千二百元一案	仝上	傳案執行
周亞君應償還張蓬仙借款洋二百二十元一案	仝上	償交執行費再予移轉產權

图4-2-1-12

图4-2-1-13

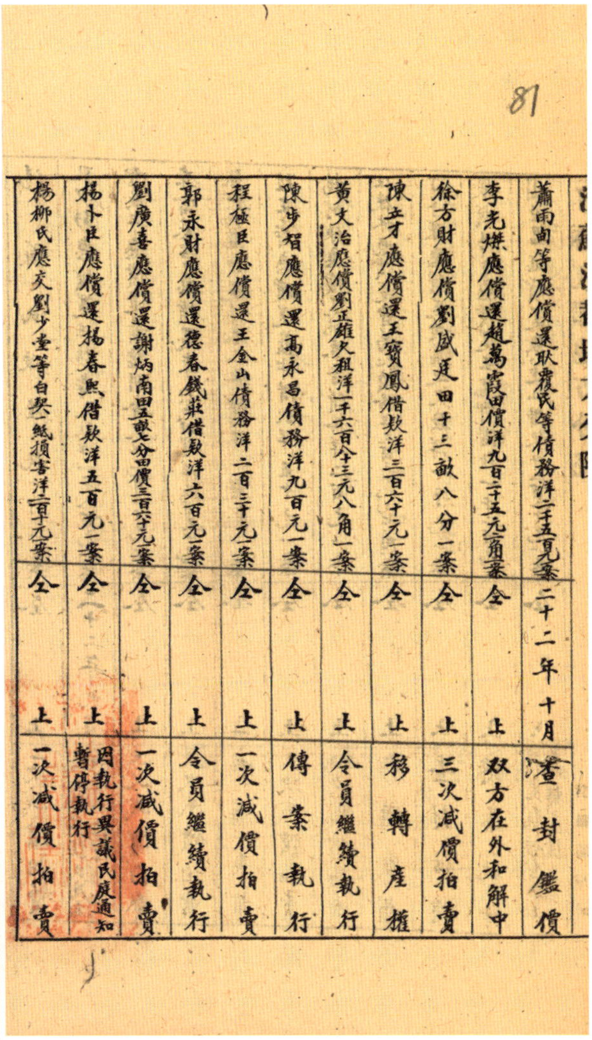

81

蕭雨亩等應償還耿霞氏等債務洋二千五百元一案	二十二年十月	上	查封鑑價
李光烘應償還趙萬霞田價洋九百二十五元二角一案	仝	上	双方在外和解中
徐方財應償劉盛廷田十三畝八分一案	仝	上	三次減價拍賣
陳立才應償還王寶鳳借款洋三百六十元一案	仝	上	移轉產權
黄文治應償劉正雄欠租洋一千六百八十三元八角一案	仝	上	令員繼續執行
陳步智應償還高永昌債務洋九百元一案	仝	上	傳案執行
程極臣應償還王金山債務洋二百三十元一案	仝	上	一次減價拍賣
郭永財應償還德春錢莊借款洋六百元一案	仝	上	令員繼續執行
劉廣喜應償還謝炳南田五畝七分田價三百六十元一案	仝	上	一次減價拍賣
揚卜臣應償還揚春熙借款洋五百元一案	仝	上	因執行異議民庭通知暫停執行
楊柳氏應交劉步臺等白契一紙損害洋二百十元一案	仝	上	一次減價拍賣

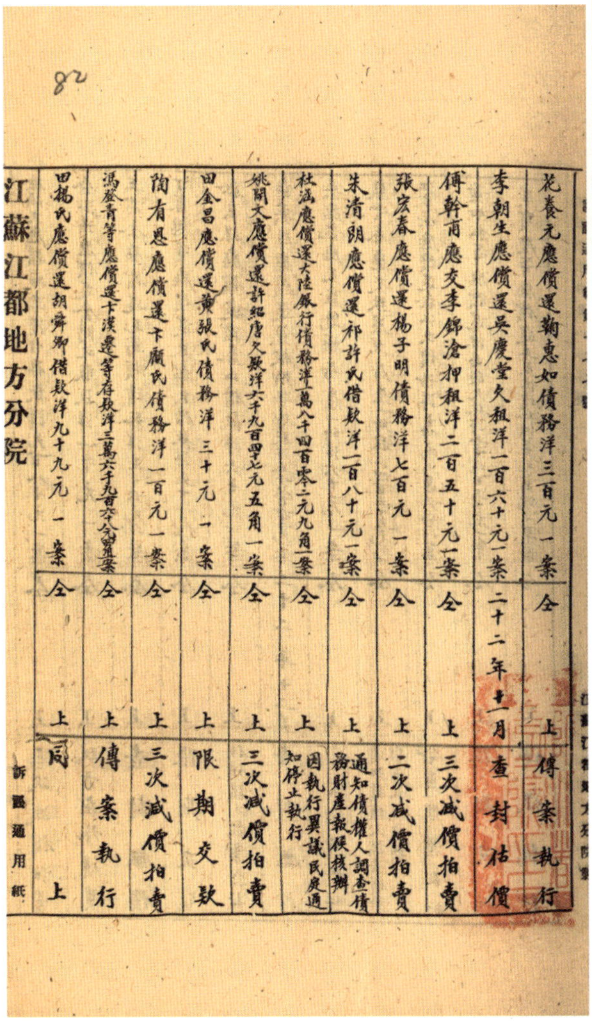

82

江蘇江都地方分院

花養元應償還鞠惠如債務洋三百元一案	仝	上	傳案執行
李朝生應償還吳慶堂欠租洋一百六十元一案	二十二年十一月	上	查封估價
傅幹甫應交李錦滄押租洋二百五十元一案	仝	上	三次減價拍賣
張宏春應償還楊子明債務洋七百元一案	仝	上	二次減價拍賣
朱清朗應償還祁許氏借款洋一百八十元一案	仝	上	通知債權人調查債務財產報候核辦
杜滋應償還大陸銀行債務洋一萬八千四百零二元九角一案	仝	上	因執行異議民庭通知停止執行
姚聞文應償還許紹唐欠款洋六千九百四十七元五角一案	仝	上	三次減價拍賣
田金昌應償還黄張氏債務洋三十元一案	仝	上	限期交款
陶有恩應償還卞顧氏債務洋一百元一案	仝	上	三次減價拍賣
馮登青等應償還卞漢還等存款洋三萬六千九百六十八元四角一案	仝	上	傳案執行
田楊氏應償還胡舜卿借款洋九十九元一案	仝	上	同上

訴訟通用紙

图4-2-1-14

图4-2-1-15

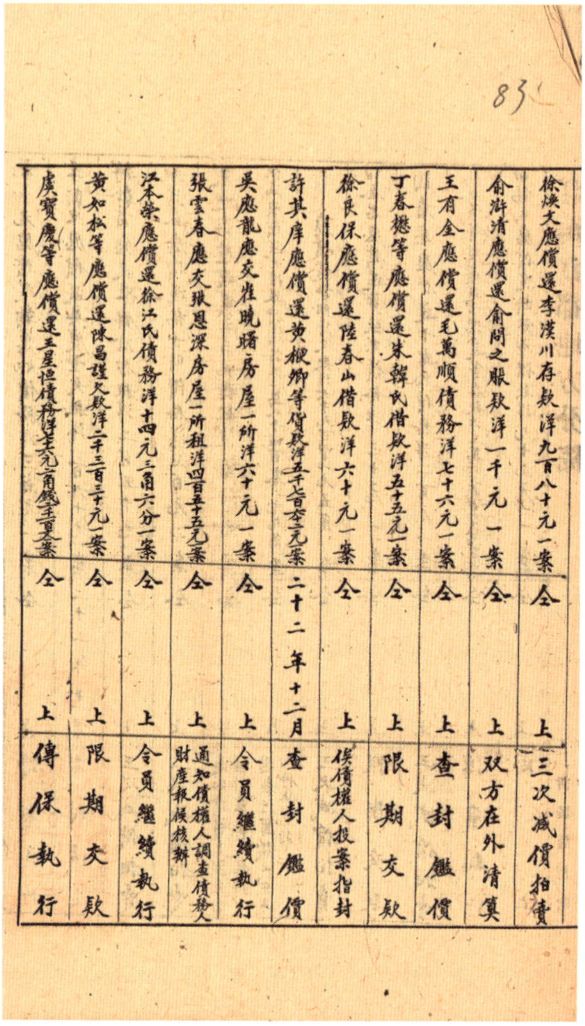

83

徐煥文應償還李漢川存款洋九百八十元一案	仝	上	三次減價拍賣
俞澍清應償還俞閒之賬款洋一千元一案	仝	上	双方在外清算
王有金應償還毛萬順債務洋七十六元一案	仝	上	查封鑑償
丁春懋等應償還朱韓氏借款洋五十五元一案	仝	上	限期交款
徐良保應償還陸春山借款洋六十元一案	仝	上	俟債權人投案指封
許其庠應償還黄根卿等貨款洋五千七百六十二元一案	二十二年十二月		查封鑑償
吳應龍應交崔曉曙房屋一所洋六十元一案	仝	上	令員繼續執行
張雲春應交張恩深房屋一所租洋四百五十五元一案	仝	上	通知債權人調查債務人財產報候核辦
汪本榮應償還徐江氏債務洋十四元三角六分一案	仝	上	令員繼續執行
黄如松等應償還陳昌謹欠款洋二千三百三十元一案	仝	上	限期交款
虞寶慶等應償還王星恒債務洋七十六元二角錢二千二百文一案	仝	上	傳保執行

訴訟通用紙第一七七號

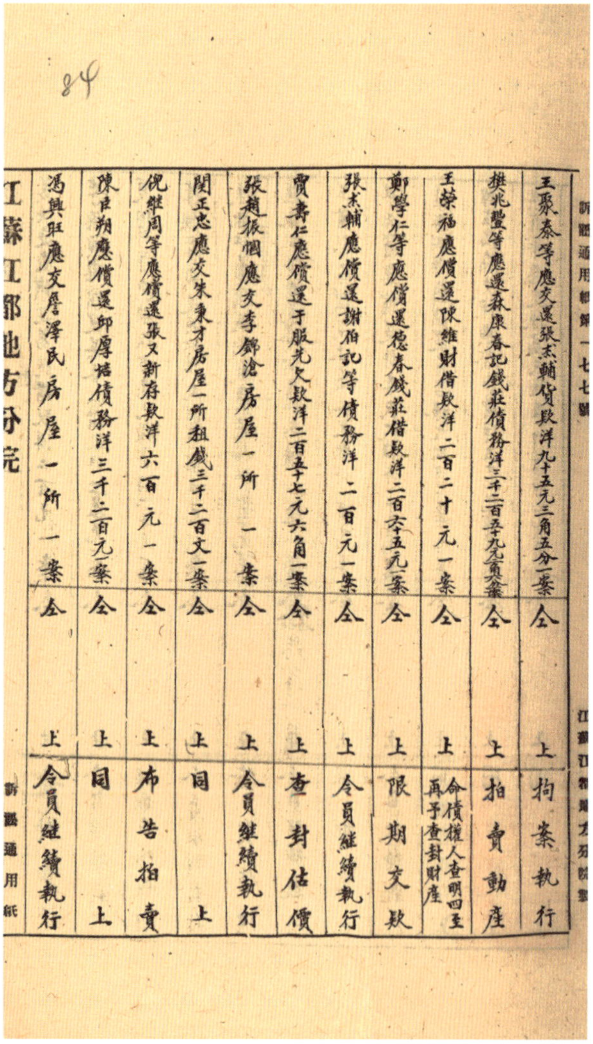

84

王聚泰等應交還張杰輔貨款洋九十五元三角五分一案	仝	上	拘案執行
樊兆豐等應還森康春記錢莊債務洋三千二百五十九元一角六分一案	仝	上	拍賣動產
王榮福應償還陳維財借款洋二百二十元一案	仝	上	命債權人查明四至再予查封財產
鄭學仁等應償還德春錢莊借款洋二百六十五元一案	仝	上	限期交款
張杰輔應償還謝伯記等債務洋二百元一案	仝	上	令員繼續執行
賈壽仁應償還于服先欠款洋二百五十七元六角一案	仝	上	查封估價
張趙振烟應交李錦滄房屋一所一案	仝	上	令員繼續執行
閔正忠應交朱秉才房屋一所租錢三千二百文一案	仝	上	同上
倪繼周等應償還張又新存款洋六百元一案	仝	上	布告拍賣
陳良翔應償還邱厚培債務洋三千二百元一案	仝	上	同上
馮興旺應交詹澤民房屋一所一案	仝	上	令員繼續執行

江蘇江都地方法院

訴訟通用紙

图4-2-1-16

图4-2-1-17

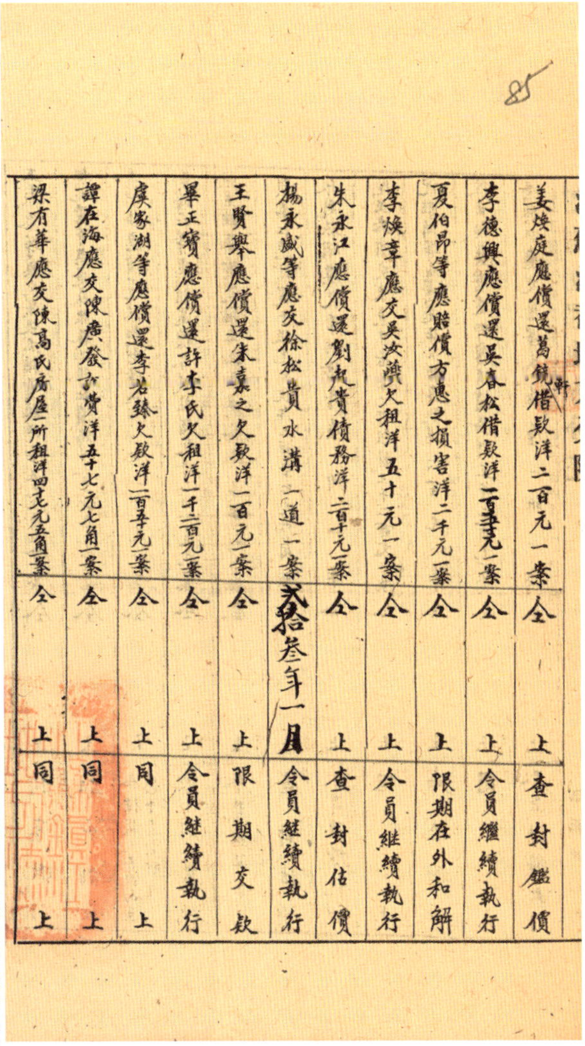

85

姜焕庭應償還葛鏡軒借款洋二百元一案	仝	上	查封鑑價	
李德興應償還吳春松借款洋一百五十元一案	仝	上	令員繼續執行	
夏伯昂等應賠償方惠之損害洋二千元一案	仝	上	限期在外和解	
李焕章應交吳汝彝欠租洋五十元一案	仝	上	令員繼續執行	
朱永江應償還劉丸貴債務洋二百十元一案	仝	上	查封估價	
楊永盛等應交徐松貴水溝一道一案	貳拾叁年一月	上	令員繼續執行	
王賢舉應償還朱嘉之欠款洋一百元一案	仝	上	限期交款	
畢正寶應償還許李氏欠租洋一千二百元一案	仝	上	令員繼續執行	
虞家湖等應償還李若臻欠款洋一百五十元一案	仝	上	同	上
譚在海應交陳廣發訴費洋五十七元七角一案	仝	上	同	上
梁有華應交陳葛氏房屋一所租洋四十七元五角一案	仝	上	同	上

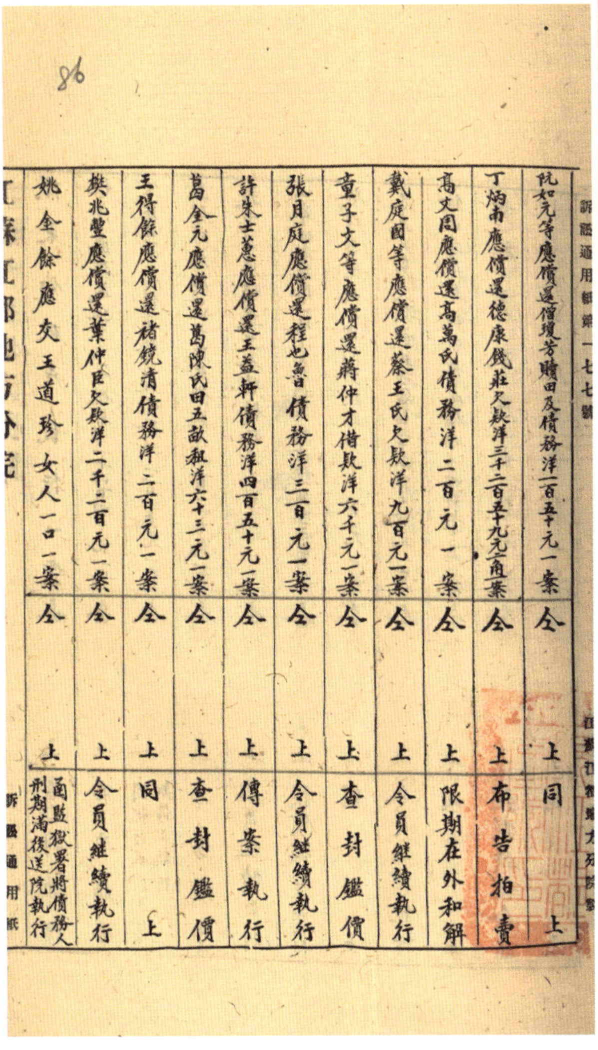

86

訴訟通用紙第一七七號

阮如元等應償還僧瓊芳贖田及債務洋一百五十元一案	仝	上	同	上
丁炳南應償還德康錢莊欠款洋三千二百五十九元二角一案	仝	上	布告拍賣	
高文同應償還高萬氏債務洋二百元一案	仝	上	限期在外和解	
戴庭國等應償還蔡王氏欠款洋九百元一案	仝	上	令員繼續執行	
童子文等應償還蔣仲才借款洋六千元一案	仝	上	查封鑑價	
張月庭應償還程也魯債務洋三百元一案	仝	上	令員繼續執行	
許朱士蕙應償還王益軒債務洋四百五十元一案	仝	上	傳案執行	
葛金元應償還葛陳氏田五畝租洋六十三元一案	仝	上	查封鑑價	
王得餘應償還褚鏡清債務洋二百元一案	仝	上	同	上
樊兆豐應償還葉仲臣欠款洋二千二百元一案	仝	上	令員繼續執行	
姚金餘應交王道珍女人一口一案	仝	上	函監獄署將債務人刑期滿後送院執行	

江蘇江都地方法院

訴訟通用紙

图4-2-1-18

图4-2-1-19

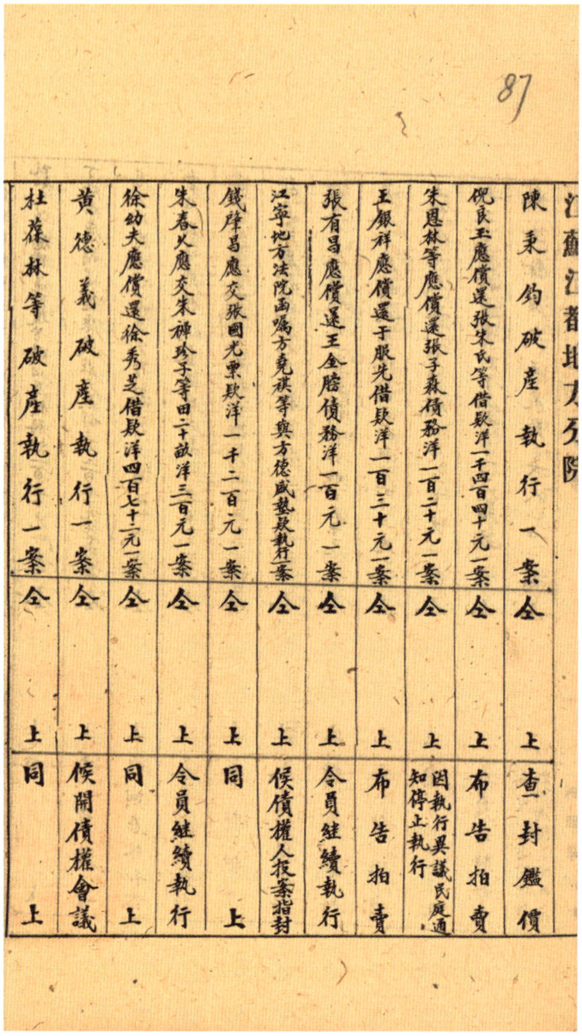

江蘇江都地方分院

陳秉鈞破產執行一案	仝	上	查封鑑價
倪良玉應償還張朱氏等借款洋一千四百四十元一案	仝	上	布告拍賣
朱恩林等應償還張子森債務洋一百二十元一案	仝	上	因執行異議民庭通知停止執行
王銀祥應償還于服先借款洋一百三十元一案	仝	上	布告拍賣
張有昌應償還王金階債務洋一百元一案	仝	上	令員繼續執行
江寧地方法院函囑方堯祺等與方德盛藝款執行一案	仝	上	候債權人報案指封
錢犀昌應交張國光票款洋一千二百元一案	仝	上	同上
朱春火應交朱褘珍子等田二十畝洋三百元一案	仝	上	令員繼續執行
徐幼夫應償還徐秀芝借款洋四百七十二元一案	仝	上	同上
黃德義破產執行一案	仝	上	候開債權會議
杜葆林等破產執行一案	仝	上	同上

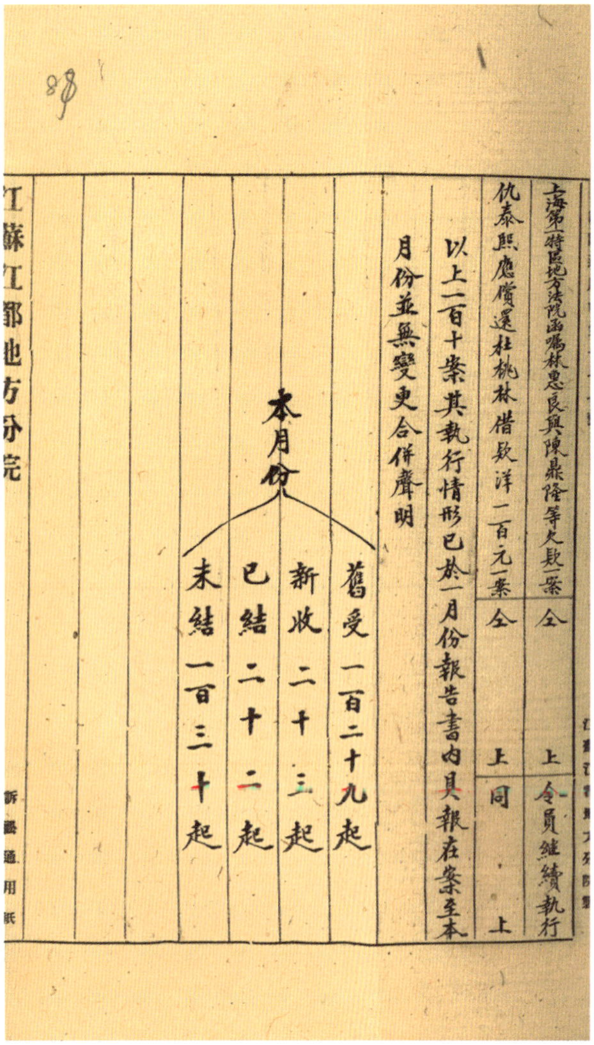

上海第一特區地方法院函囑林恩良與陳鼎隆等欠款一案	仝	上	令員繼續執行
仇泰興應償還杜桃林借款洋一百元一案	仝	上	同上

以上一百十案其執行情形已於一月份報告書內具報在案至本月份並無變更合併聲明

本月份：

舊受一百二十九起

新收二十三起

已結二十二起

未結一百三十起

江蘇江都地方分院

新…通用紙

图4-2-1-20

2. 江苏镇江地方法院民事分案簿（调解类）（1947年）（档案号：A019-1947-001-0496-0001）

该分案簿记载了镇江地方法院1947年全年调解类民事案件的办理情况，包括收案时间、当事人、案由、承办人等信息。

1947年，镇江地方法院共办理189件调解类民事案件，主要纠纷类型包括追租（8件）、契约无效（35件）、契约有效（7件）、离婚（7件）、债务（23件）、让房（11件）、分割遗产（6件）、赔偿（4件）、让地（6件）、还租（3件）、确认产权（4件）、赠送遗产（3件）、交账（3件）等，同时，根据分案簿记载，该年调解类案件的承办人不仅有推事，也有书记官。

图4.2.2　镇江地方法院调解类民事案件主要纠纷类型分布图（1947年）

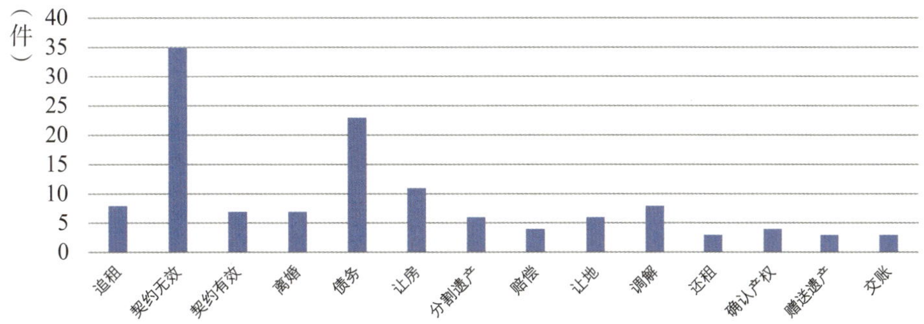

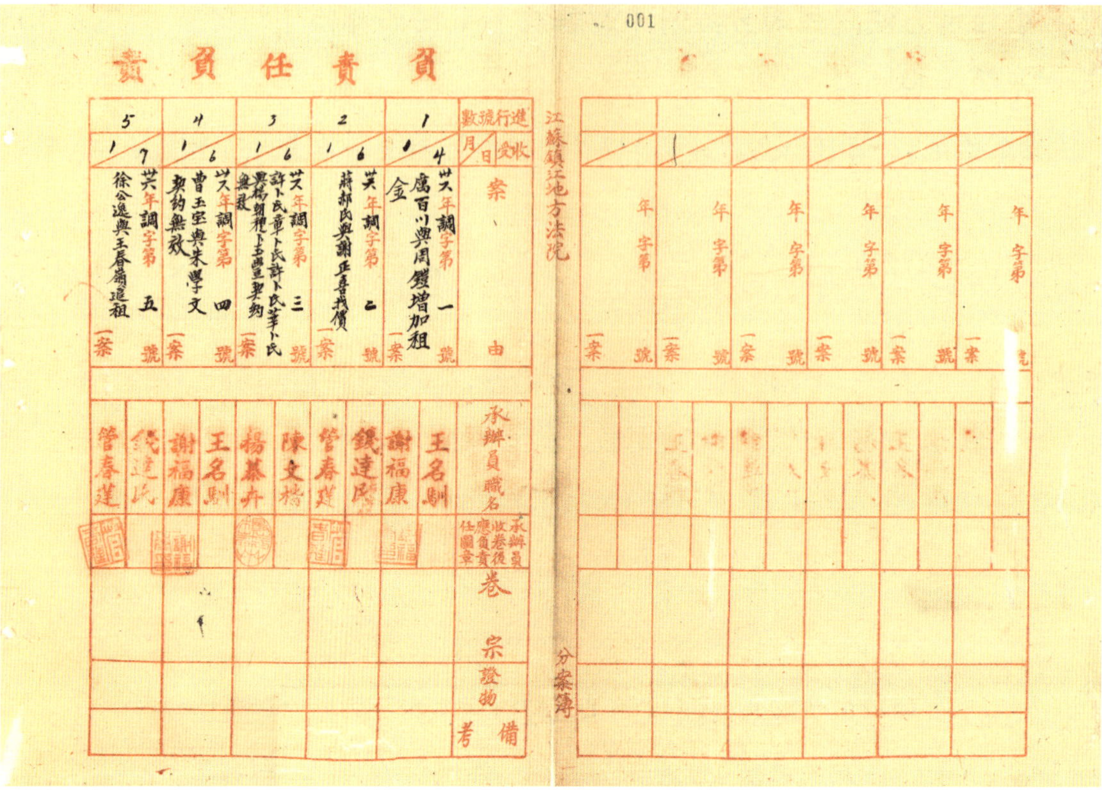

图4-2-2-1

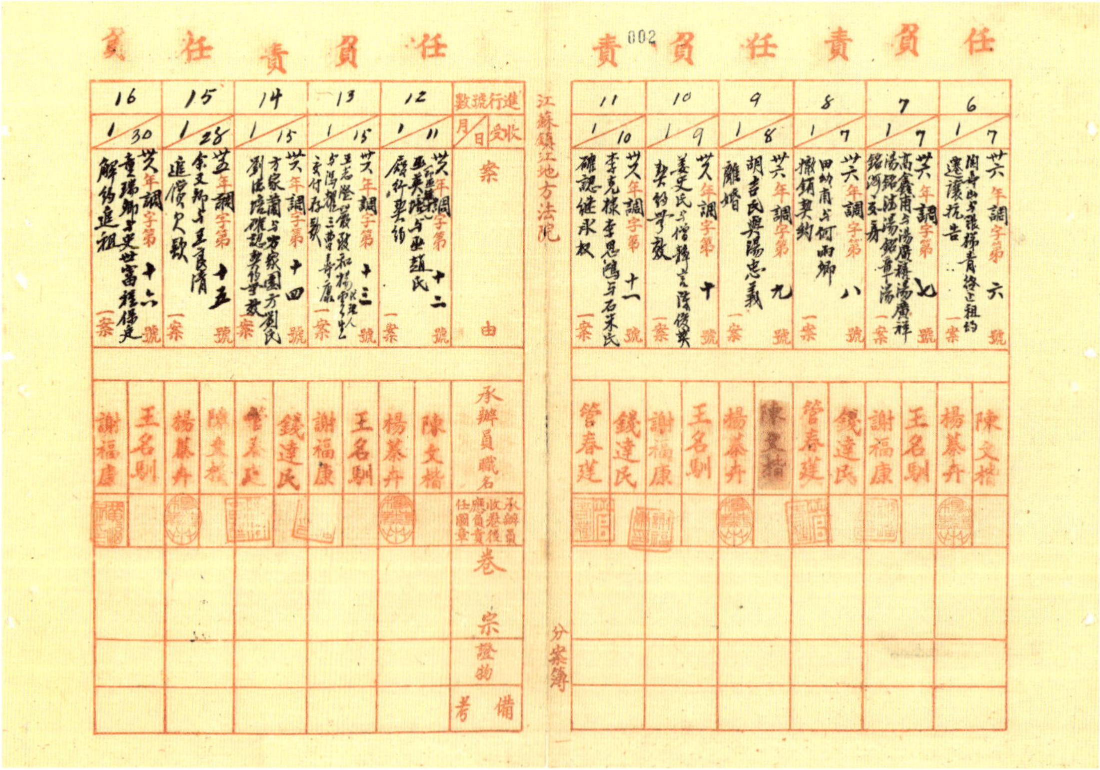

图4-2-2-2

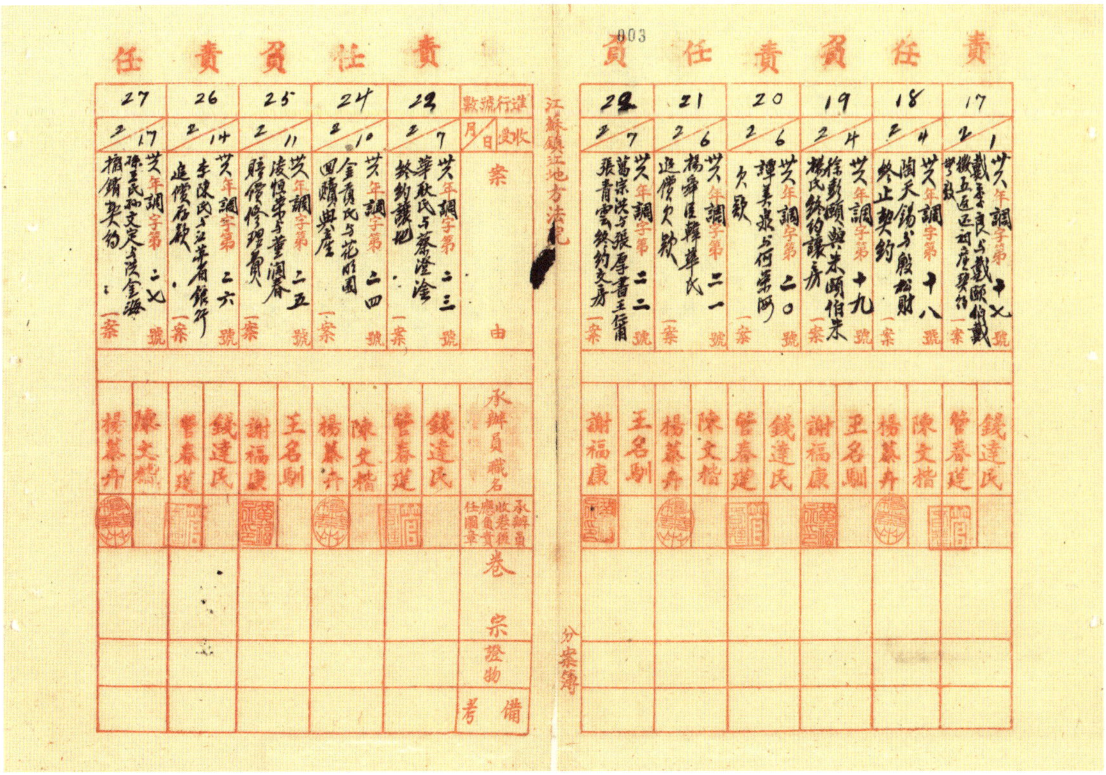
江蘇鎮江地方法院
分案簿
收受月日
進行號數
案由
承辦員職名
承辦員收卷後應負責任圖章
卷宗
證物
備考

图4-2-2-3

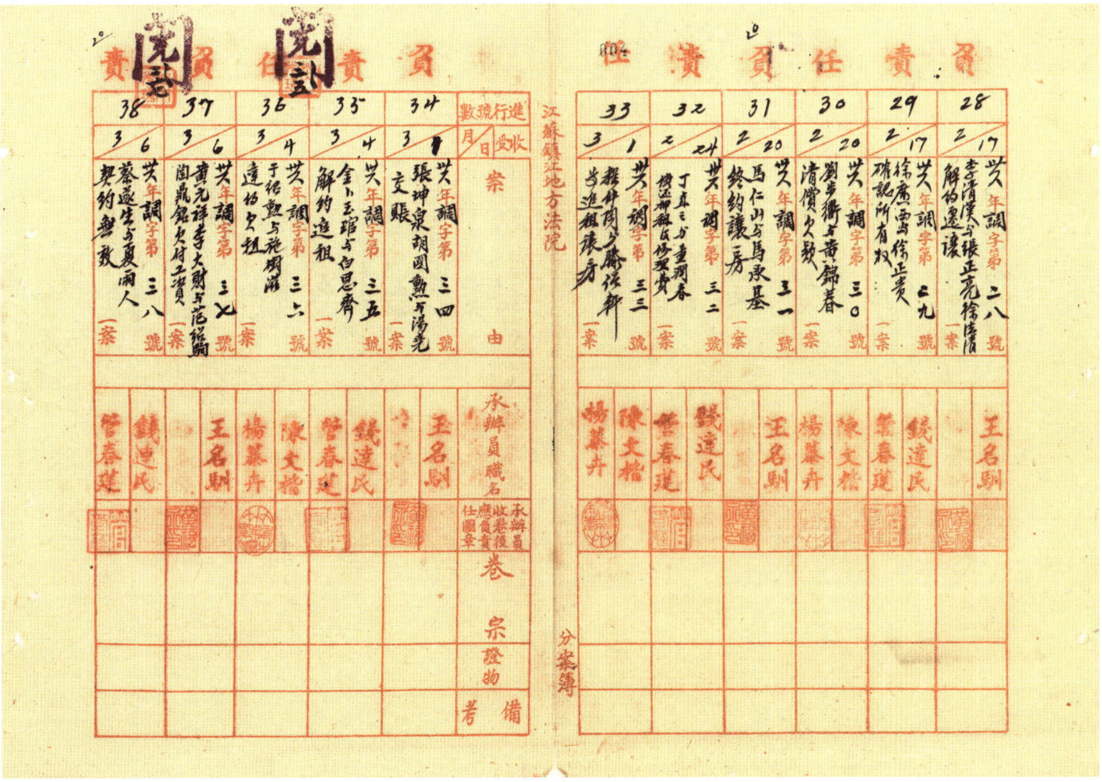
江蘇鎮江地方法院
分案簿
收受月日
進行號數
案由
承辦員職名
承辦員收卷後應負責任圖章
卷宗
證物
備考

图4-2-2-4

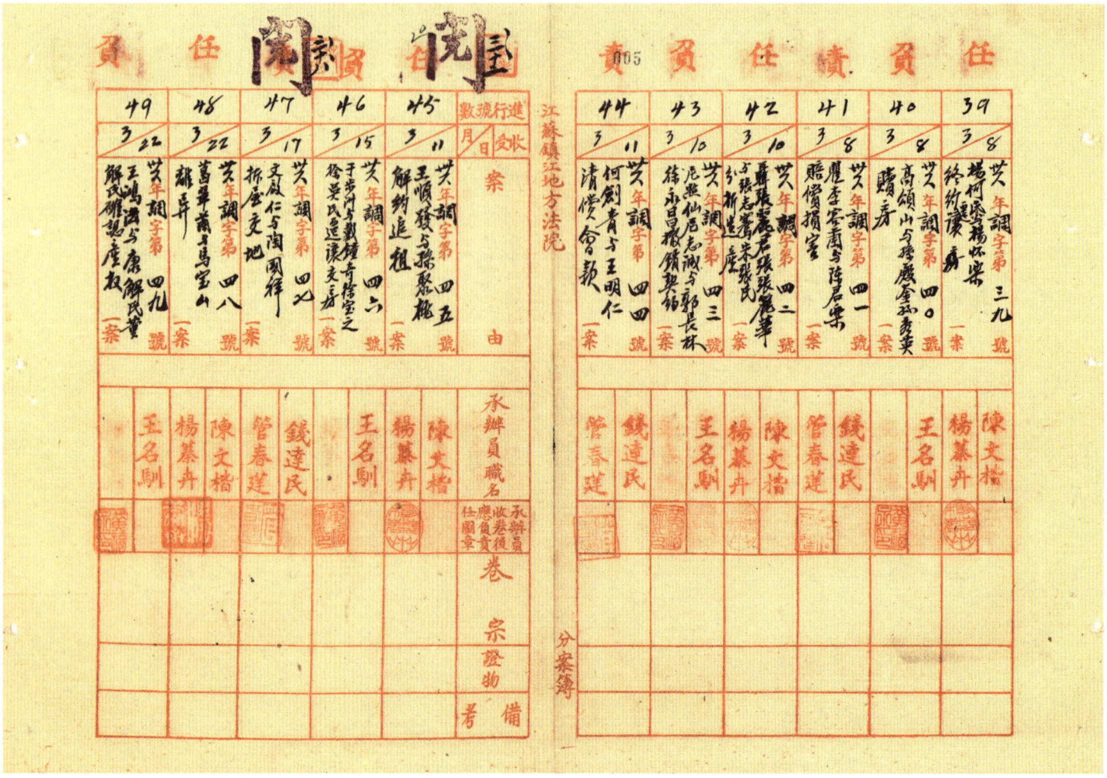

图4-2-2-5

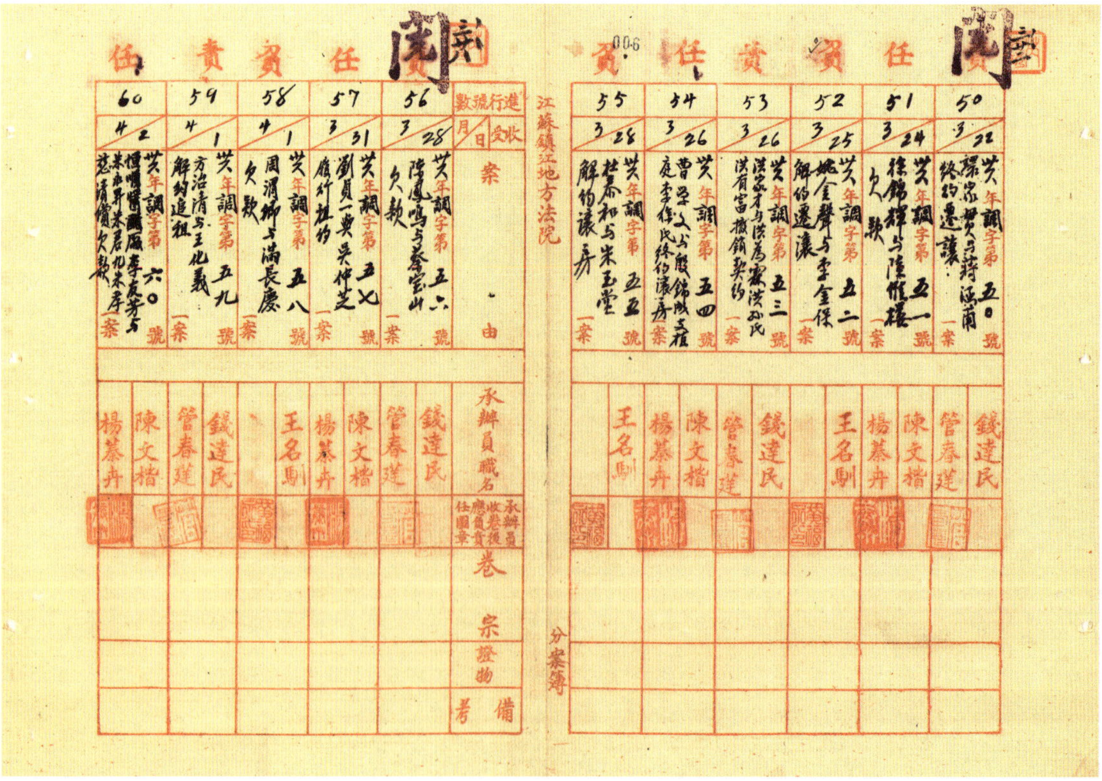

图4-2-2-6

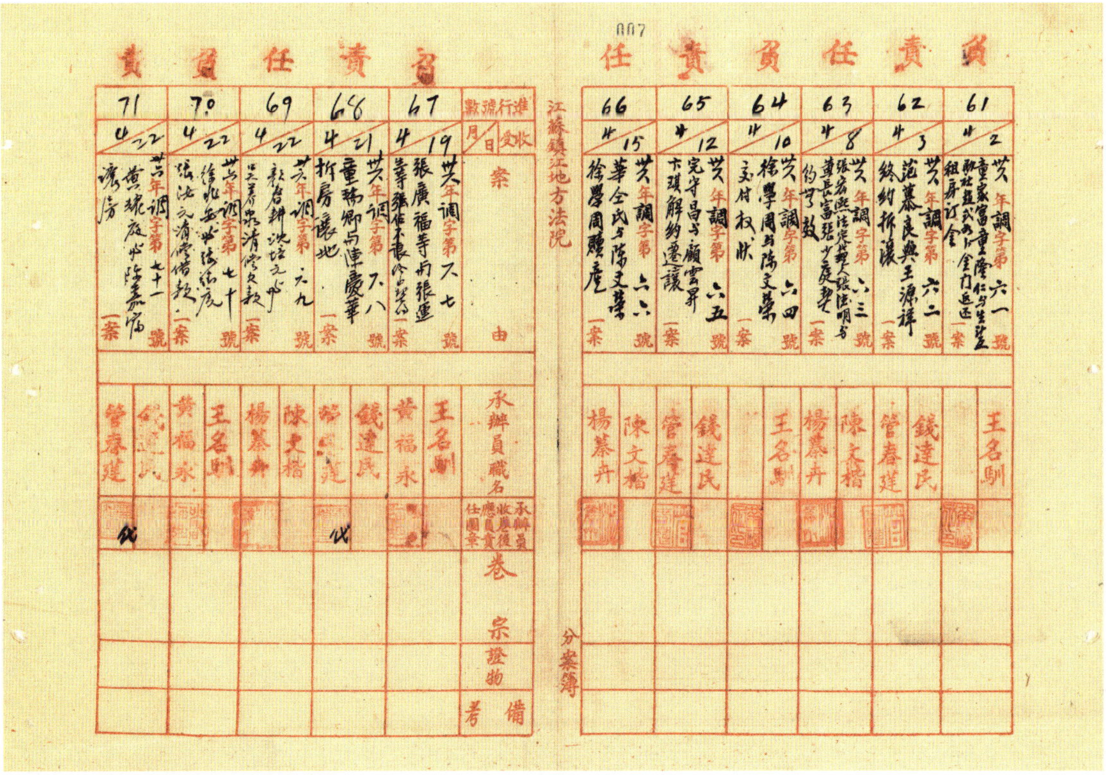
江蘇鎮江地方法院
分案簿
進行號數
收受月日
案由
承辦員職名
承辦員收卷後應負責任圖章
卷宗證物
備考
61 62 63 64 65 66
67 68 69 70 71

图4-2-2-7

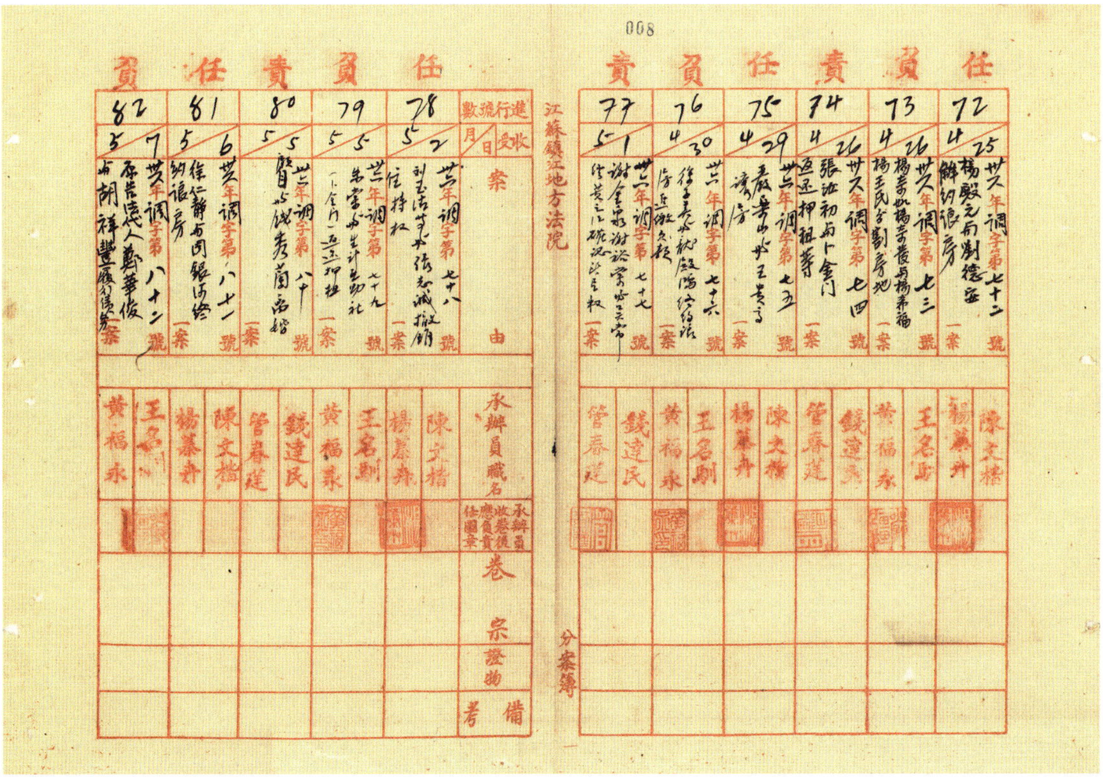
江蘇鎮江地方法院
分案簿
進行號數
收受月日
案由
承辦員職名
承辦員收卷後應負責任圖章
卷宗證物
備考
72 73 74 75 76 77
78 79 80 81 82

图4-2-2-8

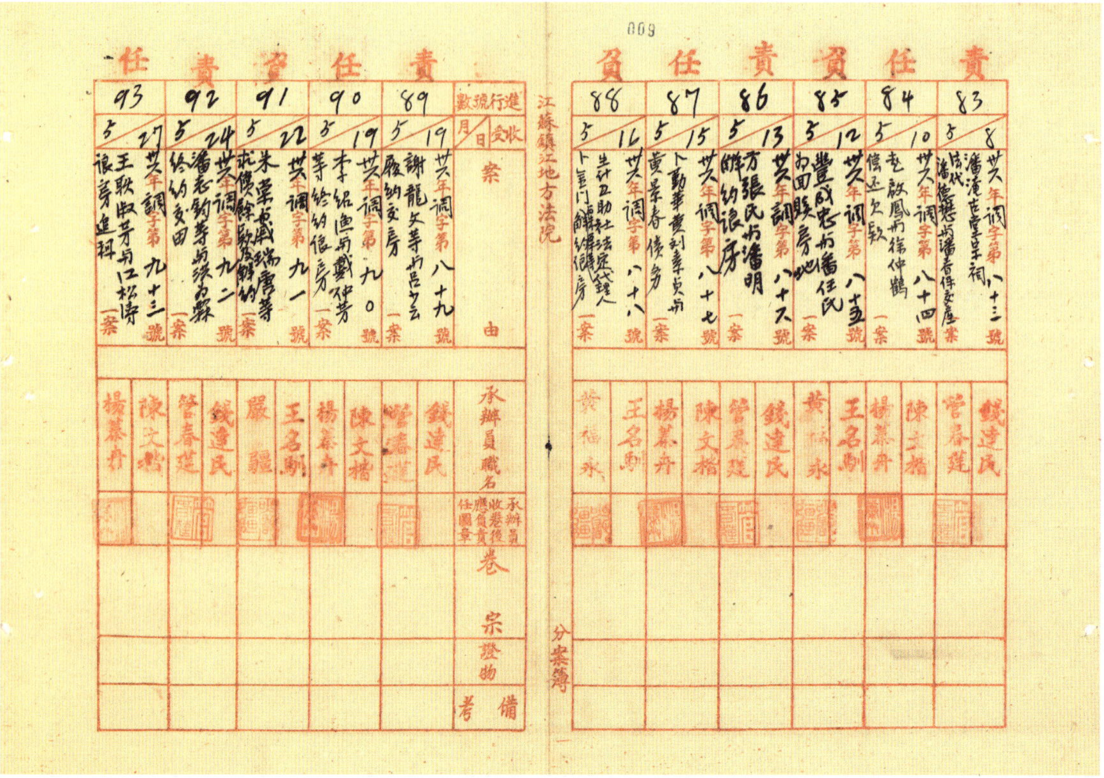

009

江蘇鎮江地方法院 分案簿

進行號數	收受月日	案由	承辦員職名
83	5/8	廿六年調字第八十三號 潘滄茝堂宗祠法代潘德懋與潘春保交產一案	錢達民 管春蓮
84	5/10	廿六年調字第八十四號 查啟鳳與徐仲鶴償還欠款一案	陳文楷 楊慕舟
85	5/12	廿六年調字第八十五號 豐成宏與潘任氏為田畝房地一案	王名馴 黃福永
86	5/13	廿六年調字第八十六號 方張氏與潘明解約退房一案	錢達民 管春蓮
87	5/15	廿六年調字第八十七號 卜勤華費釗奎與黃景春債務一案	陳文楷 楊慕舟
88	5/16	廿六年調字第八十八號 生計互助社法定代理人與卜金門解約遷讓房一案	王名馴 黃福永
89	5/19	廿六年調字第八十九號 謝龍文等與呂玉云履約交房一案	錢達民 管春蓮
90	5/19	廿六年調字第九〇號 李紹漁與戴仲芳等終約退房一案	陳文楷 楊慕舟
91	5/22	廿六年調字第九一號 朱棠成周瑞唐等求償餘款解約一案	王名馴 嚴疆
92	5/24	廿六年調字第九二號 潘君鈞等與孫森終約交田一案	錢達民 管春蓮
93	5/27	廿六年調字第九十三號 王耿收等與江松濤退房追租一案	陳文楷 楊慕舟

責任負　承辦員收卷後應負責任圖章　卷宗登助　備考

图 4-2-2-9

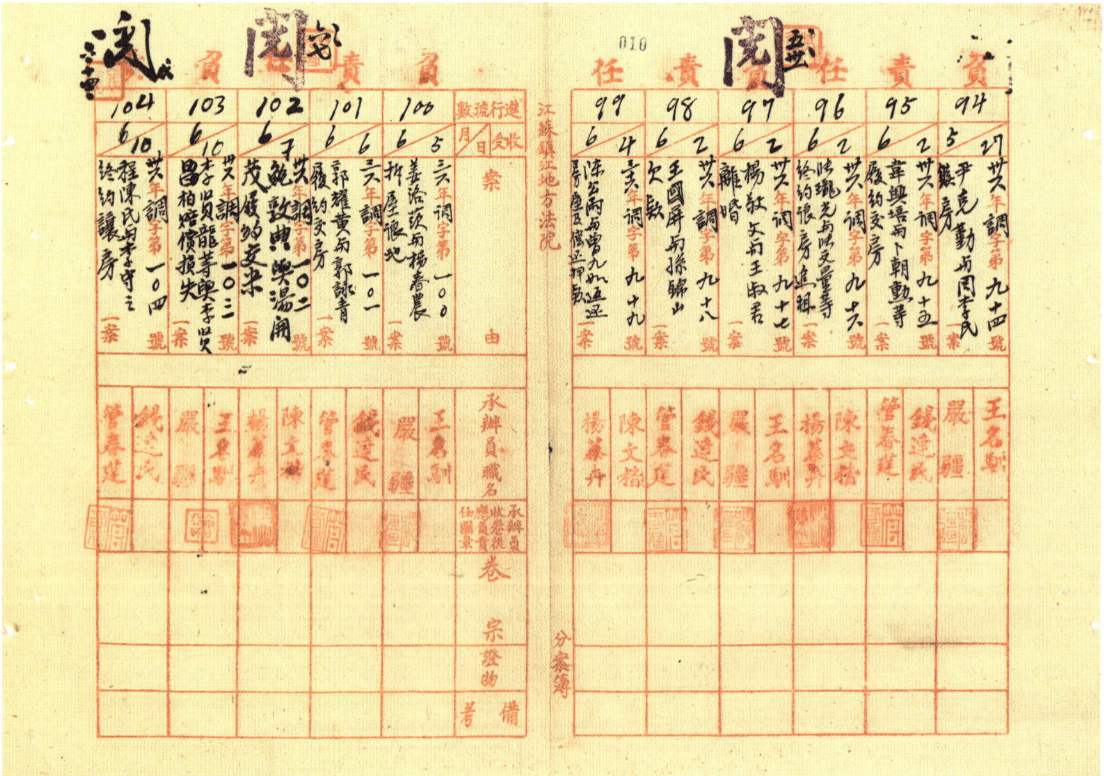

010

閱

江蘇鎮江地方法院 分案簿

進行號數	收受月日	案由	承辦員職名
94	5/27	廿六年調字第九十四號 尹克勤與周李氏退房一案	王名馴 嚴疆
95	6/2	廿六年調字第九十五號 韋興培與卜朝勳等履約交房一案	錢達民 管春蓮
96	6/2	廿六年調字第九十六號 陸瑞光與陸文量等終約退房追租一案	陳文楷 楊慕舟
97	6/2	廿六年調字第九十七號 楊敏文與王淑君離婚一案	王名馴 嚴疆
98	6/2	廿六年調字第九十八號 王國屏與孫歸山欠款一案	錢達民 管春蓮
99	6/4	廿六年調字第九十九號 陳其昌與曾九如返還房屋及償還押款一案	陳文楷 楊慕舟
100	6/5	廿六年調字第一〇〇號 姜洛荻與楊春農拆屋讓地一案	王名馴 嚴疆
101	6/6	廿六年調字第一〇一號 郭耀黃與郭詠青履約交房一案	錢達民 管春蓮
102	6/7	廿六年調字第一〇二號 施敦興與湯開茂償欠交米一案	陳文楷 楊慕舟
103	6/10	廿六年調字第一〇三號 李貝龍等與李貝昌李柏焙賠償損失一案	王名馴 嚴疆
104	6/10	廿六年調字第一〇四號 程陳氏與李守之終約讓房一案	錢達民 管春蓮

責任負　承辦員收卷後應負責任圖章　卷宗登助　備考

图 4-2-2-10

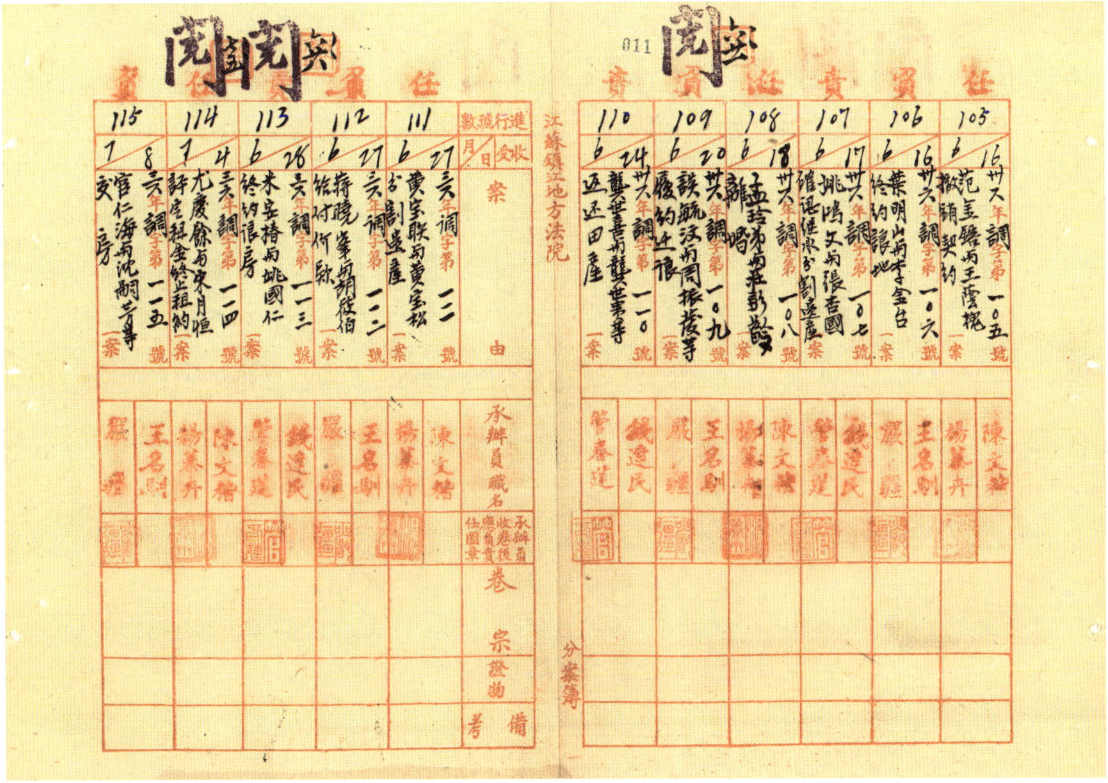

图4-2-2-11

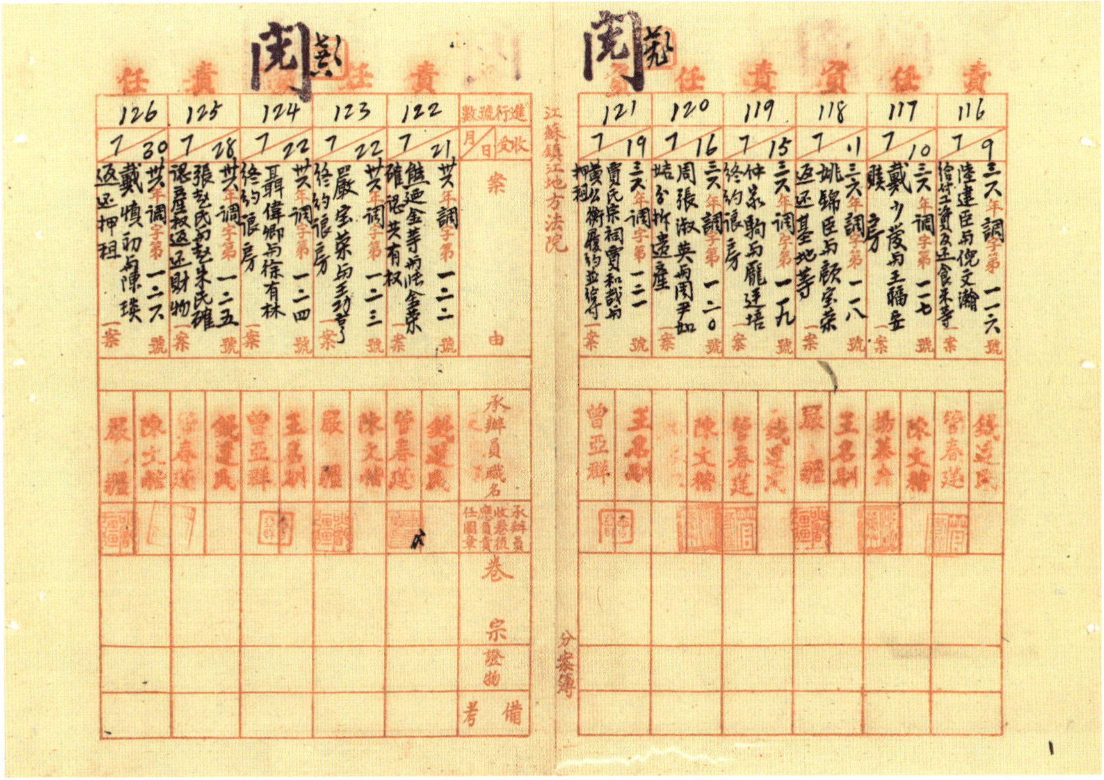

图4-2-2-12

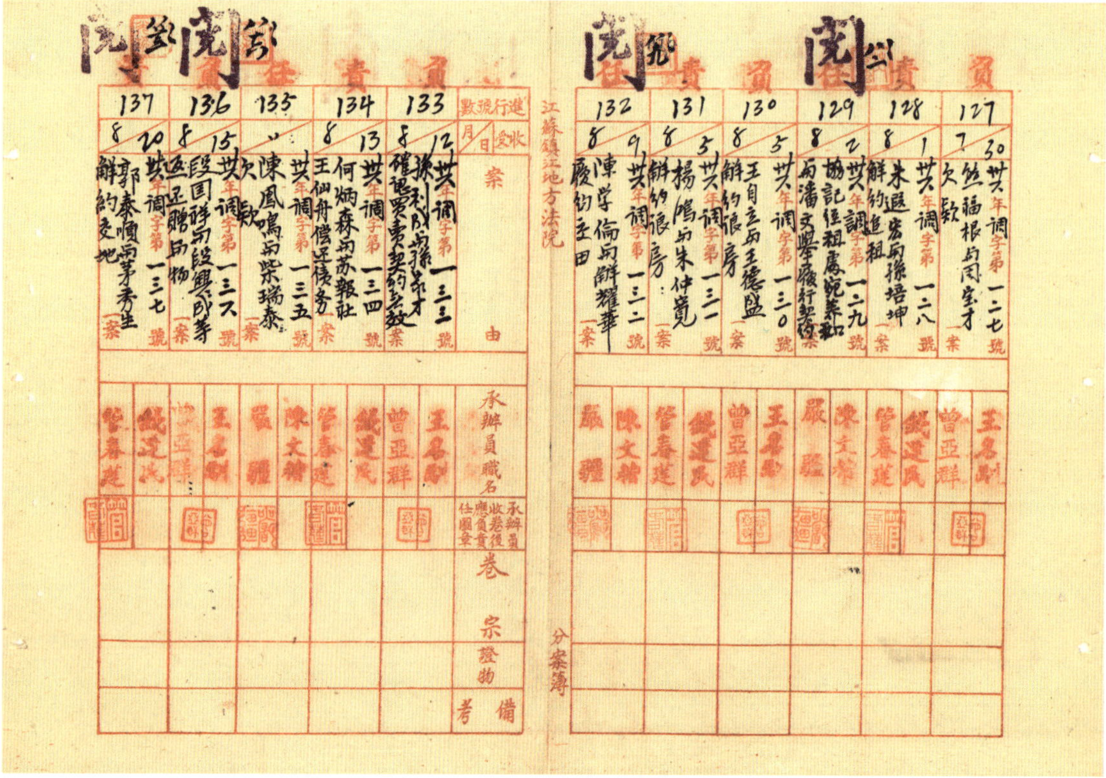

图4-2-2-13

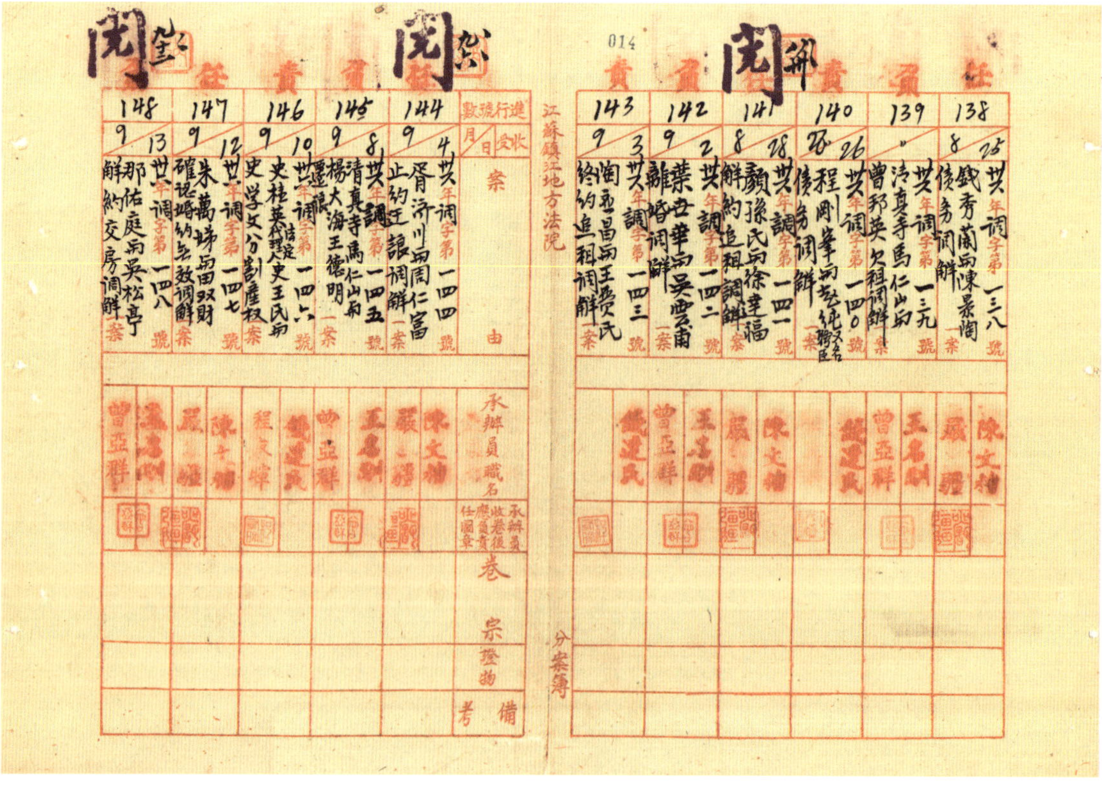

图4-2-2-14

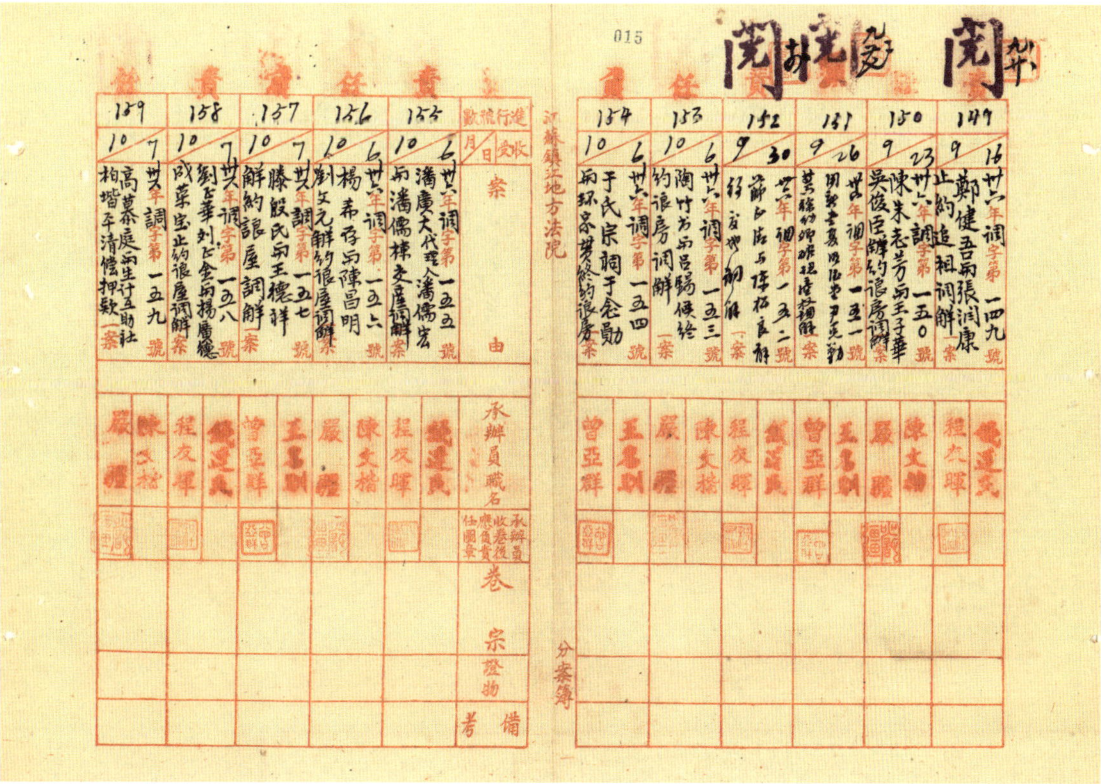

图4-2-2-15

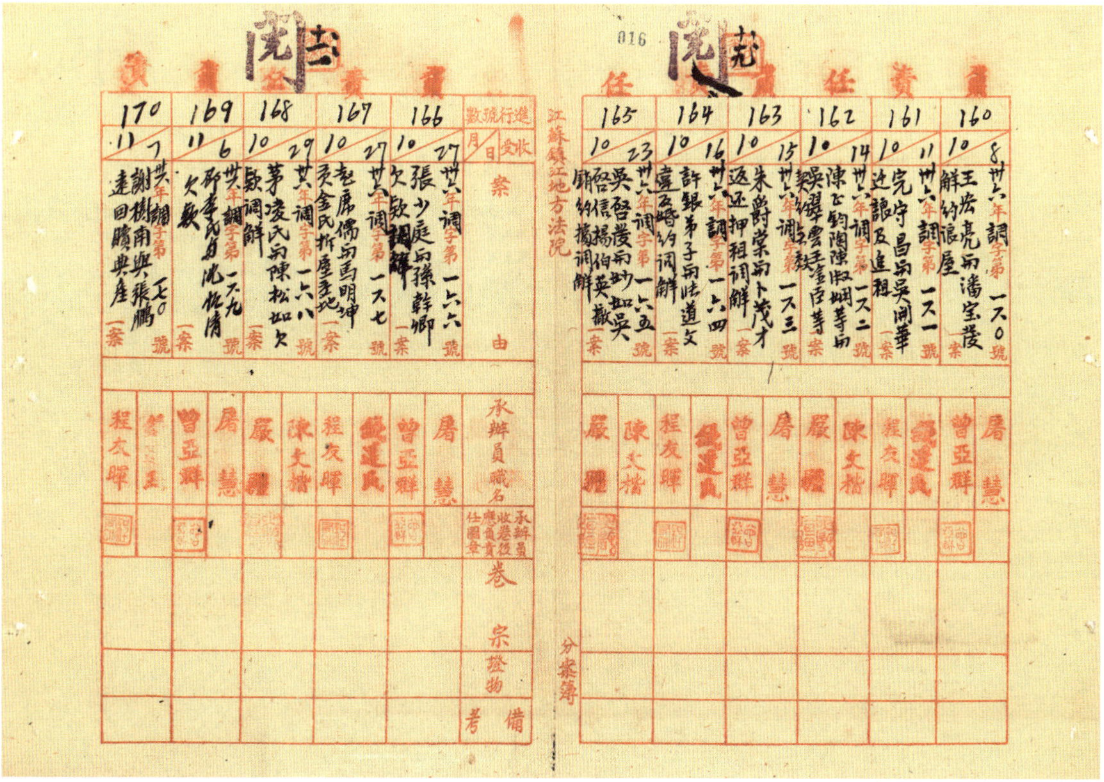

图4-2-2-16

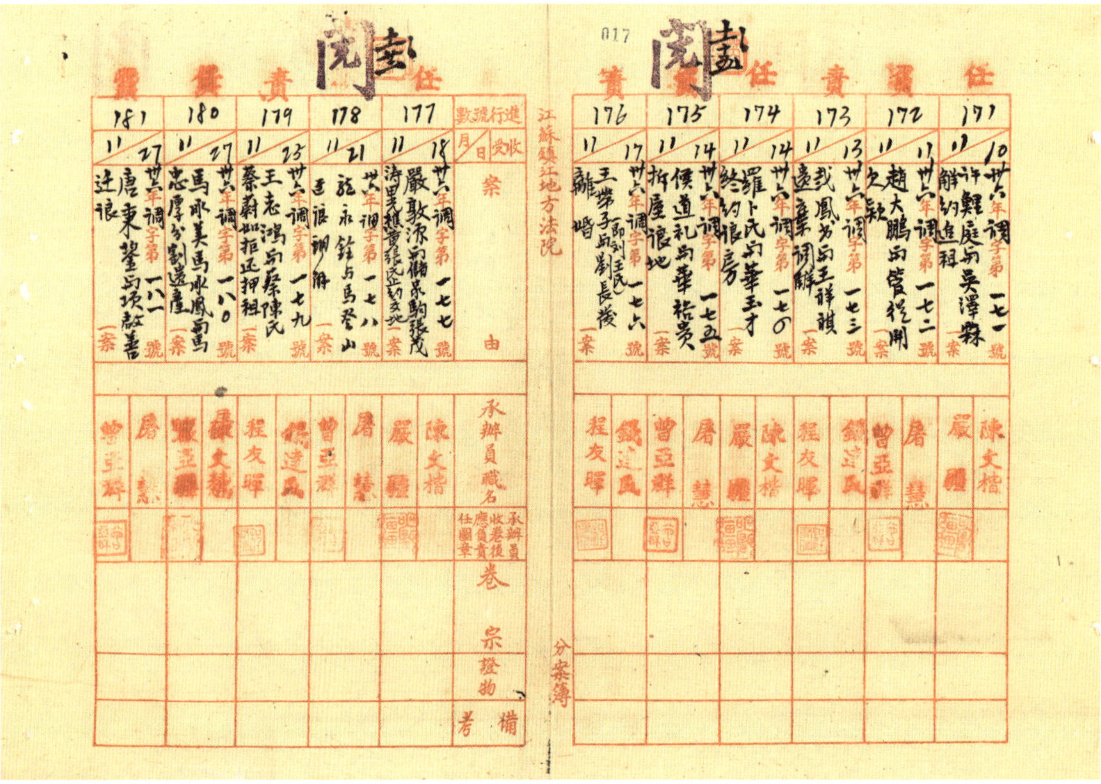

江蘇鎮江地方法院 分案簿

進行號數	收受月日	案由
171	11/10	廿六年調字第一七一號 許鯤庭與吳澤霖解約追租一案
172	11/11	廿六年調字第一七二號 趙大鵬與管從開欠款一案
173	11/13	廿六年調字第一七三號 戎鳳芳與王祥禎遺產調解一案
174	11/14	廿六年調字第一七四號 羅卜氏與華玉才終約讓房一案
175	11/14	廿六年調字第一七五號 侯道禮與葉裕英拆屋讓地一案
176	11/17	廿六年調字第一七六號 王娣子(即劉王氏)與劉長發離婚一案
177	11/18	廿六年調字第一七七號 嚴敦源與儲永駒張茂清田吳雄黃張氏退約交地一案
178	11/21	廿六年調字第一七八號 施永銓與馬登山遷讓調解一案
179	11/25	廿六年調字第一七九號 王志鴻與蔡陳氏蔡蔚坤拒還押租一案
180	11/27	廿六年調字第一八〇號 馬承美馬冰鳳與馬忠厚分割遺產一案
181	11/27	廿六年調字第一八一號 唐東鑒與項啟善遷讓一案

图4-2-2-17

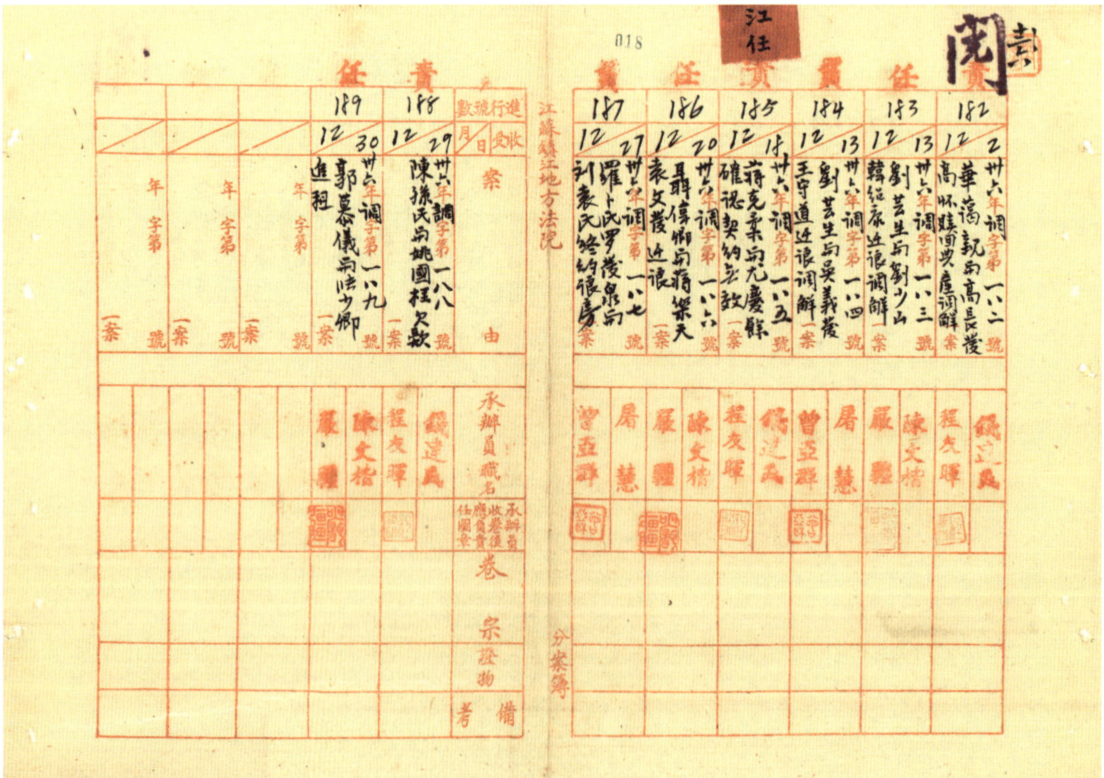

江蘇鎮江地方法院 分案簿

進行號數	收受月日	案由
182	12/2	廿六年調字第一八二號 華藹齡與高長發高懷瑛回典屋調解案
183	12/13	廿六年調字第一八三號 劉芸生與劉少山韓紹康遷讓調解一案
184	12/13	廿六年調字第一八四號 劉芸生與吳義發王守道遷讓調解一案
185	12/18	廿六年調字第一八五號 蔣克柔與尤慶麟確認契約[illegible]一案
186	12/20	廿六年調字第一八六號 聶儒卿與蔣榮天袁文發遷讓一案
187	12/27	廿六年調字第一八七號 羅卜氏羅發泉與劉袁氏終約讓房案
188	12/29	廿六年調字第一八八號 陳孫氏與姚國桂欠款一案
189	12/30	廿六年調字第一八九號 郭慕儀與法少卿進租一案

图4-2-2-18

3. 江苏镇江地方法院民事分案簿（声请类）（1947年）（档案号：A019-1947-001-0496-0031）

南京国民政府《民事诉讼法》（1935年）第五百一十八条规定：“就金钱请求或得易为金钱请求之请求，欲保全强制执行者，得声请假扣押。前项声请就未到履行期之请求亦得为之。”同时，根据该法第五百二十九条、第五百三十一条规定，假处分准用假扣押的规定，假处分所必要之方法由法院酌量定之，且假处分得选任管理人及命令或禁止债务人为一定行为。

该分案簿记录了镇江地方法院1947年全年声请类民事案件的办理情况，包括了收案时间、当事人、声请内容、承办人等信息。根据记载，镇江地方法院1947年共办理15起声请类民事案件，案由主要包括声请假扣押（9件）、声请假处分（5件）、声请破产（1件）。

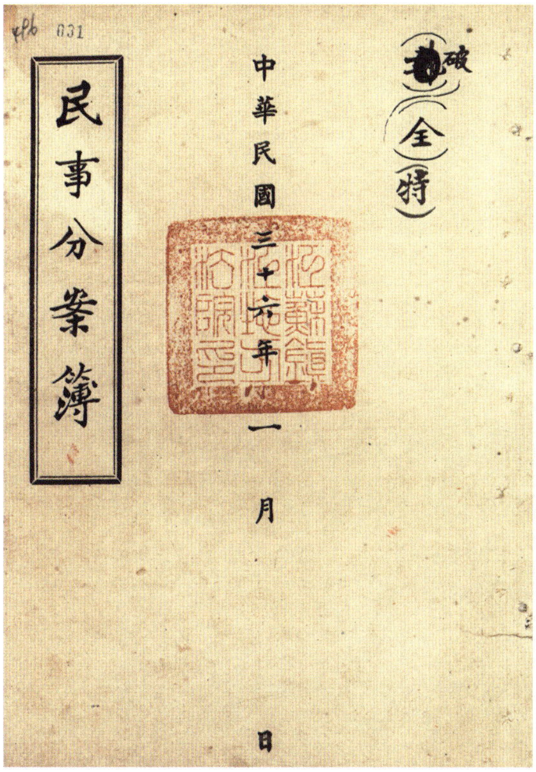
民事分案簿

中華民國三十六年 一 月 日

破 全 特

图4-2-3-1

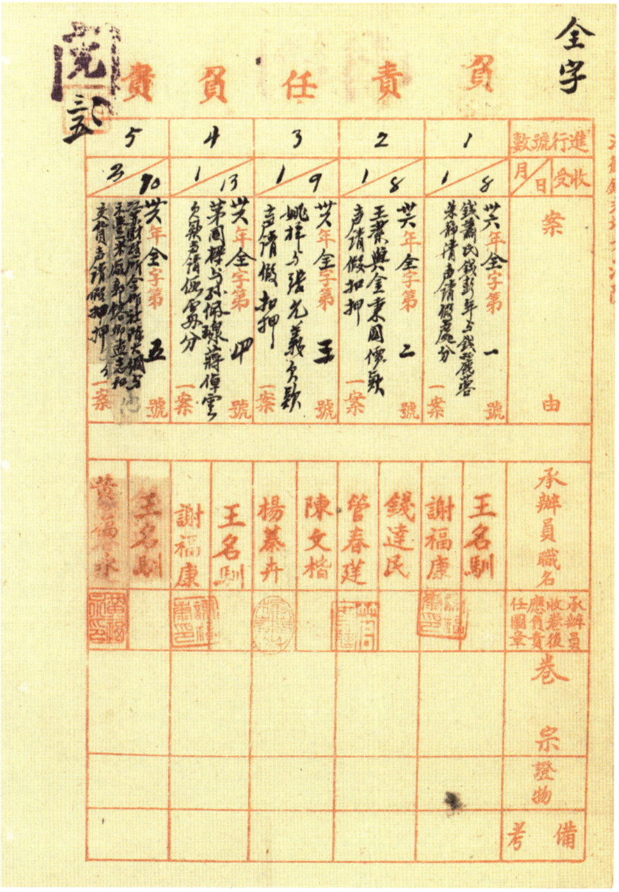

图4-2-3-2

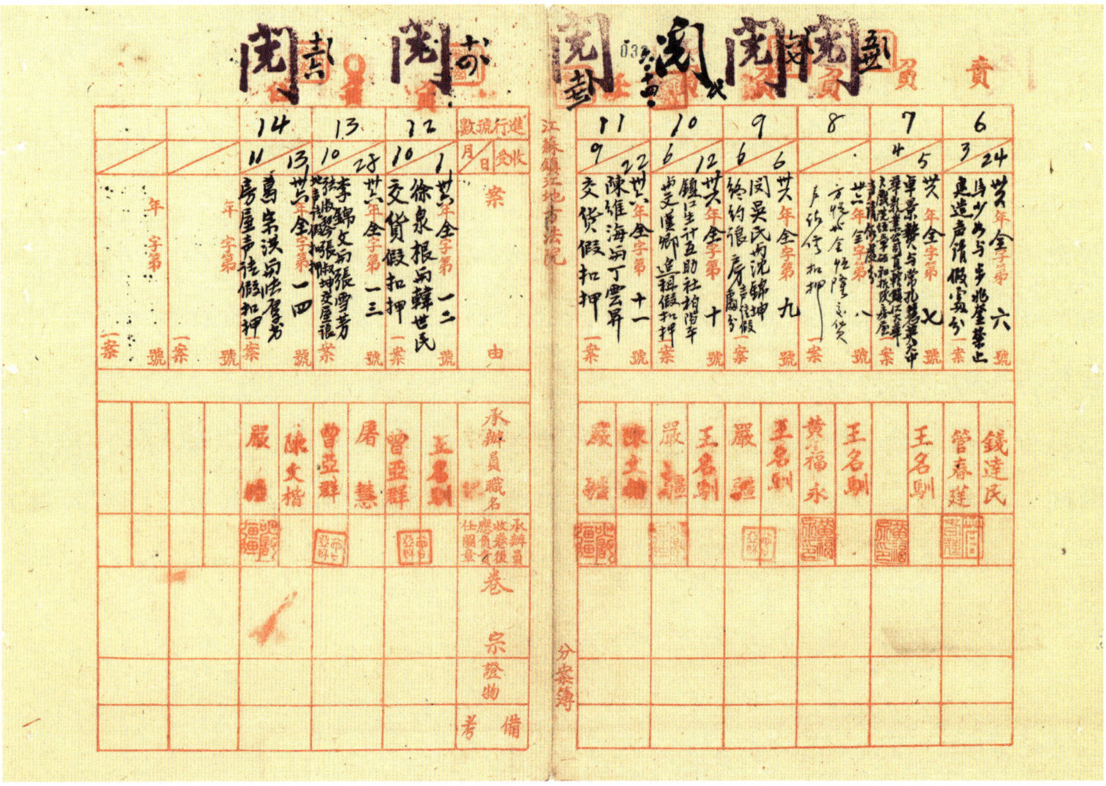
江蘇鎮江地方法院
分案簿
進行號數
收受月日
案由
承辦員職名
承辦員收卷後應負責任圖章
卷宗
證物
備考
1 　卅六年全字第一二號　徐泉根與韓世民交貨假扣押一案
12 10 　卅六年全字第一三號　李錦文與張雪芳等交貨假扣押一案
13 　卅六年全字第一四號　葛宗渓與法慶芳房屋聲請假扣押一案
6 24 　卅六年全字第六號
9 6 　卅六年全字第九號　閔吳氏與沈錦坤等聲請假扣押一案
10 12 6 　卅六年全字第十號
11 22 9 　卅六年全字第十一號　陳維海與丁雲昇交貨假扣押一案
錢達民
管春蓮
王名馴
黄福永
嚴
陳文楷
曾亞群
屠慧
图4-2-3-3

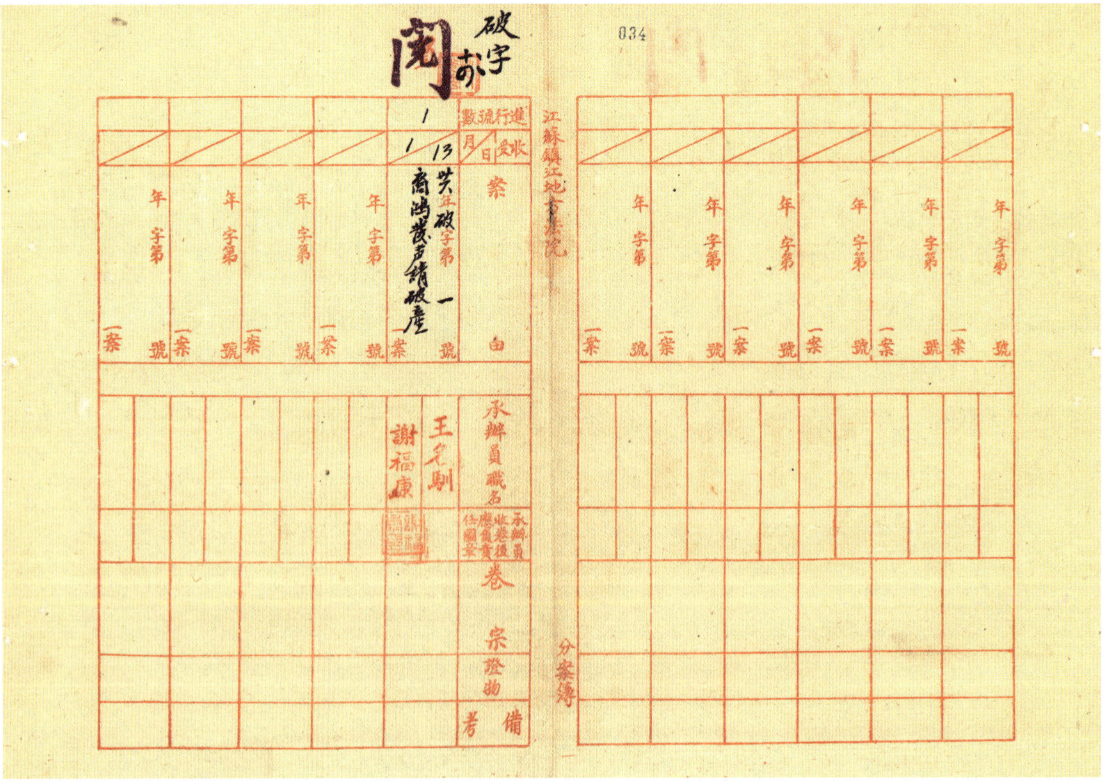
破字
034
江蘇鎮江地方法院
分案簿
進行號數
收受月日
案由
承辦員職名
承辦員收卷後應負責任圖章
卷宗
證物
備考
1 　1 13 　卅六年破字第一號　高鴻蓀聲請破產一案
王名馴
謝福康
图4-2-3-4

4. 江苏镇江地方法院民事分案簿（执行类）（1947年）（档案号：A019-1947-001-0496-0061）

该分案簿记录了镇江地方法院1947年全年执行类民事案件的办理情况，包括了收案时间、当事人、案由、承办人员等信息。

根据该民事分案簿的记载，镇江地方法院1947年共办理111件民事执行案件，主要案由包括让房执行（28件）、欠款执行（21件）、终约执行（17件）、债务执行（10件）、交房执行（9件）、返还押租执行（4件）、声请假扣押执行（4件）、确认所有权执行（2件）、确认产权执行（2件）、声请假处分执行（1件）、交还继承田执行（1件）、交货执行（2件）、抵押款执行（1件）、返还借用物执行（1件）、赎房执行（3件）、租约执行（1件）、契约无效执行（1件）、损害赔偿执行（1件）、返还租地执行（1件）、欠缴船租执行（1件）等。

图4.2.4　镇江地方法院民事执行案件案由分布图（1947年）

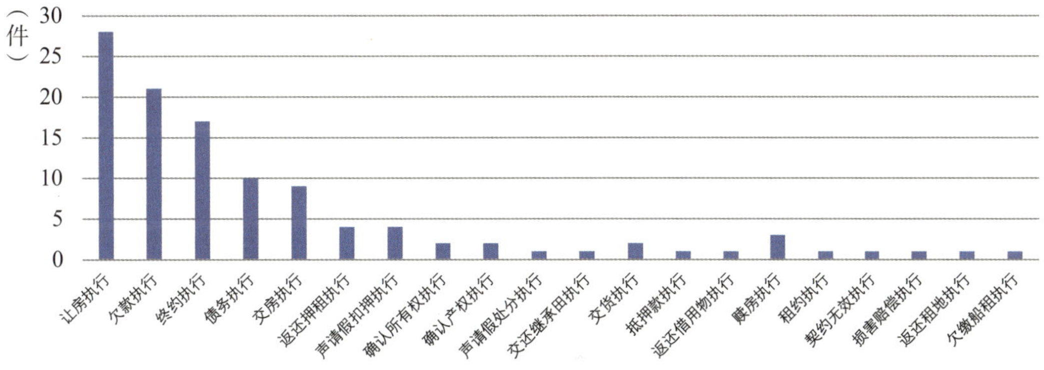

图4-2-4-1

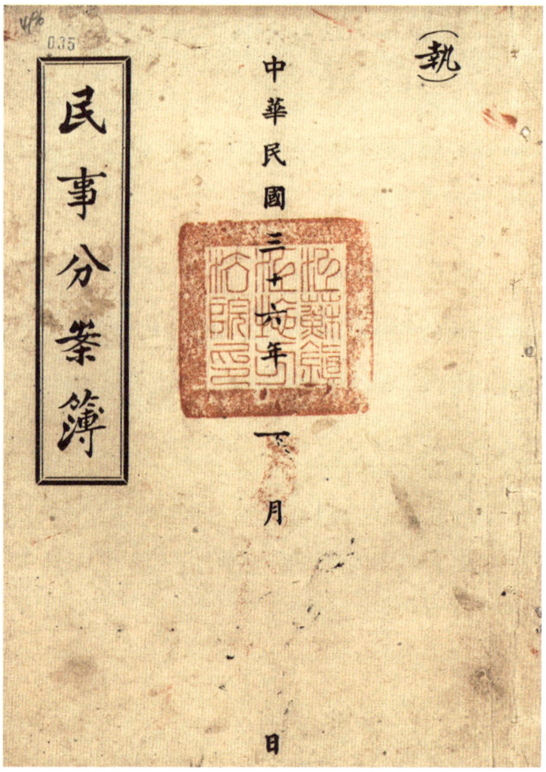

（執）

民事分案簿

中華民國三十六年 下 月 日

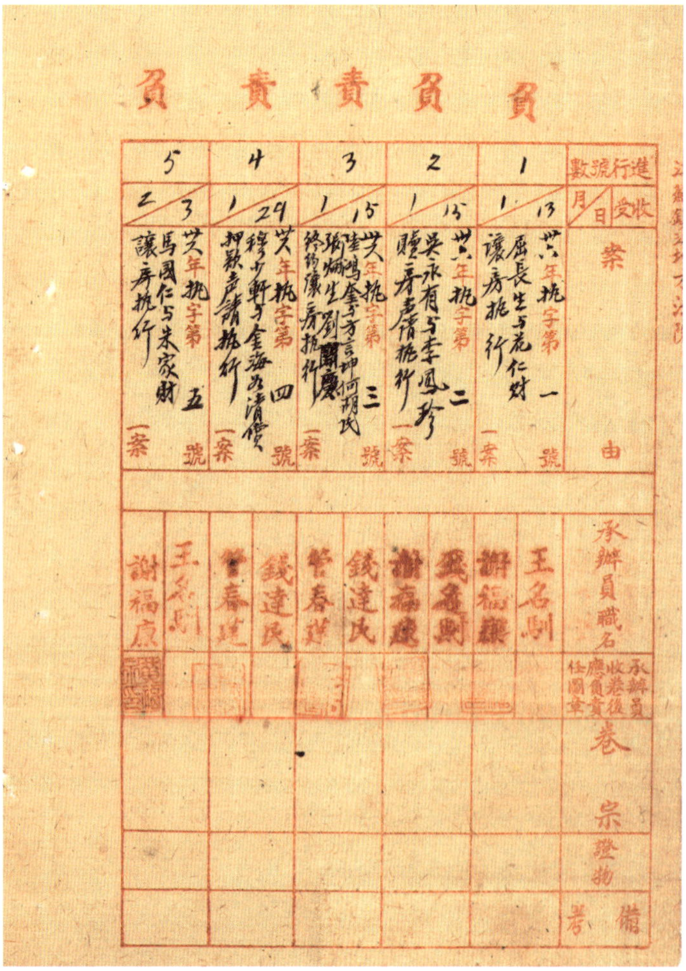

負責 負責 負

進行號數	收受月日	案由	承辦員職名	承辦員收卷後應負責任圖章
1	1/13	卅六年執字第一號 屈長生與花仁財讓房執行一案	王名馴 謝福康	
2	1/15	卅六年執字第二號 吳永有與李鳳珍騰房請求執行一案	吳名馴 謝福康	
3	1/15	卅六年執字第三號 陸鴻奎與方言坤何胡氏張炳生劉闓慶終結讓房執行一案	錢達民 管春建	
4	1/29	卅六年執字第四號 穆少軒與金海如清償押款聲請執行一案	錢達民 管春建	
5	2/3	卅六年執字第五號 馬國仁與朱家財讓房執行一案	王名馴 謝福康	

卷宗

證物

備考

图4-2-4-2

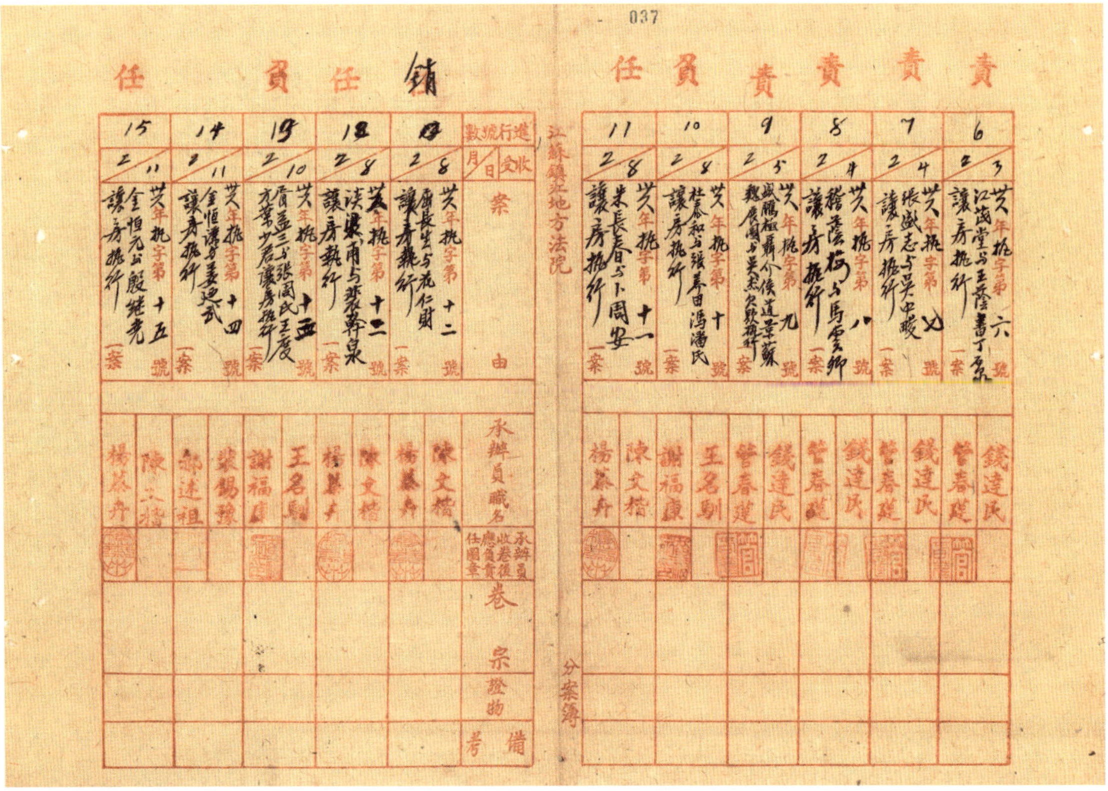
037
江蘇鎮江地方法院
分案簿
進行號數
收受月日
案由
承辦員職名
承辦員收受後應負責任蓋章
卷宗
登錄
備考

图4-2-4-3

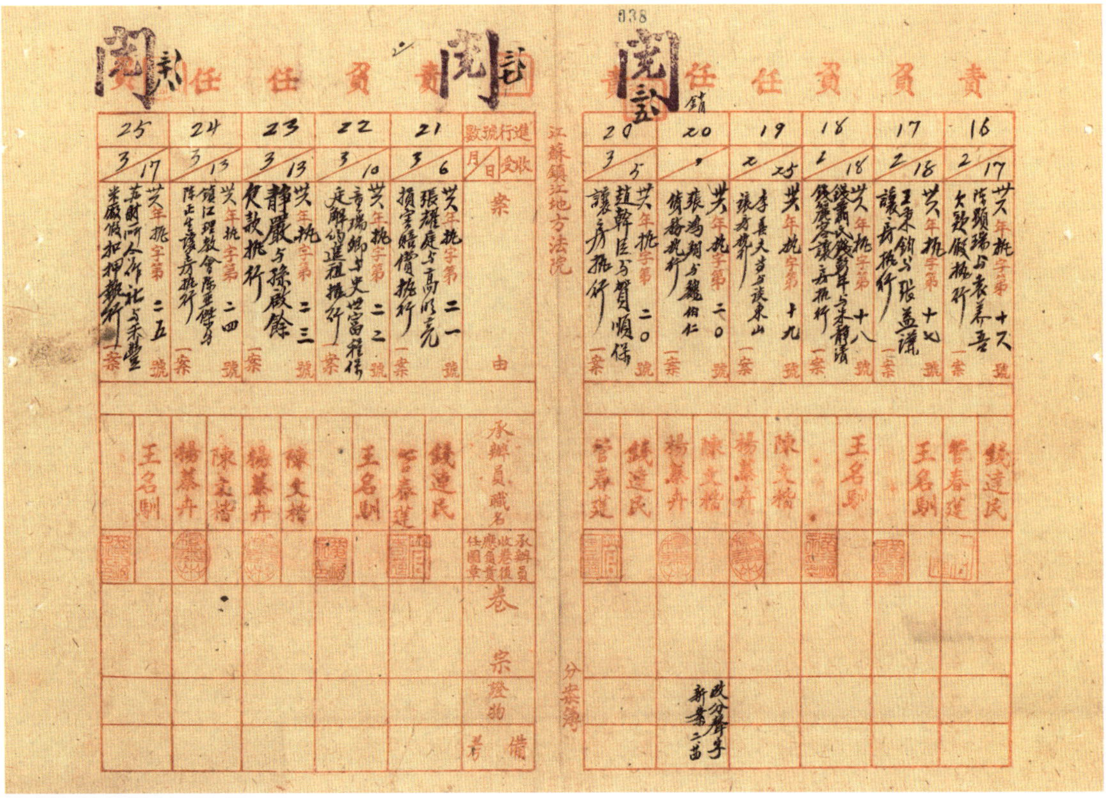
038
江蘇鎮江地方法院
分案簿
進行號數
收受月日
案由
承辦員職名
承辦員收受後應負責任蓋章
卷宗
登錄
備考

图4-2-4-4

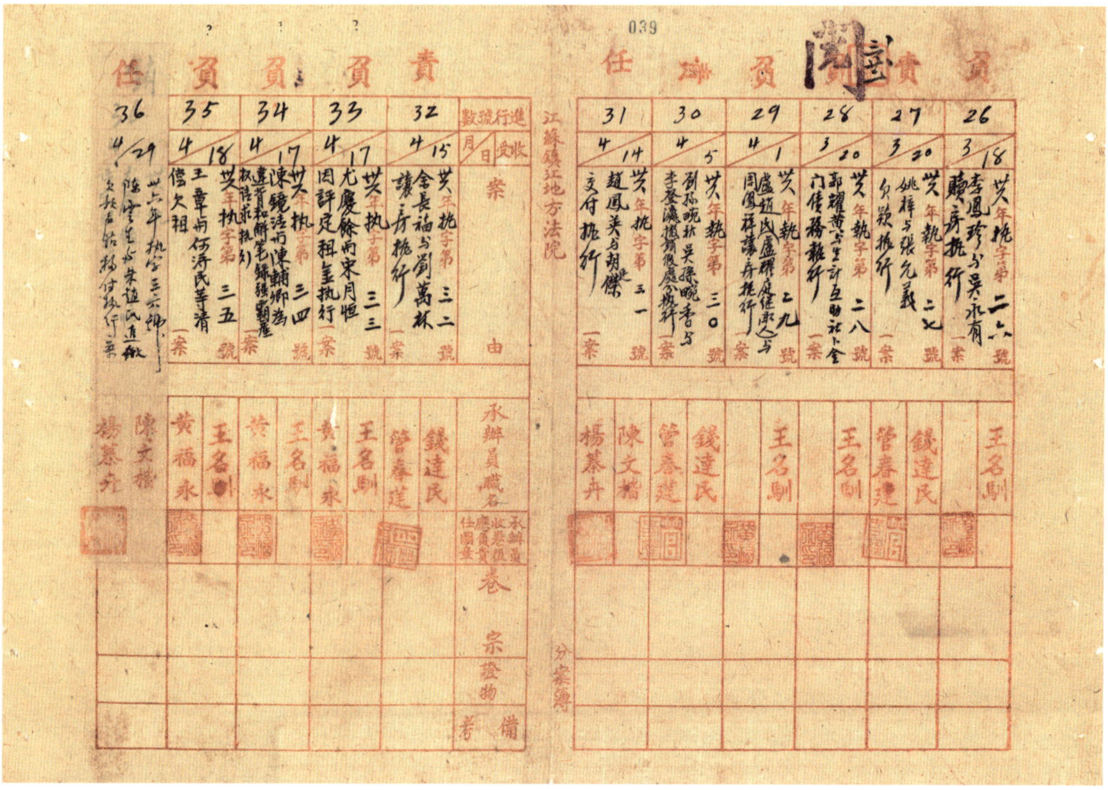

图4-2-4-5

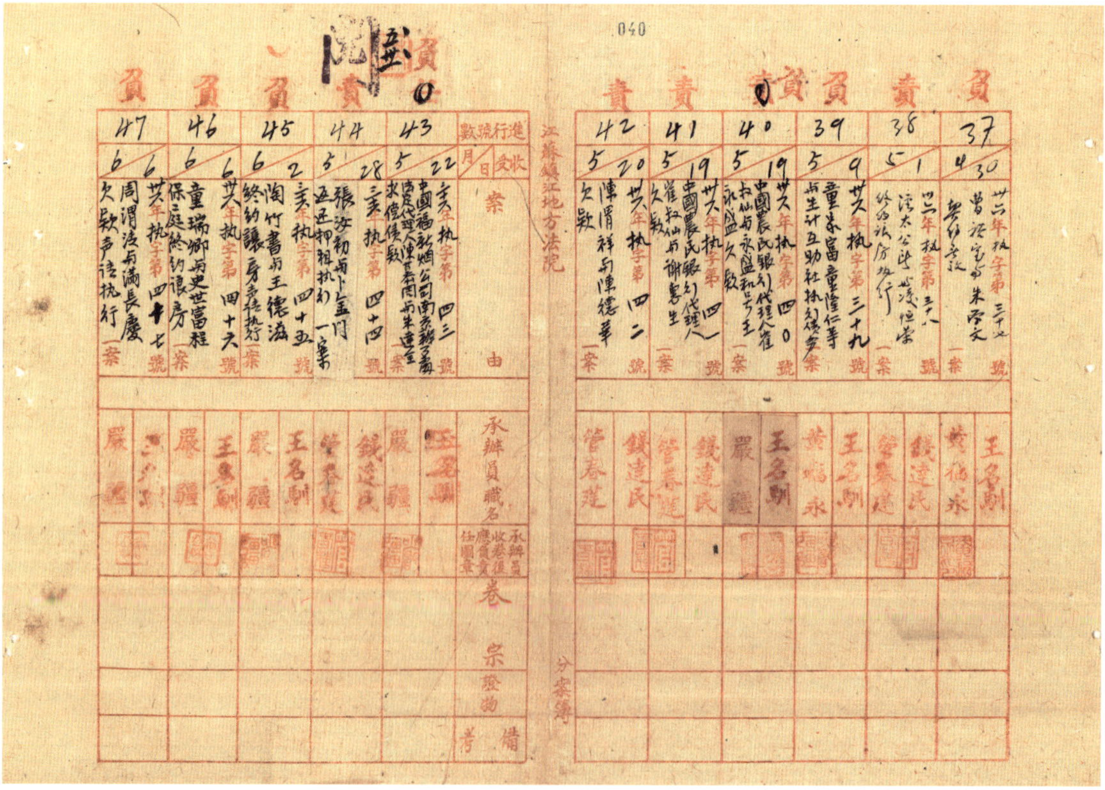

图4-2-4-6

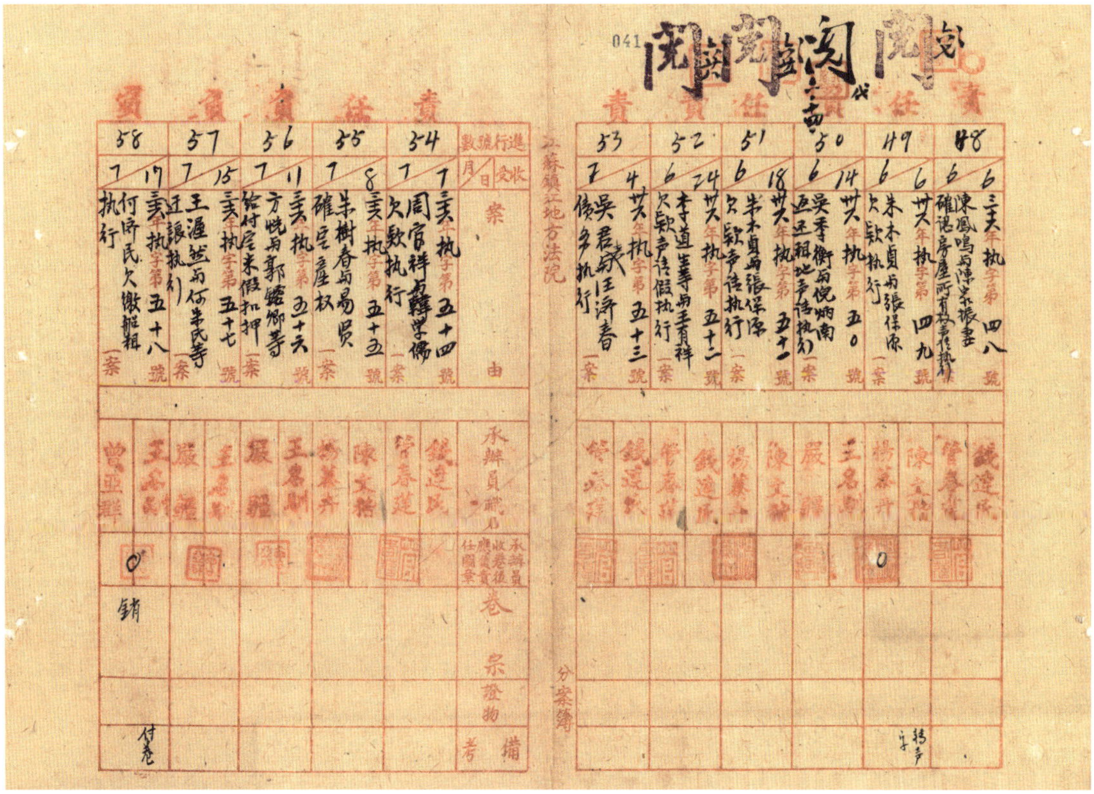

江苏镇江地方法院

进行号数	收交月	日	案由
48	6	6	三十六年执字第四八号 陈凤鸣与陈宗振妻确认房屋所有权并请执行一案
49	6	6	卅六年执字第四九号 朱木贞与张保原欠款执行一案
50	6	14	卅六年执字第五〇号 吴季衡与倪炳南返还租地并请执行一案
51	6	18	卅六年执字第五十一号 朱木贞与张保原欠款并请执行一案
52	6	24	卅六年执字第五十二号 李道生等与王有祥欠款并请假执行一案
53	7	4	卅六年执字第五十三号 吴君威与汪济春债务执行一案
54	7	7	三十六年执字第五十四号 周官祥与韩学儒欠款执行一案
55	7	8	三十六年执字第五十五号 朱树春与易贤确定产权一案
56	7	11	三十六年执字第五十六号 方晓与郭镜卿等给付屋米假扣押一案
57	7	15	三十六年执字第五十七号 王汇然与何来氏等迁让执行一案
58	7	17	三十六年执字第五十八号 何许氏欠缴船租执行一案

图4-2-4-7

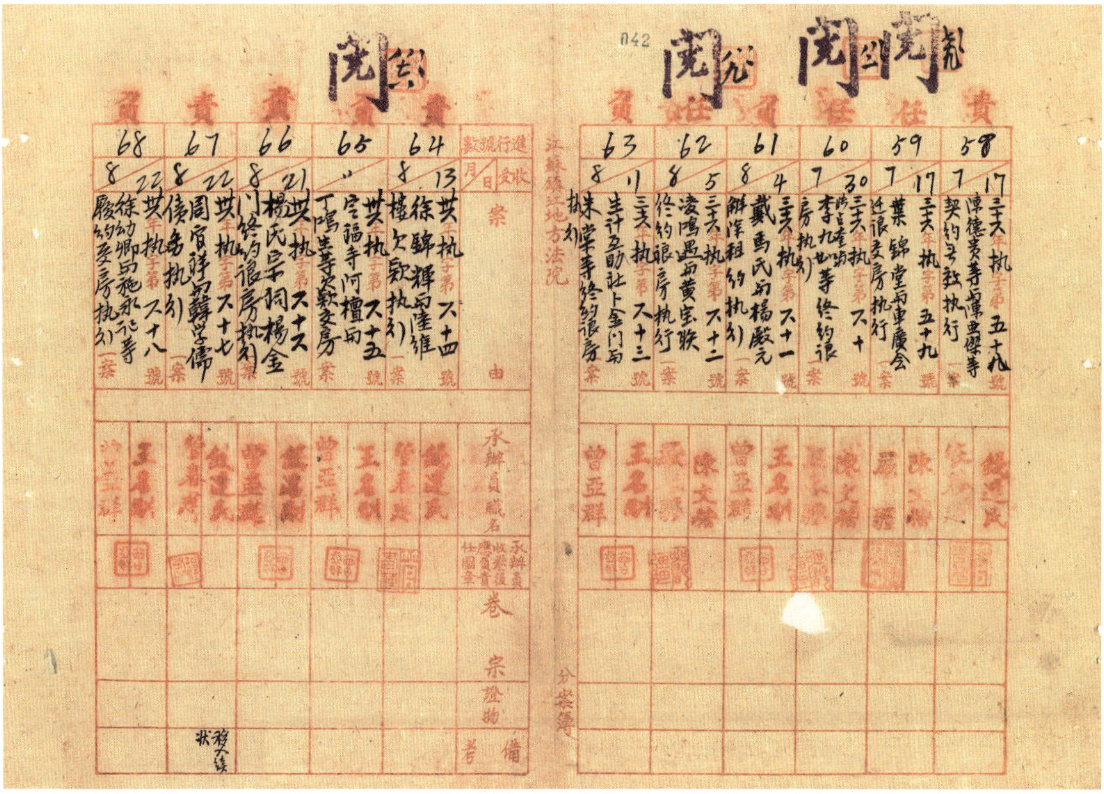

江苏镇江地方法院

进行号数	收交月	日	案由
58	7	17	三十六年执字第五十八号 陈德贵等与陈忠杰等契约纠纷执行一案
59	7	17	三十六年执字第五十九号 叶锦堂与东广会迁让交房执行一案
60	7	30	三十六年执字第六十号 李九世等终约退房执行一案
61	8	4	三十六年执字第六十一号 戴马氏与杨殿元解除租约执行一案
62	8	5	三十六年执字第六十二号 凌鸣遇与黄宝骙终约退房执行一案
63	8	11	三十六年执字第六十三号 生计互助社卜金门与朱堂等终约退房执行一案
64	8	13	卅六年执字第六十四号 徐辟耀与陆维楼欠款执行一案
65	〃		卅六年执字第六十五号 宝福寺河檀与丁鸣生等欠款交房一案
66	8	21	卅六年执字第六十六号 杨氏字同杨金门终约退房执行一案
67	8	22	卅六年执字第六十七号 周官祥与韩学儒债务执行一案
68	8	22	卅六年执字第六十八号 徐幼卿与施永庆等终约交房执行一案

图4-2-4-8

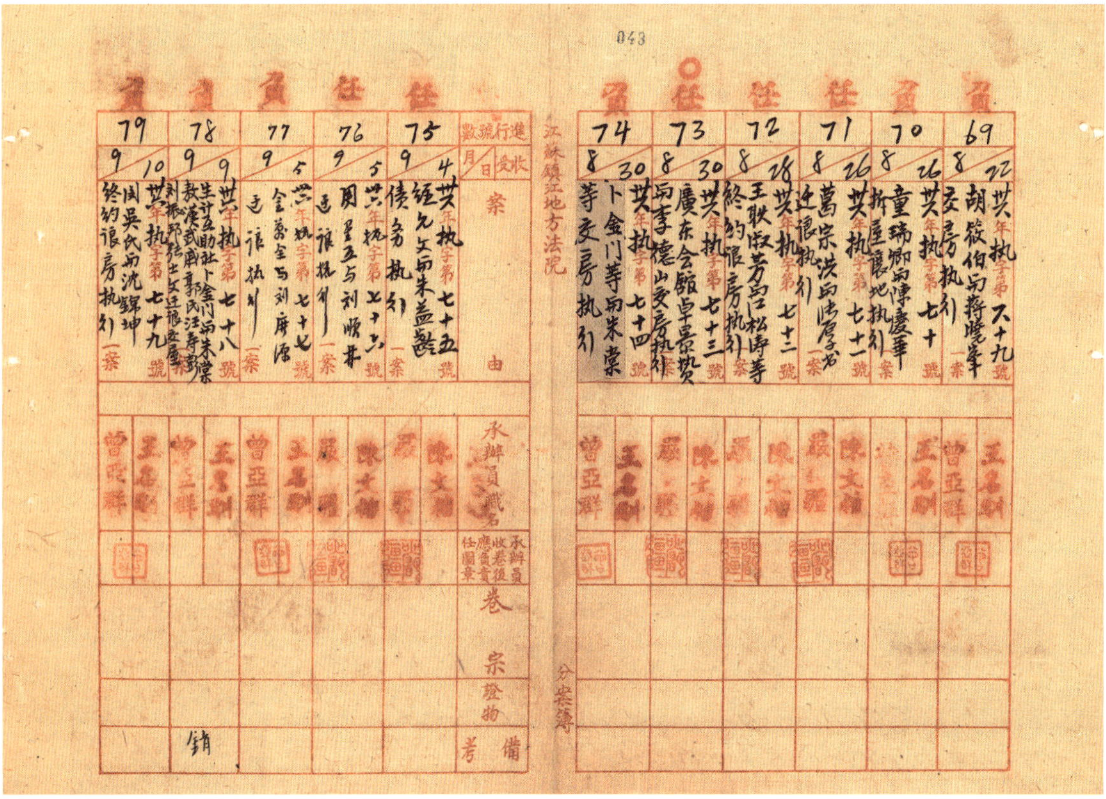

图4-2-4-9

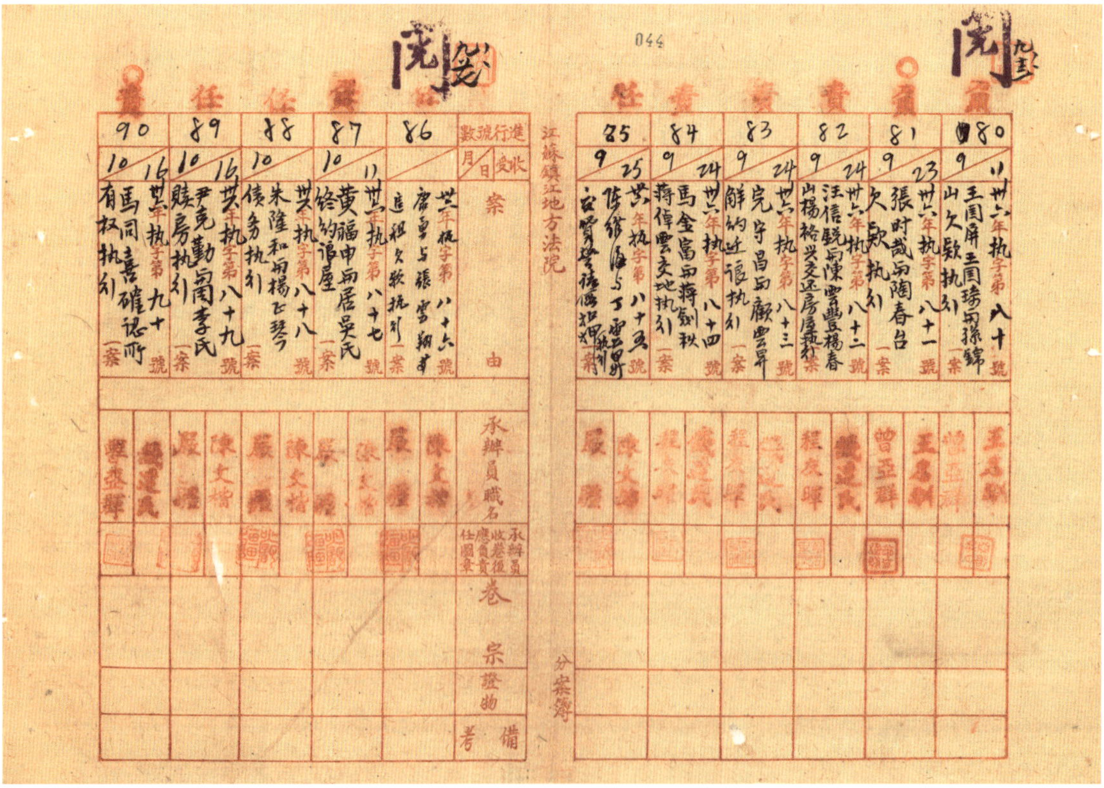

图4-2-4-10

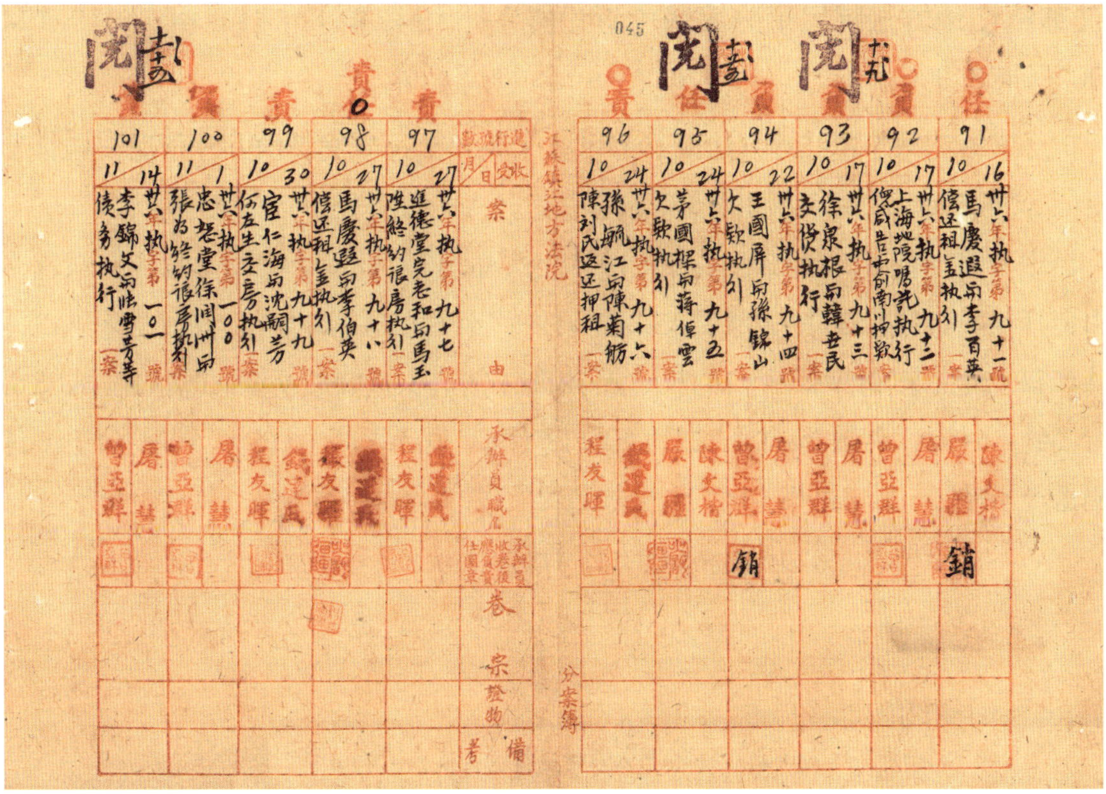

图4-2-4-11

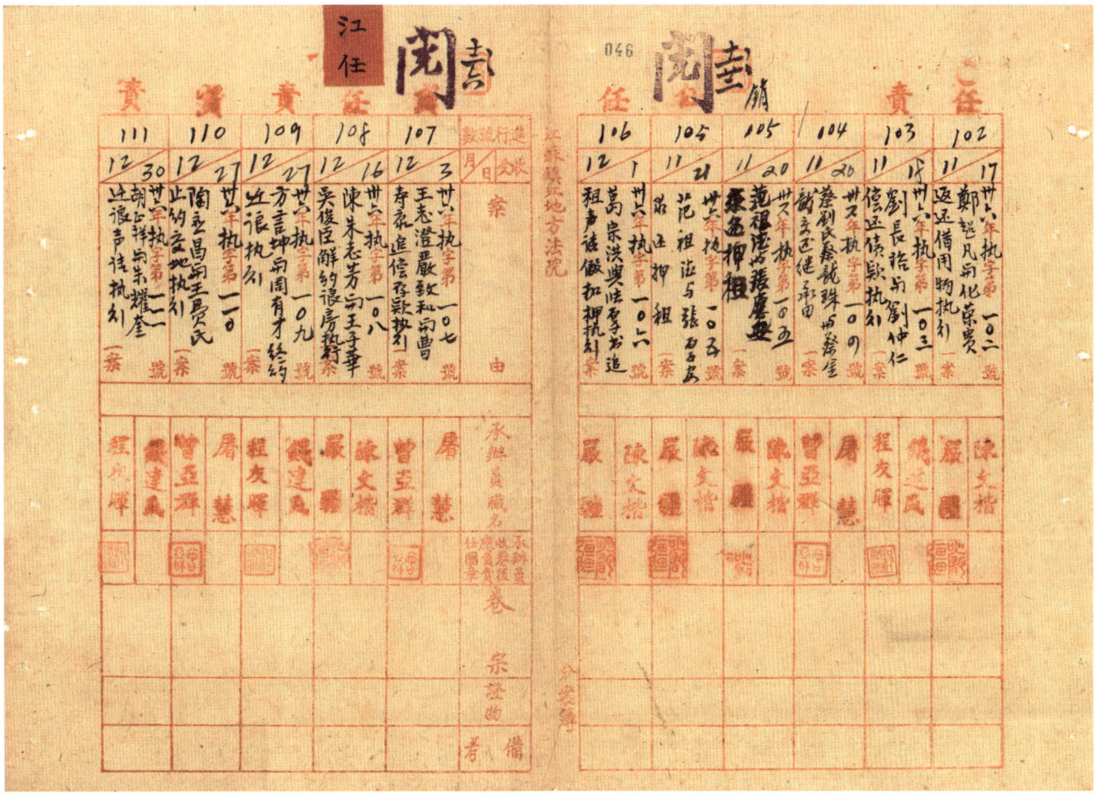

图4-2-4-12

5. 江苏镇江地方法院民事分案簿（诉讼类）（1947年）（档案号：A019-1947-001-0496-0061）

该分案簿记录了镇江地方法院1947年全年诉讼类民事案件的办理情况，包括了收案时间、当事人、案由、承办人员等信息。

根据分案簿记载，镇江地方法院1947年共办理302件诉讼类民事案件，案件主要案由包括终止契约（53件）、清偿欠款（36件）、契约无效（23件）、交还房屋（13件）、确认产权（10件）、拆屋让地（10件）、损害赔偿（9件）、回赎（9件）、解约追租（8件）、履行契约（6件）、离婚（6件）、撤销契约（6件）、返还田产（5件）、解除契约（5件）、分割遗产（3件）、撤销婚姻（3件）、增加给付（3件）等。

图4.2.5 镇江地方法院诉讼类民事案件主要案由分布图（1947年）

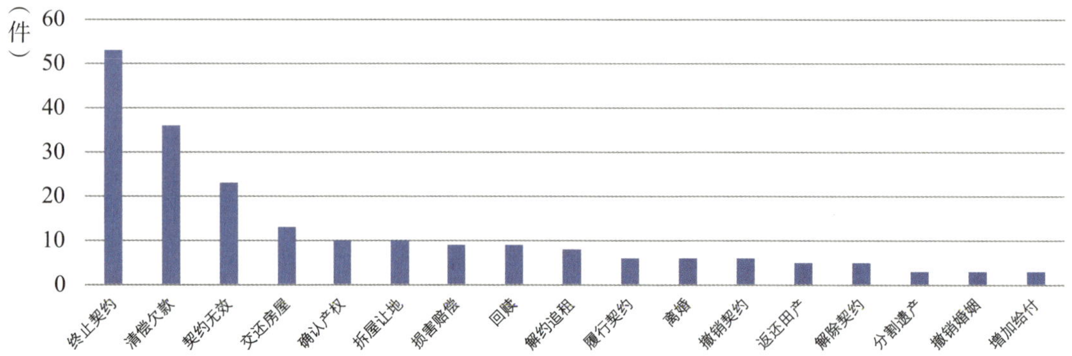

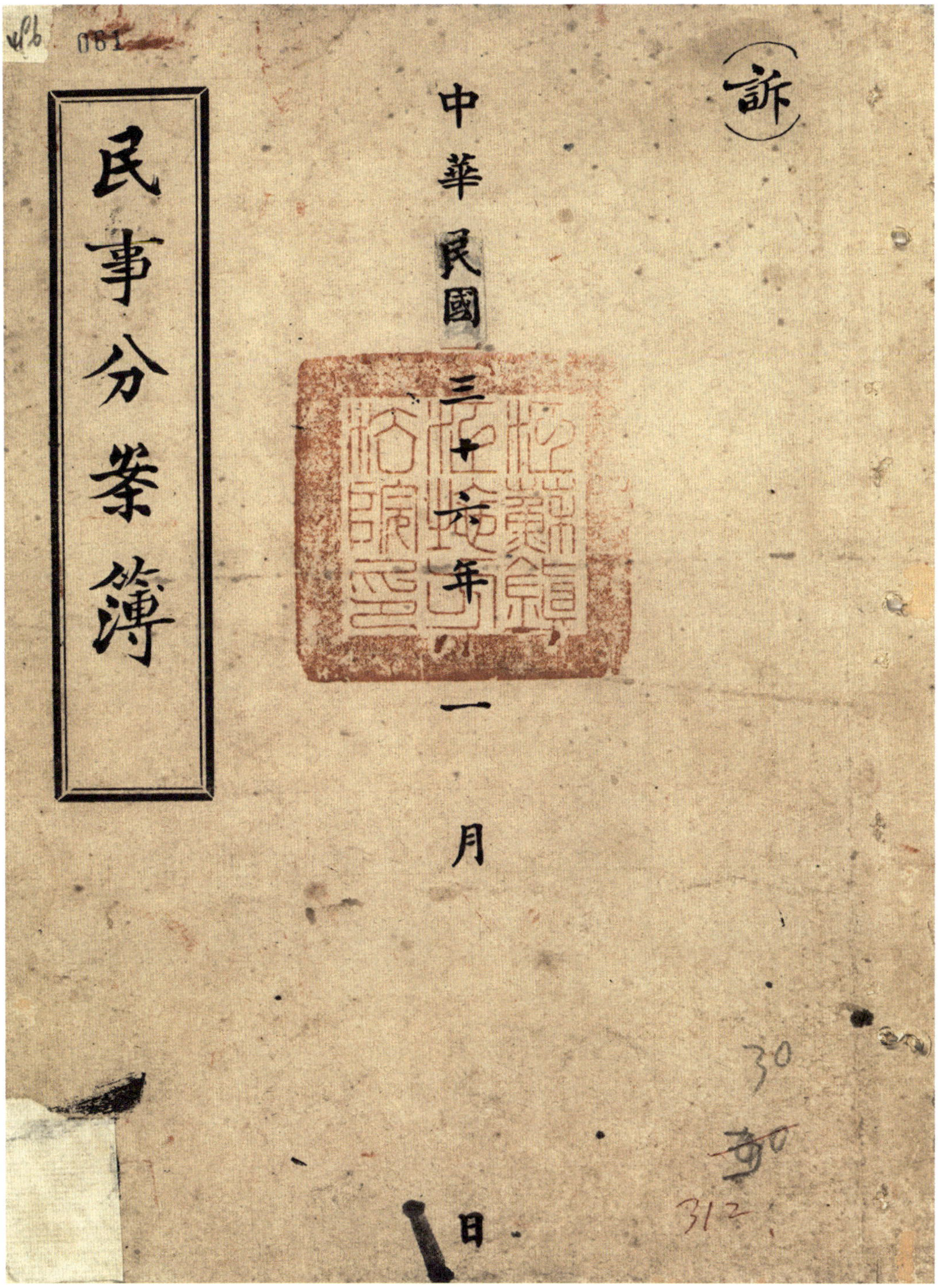

图 4-2-5-1

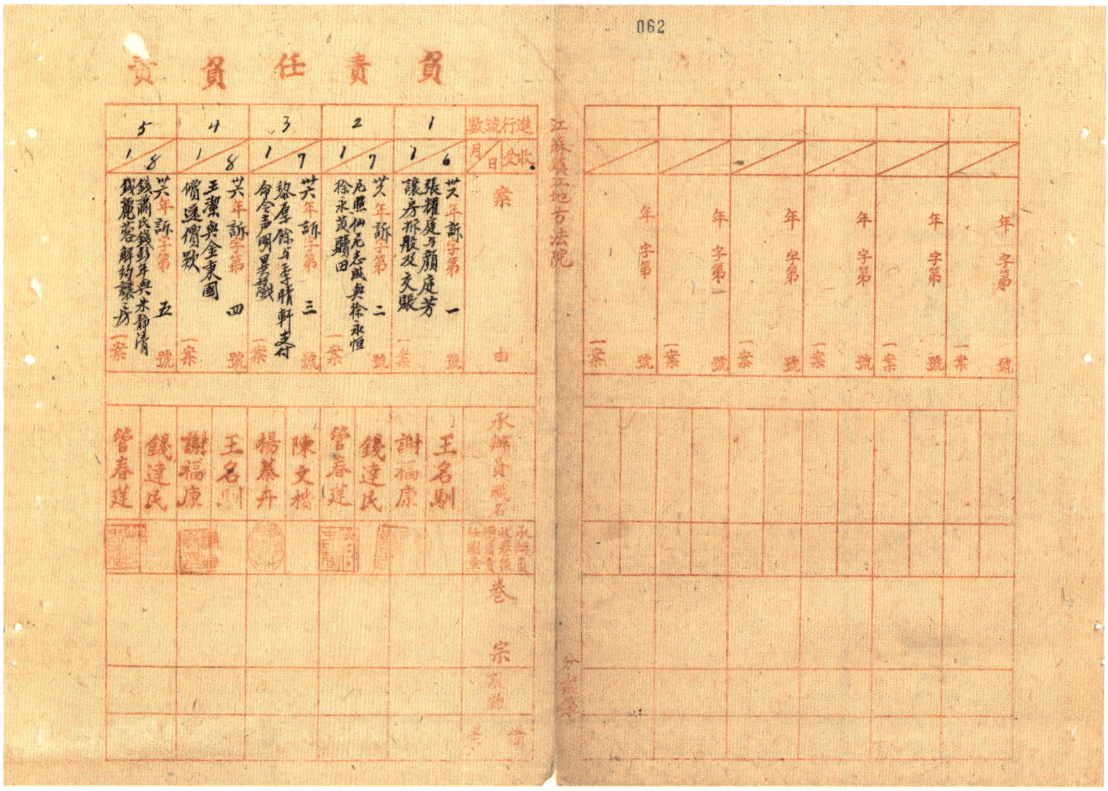

图4-2-5-2

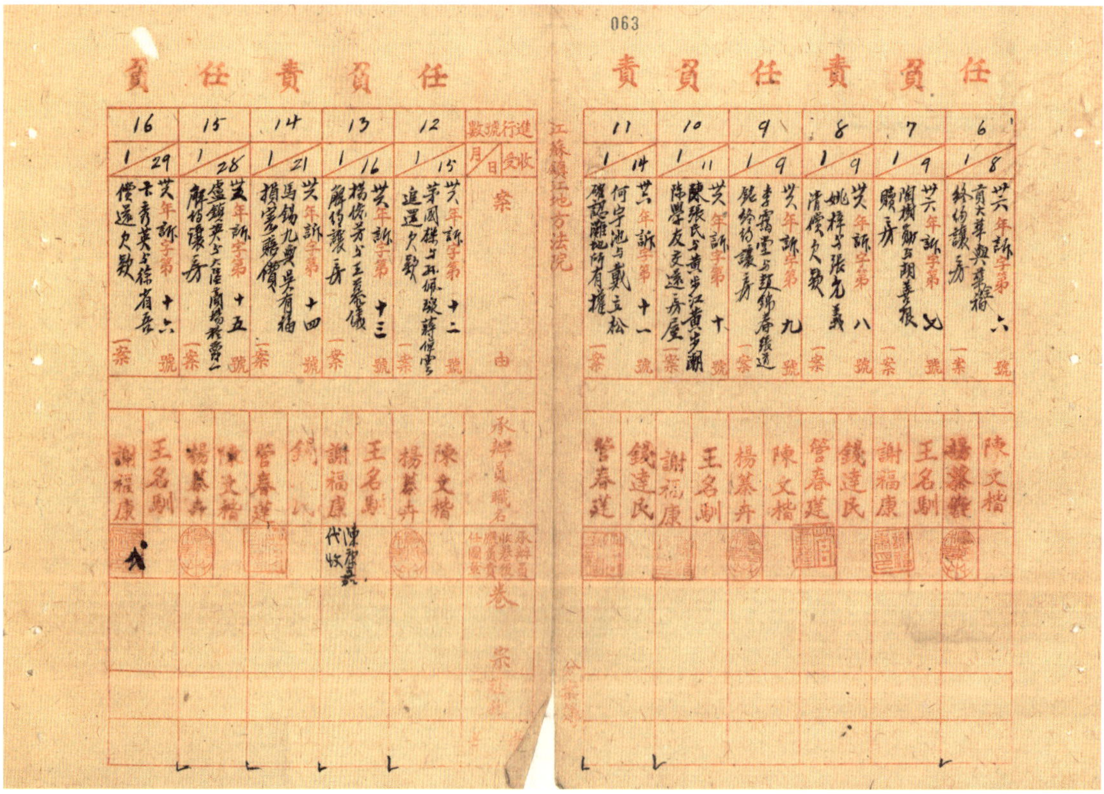

图4-2-5-3

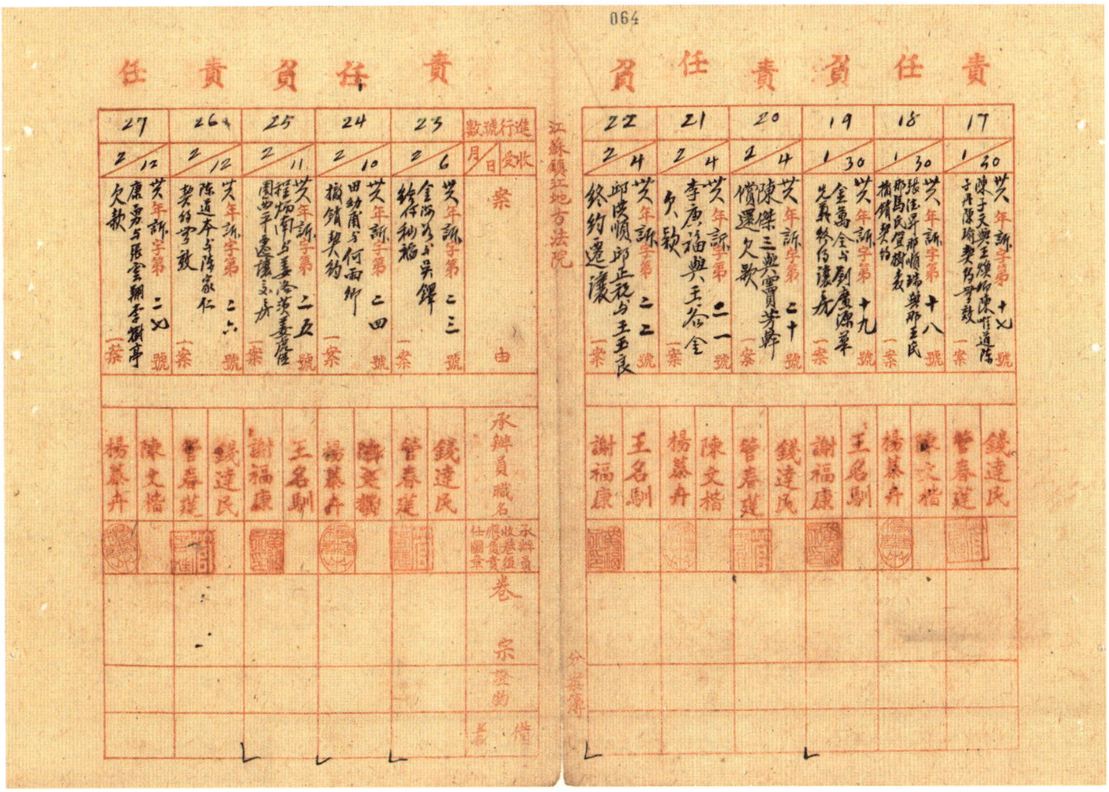
064
責任員
江蘇鎮江地方法院
進行號數
收受 月 日
案由
承辦員職名
承辦員收卷簽名蓋章
卷宗登錄
分案簿
備考

图4-2-5-4

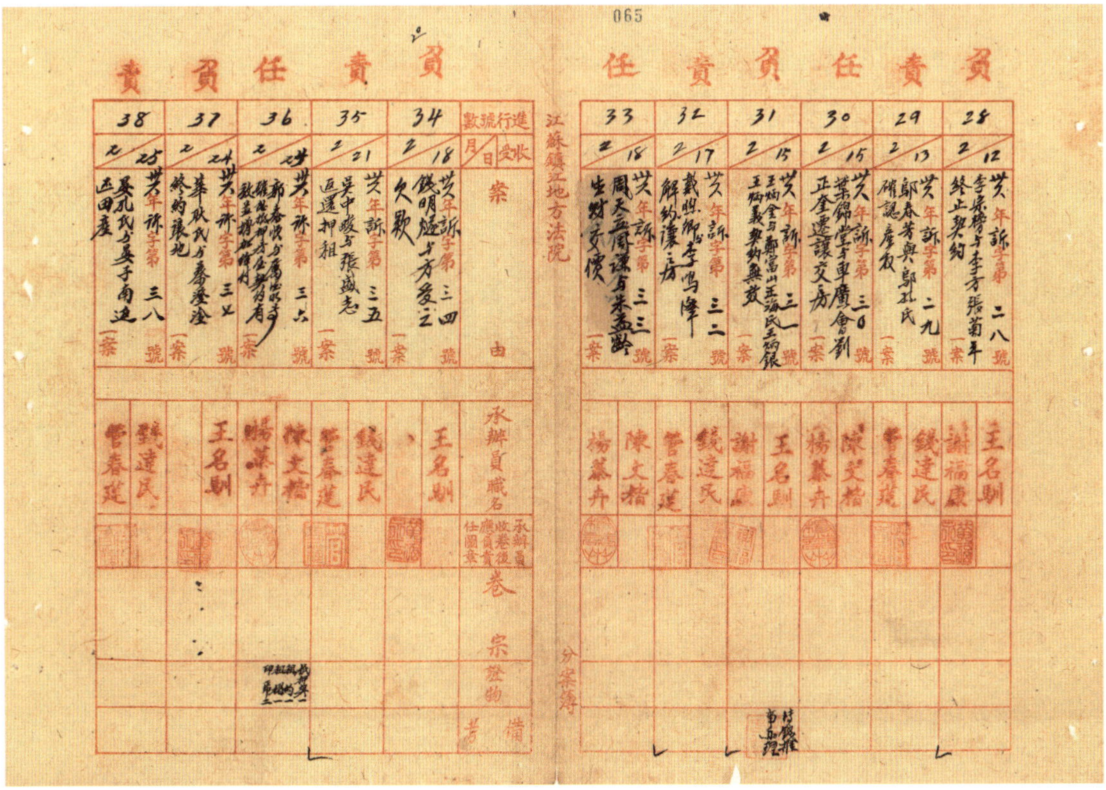
065
責任員
江蘇鎮江地方法院
進行號數
收受 月 日
案由
承辦員職名
承辦員收卷簽名蓋章
卷宗登錄
分案簿
備考

图4-2-5-5

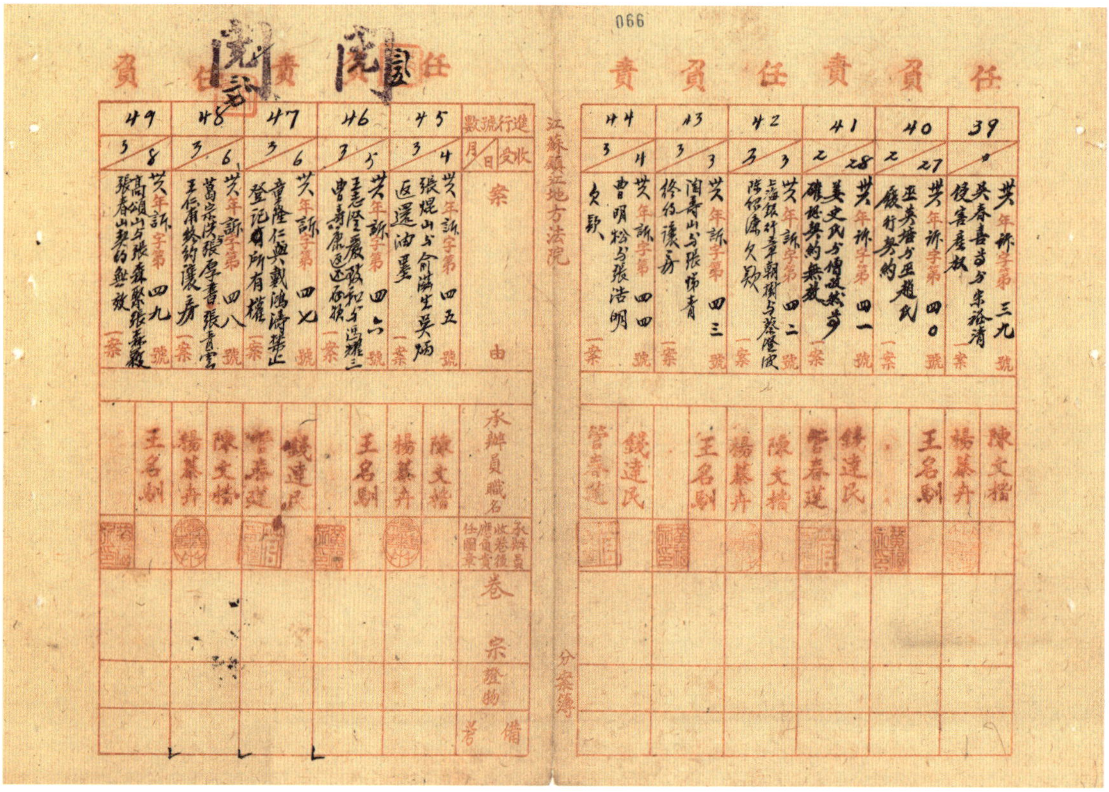
江蘇鎮江地方法院

066

進行號數	收交 月/日	案由
39	[illegible]	卅六年訴字第三九號 吳春喜与朱裕清 侵害產權 一案
40	2/27	卅六年訴字第四〇號 巫秀培与巫趙氏 履行契約 一案
41	2/28	卅六年訴字第四一號 姜史氏与傅政然等 確認契約無效 一案
42	3/3	卅六年訴字第四二號 上海銀行章朝樹与蔡隆波陳紹濂 欠款 一案
43	3/3	卅六年訴字第四三號 閻壽山与張錦青 修繕讓房 一案
44	3/4	卅六年訴字第四四號 曹明松与張浩明 欠款 一案
45	3/4	卅六年訴字第四五號 張焜山与俞滿生吳炳 返還油墨 一案
46	3/5	卅六年訴字第四六號 王志堅殷殿和与馮耀三曹壽康 返還房狀 一案
47	3/6	卅六年訴字第四七號 童隆仁與戴鴻濤 禁止登記所有權 一案
48	3/6	卅六年訴字第四八號 葛宗茂与張厚書張青雲王伯甫 終約讓房 一案
49	3/8	卅六年訴字第四九號 高頌山与張森聚張森毅張春山 契約無效 一案

承辦員職名：王名駒　楊慕卉　陳文樞　管春蓮　錢達民

承辦員收卷後任應負責保管　卷宗登錄　備考　分案簿

图4-2-5-6

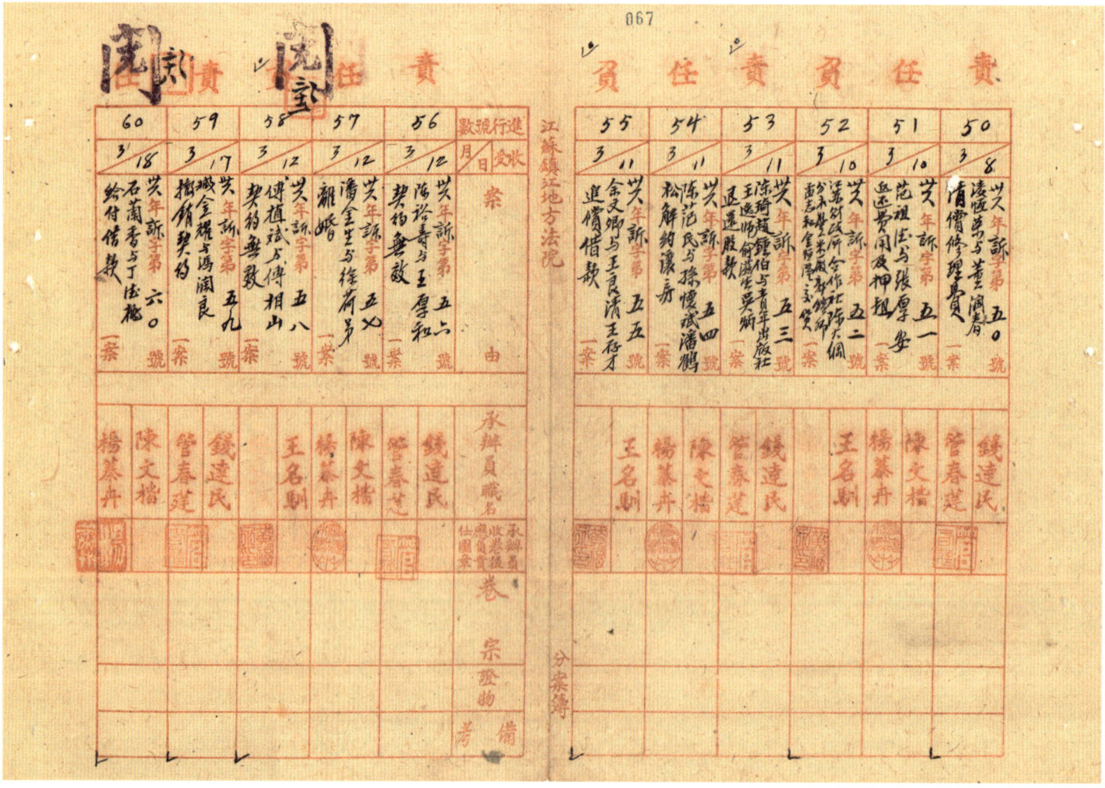
江蘇鎮江地方法院

067

進行號數	收交 月/日	案由
50	3/8	卅六年訴字第五〇號 凌恆蘭与董潤春 清償修理費 一案
51	3/10	卅六年訴字第五一號 范祖法与張厚安 返還費用及押租 一案
52	3/10	卅六年訴字第五二號 江蘇財政所合作社陳大綱 [illegible] 一案
53	3/11	卅六年訴字第五三號 陳琦趙鍾伯与青年出版社王逸帆俞滿生吳炳 返還股款 一案
54	3/11	卅六年訴字第五四號 陳范氏与孫懷斌潘鶴松 解約讓房 一案
55	3/11	卅六年訴字第五五號 余文卿与王良清王存才 追償借款 一案
56	3/12	卅六年訴字第五六號 陳裕壽与王厚和 契約無效 一案
57	3/12	卅六年訴字第五七號 潘金生与徐荷弟 離婚 一案
58	3/12	卅六年訴字第五八號 傅植斌与傅相山 契約無效 一案
59	3/17	卅六年訴字第五九號 臧金耀与馮潤良 撤銷契約 一案
60	3/18	卅六年訴字第六〇號 石蘭香与丁法槐 給付借款 一案

承辦員職名：王名駒　楊慕卉　陳文樞　管春蓮　錢達民

承辦員收卷後任應負責保管　卷宗登錄　備考　分案簿

图4-2-5-7

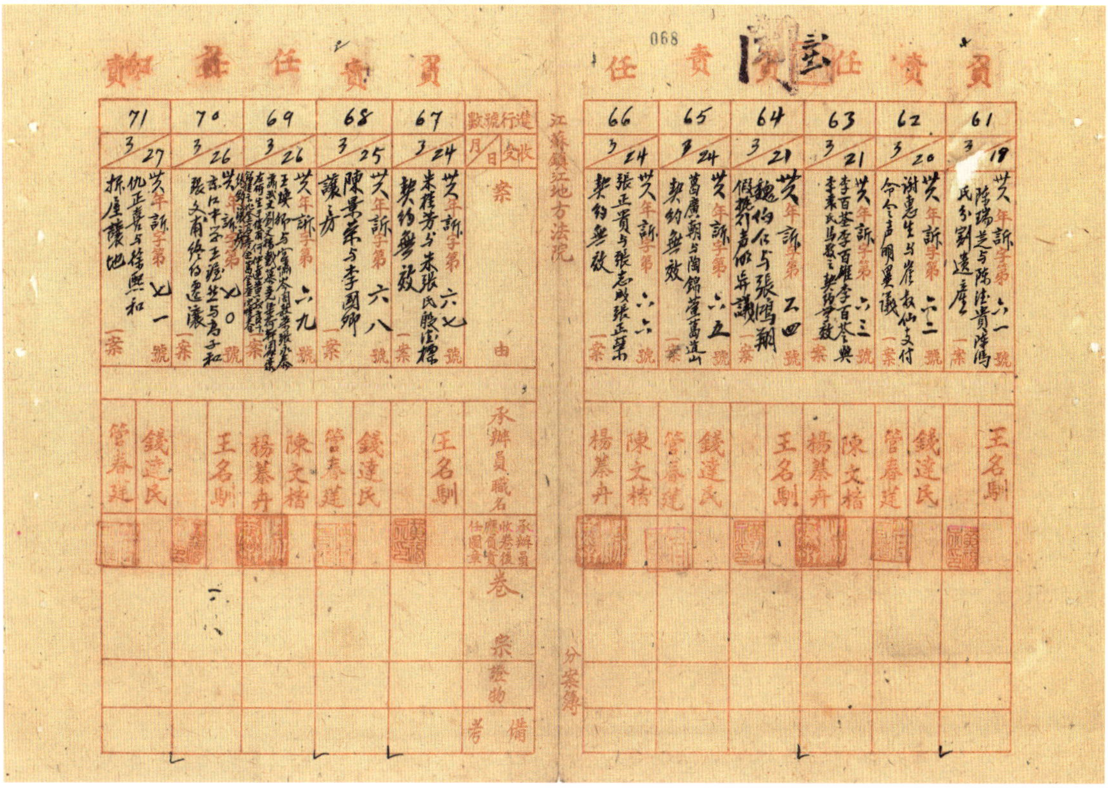

图4-2-5-8

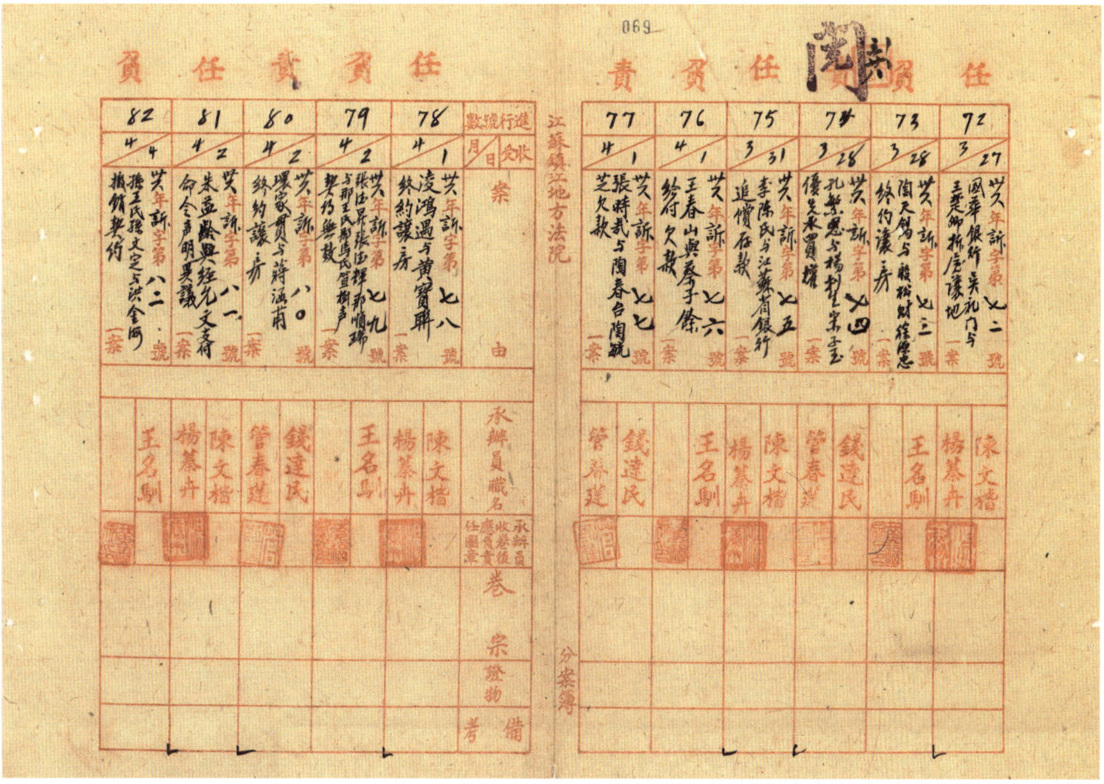

图4-2-5-9

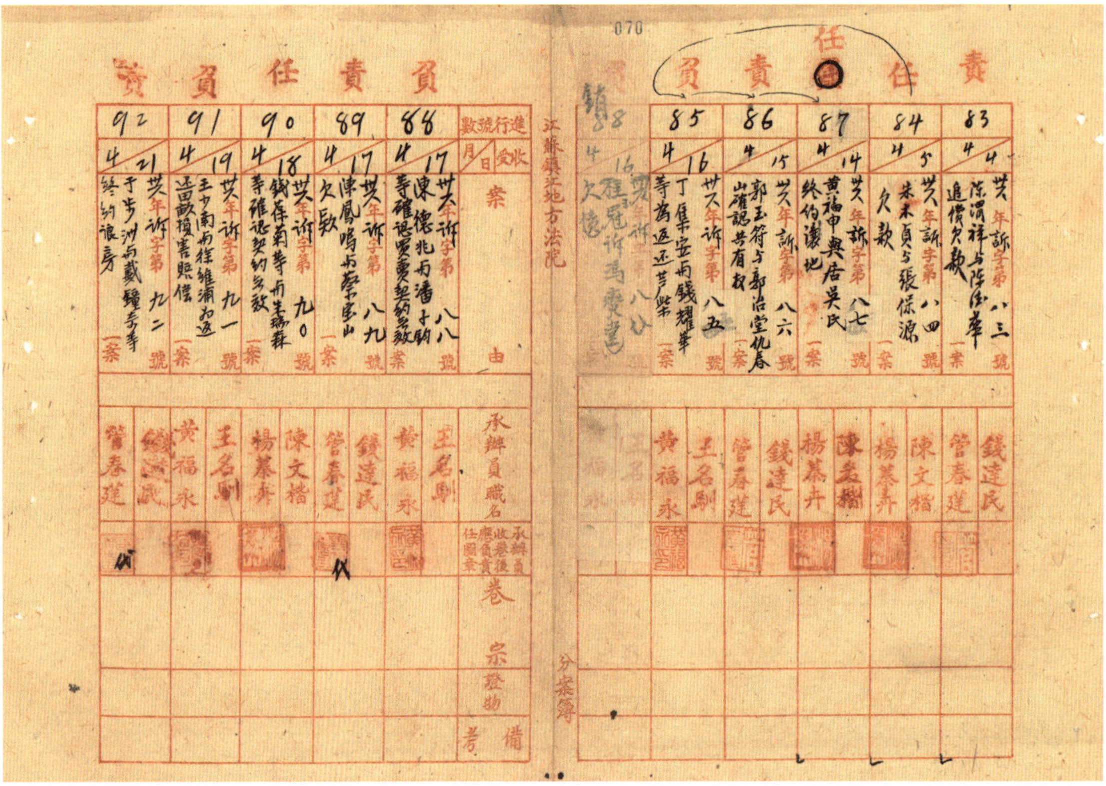

图 4-2-5-10

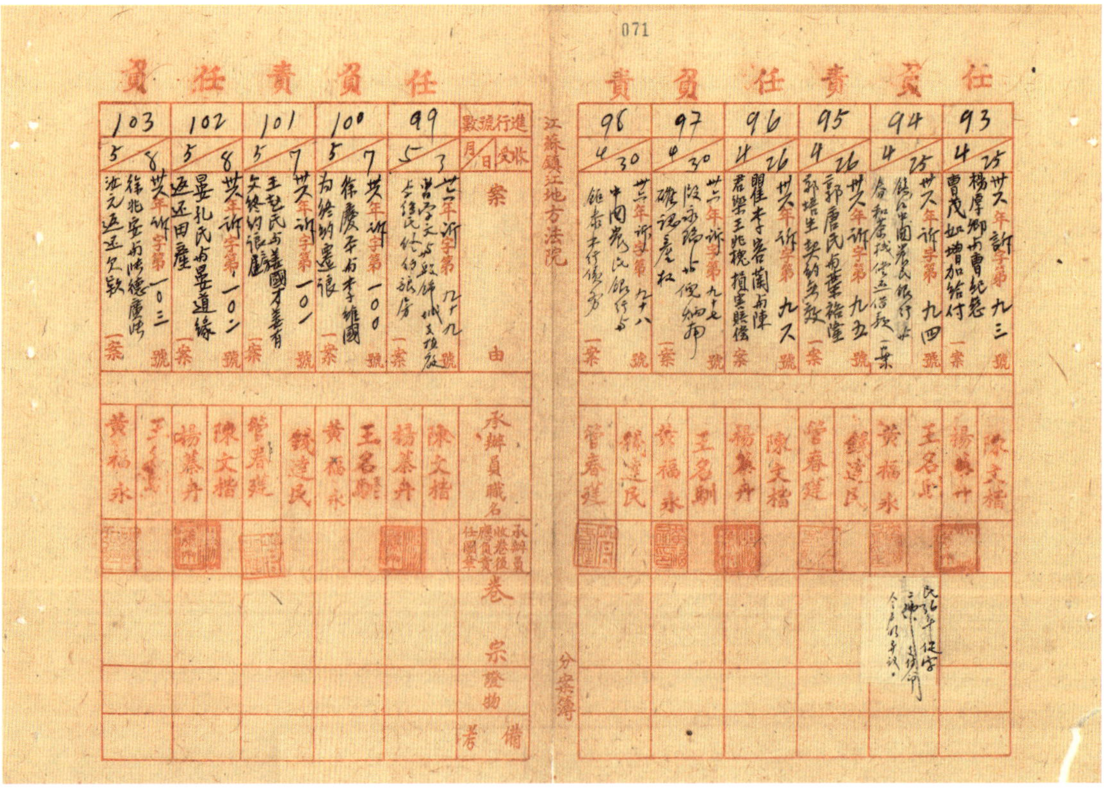

图 4-2-5-11

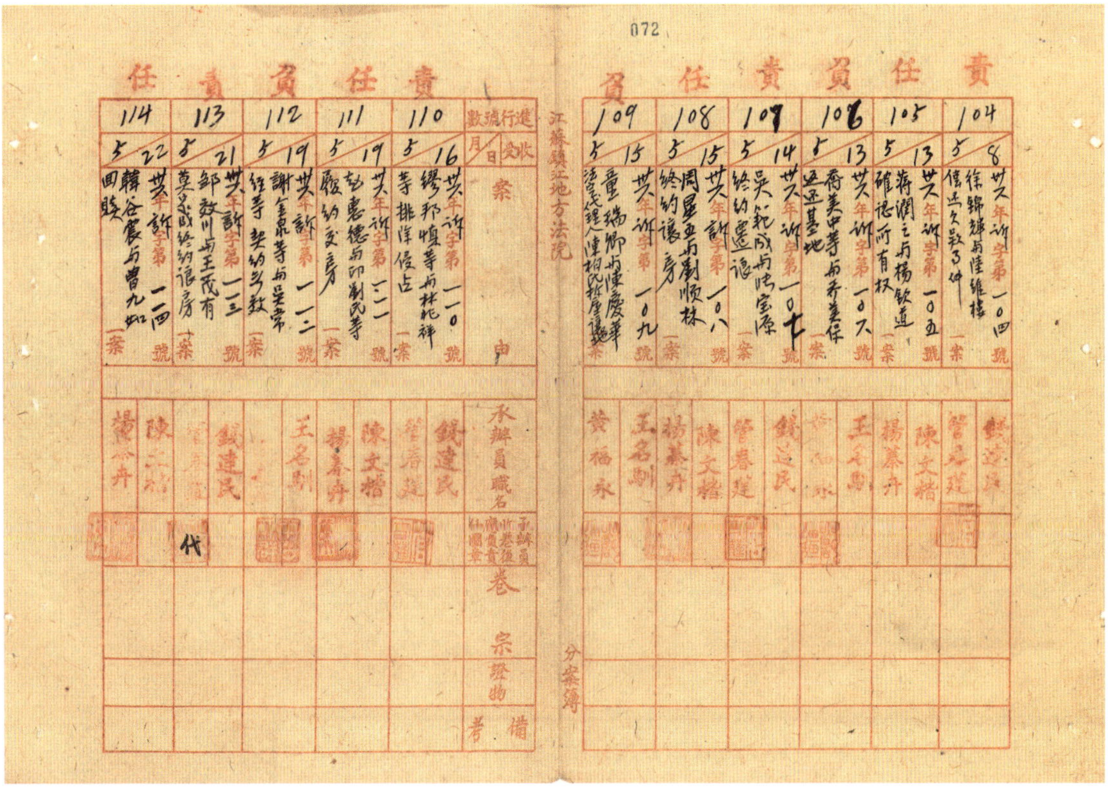

图4-2-5-12

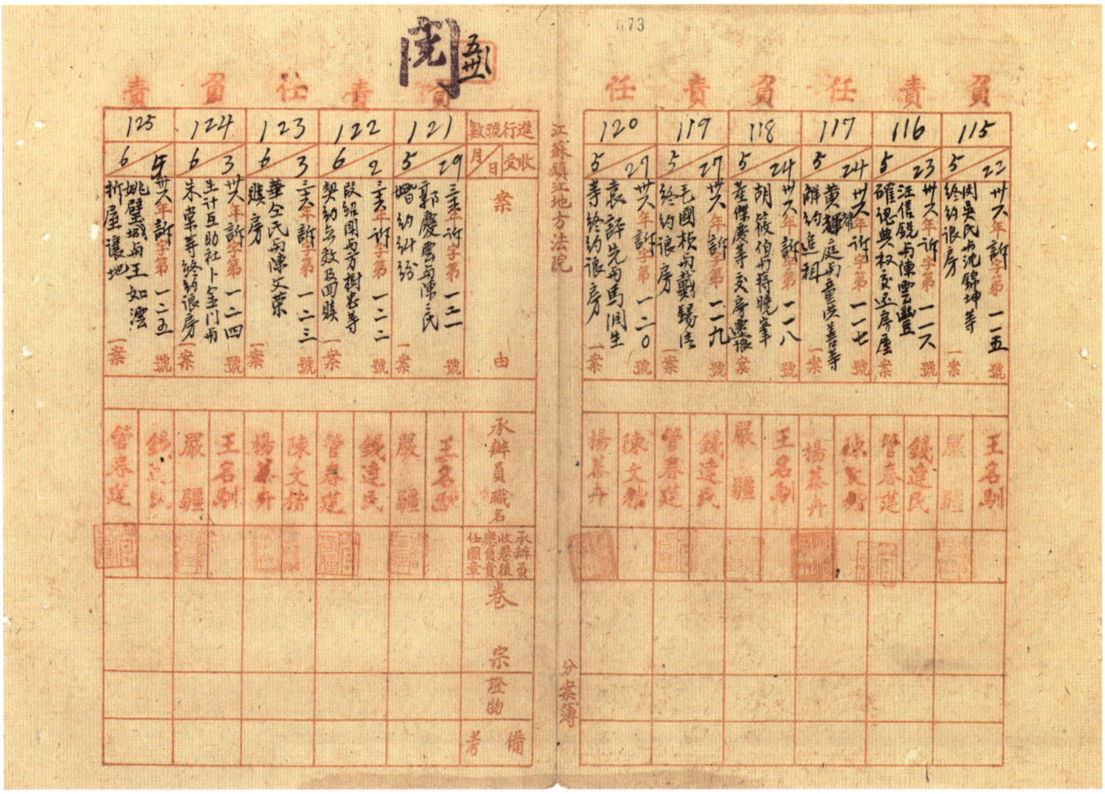

图4-2-5-13

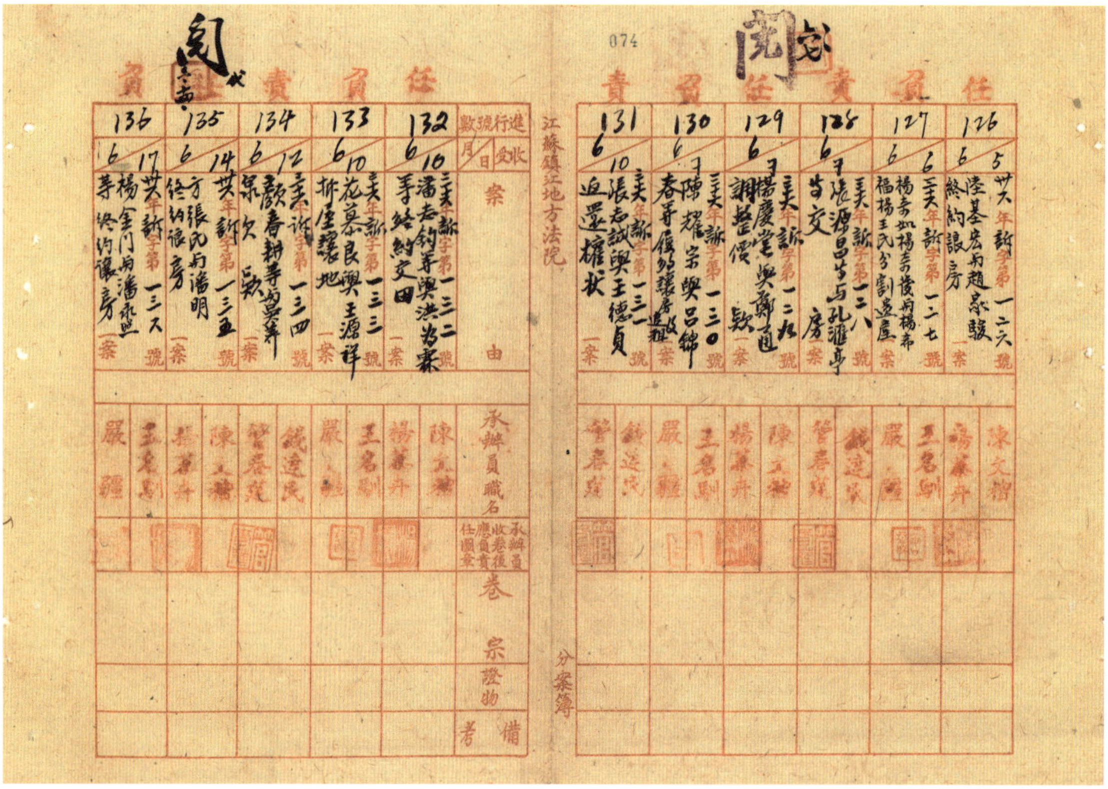

图4-2-5-14

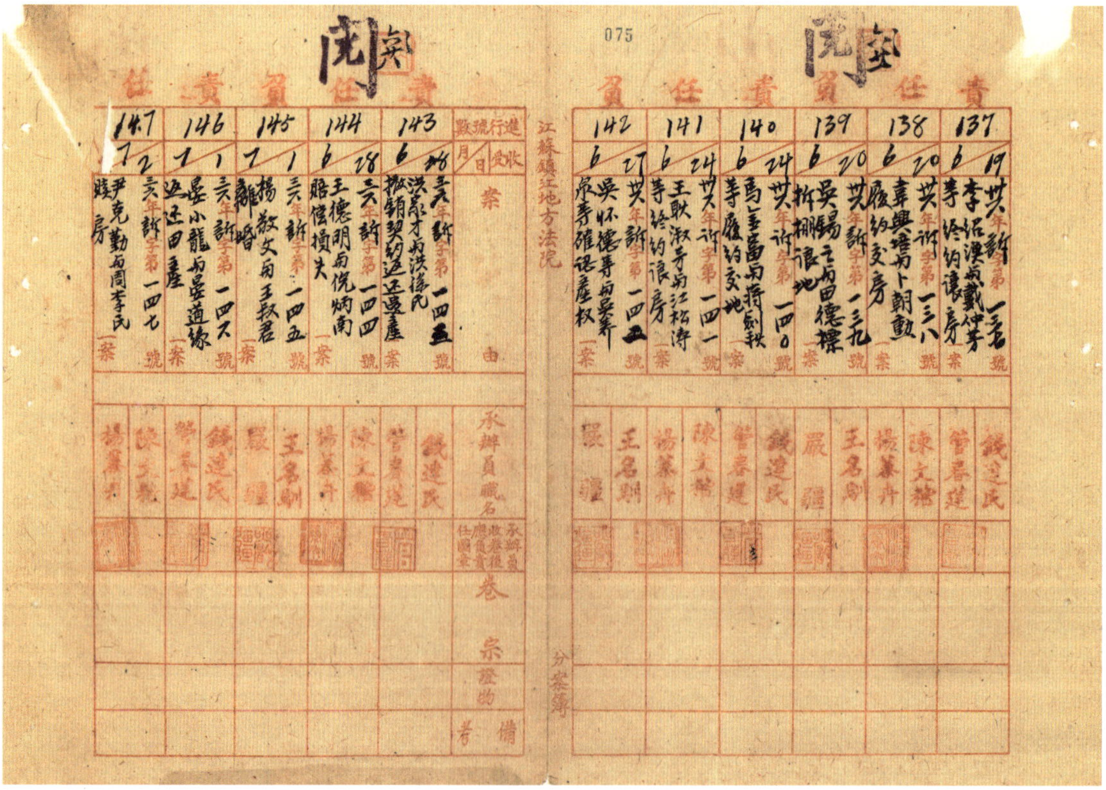

图4-2-5-15

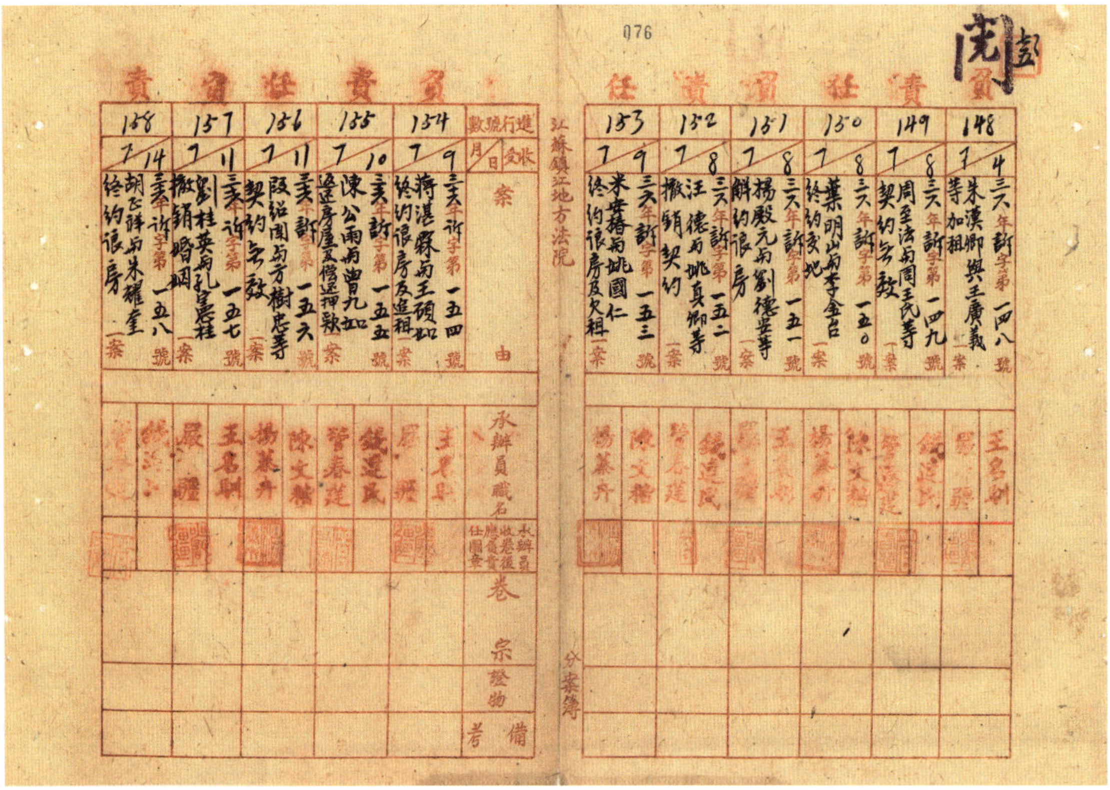

076

江蘇鎮江地方法院

進行號數	收受月日	案由
148	7/4	三六年訴字第一四八號 朱漢卿與王廣義等加租一案
149	7/8	三六年訴字第一四九號 周至法與周王氏等契約糾紛一案
150	7/8	三六年訴字第一五〇號 葉明山與李金台終約交地一案
151	7/8	三六年訴字第一五一號 楊殿元與劉德安等解約讓房一案
152	7/8	三六年訴字第一五二號 汪德與姚真卿等撤銷契約一案
153	7/9	三六年訴字第一五三號 米安椿與姚國仁終約讓房及欠租一案
154	7/9	三六年訴字第一五四號 蔣湛霖與王碩如終約讓房及追租一案
155	7/10	三六年訴字第一五五號 陳公雨與曹九如返還房屋及償還押款一案
156	7/11	三六年訴字第一五六號 殷紹周與方樹忠等契約糾紛一案
157	7/11	三六年訴字第一五七號 劉桂英與孔憲桂撤銷婚姻一案
158	7/14	三六年訴字第一五八號 胡正祥與朱耀奎終約讓房一案

图4-2-5-16

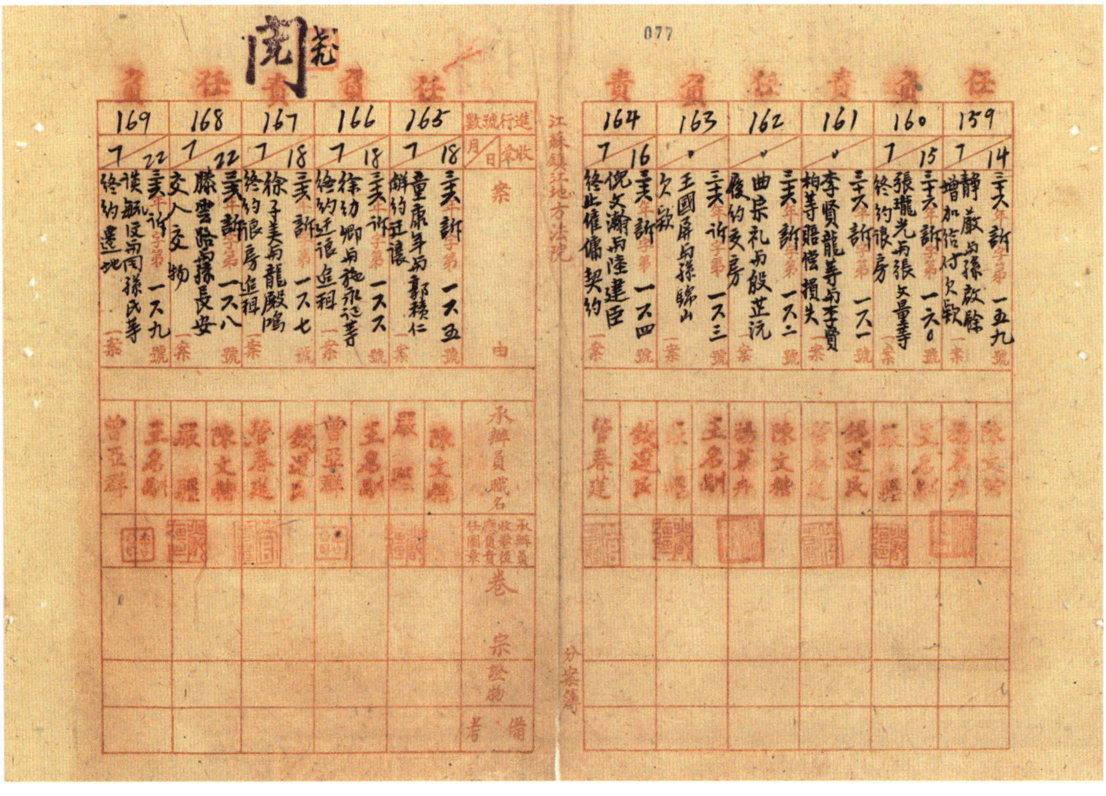

077

江蘇鎮江地方法院

進行號數	收受月日	案由
159	7/14	三六年訴字第一五九號 靜巖與孫啟餘增加給付欠款一案
160	7/15	三六年訴字第一六〇號 張瓏光與張文量等終約讓房一案
161	〃	三六年訴字第一六一號 李賢龍等與李貴柏等賠償損失一案
162	〃	三六年訴字第一六二號 曲宗礼與殷芷沅履約交房一案
163	〃	三六年訴字第一六三號 王國屏與孫歸山欠款一案
164	7/16	三六年訴字第一六四號 倪文瀚與陸建臣終止僱傭契約一案
165	7/18	三六年訴字第一六五號 童康年與郭積仁解約遷讓一案
166	7/18	三六年訴字第一六六號 徐幼卿與魏永懷等終約遷讓追租一案
167	7/18	三六年訴字第一六七號 徐子美與龍殿鳴終約讓房追租一案
168	7/22	三六年訴字第一六八號 滕雲鵬與孫長安交人交物一案
169	7/22	三六年訴字第一六九號 談毓民與周孫氏等終約還地一案

图4-2-5-17

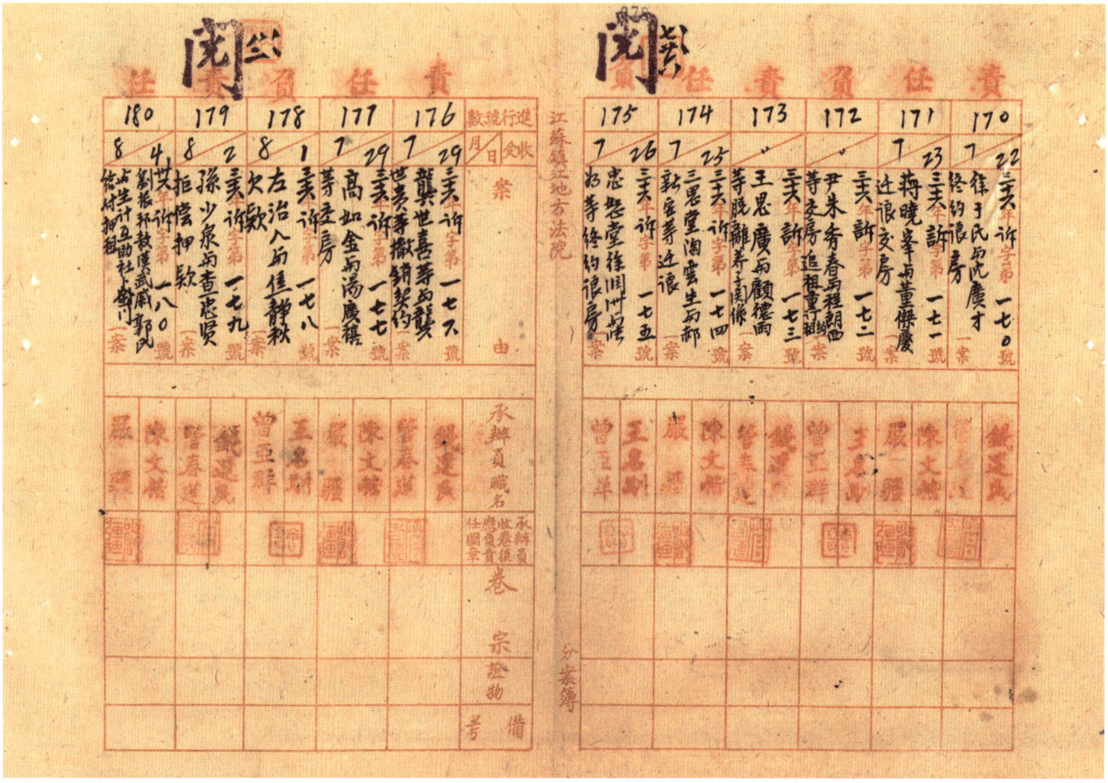

江蘇鎮江地方法院分案簿

進行號數	收受月日	案由
170	7 22	三十六年許字第一七〇號 徐于氏與沈廣才等終約退房一案
171	7 23	三十六年訴字第一七一號 蔣曉峯與董傑慶迁退交房一案
172	〃 〃	三十六年訴字第一七二號 尹朱秀春與程朝西等交房追租一案
173	〃 〃	三十六年訴字第一七三號 王恩廣與顧德雨等脫離養子關係一案
174	7 25	三十六年許字第一七四號 三畏堂陶雲生與郝新安等迁退一案
175	7 26	三十六年許字第一七五號 忠恕堂徐潤卅與汤等終約退房一案
176	7 29	三十六年許字第一七六號 龔世喜等與龔世炎等撤銷契約一案
177	7 29	三十六年許字第一七七號 高如金與湯慶祺等交房一案
178	8 1	三十六年許字第一七八號 左治人與侯靜秋欠款一案
179	8 2	三十六年許字第一七九號 孫少泉與查崇賢拒償押款一案
180	8 4	卅六年許字第一八〇號 劉振邦救濟武威郭氏與占生計互助社給付押租一案

图4-2-5-18

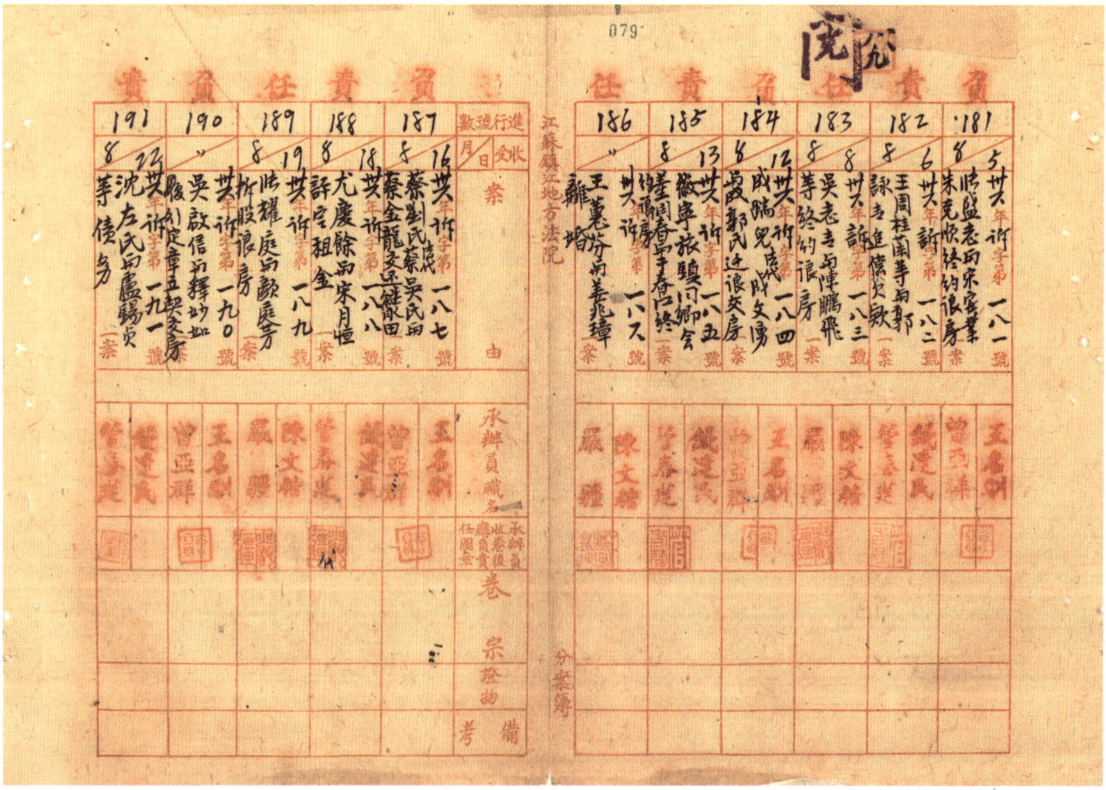

江蘇鎮江地方法院分案簿

進行號數	收受月日	案由
181	8 5	卅六年許字第一八一號 陳盛泰與宋寶業朱克恢終約退房一案
182	8 6	卅六年訴字第一八二號 王周桂蘭等與郭詠吉追償欠款一案
183	8 8	卅六年訴字第一八三號 吳志吉與陳鵬飛等終約退房一案
184	8 12	卅六年許字第一八四號 成瑞兒陳氏與文湧嚴郭氏迁退交房一案
185	8 13	卅六年許字第一八五號 徽寧旅鎮同鄉会與姜國春等終約退房一案
186	〃 〃	卅六年許字第一八六號 王蕙芬與姜兆璋離婚一案
187	8 16	卅六年許字第一八七號 蔡劉氏蔡吳氏與蔡金龍交還田一案
188	8 18	卅六年許字第一八八號 尤慶餘與宋月恒許定租金一案
189	8 19	卅六年許字第一八九號 陳耀庭與郯庭芳拆毀退房一案
190	〃 〃	卅六年許字第一九〇號 吳啟信與釋妙如履行定章互契交房一案
191	8 22	卅六年許字第一九一號 沈左氏與盧錫貞等債務一案

图4-2-5-19

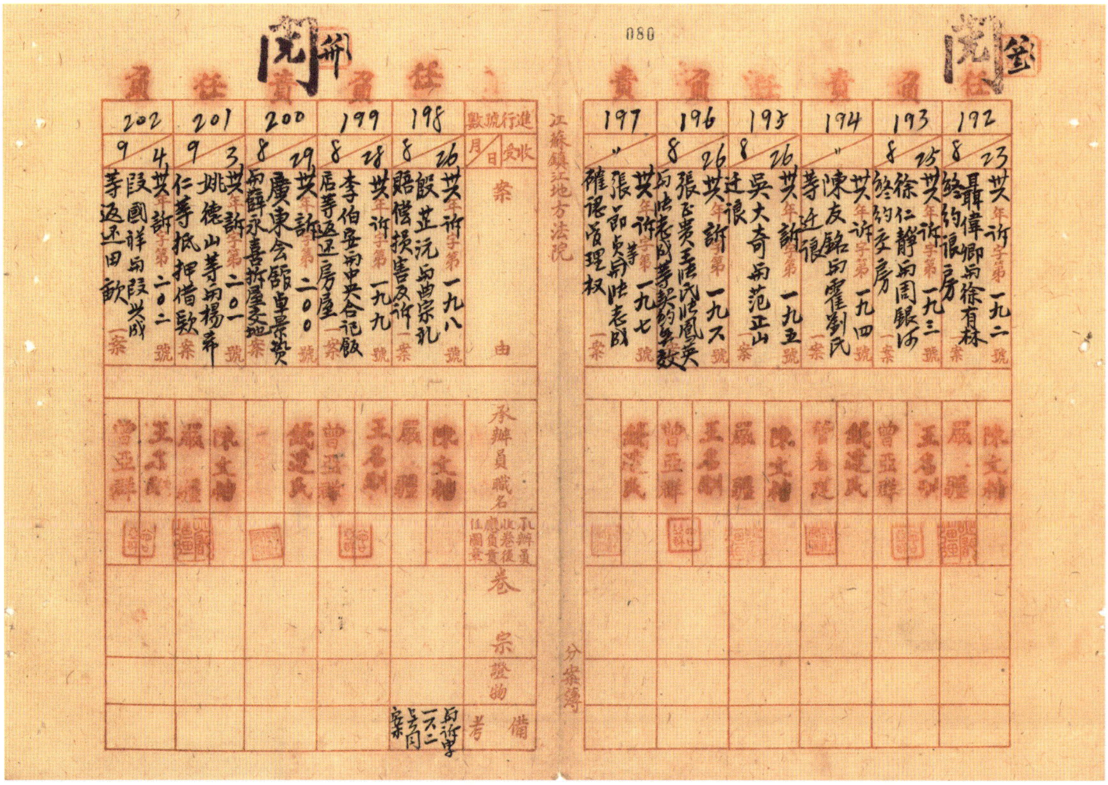

图4-2-5-20

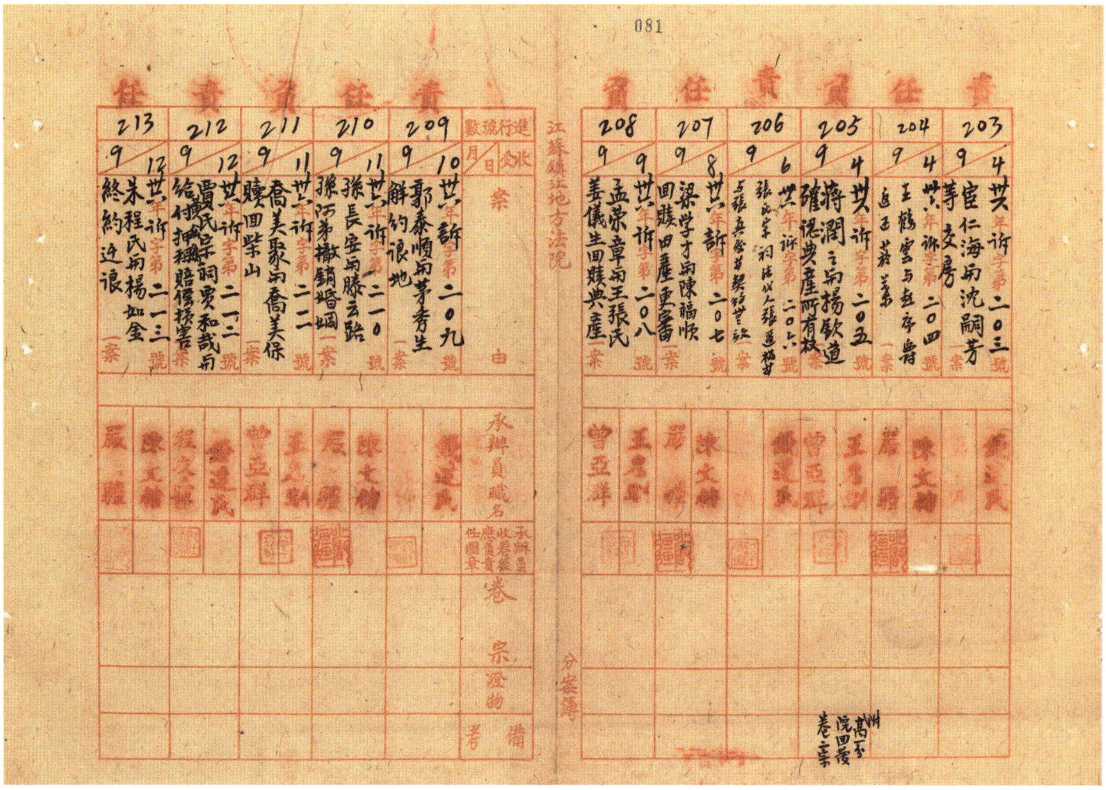

图4-2-5-21

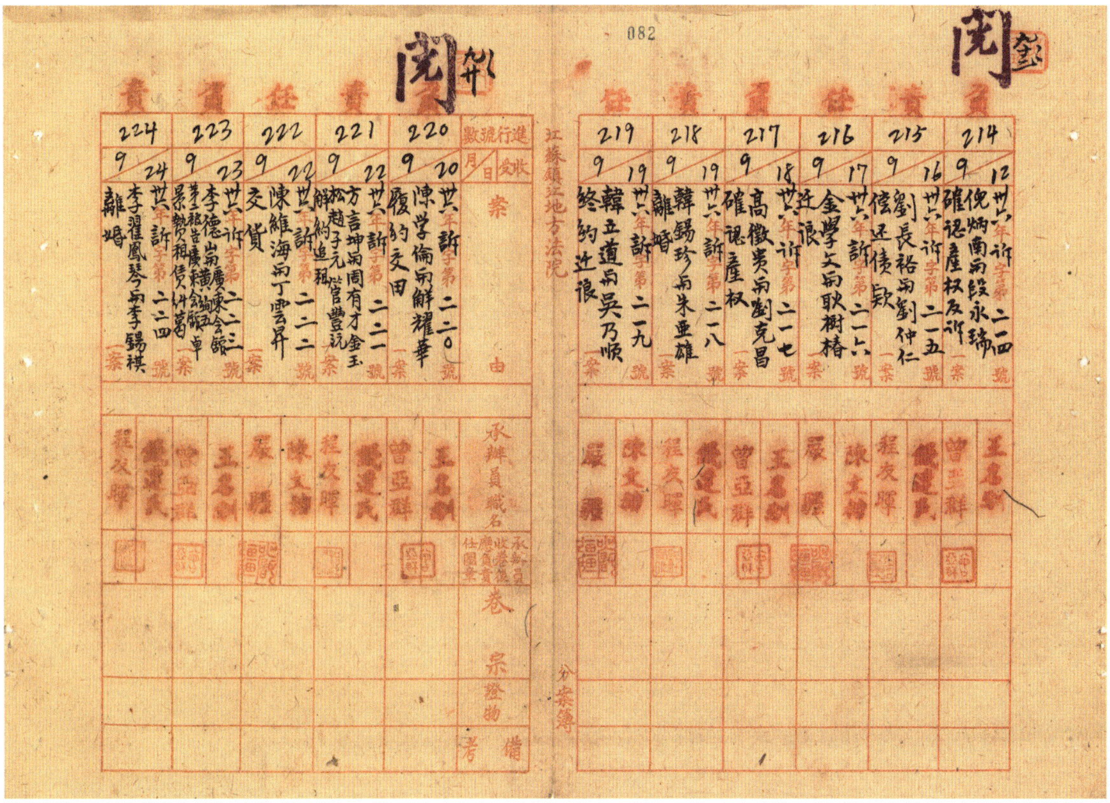
江蘇鎮江地方法院 分案簿

進行號數	收案月日	案由
214	9 12	廿六年許字第二一四號 倪炳南與段永瑞確認產權及許[illegible]一案
215	9 16	廿六年許字第二一五號 劉長裕與劉仲仁償還債款一案
216	9 17	廿六年許字第二一六號 金學文與耿樹椿遷讓一案
217	9 18	廿六年許字第二一七號 高徵夷與劉克昌確認產權一案
218	9 19	廿六年許字第二一八號 韓錫珍與朱亞雄離婚一案
219	9 19	廿六年許字第二一九號 韓五道與吳乃順終約遷讓一案
220	9 20	廿六年許字第二二〇號 陳學倫與解耀華履約交田一案
221	9 22	廿六年許字第二二一號 方言坤與周有才、金玉松、趙子元、管豐說解約追租一案
222	9 22	廿六年許字第二二二號 陳維海與丁雲升交貨一案
223	9 23	廿六年許字第二二三號 李德崑與廣東會館[illegible]一案
224	9 24	廿六年許字第二二四號 李瑆鳳琴與李錫祺離婚一案

图4-2-5-22

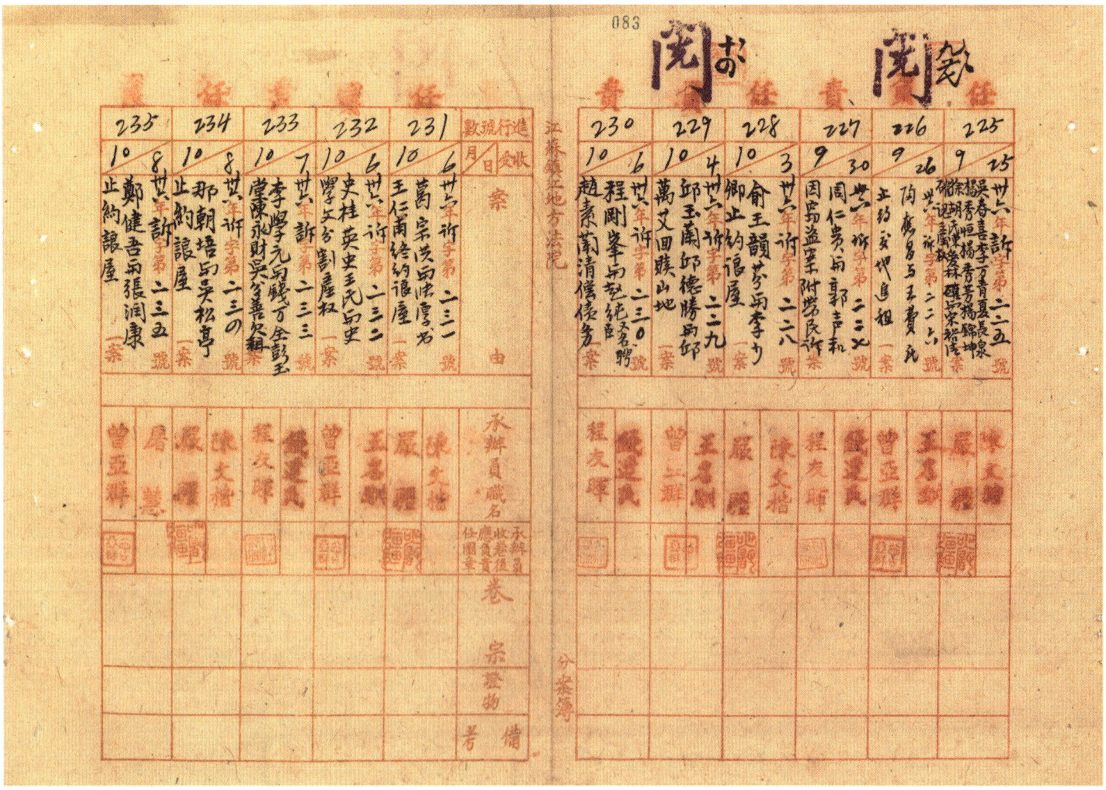
江蘇鎮江地方法院 分案簿

進行號數	收案月日	案由
225	9 25	廿六年許字第二二五號 吳春喜等與[illegible]一案
226	9 26	廿六年許字第二二六號 陶[illegible]與[illegible]一案
227	9 30	廿六年許字第二二七號 周仁貴與郭聲和因[illegible]案附帶民訴一案
228	10 3	廿六年許字第二二八號 俞王韻芬與李[illegible]卿止約讓屋一案
229	10 4	廿六年許字第二二九號 邱玉蘭與邱德勝、萬文田[illegible]山地一案
230	10 6	廿六年許字第二三〇號 程剛峯與趙森蘭清償債務一案
231	10 6	廿六年許字第二三一號 萬宗汶與王仁南給約讓屋一案
232	10 6	廿六年許字第二三二號 史桂英、史玉元與史學文分割產權一案
233	10 7	廿六年許字第二三三號 李增元與錢[illegible]、陳永財、吳[illegible]一案
234	10 8	廿六年許字第二三四號 邢朝培與吳松亭止約讓屋一案
235	10 8	廿六年許字第二三五號 鄭健吾與張潤康止約讓屋一案

图4-2-5-23

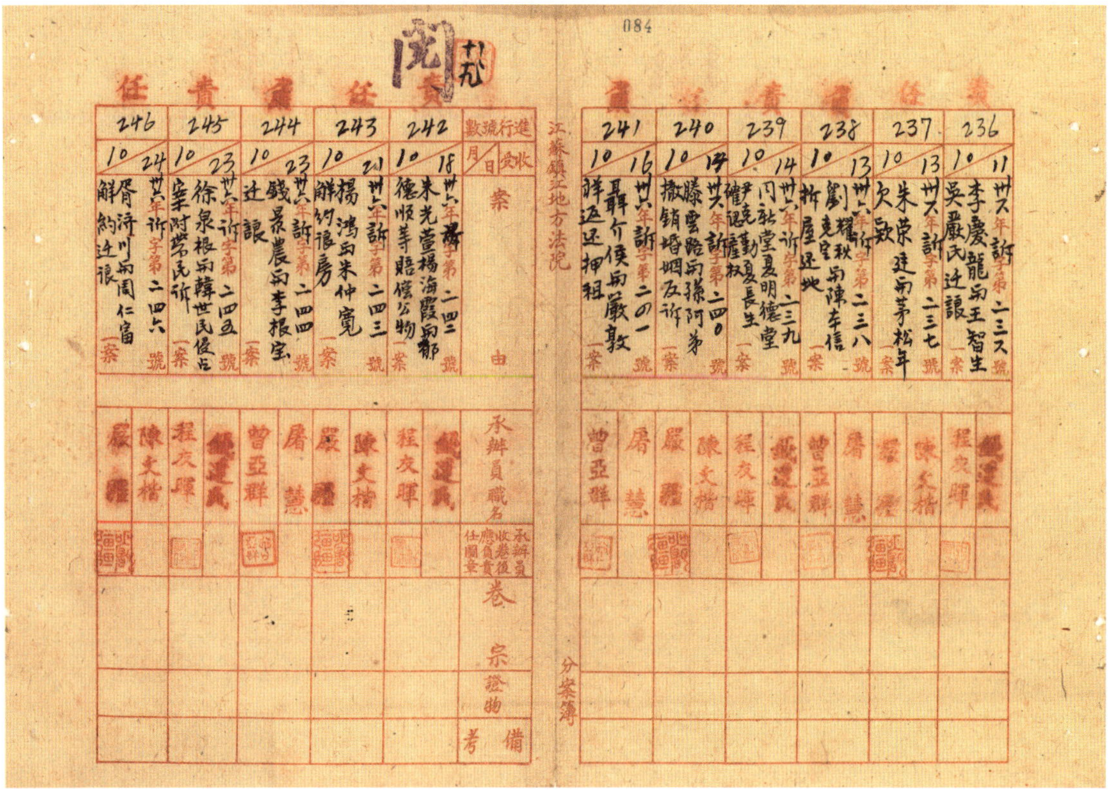

084

江蘇鎮江地方法院　分案簿

進行號數	收受月日	案由
236	10/11	廿六年訴字第二三六號 李慶龍與王智生、吳嚴氏遷讓一案
237	10/13	廿六年訴字第二三七號 朱榮廷與茅松年欠款一案
238	10/13	廿六年訴字第二三八號 劉克宣、耀秋與陳幸信拆屋還地一案
239	10/14	廿六年訴字第二三九號 閔弘堂、夏明德堂與尹克勤、夏長生確認產權一案
240	10/14	廿六年訴字第二四〇號 滕雲路與孫阿弟撤銷婚姻及訴一案
241	10/16	廿六年訴字第二四一號 聶軒介侯與嚴敦返還押租一案
242	10/18	廿六年訴字第二四二號 朱光萱、楊海霞與都德順等賠償公物一案
243	10/21	廿六年訴字第二四三號 楊鴻與朱仲寬解約讓房一案
244	10/23	廿六年訴字第二四四號 錢景農與李根寶遷讓一案
245	10/23	廿六年訴字第二四五號 徐泉根與韓世民侵占案附帶民訴一案
246	10/24	廿六年訴字第二四六號 胥濟川與周仁富解約遷讓一案

图 4-2-5-24

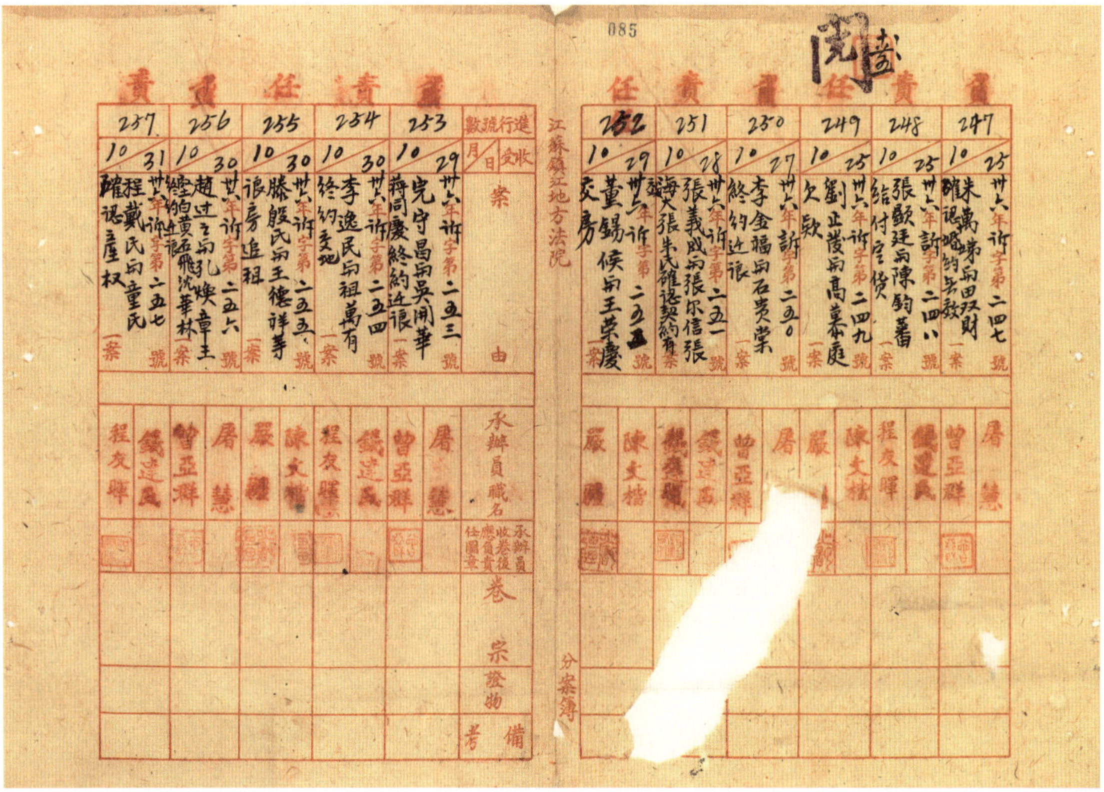

085

江蘇鎮江地方法院　分案簿

進行號數	收受月日	案由
247	10/25	廿六年訴字第二四七號 朱萬勝與田雙財確認婚約無效一案
248	10/25	廿六年訴字第二四八號 張頤廷與陳鈞藩給付空貸一案
249	10/25	廿六年訴字第二四九號 劉正發與高慕庭欠款一案
250	10/27	廿六年訴字第二五〇號 李金福與石貴棠終約遷讓一案
251	10/28	廿六年訴字第二五一號 張義成與張爾信、張海大、張朱氏確認契約有效一案
252	10/29	廿六年訴字第二五二號 董錫侯與王榮慶交房一案
253	10/29	廿六年訴字第二五三號 倪守昌與吳開華、蔣同慶終約遷讓一案
254	10/30	廿六年訴字第二五四號 李逸民與祖萬有終約交地一案
255	10/30	廿六年訴字第二五五號 滕殷氏與王德祥等讓房追租一案
256	10/30	廿六年訴字第二五六號 趙遠之與孔煥章、黃石飛、沈華林終約遷讓一案
257	10/31	廿六年訴字第二五七號 程戴氏與童氏確認產權一案

图 4-2-5-25

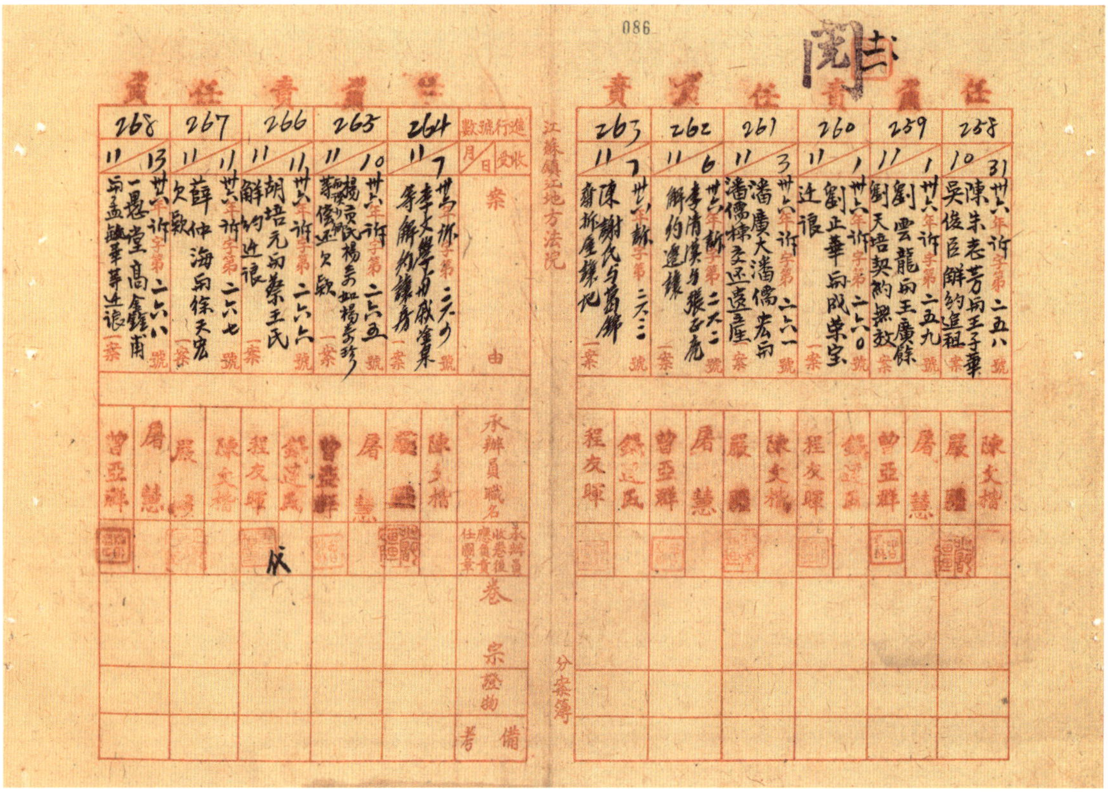

图4-2-5-26

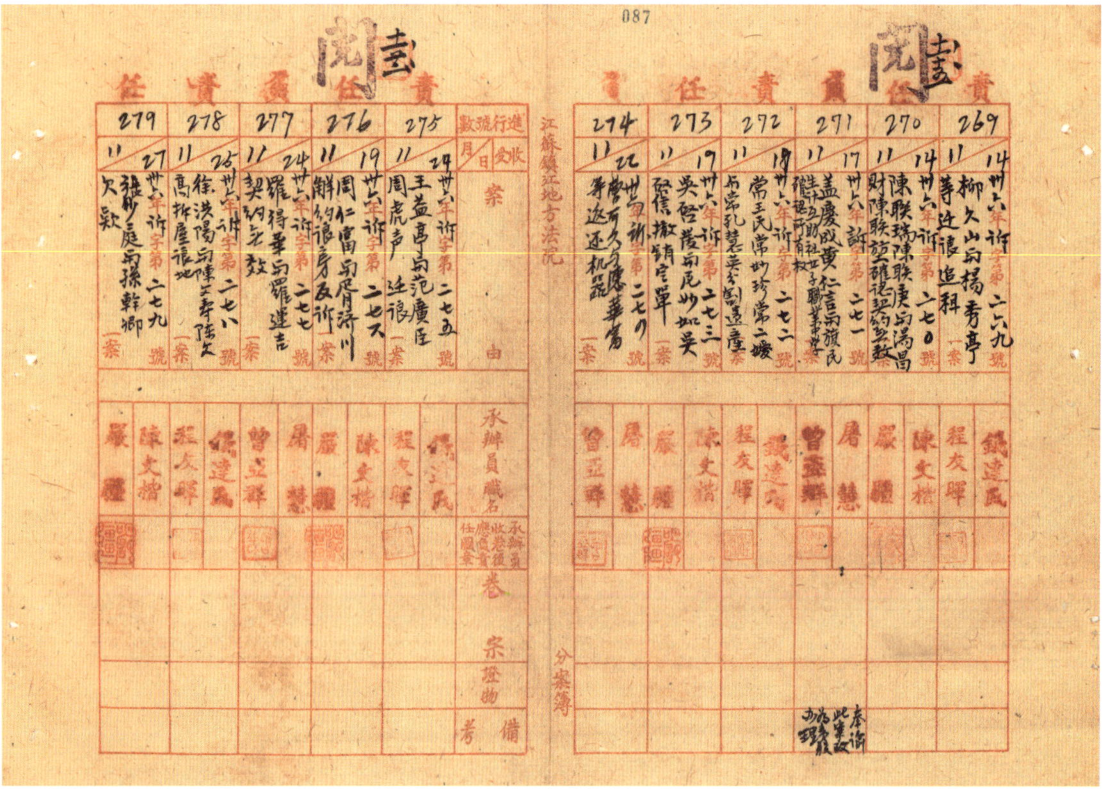

图4-2-5-27

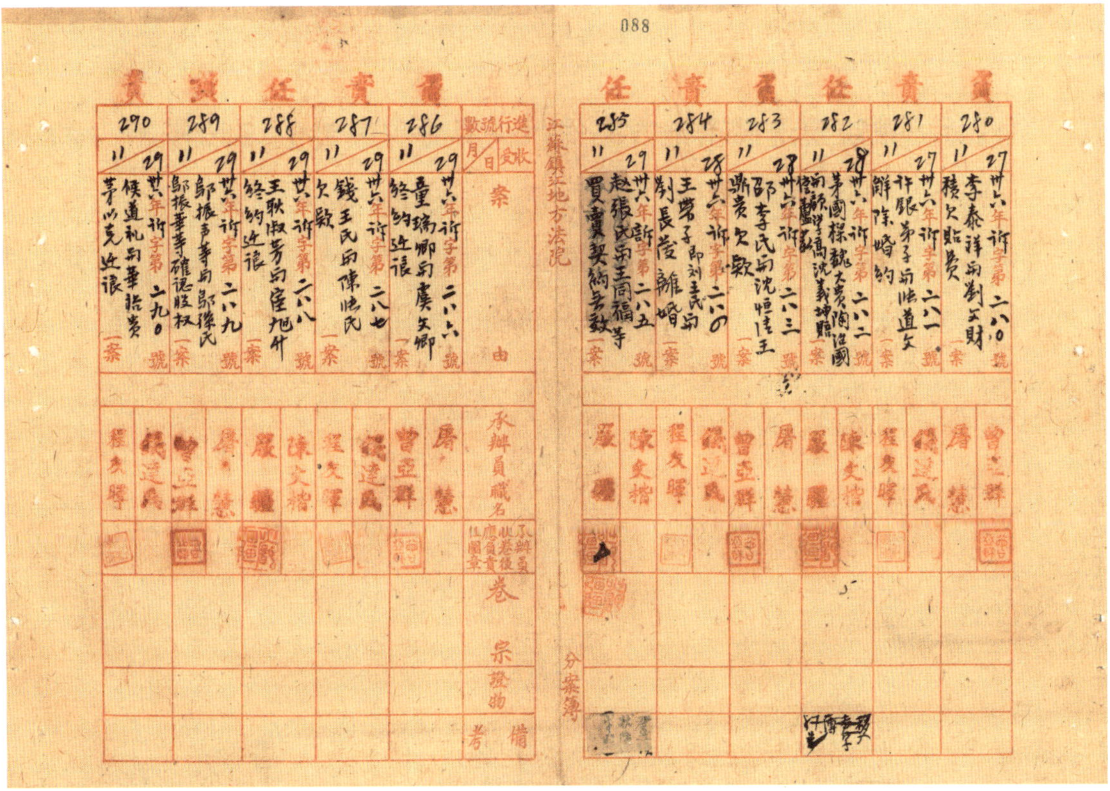

江蘇鎮江地方法院　分案簿　088

進行號數	收受月日	案由	承辦員職名
280	11/27	廿六年訴字第二八〇號　李泰祥訴劉文財積欠貼費一案	曾亞群　屠慧
281	11/27	廿六年訴字第二八一號　許銀弟子訴陳道文解除婚約一案	錢達風　程友暉
282	11/28	廿六年訴字第二八二號　茅國樑魏大貴陶治國訴[illegible]沈義坤賠償[illegible]一案	陳文楷　嚴[illegible]
283	11/28	廿六年訴字第二八三號　邵李氏訴沈恒佳王[illegible]欠款一案	屠慧　曾亞群
284	11/28	廿六年訴字第二八四號　王常子即劉王氏訴劉長發離婚一案	錢達風　程友暉
285	11/29	廿六年訴字第二八五號　趙張氏訴王同福等買賣契約無效一案	陳文楷　嚴[illegible]
286	11/29	廿六年訴字第二八六號　童瑞卿訴虞文卿終約返償一案	屠慧　曾亞群
287	11/29	廿六年訴字第二八七號　錢王氏訴陳陸氏欠款一案	錢達風　程友暉
288	11/29	廿六年訴字第二八八號　王耿淑芳訴崔旭升終約返償一案	陳文楷　嚴[illegible]
289	11/29	廿六年訴字第二八九號　鄔振聲等訴鄔孫氏鄔振華等確認股權一案	屠慧　曾亞群
290	11/29	廿六年訴字第二九〇號　侯道礼訴華[illegible]貴等[illegible]返償一案	錢達風　程友暉

承辦員收卷後應負責任圖章　卷宗證物　備考

图4-2-5-28

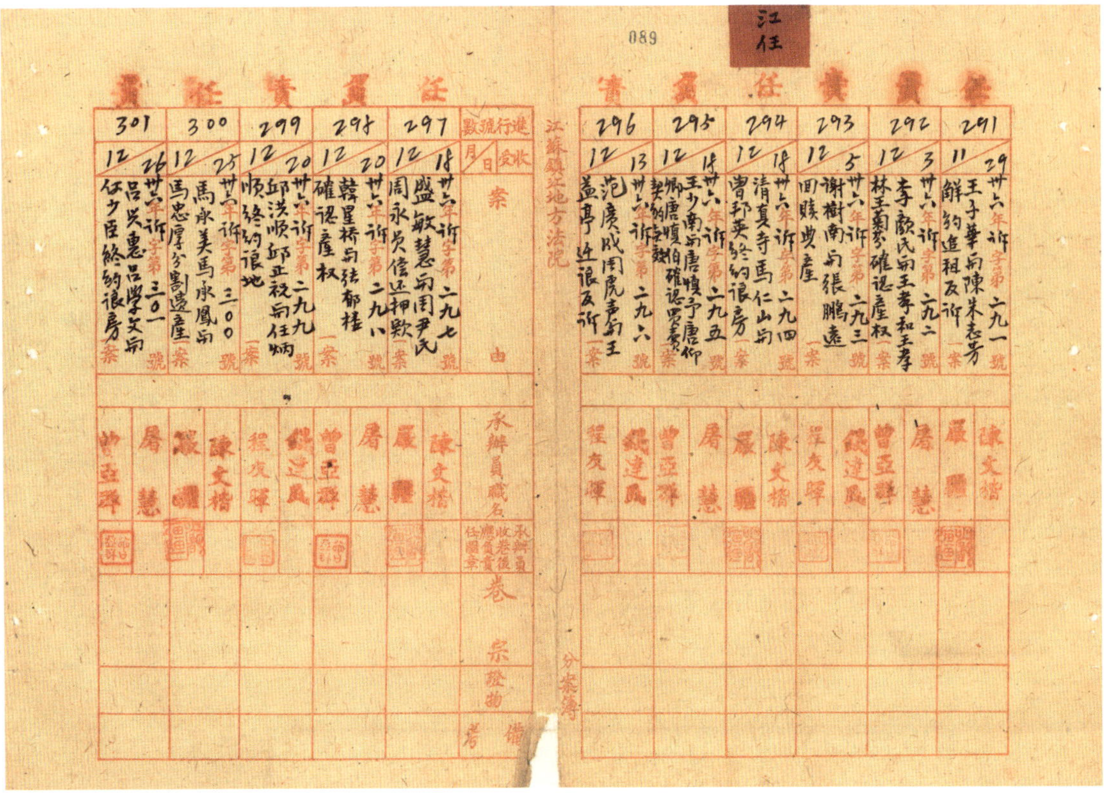

江任

江蘇鎮江地方法院　分案簿　089

進行號數	收受月日	案由	承辦員職名
291	11/29	廿六年訴字第二九一號　王子華訴陳朱志芳解約進租及訴一案	陳文楷　嚴[illegible]
292	12/3	廿六年訴字第二九二號　李顧氏訴王孝和王孝林王菊芬確認產權一案	屠慧　曾亞群
293	12/5	廿六年訴字第二九三號　謝樹南訴張鵬遠回贖典產一案	錢達風　程友暉
294	12/18	廿六年訴字第二九四號　清真寺訴馬仁山曹邦英終約返房一案	陳文楷　嚴[illegible]
295	12/18	廿六年訴字第二九五號　王少南訴唐慎予唐仰卿唐慎伯確認買賣契約無效一案	屠慧　曾亞群
296	12/13	廿六年訴字第二九六號　范廣成訴周虎聲王益亭返還及訴一案	錢達風　程友暉
297	12/18	廿六年訴字第二九七號　盛敏慧訴周尹氏周永炎償還押款一案	陳文楷　嚴[illegible]
298	12/20	廿六年訴字第二九八號　韓星橋訴裴郁桂確認產權一案	屠慧　曾亞群
299	12/20	廿六年訴字第二九九號　邱洪順邱正祝訴任炳順終約返地一案	錢達風　程友暉
300	12/25	廿六年訴字第三〇〇號　馬永美馬永鳳訴馬忠厚分割遺產一案	陳文楷　嚴[illegible]
301	12/26	廿六年訴字第三〇一號　呂吳惠呂學文訴任少臣終約返房一案	屠慧　曾亞群

承辦員收卷後應負責任圖章　卷宗證物　備考

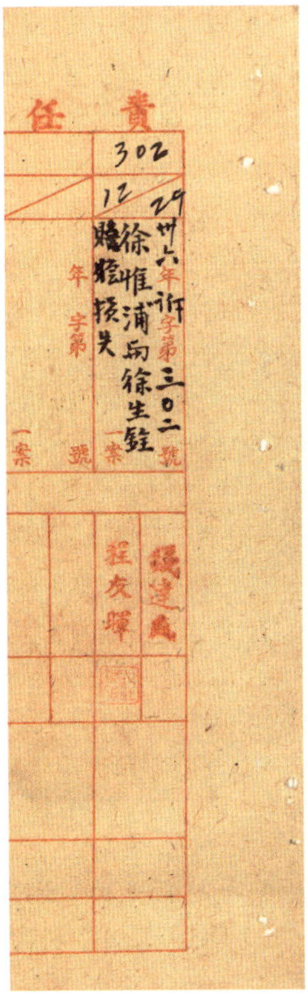

進行號數	收受月日	案由	承辦員職名
302	12/29	廿六年訴字第三〇二號　徐惟浦訴徐生銓賠償損失一案	錢達風　程友暉

图4-2-5-30

图4-2-5-29

三、往来文书

1. 江苏镇江地方法院呈送民事地方案件判决清册的报告（1930年）（档案号：A019-1930-001-0058-0001）

江苏镇江地方法院向江苏高等法院报告："查职院民事地方第一审案件判决清册业经按月造送在案，兹查本年七月分民事第一审地方案件债权四起、人事一起，应送判决书理合装钉成册呈送钧长鉴核存转。"

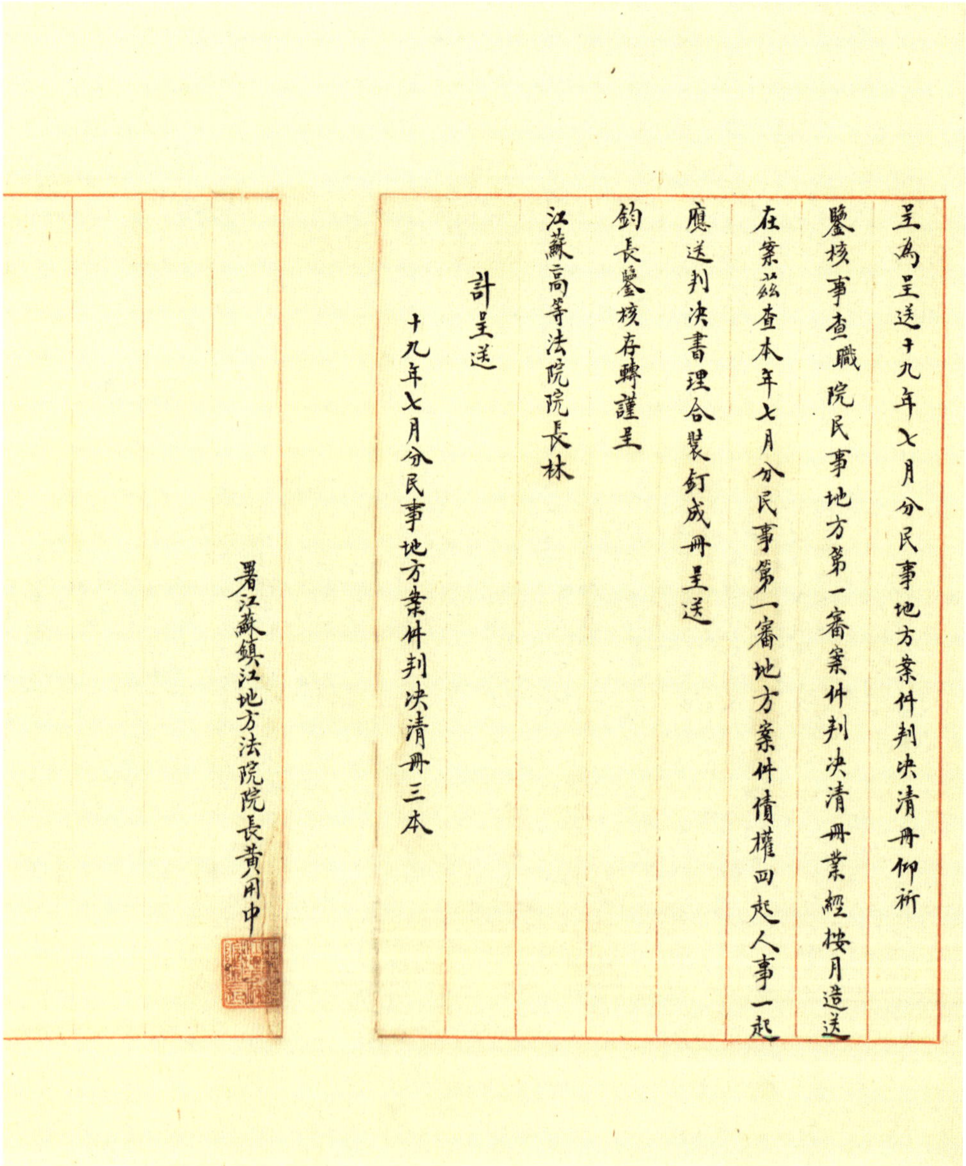

呈為呈送十九年七月分民事地方案件判決清冊仰祈
鑒核事查職院民事地方第一審案件判決清冊業經按月造送
在案茲查本年七月分民事第一審地方案件債權四起人事一起
應送判決書理合裝釘成冊呈送
鈞長鑒核存轉謹呈
江蘇高等法院院長林
計呈送
十九年七月分民事地方案件判決清冊三本
署江蘇鎮江地方法院院長黃用中

图4-3-1

2. 江苏镇江地方法院江都分院有关呈送民事报部判决清册的报告（1933年）

（档案号：A019-1933-001-124-001）

该文件为镇江地方法院江都分院就呈报二十二年（1933年）十月民事债权判决清册、民事人事判决清册向江苏高等法院呈送的公文。

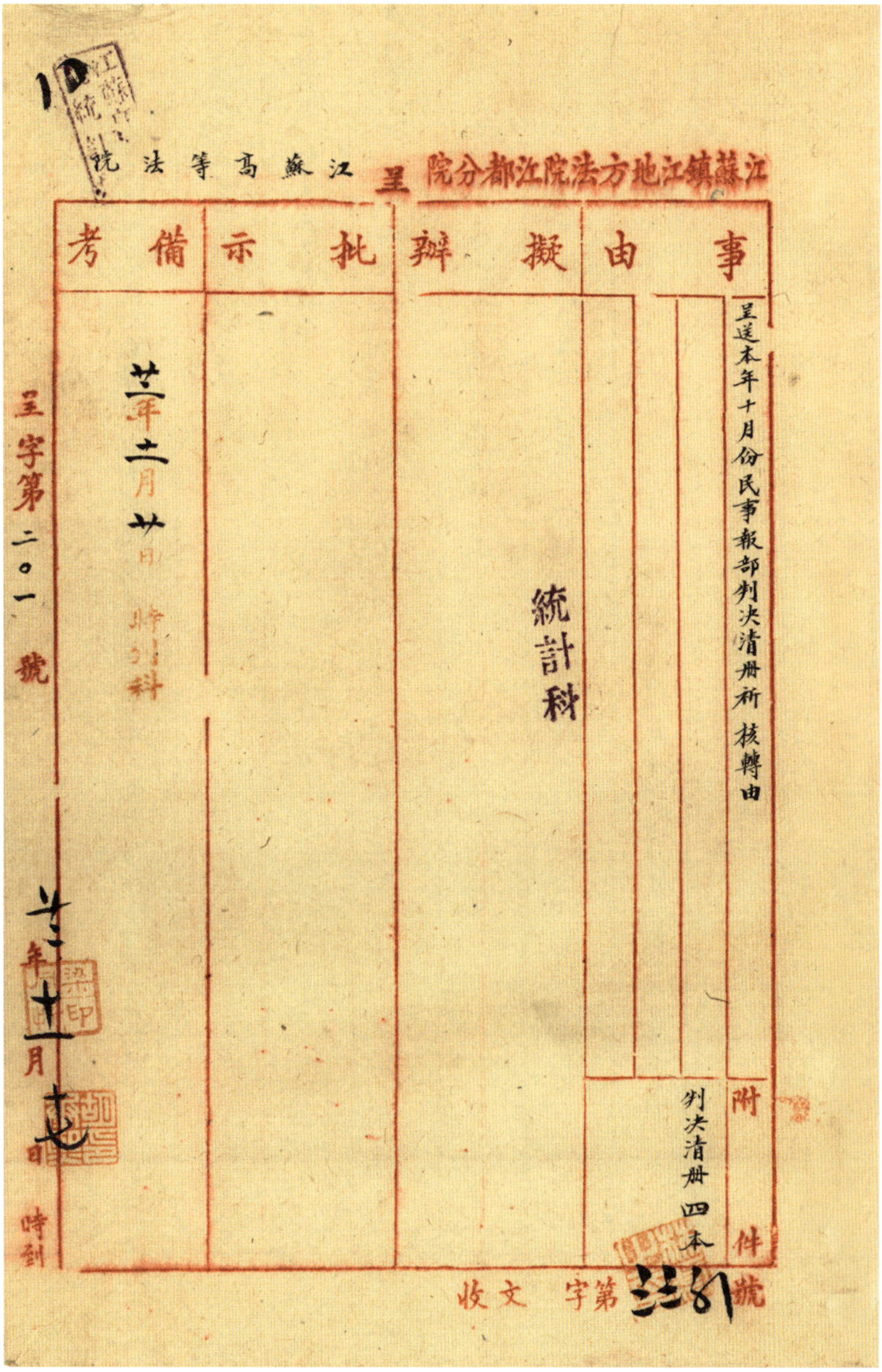
江蘇鎮江地方法院江都分院　呈　江蘇高等法院

事由：呈送本年十月份民事報部判決清冊祈核轉由

擬辦：統計科

批示：

備考：

附件：判決清冊四本

呈字第二〇一號

收文　字第　號

图4-3-2-1

呈為造送本年十月份民事報部判決清冊，仰祈

鑒核存轉事。查本院應造報之民事報部判決清冊業經呈送至本年九月份止，在案。茲已將十月份是項判決清冊依式填造齊全，理合備文呈送，仰祈

鈞長鑒核存轉，實為公便。謹呈

江蘇高等法院院長林

計呈送本年十月份民事人事判決清冊二本

債權判決清冊　二本

署江蘇鎮江地方法院江都分院院長許治新

图4-3-2-2

第五章 律师管理

律师制度在清末变法修律中被引入中国。江苏是全国推行律师制度较早、律师人数较多的省份之一。[①] 其中，作为苏南的重要城市，镇江在清末审检厅建立后，即有律师开始执业。1923年，全县律师达56人；1931年则增至144人；抗战结束后的1946年，律师有38人，1947年挂牌律师事务所达30余家，多为个人开业，也有两人以上的合伙事务所。[②]

与今天的律师管理体制不同，近代中国的新式司法机构承担起大量的律师管理职责。1912年9月，北洋政府出台《律师暂行章程》，规定“领有证书之律师，若愿在各高等审判厅管辖区域内行其职务，应将证书呈该高等审判厅长验明后，登录于律师名簿，并纳登录费二元”[③]，由此明确了新式司法机构对律师进行登录管理的职责。北洋政府还出台《律师登录暂行章程》对此进行细化规定。南京国民政府建立后，在继承北洋政府律师制度基本内容的同时，也做了一定程度的调整和完善，并于1941年颁行了《律师法》。《律师法》除将地方法院和高等法院及其分院列为律师登录管理单位，还确立了它们对律师及律师公会的司法行政权力，包括“律师应付惩戒者，由高等法院或其分院或地方法院各该首席检察官依职权送请律师惩戒委员会处理”“律师惩戒委员会由高等法院院长、庭长及推事四人组织之，以院长为委员长”“律师公会受所在地地方法院首席检察官之直接监督”等。[④]

根据上述规定，镇江地方法院、江苏高等法院第一（镇江）分院等新式司法机构不仅负责在镇执业律师的登录管理，还将镇江律师公会乃至律师的收费、阅卷等具体业务纳入其管理范围。例如：镇江律师公会召开会议时，镇江地方法院必派员列席，律

① 江苏省地方志编纂委员会:《江苏省志·司法志》，江苏人民出版社，1997，第21页。
② 镇江市志地方编纂委员会编《镇江市志》(上册)，上海社会科学院出版社，1993，第423页。
③ 《律师暂行章程》,《司法公报》第2期，1912年。
④ 《律师法》,《广西省政府公报》第1024期，1941年。

师公会亦请求镇江地方法院加强律师管理，以维护行业的正常发展。[①] 再如：1947年，镇江律师公会在镇江地方法院的直接参与下，制定了镇江律师收费标准。[②] 总而言之，近代的新式司法机构深度介入律师执业活动，我们可以通过新式司法机构的档案史料，观察并研究近代律师执业的实际状况。

镇江近代司法档案中有关律师名册、律师姓名簿以及法院对律师及律师公会展开司法行政管理的史料，均形成于抗战胜利后，主要分为三类：

第一类，律师名册。主要指江苏高等法院第一分院以月份为单位对登录律师进行汇总统计而形成的名册。根据有关规定，律师名册记载了登录律师的姓名、性别、年龄、籍贯、住址、律师证号、学历、履历、所属律师事务所、登录年月及在其他法院登录情况等信息，有助于从宏观上掌握民国末期江苏高等法院第一分院管辖区域内的律师执业情况。

第二类，律师姓名簿。律师姓名簿是律师向法院声请登录时所提交的附件材料，其记载的信息不限于律师姓名，而是包括了律师的姓名、性别、年龄、籍贯、照片、律师证号、毕业院校、住址、执行时间、惩戒情况、在其他法院登录情况等信息，有助于我们进一步了解民国末期执业律师的身份构成、学历素养和执业履历。本章选取了18份在镇江执业律师的姓名簿。

第三类，律师管理相关公文。主要包括律师声请登录时向法院递交的呈请，镇江地方法院、金坛地方法院、首都地方法院等有关律师登录、换领证书等事项的批示或

---

① 报载：1946年6月4日，镇江地方法院派员列席镇江律师公会会议。"本邑律师公会前（四）日下午五时于城外万家巷二号立丰纱布号举行胜利后第一次会员大会，出席者该会会员陈立人，李亚生，杨璞真，蒋士杰，高天摩等二十余人，列席者县府主任秘书夏谦光，地院检察官何济翔，主席陈立人。行礼如仪，主席报告该会成立经过及财产经济保管收入详情，尤对于民二十六年镇邑沦陷后，该会公存定期活期两项存款为杨璞真律师负责保管迭次逃亡，均仍能将存折保存无失，兹代表大会向其致谢。旋即开始讨论，当经决议如次：……（三）请院检两方会衔布告，依法严厉取缔土讼，并请院方对于未经律师盖章之诉状应饬其注明代撰人，设遇非律师而为诉讼代理人应请院方研诘其身份与当事人关系，暨由本会同人协同检举。……"《镇律师公会决议 严厉取缔土讼师》，《新江苏报》1947年6月6日第3版。

② 收费标准内容如下：1. 讨论案情每小时不得逾8元；2. 到法院抄阅文件或接见监禁人或羁押人每次不得逾15元；3. 节录文稿或造具清册每百字不得逾1角；4. 撰拟函件每件不得逾15元；5. 出具专供委托人参加之意见书及其他文件每件不得逾100元；6. 民事出庭费每次不得逾100元；7. 刑事出庭费每次不得逾50元；8. 撰拟民事第一审书状每件不得逾80元；9. 撰拟刑事第一审书状每件不得逾50元；10. 撰拟民事第二审书状每件不得逾80元；11. 撰拟刑事第二审书状每件不得逾50元；12. 撰拟民事第三审书状每件不得逾150元；13. 撰拟刑事第三审书状每件不得逾80元；14. 处理和息事项每件不得逾50元；15. 办理民事执行事件每件案不得逾50元；16. 调查证据每件不得逾80元；17. 赴镇江地方法院管辖境外办理第一、第二、第六、第七、第十六各款事项者除依各该款收取酬金外每日所收日费不得逾70元。《镇江律师公会第二届第二次常会记录》，镇江市档案馆藏，档案号：A020-1948-001-0311-0014。

公函，镇江律师公会会议记录，江苏高等法院制定的律师收费标准，以及江苏高等法院第一分院对律师舞弊问题进行调查和惩戒的相关材料。

一、律师名册

1. 江苏高等法院第一分院民国三十五年十月至十二月登录律师名册（1946年）

（档案号：A019-1947-001-0492-0011）

1941年，南京国民政府颁行《律师法》，该法第五条规定："律师得向二地方法院及其直接上级高等法院或分院声请登录。"该律师名册详细记录了1946年10月至12月在江苏高等法院第一分院登录律师的姓名、性别、年龄、籍贯、住址、学历、事务所、证书年月及号数、登录年月及号数、登录其他法院等情况。

据统计，于此期间在江苏高等法院第一分院登录的律师共有19名，平均年龄43岁，均为男性，皆毕业于法政类院校或法律系专业。

图5.1.1.1 江苏高等法院第一分院登录律师年龄分布图（1946年10月—12月）

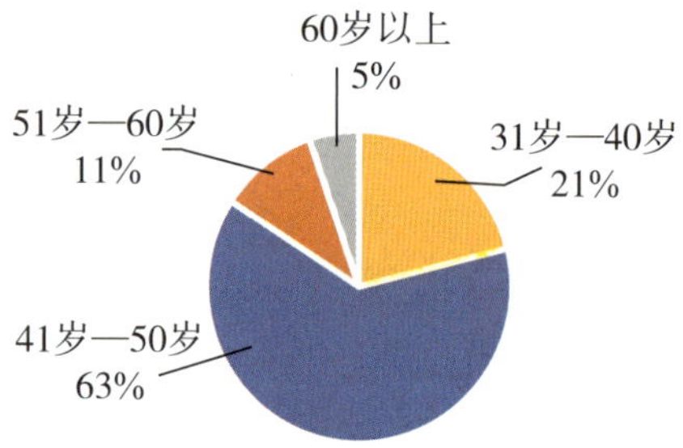

图5.1.1.2 江苏高等法院第一分院登录律师籍贯分布图（1946年10月—12月）

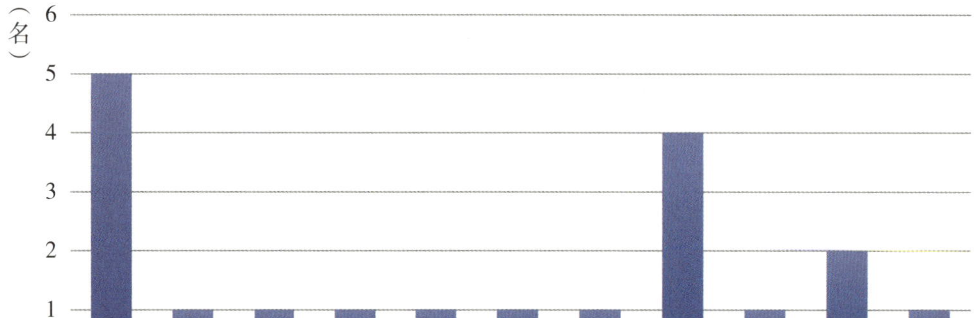

图5.1.1.3 江苏高等法院第一分院登录律师毕业学校分布图（1946年10月—12月）

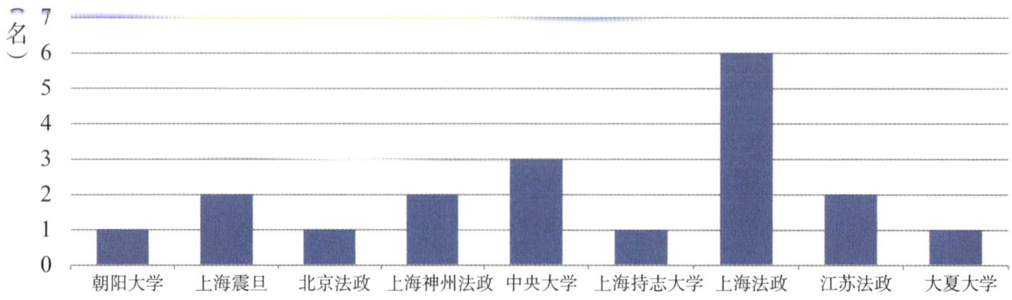

011

江蘇高等法院第一分院民國三十五年十月份（下半月）登錄律師名冊

姓名	性別	年齡	籍貫	住址	證書年月及號數	學歷及履歷	事務所	登錄年月及號數	登錄其地法院	備註
胡曾年	男	四八歲	宿遷	鎮江大鐘樓巷三號	中華民國十八年十月三十日律字第五十二號	朝陽大學法律本科畢業	中山路三九七號	民國三十五年十月十七日高字第五十一號	鎮江地方法院 江都地方法院	
劉祖同	男	四一歲	廬江	江都北河下一六六號	民國二十四年十二月十六日律字第六九一二號	上海震旦大學法學士	江都北河下一六六號	民國三十五年十月廿五日高字第五十二號	江都地方法院	
查凤池	男	四三歲	江都	揚州东関街南牌坊巷二五號	民國二十二年五月十二日律字第四七八號	上海震旦大學法学士	揚州东関街南牌坊巷二五號	民國三十五年十月廿六日高字第五十三號	江都地方法院	
陈建中	男	四一歲	湖南永順	鎮江中正路四歲里五號	民國十九年十二月廿日律字第一〇〇七號	北京法政大學畢業	鎮江中正路四歲里四號	民國三十五年十月三十日高字第五十四號	鎮口地方法院	

图5-1-1-1

012 12

底稿

江蘇高等法院第一分院民國三十五年十一月份登錄律師名冊

姓名	性別	年齡	籍貫	住址	證書年月及號數	學歷及履歷	事務所	登錄年月及號數	登錄其地法院	備註
陳金文	男	五九歲	高郵	鎮江尚友新邨愛蓮里一号 南京建康路二十号	民國十六年十二月廿三日律字第六一五号	上海神州法政法律科畢業 曾任富陽永嘉審判員	鎮江尚友新邨愛蓮里二号 南京建康路二十号	民國三十五年十一月高字第五十五号	首都高等法院 首都地方法院 鎮江地方法院	
王世琛	男	四三歲	六合	六合後街察院巷一号	民國二十年六月廿三日律字第一四六二号	中央大學法律系畢業 曾任貴州大定地方法院推事	六合大官巷六十一号	民國卅五年十一月六日高字第五十六號	六合司法處	
陳富	男	六三歲	江都	揚州闕門雞廠三号	民國廿二年七月十三日律字第五〇二七号	私立神州法政專門學校法律別科畢業	揚州闕門雞廠三號	民國卅五年十一月八日高字第五十七号	江都地方法院	
張嘉禾	男	四二歲	安徽石埭	揚州馬市口得坊廿七号	民國二十年十一月二日律字第三二三二号	上海持志大學畢業	揚州馬市口得坊巷七号	民國卅五年十一月九日高字第五十八号	江都地方法院	
陳璧	男	四八歲	泰縣	泰縣城內邑廟街廿号	民國二十年九月十九日律字第一八五五号	私立上海法政大學法律系本科	泰縣城內邑廟街二十号	民國卅五年十一月十日高字第五十九号	泰縣地方法院	
宋熹	男	三八歲	泰縣	泰縣三前街十一号	民國二十五年十二月卅日律字第七八二八号	私立上海法學院法律系畢業	泰縣三前街十一号	民國卅五年十一月十三日高字第六十号	泰縣地方法院	

图5-1-1-2

劉競豪	曹壽世	蔣鉞	劉錦
男	男	男	男
四十六歲	五十歲	四十八歲	五十六歲
泰縣	儀徵	江都	江都
泰縣王花浮巷三號	大魚巷十四號鼎永和莊	揚州石碑樓觀音庵十二號	揚州方圓門二號
民國二十五年十二月廿一日律字第三三四五號	民國廿年八月十七日律字第一九五九號	民國十六年十月廿二日律字第四〇四號	民國十六年十二月廿三日律字第六六八〇號
私立上海法政大學本科法律系畢業	北平私立中央大學法律本科畢業	江蘇公立法政專門學校	江蘇法政大學法律科畢業
泰縣王花浮巷三號	鎮江小街磨坊巷四號 揚州舊城[illegible]甲巷十三號	揚州石碑樓觀音庵巷十二號	揚州方圓門二號
民國卅五年十一月十三日高字第六一號	民國卅五年十一月十四日高字第六十二號	民國卅五年十一月十六日高字第六十三號	民國卅五年十一月廿三日高字第六四號
泰縣地方法院	江都地方法院	江都地方法院	江都地方法院

图5-1-1-3

013 13

底子

江蘇高等法院第一分院民國三十五年十二月份登錄律師名冊

姓名	性別	年齡	籍貫	住址	證書年月及號數	學歷及履歷	事務所	登錄年月及號數	登錄其地法院	備註
王傑	男	卌岁	鹽城	泰县西倉街一二三号	民國廿四年六月十三日律字第六五〇一号	上海法政大学法律本科畢業	泰县西倉街一二三号	民國卅五年十二月十日高字第六五号	泰縣地方法院	
戴玉華	男	卌岁	泰縣	鎮江觀音橋巷五号	民國廿三年十二月廿日律字第五五四四号	大夏大学法政系畢業	鎮江觀音橋巷五号	民國卅五年十二月十六日高字第六六号	鎮江地方法院	
陳方略	男	三八岁	高淳	高淳下壩鎮	民國廿五年十月二日律字第六七〇三号	上海法政学院法律系畢業	高淳中街	民國卅五年十二月十九日高字第六七号	高淳司法處	
楊文耀	男	三七岁	高淳	高淳下壩鎮	民國廿四年十二月廿三日律字第六九八二号	上海法政学院法律系畢業	高淳中街	民國卅五年十二月十九日高字第六八号	高淳司法處	
潘邦良	男	卌岁	江都	江都古旗亭廿五号	民國	中央大学法学士	江都古旗亭廿五号	民國卅五年十二月廿七日高字第六九号	江都地方法院	呈部核頒 尚未奉頒 批示補呈驗

图5-1-1-4

2. 江苏高等法院第一分院及所属律师登录汇报表（1947年）（档案号：A019-1947-001-0492-0094、A019-1947-001-0492-0097、A019-1947-001-0492-0107、A019-1947-001-0492-0122、A019-1947-001-0492 0133、A019-1947 001-0492-0154、A019-1947-001-0492-0163）

该表记录了1947年5月至11月在江苏高等法院第一分院登录律师的姓名、年龄、籍贯、律师证书字号、学历及简历、执行职务区域、登录年月日、登录号、加入律师公会及在其他法院登录情况。

相较于1946年的登录律师名册，1947年的律师登录汇报表增加了律师执行职务区域和加入公会名称及年月日等项目，去除了性别、住址、事务所等信息。记录内容的变更可以体现出法院对律师管理的细微变化，即通过强调执行职务区域和加入律师公会，更加注重律师群体的组织性和规范性。

值得一提的是，1947年8月的律师登录汇报表中，有律师潘震亚的名字。潘震亚是近现代法治名人、“红色律师”，曾参加过辛亥革命，后与林伯渠、熊雄、恽代英等共产党人相识，积极为中共党员和进步人士出庭辩护。1949年后，潘震亚先后担任复旦大学法学院院长、中央监察部副部长、江西省副省长，是第一至第五届全国人大代表、第一届全国政协委员。

图5.1.2.1　江苏高等法院第一分院登录律师籍贯分布图（1947年5月—11月）

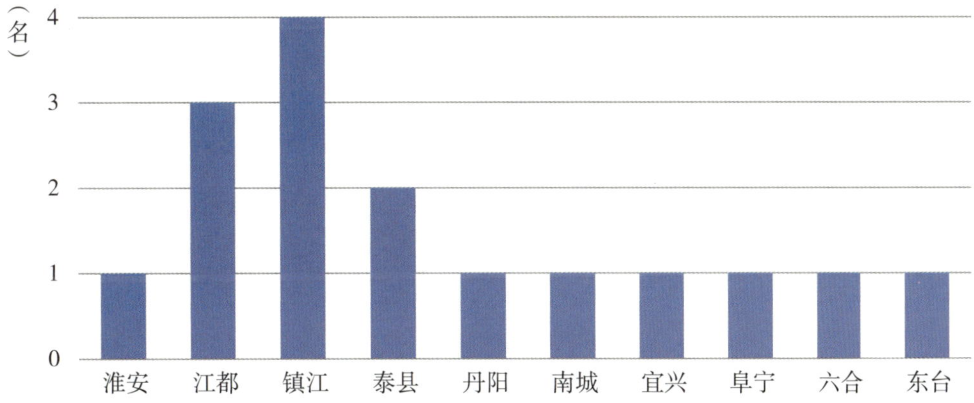

图5.1.2.2　江苏高等法院第一分院登录律师毕业学校分布图（1947年5月—11月）

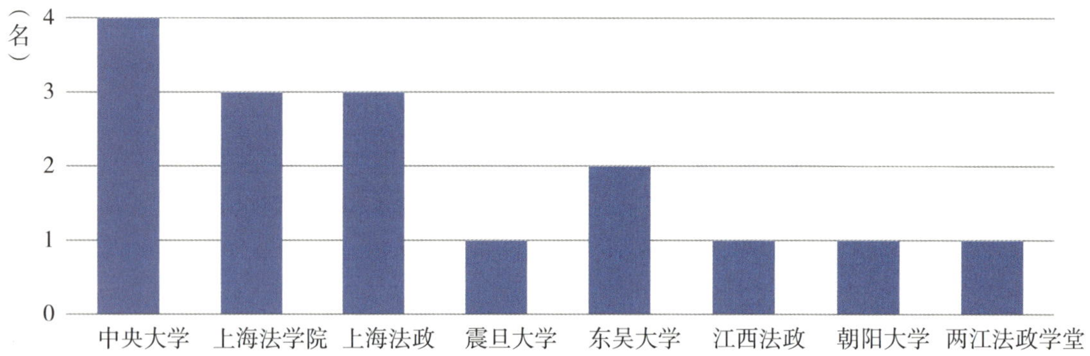

图5.1.2.3　江苏高等法院第一分院登录律师年龄分布图（1947年5月—11月）

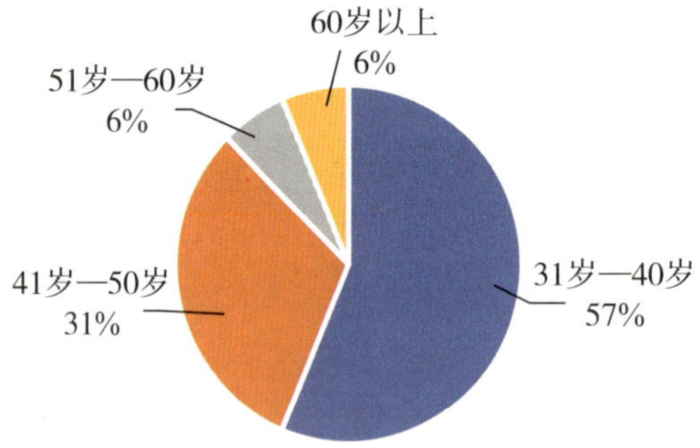

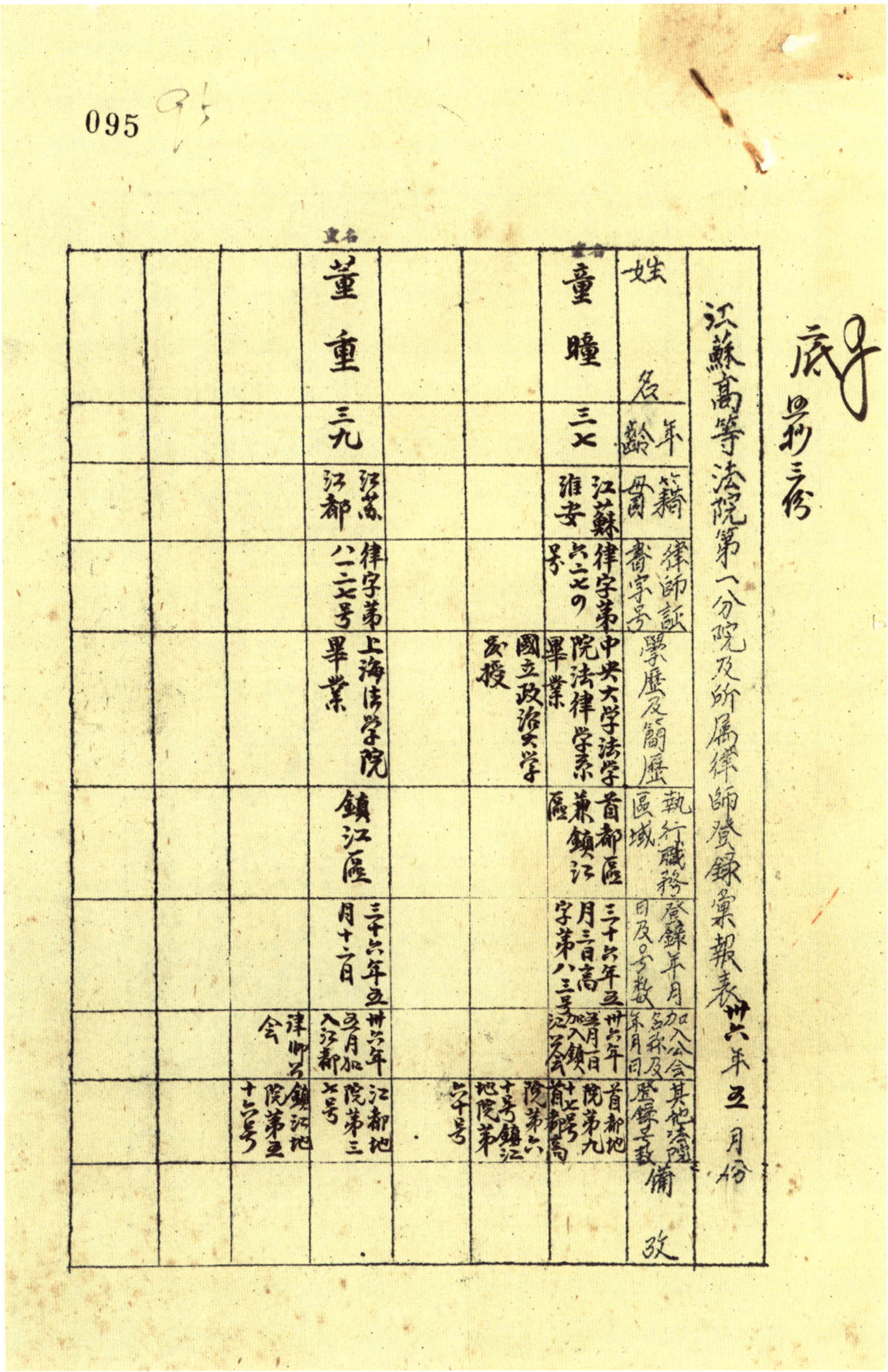
095 95

底子 另抄三份

江蘇高等法院第一分院及所屬律師登錄彙報表　卅六年五月份

姓名	年齡	籍貫	律師證書字号	學歷及簡歷	執行職務區域	登錄年月日及号數	加入公会名称及年月日	其他法院登錄号數	備考
童曈	三七	江蘇淮安	律字第六一二七〇号	中央大学法学院法律学系畢業 國立政治大学教授	首都區兼鎮江區	三十六年五月三日高字第八三号	卅六年五月一日加入鎮江首都及[illegible]公会	首都地院第九十七号 首都高院第六十号 鎮江地院第六十号	
董重	三九	江蘇江都	律字第八一二七号	上海法学院畢業	鎮江區	三十六年五月十六日	卅六年五月加入江都律师公会	江都地院第三七号 鎮江地院第五十六号	

改

图5-1-2-1

098 58

底抄三份

江蘇高等法院第一分院及所屬律師登錄彙報表 卅六第六月份

姓名	年齡	籍貫	律師證書字號	學歷及簡歷	執行職務區域	登錄年月日及號數	加入公會年月日	其他法院登錄字號	備考
周以僑	四十	江蘇鎮江	補給証字第七三〇号	上海法政大学法律本科畢業	鎮江區	卅六、六、廿一、高字第六十四号	卅六、六、五、加入鎮江公会	江都地院第卅六号 鎮江地院第六十一号	

图5-1-2-2

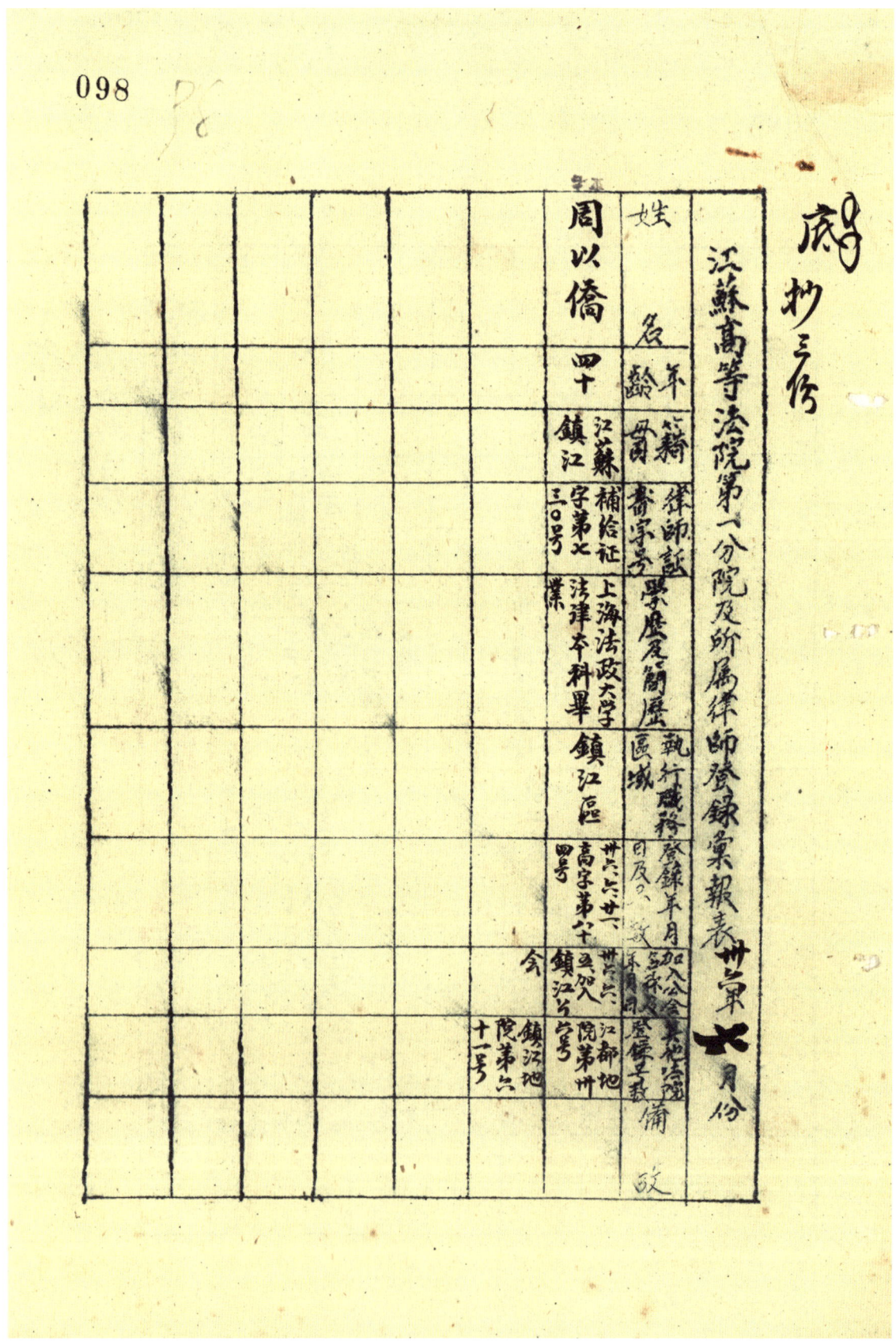

108

底

江蘇高等法院第一分院及所屬律師登錄彙報表　卅六年七月份

姓名	年齡	籍貫	律師證書字號	學歷及簡歷	執行職務區域	登錄年月日及號數	加入公會年月日	其他法院名稱及登錄號數	備攷
冒休	三十八	江苏泰县	律字第七〇二〇号	私立上海法政學院法律系畢業	江苏高等法院[redacted]轄区及第一分院轄区	卅六、七、一、高字第八十五号	卅五、三、加入泰县律師公会	泰县地院第七号 江苏高院三七二〇号	
高念祖	三十六	鎮江	補給证字第四五一号	震旦大学法学院畢業	第一分院轄区	卅六、七、九、高字第八十六号	卅五、十一、十六、加入江都律師公会	江都地院第三十二号 儀徵司法處第二号	
張熙寶	四十	丹陽	補給证字第三九三号	上海法学院法律專门部畢業	上海高院區及江苏高一分院區	卅六、七、廿八、高字第八十七号	卅六、六、加入上海律師公會	上海高院九七七号 上海地院九八一号 丹陽地院第五号	

图5-1-2-3

109

江蘇高等法院第一分院及所屬律師登錄彙報表　年　月份

姓名	年齡	籍貫	律師證書字號	學歷及簡歷	執行職務區域	登錄年月日及號數	加入公會名稱及年月日	其他法院登錄號數	備攷
黃修伯	四十四	鎮江	律字第二五二号	东吴大学法律本科	上海高院區 江苏高一分院區	卅六、七、廿五，高字第八十八号	卅六、七、十五，加入鎮江律师公会	上海高院第五〇〇号 上海地院第四十五号 鎮江地院第六十二号	

图5-1-2-4

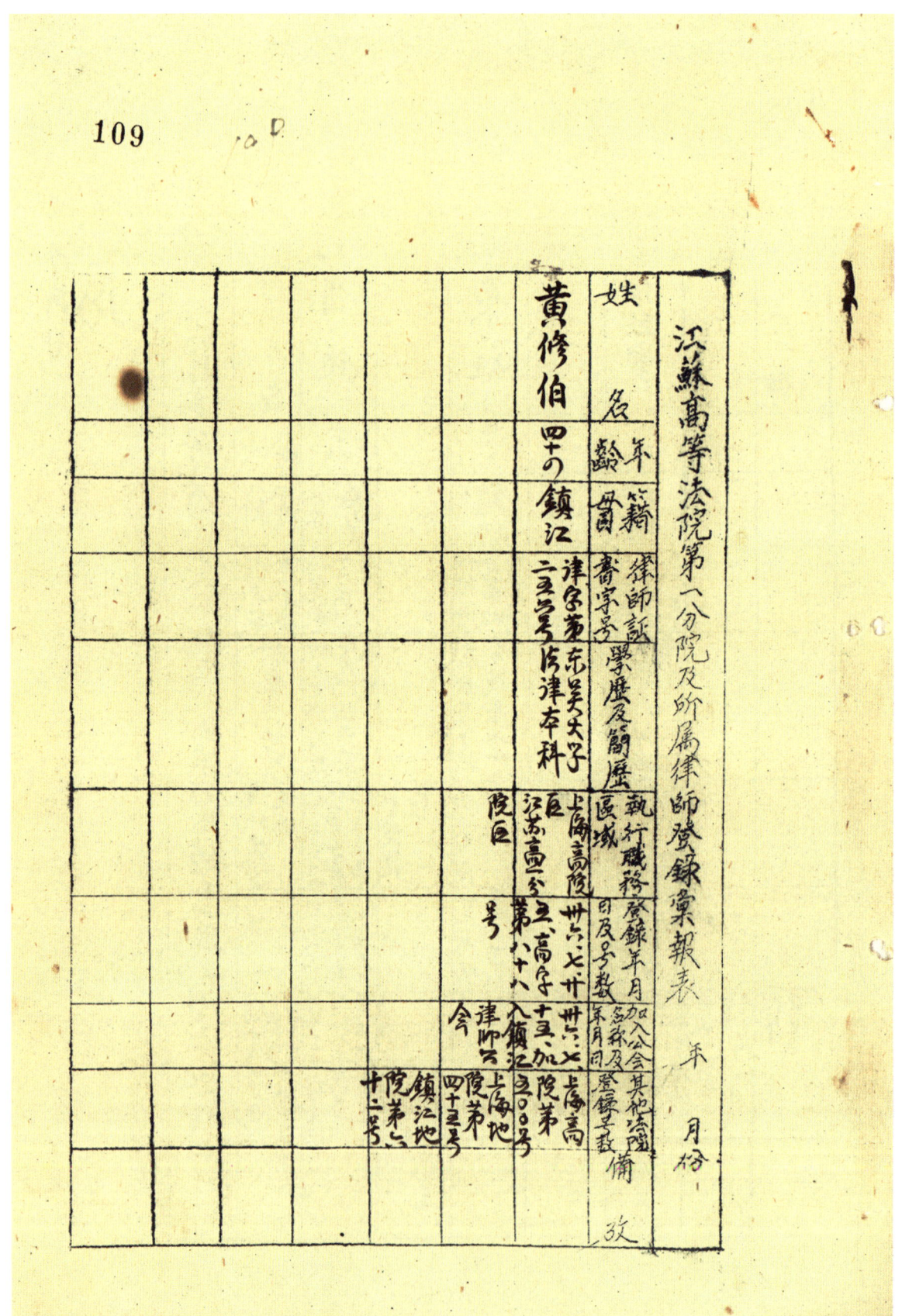

123　123

江蘇高等法院第一分院及所屬律師登錄彙報表　三六年八月份

姓名	年齡	籍貫	律師證書字號	學歷及簡歷	執行職務區域	登錄年月日及号數	加入公会其他法院登錄年月日及号數	備考
周克傳	卅四	江都	律字九三七八	東吳大學法律系復旦大學政治系畢業	南京高院區及江蘇高一分院區	卅六年八月十四日高字第八十九号	卅五年十一月加入首都公会 首都地院一五八号 首都高院一〇二号 卅五年十二月加入江都公會 江都地院卅五号	
潘震亞	五九	南城江西	律字一〇二九	江西法政專门法律別科畢業 大理院推事法官訓練班主任復旦大學教授	上海高院區及江蘇高一分院區	卅六年八月三日高字九六号	卅六年八月廿二日加入鎮江公会 上海地院一〇一九号上海高院九九二号鎮江地院六四号	
盧兆祺	四十二	鎮江	律字二一二六	中央大學法律學系畢業 曾任教授教官及校長并執行律務十年以上	江蘇高一分院區	卅六年八月廿五日高字第九十一号	卅六年八月十五日加入鎮江公会 鎮江地院鎮字六三号	

图5-1-2-5

134

134

底8

江蘇高等法院第一分院及所屬律師登錄彙報表 卅六年九月份

姓名	年齡	籍貫	律師證書字號	學歷及簡歷	執行職務區域	登錄年月日及號數	加入公會名稱及年月日	其他法院登錄號數	備攷
徐學吉	卅九	江蘇宜興	律字第3631號	上海法學院法律科畢業	蘇州區鎮江區	卅六年九月九日高字第九二號	卅五年三月加入武進律師公會	江蘇高院第四六五號 武進地院第五二六號 丹陽地院第七號	
陸傳義	四三	江蘇泰縣	律字第4819號	中央大學法律系畢業	鎮江區	卅六年九月十日高字第九十三號	卅六年二月一日加入泰縣律師公會	泰縣地院第卅二號 江都地院第十二號	

图5-1-2-6

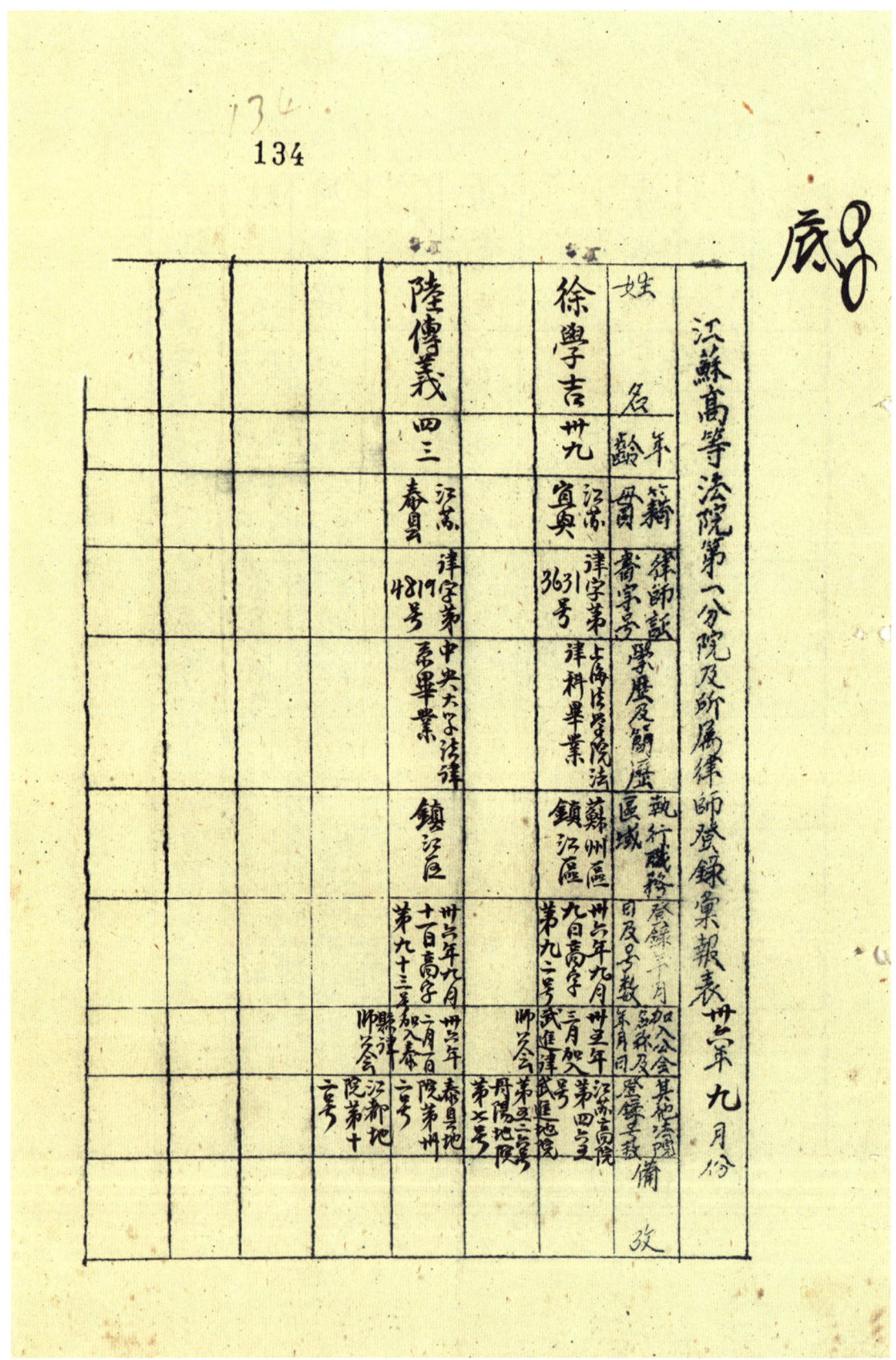

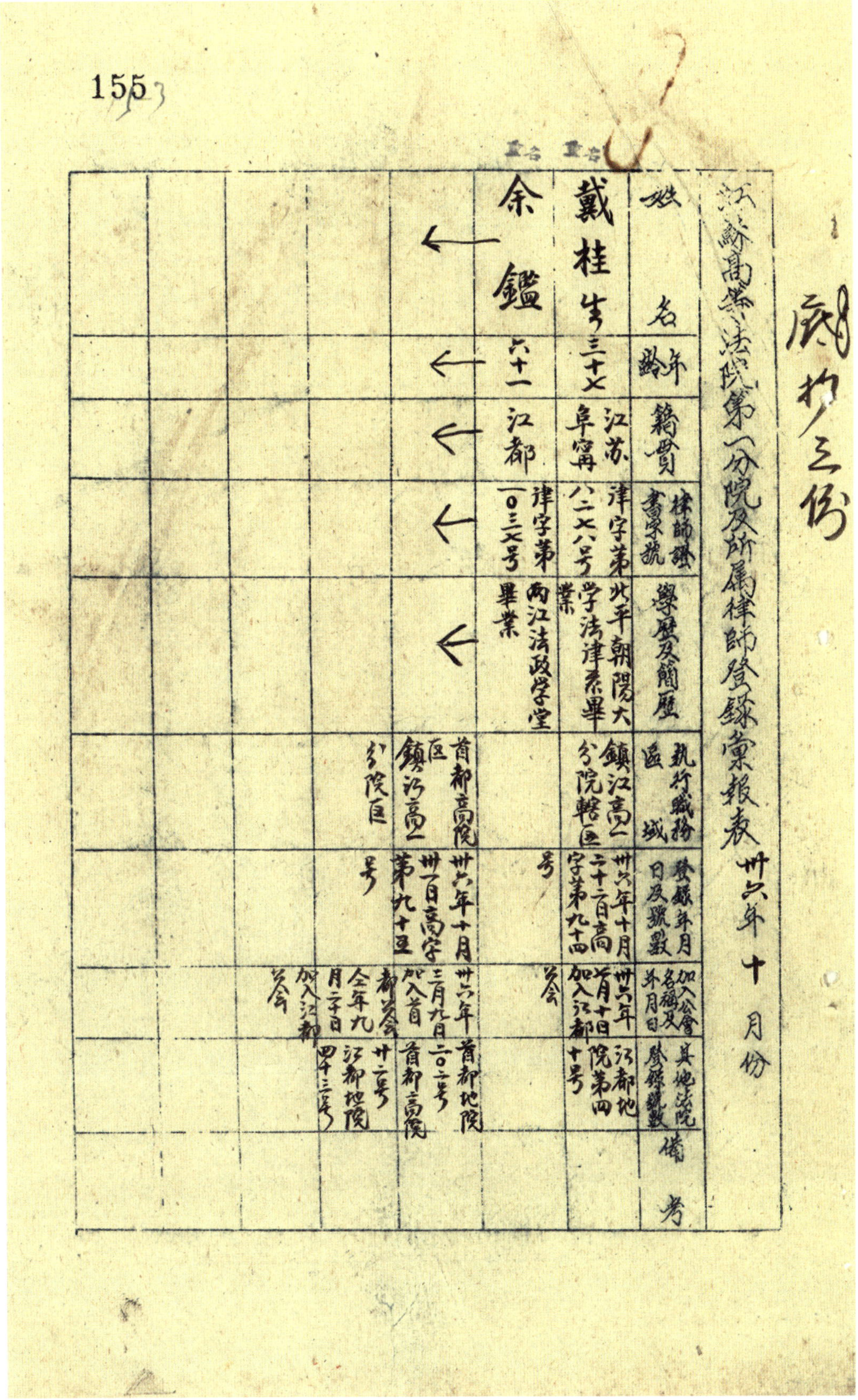

155

底抄三份

江蘇高等法院第一分院及所屬律師登錄彙報表　卅六年十月份

姓名	年齡	籍貫	律師證書字號	學歷及簡歷	執行職務區域	登錄年月日及號數	加入公會名稱及年月日	其他法院登錄號數	備考
戴桂生	三十七	江苏阜寧	律字第八二七八号	北平朝陽大学法律系畢業	鎮江高一分院轄区	卅六年十月二十二日高字第九十四号	卅六年十月十日加入江都公会	江都地院第四十号	
余鑑	六十一	江都	律字第一〇三七号	两江法政学堂畢業	首都高院区 鎮江高一分院区	卅六年十月卅日高字第九十五号	卅六年三月九日加入首都公会 全年九月二十日加入江都公会	首都地院二〇二号 首都高院廿二号 江都地院四十三号	

图5-1-2-7

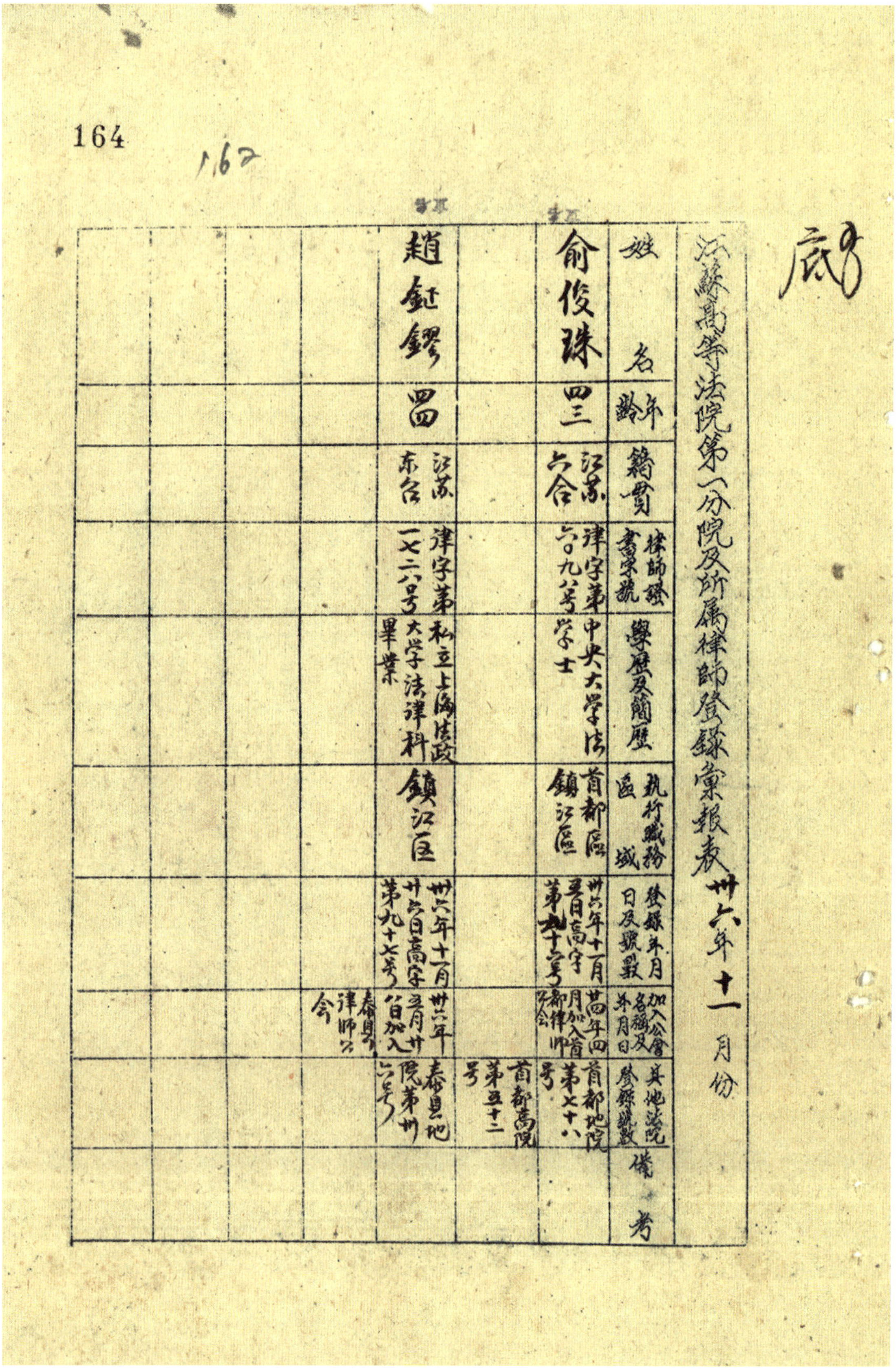

164

162

底

江蘇高等法院第一分院及所屬律師登錄彙報表　卅六年十一月份

姓名	年齡	籍貫	律師證書字號	學歷及簡歷	執行職務區域	登錄年月日及號數	加入公會名稱及年月日	其他法院登錄號數	備考
俞俊珠	四三	江蘇六合	律字第六〇九八號	中央大學法學士	首都區 鎮江區	卅六年十一月五日高字第[illegible]號	卅四年四月加入首都律師公會	首都地院第七十八號 首都高院第五十三號	
趙鉦鏐	四四	江蘇東台	律字第一七二六號	私立上海法政大學法律科畢業	鎮江區	卅六年十一月廿六日高字第九十七號	卅六年五月廿八日加入泰縣律師公會	泰縣地院第卅六號	

图5-1-2-8

二、律师姓名簿

江苏高等法院第一分院登录律师姓名簿（1946年—1947年）（档案号：A019-1946-001-0390-0001）

南京国民政府1941年颁行的《律师法》第六条规定："高等法院或分院或地方法院应置律师名簿，其应记载事项如左：一、姓名性别年龄籍贯住址；二、律师证书号数；三、学历及履历；四、事务所；五、登录年月日及其号数；六、加入律师公会年月日；七、曾否受过惩戒；八、其他法院之登录号数。"

本章选取在镇江本地律师事务所执业的律师姓名簿18份，制作一览表如下：

序号	姓名	年龄（岁）	籍贯	学历	事务所	登录年月	加入律师公会时间	曾否受过惩戒	在其他法院登录情况
1	葛志明	42	金坛	上海法政大学	镇江大西路第499号	1946年8月1日	1946年6月5日	否	镇江地院
2	尹铭	45	金坛	上海法政大学	镇江中华路249号	1946年8月7日	1946年5月	否	镇江地院 金坛司法处
3	卢镇澜	67	镇江	日本中央大学	镇江中山路352号	1946年8月13日	1946年4月	否	镇江地院 江苏高院 首都高院
4	孔昭潭	45	涟水	江苏法政大学	镇江中华路上河边2号	1946年8月17日	1946年4月11日	否	镇江地院 丹阳地院
5	吴鸿魁	42	兴化	浙江省立法政专门学校	镇江省会路中山路桥西3号	1946年8月17日	1946年8月5日	否	镇江地院
6	陈梅身	42	淮阴	上海法学院	镇江天主街43号	1946年8月28日	1946年6月12日	否	镇江地院
7	徐文德	38	宝应	私立上海法政学院	镇江伯先路金山饭店	1946年9月6日			镇江地院
8	陈昌祖	39	阜宁	上海法政学院	镇江尚友新村1号	1946年9月17日	1946年9月11日		镇江地院 上海地院
9	刘志伊	47	江宁	江苏公立法政专门学校	镇江城内山门口街福禄里5号	1946年9月18日	1946年9月16日	否	镇江地院
10	凌志鹏	53	泰兴	江苏公立专门学校	镇江中正路华商旅社	1946年9月26日	1946年9月24日	否	镇江地院

续表

序号	姓名	年龄（岁）	籍贯	学历	事务所	登录年月	加入律师公会时间	曾否受过惩戒	在其他法院登录情况
11	杨汉泽	53	宿迁	江苏公立法政专门学校	镇江中正路果子巷36号	1946年10月12日	1946年5月		镇江地院
12	胡修珍	48	泗阳	江苏公立法政专门学校	镇江南门大街吴先生巷2号	1946年10月14日		否	镇江地院
13	胡曾年	44	宿迁	朝阳大学	镇江中山路397号	1946年10月17日	1946年4月		镇江地院 江都地院 江浦司法处
14	陈建中	41	湖南永顺	北京法政大学	镇江中正路四箴里5号	1946年10月31日		否	镇江地院
15	陈金文	39	高邮	上海神州法政专门学校	镇江尚友新村爱莲里1号	1946年11月5日	1946年6月2日	否	首都高院 首都地院 镇江地院
16	曹寿世	50	仪征	北平私立中央大学	镇江小街磨坊巷4号	1946年11月14日	1946年11月		江都地院
17	戴玉华	44	泰县	大夏大学	镇江观音桥巷5号	1946年12月16日	1935年2月28日		镇江地院
18	倪江表	40	江浦	日本专修大学	镇江双井路2号将军巷7号	1947年3月11日	1947年3月9日	否	首都高院 首都地院 镇江地院

上述律师姓名簿显示：这18名在镇江执业的律师平均年龄为45.5岁，在江苏高等法院第一分院登录执业前都曾在其他法院登录；这些律师来自镇江、金坛、宿迁等16个不同地方，其中江苏省内17名，省外1名；16人毕业于国内院校，2人毕业于国外院校。

图5.2.1 江苏高等法院第一分院登录镇江执业律师籍贯分布图（1946年—1947年）

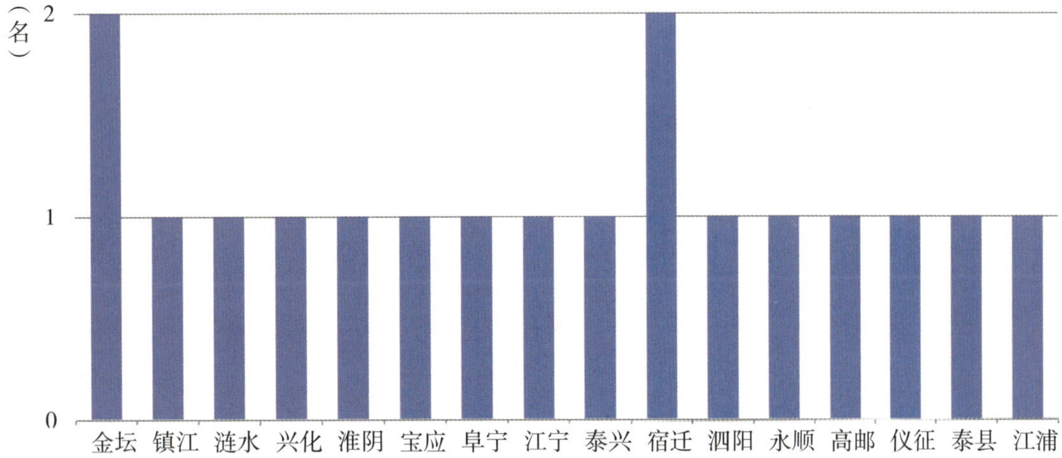

图5.2.2 江苏高等法院第一分院登录镇江执业律师毕业学校分布图（1946年—1947年）

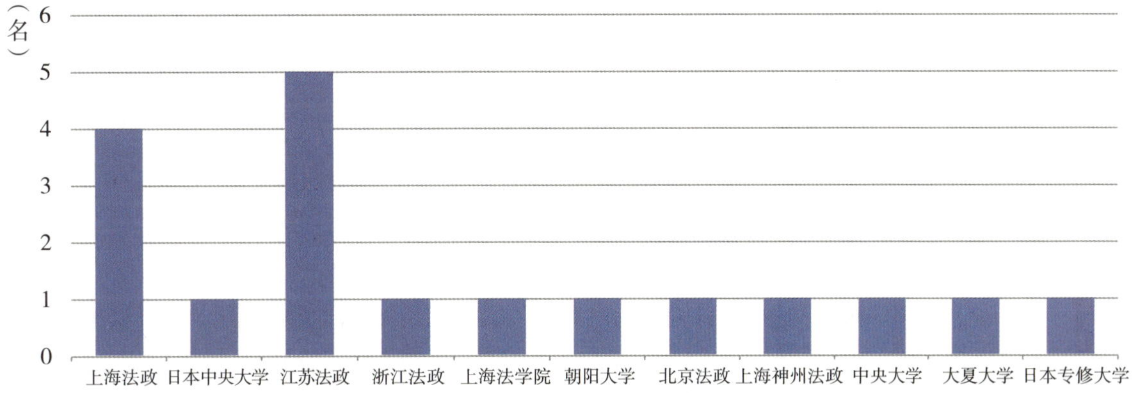

图5.2.3 江苏高等法院第一分院登录镇江执业律师年龄分布图（1946年—1947年）

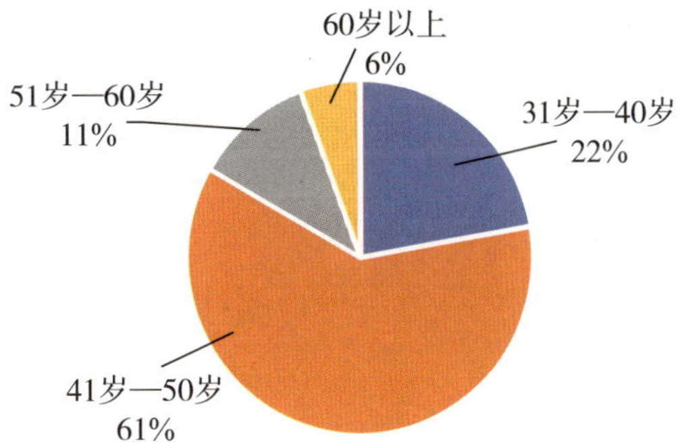

姓名	葛志明
性别	男
年龄	四十二
籍貫	江蘇金壇
律師證書號數	中華民國二十八年二月廿二日補給律字第一五八號
學歷	上海法政大学畢業
履歷	曾任党政及軍法承審員等職先後執行律務九年
事務所	鎮江大西路第四九九號
電話號數	
住址	金壇東當舖巷十七號
電話號數	
登錄年月日及其號數	中華民國卅五年八月一日高字第二十二號
加入律師公會	中華民國卅五年六月五日　字第　號
曾否受過懲戒	未
在地方法院之登錄號數	鎮地院鎮字第三六號
黏貼相片	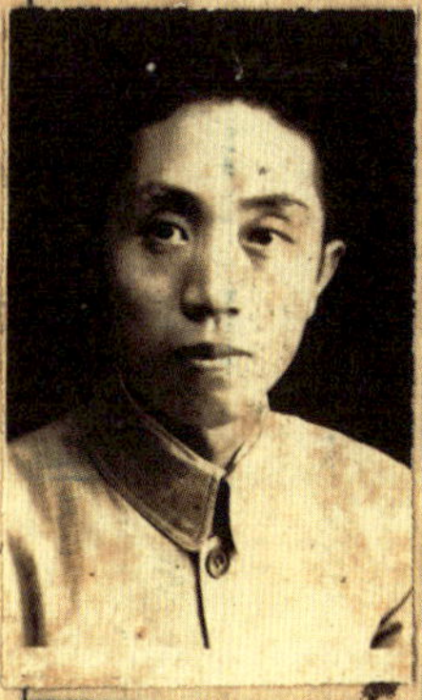
附記	十月廿日呈报移省府路九号新址 据金坛司法处九月七日呈报该律师已在金坛区律務業准予登錄

图 5-2-1

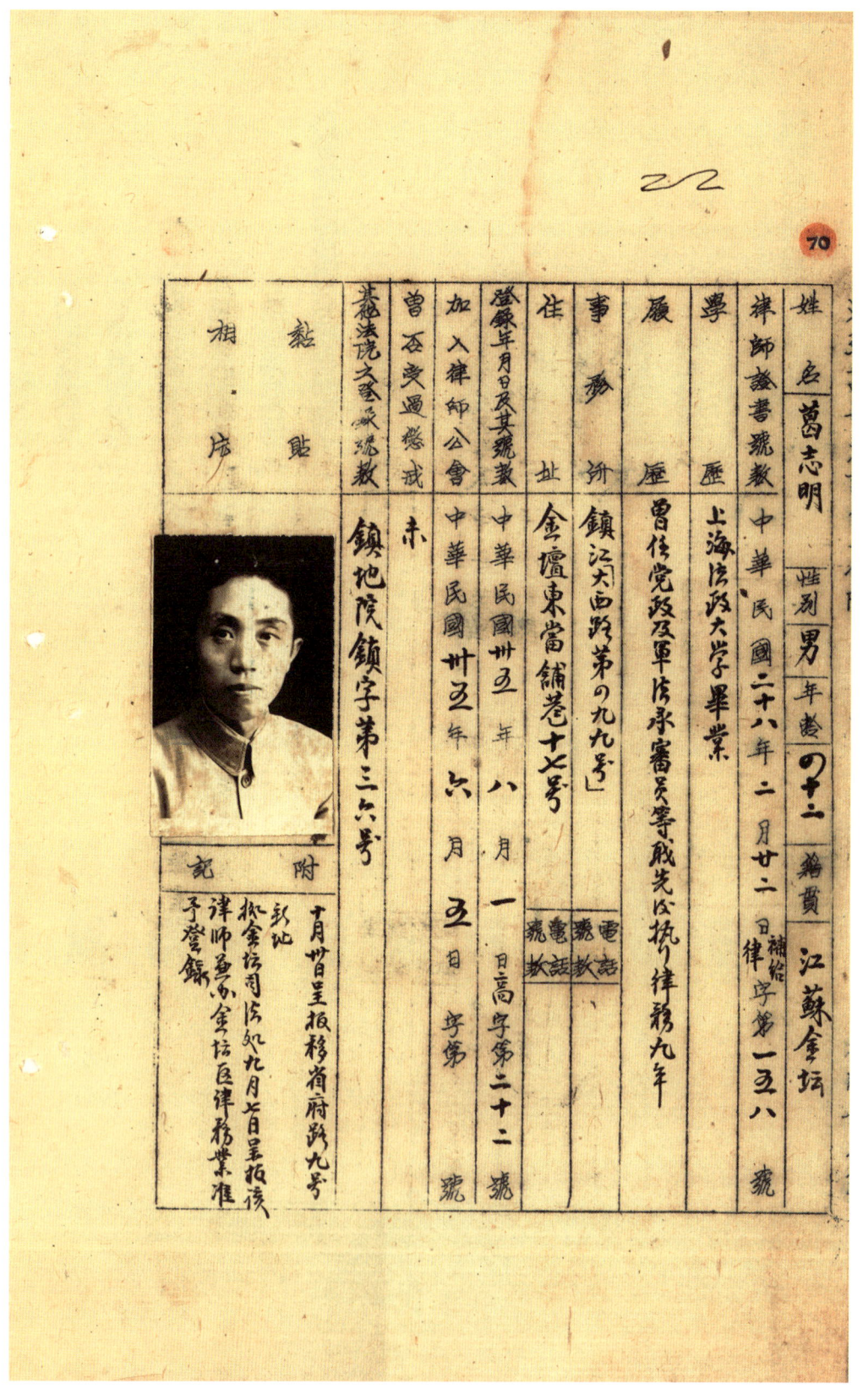

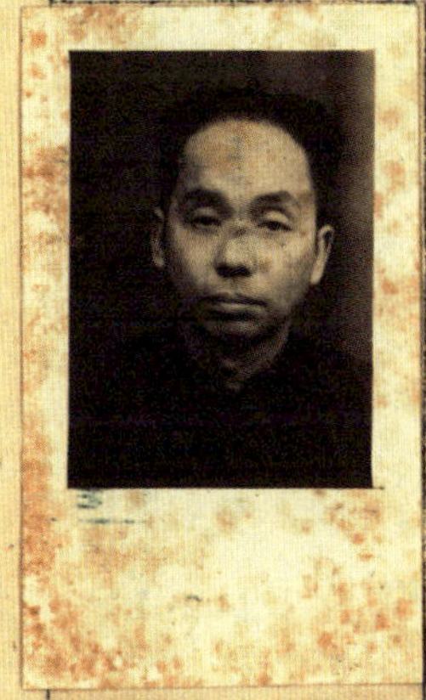
24

70

姓名	尹銘
性別	男
年齡	四十五
籍貫	金壇（江蘇）
律師證書號數	中華民國二十年六月六日律字第二一二二號
學歷	上海法政大學
履歷	
事務所	鎮江中華路二〇九号春江小学内
電話號數	
住址	金壇小南门毛家弄一号
電話號數	
登録年月日及其號數	中華民國卅五年八月七日高字第廿〇號
加入律師公會	中華民國卅五年五月　日　字第　號
曾否受過懲戒	未
其他法院之登録號數	卅五年六月十五鎮地院第卅五号金坛司法處坛字第〇号
粘貼相片	
附記	

图5-2-2

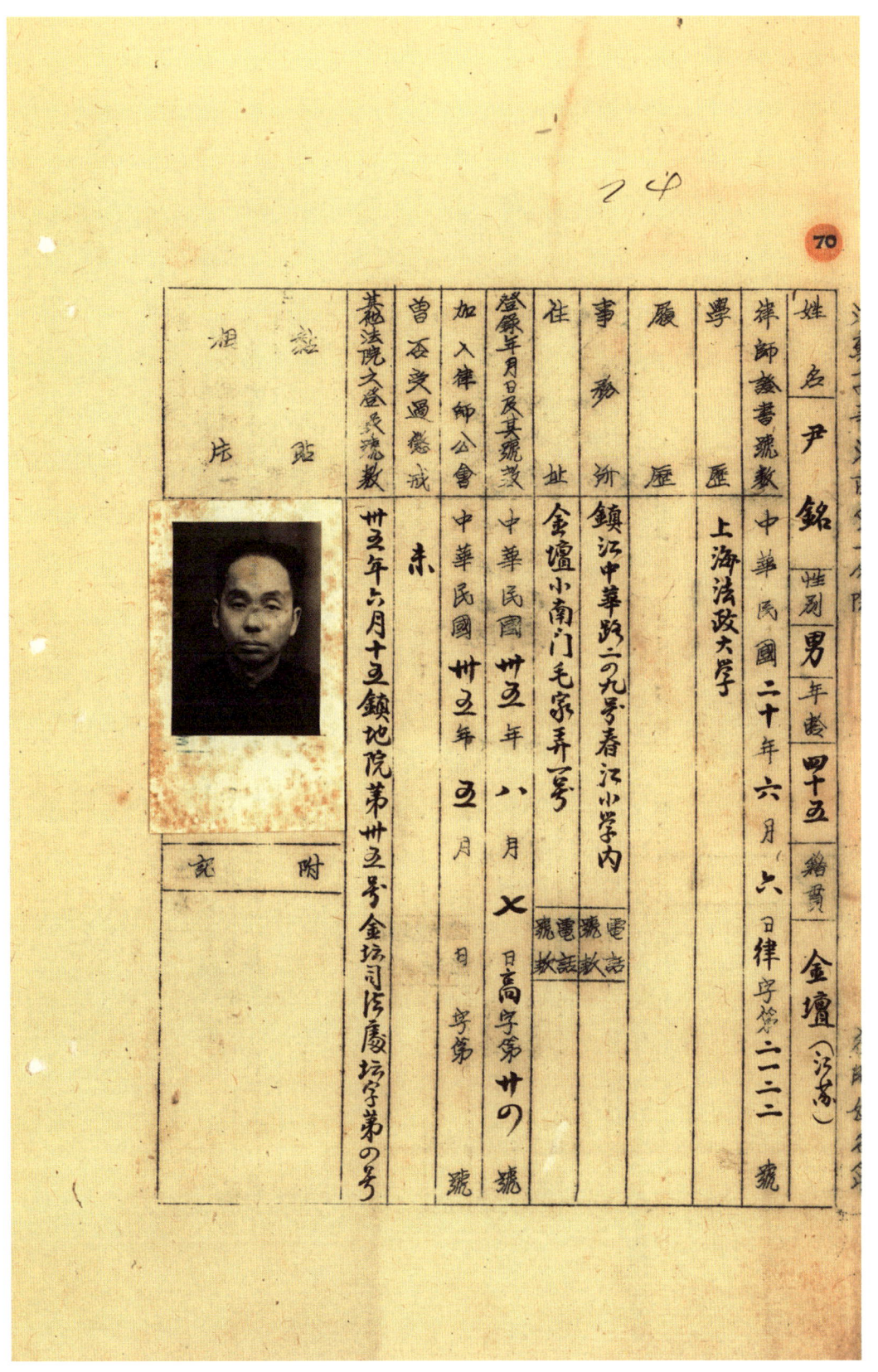

014

25

0

70

姓名	盧鎮瀾	性別	男	年齡	六十七	籍貫	鎮江
律師證書號數	中華民國十六年十二月廿三日律字第六二三號						
學歷	日本中央大学法学士						
履歷	曾任鎮江松江鄞县等地方審判廳長 大理院推事						
事務所	鎮江中山路三五六号	電話號數					
住址	仝上	電話號數					
登錄年月日及其號數	中華民國卅五年八月十三日高字第卅五號						
加入律師公會	中華民國卅五年　月　日　字第　號						
曾否受過懲戒	未						
其他法院之登錄號數	鎮江地院鎮字第二十九号 江苏高院登錄第九十九号 首都高院卅号						
黏貼相片							
附記							

图5-2-3

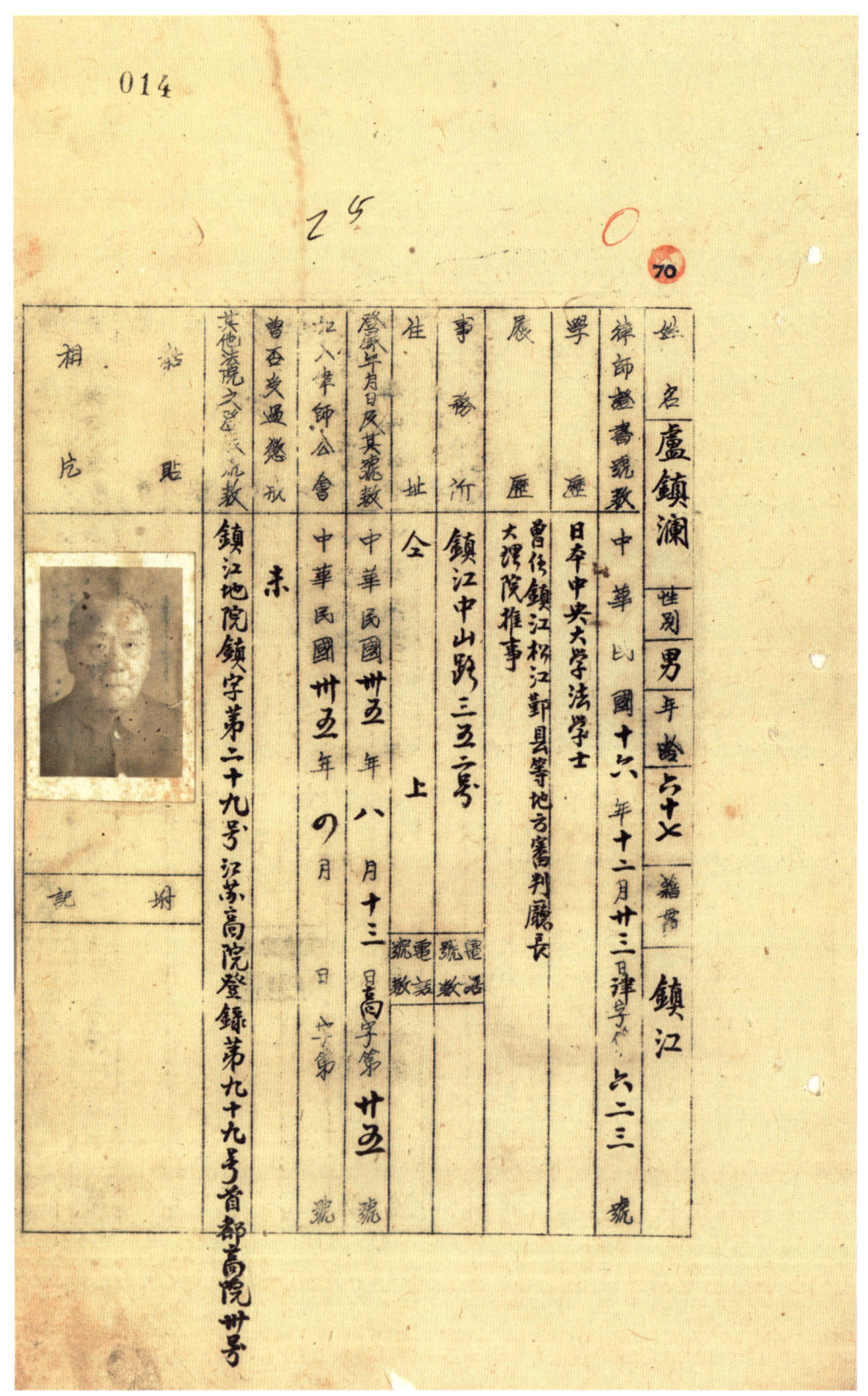

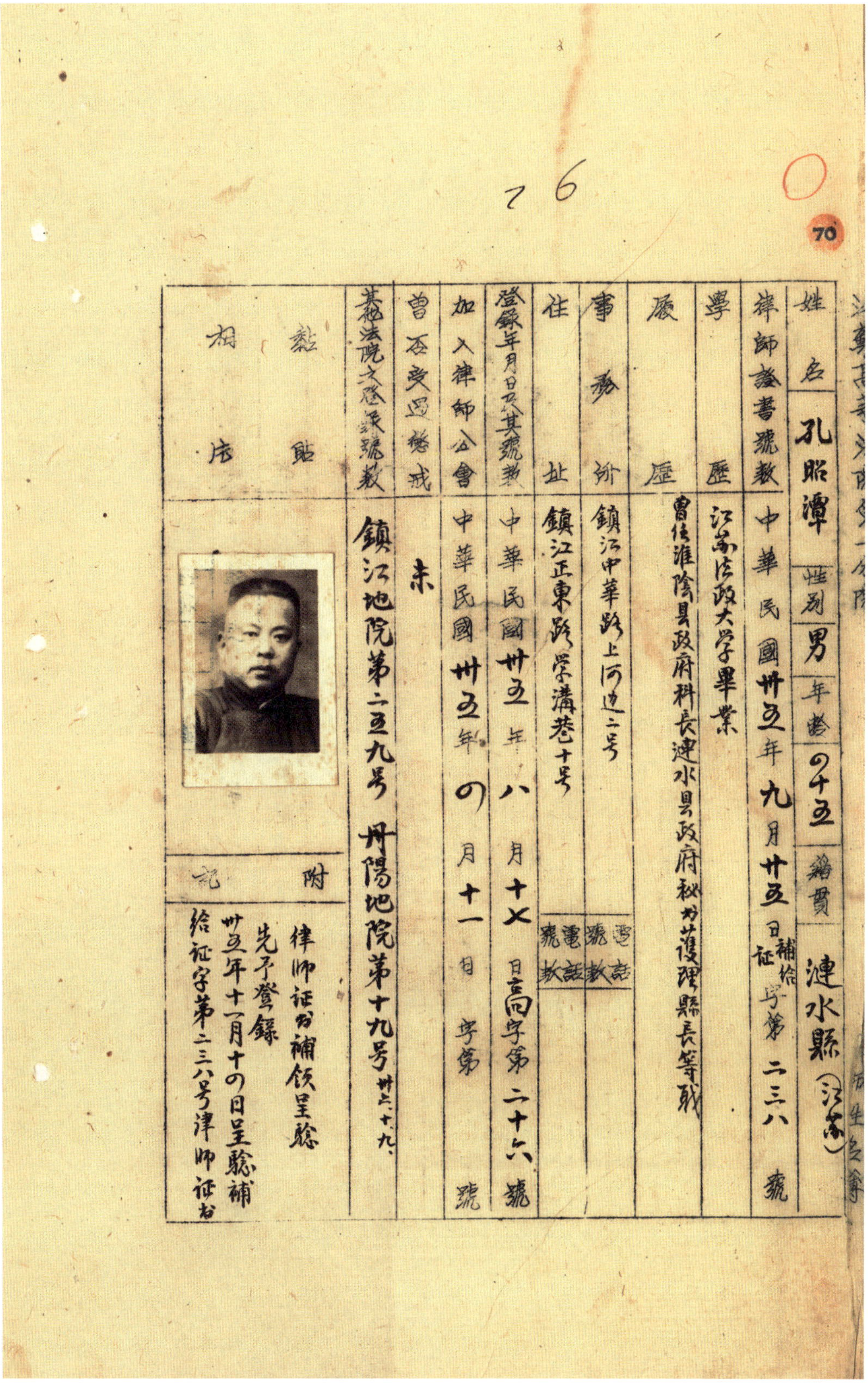
姓名　孔昭潭
性別　男
年齡　四十五
籍貫　漣水縣（江蘇）
律師證書號數　中華民國卅五年九月廿五日補給證字第二三八號
學歷　江蘇法政大學畢業
履歷　曾任淮陰县政府科長漣水县政府秘书代理縣長等職
事務所　鎮江中華路上河边二号
電話號數
住址　鎮江正東路學溝巷十号
電話號數
登錄年月日及其號數　中華民國卅五年八月十七日高字第二十六號
加入律師公會　中華民國卅五年四月十一日字第　號
曾否受過懲戒　未
某地法院文登錄號數　鎮江地院第二五九号　丹陽地院第十九号
相片黏貼
附記
律师证书补领呈悉
先予登錄
卅五年十一月十四日呈懇補
給证字第二三八号律师证书

图5-2-4

015

27

70

姓名	吴鴻魁
性別	男
年齡	四十二
籍貫	江蘇興化
律師證書號數	中華民國十九年三月廿二日律字第五七四號
學歷	浙江省立法政專門學校畢業
履歷	鎮江興化江都等地院區内執行律務
事務所	鎮江省會路中山路橋西三號
電話號數	
電報掛號	
住址	東荷花塘街二六五號（鎮江）
登錄年月日及其號數	中華民國卅五年八月十七日高字第廿七號
加入律師公會	中華民國卅五年八月五日字第 號
曾否受懲戒	未
指定法院之登錄號數	鎮江地院第卅一號
粘貼相片	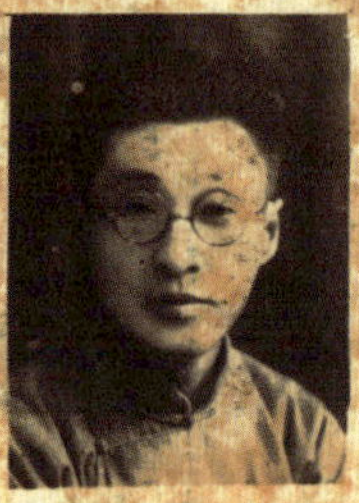
附記	

图5-2-5

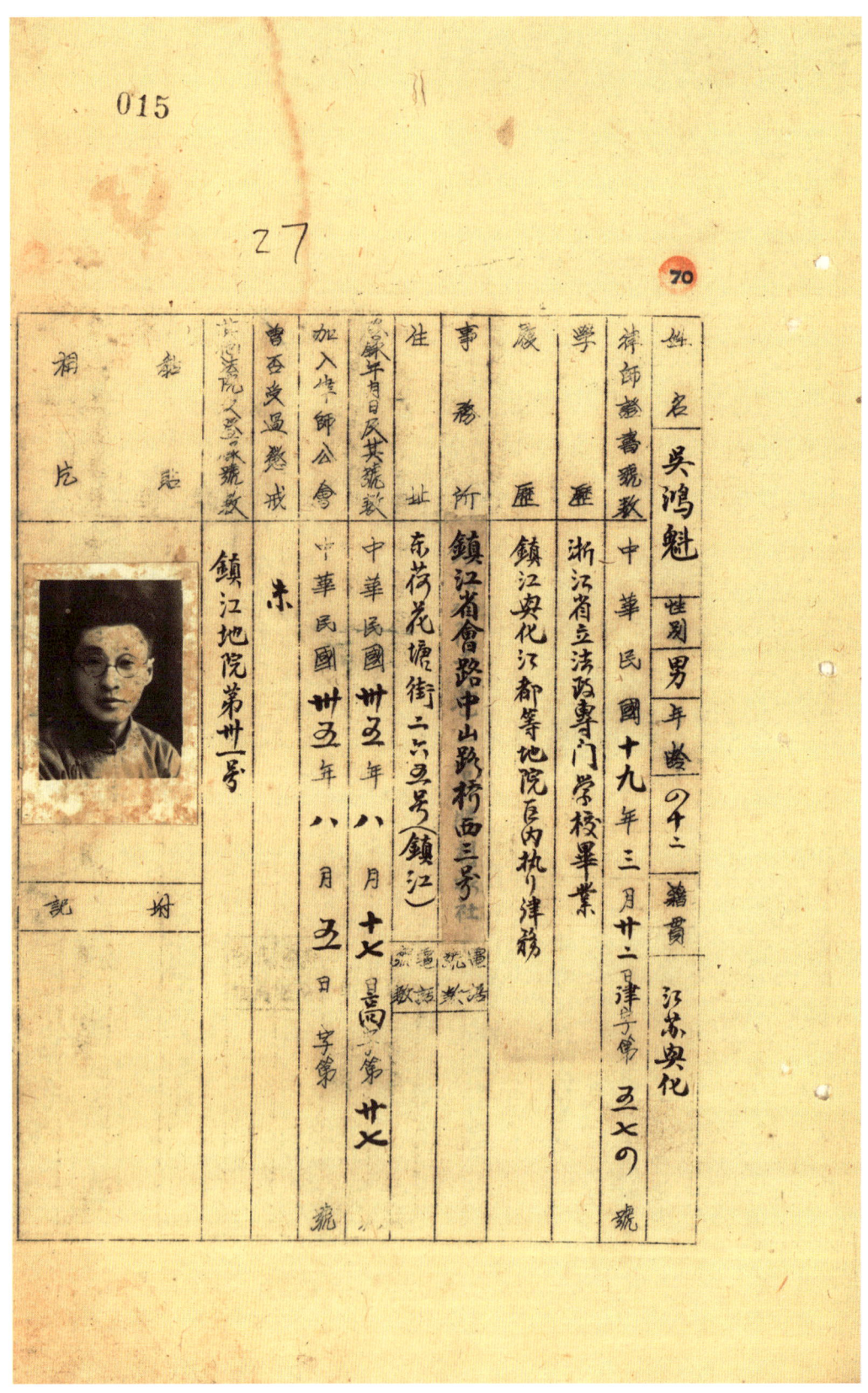

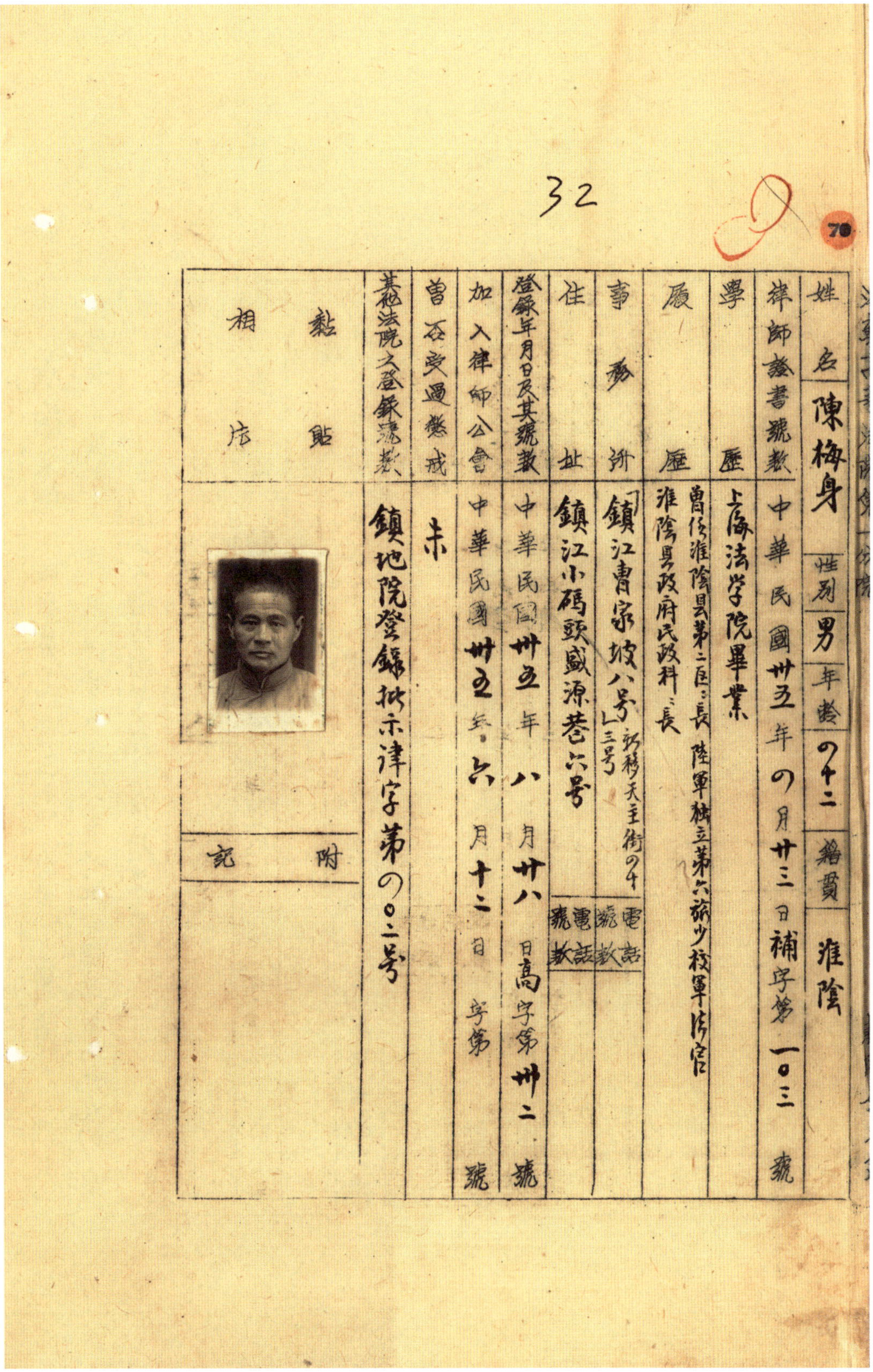

32

姓名	陳梅身
性别	男
年龄	四十二
籍贯	淮陰
律師證書號數	中華民國卅五年四月廿三日補字第一〇三號
學歷	上海法学院畢業
履歷	曾任淮陰县第二區區長　陸軍獨立第六旅少校軍法官 淮陰县政府民政科科長
事務所	鎮江青宗坡八号　新移天主街四十三号
電話號數	
住址	鎮江小碼頭盛源巷六号
電話號數	
登錄年月日及其號數	中華民國卅五年八月廿八日高字第卅二號
加入律師公會	中華民國卅五年六月十二日字第　號
曾否受過懲戒	未
其他法院之登錄號數	鎮地院登錄批示律字第四〇二号
黏貼相片	
附記	

图5-2-6

34

70

姓名	徐文德
性別	男
年齡	三十八
籍貫	寶應
律師證書號數	中華民國廿二年六月廿七日律字第四九九四號
學歷	私立上海法政學院法律科畢業
履歷	
事務所	鎮江伯先路金山飯店
電話號數	
電報號數	
住址	
登錄年月日及其號數	中華民國卅五年九月六日高字第卅四號
加入律師公會	中華民國　年　月　日　字第　號
曾否受過懲戒	
本地法院之登錄號數	鎮院鎮字第三十七號
黏貼相片	
附記	

图5-2-7

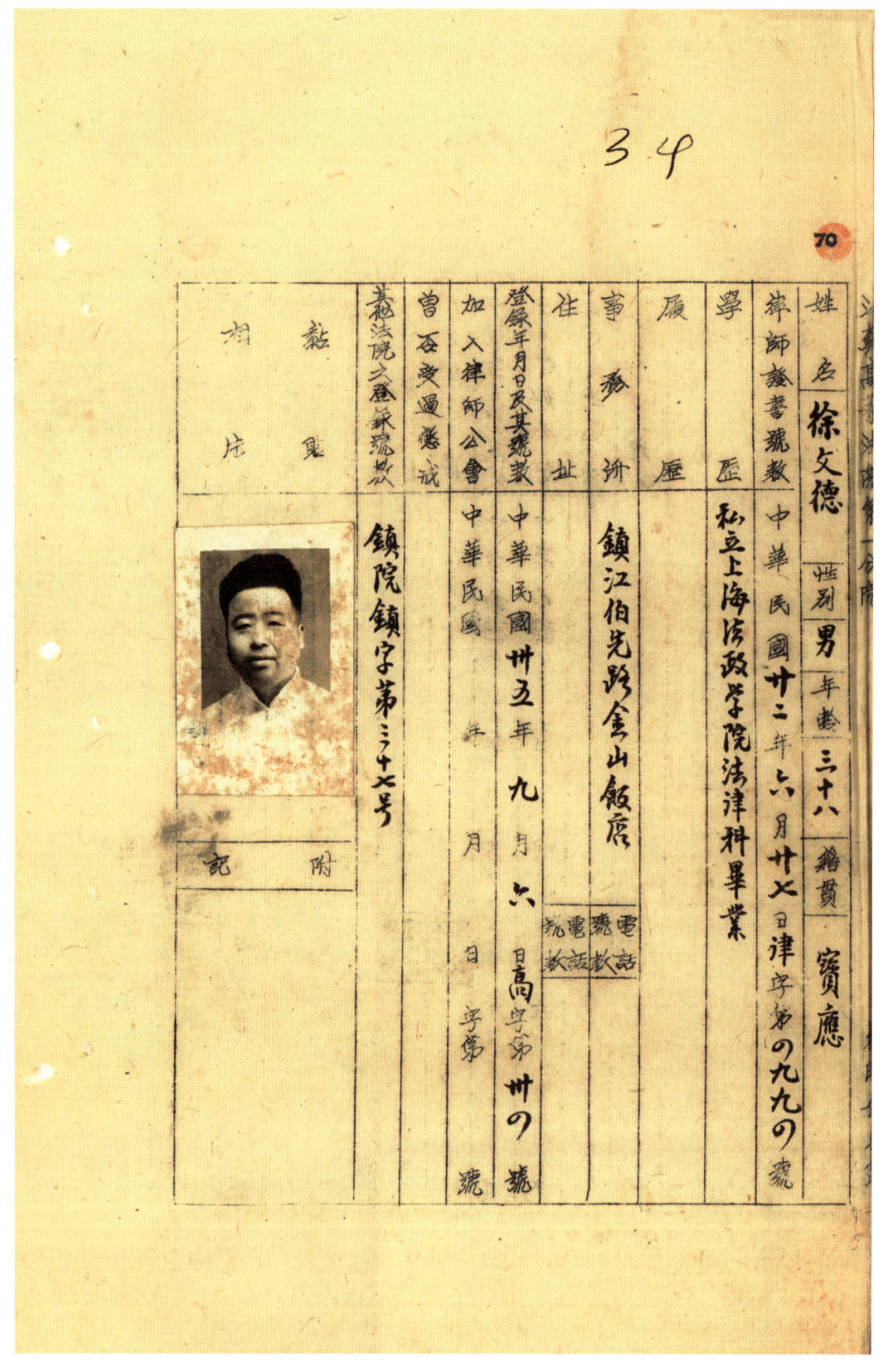

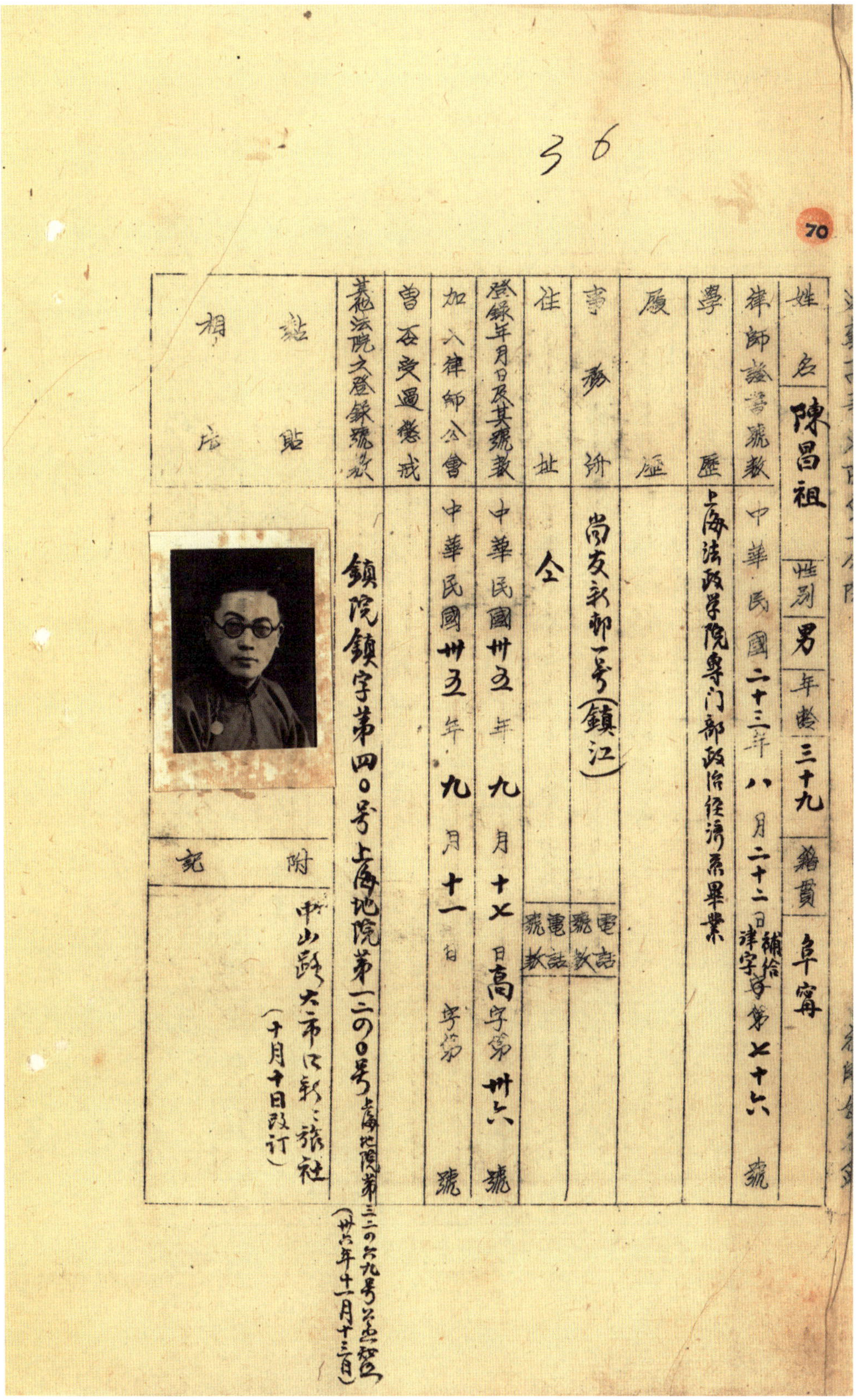
36

70

姓名	陳昌祖
性別	男
年齡	三十九
籍貫	阜寧
律師證書號數	中華民國二十三年八月二十二日 補給律字第七十六號
學歷	上海法政學院專门部政治經濟系畢業
履歷	
事務所	尚友新邨一号（鎮江）
電話號數	
住址	仝
電話號數	
登錄年月日及其號數	中華民國卅五年九月十七日高字第卅六號
加入律師公會	中華民國卅五年九月十一日字第　號
曾否受過懲戒	
某地法院之登錄號數	鎮院鎮字第四0号 上海地院第一三00号 上海地院第三二0六九号公告登記（卅六年十一月十三日）
黏貼相片	
附記	中山路大市口新新旅社（十月十日改訂）

图5-2-8

020

37

70

姓名	劉志伊
性別	男
年齡	四十七
籍貫	江寧
律師證書號數	中華民國二十四年十一月卅日津字第六八七九號
學歷	江蘇公立法政專門学校法律本科畢業
履歷	
事務所	鎮江城内山门口街福祿里五号
電話號數	
住址	仝上
電話號數	
登錄年月日及其號數	中華民國卅五年九月十八日高字第卅七号號
加入律師公會	中華民國卅五年九月十六日字第　號
曾否受過懲戒	未
其他法院之登錄號數	鎮院鎮字第四十一号
粘貼相片	
附記	

图5-2-9

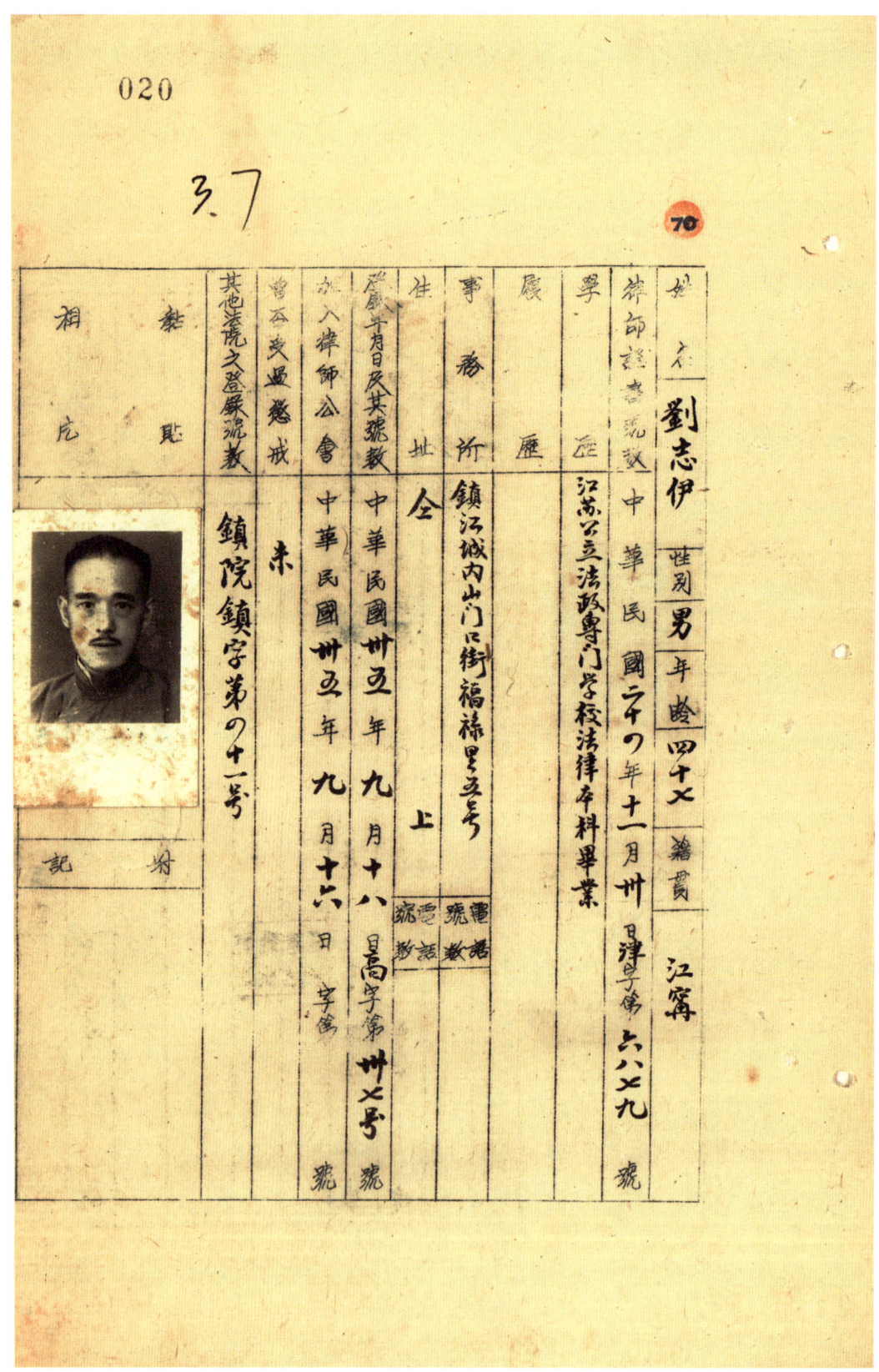

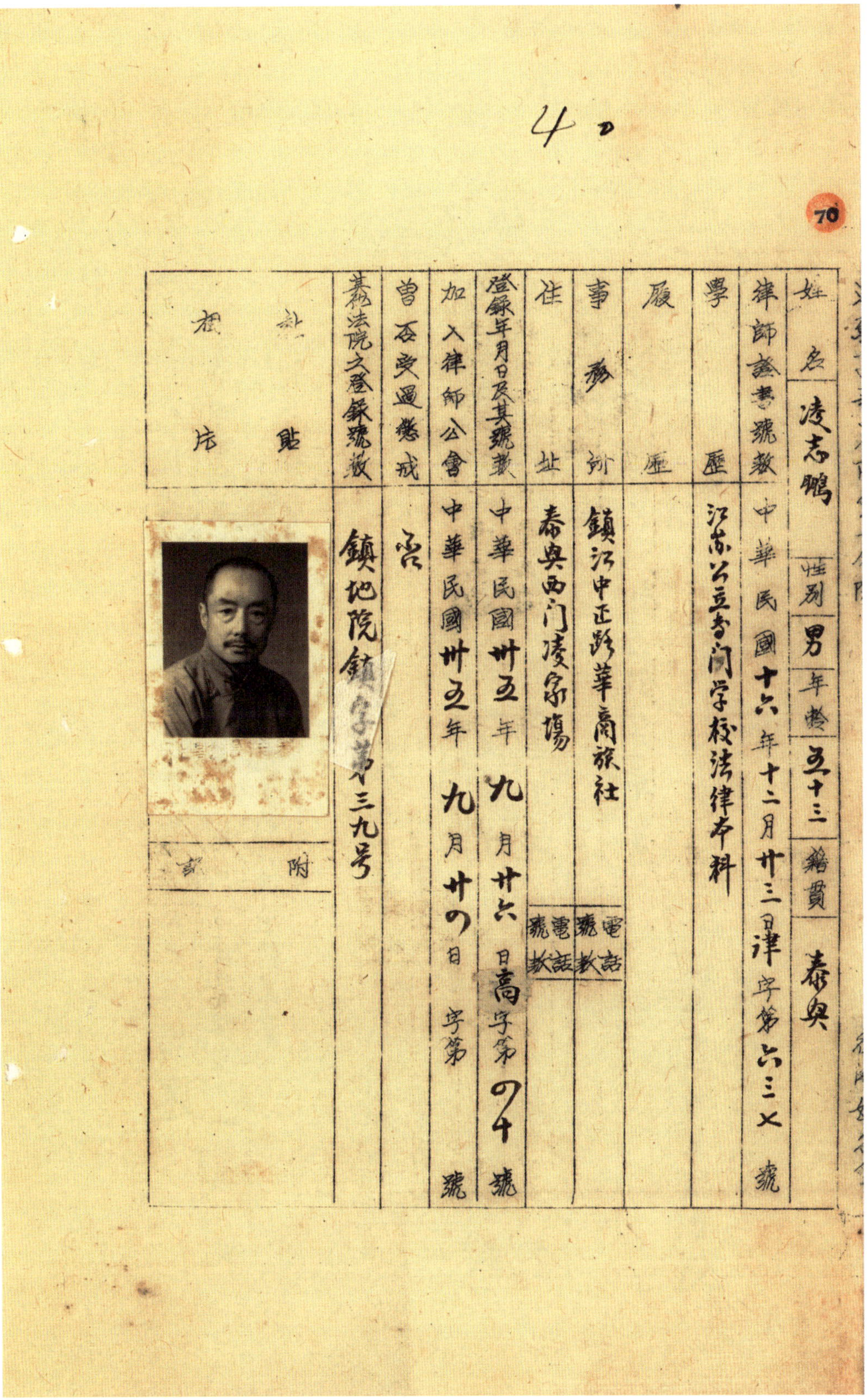

40

70

姓名	凌志鹏
性別	男
年齡	五十三
籍貫	泰興
律師證書號數	中華民國十六年十二月廿三日津字第六三七號
學歷	江苏公立专门学校法律本科
履歷	
事務所	鎮江中正路華商旅社　電話號數
住址	泰興西门凌家塲　電話號數
登錄年月日及其號數	中華民國卅五年九月廿六日高字第〇74號
加入律師公會	中華民國卅五年九月廿の日　字第　號
曾否受過懲戒	否
所屬法院之登錄號數	鎮地院鎮字第一三九号
相片粘貼	
附記	

图5-2-10

025

47

70

姓名	楊漢澤
性別	男
年齡	五三
籍貫	宿遷
律師證書號數	中華民國十八年六月廿九日律字第一一二號
學歷	江蘇公立法政專门学校法律本科畢業
經歷	執行律務五年
事務所	鎮江中正路果子巷三十六号
電話號數	
住址	仝
電話號數	
登錄年月日及其號數	中華民國卅五年十月十二日呈高字第〇四十七號
加入律師公會	中華民國卅五年五月　日　字第　號
曾否受過懲戒	
其他法院之登錄號數	鎮院鎮字第八号
相片貼	
附記	卅五、十二、卅、呈請撤銷登錄並批示知照

图5-2-11

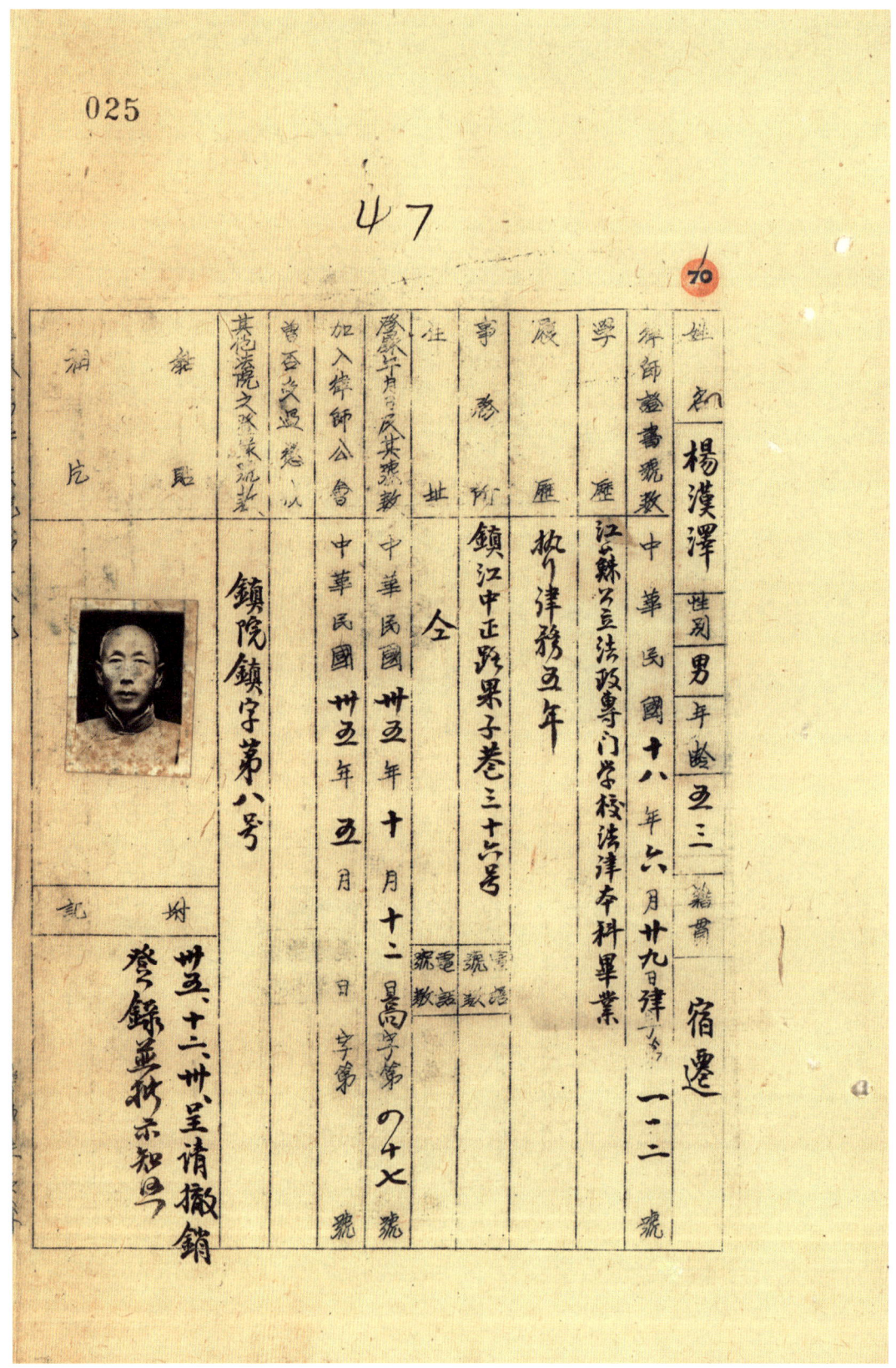

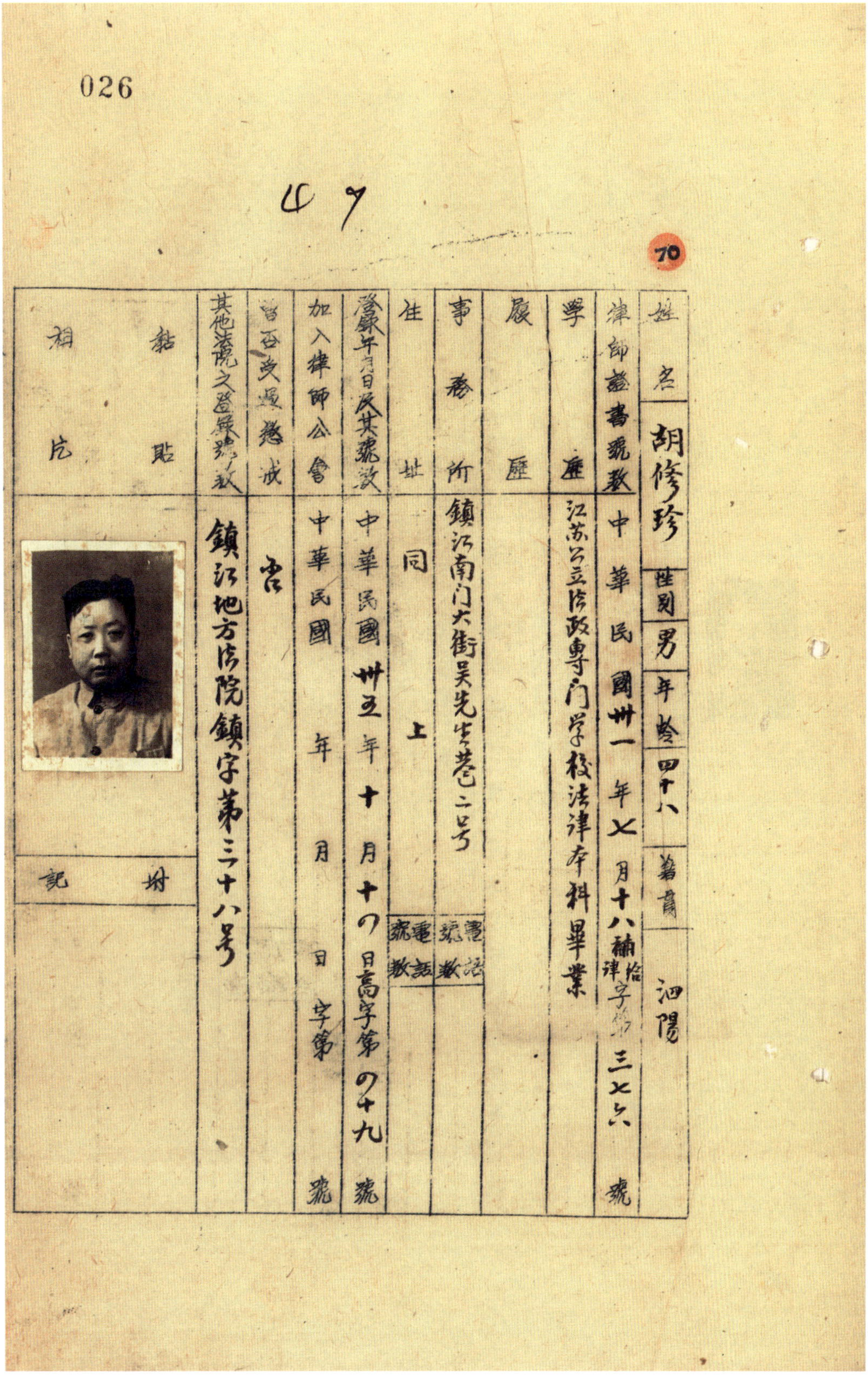
026

47

70

姓名	胡修珍
性別	男
年齡	四十八
籍貫	泗陽
律師證書號數	中華民國卅一年七月十八補給律字第三七六號
學歷	江苏公立法政專门学校法律本科畢業
履歷	
事務所	鎮江南门大街吴先生巷二号
電話號數	
住址	同上
電話號數	
登錄年月日及其號數	中華民國卅五年十月十四日高字第四十九號
加入律師公會	中華民國　年　月　日　字第　號
曾否受懲戒	否
其他法院之登錄號數	鎮江地方法院鎮字第三十八号
粘貼相片	
冊記	

图5-2-12

027

51

70

姓名	胡曾年
性別	男
年齡	四十四
籍貫	宿遷
律師證書號數	中華民國十八年十月卅日律字第五十二號
學歷	朝陽大学法律本科畢業
經歷	
事務所	中山路三九七号
電話號數	
住址	本埠火罐樓巷三号
電話號數	
登錄年月日及其號數	中華民國卅五年十月十七日高字第五千一號
加入律師公會	中華民國卅五年四月　日　字第　號
曾否受過懲戒	
其他法院之登錄號數	鎮院四七六号 江都院二〇号 江浦司法處第三号
粘貼相片	
附記	

图5-2-13

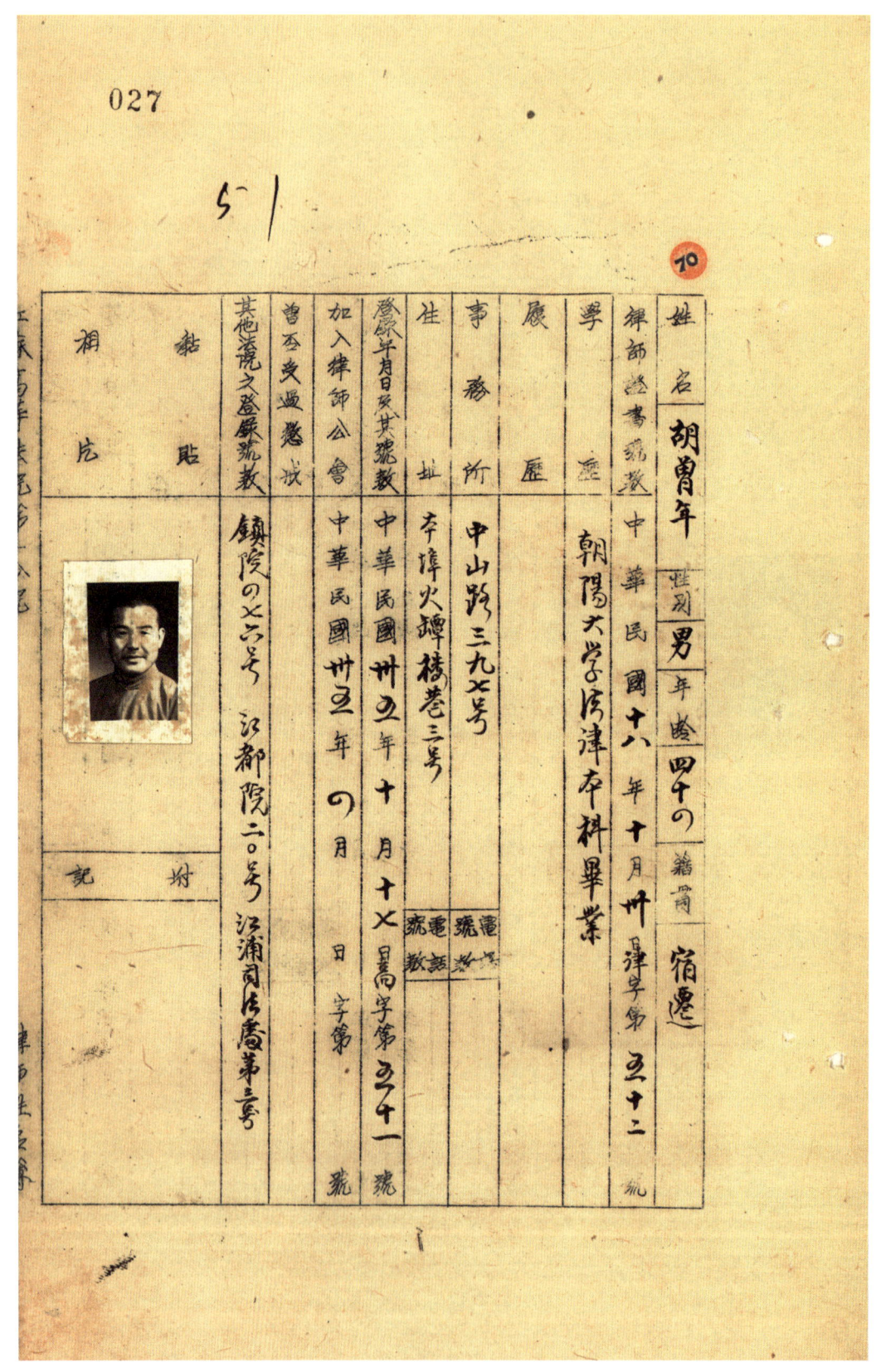

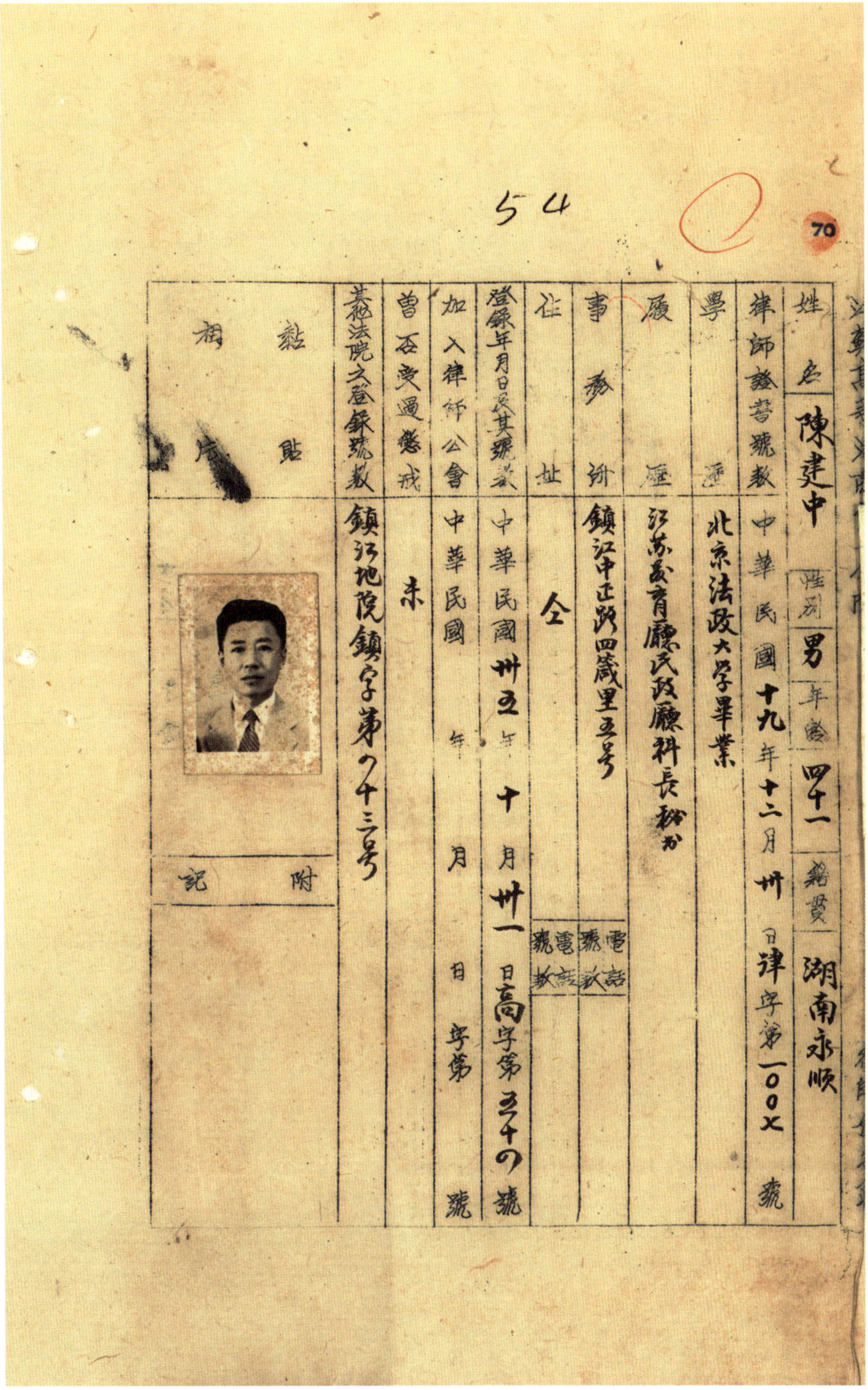

54

70

姓名	陳建中
性別	男
年齡	四十一
籍貫	湖南永顺
律師證書號數	中華民國十九年十二月卅日律字第一00x號
學歷	北京法政大学畢業
履歷	江苏教育廳民政廳科長秘书
事務所	鎮江中正路四歲里五号
電話號數	
住址	仝
電話號數	
登錄年月日及其號數	中華民國卅五年十月卅一日高字第三千の號
加入律師公會	中華民國　年　月　日　字第　號
曾否受過懲戒	未
其他法院之登錄號數	鎮江地院鎮字第の十三号
黏貼相片	
附記	

图5-2-14

029

55

70

姓名	陳金文
性別	男
年齡	三十九
籍貫	高郵
律師證書號數	中華民國十六年十二月廿三日律字第六一三五号
學歷	上海神州法政法律科畢業
經歷	富陽承審員等職
事務所	鎮江尚友新邨愛蓮里一号 南京建康路廿号
電話號數	
住址	仝
電話號數	
登錄年月日及其號數	中華民國卅五年十一月五日高字第五十五號
加入律師公會	中華民國卅五年六月二日字第號 加入首都公会
曾否受過懲戒	否
其他法院之登錄號數	首都高院律字第廿八号 首都地院第五十八号 鎮江地院鎮字第四十四号
黏貼相片	
附記	

图5-2-15

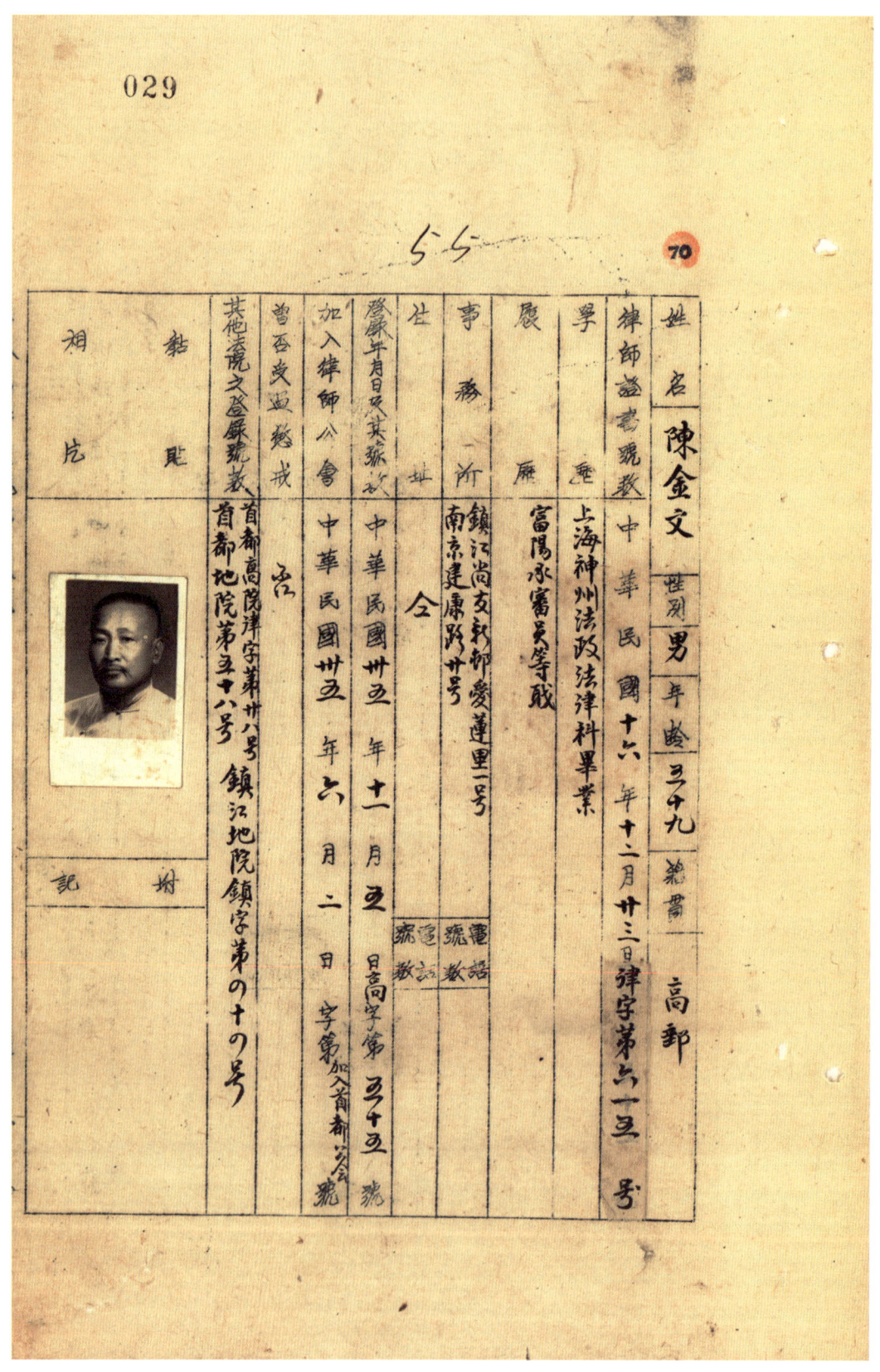

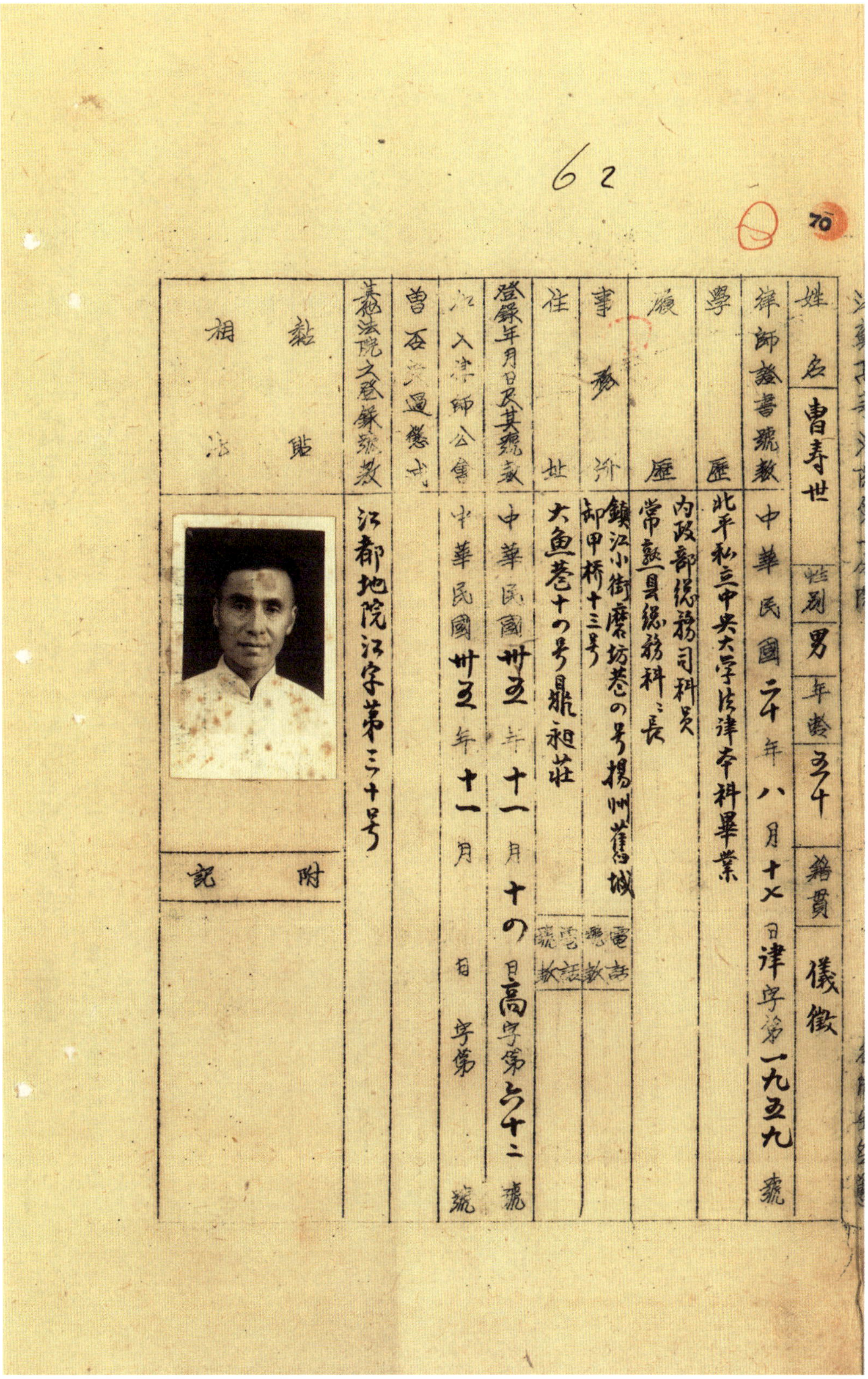

62

70

姓名	曹寿世
性别	男
年龄	五十
籍贯	儀徵
律師證書號數	中華民國二十年八月十七日律字第一九五九號
學歷	北平私立中央大学法律本科畢業
經歷	内政部總務司科员 常熟县總務科科長
事務所	鎮江小街磨坊巷四号揚州舊城卸甲桥十三号
住址	大魚巷十四号鼎和莊
電話號數	
登錄年月日及其號數	中華民國卅五年十一月十四日高字第六十二號
加入律師公會	中華民國卅五年十一月　日　字第　號
曾否受過懲戒	
某地法院之登錄號數	江都地院江字第三十号
黏貼相片	
附記	

图5-2-16

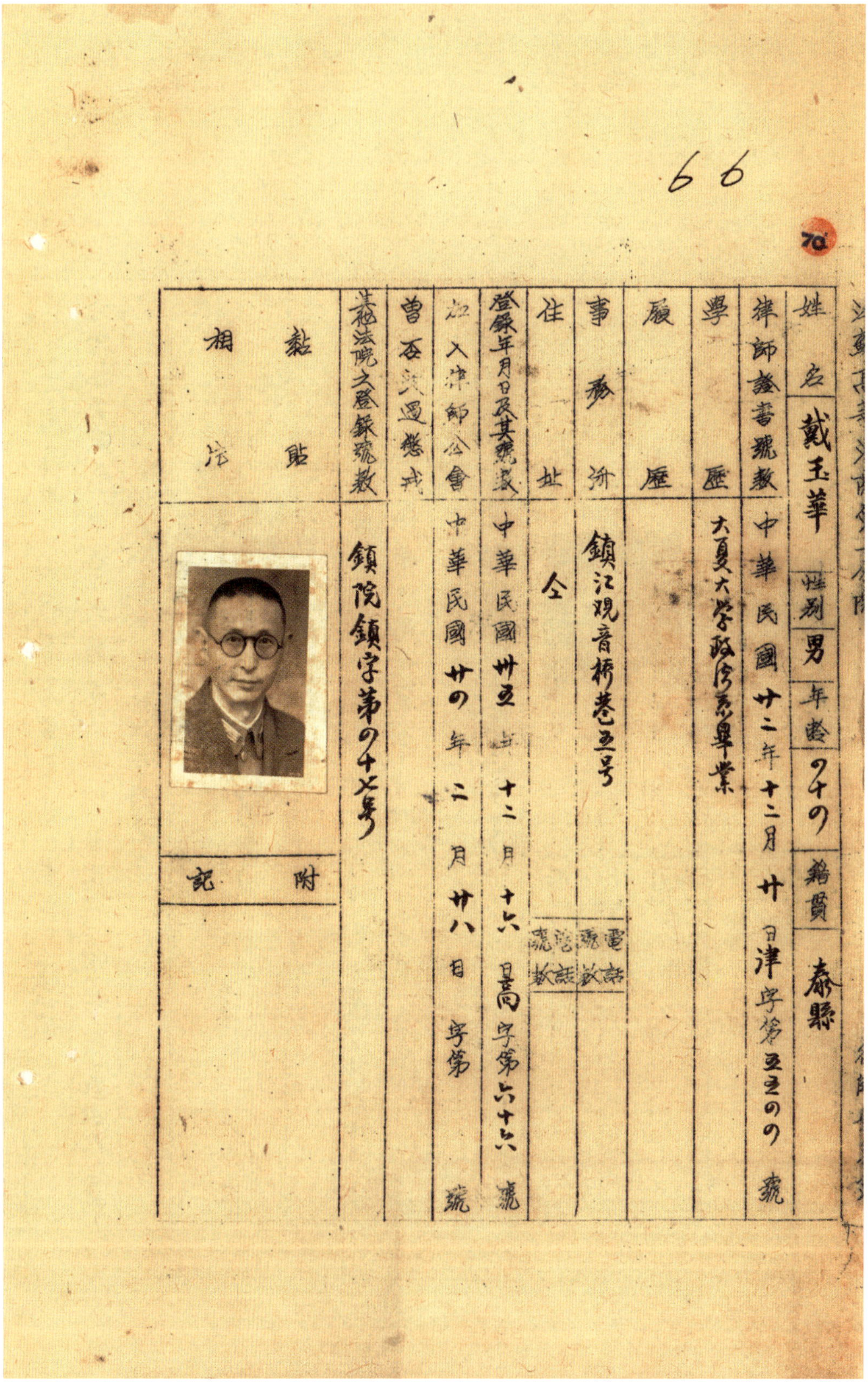

66

70

姓名	戴玉華
性別	男
年齡	四十四
籍貫	泰縣
律師證書號數	中華民國廿二年十二月廿日律字第五三〇〇號
學歷	大夏大學政治系畢業
履歷	
事務所	鎮江觀音橋巷五号
住址	仝
電話號數	
登錄年月日及其號數	中華民國卅五年十二月十六日高字第六十六號
加入律師公會	中華民國卅四年二月廿八日字第 號
曾否受過懲戒	
其他法院之登錄號數	鎮院鎮字第四十七号
黏貼相片	
附記	

图5-2-17

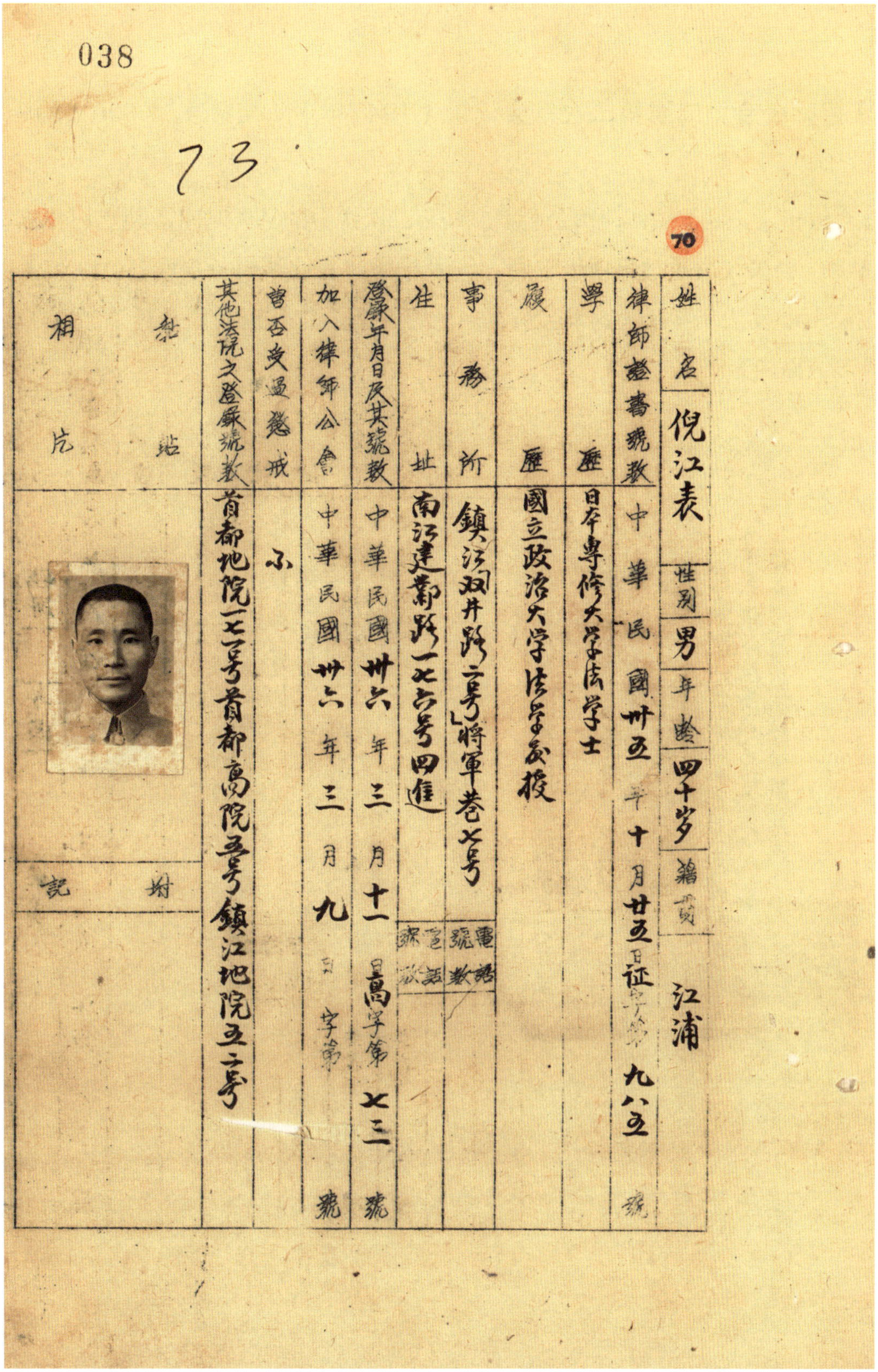

038

73

70

姓名	倪江表
性别	男
年龄	四十岁
籍贯	江浦
律師證書號數	中華民國卅五年十月廿五日証字第九八五號
學歷	日本專修大学法学士
履歷	國立政治大学法学教授
事務所	鎮江双井路二号「將軍巷七号」
電話號數	
住址	南京建鄴路一七六号四進
登錄年月日及其號數	中華民國卅六年三月十一日高字第七三號
加入律師公會	中華民國卅六年三月九日字第　號
曾否受過懲戒	不
其他法院之登錄號數	首都地院一七一号 首都高院五号 鎮江地院五二号
相片黏貼	
附記	

图5-2-18

三、相关公文

1. 镇江律师公会第二届第二次常会记录（1947年）（档案号：A020-1948-001-0311-0014）

该会议记录记载了镇江律师公会第二届第二次常会的具体时间、地点、出席人员、讨论事项。会议议决通过事项十二则，涉及推举代表交涉银行提取存款、修正会章、取缔土讼、印发法令解释、制发会员证、欠缴会费、依法退会以及对镇江地方法院的建议等多方面内容。

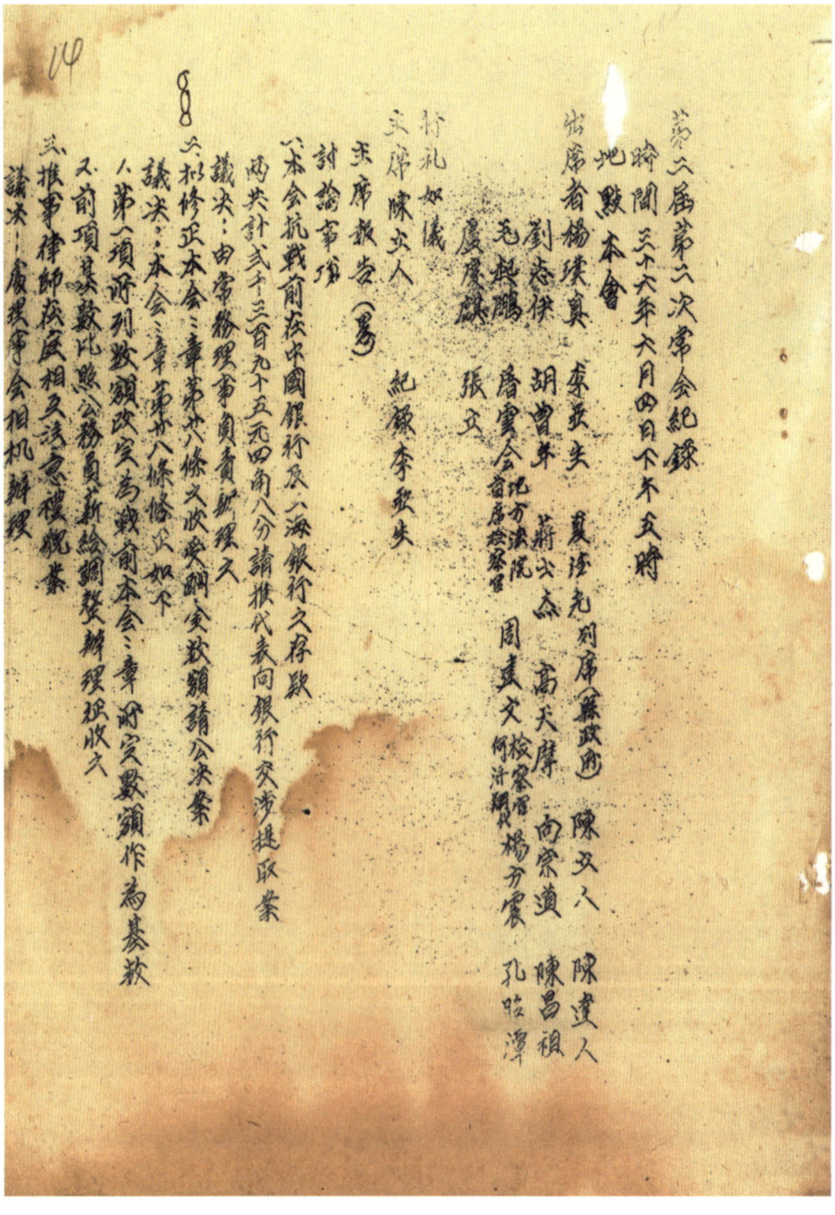
14
第二屆第二次常会紀錄
時間 三十六年六月四日下午五時
地點 本會
出席者 楊璞真 秦孟夫 夏淦元 列席（縣政府）陳文人 陳達人
劉志俠 胡曾年 蔣公杰 高天摩 向崇道 陳昌禎
毛挺鵬 詹寶全 地方法院首席檢察官 周袁文 檢察官何濟綱 楊芳震 孔昭潭
慶慶麟 張文
行禮如儀
主席 陳文人 紀錄 李叔夫
主席報告（略）
討論事項
一、本会抗戰前存中國銀行及上海銀行之存款兩共計弍千三百九十五元四角八分請推代表向銀行交涉提取案
議決：由常務理事負責辦理之
二、擬修正本会會章第廿六條文改定會費數額請公決案
議決：本会會章第廿八條修正如下
一、第一項所列數額改定為戰前本会會章所定數額作為基数
二、前項基數比照公務員薪給調整辦理征收之
三、推事律師在庭相互注意禮貌案
議決：交理事会相机辦理

图5-3-1-1

南京国民政府《律师公会章程订立办法》第二十八条规定："会员受当事人之委托，办理诉讼案件，其收受酬金办法，分列两种，由当事人自择，以契约定之。"此次会议修正会章便对会员受当事人委托办理诉讼案件收受酬金做出了具体规定，如"讨论案情每小时不得逾八元、节录文稿或造具清册每百字不得逾一角、民事出庭费每次不得逾一百元、刑事出庭费每次不得逾五十元"等，内容非常详细。

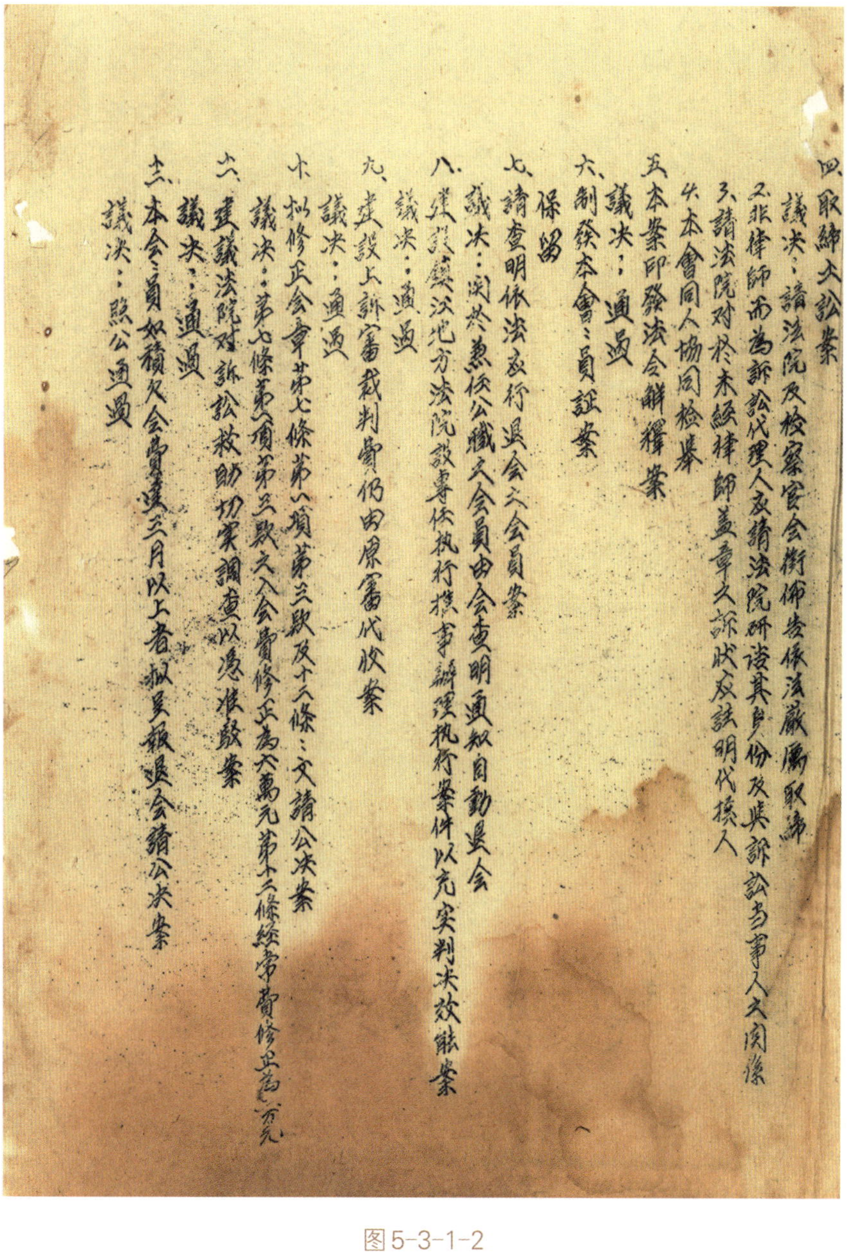
四、取締丈訟案
議決：請法院及檢察官會銜佈告依法嚴厲取締
又非律師而為訴訟代理人及請法院研詰其身份及與訴訟當事人之關係
又請法院對於未經律師蓋章之訴狀及該明代撰人
本會同人協同檢舉
五、本案印發法令解釋案
議決：通過
六、制發本會會員証案
保留
七、請查明依法發行退會之會員案
議決：關於惠侯公職之會員由會查明通知自動退會
八、建議變通地方法院設專任執行推事辦理執行案件以充實判決效能案
議決：通過
九、建設上訴審裁判費仍由原審代收案
議決：通過
十、擬修正會章第七條第八項第三款及十八條之文請公決案
議決：第七條第八項第三款之入會費修正為六萬元第十八條經常費修正為[illegible]万元
十一、建議法院對訴訟救助切實調查以憑准駁案
議決：通過
十二、本會會員如積欠會費達三月以上者擬予報退會請公決案
議決：照公通過

图5-3-1-2

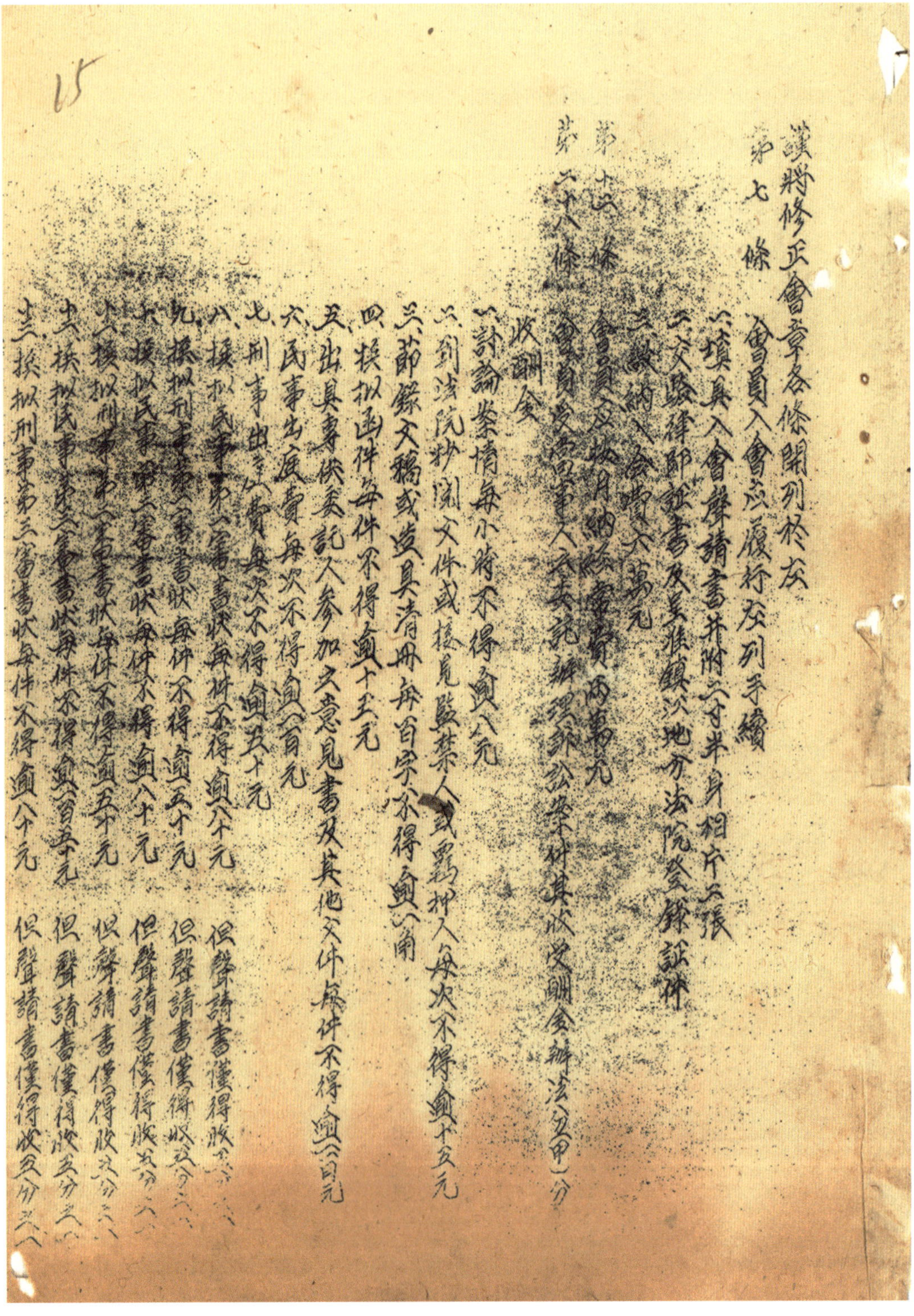

15

謹將修正會章各條開列於左

第七條 會員入會應履行左列手續

一、填具入會聲請書並附二寸半身相片二張

二、交驗律師證書及其住鎮江地方法院登錄證件

三、繳納入會費六萬元

第十六條 會員按月納會費兩萬元

第二十八條 會員受當事人之委託辦理訴訟案件其收受酬金辦法分（甲）分

收酬金

一、討論案情每次不得逾八元

二、到法院抄閱文件或接見監禁人或羈押人每次不得逾十五元

三、節錄文稿或造具清冊每百字不得逾一角

四、撰擬函件每件不得逾十五元

五、出具專供委託人參加之意見書及其他文件每件不得逾一百元

六、民事出庭費每次不得逾一百元

七、刑事出庭費每次不得逾五十元

八、撰擬民事第一審書狀每件不得逾八十元 但聲請書僅得收五分之一

九、撰擬刑事第一審書狀每件不得逾五十元 但聲請書僅得收五分之一

十、撰擬民事第二審書狀每件不得逾八十元 但聲請書僅得收五分之一

十一、撰擬刑事第二審書狀每件不得逾五十元 但聲請書僅得收五分之一

十二、撰擬民事第三審書狀每件不得逾一百五十元 但聲請書僅得收五分之一

十三、撰擬刑事第三審書狀每件不得逾八十元 但聲請書僅得收五分之一

图5-3-1-3

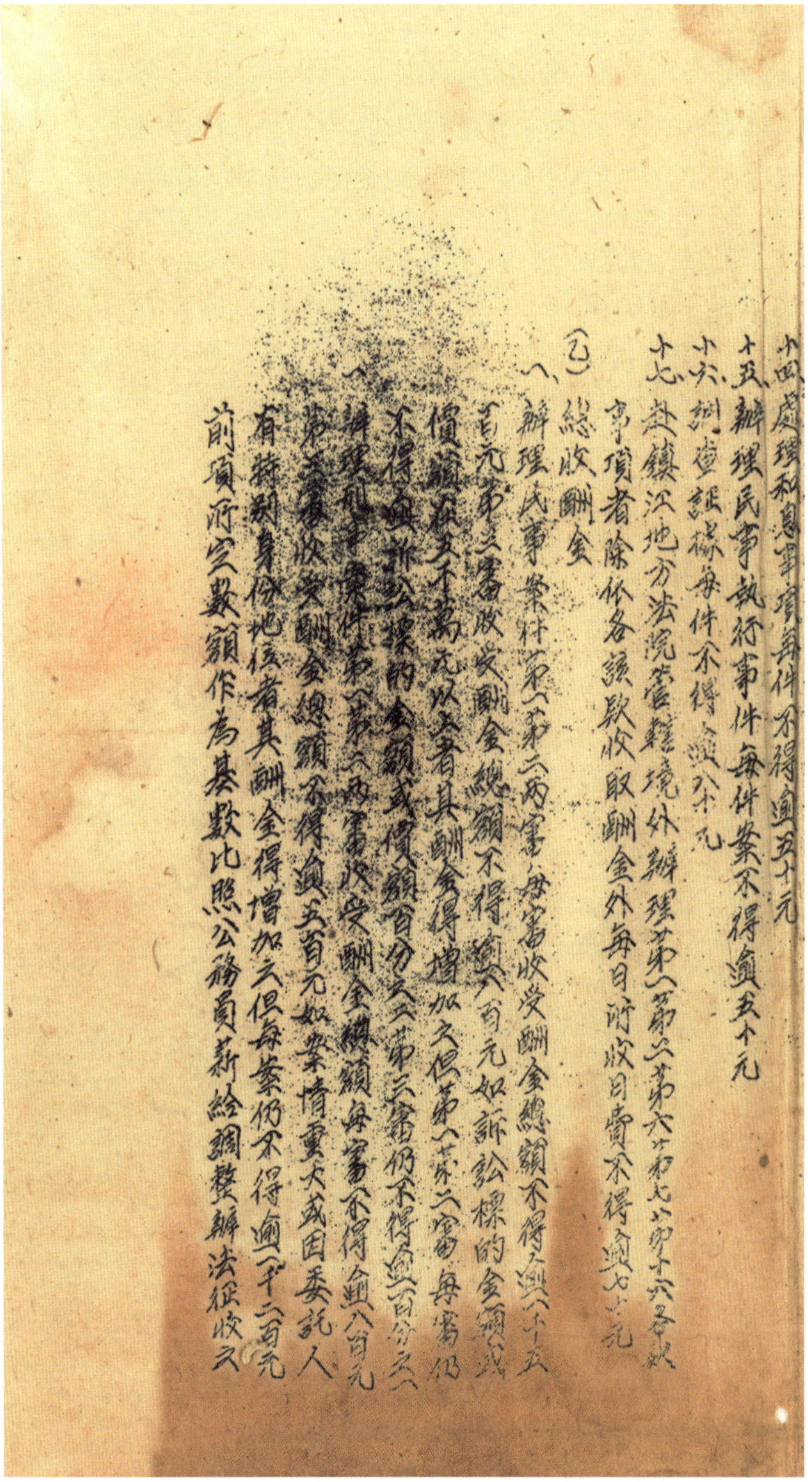
十四、處理和息事項每件不得逾五十元
十五、辦理民事執行事件每件案不得逾五十元
十六、調查證據每件不得逾八十元
十七、赴鎮江地方法院管轄境外辦理第一第二第六第七第八第十六各款
事項者除依各該款收取酬金外每日所收日費不得逾七十元
（乙）總收酬金
一、辦理民事案件第一第二兩審每審收受酬金總額不得逾一千五
百元第三審收受酬金總額不得逾八百元如訴訟標的金額或
價額在五十萬元以上者其酬金得增加之但第一第二審每審仍
不得逾訴訟標的金額或價額百分之三第三審仍不得逾百分之一
一、辦理刑事案件第一第二兩審每審收受酬金總額不得逾八百元
第三審收受酬金總額不得逾五百元如案情重大或因委託人
有特別身份地位者其酬金得增加之但每案仍不得逾一千二百元
前項所定數額作為基數比照公務員薪給調整辦法徵收之

图5-3-1-4

2. 江苏高等法院第一分院律师舞弊调查材料（1947年）（档案号：A019-1947-001-0526-0087）

下列材料为江苏高等法院第一分院调查律师高天摩舞弊事项的相关文书。

1947年9月，有人密告：“案奉钧长面谕，近接具名镇江正义，自大西路七零三号张缄呈称，兹有贵院出庭律师高天摩者在外非章罔法、包揽讼事，并云与贵院庭长书记官等均有连系，只有钞票与他连络，虽是无理败诉总可包办，并有某某法官常至彼寓看牌吃饭，皆为其亲口所言。”

江苏高等法院第一分院派书记官蔡一亭前往密查，调查后发现律师高天摩舞弊一事并不属实，高一分院致函江苏高等法院“呈复调查密控律师高天摩与本院庭长书记官勾串舞弊并无其事祈鉴核由”，并附调查报告等材料。

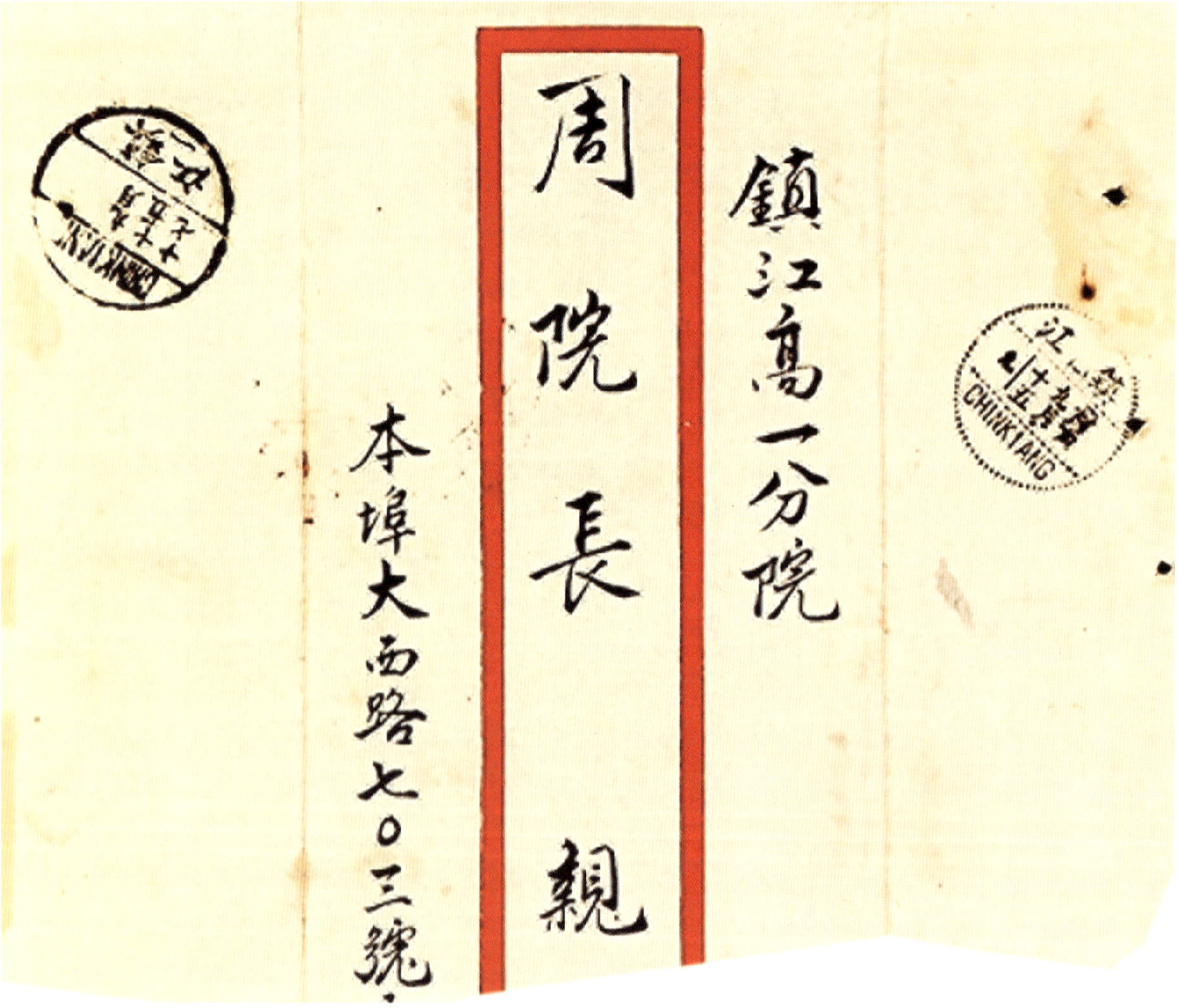

图5-3-2-1

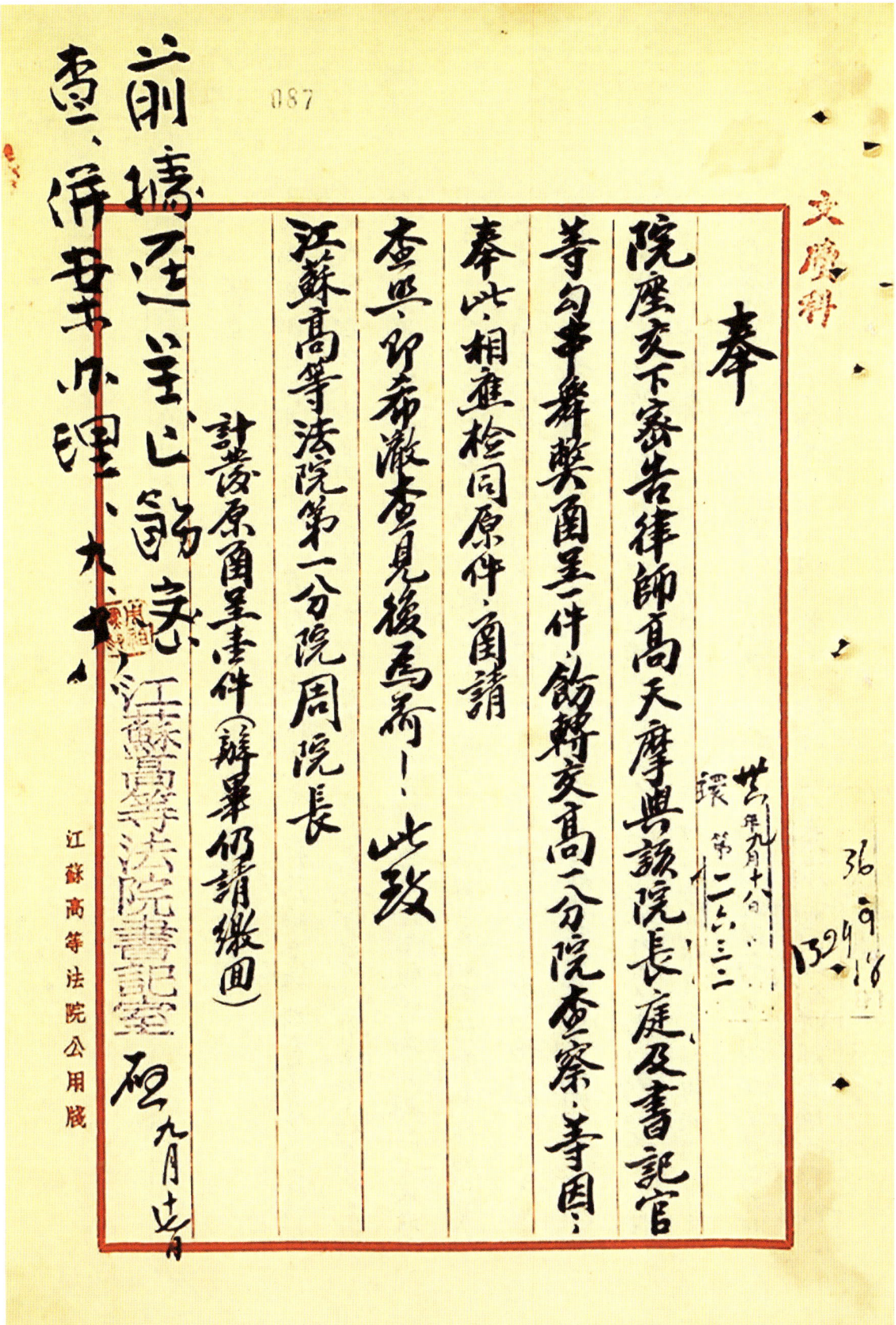
奉

院座交下審告律師高天摩與該院長庭及書記官等勾串舞弊函呈一件，飭轉交高一分院查察。等因；奉此，相應檢同原件，函請

查照，即希澈查見復為荷！此致

江蘇高等法院第一分院周院長

計發原函呈壹件（辦畢仍請繳回）

江蘇高等法院書記室

江蘇高等法院公用箋

图 5-3-2-2

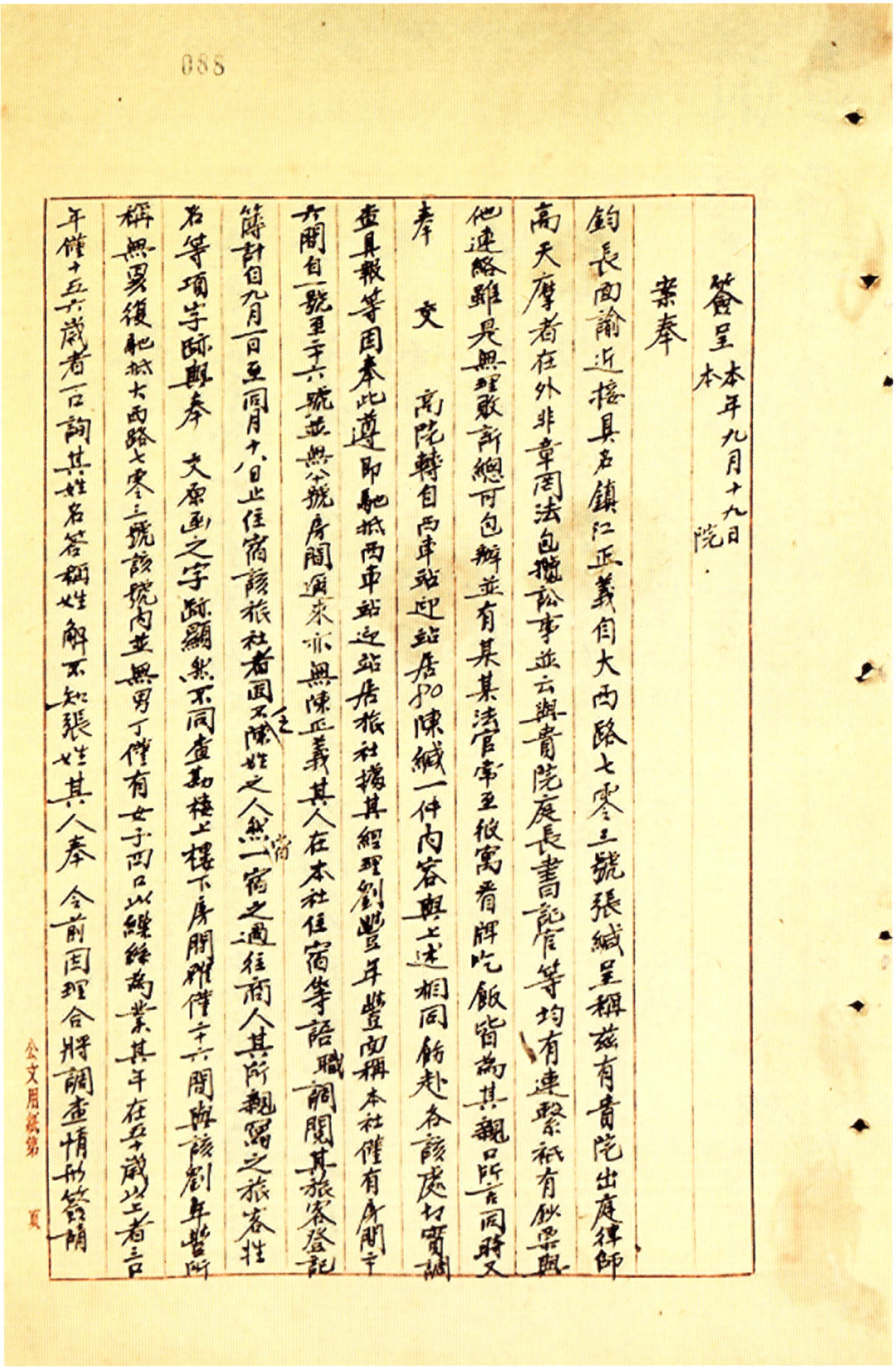

088

簽呈本院　本年九月十九日

案奉

鈞長面諭近接具名鎮江正義自大西路七零三號張緘呈稱茲有貴院出庭律師高天摩者在外非章周法包攬訟事並云與貴院庭長書記官等均有連繫祇有鈔票與他連絡雖是無理敢訴總可包辦並有某某法官常至彼寓看牌吃飯皆為其親口所言同時又奉　交　高院轉自西車站迎站居和陳緘一件內容與上述相同飭赴各該處切實調查具報等因奉此遵即馳抵西車站迎站居旅社據其經理劉豐年當面稱本社僅有房間十六間自一號至十六號並無十八號房間須來亦無陳正義其人在本社住宿等語職調閱其旅客登記簿計自九月一日至同月十八日止住宿該旅社者固不乏陳姓之人然一宿之過往商人其所親留之旅客姓名等項字跡與奉　交原函之字跡顯然不同查勘樓上樓下房間確僅十六間與該劉年豐所稱無異復馳抵大西路七零三號該號內並無男丁僅有女子四口以縫紉為業其年在五十歲以上者三口年僅十五六歲者一口詢其姓名答稱姓解不知張姓其人奉　令前因理合將調查情形簽請

公文用紙第　頁

图5-3-2-3

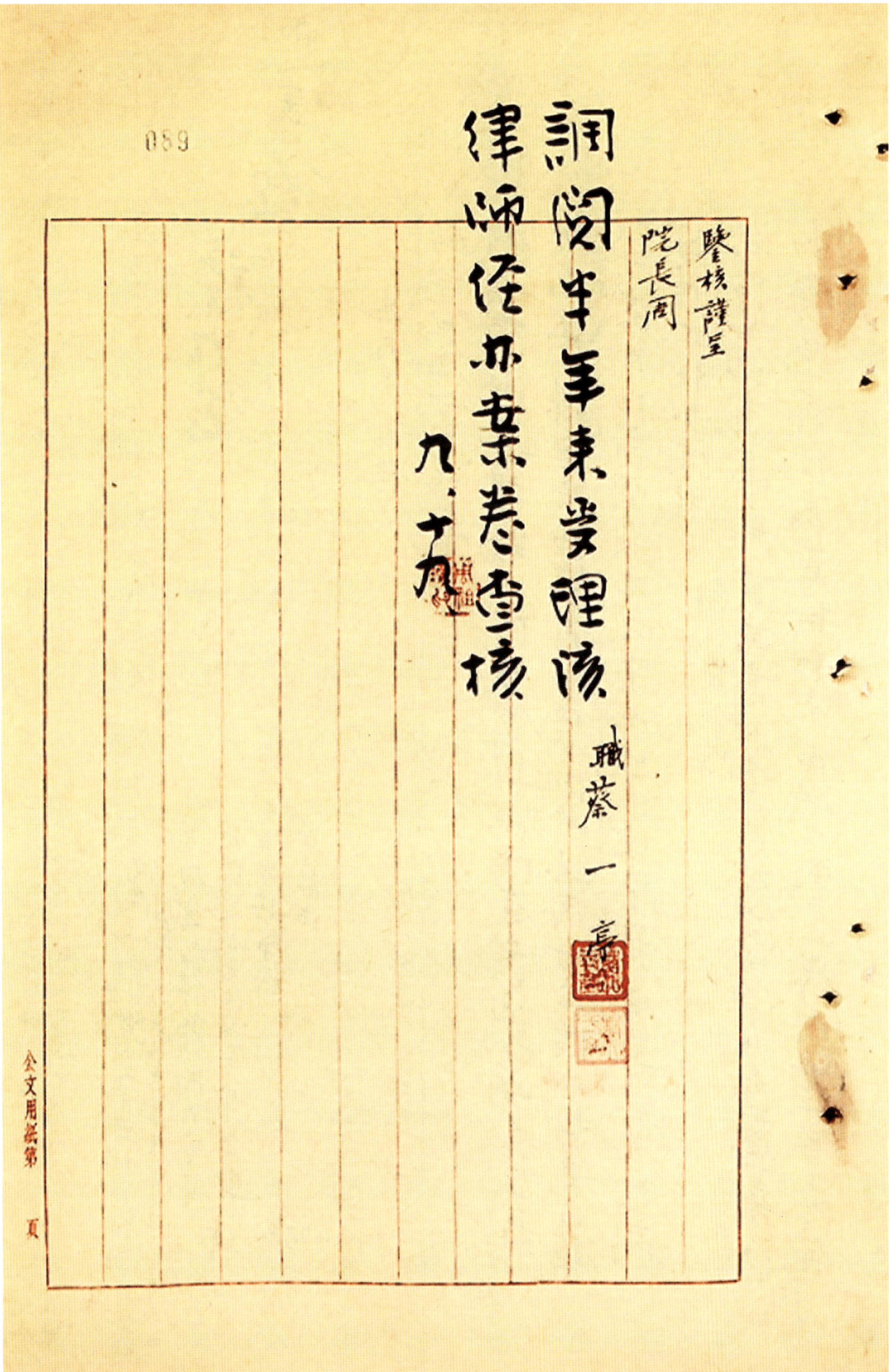
089

鑒核謹呈

院長周

詢閱半年來受理該

律师經办案卷查核

九、十九

職蔡一亭

公文用紙第　頁

图5-3-2-4

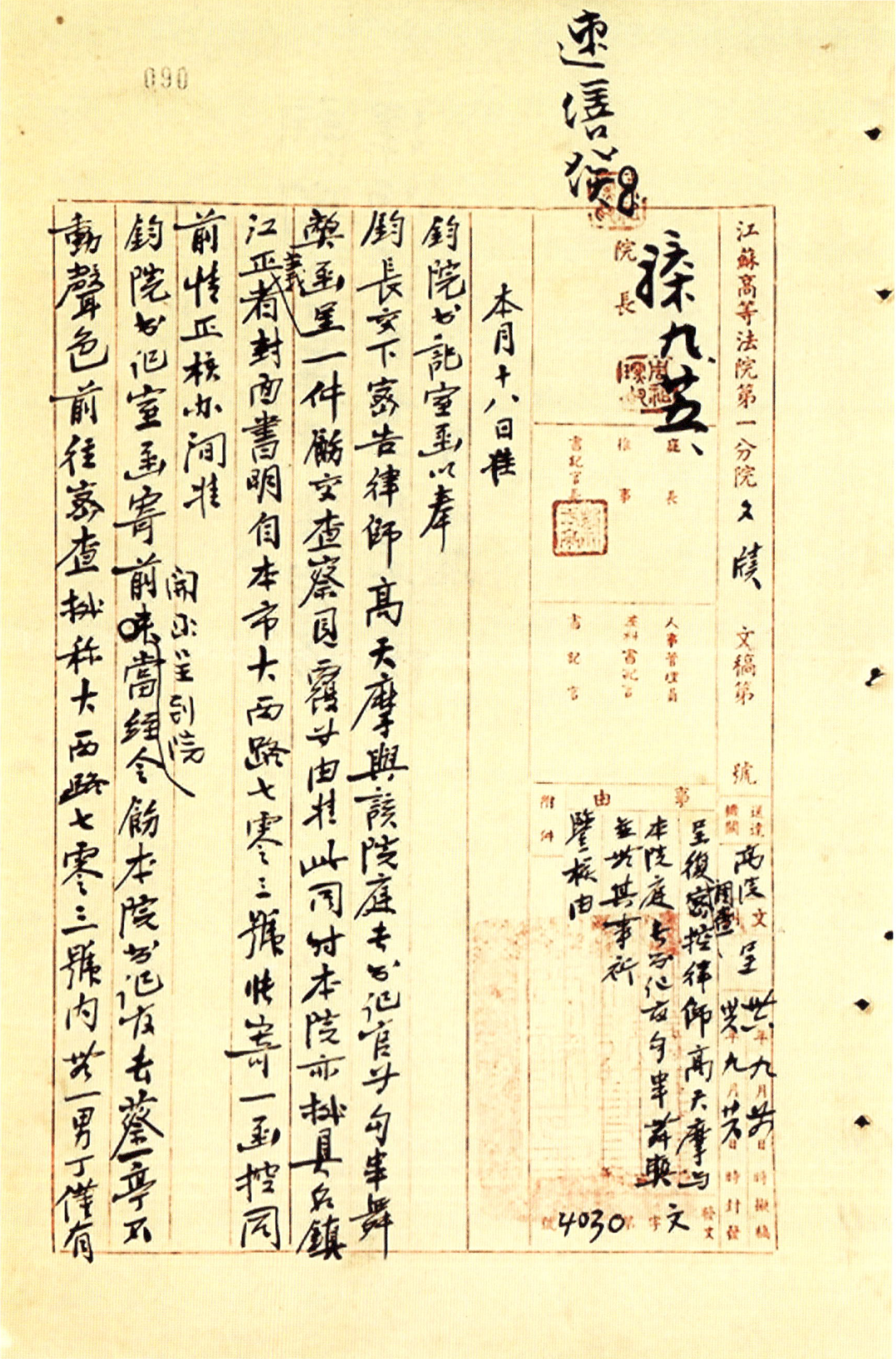
090

江蘇高等法院第一分院 文牘 文稿第 號

院長

事由：呈復密控律師高天摩與本院庭長古公化[illegible]串舞弊其事祈鑒核由

本月十八日准

鈞院書記室函以奉

鈞長交下密告律師高天摩與該院庭長古公化[illegible]串舞

弊函呈一件飭交查察員覆查由桂山同付本院亦擬具呂鎮

江正義封面書明自本市大西路七零三號收寄一函控同

前情正核辦間准

鈞院書記室函寄前（閱示呈到院）嘗經令飭本院書記官去蔡亭耳

勤聲色前往密查擬稱大西路七零三號內共一男丁僅有

4030

图5-3-2-5

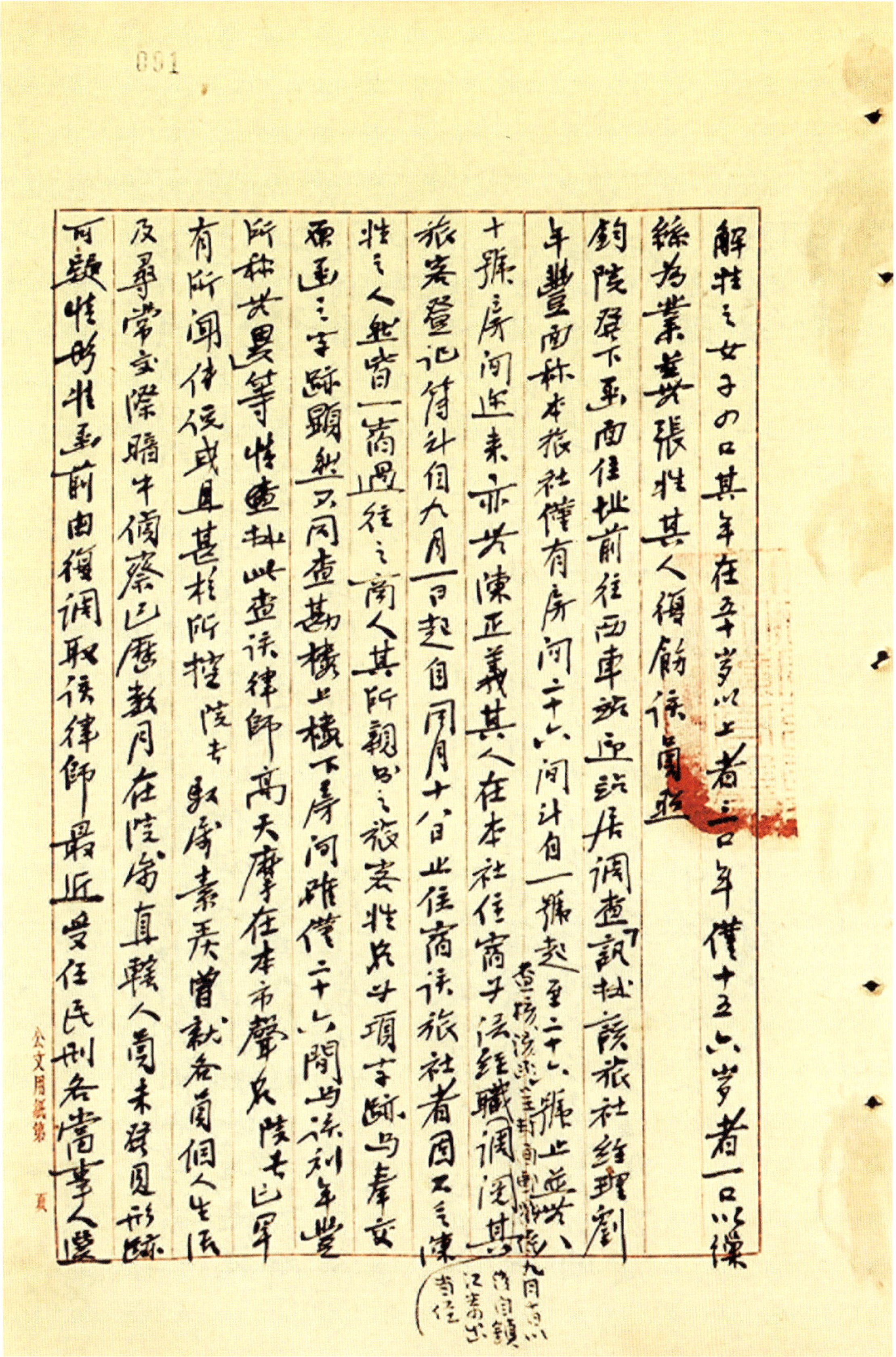
091

解姓之女子の口其年在五十岁以上者之二口年仅十五六岁者一口以杂
稔为业并无张姓其人复饬该员赴
钓陵路下关西住址前往西车站近邻居调查讯据该旅社经理刘
年丰面称本旅社仅有房间二十六间计自一号起至二十六号止并无八
十号之房间近来亦无陈正义其人在本社住宿等语经职调阅其
旅客登记簿计自九月一日起自同月十八日止住宿该旅社者固不乏陈
姓之人然皆一商过往之商人其所亲书之旅客姓名等项字迹与奉交
原函之字迹显然不同查勘楼上楼下房间虽仅二十六间与该刘年丰
所称无异等情查此查该律师高天摩在本市声[illegible]陵去已罕
有所闻律侯或且甚于所控陵去敢系素来曾执各个人生活
及寻常交际赌牛倚察已历数月在陵尚直辖人员未发见形迹
可疑情形惟函前由复调取该律师最近受任民刑各当事人选

公文用纸第　页

图5-3-2-6

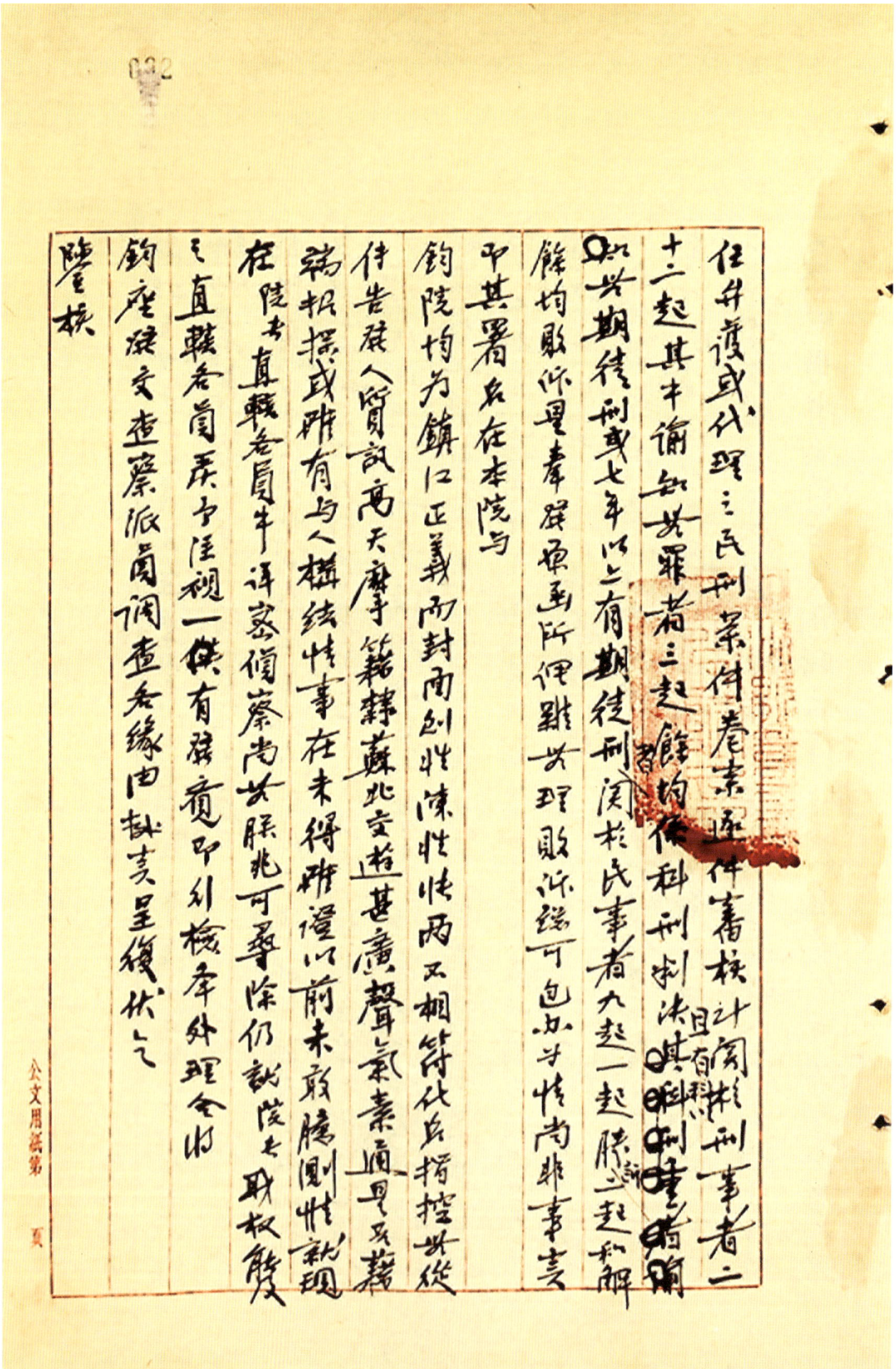

任其復或代理之民刑案件卷宗逐件審核，計関於刑事者二十二起，其中諭知無罪者三起，餘均係科刑判決，其科刑判處無期徒刑或七年以上有期徒刑者（習），関於民事者九起，一起勝訴，二起和解，餘均敗訴，所畀奉職無所偏頗，其理敗訴端可包如其情尚非事實，中其署名在本院与

鈞院均為鎮江正義而封面刻姓陳姓性兩不相符，伏乞指控其從侍告發人賀試高天摩等籍隸蘇北，交遊甚廣，聲氣素通，且為蕃端探或確有与人構結情事，在未得確證以前未敢臆測其就現在院長直轄各員中詳密偵察，尚無勝兆可尋，除仍飭院長職权範圍之直轄各員厲予注視，一俟有發覺即行檢舉外，理合將

鈞座發交查察派員調查各緣由，據實呈復，伏乞

鑒核

公文用纸第　页

图5-3-2-7

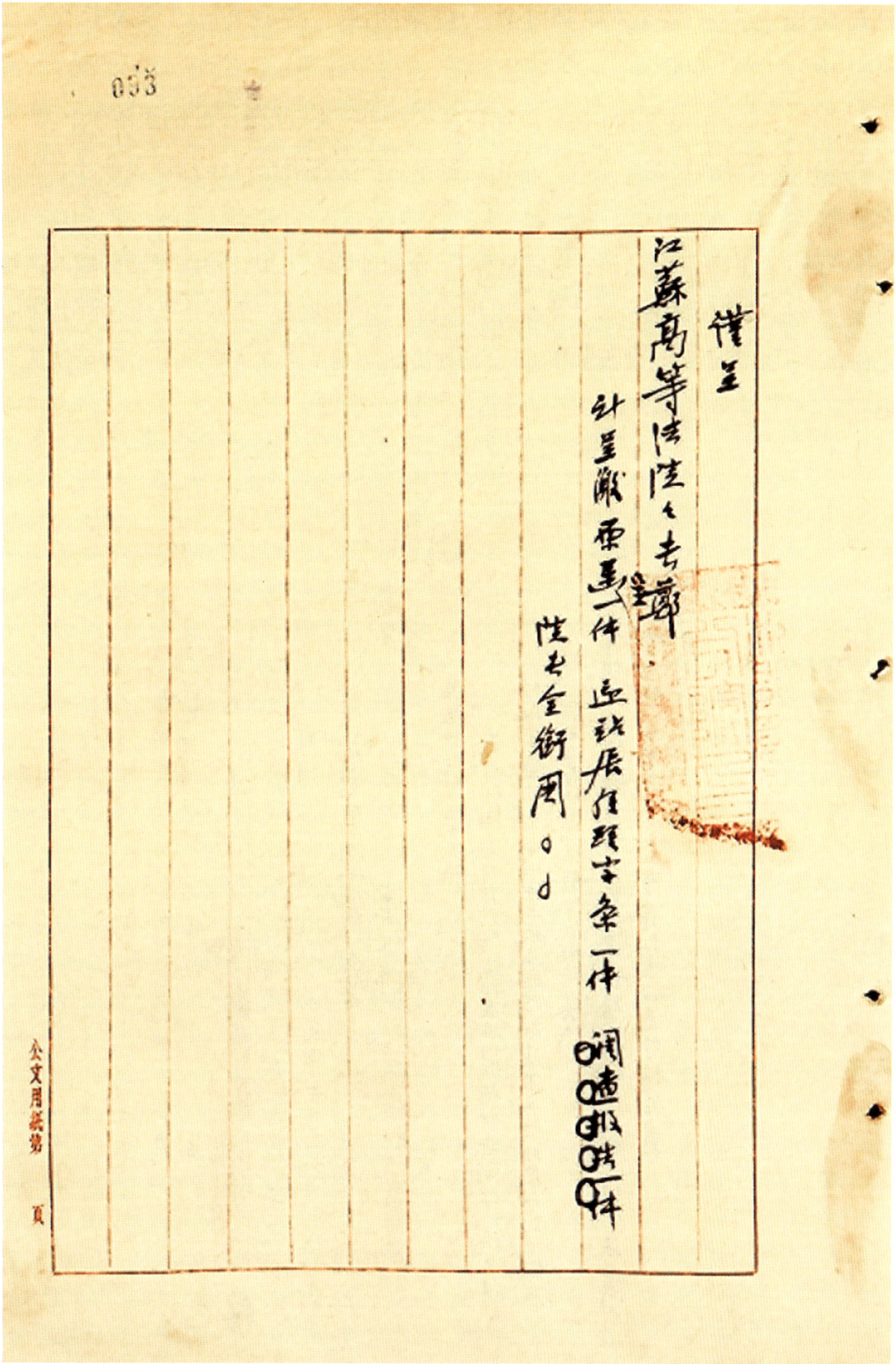
033

謹呈

江蘇高等法院院長郭

計呈繳票單一件　返還張律師字條一件　閱過收據一件

院長全銜周○○

公文用紙第　頁

图5-3-2-8

3. 江苏金坛地方法院有关律师陈立人登录的函（1948年）（档案号：A020-1948-001-0311-0001）

1941年，南京国民政府司法行政部公布《律师登录章程》，其第四条规定："已记录之律师，复在其他法院登录者，应由后登录之法院将登录之年月日及号数通知前登录之法院。"

律师陈立人向江苏金坛地方法院呈称："窃律师陈立人拟在钧院管辖区域内执行律师职务，兹检呈律师证书及二寸半身相片二张，并将律师法第六条所定律师名簿应记载之各款事项填载于后，敬祈鉴核。"金坛地方法院准予陈立人登录，并致函镇江地方法院。

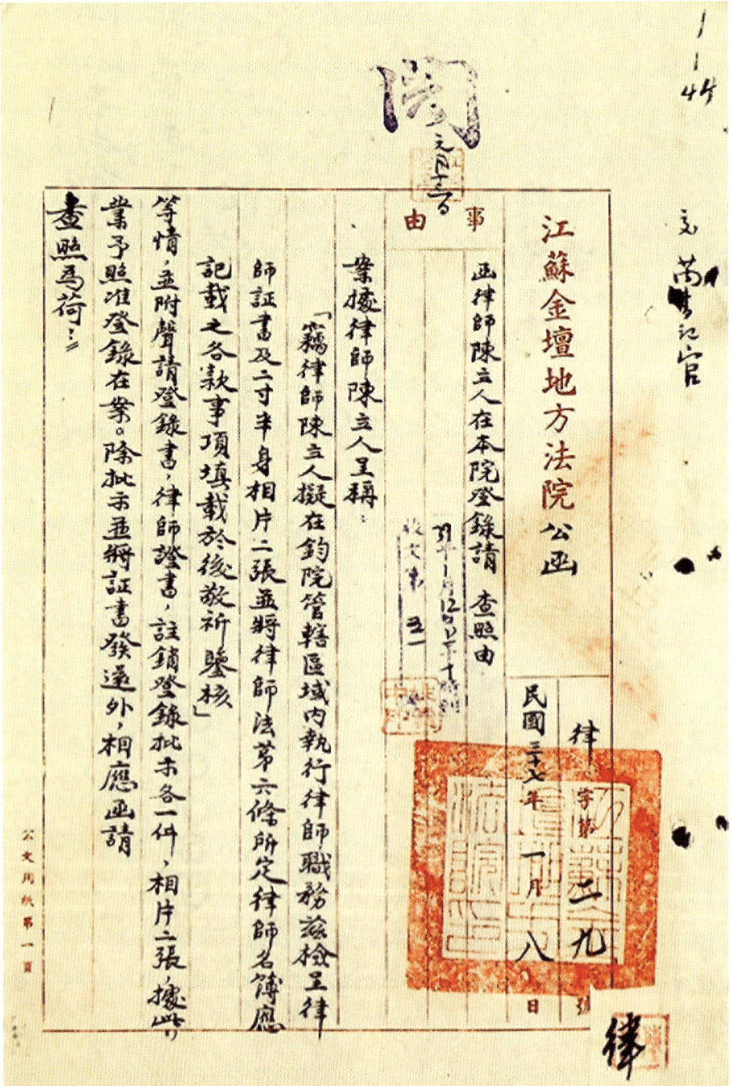
江蘇金壇地方法院公函
事由：函律師陳立人在本院登錄請查照由
民國三十七年一月八日　律字第二九號
案據律師陳立人呈稱：「竊律師陳立人擬在鈞院管轄區域內執行律師職務，茲檢呈律師證書及二寸半身相片二張，並將律師法第六條所定律師名簿應記載之各款事項填載於後，敬祈鑒核」等情，並附聲請登錄書、律師證書、註銷登錄批示各一件，相片二張。據此，業予照准登錄在案。除批示並將證書發還外，相應函請查照為荷。
公文用紙第一頁

图5-3-3

4. 江苏镇江地方法院准予律师李舜钦登录的批文（1948年）（档案号：A020-1948-001-0311-0003）

律师李舜钦，男，59岁，江苏泰兴人，住泰兴黄桥东大街，国立北京大学法律系毕业。1948年1月，李舜钦声请登录："窃舜钦拟在钧院管辖区域内执行职务，兹检呈律师证书及二寸半身相片二张，并将律师法第六条所定律师名簿应记载之各款事项填载于后，敬祈鉴核准予登录，实为公便，谨呈江苏镇江地方法院院长。"

镇江地方法院准予其登录，并批复"将加入镇江律师公会月日，呈报备查"。

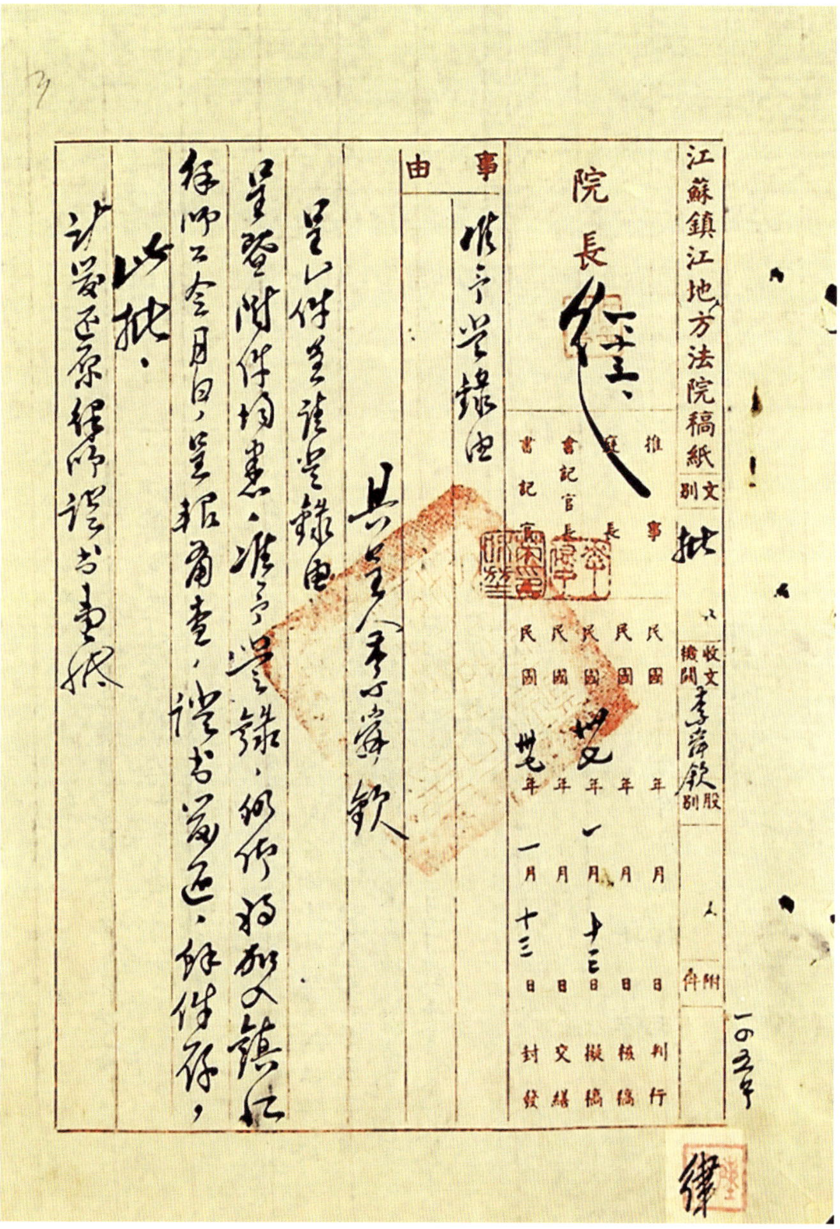
江蘇鎮江地方法院稿紙
文別 批
收文 號
附件
院長
推事
庭長
書記官長
書記官
民國 年 月 日 判行
民國 年 月 日 核稿
民國 年 月 日 擬稿
民國 年 月 日 文繕
民國 年 月 日 封發
事由 准予登錄由
具呈人李舜欽
呈件暨請登錄由
呈暨附件均悉。准予登錄，仰即將加入鎮江律師公會月日，呈報備查。證件發還，此批。
一〇三一

图5-3-4

5. 江苏高等法院关于延长曾换伪证律师补发新证期限的训令（1948年）（档案号：A020-1948-001-0251-0016）

1946年8月，南京国民政府司法行政部公布《处理伪组织所发律师证书办法》，其规定：“（一）伪组织所发律师证书，一律无效；（二）战前已领证书之律师，曾换伪证书者，如未依惩治汉奸条例判罪，得自三十五年九月三日起，缴销伪证书，并检齐左列各件，呈由所在地法院查明，层转司法行政部，请补发新证书：1. 战前取得律师资格之证明文件；2. 现任荐官二人之证明书，证明并无律师法第二条第一款情事。前项证明书，应载明证明人现职、住所，并加盖服务机关印信；3. 二寸半身相片二张；4. 证书费二千元；（三）请补新证书期间，至三十五年十二月三十一日截止。”

1947年，南京国民政府司法行政部公布修正后的《处理伪组织所发律师证书办法》，其第二条第四款规定“证书费四万元，印花费五百元”。1948年，该条再次修正为“证书费四十元。印花费另缴”。同年，江苏高等法院查《处理伪组织所发律师证书办法》迭经修正，将声请补发律师证书期限再次展期至1948年12月31日。

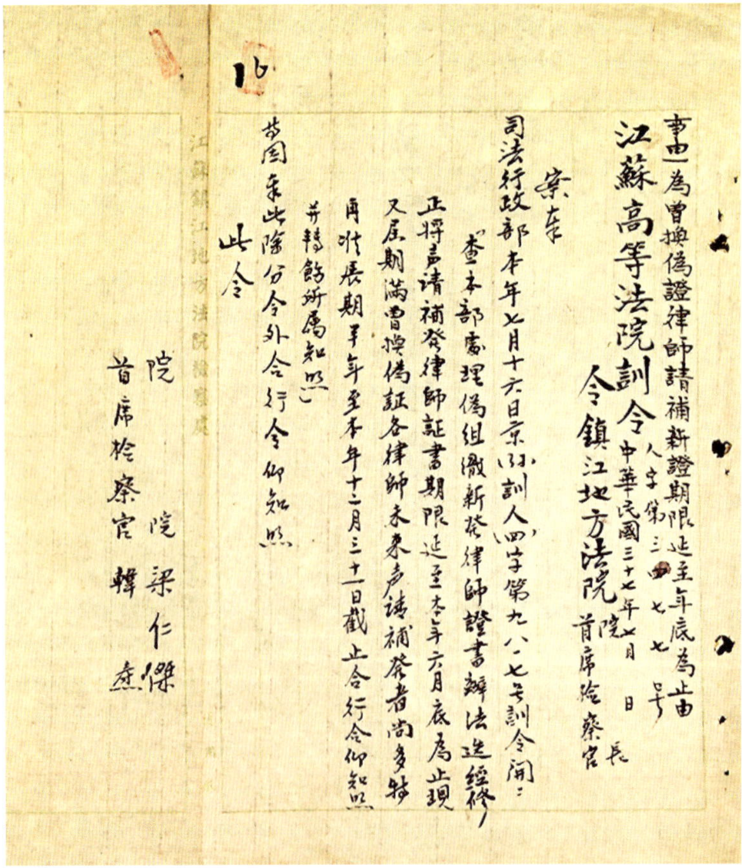
16
事由：為曾換偽證律師請補新證期限延至年底為止由
江蘇高等法院訓令 人字第三四七七號
中華民國三十七年八月 日
令鎮江地方法院首席檢察官 院長
案奉
司法行政部本年七月十六日京(37)訓人四字第九八一七號訓令開：
“查本部處理偽組織新發律師證書辦法迭經修正，將聲請補發律師証書期限延至本年六月底為止，頃又屆期滿，曾換偽証各律師未來聲請補發者尚多，特再將展期半年至本年十二月三十一日截止，合行令仰知照，並轉飭所屬知照。”
等因，奉此，除分令外，合行令仰知照。
此令。
院長 梁仁傑
首席檢察官 韓燾

图5-3-5

6. 江苏高等以下各级法院律师阅卷规则（1948年）（档案号：A020-1948-001-0311-0093）

1948年，江苏高等法院“查本院暨所属各院律师阅卷规则尚付阙如，无所准绳，兹经本院拟定江苏高等以下各级法院阅卷规则一份，呈奉司法行政部”。同年7月6日司法行政部批准了该规则。

下图即为江苏高等以下各级法院律师阅卷规则的具体内容，该规则抄发各下级法院以及律师公会。

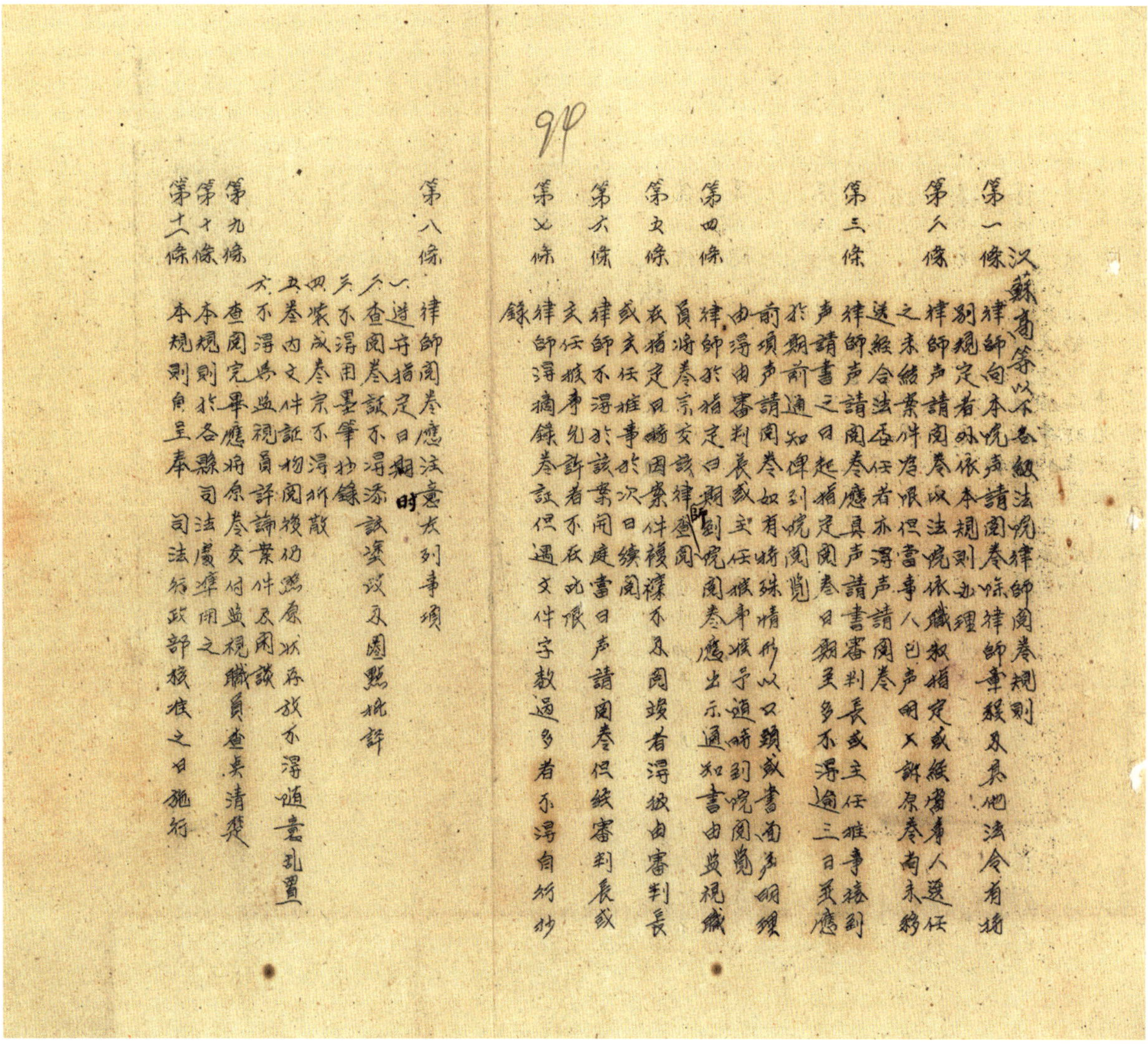

江蘇高等以下各級法院律師閱卷規則

第一條 律師向本院聲請閱卷除律師章程及其他法令有特別規定者外依本規則辦理

第二條 律師聲請閱卷以法院依職權指定或經當事人選任之未結案件為限但書狀已聲明不許原卷尚未移送經合法委任者亦得聲請閱卷

第三條 律師聲請閱卷應具聲請書審判長或主任推事接到聲請書之日起指定閱卷日期至多不得逾三日並應於期前通知俾到院閱覽

前項聲請閱卷如有特殊情形以口頭或書面聲明理由得由審判長或主任推事准予隨時到院閱覽

第四條 律師於指定日期到院閱卷應出示通知書由管卷職員將卷宗交該律師所閱

第五條 在指定日時因案件複雜不及閱竣者得徵由審判長或主任推事於次日續閱

第六條 律師不得於該案開庭當日聲請閱卷但經審判長或主任推事允許者不在此限

第七條 律師得摘錄卷證但遇文件字數過多者不得自行抄錄

第八條 律師閱卷應注意左列事項

一、遵守指定日期时

二、查閱卷證不得添註塗改及圈點批評

三、不得用墨筆抄錄

四、裝成卷宗不得拆散

五、卷內文件證物閱後仍照原狀存放不得隨意亂置

六、不得與監視員評論案件及閒談

第九條 查閱完畢應將原卷交付監視職員查點清楚

第十條 本規則於各縣司法處準用之

第十一條 本規則自呈奉司法行政部核准之日施行

图5-3-6

7. 首都地方法院有关核准律师高天摩登录的函（1948年）

（档案号：A020-1948-001-0311-0009）

1941年《律师登录章程》第四条规定："已登录之律师复在其他法院登录者。应由后登录之法院将登录之年月日及号数通知前登录之法院。"

1948年1月，因律师高天摩已经在镇江地方法院登录在案，复向首都地方法院声请登录，故首都地方法院致函镇江地方法院："查律师高天摩曾经贵院核准镇字第六号登录有案，兹据该律师复向本院声请登录前来业经核准登录第二五九号，依律师登录规则第四条之规定相应函请查照为荷。"

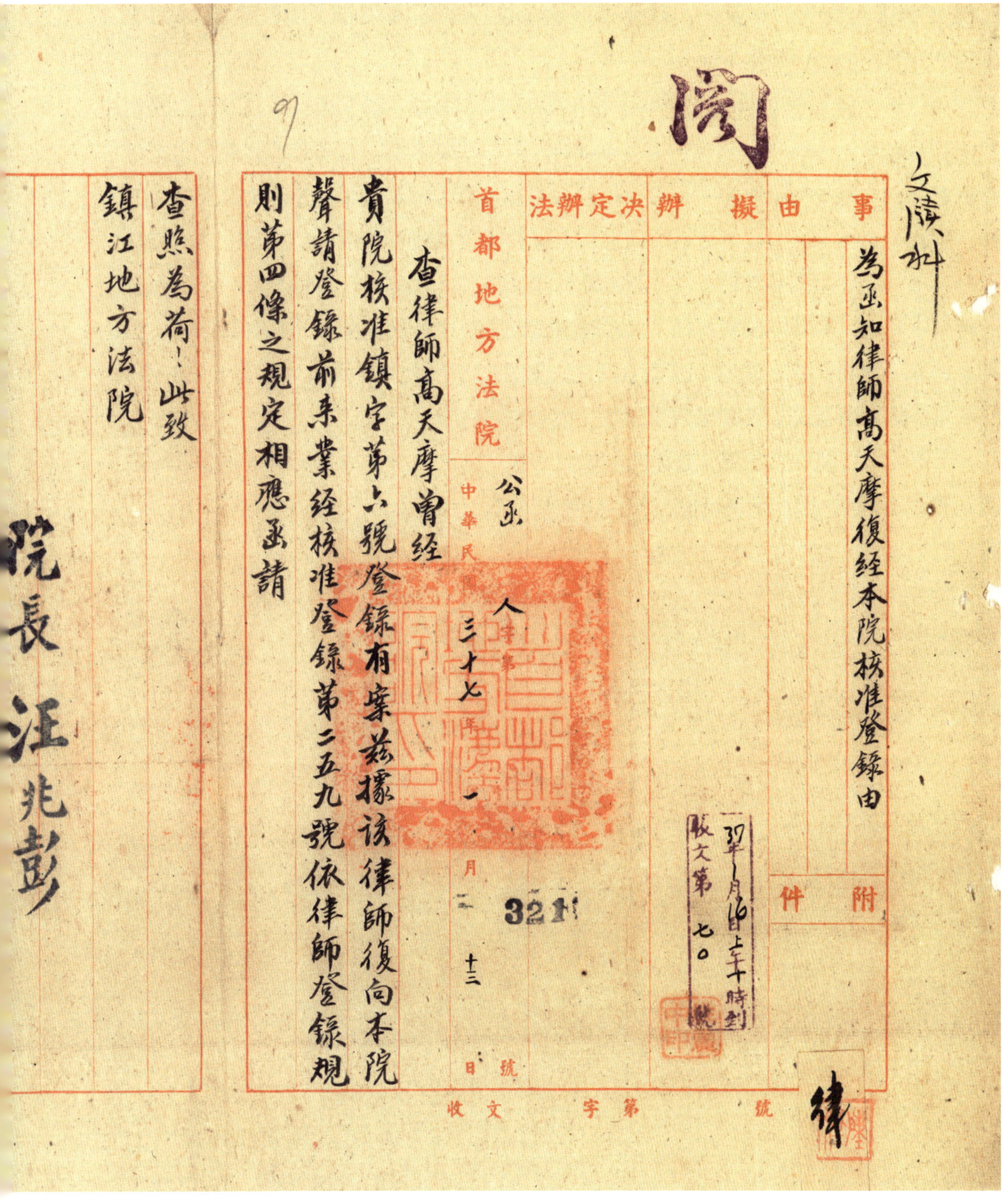
阅

文牘科

事由	為函知律師高天摩復經本院核准登錄由
擬辦	
決定辦法	
附件	

首都地方法院

公函　人字第　號

中華民國三十七年一月十三日

查律師高天摩曾經
貴院核准鎮字第六號登錄有案茲據該律師復向本院聲請登錄前來業經核准登錄第二五九號依律師登錄規則第四條之規定相應函請
查照為荷！此致
鎮江地方法院

院長　汪兆彭

收文第七〇　37年1月16日上午十時到

收文　字第　號

321

图5-3-7

8. 镇江律师公会第二届第一次理监事联席会议记录（1948年）（档案号：A020-1948-001-0311-0073）

1944年，南京国民政府司法行政部公布施行《律师公会章程订立办法》，其第二十一条规定："律师公会会议，分左列四种：（一）会员大会，每年举行一次，由理事会召开之，在开会二星期前，登报通告，并专函各会员，如理事监事联席会议认为必要，或经会员十分之二以上之书面请求，并记名提议事项及理由者，应另开临时会员大会，在开会一星期前登报通告，并专函各会员；（二）理事会，每月举行一次，由常务理事召开之，并通知监事列席，如经理事三分之一之提议，应召开临时会；（三）监事会，每月举行一次，由常务监事召开之，如经监事三分之一提议，应召开临时会；（四）监理事联席会议，于常务理事监事认为必要时会同召开之。"

下图为镇江律师公会第二届第一次理监事联席会议记录，清晰记载了该会议的时间、地点、出席人员、基本过程、选举结果等情况。

图5-3-8

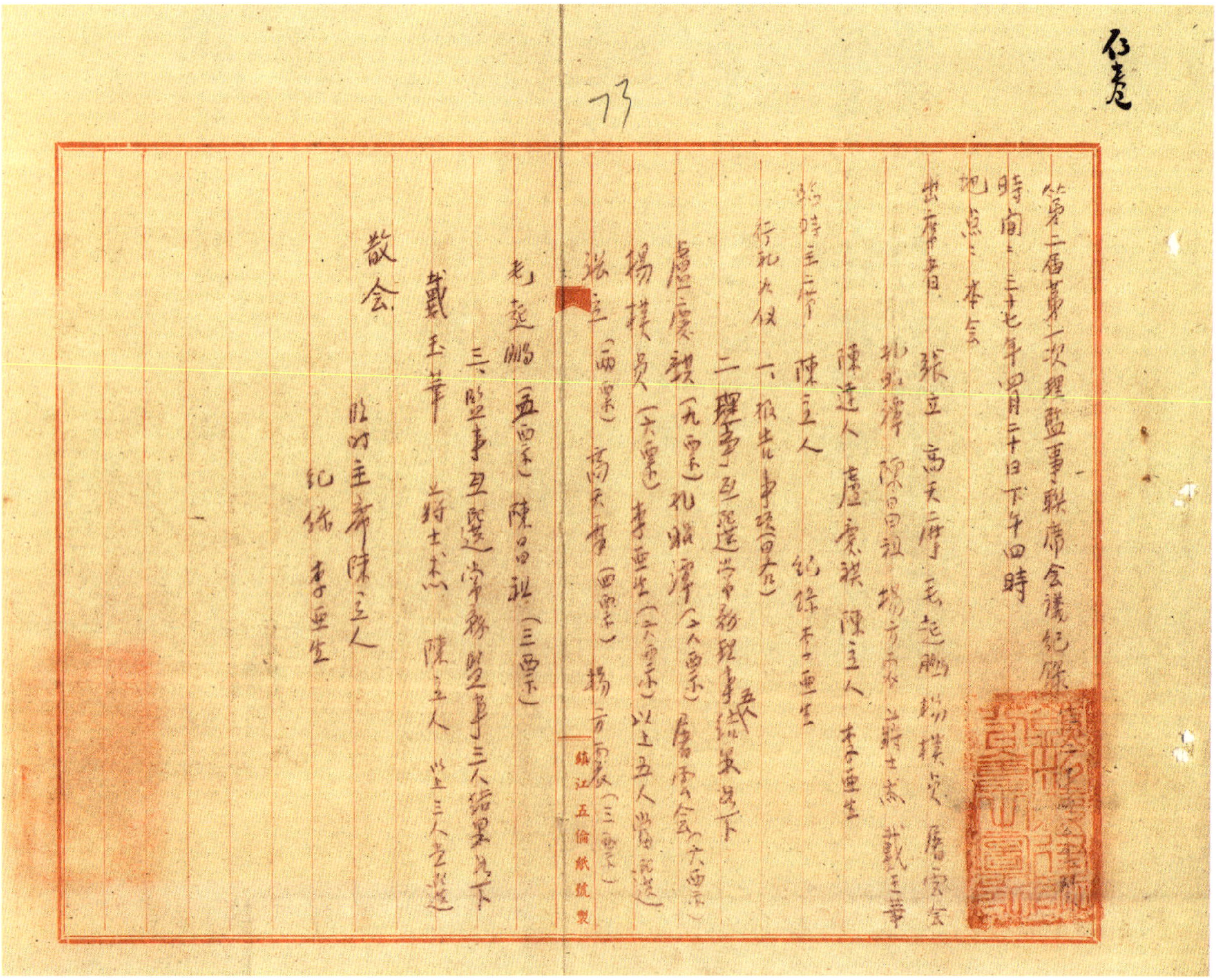
存查
73
第二屆第一次理監事聯席會議紀錄
時間：三十七年四月二十日下午四時
地點：本會
出席者：張立 高天廓 毛起鵬 楊樸炅 唐雲会 孔繁澤 陳昌祖 楊方霖 蔣士杰 戴玉華 陳達人 盧震祺 陳立人 李亞生
臨時主席 陳立人 紀錄 李亞生
行禮如儀
一、報告事項（從略）
二、理事互選常務理事結果如下
盧震祺（九票） 孔繁澤（八票） 唐雲会（六票）
楊樸炅（六票） 李亞生（六票） 以上五人當選
張立（兩票） 高天廓（四票） 楊方霖（三票）
毛起鵬（五票） 陳昌祖（三票）
三、監事互選常務監事三人結果如下
戴玉華 蔣士杰 陳立人 以上三人當選
散會
臨時主席 陳立人
紀錄 李亞生
鎮江五倫紙號製

9. 江苏各地律师办案收受酬金数目标准（1948年）（档案号：A020-1948-001-0311-0076）

1948年，江苏高等法院“遵令拟定江苏各地律师办案收受酬金数目标准，呈奉司法行政部”。司法行政部对此予以批准。

同年6月，江苏高等法院将《江苏各地律师办案收受酬金数目标准》抄发江苏各地律师并转饬各地律师公会。

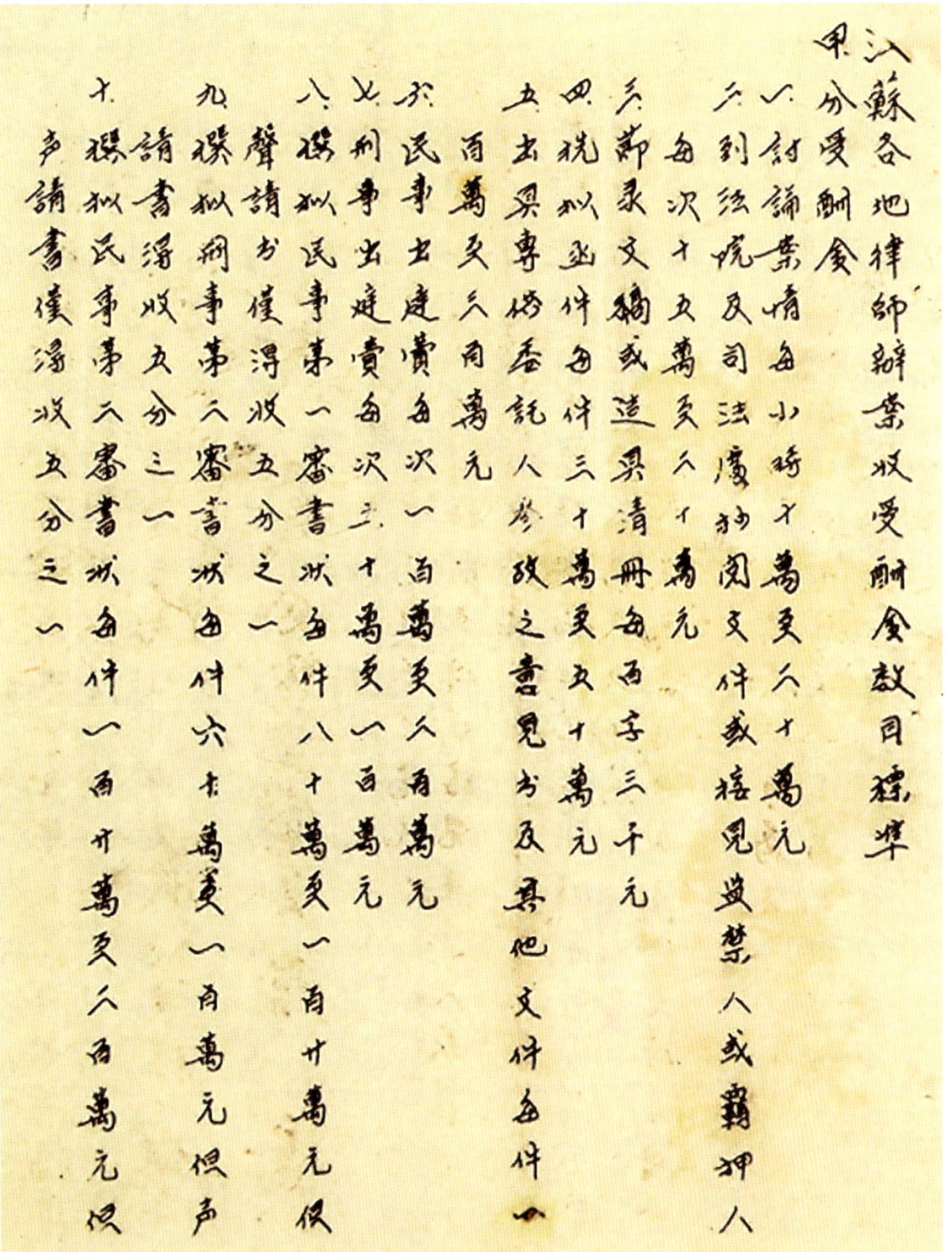

江蘇各地律師辦業收受酬金數目標準
甲、分受酬金
一、討論業情每小時十萬至八十萬元
二、到法院及司法處抄閱文件或接見受禁人或羈押人
每次十五萬至八十萬元
三、節錄文稿或造具清冊每百字三千元
四、撰擬函件每件三十萬至五十萬元
五、出具專供委託人參攷之意見書及其他文件每件一
百萬至八百萬元
六、民事出庭費每次一百萬至八百萬元
七、刑事出庭費每次二十萬至一百萬元
八、撰擬民事第一審書狀每件八十萬至一百廿萬元但
聲請書僅得收五分之一
九、撰擬刑事第一審書狀每件六十萬至一百萬元但聲
請書僅得收三分之一
十、撰擬民事第二審書狀每件一百廿萬至八百萬元但
聲請書僅得收五分之一

图5-3-9-1

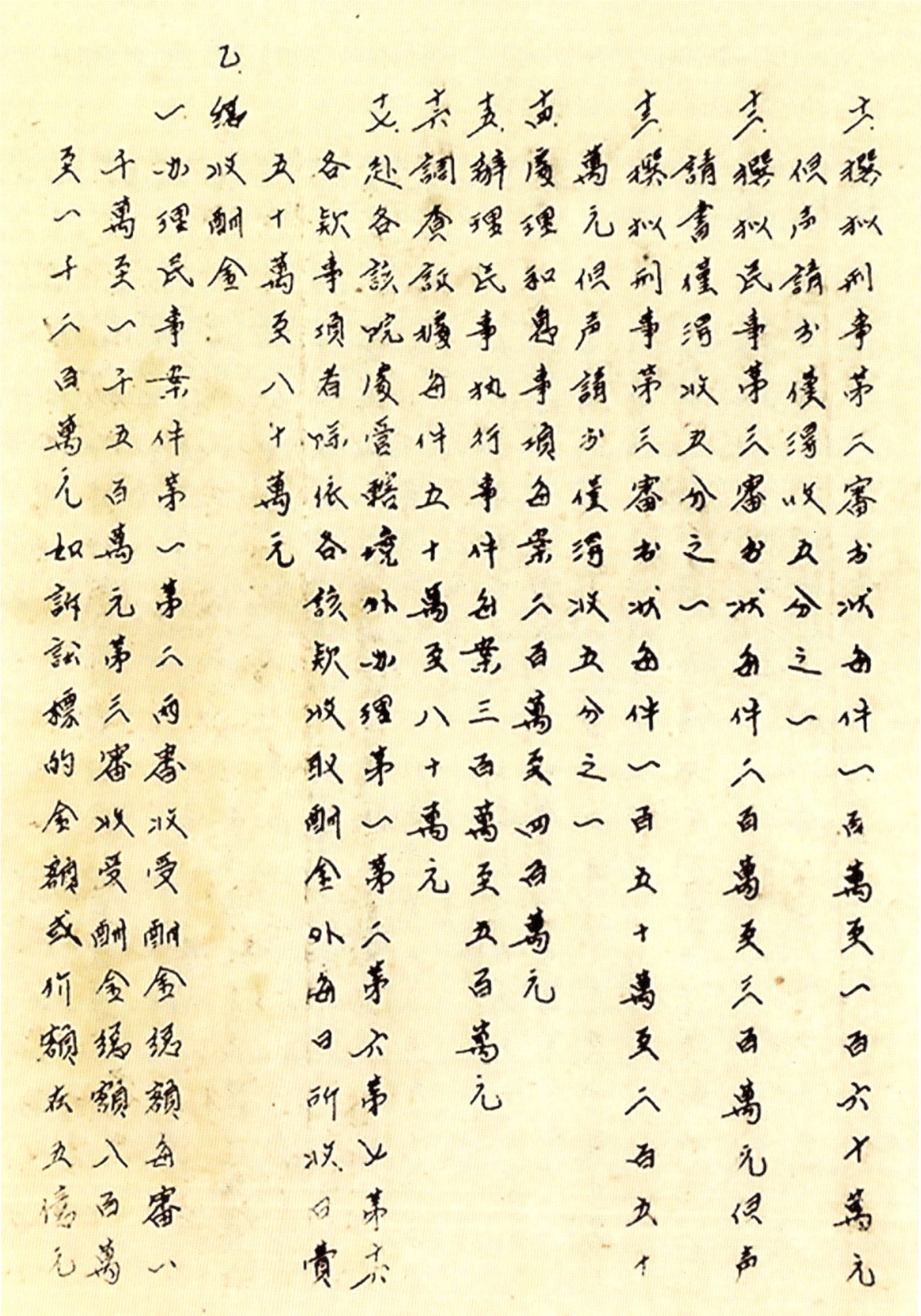

十六、撰擬刑事第二審書狀每件一百萬至一百六十萬元但聲請書僅得收五分之一
十七、撰擬民事第三審書狀每件二百萬至三百萬元但聲請書僅得收五分之一
十八、撰擬刑事第三審書狀每件一百五十萬至二百五十萬元但聲請書僅得收五分之一
十九、處理和解事項每案二百萬至四百萬元
二十、辦理民事執行事件每案三百萬至五百萬元
二十一、調查證據每件五十萬至八十萬元
二十二、赴各該院處管轄境外辦理第一第二第六第七第十六各款事項者除依各該款收取酬金外每日所收日費五十萬至八十萬元
乙、總收酬金
一、辦理民事案件第一第二兩審收受酬金總額每審八千萬至一千五百萬元第三審收受酬金總額八百萬至一千八百萬元如訴訟標的金額或價額在五億元

图5-3-9-2

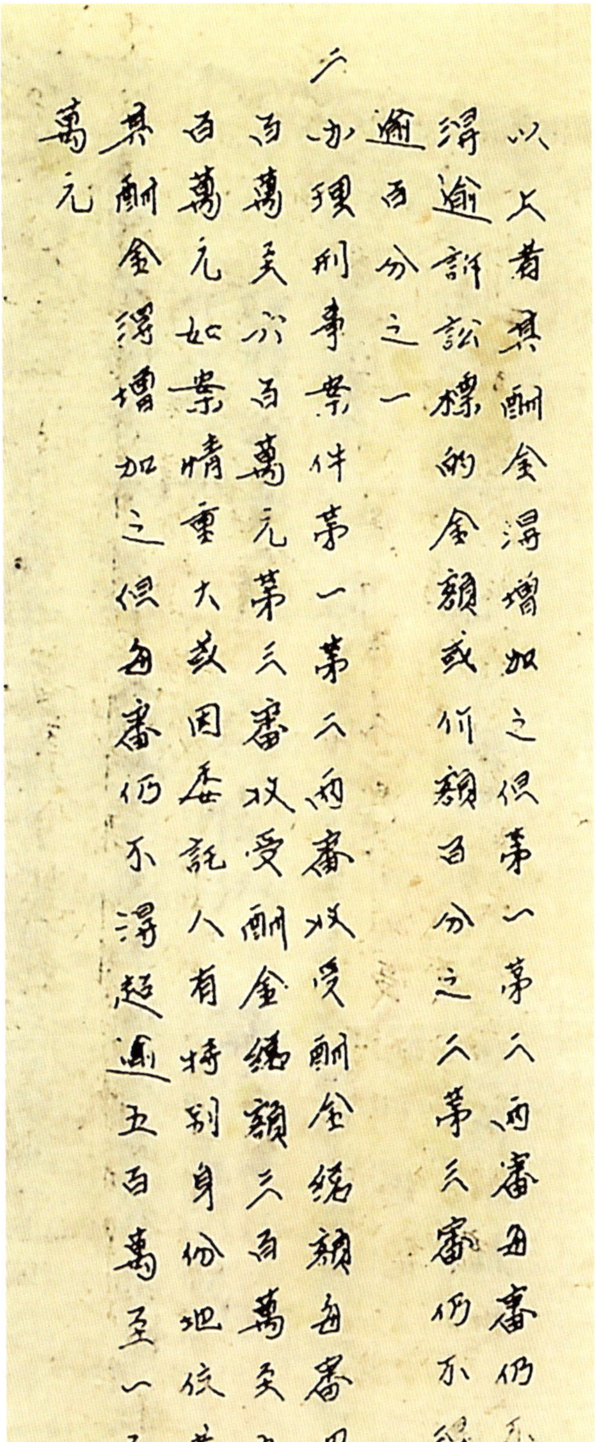
以上者其酬金得增加之但第一第二兩審每審仍不
得逾訴訟標的金額或價額百分之八第三審仍不得
逾百分之一
二、辦理刑事案件第一第二兩審收受酬金總額每審四
百萬至六百萬元第三審收受酬金總額二百萬至五
百萬元如案情重大或因委託人有特別身份地位者
其酬金得增加之但每審仍不得超逾五百萬至一千
萬元

图5-3-9-3

10. 律师向宗道声请重行登录的报告（1948年）（档案号：A020-1948-001-0311-0104）

向宗道，男，53岁，江苏镇江人，江苏公立法政专门学校法律本科毕业，曾在镇江、江宁两区域内执行律师职务。1948年8月，向宗道向镇江地方法院声请重行登录：

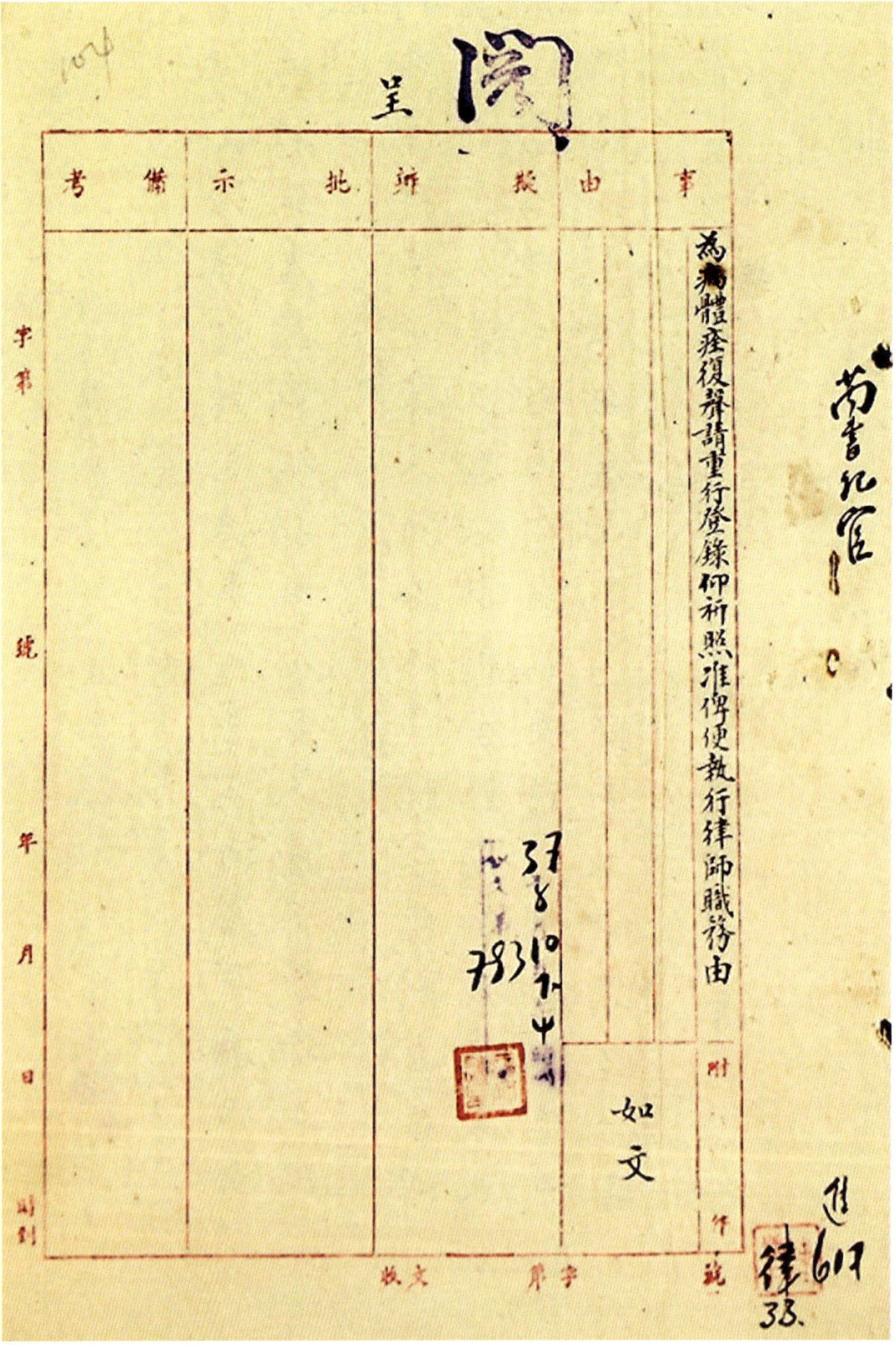

呈閱

事由	擬辦	批示	備考
為病體痊復聲請重行登錄仰祈照准俾便執行律師職務由			
附件：如文			

字第　號　年　月　日　時到

號　字第　文收

图5-3-10-1

“窃宗道前因操劳过度，突患失眠之症，遵医嘱须长期调摄，故于去年秋声请暂予撤销登录，以资安心静养，旋于三十六年七月二十五日奉钧院文字第一四四零号批示照准在案，兹已时逾一载，病体业经痊复，为特检呈证书相片具文声请重行登录。”

1948年9月，镇江地方法院准予其登录。

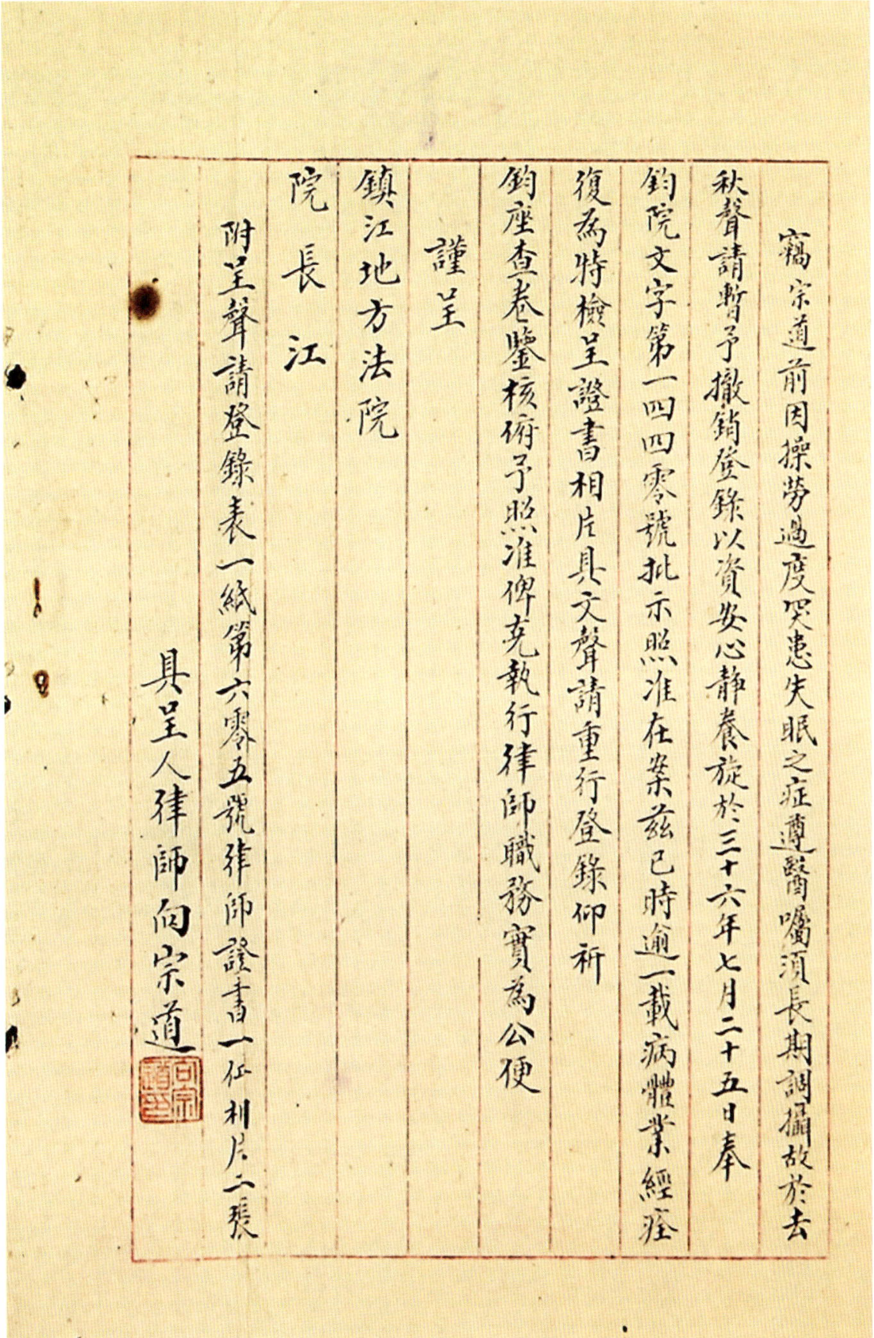

竊宗道前因操勞過度突患失眠之症遵醫囑須長期調攝故於去秋聲請暫予撤銷登錄以資安心靜養旋於三十六年七月二十五日奉鈞院文字第一四四零號批示照准在案茲已時逾一載病體業經痊復為特檢呈證書相片具文聲請重行登錄仰祈鈞座查卷鑒核俯予照准俾克執行律師職務實為公便

謹呈

鎮江地方法院

院長江

附呈聲請登錄表一紙第六零五號律師證書一件相片二張

具呈人律師向宗道

图5-3-10-2

后 记

本书是国家重点档案专题保护开发项目“镇江档案馆民国镇江司法档案开发研究”的结项成果。该项目由国家档案局立项，并在其关心指导下，由镇江市档案馆联合江苏大学法学院共同完成。

镇江市档案馆为国家一级综合档案馆，馆藏档案门类齐全，现有8个全宗群、603个全宗、52万余卷。除镇江近代司法档案，镇江市档案馆还藏有民国时期的镇江商会档案、中央银行镇江分行档案、中国农民银行镇江支行档案、镇江县银行档案、镇江荧昌火柴厂档案、镇江面粉厂档案、镇江水电股份有限公司（包括镇江自来水厂、镇江大照电气公司）档案、镇江恒顺酱醋厂档案及中国国民党江苏省镇江县执行委员会档案等珍贵史料。近年来，镇江市档案馆档案开发成果丰硕，《档案参考》《镇江市档案馆藏日军战时暴行与战后所受人道待遇档案汇编》等获省档案文化精品一等奖，《陈光甫》电视纪录片获“第27届中国纪录片学术盛典”长片十优作品，承办国家重点档案保护与开发项目近10项。

江苏大学位于镇江，是全国工科院校中较早开设法律专业的院校。江苏大学法学院现有法学一级学科硕士授权点和法律硕士专业学位授权点，已经获批国家一流本科专业建设点、全国党建样板支部建设单位和国家一流课程。近年来，江苏大学法学院致力挖掘和整理镇江近代司法档案等优秀法律文化资源，其研究成果《镇江地方法院研究（1928—1949）》获评中国法律文化研究成果奖和镇江市哲学社会科学优秀成果奖，为推动镇江法律文化资源创造性转化、创新性发展做出了积极贡献。

镇江市档案馆与江苏大学法学院秉持“校地合作，专业互补，传承历史，不负后人”的精神，共同开展镇江近代司法档案的开发与研究工作，既是对镇江历史文化资源的致敬，亦是作为在镇文教单位的使命担当。期望本书能够对全面展现镇江历史文化资源、推进中国法史研究做出应有的贡献。

中国法律史学会执行会长、南京大学法学院博士生导师张仁善教授为本书惠赐序言，在此深表谢忱。

镇江市档案馆　江苏大学法学院

2023年6月